Langenscheidt

Universal-Wörterbuch Slowakisch

Slowakisch – Deutsch
Deutsch – Slowakisch

Neubearbeitung

Herausgegeben von der
Langenscheidt-Redaktion

Langenscheidt

Berlin · München · Warschau
Wien · Zürich · New York

Bearbeitet von Dr. Vladimír Müller
In der neuen deutschen Rechtschreibung

Inhaltsverzeichnis

Obsah

Ergänzende Hinweise, für die wir jederzeit dankbar sind, bitten wir zu richten an:
Langenscheidt Verlag, Postfach 40 11 20, 80711 München

Druck: Druckhaus Langenscheidt, Berlin-Schöneberg
Printed in Germany · ISBN 3-468-18322-4

3. 4. 5. 6. 7. 09 08 07 06 05

Vorbemerkungen

Úvodné poznámky

Die Tilde (das Wiederholungszeichen ~) ersetzt das ganze Stichwort bzw. bei Teilung des Wortes durch einen senkrechten Strich (|) nur den **vor** diesem Strich stehenden Wortteil.

Die Tilde mit Kreis (≗) weist darauf hin, dass sich die Schreibung des Anfangsbuchstabens des mithilfe dieser Tilde gebildeten Stichworts ändert (groß in klein oder umgekehrt), z. B.:

Amerikan|er ...; ≗isch (= **amerikanisch**).

Stimmt das grammatische Geschlecht der Substantive (Hauptwörter) im Deutschen und im Slowakischen überein, so ist es nur beim Stichwort angegeben.

Die anderssprachige Entsprechung bleibt ohne Geschlechtsangabe.

Zur Kennzeichnung der Aktionsarten werden im 1. Teil des Wörterbuches allein stehende perfektive Verben im Slowakischen mit dem Zusatz *pf.* versehen, z. B.: **odprisahať** *pf.*

Imperfektive Formen bleiben unbezeichnet.

Bei den Aspektpaaren steht das imperfektive Verb in runden Klammern. Im 2. Teil des Wörterbuches bleiben die Aspekte bei den slowakischen Übersetzungen meist unbezeichnet. In einigen wichtigen Fällen steht das perfektive Verb bzw. die das Verb perfektiv machende Vorsilbe in eckigen Klammern: **⟨po⟩darit sa**.

Abkürzungen

Skratky

a.	*auch* tiež
A	*Akkusativ* štvrtý pád
Abk.	*Abkürzung* skratka
adj.	*Adjektiv* prídavné meno
adv.	*Adverb* príslovka
Agr.	*Landwirtschaft* poľnohospodárstvo
Anat.	*Anatomie* anatómia
Arch.	*Architektur* architektúra
Astr.	*Astronomie* astronómia
Bgb.	*Bergbau* baníctvo
Biol.	*Biologie* biológia
Bot.	*Botanik* botanika
Chem.	*Chemie* chémia
cj.	*Konjunktion* spojkas
comp.	*Komparativ* 2. stupeň stupňovania prídavných mien
D	*Dativ* tretí pád
dim.	*Diminutiv* zdrobnelina
EDV	*elektronische Datenverarbeitung* elektronické spracovanie dát
e-e	*eine*
El.	*Elektrotechnik* elektrotechnika
e-n	*einen*
e-r	*einer*
Esb.	*Eisenbahn* železnica
et.	*etwas* niečo
F	*familiär* familiárny
f	*weiblich* ženský rod
fig.	*figürlich* obrazne
Flgw.	*Flugwesen* letectvo
Fot.	*Fotografie* fotografia
f/pl.	*weibliche Mehrzahl* množné číslo ženského rodu
G	*Genitiv* druhý pád
Geogr.	*Geographie* zemepis
Ggs.	*Gegensatz* opak
Gr.	*Grammatik* gramatika
Hdl.	*Handel* obchod
hist.	*historisch* historický
I	*Instrumental* siedmy pád
impf.	*imperfektives Verb* nedokonavé sloveso
(im)pf.	*imperfektives und perfektives Verb* nedokonavé a dokonavé sloveso
inf.	*Infinitiv* neurčitý spôsob
Int.	*Interjektion* citoslovce
j-d	*jemand* niekto
j-m	*jemandem* niekomu
j-n	*jemanden* niekoho
j-s	*jemandes* niekoho
Jur.	*Rechtswissenschaften* právo
Kfz.	*Kraftfahrwesen* motorizmus

Kochk. *Kochkunst* kuchárstvo
koll. *kollektiv* hromadné meno
k-u *komu* jemandem
L *Lokativ* šiesty pád
Lit. *Literatur* literatúra
m *männlich* mužský rod
Mal. *Malerei* maliarstvo
Mar. *Schifffahrt* plavba
Math. *Mathematik* matematika
Med. *Medizin* lekárstvo
Mil. *Militärwesen* vojenstvo
m/pl. *männliche Mehrzahl* množné číslo mužského rodu
mst *meist* zväčša
Mus. *Musik* hudba
n *sächlich* stredný rod
n-o jemandes, jemand(en) *niekoho*
n/pl. *sächliche Mehrzahl* množné číslo stredného rodu
od. *oder* alebo
P *populär* ľudový výraz
Parl. *Parlament* snemovňa
pf. *perfektives Verb* dokonavé sloveso
Phys. *Physik* fyzika
pl. *Plural* množné číslo
Pol. *Politik* politika
pron. *Pronomen* zámeno
prp. *Präposition* predložka
Rdf. *Rundfunk* rozhlas
Rel. *Religion* náboženstvo
s. *siehe* pozri
Sp. *Sport* šport
Tech. *Technik* technika
Text. *Textilien* textil
Thea. *Theater* divadlo
Typ. *Druckwesen* kníhtlač
u. *und* a
undekl. *undekliniert* neskloňuje sa
unpers. *unpersönlich* neosobne
usw. *und so weiter* a tak ďalej (= atď.)
V *vulgär* vulgárny
v. *von, vom* z, zo; od
va. *veraltet* zastaralý
v/i. *intransitives Verb* neprechodné sloveso
v/t. *transitives Verb* prechodné sloveso
z. B. *zum Beispiel* napríklad (napr.)
Zo. *Zoologie* zoológia
zs. *zusammen* spolu
Zssgn *Zusammensetzung* zloženina

Das slowakische Alphabet

Slovenská abeceda

A, a (á) (ä)	á – lang
B, b	–
C, c	wie *z* in *Zeit*
Č, č	wie *tsch*
D, d (Ď, ď)	ď – wie *d* + *j*
E, e (é)	é – lang
F, f	–
G, g	–
H, h	stets wie *h* in *H*ut
CH, ch	wie in a*ch*
I, i (í)	í – lang
J, j	–
K, k	–
L, l (ľ, ĺ)	ľ – wie *l* + *j*; ĺ – lang
M, m	–
N, n (ň)	ň – wie *n* + *j*
O, o (ó, ô)	ó – lang; ô – uo
P, p	–
R, r (ŕ)	ŕ – lang
S, s	wie *ß*
Š, š	wie *sch*
T, t (ť)	ť wie *t* + *j*
U, u (ú)	ú – lang
V, v	wie *w* in *W*asser
X, x	–
Y, y (ý)	ý – lang
Z, z	wie *s* in Ro*s*e
Ž, ž	wie *g* in *G*elee

A

a und; **~ *to*** und zwar
abeced|a *f* Alphabet *n*; **~ný** alphabetisch
abonovať *(im)pf.* abonnieren, beziehen
absencia *f* Abwesenheit, Fehlen *n*
absolútny absolut
absolvovať *pf.* absolvieren, beenden
abstrak|cia *f* Abstraktion; **~tný** abstrakt
absurdný absurd, sinnlos
aby dass, damit, um zu
adap|tácia *f* Anpassung; *Arch.* Umbau *m*; **~tér** *m El.* Adapter *m*; **~tovať** *(im)pf.* anpassen (***sa*** sich); umbauen; herrichten
administrácia *f* Administration, Verwaltung
administratív|a *f* Administration, Verwaltungs(organe *pl.*); **~ny** Verwaltungs-
adopcia *f* Adoption
adoptovať *pf.* adoptieren
adres|a *f* Anschrift, Adresse; ***e-mailová ~a*** E-Mail-Adresse; **~ár** *m* Adressbuch *n*; **~át** *m* Empfänger; **~ovať** *(im)pf.* adressieren
advokát *m* Rechtsanwalt
aerolínie *f* Flugstrecke; Fluggesellschaft
africký afrikanisch, Afrika-
Afri|čan *m* Afrikaner; **~ka** *f* Afrika *n*
agát *m* Akazie *f*; **~ový** Akazien-
agentúra *f* Agentur
agres|ia *f* Aggression; **~ívny** aggressiv; Aggressions-
ahoj hallo; tschüs
aids *m* Aids *n*; ***skúška na ~*** Aidstest *m*
airbag *m Kfz.* Airbag
aj auch, und; **~ *keď*** wenn auch; **~ *tak*** sowieso
ak wenn, falls
akademik *m* Akademiemitglied *n*
akcent *m* Akzent, Betonung *f*
akci|a *f* Aktion; Aktie; ***bojové ~e*** Kampfhandlungen *fpl.*; **~ový** Aktien-; ***~ová spoločnosť*** Aktiengesellschaft
akčný Aktions-
akiste wahrscheinlich, sicherlich
aklimatizovať *(im)pf.* akklimatisieren (***sa*** sich)
ako wie, auf welche Weise; als; ***viac ~*** mehr als; **~by**

als ob; **~by** ***nie!*** und ob!; **~koľvek** wie auch immer
akord *m* Akkord; **~ný** Akkord-; ***~ná práca*** Akkordarbeit
akosi irgendwie
akosť *f* Qualität
akostný qualitativ, Qualitäts-
ako-tak irgendwie, so-so
akože wie denn!; und ob!
akroba|t *m* Akrobat; **~tický** akrobatisch
akt *m* Akt; **~ív** *m* Aktiv *n*; **~ivita** *f* Aktivität; **~ivizovať** (*im*)*pf.* aktivieren; **~ovka** *f* Aktentasche
akurát gerade richtig, passend; **~ny** gründlich
akusti|ka *f* Akustik; **~cký** akustisch
akútny akut
akvarel *m* Aquarell *n*; **~ový** Aquarell-
aký welcher, was für ein
akýkoľvek jeder beliebige
akýsi (irgend)einer
aký-taký irgendeiner, irgendwelcher; ein gewisser
alabast|er *m* Alabaster; **~rový** Alabaster-
alarmovať alarmieren
Albán|ec *m* Albanier; **~sko** *n* Albanien; **2y** albanisch
ale aber; sondern
alebo oder; **~ ... ~** entweder ... oder
aleja *f* Allee
almanach *m* Jahrbuch *n*
almužn|a, **~ička** *dim.* *f* Almosen *n*
alpinista *m* Bergsteiger
alp|ský Alpen-; **2y** *f/pl.* Alpen *pl.*
alternatívny alternativ
Alžírsk|o *n* Algerien; **2y** Algerien-, algerisch
amatér *m* Amateur, Liebhaber; **~sky** Liebhaber-
ambulan|cia *f* Ambulanz; **~tný** Ambulanz-; ambulant
ameri|cký amerikanisch; **2čan** *m* Amerikaner
Amerika *f* Amerika *n*
amnestovať (*im*)*pf.* amnestieren
amputovať (*im*)*pf.* amputieren
analfabet *m* Analphabet
anal|ýza *f* Analyse; **~yzovať** analysieren
anat|ómia *f* Anatomie; **~omický** anatomisch
anektovať *pf.* annektieren
anexia *f* Annexion
angažmán *m* Engagement *n*; Anstellung *f*
angažovať: **~ *sa*** sich engagieren
Angli|cko *n* England; **~čan** *m* Engländer; **2cký** englisch; **2čtina** *f* englische Sprache
anglo-americký angloamerikanisch
ani auch nicht; **~ *on nevie*** auch er weiß nicht; **~ *slova*** kein Wort; **~ *ty* ~ *on*** weder du noch er; **~ *pes*** nicht einmal ein Hund; **~ *cukor*** wie Zucker
animovaný film *m* (Zei-

chen-)Trickfilm
animozita *f* Erbitterung; Voreingenommenheit
anjel, **~iček**, *dim.*, **~ik** *dim. m* Engel; **~ský** engelhaft
anketa *f* Umfrage
áno ja, jawohl
anonym anonym; *m* Ungenannte(r); **~ita** *f* Anonymität; **~ný** anonym
Antarkt|ída *f* Antarktis; **Ωický** antarktisch
antén|a *f* Antenne; ***~ový stožiar*** *m* Antennenmast
antický antik
antikoncepcia *f* Empfängnisverhütung
antikvárny antiquarisch
antikvariát *m* Antiquariat *n*
antipati|a *f* Antipathie; **~cký** antipathisch
antitalent *m* unbegabter Mensch
anul|ácia *f*, **~ovanie** *n* Aufhebung, Annullierung; **~ovať** *pf.* annullieren, für ungültig erklären
aparát *m* Apparat
apel *m* Appell; **~ovať** appellieren
aplaudovať applaudieren
aplik|ácia *f* Anwendung; **~ovať** *pf.* anwenden
a podobne (*Abk.* ***a pod., ap.***) und Ähnlich(es)
apoštol *m* Apostel; **~ský** apostolisch, Apostel-
a preto und deshalb, und deswegen
apríl *m* April; ***~ový žart*** *m* Aprilscherz
Arab *m* Araber; **Ωčina** *f* arabische Sprache, Arabisch(e) *n* **Ωský** arabisch
arašid *m* Erdnuss *f*
arbitr|áž *f* Schiedsspruch *m*; Schiedsgericht *n*; **~ovať** (*im*)*pf.* einen Schiedsspruch fällen; fachmännische Entscheidung fällen
arcibiskup *m* Erzbischof; **~ský** erzbischöflich
arcidiecéz|a *f* Erzdiözese; **~ny** erzbischöflich
areál *m* Areal *n*; Gelände *n*
aréna *f* Arena
árenda *f* Pacht
Argentín|a *f* Argentinien *n*; **~čan**, **~ec** *m* Argentinier; **Ωsky** argentinisch
argument *m* Argument *n*
archanjel *m* Erzengel
archeol|ógia *f* Archäologie; **~ogický** archäologisch
architekt *m* Architekt; **~onický** architektonisch
archív *m* Archiv *n*; **~ny** Archiv-
ária *f* Arie
aristokra|cia *f* Aristokratie; **~tický** aristokratisch
armád|a *f* Armee; **~ny** Heeres-
Armén *m* Armenier; **~sko** *n* Armenien; **Ωsky** armenisch
arogantný überheblich, anmaßend
artikulovať (*im*)*pf.* artikulieren
asi ungefähr, etwa, cirka,

wohl; ***... príde ~ zajtra*** ... kommt wohl morgen
asistovať (*im*)*pf.* assistieren
aspoň wenigstens, mindestens
astronaut *m* Astronaut
atď. (**a tak ďalej**) usw. (und so weiter)
ateista *m* Atheist
atentát *m* Attentat *n*
Atlantický oceán *m* Atlantik
atlét *m* Athlet
atleti|cký athletisch; **~ka** *f* Athletik
atmos|féra *f* Atmosphäre; ***~ferický tlak*** Atmosphärendruck, Luftdruck
atóm *m* Atom *n*; ***~ový výbuch*** Atomexplosion *f*
august *m* August; **~ový** August-
Austrál|čan *m* Australier; **~ia** *f* Australien *n*; **ℒsky** australisch
auto *n* Kraftwagen *m*; **~bus** *m* Autobus; **~dielňa** *f* Autoreparaturwerkstatt; **~doprava** *f* Kraftverkehr *m*; **~mat** *m* Automat; ***nápojový ~mat*** Getränkeautomat; **~mobil** *m* Auto(mobil) *n*; ***obytný ~mobil*** Wohnwagen; **~mobilka** *f* F Autofabrik
autonómia *f* Autonomie
autorita *f* Autorität
auto|sedačka *f* Kindersitz *m*; **~služba** *f* Autodienst *m*, Service *m*; **~stop** *m* per Anhalter; **~stráda** *f* Autobahn
avízo *n* Benachrichtigung *f*
avšak aber, jedoch
azda vielleicht, wohl, etwa
Ázi|a *f* Asien *n*; **~jčan** *m* Asiat; **ℒjský** asiatisch, Asien-
aziatský asiatisch
azyl *m* Asyl *n*; **~ový** Asyl-
až bis; ***~ na*** bis auf; ***~ budem v Mníchove*** erst wenn ich in München bin; ***tak sa smial, ~*** er lachte so, dass ...

B

ba ja (sogar); ***~ áno!*** doch!
bab|a *f* Weib *n*, alte Frau; **~í** weibisch, Weiber-; ***~ie leto*** Altweibersommer *m*; **~ička** *f* Großmutter
bábk|a *f* Puppe; **~ový** Puppen-, Marionetten-
bábovka *f* Napfkuchen *m*
babrák (*a.* **babroš**) *m* Stümper
babrať schmieren; verderben; ***~ sa*** herumwühlen; sich abgeben; trödeln
babušiť: ***~ sa*** sich einhüllen, F sich einmummen
bacil *m* Bazillus; **~onosič** *m* Bazillenträger
badať sehen, merken
báda|ť forschen; **~teľ** *m* Forscher

badateľný merklich, sichtlich
bádateľský Forschungs-, Forscher-
baganča *f* Stiefel *m*
bahn|atý, ~istý, ~itý sumpfig, schlammig, verschlammt; **~o** *n* Sumpf *m*, Schlamm *m*, Morast *m*, Moor
bachor *m* Bauch, Wanst
báj *f* Sage *f*, Mythos *m*; **~ečný, ~ny** fabelhaft, sagenhaft; wunderbar
bájka *f* Fabel
bájoslovie *n* Mythologie *f*
baklažán *m* Aubergine *f*
bál *m* Ball, Tanzfest *n*
balad|a *f* Ballade; **~ický** Balladen-
balamutiť verwirren, j-m einen Bären aufbinden
balansovať balancieren
baldachýn *m* Baldachin; **~ový** Baldachin-
balenie *n* Verpackung *f*
baletka *f* Balletttänzerin
baliaci Verpackungs-, Pack-; ~ ***papier*** Packpapier *n*
balí|ček *dim.*, **~k** *m* Päckchen, Paket *n*
baliť packen; einschlagen; einwirken
Balkán *m* Balkan; **~ec** *m* Bewohner des Balkan; **2sky** balkanisch, Balkan-
balón *m* Ballon; **~ový** Ballon-
baltick|ý baltisch; ***2é more*** *n* Ostsee *f*
balvan *m* (*Fels-*)Block
balzam *m* Balsam; **~ovať** balsamieren
banán *m* Banane *f*
baňa *f* Bergwerk *n*, Schacht *m*; ***zlatá ~*** Goldgrube
baníc|ky Bergbau-, Hütten-; ***~ky priemysel*** Hüttenindustrie *f*; **~tvo** *n* Bergbau *m*
baník *m* Bergmann
bank|a *f* Bank; **~ár** *m* Bankier; **~omat** *m* Geldautomat; **~ovka** *f* Banknote; **~ový**: Bank-; ***~ový úradník*** Bankbeamte(r)
banský Gruben-; ~ ***inžinier*** Bergbauingenieur
bar *m* Bar *f*
bár (bárs) wenn doch; ***~ by neprišiel!*** wenn er doch nicht käme!
barak *m* Baracke *f*; **~ový** Baracken
bár(s)aký jeder beliebige
baran, ~ček *dim.* *m* Widder, Hammel, Schafbock; **~í** Hammel-; **~ica** *f* Schaffellmütze
barbar *m* Barbar; **~ský** barbarisch; **~stvo** *n* Barbarei *f*
bariéra *f* Barriere
barikáda *f* Barrikade
barina *f* Pfütze, Morast *m*
barla *f* Krücke
basa *f* Bassgeige; *fig.* F Arrest *m*, Knast *m*
báseň *f* Dichtung, Gedicht *n*; Poem *n*
básni|k *m* Dichter, Poet; **~cký** dichterisch, poetisch
bašta *f* Bollwerk *n*, Bastion
báť: ~ ***sa*** sich fürchten
batéria *f* Batterie

baterka *f* Taschenlampe
batoh *m* Rucksack; Bündel *n*
batožina *f* Gepäck *n*; ***osobná* ~** Handgepäck
baviť unterhalten (***sa*** sich)
bavln|a *f* Baumwolle; **~ený** Baumwoll-
Bavorsk|o *n* Bayern; **2ý** bay(e)risch
baza *f* Holunder *m*
báza *f* Basis, Grundlage; *Mil.* Stützpunkt *m*
bazár *m* Bazar
bazén *m* Schwimmbad *n*
bazírovať *(im)pf.* basieren
bažant *m* Fasan
bdel|osť *f* Wachsamkeit; **~ý** wachsam
bdieť wachen, wachsam sein; ***~ nad niekým*** achten auf j-n
beda! wehe!
bedákať ⟨**za~**⟩ jammern, wehklagen
bedár *m* armer Mann, armer Schlucker
bedli|ť wachen, wachsam sein; **~vý** wachsam; sorgfältig, aufmerksam
bedr|o *n* Lende *f*; **~á** *n/pl.* Lenden *f/pl.*; *fig.* Rücken *m*, Schultern *f/pl.*
beh *m* Lauf, Laufen *n*; ***~ udalostí*** Gang der Ereignisse; ***prekážkový ~*** Hindernisrennen *n*; ***lyžiarsky ~*** Skilauf
beha|ť (hin und her) laufen, rennen, fahren; ***~ť po úradoch*** von Amt zu Amt laufen; ***oči mu ~jú*** er hat einen unsteten Blick
behom laufend, im Laufschritt
behúň *m* Läufer, Lauftep-pich
belasý hellblau
beletria *f* Belletristik
Belgicko *n* Belgien; **2ký** belgisch; **~čan** *m* Belgier
belieť: ***~ sa*** weiß glänzen, weiß schimmern
beloch *m* Weiße(r)
Benát|ky *f/pl.* Venedig *n*; **2sky** venezianisch
benevolen|cia *f* Wohlwollen *n*; **~tný** wohlwollend
benzín *m* Benzin *n*; **~ový** Benzin-
Berlín *m* Berlin *n*; **~čan** *m* Berliner; **2sky** Berliner (*adj.*)
besed|a *f* Unterhaltung, Gespräch *n*; Treffen *n*; **~ovať** sich unterhalten
besn|ieť: ***~ieť sa*** toll werden, tollwütig sein; **~ý** tollwütig
beštia *f* Bestie
betón *m* Beton; **~ový** Beton-; **~ovať** betonieren
bez *prp.* (*G*) ohne; ***~ prestania*** ununterbrochen; ***~ okolkov*** ohne Umschweife, geradeheraus; ***~ všetkého*** ohne weiteres; *Math.* minus; *Präfix* **bez-** un…, …los
bez|bolestný schmerzlos, schmerzfrei; **~branný** wehrlos; **~cenný** wertlos; **~cieľny** ziellos; **~citný** herzlos, gefühllos; **~detný** kinderlos;

~domovec *m* Obdachloser
bezdn|o *n* Abgrund *m*; Untiefe *f*; **~ý** bodenlos
bez|duchý geistlos; leblos; **~farebný** farblos; **~hlavý** kopflos
bezhraničn|osť *f* Grenzenlosigkeit; **~ý** grenzenlos
bezcharakterný charakterlos
bez|chybný fehlerlos; **~kvetý** blütenlos; **~mála** *adv.* beinahe, fast; **~mäs(ov)ý** fleischlos; **~menný** namenlos; **~mocný** kraftlos, hilflos
beznádejn|osť *f* Hoffnungslosigkeit; **~ý** hoffnungslos
bezočiv|ec *m* Grobian; frecher, schamloser Mensch; **~ý** frech, schamlos
bezodkladne unverzüglich
bezohľadn|osť *f* Rücksichtslosigkeit; **~ý** rücksichtslos, skrupellos
bezo mňa ohne mich
bezpartajný parteilos
bezpeč|ie *n*, **~nosť** *f* Sicherheit; **~nostný** Sicherheits-; ***~nostná rada*** *f* Sicherheitsrat *m*; **~ný** sicher
bezplánovit|osť *f* Planlosigkeit; **~ý** planlos
bez|platný unentgeltlich, kostenlos; **~podmienečný** unbedingt; **~podstatný** grundlos; **~pochyby** *adv.* zweifellos; **~právny** rechtlos; **~predmetný** gegenstandslos; **~príkladný** beispiellos; **~prostredný** unmittelbar; **~radný** ratlos; **~starostný** sorglos
bez|tak ohnehin, ohnedies; **~toho** ohnedies
bez|trestný straflos; **~triedny** klassenlos; **~účelný** ziellos, sinnlos; **~úhonný** tadellos, makellos; **~úročný** zinslos; **~útešný** trostlos; **~uzdný** zügellos
bezvedom|ie *n* Besinnungslosigkeit *f*, Ohnmacht *f*; **~ý** bewusstlos
bezvetern|osť *f* Windstille; **~ý** ohne Wind, windstill
bez|vládny kraftlos; machtlos; **~výhradný** vorbehaltlos; **~výnimočný** ausnahmslos; **~výsledný** ergebnislos; **~významný** bedeutungslos, unbedeutend; **~zásadový** prinzipienlos, grundsatzlos
bež|ať laufen, rennen; **~ec** *m* Läufer; **~ecký** Renn-; **~iačky** *adv.* laufend, im Laufen; **~ky** *f/pl.* Langlaufski *m*; **~ný** allgemein, üblich, geläufig; laufend
biblia *f* Bibel
bibliotéka *f* Bibliothek
bicí schlagend; **~ *nástroj*** *m* Schlagzeug *n*
bicyk|el *m* Fahrrad *n*; ***horský ~el*** Mountainbike *n*; **~lista** *m* Radfahrer; **~lovať**: ***~lovať sa*** Rad fahren
bič *m* Peitsche *f*; **~ovať** peitschen, geißeln
bied|a *f* Armut, Not; ***trpieť ~u*** Not leiden; ***po ~e*** mit Müh

und Not; **~ny** arm, elend, armselig
bieliť weißen, tünchen
bieliz|eň *f* Wäsche; **~ník** *m* Wäschetruhe *f*
bielko *n* Weiße(s) (*im Auge*); Eiweiß; **~vina** *f* Eiweiß(stoff *m*) *n*
biel|ok *m* Eiweiß *n*; **~y** weiß
bifľovať F büffeln
biftek *m* Steak *n*
bilancia *f* Bilanz
biochémi|a *f* Biochemie; **~cký** biochemisch
biskup *m* Bischof; **~ský** bischöflich, Bischofs-; ***~ská hodnosť*** Bischofswürde; **~stvo** *n* Diözese *f*
biť schlagen, raufen (***sa*** sich); ***~ sa*** kämpfen
bit|ka *f* Schlägerei; Kampf *m*, Schlacht; **~kár** *m* streitsüchtiger Mann, Streiter; **~únok** *m* Schlachthof
bižutéria *f* Modeschmuck *m*; Juweliergeschäft *n*
bľabotať schwatzen, plaudern; faseln
bľačať blöken, *Ziege*: meckern
blaho *n* Wohl; **~byt** *m* Wohlstand; **~darný** wohltuend, heilsam; **~prajný** Glückwunsch-; **~priať** gratulieren; **~želanie** *n* Glückwunsch *m*; **~želať** gratulieren; **~slavený** selig; **~vôľa** *f* Wohlwollen *n*
blam|áž *f* Blamage; **~ovať**: ***~ovať sa*** (*im*)*pf*. sich blamieren
blana *f* Haut; ***brušná ~*** Bauchfell *n*
blanketa *f* Vordruck *m*
blat|ník *m* Kotflügel; **~o** *n* Matsch *m*, Schmutz *m*
blázinec *m* Irrenhaus *n*
bláznieť verrückt, irrsinnig sein; ***~ sa, blázniť sa*** sich närrisch benehmen; verrückt sein
bláznivý närrisch, verrückt
blázon *m* Narr
blažen|osť *f* Seligkeit; **~ý** selig
blča|nie *n* Lodern; **~ť** lodern
bled|núť blass, bleich werden; *Gewebe*: verschießen; **~ý** blass; *fig*. farblos, grau, eintönig; flau
blesk *m* Blitz; Schein; **~núť** *pf*. aufblitzen; **~ový** blitzartig, blitzschnell; **~urýchly** blitzschnell; **~ozvod** *m* Blitzableiter
bl|cha *f* Floh *m*; ***~ší trh*** *m* Flohmarkt
bli(n)kať schimmern, funkeln
blízkosť *f* Nähe
blízky nahe; ***~ vzťah*** enge Beziehung
blížiť: ***~ sa*** sich nähern
blížny *m* Nächste(r)
bližš|í *comp*. näher; ***pri ~om skúmaní*** bei näherer Betrachtung
blok *m* Block; ***pokutový ~*** Strafzettel
blud *m* Wahn; Ketzerei *f*, Irrlehre *f*; **~isko** *n* Labyrinth; *fig*. Dickicht *n*; **~ný** ketze-

risch; umherirrend
blúdiť irren; umherirren, umherschweifen
bluf *m* Bluff
blúz(k)a *f* Bluse, Jacke
blúznenie *n* Fieberwahn *m*; Schwärmerei *f*, Träumerei *f*
blúzni|ť fantasieren; schwärmen; **~vý** schwärmerisch
blýskať schimmern, glänzen, glitzern; **~ sa** blitzen
blýskavica *f* Gewitter *n*; Wetterleuchten *n*
blys(k)núť (**sa**) *pf.* aufleuchten, blitzen
blyšťať: **~ sa** glänzen, schimmern
bobkový list *m* Lorbeer (-blatt) *n*
bobor *m* Biber
bobuľa *f* Beere
bocian *m* Storch; **~ový** Storch-
bočiť *impf.* umgehen; abbiegen
bočka *f* Fass *n*
bočný Seiten-, Neben-; *Mil.* Flanken-
bod *m* Punkt; **~ varu** Siedepunkt; **styčný ~** Berührungspunkt; Stützpunkt
bodaj! *Int.* Gott geb's!, dass doch!; **~ ťa čert vzal!** hol dich der Teufel!
bodať stechen
bodk|a *f* Punkt *m*; **~ovaný** punktiert; gepunktet
bodľač *f* Stachel *m*, Dorn *m*
bodliak *m* Distel *f*
bod|núť *pf.* *s.* **bodať**; **~nutý** gestochen; **~ovať** Punkte sammeln; **~ný** stechend; **~ový** Punkt-
bodrý munter, frisch
Bo|h *m* Gott; **~že!** mein Gott!
bohabojný gottesfürchtig
boháč *m* Reiche(r)
bohatier *m* Held; **~sky** heldenhaft
bohat|núť reich werden; **~stvo** *n* Reichtum *m*; **~ý** reich
bohoslúž|ba *f* Gottesdienst *m*, hl. Messe *f*; **~obný** Messe-
bohuprisám! *Int.* bei Gott!, Donnerwetter!
bohužiaľ leider Gottes
bohvie Gott weiß, wer weiß
bohyňa *f* Göttin
bochník *m* Brotlaib
boj *m* Kampf, Schlacht *f*
bója *f* Boje
bojazliv|osť *f* Schüchternheit, Ängstlichkeit; **~ý** schüchtern, ängstlich
bojisko *n* Kriegsschauplatz *m*, Schlachtfeld
bojko *m* Hanswurst
bojkot *m* Boykott
bojov|ať kämpfen, ringen; **~ník** *m* Kämpfer; **~ný** kämpferisch, kriegerisch; **~ý** Kampf-, Schlacht-
bok *m* (*Körper-*)Seite *f*; *Mil.* Flanke *f*; **po ~u niekoho** an j-s Seite; **~om** *adv.* seitlich; schief
boľav|ý schmerzhaft; wund, brennend; **~ý bod** wunder

Punkt; **~á otázka** brennende Frage
bolenie *n* Schmerz *m*; **~ hlavy** Kopfschmerzen *pl.*
bole|sť *f* Schmerz *m*, Weh *n*; **~stivý** schmerzhaft; **~stné** *n* Schmerzensgeld; **~stný** schmerzlich, schmerzvoll, qualvoll
bolie|ť schmerzen, wehtun; ***bolí ma hlava*** ich habe Kopfschmerzen; **~vať** Schmerzen haben
Bolívi|a *f* Bolivien *n*; **~jec** *m* Bolivi(an)er; **&jský** bolivianisch
bomba *f* Bombe
bombastický bombastisch
bonbón *m* Bonbon *m od n*
bor *m* Kiefer *f*; ***~ový les*** Kiefernhain
borec *m* Wettkämpfer
borievka *f* Wacholder *m*
boriť: **~ *sa*** kämpfen; einstürzen
borovi|ca *f* Kiefer, Föhre; **~čka** *f* Wacholderbranntwein *m*
bosorka *f* Hexe, Zauberin
bosý barfüßig
box *m* Boxen *n*; **~er** *m* Boxer; **~erský** Box(er)-
bozk *m* Kuss; **~(áv)ať** küssen
božechráň! Gott bewahre!
bož|í Gottes; **~ský** göttlich
bôb *m* Bohne *f*
bôľ *m* Schmerz, Weh *n*; Qual *f*; Kummer, Sorge *f*; **~ny** schmerzhaft
braček *m* Brüderchen *n*
brada *f* Kinn *n*; Bart *m*; **~tý** bärtig; **~vica** *f* Warze
bradlá *n/pl.* (*Turn-*)Barren *m*
brak *m* Ausschuss; ***~ový tovar*** *m* Ausschussware *f*
bralo *n* Felsblock *m*
brána *f* Tor *n*
branec *m* Rekrut
bránica *f* Zwerchfell *n*
brániť verteidigen, schützen; wehren, hindern; *Agr.* eggen; **~ *sa*** sich verteidigen
bránka *f* Pforte, Gartentor *n*; *Sp.* Tor *n*
brankár *m* Torwart
branný wehrhaft; Wehr-
brat *m* Bruder; **~ský** brüderlich
brať nehmen; *s. a.* ***vziať***; ***~ do úvahy*** in Betracht ziehen; **~ *sa*** weggehen; *Frau:* heiraten; ***ber sa preč!*** scher dich weg!
bratanec *m* Vetter
Bratislav|a *f* Preßburg *n*; **~čan** *m* Preßburger; **&ský** Preßburger (*adj.*)
bratstvo *n* Bruderschaft *f*
brav *m* Eber, Keiler; Schwein *n*; **~čovina** *f* Schweinefleisch *n*; **~čový** Schweine-
bravúrny bravourös, Bravour-
brázd|a *f* Furche; Rille; **~iť** furchen, Furchen ziehen
Brazíl|ia *f* Brasilien; **~čan** *m* Brasilianer; **&sky** brasilianisch
breh *m* Ufer *n*, Küste *f*; Abhang; Hügel

brech|ať bellen; **~ot** *m* Gebell *n*, Bellen *n*
bremeno *n* Bürde, Last *f*
breviár *m* Brevier *n*
breza *f* Birke
brid|iť: ***~iť sa*** *unpers*.: ***~í sa mi*** es ekelt mich an, es ist mir zuwider; **~ký** scheußlich, abscheulich
bridlica *f* Schiefer *m* (*Gestein*)
brieždiť: ***~ sa*** *unpers*. tagen, hell werden
brigáda *f* Brigade
Brit *m* Brite; **~ánia** *f* Britannien *n*; **²ský** britisch
britva *f* Rasiermesser *n*
brko *n* (*Vogel-*)Feder *f*
brloh *m* Lager *n*, Höhle *f* (*a. fig*.); Elendsquartier *n*
brnenie *n* Rüstung *f*
brnk|ať 〈**~núť**〉 klirren; klimpern; P anrufen
brod *m* Furt *f*; **~iť**: ***~iť sa*** waten
brojiť entgegentreten
brok *m* Schrot
bronz *m* Bronze *f*; **~ový** Bronze-
broskyňa *f* Pfirsich *m*
brošňa *f* Brosche
browser *m* Browser
brož|ovaný broschiert; **~úra** *f* Broschüre
bruch|o *n* Bauch *m*; ***hovoriť z ~a*** aus dem hohlen Bauch sprechen; **~ovravec** *m* Bauchredner
brunet *m* brünetter Mann
brús *m* Schleifstein, Wetzstein
brusič *m* Schleifer
brúsiť schleifen, wetzen; anspitzen; feilen; verfeinern; ***~ si zuby na niečo*** auf etwas aus sein
brusnica *f* Preiselbeere
bruš|ko *n* Bäuchlein; **~ný** Bauch-
brutto brutto
brva *f* Augenbraue *f*; Lid *n*
brvno *n* Balken *m*
bryndza *f* Schafkäse *m*
brzd|a *f* Bremse; ***záchranná ~a*** Notbremse; **~iť** bremsen
bubeník *m* Trommler
bublina *f* Blase
bubnovať trommeln
bubon *m* Trommel *f*
bucľatý pausbäckig
bučať muhen
buď … alebo *cj*. entweder … oder, sei es … sei es
búda *f* Hütte; ***psia ~*** Hundehütte
budí(če)k *m* Wecker
budiť wecken; *fig*. erregen, erzeugen, erwecken; ***~ sa*** *impf*. aufwachen
buditeľ *m* Aufklärer
búdka *f dim*. Hütte: Wachhäuschen *n*; ***telefónna ~*** Telefonzelle *f*
budova *f* Gebäude *n*, Bau *m*; ***výšková ~*** Hochhaus *n*; **~ť** (auf)bauen, errichten; **~teľ** *m* Erbauer
budúc|i zukünftig, Zukunfts-; ***~i rok*** nächstes Jahr; **~nosť** *f* Zukunft

bufet *m* Büfett *n*
búchať ⟨**buchnúť**⟩ schlagen, klopfen, pochen
buchta *f* gefüllter Hefekuchen
bujak *m* Stier
bujn|ieť wuchern, üppig wachsen; **~ý** üppig; ***~ý život*** reges Leben
buk *m* Buche *f*; ***~ový les*** Buchenwald
Bulhar *m* Bulgare; **~sko** *n* Bulgarien; **≈ský** bulgarisch
bulvár *m* Boulevard; **~ny** Boulevard-
bunda *f* Schaffellmantel *m*
buničina *f* Zellulose
bunk|a *f* Zelle; ***mať ~y na niečo*** eine Ader für etwas haben
bunker *m* Bunker
burácať toben, tosen
búrať niederreißen, abtragen
burcovať wecken; anspornen; wachrütteln
burčiak *m* junger Wein, Federweißer
burič *m* Aufwiegler, Rebell; **~ský** aufwieglerisch
burina *f* Unkraut *n*
búriť erheben (***sa*** sich); aufrühren, aufwiegeln
búr|ka *f* Gewitter *n*, Sturm *m*, Unwetter *n*; **~livý** stürmisch, heftig
burz|a *f* Börse; **~ový** Börsen-
busta *f* Büste
búšiť schlagen
bút|ľavý, ~ly morsch
by *Partikel* (*in Bedingungssätzen*); ***prišiel ~*** er wäre gekommen; ***bolo ~ načase odísť*** es wäre an der Zeit wegzugehen; ***ako ~ nie!*** selbstverständlich!
býčí Stier-, ***~ zápas*** Stierkampf
bydlisko *n* Wohnort *m*, Wohnsitz *m*
býk *m* Stier
byľ *f* Halm *m*, Stängel *m*
bylina *f* Gras *n*; Pflanze
byro *n* Büro
byrokra|cia *f* Bürokratie; **~t** *m* Bürokrat; **~tický** bürokratisch
bystrina *f* Stromschnelle
bystrozraký scharfsichtig
bystrý flink; hell; *Verstand*: scharf
byt *m* Wohnung *f*; ***~ový úrad*** Wohnungsamt *n*
byť sein, existieren; sich befinden
byt|ie *n* Sein; **~ná** *f* Wirtin; **~né** *n* Miete *f*; **~osť** *f* Wesen *n*, Seiende *n*
býva|lý ehemalig, früher, vergangen; **~nie** *n* Wohnung *f*; **~ť** wohnen; zu sein pflegen
byvol *m* Büffel
bzučať brummen, summen

C

cap *m* Ziegenbock; **~í** Ziegen-, Bocks-
cár *m* Zar; **~sky** zaristisch, Zaren-
CD *n* CD *f*; **~-prehrávač** *m* CD-Player; **~-ROM** *m* CD-ROM *f*
cedi|dlo *n* Seihe *f*, Sieb *n*; **~ť** seihen, filtern
ceduľa *f* Zettel *m*
cech *m* Zunft *f*, Gilde *f*
cela *f* (*Gefängnis-*)Zelle
celistvý ganzheitlich, einheitlich
celkom *adv.* völlig, gänzlich; ziemlich
celo|denný ganztägig, Tages-; **~európsky** gesamteuropäisch; **~hodvábny** reinseiden
celok *m* Ganzheit *f*, Ganze(s)
celovečerný abendfüllend
celý ganz, völlig; unbeschädigt
cementáreň *f* Zementwerk *n*
cena *f* Preis *m*, Wert *m*
cencúľ *m* Eiszapfen
cengať läuten
cen|ina *f* Wertzeichen *n*; **~iť** schätzen; **~ník** *m* Preisliste *f*; **~ný** wertvoll, teuer; **~ový** Preis-
cent *m* Doppelzentner; Cent
centralistický zentralistisch
centrum *n* Zentrum; ***nákupné* ~** Einkaufszentrum
cenzúr|a *f* Zensur; **~ny** Zensur-
cenzúrovať zensieren
ceremónia *f* Zeremonie
ceriť *Zähne* fletschen
ceruza, **ceruzka** *f* Bleistift *m*
cesnak *m* Knoblauch
cesta *f* Weg *m*, Straße; Reise, Fahrt; ***služobná* ~** Dienstreise
cest|ár *m* Straßenmeister; **~ička** *dim.* *f* Pfad *m*, Fußweg *m*; **~ný** Weg(e)-, Straßen-; ***~ná služba*** *f* Pannenhilfe
cesto *n* Teig *m*; **~vý** Teig-
cesto|pis *m* Reisebeschreibung *f*, Reisenotizen *f/pl.*; **~vať** reisen, fahren; **~vateľ** *m* Reisende(r)
cestoviny *f/pl.* Teigwaren
cestovná kancelária *f* Reisebüro *n*
cestovn|é *n* Fahrgeld; **~ý** Reise-; ***~ý poriadok*** Fahrplan *m*; ***~ý ruch*** Touristenverkehr *m*
cestujúci *m* Reisende(r), Passagier, Fahrgast
cez *prp.* (*A*) durch; während; ***~ zuby*** durch die Zähne; ***~ prázdniny*** während der Ferien; ***~ deň*** tagsüber; ***~ leto*** im Sommer
cezpoľný Querfeldein-; ***~ žiak*** Fahrschüler
cibuľ|a *f* Zwiebel; **~ový** Zwie-

bel-; **~ovitý** zwiebelartig
cica|ť saugen; **~vec** *m* Säugetier *n*
cícerkom *adv.* in Strömen; ***pot tečie ~*** der Schweiß rinnt in Strömen
cieľ *m* Ziel *n*, Zweck; **~avedomý** zielbewusst
cieliť zielen; anstreben
cieľ|nik *m* Zielvorrichtung *f*; **~ový** Ziel-
ciev|a *f* Ader, Gefäß *n*; **~ny** Ader-, Gefäß-
cif|erník *m* Zifferblatt *n*; **~ra** *f* Ziffer; **~rovať**: ***~rovať sa*** F sich schmücken; **~ruľa** F *f* Zierpuppe, Modepuppe
Cigán *m* Zigeuner; **ℒiť** lügen, flunkern
cigar|a *f* Zigarre; **~eta** *f* Zigarette
cikcak *adv.* durcheinander
cimbal *m* Zimbel *f*
cimburie *n* Zinne *f*
címer *m* Wappen *n*
cintorín *m* Friedhof
cíp *m* Ende *n*, Zipfel
cirkev *f* Kirche (*Institution*); **~ný** Kirchen-, kirchlich
cirkul|ár *m* Rundschreiben *n*; **~ovať** zirkulieren
cirkus *m* Zirkus; **~ový** Zirkus-
cisár *m* Kaiser; **~sky** Kaiser-, kaiserlich; ***~sky rez*** Kaiserschnitt
cisternový Tank-, Kessel-; ***~ vozeň*** *m* Kesselwagen
cit *m* Gefühl *n*; Sinn; ***~ pre krásu*** Schönheitssinn; ***jazykový ~*** Sprachgefühl *n*
citadela *f* Zitadelle
citát *m* Zitat *n*
citeľný empfindlich, fühlbar
cítiť fühlen (***sa*** sich), empfinden, wahrnehmen; *v/i* riechen; ***~ sa Slovákom*** sich als Slowake fühlen
citliv|ka *f Bot.* Mimose; **~ý** empfindlich, sensibel
citoslovce *n* Interjektion *f*
citovať zitieren
citový Gefühls-, gefühlsmäßig, emotional
citrón *m* Zitrone *f*; **~ový** Zitronen-; zitronengelb
civieť glotzen, starren
civil *m* Zivilkleidung *f*; **~ista** *m* Zivilist
civilizácia *f* Zivilisation
cliv|ieť sich sehnen; **~ota** *f* Sehnsucht; **~ý** schwermütig, sehnsuchtsvoll; ***je mi ~o za tebou*** mir ist bange nach dir
clo *n* Zoll *m*
clona *f* Vorhang *m*; Blende
cmar *m* Buttermilch *f*
cmúľať lutschen
cnieť: ***~ sa*** *unpers.* Sehnsucht haben; ***cnie sa mi za tebou*** ich habe Sehnsucht nach dir
cnosť (**čnosť**) *f* Tugend
cnostný (**čnostný**) tugendhaft
coln|ica *f* Zollamt *n*; **~ík** *m* Zollbeamte(r); **~ý** Zoll-; ***~ý úrad*** Zollamt *n*
ctený verehrt, geachtet
cti|bažný ehrgeizig; **~hodný** ehrwürdig; **~ť** ehren, achten;

~teľ *m* Verehrer; **~žiadosť** *f* Ehrgeiz *m*
cudný keusch
cudzí fremd, Fremd-; **~ *jazyk*** Fremdsprache *f*
cudzin|a *f* Ausland *n*, Fremde *f*; **~ec** *m* Ausländer; **~ecký** Fremden-, Auslands-; ***~ecký ruch*** Fremdenverkehr *m*
cudzo|ložník *m* Ehebrecher; **~pasník** *m* Parasit; **~ta** *f* Fremdheit; **~zemský** ausländisch
cukor *m* Zucker; ***kockový ~*** Würfelzucker; ***práškový ~*** Puderzucker; ***kryštáľový ~*** Kristallzucker
cukrár *m* Konditor; **~eň** *f* Konditorei; **~enský** Konditorei-
cukr|ík *m* Bonbon *m od. n*; **~iť**, **~ovať** süßen, zuckern
cukrov|ar *m* Zuckerfabrik *f*; **~arský** Zuckerfabrik-; **~ka** *f* Zuckerrübe; Zuckerkrankheit
cumľať lutschen
cúv|ať ⟨**~nuť**⟩ weichen, zurückgehen; F kneifen
cval *m* Galopp
cválať galoppieren
cven|džať klirren, klappern; **~got** *m* Klirren *n*, Klappern *n*
cviče|bnica *f* Übungsbuch *n*; **~bný** Übungs-; **~nie** *n* Übung *f*
cvič|isko *n* Übungsplatz *m*; **~iť** üben; turnen; ausbilden; trainieren; **~iteľ** *m Sp.* Trainer; **~ný** Übungs-, Trainings-; **~ky** *f/pl.* Turnschuhe *pl.*
cvik *m* Übung *f*, Praxis *f*; ***chýba mu ~*** es fehlt ihm an Übung
cvikla *f* rote Be(e)te
cvok P *m* Verrückter
cvrček *m* Grille *f*
cyklista *m* Radfahrer
cyrilika *f* kyrillische Schrift
cyrilometodský kyrillo-methodisch (*nach den Slawenaposteln Kyrill und Method*)

Č

čad *m* Rauch, Qualm
čadič *m* Basalt; **~ový** Basalt-
čadiť (***sa***) qualmen
čaj *m* Tee; **~ový** Tee-
čajka *f* Möwe
čajník *m* Teekanne *f*
čakáreň *f* Wartesaal *m*, Wartezimmer *n*
čakať warten
čalún|ený gepolstert; **~nik** *m* Polsterer; **~iť (~ovať)** polstern; beziehen
čap *n* Zapfen *m*, Spund *m*
čapica *f* Mütze
čapovať ausschenken
čarbať kritzeln
čardáš *m* Tschardasch (*Tanz*)
čariť zaubern, hexen

čaro *n* Zauber *m*; Charme *m*; **~dejník** *m* Zauberer; **~dejný** Zauber-; **~vať** zaubern, hexen; **~vný** Zauber-; bezaubernd, berückend
čary *f/pl.* Zauber *m*, Zauberei *f*
čas *m* Zeit *f*; Wetter *n*; **~iť**: ***~iť sa*** sich aufhellen; **~om** *adv.* mit der Zeit, allmählich
časo|mer *m* Chronometer *n*; **~merač** *m* Zeitrichter; **~pis** *m* Zeitschrift *f*, Journal *n*; **~vý** Zeit-; aktuell
časť *f* Teil *m*; Anteil *m*
část|ica *f* Partikel; **~o** *adv.* oft, häufig; **~ovať** bewirten; **~ý** häufig
čaša *f* Pokal *m*, Kelch *m*; ***horká ~*** bitterer Kelch
čašník *m* Kellner
čata *f* Brigade
čatár *m Mil.* Sergeant, Zugführer
Čech *m* Tscheche; **~y** *f/pl.* Böhmen *n*
čeľaď *f Bot.* Familie *f*; Gesinde *n*
čel|iť die Stirn bieten, trotzen; **~ný** hervorragend; Vorder-; **~o** *m* Stirn *f*; *fig.* Spitze *f*; ***postaviť sa na ~o*** sich an die Spitze stellen
čeľusť *f Anat.* Kiefer *m*
čepeľ *f* Klinge
čepiec *m* Haube *f*
čerešň|a *f* Kirsche; **~ový** Kirschen-; **~ovica** *f* Kirschbranntwein *m*
čeriť (*Wasser*) kräuseln
čern|ica *f* Brombeere; **~ieť** schwarz werden; **~och** *m* Schwarzer; **~oška** *f* Schwarze
čerpa|cí, ***~cia stanica*** Tankstelle *f*; **~dlo** *n* Pumpe *f*; **~ť** schöpfen, pumpen
čerstvý frisch
čert *m* Teufel; **~iť**: ***~iť sa*** wütend sein; **~ovský** teuflisch, Teufels-, verteufelt
červ *m* Wurm; **~avý** wurmstichig
červe|ň *f* Röte; rote Farbe; Rot *n*; **~nastý** rötlich; **~nieť**, **~nať**: ***~nieť, ~nať sa*** erröten, rot leuchten; **~ný** rot
červík *m* Wurm, Würmchen *n*
červivieť wurmstichig werden
červotoč *f* Holzwurm *m*
česať kämmen
Česko-Slovensko *n hist.* Tschechoslowakei *f*
český tschechisch
česť *f* Ehre
čestn|osť *f* Ehrlichkeit; **~ý** ehrlich, redlich; Ehren-; ***~ý doktorát*** Ehrendoktorat *n*
čeština *f* Tschechisch *n*
či *cj.* ob; oder; etwa, denn; ***~ neviete?*** wissen Sie denn nicht?
čí, čia, čie wessen
čiah|ať ⟨**~nuť**⟩ langen, greifen, reichen
čiapka *f* Mütze, Kappe
čiar|a *f* Strich *m*, Linie; **~ať** kritzeln; **~ka** *f* (kurzer)

Strich; Komma *n*
čiast|ka *f* Teil *m*; Summe, Betrag *m*; **~očný** teilweise, partikulär
čičíkať *Kind* wiegen; einlullen
černiť schwärzen, schwarz färben
čiernovlasý schwarzhaarig
čierny schwarz; **~ *obchod*** Schwarzmarkt, Schwarzhandel
číhať lauern
čílsky chilenisch
čím wodurch; ***s* ~** womit; **~ ... *tým*** je ... desto; **~ *skôr*** möglichst bald, so bald wie möglich
čin *m* Tat *f*, Handlung *f*
Čína *f* China *n*
Číňan *m* Chinese
činen|ie *n* Tun; ***mať do ~ia s niekym*** es mit j-m zu tun haben
činiť tun, machen, vollbringen; **~ *sa*** sich Mühe geben, aktiv sein
čin|iteľ *m* Vertreter; Faktor; ***politický ~iteľ*** politische Persönlichkeit; **~ka** *f* Hantel; **~nosť** *f* Tätigkeit, Arbeit; **~ný** tätig; *Mil.* aktiv; ***~ný človek*** aktiver Mensch; **~ohra** *f Thea.* Schauspiel *n*; **~orodý** tatkräftig
čínsky chinesisch
činžiak *m* Mietshaus *n*
čiperný flink, rührig
čipka *f Text.* Spitzen *fpl.*
číry rein, lauter, pur
čísel|ník *m* Zifferblatt *n*; **~ný** ziffernmäßig, zahlenmäßig
čís|lica *f* Ziffer; **~lo** *n* Zahl *f*, Nummer *f*; **~lovať** nummerieren
čist|enie *n* Reinigung *f*; **~ka** *f Pol.* Säuberung; **~iaci** Reinigungs-, Putz-; **~iareň** *f* (*Geschäft*) Reinigung; **~ič** *m* Reiniger; Stiefelputzer; Filter; **~iť** reinigen, säubern; *Öl* raffinieren; *Obst* schälen
čisto|krvný reinblütig; **~ta** *f* Reinheit; Reinlichkeit; Lauterkeit; Keuschheit; **~tný** reinlich, ordentlich; lauter, ehrlich
čistý rein, sauber; lauter; keusch
čítan|ie *n* Lesen; **~ka** *f* Lesebuch *n*
čitáreň *f* Lesesaal *m*
čítať lesen
čitateľ *m* Leser; **~ný** leserlich, deutlich; **~ský** Leser-
čiže oder, mit anderen Worten
čížik *m* Zeisig
čižma *f* Stiefel *m*
čkať: **~ *sa*** *unpers.* aufstoßen; ***čká sa mu*** er hat Aufstoßen
článok *m* Glied *n*; Gelenk *n*; Element *n*; (*Zeitungs-*, *Gesetzes-*, *Handels-*)Artikel
čľapnúť *pf.* (*ins Wasser*) plumpsen
člen *m* Glied *n*; Mitglied *n*; **~iť** gliedern; **~ka** *f* (weibliches) Mitglied; **~itý** gegliedert;

~ok *m* Knöchel; **~ské** *n* Mitgliedsbeitrag *m*; **~ský** Mitglieds-; **~stvo** *n* Mitgliedschaft *f*; Mitgliederbestand *m*
čln *m* Boot *n*; Kahn; **~kovať**: ***~kovať sa*** Boot fahren, rudern
človek *m* (*nur Sing.*) Mensch; man; ~ ***nemôže*** man kann nicht
čmárani|ca, **~na** *f* Kritzelei, Schmiererei
čmárať schmieren, kritzeln
čmeliak *m* Hummel *f*
čmud *m* Rauch, Qualm; **~iť** rauchen, qualmen
čnieť hervorragen, hervorstehen
čo etwas; welches, das; *Partikel*: ~ ***rok*** jahraus, jahrein; ~ ***deň*** tagaus, tagein; ~ ***do ...*** was ... betrifft; ~ ***len*** auch nur, schon, selbst; ***strašné ~ len na to myslieť*** schrecklich, schon daran zu denken
čo|chvíľa *adv.* jeden Augenblick; **~koľvek** was auch immer
čoraz *adv.* immer; ~ ***lepšie*** immer besser
čo|si (irgend)etwas; ~ ***skoro*** *adv.* bald
čpavok *m* Ammoniak *n*
črep *m*, **~ina** *f* Scherbe, Splitter *m*; **~ník** *m* Blumentopf
črev|o *n* Darm *m*; ***slepé ~o*** Blinddarm; **~ný** Darm-
črieda *f* Herde, Rudel *n*
črpák *m* Holzkrug
črta *f* (*Charakter-*, *Gesichts-*) Zug *m*; *Lit.* Skizze; ***~ť sa*** sich abzeichnen
čučoriedka *f* Heidelbeere, Blaubeere
čud|ák *m* Sonderling; **~ný** sonderbar, merkwürdig
čudo *n* Wunder; **~vať**: ***~vať sa*** *impf.* sich wundern, staunen
čuch *m* Geruch; Spürsinn
čujný hellhörig, fein, scharf; *Schlaf*: leise
čulý lebendig, munter
čumieť F starren, glotzen
čup|ieť hocken, kauern; **~núť**: ***~núť si*** *pf.* sich hinhocken, sich hinkauern
čušať schweigen, still sein
čuť hören
čvarga *f* Gesindel *n*
čvirikať zwitschern

D

da|čo etwas; **~jako** irgendwie; **~kedy** manchmal
ďakovať danken; verdanken
ďalej *adv.* weiterhin, danach, ferner; *comp.* weiter
ďaleko *adv.* weit; **~hľad** *m* Fernglas *n*; **~pis** *m* Fernschreiber; **~siahly** weitgehend, weit reichend; folgenschwer; **~zraký** weitsichtig
ďaleký weit, fern, entfernt; **♀ *východ*** Ferner Osten
Dalmá|cia *f* Dalmatien *n*; **♀tsky** dalmatinisch
ďalší weiter, ferner, nächster
dám|a *f* Dame; Frau; **~sky** Damen-, damenhaft
Dán *m* Däne; **~čina** *f* Dänisch(e) *n*; **~sko** *n* Dänemark; **♀sky** dänisch
daň *f* Steuer; ***~ový úrad*** Finanzamt *n*
dar(ček) *m* Geschenk *n*; ***má prirodzený dar*** er hat eine natürliche Begabung
darca *m* Spender, Geber; ***~ krvi*** Blutspender
darebák *m* Faulenzer, Faulpelz, Nichtsnutz
dariť: ***~ sa*** *unpers.* gelingen
darmo *adv.* vergeblich, umsonst
daromný vergeblich, erfolglos, nutzlos
darovať schenken
ďasno *n* Zahnfleisch; **~vý** Zahnfleisch-
dať *pf. s.* **dávať**; *impf.* lassen; ***~ mu dohovoriť*** ihn aussprechen lassen; ***~ sa*** *pf.* geben, schenken; erteilen, lassen; ***~ sa k dispozícii*** zur Verfügung stellen; *unpers.* ***dá sa*** man kann, es lässt sich; ***nedá sa*** man kann nicht, es lässt sich nicht, man darf nicht; ***daj si pozor!*** gib Acht!, pass auf! ***dajme tomu*** angenommen, vorausgesetzt
databanka *f* Datenbank
ďatelina *f* Klee *m*
datľa *f* Dattel
datovať datieren
dátum *m* Datum *n*; ***~ spotreby*** Verfallsdatum *n*
dav *m* Menschenmenge *f*, Gedränge *n*; **~ový** Massen-
dávať geben; schenken; erteilen; ***~ niekomu na známosť*** j-n in Kenntnis setzen; ***~ pozor*** aufpassen; ***~ polievku na stôl*** Suppe auf den Tisch stellen; ***~ do obehu*** in Umlauf setzen; ***~ do vrecka*** einstecken; ***~ na hlavu*** aufsetzen; ***~ do nádoby*** eingießen, einschenken; ***~ sa do niečoho*** sich an etw. machen, etw. beginnen; ***~ si*** bestellen, sich gönnen; ***~ si sprchu*** duschen, eine Dusche nehmen

dávenie *n* Erbrechen; Übelkeit *f*, Brechreiz *m*; ***je mi na ~*** mir ist übel
dáviť erbrechen; würgen, drücken; **~ *sa*** *v/i* ersticken, würgen
dávk|a *f* Menge; Portion; Zuteilung, Ration; *Med.* Dosis; **~ovať** dosieren
dávno *adv.* längst; ***to je dávno*** es ist lange her
dávny fern, längst vergangen, alt; ***od ~ch čias*** von alters her
dáž|ď *m* Regen; **~dnik** *m* Regenschirm *m*; **~ďovka** *f* Regenwurm *m*; **~ďový** regnerisch, Regen-
dbať achten, aufpassen; ***čo ja dbám!*** was geht mich das an!; ***nedbám*** meinetwegen
dcéra *f* Tochter
debat|a *f* Debatte; **~ovať** debattieren, diskutieren
debna *f* Kiste, Kasten *m*
debnár *m* Böttcher, Fassbinder
debut *m* Debüt *n*; **~ovať** debütieren
december *m* Dezember
decentný dezent
deci *undekl.* *n* Deziliter *m*; ***dve ~ vína*** ein Schoppen Wein
decko *n* Kind
ded, **~o** *m* Großvater; alter Mann
dedič *m* Erbe, Stammhalter; Nachkomme, Nachfahre; **~ný** erblich; vererbt; **~stvo** *n* Erbe
dedin|a *f* Dorf *n*; ***na ~e*** auf dem Lande; ***na ~u*** aufs Land; **~čan** *m* Dorfbewohner, Mensch vom Lande; **~ský** ländlich, Dorf-, Land-
dediť erben
de|fenzívny defensiv; **~ficit** *m* Defizit *n*; **~filovať** defilieren; **~finícia** *f* Definition; **~fraudácia** *f* Veruntreuung
decht *m* Teer; **~ovať** teeren; **~ový** Teer-, teerig
dej *m* Handlung *f*, Aktion *f*; **~epis** *m* Geschichte *f*, Geschichtsschreibung *f*; **~episec** *m* Historiker; **~inný** historisch, geschichtlich
dejiny *m/pl.* Geschichte *f*; ***staroveké ~*** Geschichte des Altertums; **~ *novoveku*** Neue Geschichte; ***súčasné ~*** Zeitgeschichte
dej|isko *n* Schauplatz *m*; **~stvo** *n* Handlung *f*, Akt *m*
deka¹ *undekl.* *n* Dekagramm
deka² *f* Decke
dekan *m* Dekan; Dechant
deklarácia *f* Deklaration
dekorácia *f* Dekoration
dekrét *m* Dekret *n*
deľba *f* Teilung; Einteilung; **~ *práce*** Arbeitsteilung
delegácia *f* Delegation
deliť teilen, dividieren; abteilen, lostrennen; **~ *sa*** sich teilen
delo *n* Geschütz; **~strelec** *m* Artillerist
demagógia *f* Demagogie

demisia *f* Demission
demižón *m* Korbflasche *f*
demokra|cia *f* Demokratie; **~t** *m* Demokrat; **~tický** demokratisch
de|molovať demolieren; **~monštrácia** *f* Demonstration; **~montovať** demontieren; **~moralizovať** demoralisieren
deň *m* Tag; ***zo dňa na ~*** von Tag zu Tag; ***vo všedný ~*** wochentags; ***dobrý ~!*** guten Tag!
den|ník *m* Tagebuch *n*; Tageszeitung *f*; **~ný** Tages-; täglich; alltäglich
dentista *m* Dentist, Zahnarzt
deponovať deponieren
depres|ia *f* Depression; **~ívny** depressiv
deprimovať deprimieren, bedrücken
deput|ácia *f* Abordnung; **~át** *m* Deputat *n*
deravý durchlöchert
des *m* Entsetzen *n*; **~ný** entsetzlich, schrecklich
desať zehn; **~haliernik** *m* Zehnhellerstück *n*; **~korunáčka** *f* Zehnkronennote; ***~ ráz*** zehnmal; **~násobný** zehnfach
desatin|a *f* Zehntel *n*; **~ný** dezimal, Dezimal-
desiat|a *f* zweites Frühstück; ***uderila ~a hodina*** es schlug zehn Uhr; **~ka** *f* Zehn; Zehner *m*; zehn Stück; **~nik** *m* Obergefreiter; **~ovať** um zehn Uhr frühstücken, das zweite Frühstück einnehmen; **~y** zehnte(r)
desiť erschrecken (***sa*** sich)
despot|a *m* Despot; **~ický** despotisch
detektív *m* Detektiv; **~ka** *f* Kriminalfilm *m*; Kriminalgeschichte
det|i *n/pl.* Kinder; **~inský** kindisch; **~ský** Kinder-; **~stvo** *n* Kindheit *f*
deväť neun; **~ťdesiat** neunzig; **~tnásť** neunzehn; **~ťsto** *undekl.* neunhundert
deviat|ka *f* Neun; **~y** neunte(r)
devíza *f* Devise
dezert *m* Dessert *n*; ***~ný aperitív*** Dessertlikör
dezertovať desertieren
dezinfekcia *f* Desinfektion
dezodorant *m* Deodorant *n*
diabol *m* Teufel, Satan; **~ský** teuflisch, satanisch
diaľk|a *f* Entfernung, Abstand *m*, Weite, Ferne; **~omer** *m* Entfernungsmesser; **~ový** Fern-
diaľni|ca *f* Autobahn; ***~čný poplatok*** Autobahngebühr *f*; ***~čná vineta*** *f* Autobahnvignette
dialóg *m* Dialog
diamant *m* Diamant; **~ový** Diamanten-
dianie *n* Geschehen
diať: ***~ sa*** sich abspielen, stattfinden, geschehen, vor sich gehen

diel *m* Teil, Anteil; (*Buch-*) Band; **~ňa** *f* Werkstatt; Abteilung; **~o** *n* Werk; ***vodné ~o*** Wasserkraftwerk
dier|a *f* Loch *n*; Öffnung; Höhle; Elendsquartier *n*; Krähwinkel *m*; **~ka** *f* Loch *n*; Öffnung; ***kľúčová ~ka*** Schlüsselloch; **~kovať** lochen, perforieren
dieselový Diesel-
dieťa *n* Kind
diev|ča *n* Mädchen; **~ka** *f* junges Mädchen; ***stará ~ka*** alte Jungfer
digitálny digital
dik|tátor *m* Diktator; **~tátorský** diktatorisch; **~tatúra** *f* Diktatur; **~tovať** diktieren
dilema *f* Dilemma *n*
diletant *m* Dilettant; **~ský** dilettantisch
diploma|cia *f* Diplomatie; **~tický** diplomatisch
disk *m EDV* Disk *f*; ***pevný ~*** Festplatte *f*; **~eta** *f* Diskette
diskotéka *f* Diskothek
diskrétny diskret
disku|sia *f* Diskussion; **~tovať** diskutieren
dispo|novať disponieren, verfügen; **~zícia** *f* Disposition
distribúcia *f* Verteilung; Einzelhandel *m*
dišputa *f* Diskussion
div *m* Wunder *n*; ***nie ~*** kein Wunder; ***~, že nespadol*** ein Wunder, dass er nicht gefallen ist
divad|elník *m* Schauspieler; **~elný** Theater-; **~lo** *n* Theater
divák *m* Zuschauer
dívať: ~ *sa* (an)schauen, ansehen
diviak *m* Wildschwein *n*
divieť wild werden, verwildern
diviť: ~ *sa* sich wundern, staunen
divízia *f* Division
divný merkwürdig
divo|čina *f* Wild(bret) *n*; Wildnis *f*; **~ch** *m* Wilde(r); **~ký**, **divý** wild
dizertácia *f* Dissertation
dlaba *f* Pfote
dlabať meißeln, einkerben
dlaň *f* Handfläche
dláto *n* Meißel *m*
dláviť zertreten; würgen
dlažba *f* Pflaster *n*
dláždiť pflastern
dlh *m* Schuld *f*; Pflicht *f*
dlho|dobý langfristig; **~ročný** langjährig; **~trvajúci** lang dauernd
dlhovať schulden, schuldig sein
dlhý lang, Lang-
dĺžka *f* Länge
dlž|ník *m* Schuldner; **~ný** schuldig; **~oba** *f* (*Geld-*) Schuld
dnes *adv.* heute
dneš|ný heutig, gegenwärtig; **~ok** *m* Heute *n*, Gegenwart *f*
dno *n* Boden *m*; Grund *m* (*Fluss, Meer*)

dnu(ka) *adv.* innen; hinein
do *prp.* (*G*) nach, in, zu; bis (hin, zu); ~ ***izby*** in das Zimmer; ~ ***leta*** bis zum Sommer; ~ ***sto ľudí*** bis zu hundert Menschen
doba *f* Epoche, Periode; Zeit; ***pracovná*** ~ Arbeitszeit
dobačovať *pf.* abwirtschaften
ďobať (auf)picken
dobeh|núť ⟨**~úvať**⟩ *Ziel, Zug* erreichen; (*nach Hause*) kommen; einholen
dobiedzať belästigen
dobierka *f* Nachnahme
dobíjať: ~ ***sa*** mit Gewalt eindringen
dobiť *pf.* erschlagen; verprügeln; zu schlagen aufhören
ďobnúť *pf.* picken; schlagen
dobojovať *pf.* den Kampf beenden
dobový aktuell; zeitgemäß
dobrá|cky gutmütig; **~k** *m* gutmütiger Mensch
dobre *adv.* gut
dobro *n* das Gute; Wohl; ***pre*** ~ ***ľudstva*** zum Wohle der Menschheit
dobročinn|osť *f* Wohltätigkeit; **~ý** wohltätig, Wohltätigkeits-
dobrod|enie *n* Wohltat *f*; **~inec** *m* Wohltäter
dobrodru|h *m* Abenteurer, Hochstapler; **~žný** abenteuerlich; **~žstvo** *n* Abenteuer
dobro|myseľný gutmütig; **~prajný** wohlwollend, gewogen; **~rečiť** preisen; **~ta** *f* Güte; Leckerbissen *m*; **~voľný** freiwillig; **~zdanie** *n* Gutachten
dobrý gut; gutmütig, gütig, herzensgut
dobudovať *pf.* aufbauen
dobyť *pf. s.* ***dobývať***
dobytčí Vieh-; ~ ***trh*** Viehmarkt *m*
dobytie *n s.* ***dobývanie***
dobytkár *m* Viehzüchter; **~stvo** *n* Viehzucht *f*
dobytok *m* Vieh *n*
dobyvačný Eroberungs-
dobýva|nie *n* Eroberung *f*, Einnahme *f*; **~ť** (ein)nehmen, erobern; fördern, gewinnen
doce|niť (**~ňovať**) einschätzen, bewerten
docieliť *pf.* erreichen
dočasný provisorisch, zeitweilig
dočiahnuť *pf.* erreichen
dočista *adv.* ganz und gar, vollends
dočítať *pf.* auslesen, zu Ende lesen; ~ ***sa*** durch Lesen erfahren, herauslesen
dočkať *pf.* (ab)warten; ~ ***sa*** mit Erfolg warten; erwarten; erleben
doda|cí Liefer-, Lieferungs-; **~ť** (**dodávať**) *Kraft, Mut* verleihen; liefern; **~točný** zusätzlich, nachträglich; **~tok** *m* Ergänzung *f*, Zusatz, Nachtrag

dodáv|ať *s.* ***dodať***; **~ateľ** *m* Lieferant; **~ka** *f*, **~anie** *n* Lieferung *f*, Auslieferung *f*
dodnes *adv.* bisher, bis heute
dodrž|anie *n* Einhaltung *f*; **~ať** (**~iavať**) *Wort* halten, einhalten
dogazdovať *pf.* abwirtschaften
dogmatický dogmatisch
dohad *m* Vermutung *f*, Annahme *f*; **~ovať**: ***~ovať sa*** mutmaßen; sich streiten
doháňať einholen; nachholen
dohárať *Feuer*: zu Ende brennen, ausgehen
dohľad *m* Aufsicht *f*; Gesichtsfeld *n*; ***stratiť z ~u*** aus den Augen verlieren; **~ný** absehbar
dohliad|ať ⟨**~nuť**⟩ sehen; aufpassen
dohnať *pf. s.* ***doháňať***
dohod|a *f* Übereinkunft, Vereinbarung; **~núť**: ***~núť sa*** *pf.* übereinkommen, sich einigen
dohola *adv.* splitternackt; kahl
dohoniť *pf. s.* ***doháňať***
dohora *adv.* aufwärts, hinauf
dohorieť *pf. s.* ***dohárať***
dohovár|anie *n* Zureden; Tadel(n *n*) *m*; **~ať** ins Gewissen reden; ***~ať sa*** sich verabreden; sich einigen
dohovor *m* Abmachung *f*, Absprache *f*; **~iť** *pf.* zu Ende sprechen; ***~iť sa*** sich verständigen; übereinkommen
dohra *f* Nachspiel *n*
dohromady *adv.* zusammen, gemeinsam; insgesamt
dochádz|ať kommen, gehen, fahren; gelangen; ausgehen, schwinden; *Brief*: eingehen; **~ka** *f* Anwesenheit; Schulbesuch *m*
do chlapa *adv.* jedermann, alle (*Personen*)
dochnúť krepieren, verrecken, verenden
dochov(áv)ať züchten
dochovávateľ *m* (*Tier-*) Züchter
do chuti *adv.* satt; ***najesť sa do chuti*** sich satt essen
dochvíľny pünktlich
doista *adv.* gewiss, sicherlich
dojať *pf. s.* ***dojímať***
dojč|a *n* Säugling *m*; **~iť** stillen
dojedať aufessen
dojedn(áv)ať: ***~ sa*** sich einigen
dojem *m* Eindruck; **~ný** rührend, ergreifend
dojenie *n* Melken
dojesť *s.* ***dojedať***
dojič *m* Melker
dojíma|ť rühren, ergreifen; **~vý** ergreifend, rührend
doji|ť melken; **~vosť** *f* Milchertrag *m*
dojka *f* Amme
dokaličiť *pf.* zum Krüppel machen, verstümmeln (***sa*** sich)
dokázať (dokazovať) beweisen

dokedy *adv.* bis wann, wie lange
dokiaľ *adv.* wie lange; so lange, bis
doklad *m* Beleg, Dokument *n*, Papier *n*; **~ať** beifügen, hinzulegen; belegen
dokola *adv.* rings(um), ringsherum
dokonal|osť *f* Vollkommenheit; **~ý** vollkommen
dokon(áv)ať sterben; zu Ende führen
dokonavosť (**deja**) *f* vollendeter Aspekt
dokon|ca *adv.* sogar; **~čiť** (**~čovať**) beenden, vollenden, zu Ende führen
dokopy *adv.* zusammen; ***dať sa ~*** sich zusammentun
dokorán *adv.* (sperr)angelweit
dokrčiť *pf.* zerknüllen, zerknittern
dokres|liť (**~ľovať**) zu Ende zeichnen; *Bild* abrunden
doktor *m*, **~ka** *f* Doktor
doktrína *f* Doktrin
dokument *m* Dokument *n*; **~ácia** *f* Dokumentation; **~árny** Dokumentar-; ***~árny film*** Dokumentarfilm *m*; **~ovať** dokumentieren
dokým *adv.* so lange, bis
doľahnúť *pf. Unglück*: befallen, bedrücken, lasten; *Töne*: ans Ohr dringen
dolámať *pf.* zerbrechen; zerschlagen
dolár *m* Dollar; **~ový** Dollar-
doľava *adv.* links
dole *adv.* hinunter, nach unten
dolet *m* Flugbereich; Reichweite *f*
dolieha|ť bedrücken; eindringen; ans Ohr dringen; **~vý** eindringlich
dol|ina *f* Tal *n*; **~ník** *m* Bube (*im Kartenspiel*); **~ný** untere(r), Unter-; **~ovanie** *n* Abbau *m*, Förderung *f*; **~ovať** abbauen, fördern
doložiť *pf. s.* ***dokladať***
doložka *f* Zusatzvermerk *m*
dolu *adv.* unten; hinunter, nach unten; ***ísť ~ vodou*** bergab gehen
dom *m* Haus *n*
dóm *m* Dom, Kathedrale *f*
doma *adv.* zu Hause
domá|ca *f* (*Haus-*)Wirtin, Hausfrau; **~ci** Haus-; einheimisch; ***~ci trh*** Binnenmarkt; **~cky** Haus-; häuslich, anheimelnd; Heim-; **~cnosť** *f* Haushalt *m*
domáhať: ***~ sa*** fordern
domček *m* Häuschen *n*, ***rodinný ~*** Einfamilienhaus *n*
domn|elý vermutlich, vermeintlich; **~ienka** *f* Vermutung, Mutmaßung, Annahme; **~ievať**: ***~ievať sa*** vermuten, annehmen
domorodec *m* Einheimische(r)
domov *m* Zuhause *n*, Heim *n*; Heimat *f*; *adv.* nach Hause; ***bez ~a*** heimatlos; **~ina** *f*

Heimat; Vaterland *n*
domovní|čka *f* Hausmeisterin; **~k** *m* Hausmeister
domový Haus-
domôcť: **~** ***sa*** *pf.* erreichen, erzielen
domyslieť *pf.* zu Ende denken
domýšľavý eingebildet, überheblich
donaha *adv.* nackt
donáš|ač *m* Spitzel, Zuträger; **~ať** bringen; zutragen, hinterbringen
done|dávna *adv.* bis vor kurzem; **~konečna** *adv.* endlos
do|niesť *pf. s.* ***donášať***; **~nucovať** zwingen; **~nútenie** *n* Zwang *m*; **~nútiť** *pf.* zwingen; **~obeda** vormittags; **~okola** *adv.* rings(herum)
dopad *m* Fall, Aufprall, Aufschlag; **~núť** *pf.* auffallen; ausgehen, ausfallen
dopáliť (**dopaľovať**) in Wut bringen, wütend machen
doparoma! zum Teufel!, Donnerwetter!
dopichať *pf.* zerstechen
dopísať *pf.* zu Ende schreiben; hinzufügen
dopis|ovať: ***~ovať si*** im Briefwechsel stehen, korrespondieren; **~ovateľ** *m* Korrespondent; **~ujúci** korrespondierend
do|plácať nachzahlen, zuzahlen; F draufzahlen; **~platok** *m* Nachzahlung *f*; **~plávať** *pf.* (hin)schwimmen bis; *Schiff:* einlaufen; **~plna** *adv.* voll (*eingießen*); **~plňať** *pf.*, **~plniť** (**doplňovať**) ergänzen
do počutia! auf Wiederhören!
do|podrobna *adv.* bis in alle Einzelheiten; **~poludňajší** Vormittags-, vormittäglich; **~poludnia** *adv.* vormittags; **~poly** *adv.* halb, zur Hälfte; **~pomáhať** ⟨**~pomôcť**⟩ verhelfen, unterstützen, beitragen; **~poručený** *Brief:* eingeschrieben; **~povedať** *pf.* aussprechen, zu Ende sprechen; **~pracovať**: ***~pracovať sa*** sich durcharbeiten
doprava[1] *adv.* rechts
doprav|a[2] *f* Verkehr *m*; Beförderung *f*; Verkehrswesen *n*; **~iť** (**~ovať**) befördern, zustellen; **~ný** Verkehrs-
dopredaj *m* Ausverkauf
do|predu *adv.* vorwärts, voran, nach vorn; **~priať** *pf.* gönnen, wünschen; **~prostred** *adv.* inmitten; **~pustiť** (**~púšťať**) kommen lassen, (*a.* ***sa***) zulassen
dopyt *m* Nachfrage *f*; Anrede *f*; **~ovať**: ***~ovať sa*** sich erkundigen
do|rábať herstellen; nebenbei verdienen; **~rast** *m* Nachwuchs; **~rásť** (**~rastať**) auswachsen, groß werden; **~raziť** (**~rážať**) bedrängen; gelangen; **~riadiť** *pf.* (übel) zurichten; **~riešiť** *pf.* (end-

gültig) lösen; **~robiť** *pf.* herstellen; verdienen; fertig machen
dorozumie(va)ť: **~** ***sa*** sich verständigen
doruč|enie *n* Zustellung *f*; Aushändigung *f*; **~iť** (**~ovať**) zustellen; aushändigen; **~ovateľ** *m* Kurier, Eilbote
dosad|iť (**~zovať**) einsetzen
dosah *m* Tragweite *f*; Reichweite *f*; ***na*** **~** zum Greifen nahe; **~ovať** ⟨**dosiahnuť**⟩ erreichen, erzielen; hinreichen
dosiahnuteľný erreichbar; fassbar; greifbar
dosiaľ *adv.* bis jetzt
doska *f* Brett *n*; Platte *f*
doslov *m* Nachwort *n*; **~a**, **~ne** *adv.*, **~ný** *adj.* buchstäblich, wörtlich
dospelý erwachsen; Erwachsene(r)
dospie(va)ť[1] gelangen; heranreifen
dospievať[2] zu Ende singen
dosť *adv.* genug, genügend; **~** ***drahý*** ziemlich teuer
dosta|ť (***sa***) *pf. s.* ***dostávať*** (***sa***); **~točný** genügend, ausreichend; **~tok** *m* genügende Menge *f*, Fülle *f*; **~*tok peňazí*** genug Geld; **~vať** *pf. s.* ***dostavovať***
dostávať erhalten, bekommen; sich verschaffen; **~** ***sa*** gelangen, geraten, kommen; zuteil werden
dostav|iť (**~ovať**): **~*iť*** (**~*ovať***) ***sa*** erscheinen, eintreffen, sich einfinden; **~ovať** zu Ende bauen
dostih|núť *pf.* erreichen; einholen; **~nuteľný** erreichbar; **~y** *pl.* Rennen *n*; **~*ová dráha*** Rennbahn *f*
dostupný zugänglich, erreichbar
dosvedč|iť (**~ovať**) bezeugen, bestätigen
do|sýta *adv.* satt; **~široka** *adv.* lang und breit, in die Breite; **~školenie** *n* zusätzliche Schulung, Fortbildung *f*; **~škr(i)abať** *pf.* zerkratzen
došliap|ať ⟨**~nuť**⟩ zertreten; auftreten
do|šlý *Post:* eingegangen; **~štípať** *pf.* zerstechen; **~študovať** absolvieren, zu Ende studieren; **~tácia** *f* Zuwendung, Dotation; **~tancovať** *pf.* austanzen, zu Ende tanzen
dotaz *m* Anfrage *f*; **~ník** *m* Fragebogen
do|terajší bisherig; **~teraz** *adv.* bisher, bis jetzt; vorläufig; **~tiahnuť** *pf.* (hin)ziehen bis; **~tiaľ(to)** *adv.* solange, bisher; **~tieravý** zudringlich; **~tknúť**: **~*tknúť sa*** *pf. s.* ***dotýkať sa***
dotknutý berührt; ***milo*** **~** angenehm berührt
dotovať dotieren, mit Mitteln ausstatten
do|trhať zerreißen; **~tyčný** Betreffende(r); **~tyk** *m* Be-

rührung *f*; **~týkať**: ***~týkať sa*** berühren; **~vádzať** bringen; führen; **~vážať** einführen, importieren; anliefern; **~vedna** *adv.* zusammen
do videnia! auf Wiedersehen!
do|vidieť sehen (können); **~viesť** *pf. s.* ***dovádzať***; **~viezť** *pf. s.* ***dovážať***; **~vnútra** *adv.* hinein, ins Innere, nach innen
dovol|ať: ***~ať sa*** (***~ávať sa***) rufen, erreichen, erlangen; *nur impf. a.* fordern
dovolen|ie *n* Erlaubnis *f*, Genehmigung *f*; **~ka** *f* Urlaub *m*
dovo|liť (**~ľovať**) erlauben, gestatten, genehmigen
dovoz *m* Einfuhr *f*, Import *m*; Lieferung *f*, Anlieferung *f*; **~ca** *m* Importeur; **~ný** Einfuhr-, Import-
dovrchu *adv.* hinauf, nach oben
dovŕ|šenie *n* Vollendung *f*; **~šiť** (**~šovať**) vollenden, beenden
do|vtedy *adv.* solange; **~vtípiť**: ***~vtípiť sa*** *pf.* begreifen, (darauf) kommen, erraten; **~vysoka** *adv.* in die Höhe, hinauf
downloadovať *pf. EDV* downloaden
do|zadu *adv.* nach hinten, zurück; **~zaista** *adv.* gewiss, wahrlich; **~zajtra** *adv.* bis morgen; **~zerať** achten, sehen (***na niečo*** auf etw.)
dozn|anie *n* Eingeständnis; Geständnis; **~(áv)ať** zugeben, eingestehen
doznie(va)ť verhallen, verstummen
dozor *m* Aufsicht *f*; **~ca** *m* Aufseher; **~ný** Aufsichts-
dozretý reif
dozrie(va)ť reif werden, reifen, ausreifen
dozved|ať: ***~ať sa*** ausfragen, sich erkundigen; **~ieť**: ***~ieť sa*** *pf.* erfahren
do|zvuk *m* Nachhall; **~žadovať**: ***~žadovať sa*** (*G*) fordern, auf etw. bestehen; **~žať** *pf.* zu Ende mähen; **~žierať** ärgern, zusetzen; **~žinky** *f/pl.* Erntefest *n*
dož|iť (**~ívať**) (***sa***) erleben, erreichen
doživotný lebenslänglich
dôchod|ca *m* Rentner; **~ok** *m* Rente *f*; Einkommen *n*, Einnahmen *f/pl.*; ***národný*** **~** Bruttosozialprodukt *n*
dôjsť *pf.* kommen, gehen, gelangen; *Post:* eingehen
dôkaz *m* Beweis
dôkladný gründlich, genau
dôležitý wichtig
dômysel *m* Scharfsinn, Findigkeit *f*; **~ný** findig, scharfsinnig, ausgeklügelt
dôraz *m* Nachdruck; Hervorhebung *f*; **~ný** nachdrücklich, ausdrücklich, eindringlich
dôsledok *m* Folge *f*, Konse-

quenz *f*
dôstojn|ík *m* Offizier; **~ý** würdig
dôvažok *m* Anhängsel *n*; Zugabe *f*; ***na ~*** als Zugabe, außerdem
dôver|a *f* Vertrauen *n*; **~ník** *m* Vertrauensmann; **~ný** vertraulich, geheim; **~ovať** vertrauen; anvertrauen; **~yhodný** vertrauenswürdig
dôvod *m* Grund, Ursache *f*; **~iť** argumentieren
dôvtip *m* Scharfsinn, Mutterwitz; **~ný** witzig, scharfsinnig
dráb *m* Scherge
dráč *m* Raufbold, Schläger
dračka *f* Schlägerei
dráha *f* Bahn; ***lanová ~*** Drahtseilbahn; ***Mliečna ~*** Milchstraße; ***životná ~*** Lebensweg *m*; Karriere, Laufbahn
draho|cenný kostbar; **~kam** *m* Edelstein; **~ta** *f* Teuerung
drah|ší *comp.* teurer; **~ý** teuer; wertvoll, kostbar; lieb
drak *m* Drache; ***púšťať ~a*** den Drachen steigen lassen
drakonický drakonisch
dráma *f* Drama *n*
dramati|cký dramatisch; **~k** *m* Dramatiker; **~zovať** dramatisieren
drancovať rauben, plündern
dráp *m* Kralle *f*, Klaue *f*
drastický drastisch
drať abnützen, abtragen; prügeln; ***~ sa*** sich drängen; sich raufen, sich schlagen; abgenützt werden
drav|ec *m* Raubtier *n*; Raubvogel; Raubfisch; **~ý** Raub-, wild; ***~ý potok*** Wildbach
dražba *f* Versteigerung
dráždi|ť reizen, erregen; *Hund* hetzen; **~vý** Reiz-, reizbar
dreň *f Anat.* Mark *n*
drep *m* Kniebeuge *f*
dres *m Sp.* Dress
drevák *m* Holzschuh
drevár|eň *f* Holzschuppen *m*; **~sky** Holz-; Holz verarbeitend
drevený hölzern, Holz-
drevo *n* Holz; **~obrábací** Holzverarbeitungs-; **~rez** *m* Holzschnitt; **~rubač** *m* Holzfäller; **~vina** *f* Zellstoff *m*
drezírovať dressieren
drhnúť reiben, scheuern
driapať kratzen; ***~ sa*** (mit Mühe) hochklettern; ***~ sa hore*** hoch hinauswollen
driečny stattlich, stämmig
driek *m* Rumpf; Taille *f*
driem|ajúci schlummernd; **~ať** schlummern; **~ota** *f* Schlummer *m*
drieň *m* Kornelkirsche *f*; Kornelkirschstrauch
drieť (***sa***) sich abplagen, sich abrackern, schuften; büffeln
drina F *f* Schinderei, Plackerei
drkotať rasseln, klappern
drob|čiť trippeln; **~iť** zerstü-

ckeln; *Brot* brocken; **~izg** *m* kleine Kinder *n/pl.*; Kleinzeug *n*; **~né** *n/pl.* Kleingeld *n*, Wechselgeld *n*; **~nohľad** *m* Mikroskop *n*; **~nosť** *f* Kleinigkeit; **~ný** klein, gering; **~y** *m/pl.* Innereien *pl.*; ***husacie ~y*** Gänseklein *n*
drog|a *f* Droge; **~ovať** ⟨**na~**⟩ Drogen nehmen
drogéria *f* Drogerie
drozd *m* Drossel *f*; **~í** Drossel-
droždie *n* Hefe *f*
drôt *m* Draht; **~ený**, **~ový** Draht-
drsný rau
druh *m* Art *f*, Gattung *f*, Sorte *f*; Freund, Gefährte; ***literárny ~*** Genre *n*
druho|radý zweitrangig; **~tný** sekundär
druh|ý zweiter; anderer; ***o ~ej*** um zwei (Uhr)
drúk *m* Knüppel
druž|ba[1] *f* Freundschaft; **~ba**[2] *m* Brautführer; **~ica** *f* Brautjungfer; Satellit *m*; ***umelá ~ica*** künstlicher (Erd-)Satellit; **~ina** *f* Schar, Gesellschaft, Gruppe; **~ka** *f* Gefährtin; **~ný** freundschaftlich, einträchtig
družst|evníctvo *n* Genossenschaftswesen; **~evník** *m* Genossenschaftsbauer; **~evný** genossenschaftlich; **~vo** *n* Genossenschaft *f*; Gruppe *f*, Mannschaft *f*
drvi|ť zermalmen, zerschlagen; **~vý** niederschmetternd, vernichtend
drz|osť *f* Dreistigkeit, Frechheit; **~ý** dreist, frech
držať halten; ***~ sa*** (*G*) (fest-)halten (an); durchhalten
drž|ba *f* Besitz(tum *n*) *m*; **~groš** *m* Geizkragen, Pfennigfuchser; **~iteľ** *m* Besitzer; (Ordens-)Träger
držk|y *f/pl.* Kutteln; ***~ová polievka*** *f* Kuttelsuppe
dub *m* Eiche *f*
dubkom *adv.*: ***vlasy mu stoja ~*** die Haare stehen ihm zu Berge
dudlík *m* Schnuller, Lutscher
dueto *n* Duett
dúfať hoffen
dúha *f* Regenbogen *m*; F ***pije ako ~*** P er trinkt wie ein Fass
dúhovka *f Anat.* Regenbogenhaut
duch *m* Geist; Gespenst *n*; **~aplný** geistvoll, scharfsinnig; **~aprítomnosť** *f* Geistesgegenwart; **~ovný** geistlich; Geistliche(r)
dumať nachdenken, sinnen, träumen
Dunaj *m* Donau *f*; **~ský** Donau-
dun|enie *n* Getöse, Grollen, Dröhnen, Donnern; **~ieť** donnern, tosen, dröhnen, grollen
dup|ať stampfen, trampeln; **~núť** *pf.* aufstampfen; **~ot** *m* Stampfen *n*, Gestampfe *n*

dus|ík *m Chem.* Stickstoff; **~iť** würgen; *Kochk.* schmoren; ***~iť sa*** keine Luft bekommen, ersticken; **~ivý** drückend, stickig; **~ný** schwül, stickig

duša *f* Seele; *Tech.* Schlauch *m*

duševný seelisch, Seelen-; geistig; ***~ výkon*** geistige Leistung

dúšok *m* Schluck, Zug

duť wehen, blasen

dutina *f* Höhle

dutý hohl

dúži stark, groß; gesund

duži|eť stark, reif werden; **~na** *f* Fruchtfleisch *n*

dva (**dve** *f*) zwei; **~dsať** zwanzig; **~dsiaty** zwanzigste(r); **~ja** zwei (*Lebewesen*), zu zweien; **~krát** *adv.* zweimal; **~násť** zwölf; **~násty** zwölfte(r)

dvere *fpl.* Tür *f*

dvesto *undekl.* zweihundert; **~krát**, **~ráz** *adv.* zweihundertmal; **~ročný** zweihundertster

dvetisíc zweitausend

dvierka *n/pl.* Ofentür *f*; Gartentür *f*

dvíha|cí Hebe-; **~ť** (empor-, auf)heben; ***~ť sa*** steigen, sich heben; sich erheben

dvoj|aký zweierlei; doppelt; **~bodka** *f Gr.* Doppelpunkt *m*; **~boj** *m* Zweikampf; **~ča** *n* Zwilling *m*; **~e** zwei; ***na ~e*** entzwei; **~hlasný** zweistimmig; **~ica** *f* Paar *n*; **~itý** doppelt, Doppel-; **~izbový** Zweizimmer-; **~jazyčný** zweisprachig; **~ka** *f* Zwei, Zweier *m*; **~koľajný** doppelgleisig, zweigleisig; **~mo** *adv.* zweimal, doppelt; **~násobný** doppelt, zweifach; **~násobok** *m* das Doppelte; **~ník** *m* Doppelgänger; **~plošník** *m Flgw.* Doppeldecker; **~sečný** zweischneidig; **~takt** *m* Zweitaktmotor; **~zmyselný** zweideutig; **~zväzkový** zweibändig

dvor *m* Hof; Gehöft *n*; **~iť** den Hof machen; **~ný** Hof-, höfisch

dych *m* Atem; Atemzug; ***jedným ~om*** in einem Atem

dýcha|dlá *n/pl.* Atmungsorgane; **~ť** atmen; **~vičnosť** *f* Atemnot, Atembeschwerden *fpl.*; **~vičný** asthmatisch

dychčať keuchen

dýchnuť *pf.* einen Atemzug machen, Atem holen; blasen

dychovka P *f* Blasmusik

dychový *Mus.* Blas-

dychti|ť sich sehnen, streben; **~vý** gierig, sehnsuchtsvoll

dýka *f* Dolch *m*

dym *m* Rauch, Qualm; **~iť**: ***~iť sa*** rauchen, qualmen; **~ový** Rauch-, Qualm-

dyňa *f* Melone; Kürbis *m*

džavot *m* Geplapper *n*; **~ať** plappern

džbán *m* Krug
džem *m* Konfitüre *f*
džez *m* Jazz; **~ový** Jazz-
džínsy *m/pl.* Jeans *f/pl.*
džús *m* Saft
džungľa *f* Dschungel *m*

E

edícia *f* Edition, Ausgabe; Buchreihe
edičný Verlags-
efektívny effektiv
efektný wirkungsvoll
egoistický egoistisch
egreš *m* Stachelbeere *f*; Stachelbeerstrauch
Egypt *m* Ägypten *n*; **2ský** ägyptisch
ekológi|a *f* Ökologie; **~cký** ökologisch
ekonómia *f* Ökonomik; Wirtschaft
ekumenický ökumenisch
elegantný elegant
elektráreň *f* Elektrizitätswerk *n*, Kraftwerk *n*; ***jadrová ~*** Kernkraftwerk
elektri|cký Elektro-, elektrisch; **~čka** *f* Straßenbahn; **~čenka** *f* Monatskarte
emancipácia *f* Emanzipation
emigr|ácia *f* Emigration, Auswanderung; **~ovať** emigrieren, auswandern
emocionálny emotional
encefalitída *f* Hirnhautentzündung
energ|eticky Energie-, energetisch; **~ia** *f* Energie; **~ický** energisch
epidemický epidemisch
epizóda *f* Episode
epocha *f* Epoche
éra *f* Ära
erb *m* Wappen *n*
erdžať wiehern
eroti|cký erotisch; **~ka** *f* Erotik
esej *m* Essay *n*
eskalátor *m* Rolltreppe *f*
eso *n Spielkarte* Ass; Spitzenkönner *m*, Ass
ešte *adv.* noch; ***~ že čo!*** was denn noch alles!
Etiópia *f* Äthiopien *n*
Európ|a *f* Europa *n*; **~an** *m* Europäer; **2sky** europäisch
euro *n* Euro *m*
evanjeli|um *n* Evangelium; **~k** *m* Protestant; **~cký** evangelisch, protestantisch
evidenci|a *f* Berichtswesen *n*; ***mať v ~i*** im Auge behalten
exekútor *m* Gerichtsvollzieher
exemplárny exemplarisch
exhibícia *f* *Sp.* Schaulaufen *n*
exil *m* Exil *n*; **~ový** Exil-
exist|encia *f* Existenz; Existenzgrundlage; **~ovať** existieren, bestehen
ex|panzívny expansiv; **~perimentovať** experimentieren;

~pert *m* Experte; **~plodovať** explodieren; **~port** *m* Export; **~pres** *m* F D-Zug; *adv.* (als) Eilbrief, per Eilboten
exulant *m* Vertriebener

F

fabrika *f* Fabrik
facka F *f* Ohrfeige
fajč|enie *n* Rauchen; **~iar** *m* Raucher; **~iť** rauchen
fajka *f* Pfeife
fakľa *f* Fackel
fakt *m* Tatsache *f*; **~ický** faktisch, tatsächlich; **~ový** Tatsachen-
fakulta *f* Fakultät
faloš *f* Falschheit; **~ný** falsch, gefälscht; unaufrichtig
falšovať (ver)fälschen
falzifikát *m* Fälschung *f*
fáma P *f* Gerücht *n*
fanatický fanatisch
fantazírovať fantasieren; schwärmen
fanúšik *m Sp.* Fan *m*
far|a *f* Pfarre; **~ár** *m* Pfarrer; **~ský** Pfarr-
farb|a *f* Farbe; **~iareň** *f* Färberei; **~iť** färben; **~ivo** *n* Farbstoff *m*; **~oslepý** farbenblind
farebný farbig, bunt; **~ film** Farbfilm *m*
farma *f* Farm, Zuchtbetrieb *m*
fasáda *f* Fassade
fascinovať faszinieren
fašiangy *m/pl.* Fasching *m*
fašírka *f* Hackfleisch *n*
fašist|a *m* Faschist; **~ický** faschistisch
fax *m* Fax; **~ovať** faxen
fáza *f* Phase
fazuľa *f* Bohne; **~ový** Bohnen-
február *m* Februar
federácia *f* Föderation
fén *m* Haartrockner
fešák F *m* fescher Bursche
festival *m* Festspiele *n/pl.*; **~ový** Festspiel-
fetovať P sich mit Chemikalien betäuben, schnüffeln
feudál *m* Feudalherr, Lehnsherr; **~ny** feudal, feudalistisch
fial|ka *f* Veilchen *n*; **~ový** violett, veilchenblau
fičúr F *m* Geck
fiflena F *f* Modepuppe
figa *f* Feige
fígeľ *m* Witz; Trick
figliar *m* Witzbold
figúr|a *f* Figur; **~ka** *f* Figürchen *n*
figurovať figurieren, auftreten (als)
filiálka *f* Filiale, Zweigstelle
film *m* Film; **~ár** *m* Filmemacher; **~ovať** *einen Film* drehen; **~ový** filmisch, Film-, Kino-

filológia *f* Philologie
filozof *m* Philosoph; **~ia** *f* Philosophie; **~ický** philosophisch; **~ovať** philosophieren
Fín *m* Finne; **~sko** *n* Finnland; **2sky** finnisch
finančný finanziell
fintiť: **~ *sa*** F sich herausputzen
fir|emný Firmen-; **~ma** *f* Firma; Firmenschild *n*
fixovať fixieren, festlegen
fízel P *m* Geheimer, Spitzel
fľak *m* Flecken
flákať: **~ *sa*** F bummeln, herumlungern
flám F *m* Gelage *n*; **~ovať** F sich amüsieren; bummeln
fľaš(k)a *f* Flasche
flauta *f* Flöte
flegmatický phlegmatisch
flinta F *f* Gewehr *n*, Flinte
flirt *m* Flirt; **~ovať** flirten
flotila *f* Flotte
fňukať F flennen, weinen
folklór *m* Folklore *f*, Volkskunde *f*; **~ny** volkskundlich
fond *m* Fonds
form|a *f* Form; **~alita** *f* Formalität; **~ulár** *m* Formular *n*; **~ulovať** formulieren
fóry F *m/pl.* Umstände *m/pl.*; F Faxen *f/pl.*
fotel *m* Lehnstuhl
fotoaparát *m* Fotoapparat
foto|grafovať fotografieren; **~kópia** *f* Fotokopie
frajer F *m* Freier, Verehrer, Liebste(r); Geck; **~ka** *f* Liebste
frakcia *f* Fraktion
Francúz *m* Franzose; **~ka** *f* Französin; **~sko** *n* Frankreich; **2sky** französisch; **2ština** *f* Französisch(e) *n*
fraška *f* Farce, Posse
fráza *f* Phrase
frčka *f* Nasenstüber *m*
frekvencia *f* Häufigkeit; Verkehr *m*; Frequenz
fréza *f Tech.* Fräse
frflať F murren, meckern
fŕkať (be)spritzen
front *m* Front *f*; Schlange *f*, Reihe *f*
frotírový Frottier-
fučať *Wind*: sausen, pfeifen; keuchen, pusten
fufňať näseln
fujavica *f* Schneegestöber *n*
fúkať blasen, sausen
fundament *m* Fundament *n*; **~álny** grundsätzlich
fungovať funktionieren; *Maschine*: in Betrieb sein, arbeiten
funkci|a *f* Funktion; Stellung, Posten *m*; **~onár** *m* Funktionär
fúra *f* Fuhre, große Menge
fušer F *m* Pfuscher
futbal *m* Fußball; **~ový** Fußball-
fúz *m* Schnurrbart, Schnauzbart; **~atý** schnurrbärtig
fyzi|cký physisch; **~kálny** physikalisch

G

gágať schnattern
gágor *m* Gurgel *f*, Schlund
gagotajúci schnatternd
gajdoš *m* Dudelsackpfeifer
galantéria *f* Kurzwaren *f/pl.*
galéria *f* Galerie
galiba F *f* Unglück *n*, Verdruss *m*
galop *m* Galopp
gangster *m* Gangster
garan|cia *f* Garantie; **~tovať** garantieren
garáž *f* Garage; ***viacpodlažná ~*** Parkhaus *n*
garbiar *m* Gerber; **~eň** *f* Gerberei
garda *f* Garde
garderóba *f* Garderobe
gašparko *m Thea.* Kasperle *n od. m*; ***~vé divadlo*** Kasperletheater *n*
gaštan *m* Kastanie *f*; **~ový** Kastanien-
gauč *m* Couch *f*
gavalier *m* Kavalier
gazd|a *m* Wirt, Hausherr; **~iná** *f* Wirtin; **~ovať** wirtschaften; **~ovstvo** *n* Wirtschaft *f*
gáža *f* Gage, Sold *m*
gebuzina F *f* Mischmasch *m*; Unsinn *m*
gél *m* Gel *n*; ***~ na vlasy*** Haargel *n*; ***sprchový ~*** Duschgel *n*
gén *m* Gen *n*; ***~ové inžinierstvo*** *n* Gentechnik *f*
gene|rácia *f* Generation; **~račný** Generations-; **~rál** *m* general; **~ralizovať** verallgemeinern; **~rálka** *f Thea.* Generalprobe;; **~rálny** General-
geniálny genial
génius *m* Genius, Genie *n*
germanofil *m* Germanophile
gestikulovať gestikulieren
gesto *n* Geste *f*
geto *n* Getto
gigantický gigantisch
git *m* Kitt; **~ovať** (ver)kitten
gitara *f* Gitarre
glej *m* Leim
glg *m* Schluck; **~ať** schlucken
globalizácia *f Pol.* Globalisierung
glorifikovať glorifizieren
glosa *f* Glosse
gniav|ený unterdrückt, bedrückt; **~iť** bedrücken, unterdrücken, niederhalten
gobelín *m* Gobelin
gól *m Sp.* Tor *n*
golf *m* Golf; Golf *n* (*Spiel*)
golier *m* Kragen
gombík *m* Knopf
goti|cký gotisch; **~ka** *f* Gotik
gracióżny graziös
grafika *f* Grafik
gram *m* Gramm *n*
gramati|cký grammatikalisch; **~ka** *f* Grammatik

gramofón *m* Plattenspieler; **~ová platňa** Schallplatte *f*
granát *m* Granate *f*
gratulovať gratulieren
gravírovať gravieren
Gré|cko *n* Griechenland; **~k** *m* Grieche; **2cky** griechisch; **2čtina** *f* Griechisch(e) *n*
grimasa *f* Grimasse
gróf *m* Graf; **~ka** *f* Gräfin; **~sky** gräflich
Grónsko *n* Grönland
groš *m* Groschen
groteska *f* Groteske
guľa *f* Kugel; ***snehová ~*** Schneeball *m*
guláš *m* Gulasch *n od. m*
gúľať rollen
guľatina *f* Rundholz *n*
guľatý rund
guľk|a *f* Kugel; Patrone; **~ový** Kugel-
guľo|met *m* Maschinengewehr *n*; **~vať**: ***~vať sa*** mit Schneebällen werfen
guma *f* Gummi *m*; Radiergummi *m*
gumov|ať (aus)radieren; **~ý** Gummi-
gunár *m* Gänserich
guvernér *m* Gouverneur
gýč *m* Kitsch, Geschmacklosigkeit *f*
gymnastika *f* Gymnastik
gymnázium *n* Gymnasium
gyps *m* Gips; **~ový** Gips-

H

habať greifen; raffen; beschlagnahmen
háč|ik *m* Häkchen *n*, Haftel *m od. n*; Haken; Angelhaken **~kovať** häkeln
had *m* Schlange *f*; **~í** Schlangen-
háda|m *adv.* vielleicht, wohl; **~nka** *f* Rätsel *n*; **~ť** raten; wahrsagen; ***~ť sa*** streiten, zanken; **~vý** streitsüchtig, zänkisch
hadica *f* Schlauch *m*
hádka *f* Streit *m*
hádza|ná *f Sp.* Handball *m*; **~ť** werfen, schleudern
háj *m* Hain
hájiť verteidigen, schützen; hegen; ***~ sa*** sich verteidigen; sich rechtfertigen
hájnik *m* Förster
hák *m* Haken
háklivý heikel
hala *f* Halle; Vorhalle; Diele
halier *m* Heller
halušky *f/pl.* Nocken, Spätzle *pl.*
haluz *f* Zweig, Ast *m*; **~ie** *n*, **~ina** *f* Geäst *n*
hamov|ať bremsen; **~ka** *f Tech.* Bremse
hana *f* Schmähung, Tadel *m*
hanb|a *f* Schande; **~iť**: ***~iť sa*** sich schämen; **~livý** scheu, schamhaft
handlovať F handeln

handra *f* Lumpen *m*, Fetzen *m*

han|ebný schädlich, niederträchtig; **~iť** schmähen, tadeln; **~livý** Schmäh-; Schimpf-; **~obiť** schmähen; **~obný** Schmäh-

haraburdie *n* Trödelkram *m*, Gerümpel *n*

harfa *f* Harfe

haring *m* Hering

harlekýn *m* Harlekin, Hanswurst

harmanček *m* Kamille *f*

harmónia *f* Harmonie

hárok *m* Bogen

harpúna *f* Harpune

haruľa *f* Kartoffelpuffer *m*

hasi|č *m* Feuerwehrmann; **~ť** löschen

hasnúť *pf.* verlöschen, ausgehen

hašteri|ť: **~ť** ***sa*** zanken, hadern; **~vý** zänkisch

hať *f* Wehr *n*, Staudamm *m*

hatiť hindern, aufhalten

havária *f* Havarie, Unfall *m*

havarovať einen Unfall haben, abstürzen

háveď *f* Gesindel *n*

haviar *m* Hauer, Bergmann

havkať bellen

havran *m* Rabe; **~í** Raben-

hazard *m* Risiko *n*; **~ná** ***hra*** *f* Glücksspiel *n*

hebký geschmeidig, zart, weich

hegemónia *f* Hegemonie

hej ja(wohl)

hektár *m* Hektar *n*

hektoliter *m* Hektoliter *m od. n*

helikoptéra *f* Hubschrauber *m*

helma *f* Helm *m*

hemžiť: **~** ***sa*** wimmeln

her|ec *m* Schauspieler; **~ečka** *f* Schauspielerin; **~ňa** *f* Kasino *n*, Spielzimmer *n*

heslo *n* Losung *f*, Devise *f*; *Mil.* Parole *f*, Kennwort; Stichwort

história *f* Geschichte

historický historisch

hľa! *Int.* siehe!, schau!, da!

hlad *m* Hunger

hľadať suchen, ausfindig machen

hľadieť blicken, schauen

hladina *f* Oberfläche; ***morská*** **~** Meeresspiegel *m*

hľadisko *n* Standpunkt *m*; Zuschauerraum *m*

hlad|iť streicheln; glätten; bügeln, plätten; **~kať** streicheln, liebkosen; **~ký** glatt

hlad|ný hungrig; **~ovať** hungern; **~ovka** *f* Hungerstreik *m*; **~ový** Hunger-

hlas *m* Stimme *f*

hlása|ť verkünden, predigen; **~teľ** *m* Verkünder; *Rdf.* Sprecher; **~nie** *n* Verkündung *f*

hlás|enie *n* Meldung *f*; **~iť** *(im)pf.* melden, ansagen, bekannt geben; **~iť** ***sa*** sich melden; sich anmelden; sich bekennen (zu *etw.*)

hlasitý laut

hláska *f* Laut *m*
hlasný laut, vernehmlich
hlasova|cí Stimm-; **~nie** *n* Abstimmung *f*; **~ť** (ab)stimmen
hlava *f* Kopf *m*, Haupt *n*
hlav|átka *f Zo.* Huchen *m*; **~atý** dickköpfig; **~eň** *f* (*Gewehr-*)Lauf *m*; **~ička** *f* Köpfchen *n*; Schlagzeile *f*
hlávkový Kopf-; **~ *šalát*** Kopfsalat *m*
hlavný hauptsächlich, Haupt-, Ober-; **~** *m* Oberkellner
hĺbavý grüblerisch, nachdenklich
hlbina *f*, **hĺbka** *f* Tiefe
hlboký tief; gründlich
hliadk|a *f* Streife, Patrouille; **~ovať** patrouillieren
hlien *m* Schleim
hlin|a *f* Lehm *m*; **~ený** Lehm-, Ton-; **~ík** *m* Aluminium *n*
hlivieť untätig sein
hloda|ť nagen; **~vec** *m* Nagetier *n*, Nager
hloh *m* Hagedorn
hlt *m* Schluck; **~an** *m* Schlund, Gurgel *f*; **~ať** (ver)schlucken, verschlingen; **~avý** gierig
hlúb *m* Stängel
hlu|čný laut, geräuschvoll; **~k** *m* Geräusch *n*, Lärm
hluch|núť taub werden; **~ý** taub
hlupák *m* Dummkopf
hlúposť *f* Dummheit
hlúpy dumm
hľuza *f* Knollen *m*
hmat *m* Tastsinn; Griff; **~ať** ertasten, fühlen; **~ateľný** fühlbar, greifbar
hmla *f* Nebel *m*
hmlistý neblig
hmot|a *f* Stoff *m*; Materie, Masse; **~ný** materiell
hmyz *m* Insekt *n*; Ungeziefer *n*
hnací Trieb-, Treib-; **~ *remeň*** Treibriemen *m*
hnačka F *f* Durchfall *m*
hnať treiben, jagen; *Tech.* antreiben; **~ *sa*** jagen (***za niečím*** nach etw.); dahinjagen
hneď *adv.* sofort, unmittelbar, gleich; **~ *prvý deň*** gleich am ersten Tag
hned|núť braun werden; **~ý** braun
hnev *m* Zorn, Wut *f*; **~ať** ärgern; **~*ať sa*** sich ärgern; böse sein
hniesť *Teig* kneten
hniezdiť nisten; **~ *sa*** unruhig sitzen, zappeln
hniezdo *n* Nest
hniloba *f* Fäule, Fäulnis
hnilý faul, verfault
hnis *m* Eiter; **~ať** eitern
hniť faulen, verwesen
hnoj *m* Mist, Dung; **~iť** düngen; **~ivo** *n* Düngemittel
hnus *m* Ekel; **~iť**: ***~iť sa*** *unpers.* sich ekeln; ***~í sa mi niečo*** etw. ekelt mich an; **~ný** ekelhaft
hnúť (***sa*** sich) (*im*)*pf.* bewe-

gen, rühren
hnut|eľnosť *f* bewegliche Habe, Mobilien *pl.*; **~eľný** beweglich; **~ie** *n* Bewegung *f*
hoblík *m* Hobel
hobľovať (ab)hobeln
hoboj *m* Oboe *f*
hoc(ij)aký irgendein, ein beliebige(r)
hoci *cj.* obgleich, obwohl; **~čo** irgendetwas, was auch immer; **~kam** *adv.* wohin (auch) immer; **~kde** *adv.* wo (auch) immer; **~kedy** *adv.* wann (auch) immer; **~kto** wer (auch) immer, jeder beliebige
hod *m Sp.* Wurf
hodin|a *f* Stunde; ***o piatej ~e*** um fünf Uhr; ***o ~u*** in (nach) einer Stunde; **~ár** *m* Uhrmacher; **~ky** *f/pl.* Armbanduhr *f*; **~y** *f/pl.* Uhr *f*; (*Strom-*) Zähler *m*
hodiť *pf.* werfen; **~ *sa*** sich werfen; sich eignen, passen; ***to sa mi hodí*** das passt mir
hod|lať beabsichtigen; **~ne** *adv.* ziemlich, recht; ***~ne viac*** bei weitem mehr; **~no** *unpers.* es lohnt
hodno|sť *f* Würde, Rang *m*; Stellung; **~stár** *m* Würdenträger; **~ta** *f* Wert *m*; **~tiť** bewerten, beurteilen, einschätzen; **~tný** wertvoll; **~verný** glaubwürdig
hodný würdig, wert; brav; ordentlich, ziemlich (groß)
hodovať schmausen
hodváb *m* Seide *f*; **~ny** Seiden-
hody *m/pl.* Schmaus *m*, Festmahl *n*
hojda|čka *f* Schaukel; Wiege; **~ť** (***sa*** sich) wiegen; schaukeln
hojiť (***sa***) (ab)heilen
hojn|osť *f* Überfluss *m*; **~ý** reichlich, zahlreich
hokej *m Sp.* Hockey *n*
hoľa *f* Alm
Holandsk|o *n* Holland; **2ý** holländisch
hold *m* Huldigung *f*
holiaci Rasier-
holič *m* Friseur; **~stvo** *n* Friseursalon *m*
holiť (***sa*** sich) rasieren
holokaust *m* Holocaust
holohlavý kahlköpfig
holub *m* Taube *f*; **~í** Tauben-
holý kahl, nackt, bloß
hon *m* Jagd *f*; **~ba** *f fig.* Jagd; **~iť** verfolgen, (an)treiben, jagen
honosiť: **~ *sa*** prahlen, sich rühmen
hor (sa)! auf!
hora *f* Berg *m*; Wald *m*
horár *m* Förster; **~eň** *f* Försterei
horčica *f* Senf *m*
horda *f* Horde, Haufe *m*
hore *adv.* oben, hinauf, nach oben; ***ruky ~!*** Hände hoch!; ***chodiť ~ dolu*** auf und ab gehen; ***bol ~*** er war wach
horekovať jammern, wehklagen

horieť brennen, lodern
hork|núť bitter werden; **~osť** *f* Bitterkeit; Bitternis; **~oťažko** *adv.* mit Müh und Not; **~ý** bitter
horľavý leicht entzündbar, feuergefährlich
horliv|ec *m* Eiferer, Fanatiker; **~osť** *f* Eifer *m*; **~ý** eifrig
hornatý gebirgig, bergig
horník *m* Dame *f* (*im Kartenspiel*)
horný oberer; **~ *tok*** Oberlauf *m*
horolezec *m* Bergsteiger
horský Gebirgs-, Berg-
horší *comp.* schlechter, schlimmer
horúci heiß
horúčava *f* Glut, (sengende) Hitze
horúčk|a *f* Fieber *n*; **~ovitý** fieberhaft
horúčosť *f* Hitze
hospodár *m* Wirt; ***národný* ~** Volkswirt; **~enie** *n* Wirtschaften; Sparen; **~iť** wirtschaften; sparen, sparsam umgehen; **~ny** wirtschaftlich, sparsam; **~sky** ökonomisch, Wirtschafts-; **~stvo** *n* Wirtschaft *f*
Hospodin *m hist.* Herr (Gott)
hosť *m* Gast; ***stály* ~** Stammgast
hosti|na *f* Gastmahl *n*, Festessen *n*; **~nec** *m* Gasthaus *n*, Gaststätte *f*; **~nský** *m* Gastwirt; **~ť** bewirten, zu Gast haben; **~teľ** *m* Gastgeber
hosťovať *Thea.* gastieren
hotel *m* Hotel *n*; **~ier** *m* Hotelier; ***~ová izba*** *f* Hotelzimmer *n*
hotov|é *pl.* Bargeld *n*; ***za ~é*** gegen bar; **~osť** *f* Barbestand *m*; **~ý** fertig, bereit
hovä|do *n* Vieh, Rind(er *pl.*); **~dzí** Rind(s)-, Rinder-; **~dzina** *f* Rindfleisch *n*
hovor *m* Gespräch *n*; **~ca** *m* Sprecher; ***~ca vlády*** *m* Regierungssprecher; **~iť** sprechen; **~ový** umgangssprachlich
hra *f* Spiel *n*; (*Bühnen-*)Stück *n*
hrab|ať rechen; graben; raffen; ***~ať sa*** wühlen; sich drängen; **~ivý** habgierig; **~le** *f/pl.* Rechen *m*, Harke *f*
hráč *m* Spieler
hračka *f* Spielzeug *n*
hrad *m* Burg *f*; **~ba** *f* Wall *m*; **~iť** ersetzen; **~lo** *n* Stellwerk; **~ská** *f* Landstraße
hrádza *f* Damm *m*, Deich *m*
hrach *m* Erbsen *f/pl.*
hran|a *f* Kante; **~atý** eckig; **~ica** *f* Grenze; **~ičiť** grenzen; **~ol** *m* Prisma *n*
hra|ť spielen; ***~ť sa*** sich aufspielen; **~vý** spielerisch; spielend
hrazda *f Sp.* Reck *n*
hrb *m* Höcker, Buckel
hŕba *f* Haufen *m*
hrb|áč *m* Bucklige(r); **~iť**: ***~iť sa*** sich kümmern; sich beugen

hŕbka *f* Häuflein *n*
hrboľatý holprig
hrča *f* Knorren *m*; Knolle; Beule
hrčať rasseln, rattern, poltern
hrdin|a *m* Held; **~ský** heldenhaft, heroisch; **~stvo** *n* Heldentum; Heldentat *f*
hrdlička *f* Turteltaube
hrdlo *n* Kehle *f*
hrdosť *f* Stolz *m*
hrdý stolz
hrdza *f* Rost *m*; **~vieť** (ver)-rosten; **~vý** rostig
hrebeň *m* Kamm
hrešiť sündigen; schelten, schimpfen
hriadeľ *m Tech.* Welle *f*
hriadka *f* Beet *n*
hrianka *f Kochk.* Toast *m*, Röstbrot *n*
hriať (***sa*** sich) wärmen
hríb *m* Steinpilz
hrie|ch *m* Sünde *f*; **~šny** sündig, sündhaft
hriva *f* Mähne
hrivna *f hist.* Pfund *n*
hrkot Rattern *n*; **~ať** rattern, klappern
hrmieť donnern, dröhnen
hrmot *m* Rattern *n*, Dröhnen *n*; **~ať** rattern, dröhnen
hrnč|ek *m* Steintopf, Krug; **~iar** *m* Töpfer
hrniec *m* Kochtopf
hrnúť schieben, wälzen; **~ *sa*** sich drängen; sich wälzen; strömen
hrob *m* Grab *n*; **~ár** *m* Totengräber; **~ka** *f* Gruft
hroch *m* Nilpferd *n*
hrom *m* Donner; ***udrel* ~** es donnerte; es hat eingeschlagen
hromad|a *f* Haufen *m*; **~iť** anhäufen; **~ný** massenhaft, Massen-; gemeinsam
hromozvod *m* Blitzableiter
hromžiť fluchen, wettern
hrot *m* Spitze *f*; **~ok** *m* Melkkübel
hrozba *f* Drohung
hrozienko *n* Rosine *f*
hroz|iť drohen; **~*iť sa*** sich fürchten; **~ivý** drohend, bedrohlich
hrozno *n* Weintraube(n *pl.*) *f*
hrozný schrecklich, entsetzlich, fürchterlich
hrôz|a *f* Schrecken *m*, Entsetzen *n*; **~ovláda** *f* Schreckensherrschaft, Terror *m*
hrs|ť *f* Faust; Hand voll; ***vziať do* ~*ti*** in die Hand nehmen
hŕstka *f* Häuflein *n*, Hand voll
hrtan *m* Kehlkopf, Kehle *f*
hrúbka *f* Dicke, Stärke
hrub|núť dick werden; **~ý** dick, grob; *Fin.* Brutto-
hru|ď *f* Brust; **~dník** *m* Oberkörper; **~dný** Brust-
hruda *f* Klumpen *m*; Scholle
hruška *f* Birne
hrýzť beißen; kauen; nagen; ***hryzie ho svedomie*** er hat Gewissensbisse
hub|a *f* Schwamm *m*; F Maul *n*; **~atý** F großmäulig
hubiť zugrunde richten

huckať reizen, hetzen
hud|ba *f* Musik; **~obník** *m* Musiker, Musikant; **~obný** Musik-, musikalisch
húf *m* Haufe, Bande *f*, Schar *f*
huk *m*, **~ot** *m* Lärm, Getöse *n*, Dröhnen *n*
humanit|a *f* Humanität; **~ný** Humanitäts-, humanitär
humno *n* Scheuer *f*, Scheune *f*
huňatý zottig
huncút *m* Spitzbube, Gauner; **~stvo** *n* Gaunerei *f*
hundrať brummen, knurren
húpa|čka *f* Schaukel; **~ť** schaukeln, wiegen
hurhaj *m* Geschrei *n*, Lärm
hus *f* Gans; **~(ac)í** Gänse-
húsenica *f* Raupe
husl|e *f/pl.* Geige *f*; **~ista** *m* Geiger
huspenina *f* Sülze
hust|iť verdichten; eindicken; **~núť** dick werden; **~ota** *f* Dichte; **~ý** dicht; dick
húšť, ~ava *f* Dickicht *n*, Gebüsch *n*
hútať nachsinnen
hutní|cky metallurgisch, Hütten-; **~ctvo** *n* Metallurgie *f*; Hüttenwesen; **~k** *m* Hüttenarbeiter
húževnatý beharrlich, zäh, ausdauernd
hvezdáreň *f* Sternwarte
hviezd|a *f* Stern *m*; **~ica** *f* Sternchen *n*; **~natý** gestirnt, sternklar; **~ny** Stern-
hvízdať ⟨**hvizdnúť**⟩ pfeifen
hybaj! *Int.* los!
hýbať rühren, bewegen, in Bewegung setzen
hybný Trieb-, Treib-
hydin|a *f* Geflügel *n*; **~árstvo** *n* Geflügelzucht *f*
hydrocentrála *f* Wasserkraftwerk *n*
hymna *f* Hymne
hynúť untergehen, zugrunde gehen
hýri|ť prassen, schwelgen; **~vý** prasselnd
hysterický hysterisch
hyzdiť entstellen, verunstalten

Ch

chabý schwach, schwächlich
chalan *m* Bursche
chalupa *f* Hütte, Häuschen *n*
chamtivý gierig
chaotický chaotisch
chápa|ť begreifen; **~vý** aufgeweckt
charakter *m* Charakter; **~ný** charakterfest; **~izovať** charakterisieren
chata *f* Häuschen *n*, Hütte; Schutzhütte, Touristenhütte
chatrný baufällig; schäbig; schwach
chcieť wollen
chémia *f* Chemie

chichotať: ~ ***sa*** kichern
Chile *f* Chile *n*
chlad *m* Kälte *f*; **~iaci** Kühl-; **~ič** *m* Kühler; **~iť** (ab)kühlen; **~nička** *f* Kühlschrank *m*; **~no** *n* Kälte *f*, Kühle *f*; **~nokrvný** kaltblütig; **~núť** kühl werden, abkühlen; **~ný** kalt, kühl
chládok *m* kühler Ort
chlácholiť besänftigen, beschwichtigen
chlap *m* Mann, Bursche; **~ec**, **~ček** *m* Junge, Knabe; **~čenský** knabenhaft, Knaben-; **~ík** *m* (tüchtiger) Bursche; **~ský** männlich
chleb|íček *m*: ***obložený ~íček*** belegtes Brot; **~ový** Brot-
chlieb *m* Brot *n*
chliev *m* Schweinestall
chlopňa *f* Klappe
chlp *m* (Körper-)Haar *n*; **~atý** haarig, zottig, behaart; wollig, flauschig
chmat *m* Griff
chmátať ⟨**chmatnúť**⟩ greifen, fassen
chmeľ *m* Hopfen
chmúr|iť (***sa*** sich) verfinstern; finster dreinblicken; **~ny** finster
chobot *m* Rüssel; **~nica** *f* Tintenfisch *m*
chod *m* Lauf, Verlauf, Gang; **~ba** *f* Gang *m*, Korridor *m*; **~ec** *m* Fußgänger; **~iť** gehen; *Bahn*: fahren, verkehren; *Post*: kommen; **~ník** *m* Pfad; Gehsteig
chochol *m* Schopf; **~atý** Schopf-
chopiť: ~ ***sa*** *pf.* ergreifen; übernehmen
chor|ieť, **~ľavieť** kränkeln
choro|ba *f* Krankheit; **~bný** krankhaft; **~myseľný** geistesgestört, geisteskrank
Chorvát *m* Kroate; **~sko** *n* Kroatien; **2sky** kroatisch
chorý krank; ~ ***na srdce*** herzkrank
chov *m* Zucht *f*, Aufzucht *f*; **~anec** *m* Zögling; **~ať** züchten, aufziehen; großziehen, sorgen (für); füttern; *fig. Hoffnung* hegen; ***~ať sa*** sich benehmen, sich verhalten; **~ateľ** *m* Züchter
chôdza *f* Gehen *n*, Gang *m*
chrabrý tapfer
chradnúť verfallen, welken, dahinsiechen
chrám *m* Tempel, Gotteshaus *n*; **~ový** Kirchen-
chráňboh! Gott behüte!
chránenec *m* Schützling
chrániť (***sa*** sich) verteidigen, schützen; bewahren, erhalten
chrápať schnarchen
chrap|ľavý *Stimme*: heiser, rau; **~ot** *m* Schnarchen *n*; Röcheln *n*
chrb|át *m* Rücken; **~tica** *f* Rückgrat *n*; **~tový** Rücken-, Rück-
chrčať röcheln
chrček *m* Hamster

chren *m* Meerrettich
chripieť heiser sein
chrípka *f* Grippe
chrípnuť heiser werden
chrliť (aus)speien, spucken
chrobák *m* Käfer
chróm *m* Chrom *n*; **~ový** Chrom-
chromý lahm, hinkend
chronológia *f* Chronologie
chrt *m* Windhund
chrumkať kauen; *Nüsse* knacken
chrumkavý knusprig
chrup *m* Gebiss *n*; **~ka** *f Anat.* Knorpel
chrúst *m* Maikäfer
chtiac-nechtiac *adv.* gezwungenermaßen
chtivý gierig; geil, verlangend
chud|ák *m* armer Mann, armer Kerl; **~era** *f* arme Frau; **~núť** abnehmen, abmagern
chudob|a *f* Armut; **~inec** *m* Armenhaus *n*; **~nieť** verarmen, arm werden; **~ný** arm
chudý mager, dürr
chuligán F *m* Hooligan, Rowdy
chúlostivý empfindlich, heikel; zimperlich, zaghaft
chumáč *m* Bund *n*; (*Haar-*) Büschel *n*; Bausch, Flocke *f*
chumaj *m* Trottel, Dummkopf
chumeli|ca *f* Schneegestöber *n*; **~ť**: **~ť sa** *Schnee*: stöbern, in großen Flocken fallen
chuť *f* Geschmack *m*, Appetit *m*, Lust; ***prešla mi*** **~** mir ist die Lust vergangen
chutiť schmecken
chúťka *f* Laune, Anwandlung
chutn|ať kosten, probieren, schmecken; **~ý** schmackhaft; reizend, nett
chuťový Geschmacks-
chvála *f* Lob *n*
chvalabohu! *Int.* Gott sei Dank!
chváli|ť loben; **~ *sa*** sich brüsten; **~tebný** lobenswert
chválospev *m* Lobgesang
chvályhodný lobenswert
chvast|ať: **~*ať sa*** prahlen, sich rühmen, sich brüsten; **~úň** *m* Prahlhans, Aufschneider
chvat *m* Hast *f*, Eile *f*
chvenie *n* Zittern, Beben
chvieť: **~ *sa*** zittern, beben, vibrieren
chvíľ|(k)a *f* Weile; ***dlhá*** **~*(k)a*** Langeweile; **~kový** momentan, Augenblicks-
chvoja *f* Tannenzweige *m/pl.*
chvost *m* Schwanz, Schweif
chyb|a *f* Fehler *m*; Mangel *m*
chýbať, chybieť fehlen, abwesend sein
chyb|iť *pf.* verfehlen; einen Fehler begehen; **~ný** falsch, fehlerhaft, mangelhaft
chýliť: **~ *sa*** sich (zu)neigen
chýr *m* Gerücht *n*; guter Ruf, Ansehen *n*, Ruhm; **~ny** berühmt, von Weltruf
chystať (***sa*** sich) (vor)bereiten
chytať ⟨**chytiť**⟩ fangen, fas-

sen; verfolgen; halten, haften; ~ **dych** Atem holen; ~ **sa** sich festhalten; sich machen an; sich entzünden
chytľavý leicht entzündbar; *Med.* ansteckend
chytr|ácky schlau, gerissen; verschmitzt, schelmisch; **~ák** *m* Schlauer, gerissener Kerl; **~osť** *f* Geschwindigkeit; Eile; Schläue, Gerissenheit; **~ý** schnell; geschwind, eilig; schlau, gerissen

I

i *cj.* und; ~ **keď vieme** wenn wir auch wissen
iba(že) *adv.* nur, bloß
idea *f* Idee
ideál *m* Ideal *n*; **~ny** ideal
identi|cký identisch; **~fikovať** *(im)pf.* identifizieren
ideo|lógia *f* Ideologie; **~vý** Ideen-
idúcky gehend
idyla *f* Idyll *n*
ignorovať ignorieren
ihla *f* Nadel; **~n** *m Math.* Pyramide *f*
ihlica *f* Stricknadel; Haarnadel
ihlič|ie *n* Nadeln *f/pl.*; Nadelholz; Tannenzweige *m/pl.*; **~natý** Nadel-
ihneď *adv.* sofort, unverzüglich
ihrisko *n* Spielplatz *m*, Sportplatz *m*
ikra *f* (*Fisch-*)Rogen *m*
íl *m Geol.* Ton *m*
ilegálny illegal
ilúzia *f* Illusion
imatrikulovať immatrikulieren
impo|novať imponieren, Eindruck machen; **~rtovať** importieren; **~zantný** imposant
improvizovať improvisieren
impulz *m* Impuls
imunita *f* Immunität
ináč, **inak** *adv.* anders; *cj.* sonst, oder, andernfalls
inakší andere(r)
inakšie *s.* **ináč**
inam *adv.* woandershin
incident *m* Zwischenfall
Ind *m* Inder; **2e** woanders; **~ia** *f* Indien *n*; **2ický** indisch
Indián *m* Indianer; **2sky** indianisch
individuálny individuell
indoeurópsky indoeuropäisch
Indonéz|ia *f* Indonesien *n*; **2sky** Indonesien-, indonesisch
industrializácia *f* Industrialisierung
infarkt *m* Infarkt
infikovať *(im)pf.* infizieren, anstecken
inflácia *f* Inflation

inform|ácia *f* Information; ***turistická ~ácia*** *f* Touristeninformation
iniciatívny initiativ
injekcia *f* Injektion, Spritze
inojazyčný fremdsprachig
ino|kade *adv.* auf anderem Wege; **~kedy** *adv.* früher; zu einer anderen Zeit
inovať *f* Raureif *m*
inscenácia *f* Inszenierung
inší andere(r)
inšie *adv.* anders
inšpekcia *f* Inspektion, Kontrolle
inštalácia *f* Installation; Einsetzung
inštalatér *m* Klempner
inštancia *f* Instanz
inštruovať instruieren, anweisen
intelektuál *m* Intellektuelle(r)
inteligencia *f* Intelligenz
internát *m* Internat *n*
internet *m* Internet *n*; ***~ová adresa*** *f* Internetadresse
inter|pelácia *f* Parlamentsanfrage; **~vencia** *f* Intervention
intímny intim
intrigán *m* Intrigant
invalid *m* Invalide
invázia *f* Invasion
investovať investieren
iný anderer
inzerát *m* Anzeige *f*
inžinier *m* Ingenieur
Ír *m* Ire
iracionálny irrational
ira|cký irakisch; **~čan** *m* Iraker
Irak *m* Irak
Irán *m* Iran; **~ec** Iraner; **2sky** iranisch
írečitý echt, rein, unverfälscht; bodenständig
Írsko *n* Irland
iskr(ičk)a *f* Funke *m*
iskriť: **~ *sa*** funkeln, glitzern
Island *m* Island *n*; **2ský** isländisch
ísť gehen; kommen; fahren; weggehen; **~ *poruke*** zur Hand gehen, helfen
iste *adv.* sicher(lich)
istot|a *f* Gewissheit, Sicherheit; ***pre ~u*** sicherheitshalber; **~ne** *adv.* sicher(lich), gewiss
istý sicher; gewisse(r), bestimmte(r); ***ten ~ deň*** der gleiche Tag
íver *m* Splitter, Span, Schiefer
izba *f* Zimmer *n*, Stube
izolovať *(im)pf.* isolieren, absondern
Izrael *m* Israel *n*; **~čan** *m* Israeli; **2ský** Israel-, israelisch

J

ja ich
jablčko *n* kleiner Apfel *m*, Äpfelchen
jabl|čný Apfel-; **~ko** *n* Apfel *m*; **~oň** *f* Apfelbaum *m*
jačmeň *m* Gerste *f*
jadr|ný kernig, stämmig; **~o** *n* Kern *m*; **~ový** Kern-
jaga|ť: **~ť sa** glänzen, glitzern; **~vý** glänzend, glitzernd
jahňa *n* Lamm
jahoda *f* Erdbeere
jachta *f* Jacht, Yacht
jakživ *adv.* zeitlebens
jalov|ica *f Zo.* Färse, Sterke; **~ý** unfruchtbar; **~ý sľub** leere Versprechung
jama *f* Grube *f*, Loch *n*
jantár *m* Bernstein
január *m* Januar
Japon|ec *m* Japaner; **~sko** *n* Japan; **2ský** japanisch
jar *f* Frühling *m*, Frühjahr *n*; **~ný** Frühlings-; **~ý** frisch, rüstig
jarabica *f* Rebhuhn *n*
jarabina *f* Eberesche, Vogelbeere
jariny *f/pl.* Sommergetreide *n*
jarmo *n* Joch; **~čný** Jahrmarkt(s)-; **~k** *m* Jahrmarkt
jarok *m* Graben
jasa|ť strahlen, jubeln, jauchzen; **~vý** jubelnd, jauchzend
jaskyňa *f* Höhle, Grotte
jasle *f/pl.* Futterkrippe *f*; Kinderkrippe *f*
jasn|o *n* Klarheit *f*; **~ovidec** *m* Hellseher; **~ý** klar, hell
jasot *m* Jubel
jastrab *m* Habicht
jašterica *f* Eidechse
jatka *f* Schlachthof *m*
jav *m* Erscheinung *f*; **~isko** *n* Bühne *f*; Schauplatz *m*; **~iť** zeigen, an den Tag legen; **~iť sa** sich zeigen, zutage treten, deutlich werden; scheinen
javor *m* Ahorn; **~ový** Ahorn-
jazd|a *f* Reiten *n*; Fahrt; Fahren *n*; *Sp.* Lauf *m*; *Mil.* Reiterei, Kavallerie; **~ec** *m* Reiter; **~ectvo** *n* Reiten, Reitsport *m*; **~iareň** *f* Manege, Reitbahn, Reitschule; **~iť** reiten; fahren
jazero *n* See *m*
jazva *f* Narbe; Schramme
jazvečík *m* Dackel
jazyk *m* Zunge *f*; Sprache *f*; **~ový** Zungen-; Sprach(en)-; **~oveda** *f* Sprachwissenschaft
jed *m* Gift *n*
jedá|leň *f* Speisezimmer *n*; **~lny** Speise-; **~lny lístok** Speisekarte *f*
jeden ein, eins; **~ásť** elf; **~ástka** *f* Elf; *Sp.* Elfmeter (-schuss) *m*; **~ásty** elfte(r)
jedenie *n* Essen

jedináčik *m* Einzelkind *n*
jedin|ečný einzigartig; **~ý** einzig, allein
jedľa *f* Tanne
jedl|o *n* Essen, Speise *f*; **~ý** essbar
jednak: **~ ... ~** *adv.* teils ... teils, erstens ... zum andern; **~o** *cj.* trotzdem, doch; **~ý** gleich
jednať: **~ sa** handeln
jedno|- ein-, Ein-; **~duchý** einfach; **~hlasný** einstimmig; **~liaty** einheitlich; **~posteľový** Einbett-; **~smerný** Einbahn-; **~stranný** einseitig; **~ta** *f* Einheit; **~tiť** einen; **~tka** *f* Eins; Einheit (*Maß*); **~tlivec** *m* Einzelwesen *n*, Individuum *n*; **~tlivý** einzeln; **~tný** einheitlich; **~tvárny** einförmig; **~značný** eindeutig; **~zväzkový** einbändig
jedova|ť: **~ť sa** sich giften, wütend sein; **~tý** giftig, gehässig
jele|ň *m* Hirsch; **~ní** Hirsch-; **~nica** *f* Wildleder *n*
jelša *f* Erle
jemno|cit *m* Feingefühl *n*; **~zrný** feinkörnig
jemný fein, klein; weich, zart; elegant; feinfühlig; vornehm; delikat
jese|ň *f* Herbst *m*; **~nný** herbstlich, Herbst-
jesto es gibt, es ist vorhanden
jesť essen
jestvovať bestehen, existieren, vorhanden sein
jež *m* Igel
ježibaba *f* Hexe
ježiť: **~ sa** sich sträuben
jogurt *m* Joghurt
jojkať ächzen, stöhnen
Jordán|ec *m* Jordanier; **~sko** *n* Jordanien; **≈sky** jordanisch
juh *m* Süden
juho|africký südafrikanisch; **≈američan** *m* Südamerikaner
júl *m* Juli; **~ový** Juli-
jún *m* Juni; **~ový** Juni-
justičný Justiz-
južn|ý Süd-, südlich; **≈á Amerika** Südamerika *n*

K

k, **ku** (*D*) zu; gegen
kabát *m* Jackett *n*, Sakko; Mantel
kábel *m* Kabel *n*
kabelka *f* Handtasche
kacír *m* Ketzer
káčer *m* Enterich
kačka *f* Ente
kaďa *f* Bottich *m*
kade *adv.* wohin, wohin (auch) immer; **~čo** verschiedenes, dies und das; **~jaký** irgendwelcher; **~kto** irgendjemand, irgendein(er)

kader *f* Locke; **~avý** Locken-; **~iť**: **~iť sa** *Haar*: sich wellen; **~níctvo** *n* Frisiersalon *m*; **~ník** *m* Friseur
kadiaľ *adv.* wie, welchen Weg
kadi|dlo *n* Weihrauch *m*; Weihrauchkessel *m*; **~ť** Weihrauch streuen; *Ofen*: rauchen; **kadí sa** es rußt
kahan *m* Brenner; Lampe *f*
kachľa *f* Kachel
kajať: **~ sa** Buße tun
kalamita *f* Kalamität, Desaster *n*
kálať spalten
kalendár *m* Kalender
kaleráb *m* Kohlrabi
kaličiť verstümmeln, entstellen
kalich *m* Kelch
kalika *f* Krüppel *m*
kalištek *m* Gläschen *n*, Schnapsglas *n*
kaliť härten; abhärten; *Wasser* trüben
kalkulačka *f* Rechner *m*; **vrecková ~** Taschenrechner
kalný trübe
kaluž *f* Pfütze, Lache
kalvária *f* Kalvarienberg *m*; Leidensweg *m*
kam *adv.* wohin
kamarát *m* Kamerad, Freund; **~iť**: **~iť sa** befreundet sein, gut stehen
kameň *m* Stein; **~ úrazu** Stein des Anstoßes; **skúšobný ~** *fig.* Prüfstein
kamen|ár *m* Steinmetz; **~ec** *m* Hagel; **~ieť** versteinern; **~itý** steinig; **~ný** Stein-
kameňolom *m* Steinbruch
kamennouhoľný Steinkohlen-
kamera *f* Filmkamera
kamilka *f* Kamille
kamión *m* Lastwagen
kamkoľvek *adv.* wohin (auch) immer
kampaň *f* Kampagne
kamsi *adv.* irgendwohin
kamufláž *f Mil.* Tarnung
kamzík *m* Gämsbock; Gämse *f*
kancelár *m* Kanzler; **~ia** *f* Büro *n*
kandid|át *m* Kandidat; **~ovať** kandidieren
kanec *m* Keiler, Eber
kántriť vernichten, erschlagen
kanv(ic)a *f* Kanne
kapať verenden, umkommen; verschwinden
kapelník *m* Kapellmeister
kapitola *f* Kapitel *n*
kapitulovať kapitulieren
kaplán *m* Kaplan
kaplnka *f* Kapelle
kapor *m* Karpfen
kapota *f* Motorhaube
kapsa *f* Tasche
kapucňa *f* Kapuze
kapust|a *f* Kraut *n*, Weißkohl *m*; **~nica** *f* (dicke) Kohlsuppe (mit Fleisch)
kára *f* Karren *m*
karafiát *m* Nelke *f*
karambol *m* Karambolage *f*
karanténa *f* Quarantäne

karbonátka *f* Frikadelle
karburátor *m* Vergaser
karfiol *m* Blumenkohl
karha|ť tadeln, rügen; **~vý** vorwurfsvoll
Karpaty *pl.* Karpaten
karta *f* Karte; ***kreditná* ~** Kreditkarte
kasáreň *f* Kaserne
kasať *Ärmel* aufkrempeln
kaša *f* Brei *m*, ***zemiaková* ~** Kartoffelbrei
kašeľ *m* Husten
kašľať husten
kaštieľ *m* Kastell *n*, Schloss *n*
kat *m* Henker, Scharfrichter
katastrofálny katastrophal
katedra *f* Lehrstuhl *m*
kategorický kategorisch
katolí|cky katholisch; **~k** *m* Katholik
káv|a *f* Kaffee *m*; **~ovar** *m* Kaffeemaschine *f*; **~ový** Kaffee-
kaviareň *f* Café *n*
kavka *f* Dohle
kaz *m* Fehler, Mangel
kazajka *f* Jacke; Zwangsjacke
kázať predigen, verkünden; befehlen, anordnen
kazateľ *m* Prediger; **~nica** *f* Kanzel
kazeta *f* Kassette
kaziť (***sa***) verderben
každo|denný täglich; alltäglich, gewöhnlich; **~pádne** jedenfalls; **~ročný** alljährlich
každý jeder (beliebige)
kde *adv.* wo; **~čo** dies und jenes; **~koľvek** *adv.* wo immer; **~si** *adv.* irgendwo; **~kto** dieser und jener; **~-tu** *adv.* da und dort; **~že** *adv.* wo; ***~že by!*** nicht im Geringsten!
keby *cj.* wenn; **~ *aj*** auch wenn
keď *cj.* als; wenn, da; **~ *už*** da nun einmal
kedy *adv.* wann; irgendwann, jemals; ***nemám* ~** ich habe keine Zeit; **~koľvek** *adv.* wann (auch) immer; immer, wenn; **~si** *adv.* irgendwann; seinerzeit
keďže *cj.* da, weil
kefa *f* Bürste
kefovať (ab)bürsten
kel *m* Grünkohl; Hauer, Stoßzahn
kemping *m* (Auto-)Camping *n*
kepienok *m* kleiner Schutzmantel; *fig.* Vorwand
ker *m* Strauch, Busch; **~natý** Busch-
kiahne *fpl.* Blattern *pl.*, Pocken *pl.*
kiežby *cj.* wenn doch
kľačať knien
klad *m* Vorzug, Vorteil; **~a** *f* Klotz *m*, Balken *m*; **~ina** *f* Schwebebalken *m*; **~ivo** *n* Hammer *m*; **~ka** *f* Rolle; **~ný** positiv
kľakať ⟨**kľaknúť**⟩: **~ *si*** sich hinknien
klam *m* Trug; ***zrakový* ~** optische Täuschung; **~ár** *m* Lügner; **~ať** täuschen, trügen; betrügen; lügen; **~ný** trügerisch, Trug-

klaňať: ~ ***sa*** sich beugen; sich verbeugen, verneigen; huldigen
klapať F klappen, in Ordnung sein
klapka *f* Klappe, Ventil *n*
klas *m* Ähre *f*
klásť legen, setzen, stellen; ~ ***odpor*** Widerstand leisten
kláštor *m* Kloster *n*; **~ský** Kloster-
klať stechen; stoßen
kláves *m* Taste *f*
klavír *m* Klavier *n*; ***~ny sprievod*** Klavierbegleitung *f*
klavirista *m* Klavierspieler, Pianist
kĺb *m* Gelenk *n*
klbko *n* Knäuel *m/n*
klčovať roden
klebet|a *f* Klatsch *m*, Tratsch *m*; **~iť** klatschen, tratschen
klenot *m* Kleinod *n*, Juwel *n*; **~nica** *f* Schatztruhe; Schatzkammer; **~níctvo** *n* Juweliergeschäft; **~ník** *m* Juwelier
klenúť: ~ ***sa*** sich wölben
klepať klopfen; ~ ***zubami*** mit den Zähnen klappern; F ~ ***na stroji*** tippen (*auf der Schreibmaschine*)
kles|ať ⟨**~núť**⟩ sinken; ***~ať na váhe*** abnehmen (*an Gewicht*); **~avý** sinkend, fallend
kliať (ver)fluchen
kliatba *f* Fluch *m*
klíč|ek *m* Keim; **~iť** keimen
kliesniť bahnen; ~ ***si cestu*** sich einen Weg bahnen
kliešť *m* Zecke *f*, Holzbock
kliešte *f/pl.* Zange *f*
klietka *f* Käfig *m*
klíma *f* Klima *n*
klin *m* Keil; **~ček** *m* kleiner Nagel; Nelke *f*; **~ec** *m* Nagel
klobás(k)a *f* Wurst
klobúk *m* Hut
klo|kotať sprudeln, brodeln; **~niť** (***sa*** sich) neigen; **~pať** klopfen; **~piť** senken
kľúč *m* Schlüssel
kľučka *f* Türklinke
kľúčový Schlüssel-; ~ ***priemysel*** Schlüsselindustrie *f*
klus *m* Trab; **~om** im Trab; **~ať** traben
kľuť: ~ ***sa*** *Kücken*: (aus)schlüpfen
kĺza|ť: ~ ***sa*** gleiten, rutschen; **~vý** gleitend
klzisko *n* Eisbahn *f*
klzký glitschig, glatt
kmeň *m* Stamm
kmeť *m* Greis
kmit *m* Schwingung *f*; **~ať** (***sa***) flimmern; schwingen
kmotor *m* Pate
kňaz *m* Priester; **~ský** priesterlich
kňažná *f* Fürstin
knedľa *f* Knödel *m*
knieža *m/n* Fürst *m*; **~cí** fürstlich; **~tstvo** *n* Fürstentum
knih|a *f* Buch *n*; **~ár** *m* Buchbinder
kníhkupec *m* Buchhändler; **~tvo** *n* Buchhandlung *f*
knihov|ňa *f* Bücherei; **~ník** *m* Bibliothekar

kníhtlač *f* Buchdruck *m*; **~iareň** *f* Buchdruckerei
knísať: **~ *sa*** (sch)wanken
kniž|ka *f* Buch *n*; **~nica** *f* Bibliothek; Bücherschrank *m*; **~ný** Buch-, Bücher-
knôt *m* Docht
kňučať winseln
koalícia *f* Koalition
koberec *m* Teppich
kobyl|a *f* Stute; **~ka** *f* Heuschrecke
kocka *f* Würfel *m*
kocúr *m* Kater
koč *m* Kutsche *f*; **~iarik** *m*, **~ík** *m* Kinderwagen; **~iš** *m* Kutscher; **~ovník** *m* Nomade
kohút *m* Hahn; **~ik** *m* Hähnchen *n*; *Tech.* Hahn
kochať: **~ *sa*** sich ergötzen, genießen
kojenec *m* Säugling
kojiť stillen
kokta|ť stottern; **~vý** stotternd
koláč *m* Kuchen
koľaj *f* Spur, Gleis *n*; **~nica** *f* Gleis *n*
koleda *f* Weihnachtslied *n*
koleg|a *m* Kollege; **~yňa** *f* Kollegin
kolembať (***sa***) schaukeln, (sich) wiegen
koleno *n* Knie
koleso *n* Rad
koliba *f* Almhütte
koliesko *n* Rädchen
kolík *m* Pflock, Bolzen, Hering
kolís|ať wiegen, schaukeln; schwanken; **~avý** schwankend; **~ka** *f* Wiege
koľko *adv.* wie viel; **~krát** *adv.* wie oft
kolkov|ať (be)stempeln; **~ý** Stempel-
koľký wie groß; der wievielte
kolmý senkrecht, vertikal
kolo *n* Reigen *m*; *Sp.* Runde *f*; **~beh** *m* Kreislauf; **~bežka** *f* Roller *m*; **~k** *m* Stempelmarke *f*; Kegel (*Spiel*); **~toč** *m* Karussell *n*; **~vať** zirkulieren; im Umlauf sein; **~vrat** *m* Spinnrad *n*
kolportovať verbreiten
komár *m* Mücke *f*
kombin|ačky *f/pl.* Kombinationszange *f*; **~ovať** kombinieren
komín *m* Schornstein
kominár *m* Schornsteinfeger
komoliť entstellen, verdrehen
komor|a *f* Kammer; *Pol.* ***Horná, Dolná ~a*** Ober-, Unterhaus *n*; **~ný** *Mus.* Kammer-
kompa *f* Fähre
kommunistický kommunistisch
koňak *m* Kognak
konár *m* Zweig, Ast
konať handeln, vorgehen, vollziehen, tun; **~ *sa*** stattfinden, vor sich gehen
koncentračný Konzentrations-
koncentrovať konzentrieren
koncipovať entwerfen

koncom am Ende; **~ *roka*** am Jahresende
konč|ek *m* Spitze *f*; **~iar** *m* Bergspitze *f*, Gipfel; **~ina** *f* Gegend; **~iť** beenden; (***sa*** sich) schließen, enden
konečn|e *adv.* endlich, schließlich; **~ý** End-, endlich, endgültig
konfekčný Konfektions-
konferovať konferieren
konfúzny konfus
kongregácia *f* Kongregation
koniareň *f* Pferdestall *m*
koníček *m* Pferdchen *n*; Steckenpferd *n*, Hobby *n*
koniec *m* Ende *n*, Schluss; ***~ koncov*** letzten Endes
koník *m s.* ***koníček***; Grashüpfer
konkrétny konkret
konkurovať wetteifern, konkurrieren
konkurz *m* Stellenausschreibung *f*; Konkurs
koňmo *adv.* zu Pferde
konopa *f* Hanf *m*
konský Pferde-
kon|solidácia *f* Konsolidierung; **~štatovať** feststellen, konstatieren; **~štitúcia** *f* Konstitution, Verfassung; **~štruktívny** konstruktiv; **~trarevolúcia** *f* Konterrevolution; **~trarozviedka** *f* Gegenspionage; **~trola** *f* Kontrolle
konvalinka *f* Maiglöckchen *n*
konzul *m* Konsul; **~át** *m* Konsulat *n*
konzumovať konsumieren, verbrauchen
kop *m Sp.* Schuss, Stoß; **~a** *f* Haufen *m*; Stoß *m*; **~áč** *m* Hauer; Gräber; **~anica** *f* Bergsiedlung; **~ať** graben, ausheben; *Boden* hacken; *Pferd*: (aus)schlagen; Fußtritte versetzen
kop|covitý hügelig; **~ec** *m* Hügel; ***hore a dolu ~com*** bergauf, bergab
kópia *f* Kopie, Abschrift; Durchschlag *m*
kopija *f* Speer *m*, Lanze
kopnúť *pf.* Fußtritte versetzen, ausschlagen
kopyto *n* Huf *m*; Schuhleisten *m*
korálky *m/pl.* Glasperlen *f/pl.*
korbáč *m* Peitsche *f*; **~ik** *m* *Schafskäse-Spezialität*
korču|ľa *f* Schlittschuh *m*; ***kolieskové ~le*** *pl* Inline-Skates; **~liar** *m* Eisläufer; **~ľovať** (***sa***) Schlittschuh laufen
kord *m* Degen
koreň *m* Wurzel *f*; ***od ~a*** von Grund auf; ***ísť na ~ veci*** einer Sache auf den Grund gehen
koren|ený gewürzt, würzig; **~ie** *n* Gewürz; Pfeffer *m*; **~iť** wurzeln; *Suppe* würzen
korešpondencia *f* Korrespondenz
korheľ *m* Trinker, Säufer
korisť *f* Beute
kormid|elník *m* Steuermann; **~lo** *n* Steuer; **~lovať** steuern

kormútiť betrüben
korok *m* Korken
korupcia *f* Korruption
korun|a *f* Krone; **~ovať** krönen
korytnačka *f* Schildkröte
koryto *n* Trog *m*; Flussbett
kos|a *f* Sense; **~ačka** *f* Mähmaschine; **~ák** *m* Sichel *f*; **~ec** *m* Mäher; **~iť** mähen
kosoštvorec *m* Rhombus
kosť *f* Knochen *m*; ***rybacia ~*** Fischgräte *f*; ***chrbtová ~*** Rückgrat *n*; ***kľúčna ~*** Schlüsselbein *n*
kostnatý knochig, knorrig
kostol *m* Kirche *f* (*Gebäude*); **~ný** Kirchen-
kostra *f* Skelett *n*; *Tech.* Gerüst *n*, Gerippe *n*
kostrbatý holprig, uneben
košatý ausladend
košeľa *f* Hemd *n*
košiar *m* Pferch, Schafhürde *f*
kotkodákať gackern
kotleta *f* Kotelett *n*
kotlina *f* Talkessel *m*, Becken *n*
kotol *m* Kessel; **~ňa** *f* Kesselraum *m*
kotrmelec *m* Purzelbaum
kotú|č *m* Spule *f*; Scheibe *f*; Rolle *f*; Rauchring; **~ľať** rollen, wälzen
kotv|a *f* Anker *m*; **~iť** ankern, vor Anker liegen; wurzeln
kov *m* Metall *n*; ***vzácny ~*** Edelmetall *n*; **~áč** *m* Schmied; **~ať** schmieden; **~opriemysel** *m* Metall verarbeitende Industrie; **~orobotník** *m* Metallarbeiter; **~ový** Metall-, metallisch
koza *f* Ziege
kozák *m* Birkenpilz
kozorožec *m* Steinbock
kozub *m* Kamin
kož|a *f* Haut; Fell *n*, Pelz *m*; Leder *n*; **~ený** Leder-, ledern; **~ný** Haut-; **~uch** *m* Pelzmantel
kožuš|ina *f* Pelz *m*; **~ník** *m* Kürschner
kôl *m* Pfahl; **~ňa** *f* Schuppen *m*, Holzschuppen *m*
kôň *m* Pferd *n*
kôpka *f* Häufchen *n*
kôpor *m* Dill
kôra *f* Rinde
kôstka *f* Stein *m*, Kern *m*
kôš *m* Korb
krabica *f* Schachtel, Dose
kráčať schreiten
krádež *f* Diebstahl *m*
krad|mo *adv.* heimlich, verstohlen; **~núť** stehlen; ***~núť sa*** (sich) heran-, davonschleichen
krahulec *m* Sperber
kraj *m* Rand, Ende *n*; Land *n*, Gegend *f*, Gebiet *n*, Bezirk; Heimat *f*; ***na ~i mesta*** am Stadtrand
krajan *m* Landsmann; **~ský** Landsmannschafts-
krájať schneiden; zuschneiden
kraj|čír *m* Schneider; **~ec** *m* Scheibe *f*, Schnitte *f*, Stück *n*; **~ina** *f* Land *n*; Gegend

f; Landschaft *f*; **~ný** äußerste(r), extreme(r); **~ský** Gebiets-, Bezirks-; **~ší** *comp.* schöner
krákať krächzen
krá|ľ *m* König; **~lik** *m* Kaninchen *n*; **~ľovná** *f* Königin; **~ľovský** königlich, Königs-; **~ľovstvo** *n* Königreich, Königtum
krám P *m* Laden; **~y** *m/pl.* Gerümpel *n*, Kram *m*
krás|a *f* Schönheit; **~no** *n* das Schöne; **~ny** schön
kraslica *f* Osterei *n*
kraso|korčuliar *m* Eiskunstläufer; **~rečníctvo** *n* Redekunst *f*
krášliť verschönern
-krát *undekl.* mal, Mal, *z. B.* ***dvakrát*** zweimal
krát|iť (ver)kürzen; **~ko-** kurz-, Kurz-; **~kosť** *f* Kürze; **~kozraký** kurzsichtig; **~ky** kurz, Kurz-; ***~ky film*** Kurzfilm *m*
kratší *comp.* kürzer
krav|a *f* Kuh; **~ata** *f* Krawatte; **~ský** Kuh-
krb *m* Kamin
kŕč *m* Krampf
krčah *m* Krug
krčiť zerknüllen, zerknittern; *Nase* rümpfen; ***~ sa*** sich ducken
krčma *f* Schänke, Kneipe
krčný Hals-
kŕčovitý krampfartig, verkrampft
kŕdeľ *m* Herde *f*, Schar *f*
krehký spröde, brüchig, zerbrechlich
krehnúť erstarren, steif werden
krém *m* Creme *f*
kremeň *m* Kiesel, Quarz
kresať zimmern; Feuer schlagen
kres|ba *f* Zeichnung; **~lič** *m* Zeichner; **~liť** zeichnen, darstellen
kreslo *n* Sessel *m*
kresťan *m* Christ; **~ský** christlich, Christen-
krhla *f* Gießkanne
kričať schreien
krídlo *n* Flügel *m*; *Mil.* Flanke *f*; *Sp.* Flügelspieler *m*
krieda *f* Kreide
kriesiť wieder beleben
krik *m* Schrei
krík *m* Strauch, Busch
krikľ|avý schreiend, grell; **~úň** *m* Schreihals
krimi|nalita *f* Kriminalität **~nálny** Kriminal-, kriminell
krívať hinken
krivd|a *f* Unrecht *n*; **~iť** Unrecht tun
kriv|iť (ver)krümmen, krumm machen; **~ka** *f* Kurve; **~kať** humpeln; **~ý** krumm
kríž *m* Kreuz *n*; **~enec** *m* Mischling; Kreuzung *f*
križiack|y: ***~a výprava*** Kreuzzug *m*
kríž|iť kreuzen; durchkreuzen; **~om** *adv.* kreuzweise, über Kreuz; ***~om-krážom*** *adv.* kreuz und quer

križovatka *f* Kreuzung; Knotenpunkt *m*
krížov|ka *f* Kreuzworträtsel *n*; **~ý** Kreuz-; **~ý** ***výsluch*** *m* Kreuzverhör *n*
krk *m* Hals
krkavec *m* Rabe
kŕmiť füttern
kroj *m* Tracht *f*; **~ový** Trachten-
krok *m* Schritt; ***podniknúť ~y*** Schritte einleiten
kronika *f* Chronik
kropiť bespritzen
krot|iť bändigen, zähmen; **~ký** zahm
krov *m* Dach *n*; **~ie** *n* Gebüsch
krpatieť verkümmern
krpec *m* weicher Flechtschuh
krst *m* Taufe *f*; **~iť** taufen
krt *m* Maulwurf
kruh *m* Kreis
krupica *f* Grieß *m*
krupobitie *n* Hagelschlag *m*
krúpy *f/pl.* Graupen *pl.*
krušný schwer
krút|iť drehen, wenden; **~ňava** *f* Wirbel *m*, Strudel *m*
krut|ovláda *f* Tyrannei; **~ý** hart, grausam, herzlos
krúžiť kreisen
kružnica *f Math.* Kreis *m*
krúžok *m* Kreis, Zirkel, Gruppe *f*
krv *f* Blut *n*; **~ácať** bluten; **~aviť** blutig machen, mit Blut beschmieren; **~avý** blutig, Blut-; **~ný** Blut-; ***~ný obeh*** Blutkreislauf *m*
krycí Deck-
kryha *f* Eisscholle
krysa *f* Ratte
kryt *m* Deckung *f*; Bunker
kryť decken; bedecken, zudecken; **~ *sa*** sich verbergen, in Deckung gehen; sich decken
kto wer; **~koľvek** wer auch immer
ktorý welche(r); **~koľvek** jede(r) beliebige; **~si** irgendein
ktosi jemand
ku *s.* ***k***
kubický kubisch, Kubik-
kučera *f* Locke, Krause; **~vý** Locken-
kufor *m* Koffer
kufríkový Koffer-
kuch|ár *m* Koch; **~yňa** *f* Küche; **~ynský** Küchen-, Koch-
kukla *f* Larve
kukučka *f* Kuckuck *m*
kukurica *f* Mais *m*
kultivovať kultivieren
kulturistika *f Sp.* Bodybuilding *n*
kuna *f* Marder *m*
kúpa *f* Kauf *m*
kúpa|cí Bade-; **~lisko** *n* Strandbad; **~ť (*sa*)** baden
kupčiť handeln
kupec *m* Käufer; Kaufmann
kúpe|ľ *m* Bad *n*; **~le** *m/pl.* Badeort *m*, Heilbad *n*; **~ľňa** *f* Badezimmer *n*
kúp|iť (kupovať) kaufen; **~ny** Kauf-
kur|a *f*, **~ča** *n* Hähnchen, Kücken; **~ací** Hühner-

kúrenie *n* Heizung *f*; ***ústredné*** **~** Zentralheizung
kurí Hühner-
kuriatko *n* Kücken
kurič *m* Heizer
kurín *m* Hühnerstall
kúriť (ein)heizen; **~ *sa*** rauchen, schwelen
kurivo *n* Brennmaterial
kus *m* Stück *n*
kúsok *m* Stück(chen) *n*
kusový Stück-
kuť schmieden
kút *m* Ecke *f*, Winkel
kutať wühlen
kútik *m* Winkel, Ecke *f*
kuvik *m* Kauz
kúzelník *m* Zauberer
kúzlo *n* Zauber *m*; Charme *m*
kužeľ *m Math.* Kegel; **~ovitý** kegelförmig
kvákať krächzen; quaken
kvalit|a *f* Qualität; **~ný** hochwertig
kvantita *f* Quantität; **~tívny** quantitativ
kvapal|ina *f* Flüssigkeit; **~ný** flüssig
kvapavka *f Med.* Tripper *m*
kvapka *f* Tropfen *m*; **~ť** tropfen
kvas *m* Sauerteig; Gärung *f*; **~iť** gären; einsäuern, einlegen; **~nice** *f/pl.* Hefe *f*
kvet *m* Blume *f*; Blüte *f*; **~ena** *f* Flora; **~ina** *f* Blume; **~ináč** *m* Blumentopf; **~inár** *m* Blumenhändler; **~natý** blumenreich
kvietok *m* Blümchen *n*
kvíliť jammern, winseln, heulen
kvitnúť *pf.* blühen
kvočka *f* Glucke
kvôli *prp.* (*D*) wegen; um… willen, … halber, für; **~ *tebe*** deinetwegen
kydať werfen, *fig.* ausbreiten; anschwärzen
kýchať niesen
kyjak *m* Knüppel, Prügel
kým *cj.* während; (so lange) bis
kymácať: **~ *sa*** (sch)wanken, wackeln
kynožiť vernichten, ausrotten
kypieť brodeln, sieden; **~ *zdravím*** vor Gesundheit strotzen
kypr|iť auflockern; **~ý** locker, weich
kysel|ina *f* Säure; **~ka** *f* Mineralwasser *n*
kys|lík *m* Sauerstoff; **~lý** sauer; **~núť** sauer werden, gären
kytica *f* (*Blumen-*)Strauß *m*
kyvadlo *n* Pendel
kývať nicken; winken; **~ *sa*** wackeln; pendeln

L

laba *f* Pfote, Tatze, Pranke
labu|ť *f* Schwan *m*; **~tí** Schwanen-
labužník *m* Feinschmecker
lacn|ieť billiger werden; **~ý** billig
lačný hungrig; gierig
lad F *m*: ***bez ~u a skladu*** durcheinander
ľad *m* Eis *n*
ladiť stimmen; einstimmen; abstimmen
ladný harmonisch; graziös
ľadoborec *m* Eisbrecher
ladom *adv.* brach
ľadov|atieť vereisen; **~cový** Gletscher-; **~ec** *m* Gletscher; Eisberg; Hagel; **~ý** Eis-
ľadvina *f* Niere
ľahkomyseľný leichtsinnig
ľahký leicht
ľahnúť (***si***) *pf.* sich (hin)legen
lahodiť schmeicheln
lahodný angenehm; graziös
ľahostajný gleichgültig
lahôdka *f* Delikatesse
lajdá|cky schlampig; **~k** *m* schlampiger Mensch; Faulpelz
lak *m* Lack
ľak *m* Schreck(en)
láka|dlo *n* Köder *m*; **~ť** verlocken, anziehen, verführen, verleiten
ľakať erschrecken; **~ *sa*** sich fürchten
lákavý verlockend
lakeť *m* Ellbogen
lakom|ec *m* Geizhals; **~iť**: ***~iť sa*** gierig sein; **~ý** geizig, gierig
lakovať lackieren
ľalia *f* Lilie
lámať (zer)brechen; **~ *sa*** zerbrechen, gebrochen werden
lampa *f* Lampe
lampáš *m* Laterne *f*
ľan *m* Flachs
lano *n* Seil, Trosse *f*; **~vka** *f* Drahtseilbahn
ľanový Flachs-, Lein-
lanský vorjährig
lapaj *m* Tagedieb
lap|ať ⟨**~iť**⟩ fangen, greifen; ***~ať sa*** sich klammern, sich festhalten
lasica *f* Wiesel *n*
lásk|a *f* Liebe; **~avý** gütig, freundlich
lastovička *f* Schwalbe
lata *f* Latte, Planke
látať flicken, ausbessern
latinčina *f* Latein *n*
látka *f* Stoff *m*; Substanz
laureát *m* Preisträger
ľavák *m* Linkshänder
lavica *f* (*Sitz-*)Bank
ľavi|ca *f* Linke (*a. Pol.*), linke Hand; **~cový** *Pol.* links (gerichtet)
lavór *m* Waschbecken *n*

ľavý linke(r)
laz *m* Bergsiedlung *f*
lebka *f* Schädel *m*
lebo *cj.* da, weil, denn
leda(že) es sei denn
ledabolý fahrlässig, oberflächlich, schlampig
ledva kaum
légia *f* Legion
legitimácia *f* Ausweis *m*
lehota *f* Frist; Zeitpunkt *m*; Termin *m*
lejak *m* Regenguss
lekár *m* Arzt; **~eň** *f* Apotheke; **~ka** *f* Ärztin; **~nička** *f* Hausapotheke; **~nik** *m* Apotheker; **~sky** ärztlich, medizinisch; **~stvo** *n* Medizin *f*
lekvár *m* Marmelade *f*
lemovať einsäumen; besetzen
len *adv.* nur, lediglich; **~-len** beinahe, fast; *cj.* **~ čo** sobald, kaum; **~ *čo vkročím*** sobald ich eintrete
len|iť: ***~iť sa*** *unpers.*: ***~í sa mi*** ich bin zu faul, ich mag nicht; **~ivec** *m* Faulpelz; **~ivý** faul
leňošiť faulenzen
lep *m* Leim, Kleister; **~enka** *f* Pappe; **~iť** (auf)kleben; ***~iť sa*** kleben, haften; festhalten, sich festklammern; **~kavý** klebrig
lepš|í *comp.* besser; **~iť** (***sa*** sich) (ver)bessern
lepta|ť ätzen; **~vý** ätzend
les *m* Wald
lesk *m* Glanz, Schimmer; **~lý** glänzend, schimmernd; **~núť**: ***~núť sa*** glänzen, schimmern; funkeln, blitzen
lesn|íctvo *n* Forstwesen; **~ík** *m* Förster; **~ý** Wald-
lesť *f* List
lešenie *n* Baugerüst
leštiť polieren
let *m* Flug; **~ák** *m* Flugblatt *n*; **~ec** *m* Flieger, Pilot; **~ecký** Flug-, Luft-; **~ectvo** *n* Flugwesen; ***civilné ~ectvo*** Zivilluftfahrt *f*; **~enka** *f* Flugkarte; **~ieť** fliegen; eilen; **~isko** *n* Flugplatz *m*
letmý flüchtig, oberflächlich
letný Sommer-, sommerlich
leto *n* Sommer *m*; **~počet** *m* Zeitrechnung *f*; **~vať** den Sommer verbringen; löten; **~visko** *n* Sommerfrische *f*
letuška *f* Stewardess, Flugbegleiterin
lev *m* Löwe; **~í** Löwen-; ***~í podiel*** Löwenanteil *m*
lexikon *m* Lexikon *n*; **~ový** Lexikon-
lež *cj.* sondern
ležadlo *n* Liege *f*; ***~vý vozeň*** *m* Liegewagen
ležiak *m* Lagerbier *n*
liadok *m Chem.* Salpeter
liaheň *f* Brutstätte; (*Fisch-*) Zucht
liať gießen; ***~ sa*** sich ergießen, strömen, rinnen, fließen
liatina *f* Gusseisen *n*
libra *f* Pfund *n*
líce *n* Wange *f*; Vorderseite *f*, richtige Seite

líči|dlo *n Thea.* Schminke *f*; **~ť** schildern; malen, anstreichen; schminken
lieč|ba *f* (*ärztliche*) Behandlung, Kur, Therapie; **~ebný** Kur-, Heil-; **~iť** behandeln; ***~iť sa*** sich kurieren lassen, in Behandlung sein; **~ivo** *n* Heilmittel; **~ivý** heilsam, heilend, Heil-
lieh *m* Spiritus, Alkohol; **~ovar** *m* Schnapsbrennerei *f*; **~oviny** *f/pl.* Spirituosen *pl.*
liek *m* Arznei *f*
lieniť: ~ ***sa*** sich häuten; haaren
lienka *f* Marienkäfer *m*
lieska *f* Haselnussstrauch *m*
lietadlo *n* Flugzeug; ***bezmotorové*** ~ Segelflugzeug; **~vý** Flugzeug-
lietať fliegen; herumfliegen; herumlaufen
lievik *m* Trichter
liezť kriechen; klettern, steigen; sich vordrängen
ligot *m* Schimmer, Glanz; **~ať**: ***~ať sa*** schimmern, flimmern, glänzen; **~avý** glänzend, schimmernd
líhať (***si***) sich niederlegen
lichoti|ť *schmeicheln*; **~vý** schmeichelnd
likvidovať liquidieren
lin|eár *m* Lineal *n*; **~ka** *f* Linie; **~kovaný** liniert
lipa *f* Linde
lipkavý klebrig
lipnúť haften, kleben, hängen
lis *m* Presse *f*; Kelter *f*; **~ovať** pressen; keltern
list *m* Brief; Blatt *n*; Schein; ***sobášny*** ~ Trauschein
lístie *n* Laub
listina *f* Schreiben *n*, Dokument *n*; Liste; *hist.* Urkunde
listnatý belaubt
lístok *m* kleines Blatt; Blütenblatt *n*; Eintrittskarte *f*; Fahrkarte *f*; ***jedálny*** ~ Speisekarte *f*
listov|ať (herum)blättern; **~ý** Blatt-; Blätter-; Brief-
lišaj *m* Flechte *f*
lišia|cky *adv.* schlau, durchtrieben; verschmitzt; **~k** *m* Fuchs
líšiť: ~ ***sa*** sich unterscheiden
líška *f* Fuchs *m*; **~ť**: ***~ť sa*** schmeicheln; **~vý** schmeichlerisch; hinterlistig
litera *f* Buchstabe *m*
literárny literarisch, Literatur-
Litov|čan *m* Litauer; **ⱭSký** litauisch
Litva *f* Litauen *n*
lízať lecken
loď *f* Schiff *n*, Dampfer *m*
lo|denica *f* Werft; **~dička** *f*, **~ďka** *f* Boot *n*; **~dný** Schiffs-, Dampfer-
loďstvo *n* Flotte *f*
loj *m* Talg
lokaj *m* Lakai
lom *m* Bruch; Brechung *f*
lomcovať rütteln, schütteln
lomiť: ~ ***sa*** sich brechen
lomoz *m* Lärm, Krawall
Londýn *m* London *n*

lono *n* Schoß *m*
lopat|a *f* Schaufel; **~ka** *f* kleine Schaufel; *Anat.* Schulterblatt *n*
lopta *f* Ball *m*
lopúch *m* Klette *f*
los *m* Elch
lós *m* Los *n*
losos *m* Lachs
lotor *m* Schurke, Schuft
Lotyš *m* Lette; **~sko** *n* Lettland; **2ský** lettisch
lov *m* Jagd *f*; Fang; **~ec** *m* Jäger; **~ecký** Jäger-, Jagd-; **~iť** jagen; fangen; ***~iť v mútnej vode*** im Trüben fischen
loziť krabbeln, klettern; P herumgehen
lož *f* Lüge
ložisko *n* Lager, Fundstätte *f*
lôžko *n* Bett, Lager, Schlafstätte *f*; ***~vý vozeň*** *m* Schlafwagen
ľstivý heimtückisch, hinterlistig
lub: ***mať za ~om*** vorhaben, im Schilde führen
ľúb|ezný lieblich, angenehm; **~iť**: ***~iť sa*** gefallen; geruhen, belieben; einander lieben; **~ostný** Liebes-
ľubo|voľný willkürlich; **~vôľa** *f* Willkür; **~zvučný** wohltönend
lúč *m* Strahl; **~iť**: ***~iť sa*** sich verabschieden; **~ny** Wiesen-
ľud *m* Volk *n*; **~ia** *pl.* Leute *pl.*; **~natý** bevölkert
ľudo|milný menschenfreundlich; **~prázdny** menschenleer; **~vý** volkstümlich, Volks-; **~žrút** *m* Menschenfresser
ľud|ský menschlich, human; **~stvo** *n* Menschheit *f*
lúh *m* Lauge *f*
luhár *m* Lügner
luhať lügen
lúka *f* Wiese
lúpať *Früchte* schälen; *Gemüse* putzen
lúpež *f* Raub *m*; **~nícky** räuberisch, Raub-; **~ník** *m*, **lupič** *m* Räuber
lupina *f* (*Kopf-*)Schuppen *f/pl.*
lúskať knacken
lúštiť (auf)lösen, entziffern
luterán *m* Lutheraner; **~sky** protestantisch, lutheranisch
ľúto leid; ***je mi ~ niekoho*** j-d tut mir Leid; ***je mi ~ niečoho*** es tut mir Leid um etw.; ***bude vám ~*** Sie werden es bereuen; **~sť** *f* Leid *n*, Schmerz *m*; Mitleid *n*
ľutovať bedauern, bereuen
Luxembursko *n* Luxemburg
luza *f* Gesindel *n*, Mob *m*
lynčovať lynchen
lysina *f* Glatze
lysý kahl, glatzköpfig
lýtko *n* Wade *f*
lyž|a *f* Ski *m*; **~iar** *m* Skiläufer; **~ica** *f* Löffel *m*; **~ovanie** *n* Skilaufen; Skisport *m*
lživý lügenhaft; irrig

M

Macedón|čan, **~ec** *m* Mazedonier; **~ia** *f*, **~sko** *n* Mazedonien; **2sky** mazedonisch
macocha *f* Stiefmutter
máčať einweichen; nass machen, benetzen; eintauchen
mačka *f* Katze
Maďar *m* Ungar; **~sko** *n* Ungarn; **2ský** ungarisch
magnetofón *m* Tonbandgerät *n*
mach *m* Moos *n*
machuľa F *f* Fleck *m*, Makel *m*
máj *m* Mai
maják *m* Leuchtturm
majer *m* Meierhof, Gutshof
majet|ný vermögend, wohlhabend; **~ok** *m* Vermögen *n*, Eigentum *n*, Gut *n*
majiteľ *m* Besitzer, Eigentümer
majonéza *f* Majonäse
majst|er *m* Meister; **~rovstvo** *n* Meisterschaft *f*
mak *m* Mohn; ***ani ~*** nicht ein bisschen; **~ovník** *m* Mohnkuchen
malátny schlaff, abgespannt
maľba *f* Malerei; Gemälde *n*
malebný malerisch
maliar *m* Maler
malíček *m* kleiner Finger
maličk|osť *f* Kleinigkeit; ***moja ~osť*** meine Wenigkeit; **~ý** klein, winzig; geringfügig
malicherný kleinlich; geringfügig
malina *f* Himbeere
malinký winzig, klein
malinový Himbeer-
máliť: **~ *sa*** zu klein, zu wenig scheinen
málo *adv.* wenig; **~** *n* Wenige(s); **~kde** *adv.* kaum (irgend)wo; **~kedy** *adv.* selten, kaum jemals; **~kto** kaum jemand, nur wenige
malo|mocenstvo *n* Aussatz *m*, Lepra *f*; **~myseľný** kleinmütig; **~obchod** *m* Kleinhandel
maľovať malen, tünchen
málovravný wortkarg
malozrný feinkörnig
malta *f* Mörtel *m*
malý klein, Klein-
mamička *f* Mama
mámi|ť betäuben; täuschen, blenden; betören; **~vý** betäubend; trügerisch; verlockend, verführerisch
manaž|ér *m* Manager; **~ment** *m* Management *n*
mandľa *f* Mandel
manifestácia *f* Kundgebung
manko *n* Defizit
manžel *m* Ehemann; **~ka** *f* Ehefrau, Gattin; **~ský** ehelich, Ehe-; **~stvo** *n* Ehe *f*
mapa *f* Landkarte
marec *m* März

marhuľa *f* Aprikose; Aprikosenbaum *m*
mariť vergeuden, verschwenden; ~ **sa** vorschweben, scheinen
marketing *m* Marketing *n*
márnica *f* Leichenhalle
márn|iť *s.* **mariť**; **~ivý** eitel; verschwenderisch; **~osť** *f* Nichtigkeit; **~otratný** verschwenderisch; **~y** vergeblich, nutzlos; nichtig; ***~y sen*** unerfüllter Traum
masa *f* Masse
maskovať maskieren; tarnen
maslo *n* Butter *f*; **~vý** Butter-
masmédia *n*/*pl.* Massenmedien
masový Massen-
mas|ť *f* Fett *n*; Schmalz *n*; Salbe; **~tiť** (ein)schmieren, einfetten; F (zusammen)-schmieren; **~tný** fett, fettig, Fett-
maškarný Masken-; ***~ ples*** Maskenball *m*
maškrtník *m* Leckermaul *n*
mašľa *f* Schleife
maštaľ *f* Stall *m*
mať¹ *f* Mutter
mať² haben, besitzen; sollen; ***~ rád*** gern haben; ***mám ísť do divadla*** ich soll ins Theater gehen; ***~ sa*** sich fühlen; ***ako sa máte?*** wie geht es Ihnen?
mátať spuken
mater *f* Mutter; **~(in)ský** Mutter-
matica *f Tech.* Mutter
matka *f* Mutter
matný matt, trübe
máto|ha *f* Gespenst *n*; Spuk *m*; **~žiť** spuken
matrac *f* Matratze
matri|čný: ***~čný úrad*** Standesamt *n*; **~ka** *f* Personenstandsbuch *n*
matúra *f* Reifeprüfung, Abitur *n*
maturant *m* Abiturient
maturita *f* Abitur *n*
maturovať die Reifeprüfung ablegen
máv|ať¹ ⟨**~nuť**⟩ winken
máv|ať² ⟨**mať**²⟩ haben, besitzen
maza|ný gerissen, durchtrieben; **~ť** schmieren; verschmieren; F abhauen, türmen
mazn|áčik *m* Liebling, Nesthäkchen *n*; **~ať** verwöhnen, verhätscheln; liebkosen; ***~ať sa*** affektiert tun, sprechen; sich liebkosen
mažiar *m* Mörser
mädliť zerdrücken, zerbröckeln
mäkčiť erweichen, weich machen
mäkký weich
mäs|iar *m* Fleischer; **~itý** fleischig, Fleisch-; **~o** *n* Fleisch; ***hovädzie ~o*** Rindfleisch; **~ožravec** *m Biol.* Fleischfresser
mdloba *f* Ohnmacht
mdlý schlaff, matt, fad(e)
mecenáš *m* Mäzen

meč *m* Schwert *n*
mečať blöken, meckern
med *m* Honig
meď *f* Kupfer *n*
medený Kupfer-, kupfern
med|ovník *m* Honigkuchen; **~veď** *m* Bär; **~vedí** Bären-
medza *f* Rain *m*; Grenze
medzera *f* Zwischenraum *m*; Spalte, Lücke
medzi *prp.* (*I*) zwischen, unter (*D*); (*A*) zwischen, unter, durch (*A*)
medzi|čas *m* Zwischenzeit *f*; *Sp.* Halbzeit *f*; **~časom** *adv.* inzwischen; **~iným** *adv.* unter anderem; **~národný** international; **~pristátie** *n* Zwischenlandung *f*; **~tým** *adv.* inzwischen, indessen
medzník *m* Grenzstein; *fig.* Meilenstein
mech *m* Sack; **~úr** *m* Blase *f*
melón *m* Melone *f*
mena *f* Währung
menej *adv. comp.* weniger; **~cenný** minderwertig
meniny *f/pl.* Namenstag *m*
meniť umwandeln, verwandeln, verändern; (aus)wechseln; umgestalten; **~ sa** sich verwandeln, sich (ver)ändern; abgelöst werden
menlivý veränderlich
meno *n* Name *m*, Bezeichnung *f*; Ruf *m*; **~m** namens; **~slov** *m* Namensverzeichnis *n*, Namensliste *f*; **~vací** Ernennungs-; **~vanie** *n* Ernennung *f*; **~vať** nennen, benennen; ernennen; einsetzen; **~vať sa** heißen, sich nennen; **~vite** *adv.* namentlich, beim Namen
menový Währungs-
menší *comp.* kleiner, geringer
menšina *f* Minderheit
mera|cí Maß-, Mess-; **~dlo** *n* Maßstab *m*; **~ť** messen; sich belaufen auf, betragen, ausmachen; umfassen; **~teľný** messbar
mera|vieť erstarren, starr werden; **~vý** starr, unbeweglich
mesačn|ík *m* Monatsschrift *f*; **~ý** Mond-; monatlich, Monats-
mesiac *m* Mond; Monat
mesto *n* Stadt *f*; ***hlavné* ~** Hauptstadt *f*
mestský städtisch, Stadt-
mešec *m* Beutel
mešita *f* Moschee
meškať sich verspäten, zu spät kommen; zögern; *Uhr*: nachgehen
mešťan *m* Städter; Bürger
meštiac|ky (spieß)bürgerlich; **~tvo** *n* Bourgeoisie *f*, Bürgertum; Spießbürgerlichkeit *f*
meštiak *m* Bürger; Spießbürger
méta *f* Ziel *n*
metať schleudern, werfen
metelica *f* Schneesturm *m*, Schneegestöber *n*
metl|a, **~ička** *f* Besen *m*, Feger *m*; *fig.* Geißel

metrák F *m* Doppelzentner
metro *n* Untergrundbahn *f*
metrový meterweise, Meter-
mexi|cký mexikanisch; **2čan** *m* Mexikaner; **2ko** *n* Mexiko
miasť verwirren, irremachen
miecha *f* Rückenmark *n*
mien|iť meinen, vermuten; beabsichtigen; **~ka** *f* Meinung
mier *m* Frieden; **~a** *f* Maß *n*; Ausmaß *n*, Umfang *m*; **~iť** zielen, richten, abzielen auf; **~niť** beschwichtigen, beruhigen; lindern; **~ny** mäßig, gemäßigt; *Hügel*: sanft geneigt; **~ový** Friedens-; **~umilovný** friedliebend
miesiť kneten
miestami *adv*. stellenweise
miest|enka *f* Platzkarte; **~nosť** *f* Raum *m*, Räumlichkeit; **~ny** Orts-, örtlich; **~o** *n* Ort *m*, Stelle *f*, Platz *m*; *cj*. (an)statt; *prp*. (*G*) statt, anstelle; **~opis** *m* Topographie *f*; **~oprísažný** eidesstattlich
mieš|anec *m* Mischling; **~anina** *f* Mischung, Gemisch *n*; **~ať** mischen; **~ať sa** sich (ein)mischen
mihalnica *f* Augenlid *n*; Augenbraue
mih|ať ⟨**~núť**⟩ blinzeln, zwinkern; **~ať sa** flimmern, schimmern
míľa *f* Meile
miláčik *m* Liebling
milen|ec *m* Geliebte(r), Liebhaber; **~ka** *f* Geliebte
milerád *adv*. von Herzen gern
milión *m* Million *f*; **~ový** Millionen-
míľnik *m* Meilenstein (*a. fig.*)
milo|dar *m* milde Gabe *f*, Almosen *n*; **~srdenstvo** *n* Barmherzigkeit *f*; **~sť** *f* Gnade; Begnadigung; **~stivý** gnädig, huldreich; **~vať** lieben; **~vník** *m* Liebhaber
míľový Meilen-
mil|ší *comp*. lieber; **~ý** lieb, teuer; lieblich
mimika *f* Mimik
mimo *prp*. (*G*) vorbei; außer(-halb); *adv*. vorbei, vorüber, daneben; **~chodom** *adv*. nebenbei, übrigens; **~riadny** außerordentlich, Sonder-; **~školský** außerschulisch; **~voľný** unwillkürlich, unfreiwillig
míňať ausgeben, verausgaben; vorbeigehen
minca *f* Münze
minerálka *f* Mineralwasser *n*
minister *m* Minister; **~ *zahraničných vecí*** Außenminister; **~ský** Minister-; **~stvo** *n* Ministerium
mínomet *m* Minenwerfer
minul|osť *f* Vergangenheit; **~ý** vergangen, verflossen; abgelaufen
minúť *pf*. ausgeben, verbrauchen; vergehen; vorübergehen; entgehen; nachlassen; **~ *sa*** ausgehen; aneinander vorbeigehen

mis(k)a *f* Schüssel, Schale
misia *f* Mission
miz|erný miserabel, elend; **~ina** *f* Elend *n*, Not; **~ivý** verschwindend klein, nichtig, geringfügig; **~núť** (ver)schwinden
mláďa *n* Junge(s)
mláde|nec *m* Jüngling, junger Bursche; ***starý ~nec*** Junggeselle; **~necký** Jugend-, Jünglings-; **~ž** *f* Jugend
mlad|ík *m* Bursche; **~istvý** jugendlich; **~núť** verjüngern, jung werden; **~omanžel** *m* Jungverheiratete(r); **~osť** *f* Jugend; **~ší** *comp.* jünger; **~ý** jung
mláka *f* Pfütze, Lache
mľask|ať ⟨**~núť**⟩ schmatzen, schnalzen
mláťačka *f* Dreschmaschine
mlatba *f* Drusch *m*
mlátiť dreschen
mlča|nie *n* Schweigen; **~nlivý** schweigsam; verschwiegen; **~ť** schweigen
mlčky still, schweigend
mletie *n* Mahlen
mlie|čny Milch-; **~káreň** *f* Milchhandlung; **~ko** *n* Milch *f*
mlieť mahlen; F *dummes Zeug* daherreden
mĺkvy still; tot
mlyn *m* Mühle *f*; **~ár** *m* Müller; **~ček** *m* (*Kaffee-*)Mühle *f*; Fleischwolf
mních *m* Mönch
Mníchov *m* München *n*
mníška *f* Nonne
mnoho *adv.* viel; **~násobný** mehrfach, vielfach; **~ročný** langjährig; **~stranný** vielseitig; **~tvárny** mannigfaltig; **~vravný** gesprächig, redselig
mnoh|ý viel: ***v ~om ohľade*** in vielerlei Hinsicht
množiť (***sa*** sich) vermehren
množstvo *n* Menge *f*, Anzahl *f*
mobil *m* Mobiltelefon *n*, Handy *n*
moc *f* Kraft, Macht; Herrschaft; ***plná ~*** Vollmacht *f*; **~enský** Kraft-, Macht-; **~ipán** *m* Machthaber; **~nieť** erstarken, stark werden; **~nosť** *f* Macht; **~ný** stark, kräftig; mächtig
moč *f* Urin *m*
močiar *m* Sumpf
močovka *f* Jauche
modla *f* Götze *m*, Götzenbild *n*, Idol *n*
modli|kať (***sa***) (an)betteln; **~ť**: ***~ť sa*** beten; **~tba** *f* Gebet *n*
modrina *f* blauer Fleck *m*
modro- blau-, Blau-; **~oký** blauäugig
modrý (himmel)blau
mohutný mächtig, machtvoll; eindrucksvoll
mohyla *f* Grab *n*; *hist.* Hünengrab *n*
mok|núť nass werden; **~raď** *f* Sumpf *m*, Morast *m*; **~rastý** sumpfig; **~rý** nass, feucht

moľ *m*, **~a** *f* Motte
mont|ér *m* Monteur; **~érky** *fl pl.* Blaumann *m*; **~ovať** montieren; **~ovňa** *f* Montageabteilung
monumentálny monumental
mor *m* Pest *f*; Seuche *f*; **~a** *f* Albtraum *m*
morálka *f* Moral
Morav|a *f* Mähren *n*; **2ský** mährisch
morča *n* Meerschweinchen
more *n* Meer, See *f*
moriak *m* Truthahn
moriť quälen, plagen
morka *f* Pute
morský Meer(es)-, See-
moruša *f* Maulbeerbaum *m*; Maulbeere
mosadz *f* Messing *n*
Moskva *f* Moskau *n*
most *m* Brücke *f*; **~ík** *m* kleine Brücke *f*, Steg *m*; *Sp.* ***odrazový ~ík*** Sprungbrett *n*
motanica *f* Wirrwarr *m*, Durcheinander *n*
motať wickeln; verwirren, durcheinander bringen; **~ *sa*** umherirren
motivácia *f* Motivation
motivovať motivieren
motocykel *m* Motorrad
motorest *m* Raststätte *f*
motorka *f* Motorrad *n*; *Esb.* Triebwagen(zug) *m*
motúz *m* Bindfaden
motyka *f* Haue, Hacke
motýľ *m* Schmetterling
mozaika *f* Mosaik *n*
mozog *m* Gehirn *n*
mozoľ *m* Schwiele *f*; **~natý** schwielig
možn|osť *f* Möglichkeit; **~ý** möglich, erlaubt
môcť können, vermögen
môj, moja, moje mein, -e
mrač|iť: **~*iť sa*** sich verfinstern; **~ný** bewölkt, finster
mrak *m* Wolke *f*; Dämmerung *f*; **~odrap** *m* Wolkenkratzer
mramor *m* Marmor
mraštiť falten; *Stirn* runzeln
mrav *m* Sitte *f*; **~čí** Ameisen-; **~ec** *m* Ameise *f*; **~enisko** *n* Ameisenhaufen *m*; **~nosť** *f* Sittlichkeit
mráz *m* Frost
mraz|ený Gefrier-; **~iť** frieren, frösteln; gefrieren lassen; **~ivý** Frost-, frostig, eiskalt; **~nička** *f* Gefriertruhe; **~uvzdorný** frostbeständig
mreža *f* Gitter *n*
mrežovaný vergittert
mrhať verschwenden, vergeuden
mrholiť nieseln, leicht regnen
mrcha *f* Aas *n*
mrieť sterben
mrk|ať ⟨**~núť**⟩ zwinkern, blinzeln
mrkva *f* Möhre
mrmlať brummen, murmeln
mrnčať greinen, brummen
mrož *m* Walross *n*
mŕtv|ica *f* Schlaganfall *m*; **~ola** *f* Leiche, Leichnam *m*; **~y** tot
mrviť bröseln, krümeln

mrz|ačiť zum Krüppel machen; **~ák** *m* Krüppel; **~ieť** ärgern, verdrießen; **~ký** abscheulich, hässlich; **~núť** frieren; **~utý** verdrossen, missmutig
muč|eník *m* Märtyrer; **~iareň** *f* Folterkammer; **~iť** quälen, foltern
múčn|atý mehlig; **~ik** *m* Mehlspeise *f*; **~y** Mehl-
mudrc *m* Weise(r)
múdr|ieť weise, klug werden; **~osť** *f* Weisheit, Klugheit; **~y** weise, klug
mucha *f* Fliege
muka *f* Pein, Qual
múka *f* Mehl *n*
muknúť F *pf.* mucksen
múr *m* Mauer *f*
murár *m* Maurer
murovať mauern
musieť müssen
mušk|a *f* kleine Fliege; Schnake; ***mať niekoho na ~e*** j-n aufs Korn nehmen
muškát *m* Muskat; *Bot.* Geranie *f*
mušľa *f* Muschel
mušt *m* Most
mút|iť trüben; buttern; quirlen; **~ny** trüb
muzeálny Museums-
múzeum *n* Museum
múzický musisch
muž *m* Mann; Mensch; Ehemann, Gatte; **~ný** Mannes-, mannhaft; **~ský** *m* Mann, Mannsbild *n*; *adj.* männlich; **~stvo** *n Sp.* Mannschaft *f*
my wir
mydl|iť einseifen; abseifen; **~o** *n* Seife *f*
myk|ať ⟨**~núť**⟩ zupfen, reißen; zucken
mýliť täuschen, verwirren; stören; ***~ sa*** sich irren; ***~ si*** verwechseln
mýlka *f* Irrtum *m*
mylný irrig, falsch
mys *m Geogr.* Kap *n*
myseľ *f* Sinn *m*, Geist *m*, Gemüt *n*; Gedanke *m*
myslen|ie *n* Denken; Denkweise *f*; **~ý** gedacht, angenommen
myslieť denken, überlegen; sich erinnern; annehmen, vermuten; beabsichtigen, erwägen
myš *f* Maus
myšlienka *f* Idee, Gedanke *m*
mýto *n* Maut *f*
myť waschen
mzd|a *f* Lohn *m*; **~ový** Lohn-

N

na *prp.* (*A*) auf, darauf; für; an; (*L*) in; auf; an; ~ ***Slovensku*** in der Slowakei; ~ ***stole*** auf dem Tisch; ~ ***stene*** an der Wand
nabádať (er)mahnen; auffordern
nabaliť *pf.* voll packen
nabeh|ať: **~ať sa** *pf.* sich müde laufen; **~núť** *pf.* stoßen, auflaufen; anlaufen, anschwellen
nabera|čka *f* Suppenkelle; **~ť** nehmen, aufnehmen; schöpfen; aufziehen, necken
na|bíjať ⟨**~biť**⟩ voll füllen; *Waffe* laden
nablízko *adv.* in der (*od.* die) Nähe; aus der Nähe
nabodnúť *pf.* aufspießen
náboj *m* Patrone *f*, Ladung *f*
naboku *adv.* an der Seite, daneben
nábor *m* Werbung *f*
naboso *adv.* barfuß
nábožens|ký religiös, Religions-; **~tvo** *n* Religion *f*
nábožný fromm, andächtig
nabrať *pf.* (auf)nehmen
nábrežie *n* Ufer, Kai *m*
nabrúsiť *pf.* schleifen
nabudúce *adv.* künftig, das nächste Mal
nábytok *m* Möbel *n*
nacionálie *f/pl.* persönliche Daten
nacvič|iť (**~ovať**) einüben, einstudieren
nácvik *m* Üben *n*
načas *adv.* rechtzeitig; **~e**: ***je ~e*** es ist an der Zeit
načať *pf. s.* ***načínať***
náčelník *m* Vorstand; Leiter; Häuptling
načerpať *pf.* schöpfen
načínať anfangen, beginnen
náčinie *n* Werkzeug, Gerät; Geschirr
načisto *adv.* völlig, gänzlich
načo wozu, weshalb, weswegen
načrieť *pf.* schöpfen
náčrt *m* Skizze *f*, Entwurf; **~ať** *pf.*, **~núť** *pf.* entwerfen, skizzieren; **~ok** *m* Entwurf
načúva|ť lauschen; ***~cí prístroj*** *m* Hörgerät *n*
nad|(o) *prp.* (*A*) über; (*I*) gegen; ~ ***priemer*** über dem Durchschnitt; ***~o všetko*** über alles; ~ ***očakávanie*** über Erwarten; ~ ***ránom*** gegen Morgen
nad- über-, Über-
nadácia *f* Stiftung
naďalej *adv.* weiterhin
nadan|ie *n* Begabung *f*; **~ý** begabt, talentiert
nadarmo *adv.* vergeblich, umsonst
nad|ať (**~ávať**) schimpfen; fluchen; beschimpfen; **~áv-**

ka *f* Schimpfwort *n*; Schimpfen *n*, Geschimpfe *n*
nadbyto|čný überflüssig; **~k** *m* Überschuss
nadčasový zeitlos; Überstunden-
nádej *f* Hoffnung; **~ný** hoffnungsvoll
nádenník *m* Tagelöhner
nadhadzovať *Ball* hochwerfen; *Frage* aufwerfen
nádher|a *f* Pracht; **~ný** prächtig, großartig, wundervoll
nadhodiť *pf. s.* ***nadhadzovať***
nádcha *f* Schnupfen *m*
nadchádzať kommen, eintreten, eintreffen
nadch|núť (**~ýnať**) begeistern
nadísť *pf. s.* ***nadchádzať***
nadjazd *m* Überführung *f*, Brücke *f*
nadlho *adv.* (für) lange
nad|ľudský übermenschlich; **~merný** übermäßig groß; **~mieru** *adv.* übermäßig
nadnes *adv.* für heute
nadnesený pathetisch
nádob|a *f* Gefäß *n*, Geschirr *n*; **~y** *pl.* Geschirr *n*
nadobro *adv.* völlig; für immer
nado|búdať ⟨**~budnúť**⟩ erlangen, erwerben; ***~budnúť platnosť*** Gültigkeit erlangen, in Kraft treten
nadol *adv.* hinunter, nach unten
nádor *m Med.* Geschwulst *f*
nadovšetko *adv.* über alles; vor allem
nad|pis *m* Überschrift *f*, Aufschrift *f*; Titel; **~písať** (**~pisovať**) überschreiben; betiteln; **~početný** überzählig
nadpolovičn|ý mehr als die Hälfte betragend; ***~á väčšina*** absolute Mehrheit
nad|poručík *m* Oberleutnant; **~práca** *f* Mehrarbeit; **~priemerný** überdurchschnittlich; **~prirodzený** übernatürlich; **~radený** übergeordnet, Ober-
nadriadený *Amt*: übergeordnet; **~** *m* Vorgesetzte(r)
nadrobno *adv.* fein, klein; ***rezať ~*** fein schneiden
nádrž *f* Behälter *m*; ***vodná ~*** Stausee *m*
nadŕžať (**nadržovať**) es halten (***niekomu*** mit j-m)
nadstav|ba *f* Überbau *m*; **~iť** (**~ovať**) *Hand* hinhalten; aufbauen
nadšen|ec *m* Enthusiast; **~ie** *n* Begeisterung *f*; **~ý** begeistert
na|duť (**~dúvať**) aufblasen; aufblähen; **~dutý** aufgeblasen, überheblich
nadv|äzovať ⟨**~iazať**⟩ anknüpfen
nadvláda *f* Vorherrschaft
nádvorie *n* Hof *m*
nadvýrob|a *f* Überproduktion; **~ok** *m* Mehrprodukt *n*
nádych *m* Anflug, Schattierung *f*
nadýchať: **~ *sa*** *pf.* zur Genü-

ge einatmen
nadzemský überirdisch
nadzvukov|ý Überschall-; ***~é lietadlo*** *n* Überschallflugzeug
na|fajčiť *pf.* voll rauchen, verqualmen; **~farbiť** *pf.* anstreichen
naft|a *f* Erdöl *n*; Diesel *m*; **~ový** Erdöl-; ***~ové pole*** Ölfeld *n*
nafú|kaný *s.* ***nadutý***; **~kať** *pf.* **~knuť** *pf.* **(nafukovať)** aufblasen, aufblähen
nafukovačka P *f* Luftmatratze
nahádzať *pf.* werfen; auftürmen
naháňať verfolgen, jagen; *Schrecken* einjagen; (zu)treiben
náhľad *m* Anschauung *f*, Ansicht *f*
nahlas *adv.* laut, vernehmlich
náhle *adv.* unvermutet, plötzlich, unerwartet
nahliad|ať ⟨**~nuť**⟩ nachsehen, einsehen; **~nutie** *n* Einsichtnahme *f*
náhli|ť (***sa***) eilen, sich beeilen; **~vý** eilig
nahluchlý schwerhörig
náhly jäh, plötzlich
na|hmatať ertasten; **~hnať** *pf. s.* ***naháňať***; **~hnevať** böse machen, erbosen; **~hnúť** *pf. s.* ***nahýnať***
náhod|a *f* Zufall *m*; **~ný** zufällig
naholo *adv.* nackt
nahor *adv.* hinauf, nach oben
nahota *f* Nacktheit, Blöße
nahov|árať ⟨**~oriť**⟩ einreden, aufschwatzen; verleiten
náhrad|a *f* Ersatz *m*, Ersetzung; **~ník** *m Sp.* Ersatzspieler; **~ný** Ersatz-
nahrad|iť (**~zovať**) ersetzen
nahrávať (*auf Tonband*) aufnehmen; (*in die Hand*) spielen; *Sp.* zuspielen
náhrdelník *m* Halskette *f*
nahrnúť *pf.* anhäufen; **~ *sa*** sich ansammeln
náhrobok *m* Grabstein
na|hromadiť *pf.* aufhäufen, anhäufen; **~hryznúť** *pf.* anbeißen
náhubok *m* Maulkorb; *Mus.* Mundstück *n*
nahý nackt, entblößt, entkleidet
na|hýnať niederbiegen, beugen; **~chádzať** finden; ***~chádzať sa*** sich befinden; **~chladnúť** *pf.* sich erkälten; **~chodiť** *s.* ***nachádzať***; **~chýliť** *pf.* neigen
náchyln|osť *f* Neigung; **~ý** anfällig; geneigt
nachyľovať neigen
nachystať *pf.* vorbereiten
nachytro *adv.* hastig, in Eile
naisto *adv.* ganz gewiss
naivný naiv
naj- *Präfix aller Superlative, z. B.* ***~drahší*** teuerste(r); ***~dôležitejší*** wichtigste(r)
najať *pf. s.* ***najímať***
najatý verpachtet; gemietet

najavo *adv.*: ***dať ~*** offenbaren, zu verstehen geben; ***vyjsť ~*** ans Licht kommen, klar werden
najbližšie *adv.* demnächst
najesť: **~ *sa*** (*G*) *pf.* sich satt essen an (*D*)
naježiť: **~ *sa*** *pf.* sich sträuben
najímať dingen; mieten; pachten
najmä *adv.* besonders, namentlich
najmenej am wenigsten
najneskôr *adv.* spätestens
nájom *m*, **~né** *n* Miete *f*; Pacht *f*; **~ník** *m* Mieter
naj|prv *adv.* zunächst, zuerst; **~radšej** *adv.* am liebsten; **~samprv** *adv.* vor allem, zuallererst; **~skôr** *adv.* zuerst; ***čo ~skôr*** möglichst bald; am ehesten, höchstwahrscheinlich
nájsť *pf.* finden
najviac *adv.* am meisten, meistens; ***čo ~*** möglichst viel; ***~ ak*** höchstens wenn
nákaza *f* Ansteckung, Infektion; Seuche
nakaziť (***sa*** sich) anstecken, infizieren
nákazlivý ansteckend, Infektions-
náklad *m* Ladung *f*; *Typ.* Auflage *f*
naklada|ť (be)laden; *Obst* einlegen; umgehen (***s niekým*** mit j-m); **~teľstvo** *n* Verlag *m*
náklad|ný Last-, Fracht-; kostspielig; **~y** *m/pl.* Kosten *pl.*, Ausgaben *f/pl.*
na|kláňať: ***~kláňať sa*** sich neigen, sich beugen; **~klásť** *pf.* legen; **~kloniť**: ***~kloniť sa*** *pf. s.* ***nakláňať sa***
náklonnosť *f* Zuneigung, Geneigtheit; Neigung
na|koľko *cj.* insofern, da, weil, zumal; **~koniec** *adv.* schließlich; **~kopiť** *pf.* anhäufen, ansammeln; **~krátko** *adv.* kurz; ***držať ho ~krátko*** ihn kurz halten
nakradnúť *pf.* zusammenstehlen
nákres *m* Zeichnung *f*
na|kríž *adv.* über(s) Kreuz; **~kŕmiť** füttern, zu essen geben; **~krúcať** ⟨**~krútiť**⟩ drehen
nákup *m* Einkauf; **~ný** Einkaufs-
nakupovať einkaufen
nákyp *m* *Kochk.* Auflauf
nalačno *adv.* auf nüchternen Magen
nálada *f* Stimmung
naladiť *pf.* stimmen; Stimmung machen; einstellen
náladový launenhaft, Stimmungs-
naľakať *pf.* (***sa*** sich) erschrecken
naľavo *adv.* (nach) links
nálepka *f* Etikett *n*
nalepovať aufkleben
nálet *m* Luftangriff
nález *m* Fund; *Med.* Befund; **~isko** *n* Fundort *m*, Fund-

stätte *f*
náležať gehören; **~itý** gehörig, erforderlich; entsprechend
naliať *pf. s.* ***nalievať***; **~liehať** drängen; bestehen; **~liehavý** dringend; **~lievať** eingießen, einschenken; **~lodiť** *pf.* verladen; verschiffen
nálož *f Mil.* Ladung, Sprengsatz *m*
naložiť *pf.* legen; aufschichten, auflegen; (ver)laden; *Früchte* einlegen; verfügen
namáčať einweichen, eintauchen
námaha *f* Anstrengung, Mühe
namáhať (***sa*** sich) anstrengen, Mühe machen; **~vý** anstrengend, mühevoll
namazať *pf. s.* ***mazať***; (ab)-schmieren
námesačník *m* Schlafwandler, Mondsüchtige(r)
námestie *n* Platz *m*
námestník *m* Stellvertreter
námet *m* Thema *n*; Entwurf
námezdný Lohn-
namieriť *pf.* richten, lenken, zielen; **~mieste** *adv.* am Platz; **~miesto** *prp.* (*G*) (an)-statt, anstelle; **~mietať** einwenden
námietka *f* Einwand *m*
namietnuť *pf. s.* ***namietať***
namočiť *pf. s.* ***namáčať***; *fig.* verwickeln (***do niečoho*** in etw.)
námorníctvo *n* Marine *f*, Flotte *f*; **~k** *m* Seemann, Matrose
namotať (**~ávať**) (auf)wickeln
námraza *f* Vereisung, Glätte
namyslenec *m* Eingebildete(r), Snob; **~ý** eingebildet, überheblich
namyslieť (**~mýšľať**): **~ *myslieť si*** sich einbilden
nanajvýš *adv.* höchst; höchstens, nicht einmal; **~ *zaujímavý*** höchst interessant
nanič *adv.* nichts wert; **~hodník** *m* Nichtsnutz
nános *m* Anschwemmung *f*; Anflug, Hauch
nanovo *adv.* von neuem, neu; **~očkovať** einimpfen; **~oko** *adv.* äußerlich, dem Anschein nach; **~opak** *adv.* im Gegenteil
naozaj *adv.* wirklich, tatsächlich, in der Tat; ***myslím to ~*** ich meine das ernst; **~stný** echt, wirklich
nápad *m* Einfall
napadať *unpers.* einfallen; **~pádať** überfallen, anfallen; **~padnúť** *pf. s.* ***napadať***, ***napádať***
nápadný auffällig, auffallend
napájadlo *n* Tränke *f*; **~ť** tränken
napätie *n* Spannung *f*; **~ý** (an)gespannt
napch(áv)ať (voll) stopfen, füttern
napichnúť *pf.* anstecken, befestigen; (an)stechen

napína|ť (an)spannen; **~vý** spannend
nápis *m* Aufschrift *f*, Inschrift *f*
napísať *pf.* (auf)schreiben
napiť: **~ sa** *pf.* trinken
náplasť *f Med.* Pflaster *n*
náplň *f* Füllung; Gehalt *m*, Inhalt *m*
na|plňať ⟨**~plniť**⟩ (an)füllen, nachfüllen; **~pnúť** *pf.* (an)spannen, anstrengen; **~podiv** *adv.* erstaunlich(erweise)
napodob|enina *f* Nachahmung; **~niť** (**~ňovať**) nachahmen, nachmachen, imitieren
napochytro *adv.* eilig, schnell
nápoj *m* Getränk *n*
na|pokon *adv.* schließlich, endlich, zuletzt; **~polo** *adv.* halb, zur Hälfte; **~poludnie** *adv.* mittags, zu Mittag; **~poly** *adv. s.* ***napolo***; **~pomáhať** (aus)helfen; fördern, unterstützen
napom|enúť (**~ínať**) (er)mahnen, rügen
nápomocný behilflich
napomôcť *pf. s.* ***napomáhať***
naponáhlo *adv.* eilig; ***je mi ~*** ich habe es eilig
naporúdzi *adv.* vorhanden, bei der Hand
napospas *adv.* auf Gnade und Ungnade
náprava *f* Besserung, Abhilfe; Wiedergutmachung
naprávať ⟨**napraviť**⟩ wieder gutmachen; abhelfen; (aus)bessern; richten
nápravný Besserungs-
napravo *adv.* (nach) rechts
naprázdno *adv.* vergeblich, umsonst; leer
napred *adv.* vorwärts; im Voraus, im Vornherein; **~ovať** vorwärtskommen, vorankommen; *Mil.* vorrücken
naprieč *adv.* quer
na|priek *adv.* zum Trotz; *prp.* (*D*) trotz; **~príklad** (*Abk.* ***napr.***) zum Beispiel (z. B.); **~proti** *adv.* gegenüber; *prp.* (*D*) entgegen, gegenüber
náprstok *m* Fingerhut
na|puchnúť *pf.* (an)schwellen; **~pustiť** (**~púšťať**) einlassen, einfüllen; imprägnieren; tränken; **~rábať** umgehen
náradie *n* Gerät, Werkzeug
naradostený erfreut, freudestrahlend
náram|kový Armband-; **~ok** *m* Armband *n*, Armreif
naraz *adv.* plötzlich, mit einem Mal; gleichzeitig
náraz *m* Aufprall; *Med.* Schock
na|raziť (**~rážať**) aufprallen, stoßen; anspielen (***na niečo*** auf etw.); **~rážka** *f* Anspielung, Andeutung
nárazník *m* Stoßstange *f*
nárečie *n* Mundart *f*; **~ový** mundartlich, Dialekt-
nárek *m* Wehklagen *n*
nárez *m* Aufschnitt
narezať *pf.* (zurecht)schnei-

den; anschneiden
naria|denie *n* Erlass *m*, Anordnung *f*, Dekret *n*; **~diť** (**~ďovať**) anordnen, verordnen
nariekať wehklagen, jammern; **~ *si*** sich beklagen
narobiť *pf.* anstellen, anrichten, machen; **~ *sa*** sich abplagen, sich abrackern
náročky *adv.* absichtlich
náročný anspruchsvoll
národ *m* Nation *f*, Volk *n*
narod|eniny *fpl.* Geburtstag *m*; **~enie** *n* Geburt *f*; **~iť**: ***~iť sa*** *pf.* geboren werden, auf die Welt kommen
národn|osť *f* Nationalität; **~ostný** Nationalitäten-; **~ý** national, National-
národo|hospodár *m* Volkswirt; **~hospodárstvo** *n* Volkswirtschaft *f*; **~pis** *m* Volkskunde *f*
nárok *m* Anspruch, Forderung *f*, Anrecht *n*; **~ovať**: ***~ovať si*** beanspruchen, fordern
narovn(áv)ať gerade machen, glätten; aufrichten; ausstrecken
naruby *adv.* verkehrt, andersherum; ***obrátiť ~*** durchsuchen
náruč *f*, **~ie** *n* Umarmung *f*; ***padnúť do ~ia*** in die Arme fallen; ***s otvoreným ~ím*** mit offenen Armen
narukovať einrücken
naruš|iť ⟨**~ovať**⟩ stören, verletzen
náruživý leidenschaftlich
narýchlo *adv.* schnell, in Eile
nárys *m* Aufriss
nasa|denie *n* Einsatz *m*; **~diť** *pf.* *s.* ***nasadzovať***; **~dnúť** *pf.* einsteigen; **~dzovať** *Hut* aufsetzen; *Leben* einsetzen; einschlagen
naschvál *adv.* absichtlich
nasiaknuť *pf.* durch und durch nass werden, sich voll saugen
násilie *n* Gewalt *f*
násilný gewaltsam
nask|akovať ⟨**~očiť**⟩ aufspringen
náskok *m* Vorsprung
naskrze *adv.* durch und durch
naskyt|núť (**~ovať**): ***~núť sa*** sich bieten
následkom *prp.* (*G*) infolge
následok *m* Folge *f*
nasledovať folgen
naslepo *adv.* blindlings, aufs Geratewohl
naslintiť *pf.* belecken
násobi|lka *f* Einmaleins *n*; **~ť** multiplizieren
naspamäť *adv.* auswendig
naspäť *adv.* zurück; ***cestou ~*** auf dem Rückweg
naspodku *adv.* unten
nasťahovať: **~ *sa*** einziehen
na|stať *pf.* *s.* ***nastávať***; **~stávajúci** bevorstehend; **~stavať** *pf.* (hin)stellen, (hin)bauen; **~stávať** eintreten; **~staviť** *pf.* hinhalten; aufstellen; einstellen; ***~staviť***

uši die Ohren spitzen
nástenný Wand-
nástojčivý dringend, eindringlich
nasto|liť (**~ľovať**) einführen, errichten; ***~liť otázku*** eine Frage aufwerfen
nástraha *f* Köder *m*
nastrašiť *pf.* erschrecken
nastr|čiť (**~kávať**) aufstecken; hinhalten
nástroj *m* Werkzeug *n*, Instrument *n*
nástup *m* Antritt, Beginn; **~ca** *m* Nachfolger; **~ište** *n* Bahnsteig *m*
nast|úpiť (**~upovať**) antreten; einsteigen
nasvedčovať (be)zeugen; sprechen
násyp *m* Damm
na|sypať (**~sýpať**) aufschütten; einschütten
nasýtiť *pf.* satt machen, sättigen
náš unser
našepk(áv)ať einflüstern; vorsagen
našinec *m* unsereins
naširoko *adv.* weit, ausführlich
naš|iť (**~ívať**) annähen; aufnähen
naštrbiť *pf.* schädigen, untergraben, angreifen
naštudovať einüben, einstudieren
natáčať aufwickeln, aufwinden; ondulieren; *Film* drehen
naťahovať (an)spannen, anziehen; *Hals* ausstrecken; *Uhr* aufziehen; F aufziehen; ***~ sa*** sich ausstrecken, sich hinlegen; F sich (gegenseitig) necken, aufziehen
náter *m* Anstrich
nateraz *adv.* vorläufig
natešený freudig, erfreut
natiahnuť *pf. s.* ***naťahovať***
natiecť *pf.* (hin)einfließen
natiera|č *m* Maler, Anstreicher; **~ť** anstreichen, lackieren; einreiben, einschmieren
natlačiť *pf.* voll stopfen; *Typ.* drucken
nátlak *m* Druck
natĺcť *pf.* aufschlagen, knacken; stampfen; einhämmern; F durchprügeln
natočiť *pf. s.* ***natáčať***
natoľko *cj.* sosehr, soweit
natrafiť *pf.* stoßen; ***dobre ~*** gelegen kommen; ***zle ~*** ungelegen kommen
natrhať *pf.* (ab)pflücken
natrhnúť *pf.* anreißen
natrieť *pf. s.* ***natierať***
natrvalo *adv.* endgültig, für immer
nátura *f* Charakter *m*
naučiť *pf.* beibringen; ***~ sa*** lernen
náučný Lehr-; ***~ slovník*** Lexikon *n*
náuka *f* Lehre
náušnica *f* Ohrring *m*, Ohrgehänge *n*
navádzať verleiten, über-

reden
nával *m* Zudrang, Andrang; **~ *práce*** Arbeitsanfall *m*
na|valiť *pf.* aufladen, auferlegen; **~večerať sa** *pf.* Abendbrot essen; **~veky** *adv.* (auf) ewig; **~verímboha** F *adv.* auf gut Glück, aufs Geratewohl; **~vidomoči** *adv.* offensichtlich; merklich; **~viesť** *pf. s.* ***navádzať***; **~vijak** *m* Spule *f*, Rolle *f*; **~víjať** aufspulen, aufwickeln, aufrollen; **~vlas** *adv.* haargenau; **~vliecť** (**~vliekať**) einfädeln; aufstecken; anziehen
návnada *f* Köder *m*
navnivoč *adv.* zugrunde; ***doniesť, priviesť, priniesť ~*** zugrunde richten
návod *m* Anleitung *f*
navonok *adv.* äußerlich, dem Anschein nach
návrat *m* Rückkehr *f*
navrátiť *pf.* zurückgeben
návrh *m* Vorschlag
navrh|núť (**~ovať**) vorschlagen; planen; projektieren
navrch *adv.* hinauf, nach oben; **~u** *adv.* oben, zuoberst
návštev|a *f* Besuch *m*; **~ník** *m* Besucher; **~ovať** ⟨**navštíviť**⟩ besuchen
návyk *m* Gewohnheit *f*
navyk|ať ⟨**~núť**⟩ (***si***) sich gewöhnen
na|vzájom *f/pl.* einander, gegenseitig; **~vždy** *adv.* für immer; **~zad** *adv.* zurück; ***cestou ~zad*** auf dem Rückweg; **~zdávať**: ***~zdávať sa*** glauben, vermuten, meinen; **~zerať** schauen, (hinaus)blicken; einsehen
nazmar *adv.*: ***vyjsť ~*** vergeblich sein
naznač|iť (**~ovať**) andeuten, skizzieren
naznak *adv.* auf dem Rücken
náznak *m* Anzeichen *n*
názor *m* Ansicht *f*, Meinung *f*; Anschauung *f*; **~ný** anschaulich
názov *m* Name, Bezeichnung *f*; Überschrift *f*, Titel
nazrieť *pf.* hereinschauen
názvoslovie *n* Terminologie *f*
nazývať nennen, bezeichnen; ***~ sa*** heißen
naživе *adv.* am Leben
ne- nicht(-), -los, un-
nebeský himmlisch
nebezpeč|enstvo *n* Gefahr *f*; **~ný** gefährlich
neblahý ungünstig, übel
nebo *n* Himmel *m*
ne|bodaj *adv.* wohl; **~bohý** selig, verstorben; **~bojazlivý** furchtlos; **~božiec** *m Tech.* Bohrer; **~božtík** *m* Verstorbene(r); **~bývalý** ungeahnt
necnosť *f* Laster *n*, Übel *n*
ne|čakaný unerwartet; **~časový** nicht zeitgemäß; **~činný** tatenlos; **~čitateľný** unleserlich; **~ďaleko** *adv. u. prp.* (*G*) unweit (von), in der Nähe; **~dávno** *adv.* kürzlich, unlängst; **~dbalý** fahrlässig; schlampig; **~dbám**

meinetwegen; **~dbanlivý** gleichgültig; unachtsam, fahrlässig; schlampig
nedeľ|a *f* Sonntag *m*; **~ný** Sonntags-
nedobytný uneinnehmbar
nedoce|niť (~ňovať) unterschätzen
nedo|čkavý ungeduldig; **~patrenie** *n* Versehen; **~platok** *m* (*Zahlungs-*)Rückstand; **~rozumenie** *n* Missverständnis; **~siahnuteľný** unerreichbar; **~statočný** ungenügend, unzureichend; **~statok** *m* Mangel, Fehler; Fehlen *n*; **~tklivý** zimperlich; **~tknuteľný** unantastbar
nedouk *m* Halbgebildete(r)
nedôver|a *f* Misstrauen *n*; **~čivý** misstrauisch
nefajčiar *m* Nichtraucher
ne|foremný formlos, unförmig; **~hanebný** schamlos; **~hatený** ungehindert, ungehemmt; **~hnuteľnosť** *f* Immobilien *pl.*, feste Habe; **~hoda** *f* Unfall *m*; Zwischenfall *m*; **~hodno** es lohnt nicht, man soll (kann) nicht; **~horázny** unerhört, maßlos; **~hybný** unbeweglich, regungslos; **~hynúci** unvergänglich; unvergesslich
nech soll, mag; **~ *príde*** er soll kommen; **~ *žije!*** es lebe!; **~ *sa páči!*** bitte!
nech(áv)ať (zurück)lassen
necht *m* Nagel
nechtiac *adv.* unwillkürlich
nechu|ť *f* Abneigung, Widerwille *m*, Unlust; **~tný** schlecht schmeckend, unappetitlich
neist|ota *f* Unsicherheit, Zweifel *m*; **~ý** unsicher
nejak, **~o** *adv.* irgendwie; **~ý** irgendein(er)
ne|kalý unehrlich, unredlich; **~konečný** unendlich, endlos; **~kultúrny** ungebildet, kulturlos; **~ľudský** unmenschlich; **~ľútostný** schonungslos, erbarmungslos
nemčina *f* deutsche Sprache
Nemec *m* Deutsche(r); **~ko** *n* Deutschland; **&ký** deutsch
ne|miestny unangebracht, unpassend; **~milosrdný** gnadenlos; **~milosť** *f* Ungnade; **~milý** unerfreulich; peinlich
Nemka *f* Deutsche
nemluvňa *n* Säugling *m*
nemoc *f* Krankheit; **~enská** F *f* Krankenkasse; **~nica** *f* Krankenhaus *n*; **~ničný** Krankenhaus-, Kranken-; **~ný** krank
nemota *f* Stummheit
nemotorný ungeschickt
nemožn|osť *f* Unmöglichkeit; **~ý** unmöglich
nemrav *m*, **~nosť** *f* Unsitte; **~ný** unsittlich
nemý stumm
ne|nahraditeľný unersetzlich; **~nápadný** unauffällig;

~napraviteľný unverbesserlich; **~náročný** anspruchslos; **~násytný** unersättlich
nenávi|dieť hassen; **~sť** *f* Hass *m*
ne|návratný unwiederbringlich; **~nazdajky** *adv.* unversehens; **~nútený** zwanglos; **~obmedzený** unbegrenzt; **~obratný** ungeschickt; **~obyčajný** außergewöhnlich; **~obývateľný** unbewohnbar; **~oceniteľný** unschätzbar; **~očakávaný** unerwartet
neod|borný nicht fachmännisch, dilettantisch; **~deliteľný** unabtrennbar; **~kladný** unaufschiebbar; **~lučiteľný** unabtrennbar; **~olateľný** unwiderstehlich; **~ôvodený** unbegründet; **~pustiteľný** unverzeihlich; **~škriepiteľný** unbestreitbar; **~volateľný** unwiderruflich; **~vratný** unabwendbar
neohrabaný ungehobelt
neochot|a *f* Ungefälligkeit; Unlust; **~ný** nicht bereitwillig
neo|chvejný unerschütterlich; **~krôchaný** grob, ungehobelt; **~patrný** unvorsichtig; **~podstatnený** unbegründet; **~právnený** ungerechtfertigt, unbefugt; **~sobný** unpersönlich
ne|párny ungerade; **~patrný** unbedeutend; **~platný** ungültig; **~plecha** *f* Unfug *m*
neplodn|osť *f* Unfruchtbarkeit; **~ý** unfruchtbar
nepoctiv|osť *f* Unehrlichkeit; **~ý** unehrlich
nepočujúci gehörlos
nepo|darený missglückt, missraten; **~darok** *m Tech.* Ausschuss
nepod|dajný unnachgiebig; **~mienečne** *adv. jur.* ohne Bewährung
nepo|chodiť *pf.* kein Glück (*od.* keinen Erfolg) haben; **~chopiteľný** unbegreiflich; **~chybný** zweifellos
nepokoj *m* Unruhe *f*; **~ný** unruhig
nepo|mer *m* Missverhältnis *n*; **~merný** unverhältnismäßig; **~pierateľný** unbestreitbar; **~raziteľný** unbesiegbar; **~riadny** unordentlich, liederlich; **~riadok** *m* Unordnung *f*; **~rušený** unbeschädigt, heil, ganz; **~sedný** unruhig; **~strádateľný** unentbehrlich; **~škvrnený** unbefleckt; **~potrebný** unnütz; **~všimnutý** unbemerkt; **~znanie** *n* Unkenntlichkeit *f*; **~zorovaný** unbemerkt, unbeobachtet; **~zorný** unaufmerksam
nepravd|a *f* Unwahrheit; **~ivý** unwahr
ne|pravidelný unregelmäßig; **~právom** *adv.* widerrechtlich, ungerechterweise; **~pravý** unecht, falsch;

~predajný unverkäuflich; **~predstaviteľný** unvorstellbar; **~predvídaný** unvorhergesehen; **~prehľadný** unübersichtlich; **~prekonateľný** unübertrefflich; **~premokavý** wasserdicht; **~prestajný** unaufhörlich, ständig; **~pretržitý** pausenlos, ununterbrochen; **~priamy** indirekt
nepriateľ *m* Feind, Gegner; **~ský** feindlich, gegnerisch, Feind(es)-; **~stvo** *n* Feindschaft *f*
ne|príčetný unzurechnungsfähig; **~primeraný** unverhältnismäßig, unangemessen
neprí|pustný unzulässig; **~stupný** unzugänglich, unerreichbar; unerschwinglich
neprítomn|osť *f* Abwesenheit; **~ý** abwesend
neprospech *m* Nachteil; ***v ~*** zum Nachteil
nerád, **nerada** *undekl.* ungern; ***~ tancuje*** er tanzt ungern, er mag nicht tanzen
neradno es ist nicht ratsam
nerast *m* Mineral *n*
neraz *adv.* manchmal
nerest *f* Laster *n*
ne|rovnomerný ungleichmäßig; **~rozbitný** unzerbrechlich, bruchsicher; **~rozborný** untrennbar; **~rozhodný** unentschlossen; *Sp.* unentschieden; **~rozlučný** untrennbar, unzertrennlich; **~rušený** ungestört
nervozita *f* Nervosität
nervózny nervös, unruhig
ne|sčíselný zahllos, unzählig, ungezählt; **~schopný** unfähig; **~skladný** *Ware*: nicht lagerfähig; **~skorý** spät; **~skôr** *adv.* später; **~slaný-nemastný** F fade, lasch; ausdruckslos; **~slobodno** man darf (*od.* kann) nicht, es ist nicht erlaubt; **~slušný** unanständig, unpassend; **~slýchaný** unerhört; **~smierny** endlos, unermesslich; **~smrteľný** unsterblich; **~spavosť** *f* Schlaflosigkeit; **~spočetný** zahllos, unzählig; **~spokojný** unzufrieden; **~sporný** unbestritten, unbestreitbar; **~správny** unrichtig, falsch, irrig; **~spravodlivý** ungerecht; **~stály** unbeständig, schwankend; **~stranný** unparteiisch; **~stráviteľný** unverdaulich; **~súhlas** *m* Ablehnung *f*; **~súlad** *m* Unstimmigkeit *f*; **~súrodý** heterogen, uneinheitlich; **~súvislý** unzusammenhängend; **~svár** *m* Zwietracht *f*, Zwist; **~svedomitý** gewissenlos
nesvoj befangen; ***cíti sa ~*** er fühlt sich nicht wohl in seiner Haut
ne|šetrný rücksichtslos, schonungslos; **~šikovný** ungeschickt, unbeholfen; **~škodný** unschädlich

nešťast|ie *n* Unglück, Missgeschick; **~ný** unglücklich
nešvár *m* Ungebührlichkeit *f*
neter *f* Nichte
netopier *m* Fledermaus *f*
ne|treba es ist nicht nötig, man braucht nicht; **~trpezlivosť** *f* Ungeduld; **~tušený** ungeahnt; **~tvor** *m* Ungeheuer *n*, Scheusal *n*; **~úcta** *f* Missachtung; **~účasť** *f* Nichtbeteiligung; **~účelný** unzweckmäßig; **~udržateľný** unhaltbar; **~úmerný** unverhältnismäßig; **~únavný** unermüdlich; **~únosný** untragbar; **~uposlúchnutie** *n* Nichtbefolgung *f*; **~úprosný** unerbittlich; **~určitý** unbestimmt
neúrod|a *f* Missernte; **~ný** unfruchtbar
neúspe|ch *m* Misserfolg; **~šný** erfolglos, vergeblich
neu|stále *adv.* unaufhörlich, ununterbrochen; **~stály** fortwährend, unaufhörlich; **~tešený** trostlos; **~veriteľný** unglaublich
nevädza *f* Kornblume
nevďačn|osť *f* Undankbarkeit; **~ý** undankbar
ne|vďak *m* Undank; **~vdojak** *adv.* unwillkürlich; **~vecný** unsachlich; **~vedno** es ist unbekannt, ungewiss, man weiß nicht
never|a *f* Untreue; **~iaci** ungläubig; **~ný** untreu, treulos
nevesta *f* Braut
nevhod *adv.* ungelegen; **~ný** ungelegen, unpassend
ne|vídaný noch nie da gewesen; **~vinný** unschuldig; harmlos; **~vkus** *m* Geschmacklosigkeit *f*; **~vládny** kraftlos; **~vlastný** Stief-; **~vľúdny** unfreundlich, barsch; **~voľno** *adv.* übel, unwohl, unpässlich
nevoľní|ctvo *n* Leibeigenschaft *f*; **~k** *m* Leibeigene(r)
ne|vraživý feindlich, gehässig; **~vrlý** verdrießlich, gereizt; **~všímavý** unaufmerksam, gleichgültig; **~vydarený** misslungen
nevydržanie *n*: ***to je na ~*** das ist nicht zum Aushalten
ne|vyhnutný unvermeidlich, unausweichlich; **~výhodný** unvorteilhaft; **~výnosný** unrentabel; **~vyriešený** ungelöst; **~vyspytateľný** unerforschlich; **~vzhľadný** unansehnlich; **~zábudka** *f* Vergissmeinnicht *n*; **~zabudnuteľný** unvergesslich; **~zadlho** *adv.* kurz danach; **~zadržateľný** unaufhaltbar; **~zamestnanosť** *f* Arbeitslosigkeit; **~zamestnaný** arbeitslos; Arbeitslose(r); Unbefugte(r); **~zaplatiteľný** unbezahlbar; **~zastaviteľný** unaufhaltsam; **~zaujatý** unvoreingenommen; **~záujem** *m* Interesselosigkeit *f*
nezávisl|osť *f* Unabhängigkeit; **~ý** unabhängig

nezbedný *Kind*: wild, ungezogen
ne|zdar *m* Missgeschick *n*; **~zhoda** *f* Unstimmigkeit; **~zhovorčivý** wortkarg; schweigsam; **~zištný** uneigennützig, selbstlos; **~zlomný** unerschütterlich; **~zlučiteľný** unvereinbar
nezmar *m Zo.* Polyp; F zäher Mensch; ***on je ~*** er lässt sich nicht unterkriegen
nezmysel *m* Unsinn; **~ný** unsinnig
ne|znalosť *f* Unkenntnis; **~známy** unbekannt; **~znášanlivý** unduldsam, unverträglich; **~znesiteľný** unerträglich; **~zodpovedný** unverantwortlich, verantwortungslos; **~zrovnalosť** *f* Missverhältnis *n*; **~zvestný** verschollen, vermisst; **~zvratný** unumstößlich; **~zvyčajný** ungewöhnlich; **~zvyklý** ungewohnt
než *cj.* als; ***prv ~*** bevor
neženatý *Mann*: unverheiratet
nežiadúci unerwünscht
neživotný leblos; unbelebt
nežný zart; zärtlich
nič nichts; ***z ničoho ~*** mir nichts, dir nichts; ***do toho ťa ~*** das geht dich nichts an
niči|ť verderben, zugrunde richten, zerstören; **~vý** verheerend
ničomný nichtsnutzig
nie nicht; nein
nie|čo (irgend)etwas; **~kam** *adv.* irgendwohin; **~kdajší** ehemalig, früher; **~kde** *adv.* irgendwo; **~kedy** *adv.* irgendwann, einst(mals); zuweilen
niekoľko einige; **~násobný** mehrfach, vielfach; **~ročný** mehrjährig
niekto (irgend)jemand; **~rý** irgendeine(r)
nielen *cj.* nicht nur
niesť tragen; legen; ***~ sa*** reiten; *Lied*: erklingen
niet(o) (*G*) es gibt nicht, es fehlt (an etw.)
nijak|o *adv.* in keiner Weise; **~ý** kein
nikam *adv.* nirgendwohin
nikdy *adv.* nie, niemals
nikto, nik niemand; **~š** *m* Niemand, eine Null *f*
niť *f* Faden *m*, Zwirn *m*
nízky niedrig
nížina *f* Niederung
nižný untere(r), Unter-, Nieder-
nižší *comp.* niedriger
no *cj.* aber, doch, jedoch
noc *f* Nacht; ***Veľká ~*** Ostern *n*, Osternacht *f*
nocľah *m* Übernachtung *f*; **~áreň** *f* Herberge
nocovať übernachten
nočný nächtlich, Nacht-
noha *f* Fuß *m*, Bein *n*; **~vice** *f/pl.* Hose *f*; **~vičky** *f/pl.* Höschen *n*
Nór *m* Norweger; **~sko** *n* Norwegen; **2sky** norwegisch

norka *f* Nerz *m*
nos *m* Nase *f*
nosič *m* Träger (*Person*)
nosidlá *n/pl.* Trage *f*, Bahre *f*
nosiť tragen; **~ sa** sich kleiden; reiten
nositeľ *m* Träger, Inhaber
nosorožec *m* Nashorn *n*
notes *m* Notizblock
nováčik *m Mil.* Rekrut; Neuling
novin|ár *m* Journalist; **~árský** journalistisch, Zeitungs-; **~ka** *f* Neuheit; Neuerscheinung; **~ový** Zeitungs-; **~y** *f/pl.* Zeitung *f*
novo|dobý modern; neu(zeitlich); **~manželia** *m/pl.* Jungvermählte *pl.*; **~pečený** F frisch gebacken; **~ročný** Neujahrs-; **~sť** *f* Neuheit, Neuigkeit; **~stavba** *f* Neubau *m*; **~ta** *f* Neuheit, Neuerung
novovek *m* Neuzeit *f*; **~ý** neuzeitlich
novší *comp.* neuer
nový neu
nože nun
nožík *m* (kleines) Messer
nožnice *f/pl.* Schere *f*
nôž *m* Messer *n*
nuansa *f* Nuance, Feinheit
nud|a *f* Langeweile; **~iť** (*sa* sich) langweilen; **~ný** langweilig
nudizmus *m* Freikörperkultur *f*
núdz|a *f* Mangel *m*; ***z ~e*** aus Not; **~ový** Not-
ňuchať schnüffeln, wittern
núkať anbieten
nula *f* Null
nútiť zwingen
nut|kať drängen; **~nosť** *f* Notwendigkeit; **~ný** notwendig, erforderlich
nuž nun, also

O

o *prp.* (*A*) gegen, um, nach; (*L*) über (*sprechen*), von, um, an; ***~ rok*** in einem Jahr; ***chodiť ~ palici*** am Stock gehen
oba, **~ja** (alle) beide
obal *m* Umschlag, Hülle *f*, Verpackung *f*
obálka *f* Briefumschlag *m*
obárať ⟨**obariť**⟩ (ab)brühen
obava *f* Befürchtung
obáva|ný gefürchtet; **~ť**: ***~ť sa*** befürchten, besorgt sein (***o niečo*** um j-n)
občan *m* Bürger
občas *adv.* mitunter, zeitweilig, zeitweise
občerstv|enie *n* Erfrischung *f*, Stärkung *f*; **~iť** *pf.* erfrischen; auffrischen
občian|ka *f* Bürgerin; P Personalausweis *m*; **~sky** Bürger-; Personal-; **~stvo** *n* Staatsbürgerschaft *f*

obďaleč *adv.* unweit, nahe, in der Nähe
obdar|iť (**~ovať**) beschenken, versehen
obdiv *m* Bewunderung *f*; **~ovať** bewundern, hoch schätzen; **~ovateľ** *m* Bewunderer; **~uhodný** bewundernswert
obdĺž|nik *m* Rechteck *n*; **~ny** rechteckig
obdob|a *f* Analogie; **~ie** *n* Periode *f*, Zeitraum *m*; **~ný** analog, entsprechend
obdržať *pf.* erhalten
obe (*n/pl.*) beide
obec *f* Gemeinde, Ortschaft; Dorf *n*; **~enstvo** *n* Publikum; **~ný** Gemeinde-
obed *m* Mittagessen *n*; **~ňajší** Mittags-; **~ovať** zu Mittag essen
obeh *m* Kreislauf, Umlauf; **~núť** *pf.* herumlaufen
obera|čka *f* (*Wein-*, *Obst-*)Lese; **~ť** lesen, pflücken, ernten; berauben
obes|enie *n jur.* Hängen *n*; **~iť** *pf.* aufhängen
obeť *f* Opfer *n*
obet|avý aufopfernd; **~ný** Opfer-; **~ovať** (*im*)*pf.* (auf)opfern
obežn|ica *f* Planet *m*; **~ík** *m* Rundschreiben *n*; **~ý** Umlauf-
ob|hádzať (**~hadzovať**) bewerfen, verputzen; **~hajca** *m* Verteidiger, Anwalt; **~hájiť** *pf. s.* ***obhajovať***; **~hajoba** *f* Verteidigung; Rechtfertigung; **~hajovať** verteidigen, schützen
obhliadka *f* Besichtigung; **~ mäsa** Fleischbeschau *f*
obchádz|ať umgehen; **~ka** *f* Rundgang *m*; Umleitung
obchod *m* Handel; Geschäft *n*; **~ník** *m* Geschäftsmann; **~ný** Handels-, Geschäfts-; **~ovať** handeln
obidva, **~ja** beide, alle beide
obiehať herumlaufen, sich drehen um
obieliť *pf. s.* ***bieliť***
obíjať beschlagen; (*mit Brettern*) verkleiden
obilie *n* Getreide
obiln|iny *f/pl.* Brotgetreide *n*; **~ý** Getreide-
obísť *pf.* umgehen; **~ sa** auskommen
obiť *pf. s.* ***obíjať***
objasn|enie *n* Erläuterung *f*; **~iť** (**~ovať**) erklären, erläutern; aufklären
objať *pf.* umarmen; umfassen; ergreifen
objav|iť (**~ovať**) entdecken, aufdecken; ***~ovať sa*** auftreten, sich zeigen
objedať abfressen, abnagen; **~ sa** sich überessen
objedn|(áv)ať bestellen; **~ávka** *f* Bestellung, Auftrag *m*
objem *m* Umfang
objesť sa *pf. s.* ***objedať sa***
obklad *m* Umschlag; Belag; **~ať** belegen; verkleiden

obklop|iť (**~ovať**) umdrängen, umringen, umgeben
obkľ|účiť (**~učovať**) einkreisen, einschließen; umgeben, umdrängen
oblačný Wolken-, bewölkt, wolkig
obľahčiť *pf.* erleichtern
obľahnúť *pf. s.* ***obliehať***
oblak *m* Wolke *f*
oblas|ť *f* Gebiet *n*; **~tný** Gebiets-
oblek *m* Anzug, Kleid *n*
oblepiť *pf.* bekleben
obletovať herumfliegen, umschwirren
obliať *pf. s.* ***oblievať***
obličaj *m* Gesicht *n*, Antlitz *n*
oblička *f* Niere
oblie|cť (**~kať**) anziehen, ankleiden
obliehať belagern
oblievať begießen, übergießen
obl|ízať (**~izovať**) ablecken, belecken
obločnica *f* Fensterladen *m*
obloha *f* Himmel(szelt *n*) *m*
oblok *m* Fenster *n*
obložiť *pf.* belegen; verkleiden
obľuba *f* Beliebtheit, Vorliebe
obľúbiť: **~ *si*** *pf.* lieb gewinnen, gern haben
obluda *f* Ungeheuer *n*
oblúk *m* Bogen, Gewölbe *n*, Spannweite *f*; **~ovitý** bogenförmig, Bogen-
oblý rundlich
obmedz|enie *n* Begrenzung *f*, Einschränkung *f*; **~ený** beschränkt; **~iť** (**~ovať**) begrenzen, beschneiden, einschränken
obme|na *f* Abänderung; Variante; Spielart; **~niť** (**~ňovať**) abändern
obmot(áv)ať umwickeln, (ein)wickeln
obnaž|iť (**~ovať**) entblößen, bloßstellen
obnosiť *pf.* abtragen, abnutzen
obnov|a *f* Erneuerung; Renovierung; **~iť** (**~ovať**) erneuern, wiedererrichten, renovieren
obočie Braue *f*
oboha|covať ⟨**~tiť**⟩ bereichern
obohnať *pf.* umgeben
oboj||stranný beiderseitig; **~živelník** *m* Amphibie *f*
obor *m* Riese; **~(áv)ať** umpflügen
oboriť: **~ *sa*** *pf.* sich stützen; sich stemmen; j-n anherrschen
obozn|ámiť (**~amovať**) bekannt machen, vertraut machen
obozretný umsichtig, vorsichtig
obrábať bearbeiten
obracať (um)wenden, umdrehen; richten, lenken; verwandeln; **~ *sa*** sich umdrehen, sich (um)wenden; sich verwandeln

obrad *m* Zeremonie *f*, Ritus
obran|a *f* Verteidigung, Schutz *m*; **~ca** *m* Beschützer, Verteidiger
ob|rániť *pf. s.* ***obraňovať***; **~ranný** Verteidigungs-, Schutz-; **~raňovať** verteidigen, schützen
obrat *m* Wendung *f*, Umschwung, Wandel; Umsatz
obrať *pf. s.* ***oberať***
ob|rátiť *pf. s.* ***obracať***; **~rátka** *f* Umlauf *m*, Umdrehung; **~ratník** *m* Wendekreis; **~ratný** gewandt, wendig, geschickt; **~ratom** *adv.* umgehend, unverzüglich; postwendend; **~ratový** Umsatz-
obraz *m* Bild *n*, Gestalt *f*; **~áreň** *f* Gemäldegalerie; **~ný** bildlich; **~otvornosť** *f* Vorstellungskraft; **~ovka** *f* Bildschirm *m*
obrez(áv)ať beschneiden; abschneiden
obrí riesenhaft, Riesen-
obrna *f* Lähmung
obrniť: **~** ***sa*** *pf.* sich wappnen
obrobiť *pf. s.* ***obrábať***
obrod|a *f*, **~enie** *n* Wiedergeburt *f*
obrovský riesenhaft, gewaltig
obrub|a *f* Saum *m*, Rand *m*; **~ovať** einfassen, einsäumen
obruč *f*, **obrúčka** *f* Reif(en) *m*; Ring *m*, Ehering *m*
obrus *m* Tischtuch *n*
obrúsiť *pf. s.* ***brúsiť***
obrva *f* Augenbraue; Wimper
obrys *m* Umriss, Kontur *f*
obsad|enie *n* Besetzung *f*; **~iť** (**~zovať**) einnehmen, besetzen; *Platz* belegen
obsa|h *m* Inhalt, Gehalt; **~hovať** enthalten, umfassen, beinhalten; **~žný** umfangreich, inhaltsreich
obsek(áv)ať behauen; abhauen, abschlagen
obsiah|ly umfangreich; **~nuť** *pf.* erfassen, umfassen
obsluh|a *f* Bedienung; Aufwartung; **~ovať** bedienen, betreuen
obstar(áv)ať verschaffen, besorgen
obstať *pf.* umstellen, umzingeln
obstáť *pf.* fest stehen; anhalten; bestehen, standhalten
obstojný erträglich; ganz gut
obst|úpiť (**~tupovať**) umdrängen, umringen
obšírny ausgedehnt, umfangreich
obš|iť (**~ívať**) (ein)säumen, einfassen
obšmietať: **~** ***sa*** herumlungern
obšťast|niť (**~ňovať**) beglücken
obťah *m Typ.* Abzug, Abdruck; Umbruch
obťažný schwer, schwierig
obťažovať belästigen; **~** ***sa*** sich bemühen
obtiahnuť *pf.* bespannen, beziehen; abziehen
obušok *m* Knüppel

obuť *pf.* Schuhe anziehen
obuv *f* Schuhwerk *n*; **~ák** *m* Schuhlöffel; **~ník** *m* Schuhmacher
obväz *m Med.* Verband; **~ovať** verbinden
obveseliť *pf.* erheitern, belustigen
obviazať *pf.* verbinden
obvíjať (um)wickeln
obvi|niť (**~ňovať**) beschuldigen
obviť *pf. s.* ***obvíjať***
obvod *m Math.* Umfang; (*Verwaltungs-*)Kreis; Bereich; **~ový** Kreis-
obvyklý gewöhnlich, gewohnt, üblich
obyčaj *f* Gewohnheit; Sitte, Brauch *m*; **~ný** gewöhnlich, einfach
obytný Wohn-
obýva|cí Wohn-; **~cí** ***voz*** Wohnwagen; **~ť** bewohnen; **~čka** *f* Wohnzimmer *n*
obyvateľ *m* Einwohner, Bewohner; **~stvo** *n* Bevölkerung *f*, Einwohnerschaft *f*
obzerať betrachten; **~ *sa*** sich umschauen, sich umsehen, Umschau halten
obzor *m* Horizont; Blickfeld *n*
obzrieť (***sa***) *pf. s.* ***obzerať sa***
obzvlášť *adv.* besonders
obžalo|ba *f* Beschuldigung, Anschuldigung; *jur.* Anklage; **~bný** Anklage-; **~vaný** *m* Angeklagte(r); **~vať** *pf.* anklagen
oce|ľ *f* Stahl *m*; **~liareň** *f* Stahlgießerei; **~liarstvo** *n* Stahlindustrie *f*; **~ľový** stählern, Stahl-
oce|niť (**~ňovať**) einschätzen, abschätzen, bewerten
ocitnúť: **~ *sa*** *pf.* geraten, sich (unerwartet) befinden
ocot *m* Essig
očakáva|nie *n* Erwarten; **~ť** erwarten
očar|iť (**~ovať**) bezaubern
očer|ňovať ⟨**~niť**⟩ anschwärzen
očistec *m* Fegefeuer *n*
očis|tiť (**~ťovať**) reinigen, säubern
očitý: **~ *svedok*** Augenzeuge *m*
očividný augenscheinlich, offensichtlich
očko *n* kleines Auge; (*Strick-*)Masche *f*; **~vať** impfen; veredeln; **~*vací preukaz*** *m* Impfpass
očný Augen-
od, odo *prp.* (*G*) von, seit, von … an; ab …, fort-, los-, weg-
od|baviť *pf.* verrichten, ausüben; abfertigen; **~behnúť** *pf.* weglaufen, (auf einen Sprung) weggehen
odber *m* Abnahme *f*; Bezug; **~ať** abnehmen, beziehen; **~ateľ** *m* Abnehmer
odbíjať ⟨**odbiť**⟩ abschlagen, loswerden; *Uhr*: schlagen
odboč|iť *pf.* abzweigen; einbiegen; **~ka** *f* Filiale; Abzweigung

od|boj *m* Widerstand; **~bor** *m* Fach *n*, Gebiet *n*; Abteilung *f*
odbor|ár *m* Gewerkschaftler; **~árský** Gewerkschafts-; **~ník** *m* Spezialist, Fachmann, Kenner, Experte; **~ný** Fach-, spezial; **~ový** Gewerkschafts-; **~y** *m/pl*. Gewerkschaften *f/pl*.
od|bremeniť *pf*. entlasten; **~búrať** *pf*. abreißen; beseitigen; **~byt** *m* *Hdl*. Absatz; **~cestovať** *pf*. abreisen, wegfahren; **~cudziť** *pf*. entwenden; **~čerpať** *pf*. abschöpfen; **~činiť** *pf*. wieder gutmachen; **~čítať** *pf*. (ab)zählen, abziehen; **~ďaľovať** hinausschieben; **~daný** ergeben, treu
odd(áv)ať abgeben, hingeben; vermählen, trauen
oddávna *adv*. längst, seit langem
odde|lenie *n* Abteilung *f*; *Esb*. Abteil *f*; **~liť** (**~ľovať**) absondern, abtrennen
od|dialiť *pf*. *s*. ***odďaľovať***; **~diel** *m* *Mil*. Abteilung *f*; **~dnes** *adv*. von heute an; **~dych** *m* Atemholen *n*, Verschnaufen *n*; Erholung *f*; **~dýchnuť** (**~dychovať**) (***si***) sich erholen, Atem holen, verschnaufen
odev *m* Kleidung *f*
odfarbiť *pf*. bleichen, entfärben
odhad *m* Schätzung *f*; **~núť** (**~ovať**) abschätzen, schätzen
odhadzovať wegwerfen, fallen lassen
odha|liť (**~ľovať**) aufdecken, entlarven; *Denkmal*: enthüllen
od|háňať wegjagen, vertreiben; **~hlásiť** (**~hlasovať**) (***sa*** sich) abmelden; **~hlasovať** *Parl*. verabschieden
odhliad|nuc od *prp*. (*G*) abgesehen von; **~nuť** *pf*. absehen
odhod|iť *pf*. wegwerfen; **~laný** entschlossen; **~l(áv)ať**: ***~l(áv)ať sa*** sich entschließen
odhov|árať ⟨**~oriť**⟩ abraten, ausreden
od|hrnúť *pf*. beiseite schieben; **~hrýzať** abbeißen; **~chádzať** weggehen, wegfahren; *Zug*: abfahren; **~chod** *m* Weggang; Abfahrt *f*; **~chýliť**: ***~chýliť sa*** *pf*. abweichen; **~chýlka** *f* Abweichung; **~chylný** abweichend; **~ísť** *pf*. *s*. ***odchádzať***
odjakživa *adv*. seit jeher
odkašlať (***si***) *pf*. sich räuspern
odkaz *m* Mitteilung *f*, Auftrag; Vermächtnis *n*; Verweis (im Buch)
odkáz|aný angewiesen; **~ať** (**odkazovať**) ausrichten lassen
odkazovač *m* Anrufbeantworter

od|kedy *adv.* seit wann; seitdem; **~kiaľ** *adv.* woher, von wo
odklad *m* Aufschub; **~ať** ablegen, weglegen; aufschieben; *Fin.* stunden
od|klon *m* Abweichung *f*; **~kláňať** ⟨**~klopiť**⟩: **~kláňať sa** abweichen; **~krágľovať** F liquidieren
odkres|liť (**~ľovať**) abmalen, abzeichnen
odkrojiť *pf.* abschneiden
odkrú|cať ⟨**~tiť**⟩ abdrehen, abschrauben
odkr|yť (**~ývať**) öffnen, aufmachen; entdecken, aufdecken
odkúpiť *pf.* abkaufen
odkvap *m* Dachrinne *f*
odkvit|ať ⟨**~núť**⟩ verblühen
odľahčiť *pf.* erleichtern
odľahlý entlegen, abgelegen
odľah|núť *unpers. pf.*: **~lo mu** es wurde ihm leichter (ums Herz)
odlakovač *m* Lackentferner
odlamovať abbrechen
odlep|iť (**~ovať**) losmachen, loslösen
odlet *m* Abflug, Start; **~ieť** abfliegen, starten
od|liať *pf. s.* **odlievať**; **~liatok** *m* Abguss; **~lietať** *s.* **odletieť**; **~lievať** abgießen; **~líšiť** *pf. s.* **odlišovať**; **~lišný** abweichend, anders; **~lišovať** unterscheiden; **~lomiť** *pf. s.* **odlamovať**; **~ložiť** *pf. s.* **odkladať**; **~lúčiť** (**~lučovať**) trennen; **~luka** *f* Trennung; **~lúpiť** *pf.* loslösen; abschälen
odmäk *m* Tauwetter *n*
odme|na *f* Belohnung; **~niť** (**~ňovať**) belohnen
odmer|aný gemessen; **~(iav)ať** abmessen, ausmessen
odmiet|ať ⟨**~nuť**⟩ ablehnen, abweisen; **~avý** ablehnend, abweisend
odmlč(ov)ať: **~ sa** schweigen, verstummen
od|montovať abmontieren; **~mot(áv)ať** abhaspeln, abwickeln; **~mraziť** *pf.* auftauen; **~mrznúť** *pf.* abfrieren; **~myslieť**: **~myslieť si** *pf.* absehen (von etw.); **~nášať** wegtragen; mitnehmen; **~ňatie** *n* Entzug *m*; Abnahme *f*; **~nechcieť**: **~nechcieť sa** *unpers. pf.* die Lust verlieren; **~nekiaľ** *adv.* von irgendwoher; **~niesť** *pf. s.* **odnášať**; **~nímať** wegnehmen; *Wort* entziehen
odoberať abnehmen, entziehen; beziehen; **~ sa** sich begeben, sich aufmachen; sich verabschieden
odohr(áv)ať: **~ sa** sich abspielen, sich ereignen
odol|(áv)ať widerstehen; **~ný** widerstandsfähig; **~ný proti mrazu** frostbeständig
odomk|núť (**~ýnať**) aufschließen
odop|ierať verwehren, verweigern; sich weigern; *Bitte*

abschlagen; **~ínať** 〈**~núť**〉 aufmachen, aufknöpfen; abhängen; **~rieť** *pf. s.* ***odopierať***
odosiela|ť 〈**odoslať**〉 absenden, abschicken; **~teľ** *m* Absender
odovzd|aný ergeben; **~(áv)ať** übergeben, überreichen, abgeben, abliefern, aushändigen; *Gruß* ausrichten
odozva *f* Echo *n*
odôvod|nenie *n* Begründung *f*; **~niť** (**~ňovať**) begründen, motivieren
odpad *m* Abfall; Abfluss; **~ať**, **ávať** abfallen; **~ový** Abfall-, Müll-; **~lík** *m* Abtrünnige(r); **~núť** *pf. s.* ***odpad(ávať***; **~ky** *m/pl.* Abfälle *pl.*; **~kový** Abfall-, Abfluss-
odpárať *pf.* abtrennen
odpich *m Tech.* Abstich; **~núť** (**~ovať**) abstechen; ablassen; losschnellen
odpíliť *pf.* absägen
odpis *m* Abschrift *f*, Kopie *f*; Abschreibung *f*; **~ovať** 〈**odpísať**〉 abschreiben
od|plácať vergelten, abzahlen; **~plašiť** *pf.* abschrecken; **~plata** *f* Vergeltung; **~platiť** *pf. s.* ***odplácať***; **~plávať** *pf.* fort-, wegschwimmen; in See stechen, ablegen; **~plaziť**: ***~plaziť sa*** *pf.* wegkriechen
odpočin|ok *m* Ruhe *f*, Rast *f*; **~úť**: ***~úť si*** *pf.* ruhen, rasten, sich erholen
odpočíta(va)ť abzählen; abziehen
odpočívať *s.* ***odpočinúť si***
odpočúv|ací: ***~ací prístroj*** *m* Abhörgerät *n*; **~ať** abhören
odpo|jiť *pf.* abhängen, abschalten, trennen; **~môcť** *pf.* Abhilfe schaffen
odpor *m* Widerstand, Einspruch; Abneigung *f*, Ekel; **~ca** *m* Gegner; **~ný** widerlich, ekelhaft; **~ovať** sich widersetzen, widersprechen
odpor|účanie *n* Empfehlung *f*; **~účať** 〈**~učiť**〉 empfehlen
odpove|ď *f* Antwort; **~dať** (*im*)*pf.* (be)antworten, erwidern
odpra|covať abarbeiten; **~t(áv)ať** abräumen, wegschaffen
odpred|aj *m* Verkauf; **~(áv)ať** verkaufen
odpredu *adv.* von vorne
odprev|adiť (**~ádzať**) begleiten
odprisahať *pf.* einen Eid schwören, beeiden
odprosiť *pf.* abbitten
odpud|iť (**~zovať**) abstoßen; **~ivý** abstoßend
od|pustenie *n* Verzeihung *f*, Vergebung *f*; **~pustiť** (**~púšťať**) verzeihen, vergeben
odpúta(va)ť losbinden
odpyk(áv)ať (ab)büßen
odrad|iť (**~zovať**) abraten
odrátať *pf. s.* ***odpočítať***
odraz *m* Widerspiegelung *f*; Abprall; ***~ový mostík***

Sprungbrett *n*
odr|aziť (**~ážať**) abschlagen, abwehren; sich (wider)spiegeln; **~azu** *adv.* plötzlich
odrez(áv)ať abschneiden
odrie|cť (**~kať**) absagen; aufsagen, hersagen; ***~kať sa*** sich lossagen; verzichten
odroč|iť (**~ovať**) vertagen, aufschieben
odroda *f* Abart
odsedieť *pf.* absitzen
odsek *m* Abschnitt; **~ávať** ⟨**~núť**⟩ abhauen, wegschneiden; schroff antworten
odsk|akovať ⟨**~očiť**⟩ zurückspringen; ***~akovať domov*** auf einen Sprung nach Hause gehen
od|slúžiť abgelten, abdienen; **~sotiť** *pf.* wegstoßen; **~spodku** *adv.* von unten (her); **~sťahovať**: ***~sťahovať sa*** ausziehen, wegziehen, verziehen; **~stávať** abstehen, hervorragen; **~stavec** *m* Absatz
odstr|ániť (**~aňovať**) wegräumen, beseitigen, entfernen
odstraš|iť (**~ovať**) abschrecken
odstrčiť *pf. s.* ***odstrkovať***
odstredivka *f* Zentrifuge
odstre|l *m* Abschuss; Sprengung *f*; **~liť** (**~ľovať**) abschießen; sprengen
odstrih|núť (**~ovať**) abschneiden
odstrkovať wegstoßen, wegschieben
odst|up *m* Abstand; **~upné** *n* Abfindung *f*; **~úpiť** (**~upovať**) zurücktreten; wegtreten; abtreten, überlassen; **~upňovať** *pf.* abstufen
ods|údiť (**~udzovať**) verurteilen, aburteilen
odsun *m* Abzug; Evakuierung *f*; *Mil.* Verschiebung *f*; **~ovať** ⟨**~úť**⟩ abziehen; aufschieben, vertagen; evakuieren
ods|ypať (**~ýpať**) wegschütten
odškodné *n* Entschädigung *f*
odškod|niť (**~ňovať**) entschädigen
od|škriepiť *pf.* in Abrede stellen, abstreiten; **~štiepiť** *pf.* abspalten, abhauen; **~ťahovať** wegziehen; **~tajiť** (**~tajovať**) leugnen, verneinen; **~ťať** *pf. s.* ***odtínať***; **~tekať** abfließen; **~tiahnuť** *pf. s.* ***odťahovať***
odtiaľ *adv.* von dort, von da; davon; **~to** *adv.* von hier
odtiecť *pf. s.* ***odtekať***
odtie|ň, **~nok** *m* Schattierung *f*, Nuance *f*
odtínať abhauen, abschlagen
odtlač|iť (**~ovať**) abdrucken; **~ok** *m* Abdruck
odtok *m* Abfluss
odtrh|núť *pf. s.* ***odtrhovať***; **~nutý** losgelöst, abgerissen
od|trhovať abreißen, losreißen; **~účať** ⟨**~učiť**⟩ abge-

wöhnen
odum|ierať ⟨**~rieť**⟩ absterben
odušev|nenie *n* Begeisterung *f*; **~niť** (**~ňovať**) begeistern; anregen
odvádzať abführen; ableiten; ablenken; *Mil.* einberufen; abliefern; *Fin.* abführen
odvaha *f* Mut *m*
odvar *m* Absud
odváž|iť *pf.* (ab)wiegen; ***~iť sa*** wagen, sich entschließen
odvčera *adv.* seit gestern
odvďač|iť (**~ovať**) (***sa***) sich dankbar erweisen, vergelten
odveký jahrhundertealt, ewig
odvet|a *f* Erwiderung; Vergeltung; **~ný** Vergeltungs-
odvetvie *n* Zweig *m*
odviesť *pf. s.* ***odvádzať***
odvl|áčiť ⟨**~iecť**⟩ wegschleppen
odvod *m* Ableitung *f*, Abführung *f*; Musterung *f*; Einberufung *f*; **~iť** ableiten; **~niť** (**~ňovať**) entwässern, trockenlegen; **~zovať** ableiten, herleiten
odvol|anie *n* Abberufung *f*, Ablösung *f*; Dementi *n*, Widerruf *m*; *jur.* Berufung *f*; **~(áv)ať** abberufen, ablösen; widerrufen; ***~(áv)ať sa*** sich berufen; *jur.* Berufung einlegen
odvoz *m* Transport; **~ *smetí*** Müllabfuhr *f*
odvr|acať ⟨**~átiť**⟩ abwenden, ablenken
od|vrávať (frech) antworten; **~vtedy** *adv.* seitdem, seither; **~vyknúť** *pf.* sich abgewöhnen; **~zadu** *adv.* von hinten, hinterrücks; **~zátkovať** entkorken
odzbroj|enie *n* Abrüstung *f*; **~iť** (**~ovať**) abrüsten; entwaffnen
odznak *m* Abzeichen *n*
odznie(va)ť verklingen
odznova *adv.* von neuem
odzrkad|liť (**~ľovať**) widerspiegeln
ofsajd *m Sp.* Abseits *n*
oháňať: **~ *sa*** sich wehren
ohav|a *f* Schmach; Gräuel *m*; **~ný** gräulich, abscheulich
oheň *m* Feuer *n*
ohľad *m* Hinsicht *f*; Rücksicht *f*; **~uplný** rücksichtsvoll
ohlas *m* Widerhall; **ohlásiť** (**~ovať**) verkünden; anmelden, ankünd(ig)en; ***~ovať sa*** sich (an)melden
ohláška *f* Anmeldung; Ankündigung
ohluchnúť *pf.* taub werden
ohluš|iť (**~ovať**) betäuben; **~ujúci** betäubend
ohmat(áv)ať betasten, abtasten
ohnisko *n* Herd *m*, Brennpunkt *m*
ohnivý feurig
ohňo|stroj *m* Feuerwerk *n*; **~vzdorný** feuerfest
ohnúť *pf. s.* ***ohýbať***
ohobľovať abhobeln; beho-

beln
ohodnotiť *pf.* bewerten
oholiť *pf.* (aus)rasieren
ohorok *m* Kerzenstummel; Zigarettenstummel
ohovárať verleumden, anschwärzen
ohrad|a *f* Umzäunung; **~iť** (**~zovať**) abzäunen, einzäunen; ***~zovať sa*** sich verwahren
ohranič|iť (**~ovať**) begrenzen, einschränken
ohri|ať (**~evať**) erwärmen, anwärmen
ohrom|iť (**~ovať**) bestürzen; **~ný** gewaltig, großartig, kolossal
ohroz|iť (**~ovať**) bedrohen, gefährden
ohryzok *m* Strunk; F Kehlkopf
ohýbať biegen, krümmen, beugen
ohybný biegsam; *Gr.* flektiert
ohýnať biegen, beugen
ohyzdný hässlich, widerlich
ochabnúť *pf.* schwach werden; nachlassen (*beim Arbeiten*)
ochla|diť *pf.* abkühlen; **~dnúť** *pf.* erkalten, kalt werden; **~dzovať** (***sa*** sich) abkühlen, kühl werden
ochlpený behaart, haarig, zottelig
ochor|enie *n* Erkrankung *f*; **~ieť** *pf.* erkranken, krank werden
ochot|a *f* Bereitwilligkeit; Lust; Gefälligkeit; **~ne** *adv.* gern, bereitwillig; **~nícky** Liebhaber-; **~ník** *m* Liebhaber; Laienspieler; **~ný** bereitwillig; gefällig
ochran|a *f* Schutz *m*; Obhut; **~ár** *m* Umweltschützer; **~ca** *m* Verteidiger; Beschützer, Hüter; Bewahrer
ochrániť *pf. s.* ***ochraňovať***
ochran|ka *f* Bodyguard *m*; **~ný** Vorbeugungs-, vorbeugend, Schutz-; Verteidigungs-
ochraňovať hüten, schützen, bewahren
ochrnúť *pf.* erlahmen, gelähmt werden
ochromovať lähmen, paralysieren
ochutn(áv)ať kosten, probieren
ojazd|iť *pf.* abfahren, abnützen; ***~ené auto*** *n* Gebrauchtwagen *m*
ojedinelý vereinzelt, einzeln
okam|ih *m* Augenblick; **~žite** *adv.* augenblicklich, sofort
okienko *n* kleines Fenster; Schalter *m*
oklamať *pf.* betrügen
oklep(áv)ať abklopfen
oklieš|tiť (**~ťovať**) schmälern
okľuka *f* Umweg *m*
okno *n* Fenster
oko *n* Auge; Masche *f*; Fettauge; ***volské ~*** Spiegelei
okol|ie *n* Umgebung *f*, Milieu; **~itý** nahe gelegen; **~ky** *f/pl.* Umstände *m/pl.*; ***robiť ~ky***

sich zieren, Umstände machen; **~nosť** *f* Umstand *m*
okol|o *adv.* ringsherum; *prp.* (*G*) um herum, an... vorbei; **~idúci** *m* Passant
okop(áv)ať hacken, umgraben
okotiť: **~ *sa*** *pf. Zo.* Junge werfen
okovy *f/pl.* Fesseln
okrádať ⟨**okradnúť**⟩ bestehlen
okraj *m* Rand; Einfassung *f*
okrájať *pf.* (be)schneiden
okrajový Rand-, Neben-
okrasa *f* Verzierung, Zierde
okrem *prp.* (*G*) außer
okres *m* Kreis; **~ný** Kreis-
okriať sich erholen, aufleben
okr|íknuť (**~ikovať**) anschreien, anbrüllen; **~uh** *m* Kreis, Umkreis; **~úhly** rund; **~užný** Kreis-, Rund-
okuliare *m/pl.* Brille *f*
okúňať: **~ *sa*** verzagen, sich genieren
okúpať: **~ *sa*** *pf.* baden
okúsiť *pf.* kosten, probieren; miterleben
okúz|liť (**~ľovať**) bezaubern; **~ľujúci** bezaubernd
olej *m* Öl *n*; **~ový** Öl-
olov|o *n* Blei; **~natý** bleihaltig, verbleit; **~rant** *m* Nachmittagspause *f*, Vesper *f*
oltár *m* Altar; **~ny** Altar-
olúpiť (**olupovať**[1]) berauben, plündern
olupovať[2] schälen
oľutovať bereuen
omáčka *f* Soße, Tunke
omámiť (**omamovať**) betäuben, berauschen; ***omamný jed*** *n* Rauschgift
omdlie(va)ť in Ohnmacht fallen
omeleta *f* Omelett *n*
omieľať *Phrasen* dreschen
omiet|ať verputzen; **~ka** *f* Verputz *m*; Stuck *m*
omilostiť *pf.* begnadigen, amnestieren
omínať drücken
omlad|iť (**~zovať**) verjüngen; **~núť** *pf.* jünger werden
omnoho *adv.* um vieles, viel; **~ *viac*** bedeutend mehr
omot(áv)ať (her)umwickeln
omr|áčiť (**~ačovať**) betäuben
omrvinka *f* Brosame
omrz|enie *n* Überdruss *m*; **~ieť** verdrießen, genug haben
omš|a *f Rel.* Messe; **~ový** Messe-
omyl *m* Irrtum; **~*om*** aus Versehen
on er
ona sie
onak: ***tak alebo*** **~** so oder so
ondulácia *f.* ***trvalá*** **~** Dauerwelle *f*
ondulovať Dauerwelle legen
onedlho *adv.* bald (darauf)
onemieť *pf.* verstummen
onemocn|enie *n* Erkrankung *f*; **~ieť** *pf.* erkranken
onen jener
oneskor|iť (**~ovať**): **~*iť sa*** sich verspäten

ono es; jenes
opačn|e *adv.* umgekehrt; **~ý** entgegengesetzt, umgekehrt
opadať, ~ávať ⟨**~núť**⟩ abfallen
opájať (*sa* sich) berauschen
opak *m* Gegenteil *n*; **~ovací** Wiederholungs-; **~ovať** wiederholen
opá|lený gebräunt; **~liť** (**~ľovať**) versengen; ***~ľovať sa*** sich sonnen
opanovať (*sa* sich) beherrschen
opantať *pf.* umwickeln, erobern, für sich gewinnen
opariť *pf.* abbrühen; verbrühen
opásať *pf.* umgürten
opasok *m* Gürtel
opát *m* Abt
opatera *f* Pflege, Fürsorge
opatr|enie *n* Maßnahme *f*; **~iť** *pf.* pflegen; versehen; besorgen; **~ný** vorsichtig, behutsam; **~ovať** *s.* ***opatriť***
opäť *adv.* wieder(um), von neuem
opätok *m* Absatz
opätov|ať wiederholen; erwidern; **~ný** wiederholt, abermalig
opečiatkovať *pf.* abstempeln
opekať braten, rösten
oper|a *f* Oper; **~ný** Opern-; **~adlo** *n* Lehne *f*, Stütze *f*
operovať operieren
opev|niť (**~ňovať**) befestigen
opica *f* Affe *m*
opierať: **~** ***sa*** sich stützen, basieren, beruhen
opíjať: **~** ***sa*** sich betrinken, sich berauschen
opil|ec *m* Trinker, Säufer; **~stvo** *n* Trunksucht *f*
opis *m* Beschreibung *f*; **~ný** beschreibend; **~ovať** beschreiben
opiť: **~** ***sa*** *pf. s.* ***opíjať sa***
opitý betrunken
oplak(áv)ať beweinen, trauern
oplakovať abspülen
oplatiť: **~** ***sa*** *pf.* sich lohnen
opletačky *f/pl.* Unannehmlichkeiten *pl.*
oplod|niť (**~ňovať**) befruchten
oplývať (*I*) Überfluss haben (an)
oplzlý unsittlich, obszön
opodstat|niť (**~ňovať**) begründen; **~nený** begründet
opoj|enie *n* Rausch *m*; **~iť** *pf.* berauschen
opona *f* Vorhang *m*
oponovať opponieren
opor|a *f* Stütze; Unterstützung; **~ný** Stütz-
opotreb|iť (**~ovať**) abnutzen; ***~ovať sa*** abgenutzt werden
opovážiť: **~** ***sa*** *pf.* sich trauen, wagen
opovrh|núť (**~ovať**) entsagen; verachten; verschmähen
opovrživý verächtlich
opr|ášiť (**~ašovať**) abstauben
oprať *pf.* auswaschen
opraty *f/pl.* Zügel *pl.*

oprav|a *f* Ausbesserung, Reparatur; Verbesserung; **~divý** wahrhaftig, wirklich; **~iť** *pf.* ausbessern, reparieren; korrigieren
opráv|nený berechtigt; **~niť** (**~ňovať**) berechtigen
opravovať *s.* ***opraviť***
opreteky *adv.* um die Wette
oprieť: **~ *sa*** *pf. s.* ***opierať sa***
oproti *prp.* (*D*) gegenüber, gegen, wider; **~ *tomu*** dagegen, demgegenüber; *adv.* entgegen
opuchlina *f* Geschwulst, Schwellung
opuchnúť *pf.* (an)schwellen
opustiť (**opúšťať**) verlassen, aufgeben
opýtať (**opytovať**): **~ *sa*** fragen, sich erkundigen
orámovať einrahmen
oranžáda *f* Orangensaft *m*
orať pflügen
ordinácia *f* Arztpraxis
orech *m* Nuss *f*
orez(áv)ať beschneiden
organ *m* Orgel *f*
orgován *m* Flieder
orloj *m* Glockenspiel *n*
orol *m* Adler
ortieľ *m* Urteil *n*
ortuť *f* Quecksilber *n*
os *f* Achse
osa *f* Wespe
osad|a *f* Siedlung; **~enstvo** *n* Belegschaft *f*
osádka *f* Mannschaft, Crew
osamelý einsam; allein stehend; menschenleer
osamo|statniť *pf.* (***sa*** sich) verselbstständigen; **~te** *adv.* einsam, allein
osedlať *pf.* satteln
osem acht; **~desiat** achtzig; **~násť** achtzehn
osídliť *pf.* besiedeln
osídlo *n* Schlinge *f*, Fallstrick *m*
osievať besäen; (durch)sieben
osirotieť *pf.* verwaisen
oslab|núť *pf.* schwach werden; **~ovať** schwächen
oslad|iť (**~zovať**) süßen, zuckern
osl|ava *f* Feier, Begehung; **~ávenec** *m* Jubilar; **~áviť** (**~avovať**) feiern, begehen
oslep|iť *pf.* blenden; **~núť** *pf.* erblinden
oslnivý strahlend
oslobod|iť *pf.* befreien; **~iteľ** *m* Befreier; **~zovací** Befreiungs-
oslov|iť (**~ovať**) ansprechen
osmeliť: **~ *sa*** *pf.* sich trauen, wagen
OSN (**Organizácia spojených národov**) UNO (Organisation der Vereinten Nationen)
osnova *f* Entwurf *m*; Grundlage
osob|a *f* Person; **~itný** einzeln; besondere(r); **~itý** eigenartig, besonders; **~nosť** *f* Persönlichkeit; **~ný** persönlich, Personen-, Personal-; **~ovať**: ***~ovať si*** sich an-

maßen
osočovať anschwärzen, verleumden
osoh *m* Nutzen, Gewinn
osol *m* Esel
osoliť *pf.* salzen
osop|iť (**~ovať**): **~iť sa** anfahren, anbrüllen
osož|iť nutzen, helfen; **~ný** nützlich, dienlich
ospanlivý verschlafen, schläfrig
osp|evovať ⟨**~ievať**⟩ besingen
ospravedl|niť (**~ňovať**) rechtfertigen; entschuldigen
osprchovať: **~ sa** sich duschen, abbrausen
ostať *pf. s.* ***ostávať***
ostat|ne *adv.* schließlich; **~ný** übrig, restlich; letzte(r); **~ok** *m* Rest; Schluss
ostávať (ver)bleiben
osteň *m* Stachel
ostnatý stachlig, Stachel-
ostražitý wachsam
ostreľovať beschießen
ostrie *n* Schneide *f*
ostriekať *pf.* bespritzen
ostrieľaný gewitzt
ostrih(áv)ať (be)schneiden, scheren
ostriť schärfen, schleifen
ostrosť *f* Schärfe
ostrov *m* Insel *f*
ostrovtipný scharfsinnig
ostrúhať *pf.* abhobeln, schälen; anspitzen
ostrý scharf
ostýcha|ť: **~ť sa** sich scheuen; **~vý** scheu
osud *m* Schicksal *n*, Los *n*; **~ný** schicksalhaft
osve *adv.* gesondert, einzeln
osvedč|enie *n* Bescheinigung *f*, Beglaubigung *f*; **~iť** (**~ovať**): **~iť sa** sich bewähren
osvet|a *f* Aufklärung; Volksbildung; **~liť** (**~ľovať**) beleuchten; **~ový** Aufklärungs-
osvietenstvo *n hist.* Aufklärung *f*
osviež|iť (**~ovať**) erfrischen
osvoj|iť (**~ovať**): **~iť si** sich aneignen
osýpky *f/pl.* Masern *pl.*
ošarpaný abgewetzt, abgetragen; verfallen
ošatiť *pf.* (**sa** sich) kleiden
ošemetný heikel
ošetr|enie *n* Behandlung *f*; Pflege *f*; **~iť** (**~ovať**) pflegen; **~ovateľ** *m* Krankenpfleger; **~ovňa** *f* Ambulanz
ošiaľ *m* Rausch
ošípaná *f* Schwein *n*
ošklivý widerlich, hässlich, abstoßend
oškr(i)abať *pf.* (ab)schaben
oškvarok *m* Griebe *f*
ošmeknúť F *pf.* anschmieren
oštep *m* Speer, Spieß
oštiepok *m* geräucherter Schafkäse
ošúcha|ný zerschlissen, lumpig, abgenutzt; **~ť**: **~ť sa** *pf.* sich abnutzen, sich abwetzen

otáč|ať drehen, wenden; **~ka** *f* Umdrehung
otáľať zaudern, zögern
otáz|ka *f* Frage; **~nik** *m* Fragezeichen *n*; **~ny** fraglich, fragwürdig
otcovský väterlich, Vater-
otčenáš *m* Vaterunser *n*
otec *m* Vater
otehotnieť *pf.* schwanger werden
otep|liť (**~ľovať**): ***~liť sa*** wärmer werden; **~lovačky** *f/pl.* Skianzug *m*
otočiť *pf.* (***sa*** sich) umdrehen, wenden
otras *m* Erschütterung *f*; **~ný** erschütternd
otrava *f* Vergiftung; F langweilige Angelegenheit
otráv|ený verstimmt, missmutig; vergiftet; **~iť** *pf. s.* ***otravovať***
otrav|ný giftig, Gift-; langweilig, lästig; **~ovať** vergiften; langweilen, anöden
otrepaný abgedroschen
otrhaný zerrissen
otriasa|júci erschütternd; **~ť** schütteln; erschüttern
otro|cký sklavisch, Sklaven-; **~ctvo** *n* Sklaverei *f*; **~k** *m* Sklave; **~kárstvo** *n* Sklaverei *f*
otruby *f/pl.* Kleie *f*
otup|ieť *pf.*, **~iť** *pf.* (**~ovať**) stumpf machen
otuž|ilý abgehärtet, zäh; **~iť** (**~ovať**) abhärten, stählen
otvárač *m* Dosenöffner
otvárať öffnen, aufschließen; aufschlagen; eröffnen
otvor *m* Öffnung *f*; **~enie** *n* Eröffnung *f*; **~ený** eröffnet; **~iť** *pf. s.* ***otvárať***
ov|ca *f* Schaf *n*; **~čí** Schafs-; **~čiak** *m* Schäferhund
oveľa *adv.* um vieles, bei weitem, bedeutend
over|iť (**~ovať**) beglaubigen, bescheinigen
ovinúť *pf.* winden, wickeln, legen
ovlád|ať ⟨**~nuť**⟩ sich bemächtigen, erobern; ***diaľkový ~ač*** *m* Fernbedienung *f*
ovoc|ie *n* Obst; **~ný** Obst-, Frucht-
ovoňať *pf.* (be)riechen
ovos *m* Hafer
ovplyv|niť (**~ňovať**) beeinflussen
ovzdušie *n* Atmosphäre *f*
ozaj *adv.* wirklich, tatsächlich; **~stný** wirklich, echt
ozbíjať *pf.* berauben
ozbroj|iť (**~ovať**) bewaffnen, aufrüsten
ozdob|a *f* Zierde, Schmuck *m*; **~iť** (**~ovať**) verzieren, (aus)schmücken
ozdrav|iť (**~ovať**) heilen, gesund machen; **~ovňa** *f* Heilanstalt
oziabať frieren
ozlomkrky *adv.* Hals über Kopf
označ|iť (**~ovať**) bezeichnen
ozn|am *m* Anzeige *f*, Be-

kanntmachung *f*; **~ámiť** (**~amovať**) mitteilen, bekannt geben; anzeigen, anmelden; ***~amovacie prostriedky*** *m/pl.* Medien *n/pl.*; **~ámkovať** benoten; frankieren
ozubený gezahnt, Zahn-
oz|vať: ***~vať sa*** *pf. s.* ***ozývať sa***; **~vena** *f* Widerhall *m*, Echo *n*; **~ývať**: ***~ývať sa*** ertönen, erschallen; sich melden, sich äußern
ožarovanie *n* Bestrahlung *f*
oželieť *pf.* bedauern, bereuen
oženiť: ***~ sa*** *pf. Mann*: heiraten, sich verheiraten
ožiť (**ožívať**) aufleben
oživ|iť (**~ovať**) beleben, aufleben lassen
ožran *m* Säufer
ôsmy achter

P

páčiť: ***~ sa*** gefallen
pád *m* Fall; Niedergang
pad|ák *m* Fallschirm; **~ať** ⟨**~núť**⟩ fallen; **~lý** gefallen
pádlovať paddeln
pádny gewichtig
paholok *m* Knecht, Bursche
pahorok *m* Hügel
pahreba *f* Glut
pach *m* Geruch
pách|ať *Sünde* begehen; **~ateľ** *m* Täter
páchnuť stinken, riechen
pajác *m* Clown
páka *f* Hebel *m*
pakľúč *m* Nachschlüssel; Dietrich
palác *m* Palast
palacinka *f* Palatschinke
páľava *f* Hitze
paľba *f Mil.* Feuer *n*
pálčivý brennend
palec *m* Daumen; große Zehe *f*
pálenka *f* Branntwein *m*
palica *f* Stock *m*, Schläger *m*
páliť (ver)brennen; schießen, feuern
palivo *n* Brennmaterial
paluba *f* Deck *n*
pamä|ť *f* Gedächtnis *n*; Gedenken *n*; **~tať** gedenken; ***~tať sa*** sich erinnern; ***~tať si*** sich merken; **~ti** *f/pl.* Erinnerungen *pl.*; **~tník** *m* Poesiealbum *n*; Denkmal *n*; **~tný** denkwürdig, Gedenk-, Erinnerungs-
pamiatka *f* Andenken *n*, Erinnerung *f*; Denkmal *n*
pampúch *m* Krapfen
pán *m* Herr
panák *m* Strohmann, Hampelmann, Puppe *f*
pancier *m* Panzer; Rüstung *f*
pančucha *f* Strumpf *m*
panelový Plattenbau-
panenský jungfräulich
pan|i *f* Frau; **~na** *f* Jungfrau; **~ika** *f* Panik

panov|ačný herrschsüchtig; **~ať** herrschen; **~ník** *m* Herrscher
panský herrschaftlich
pánsky Herren-, Männer-
panstvo *n* Herrschaft *f*, Macht *f*
panva *f* Bratpfanne; Becken *n*
papaláš *m* P Bonze
páper *m*, **~ie** *n* Flaum *m*, Daunen *f/pl.*; Flocken *f/pl.*
pápež *m* Papst; **~ský** päpstlich
papiernictvo *n* Papierwarenhandlung *f*
paplón *m* Steppdecke *f*
papraď *f* Farn *m*
paprika *f* Paprika *m od. f.*
papuča *f* Pantoffel *m*, Hausschuh *m*
papuľa *f* Maul *n*
pár *m* Paar *n*; ***nemá ~u ...*** hat nicht seinesgleichen
para *f* Dampf *m*, Dunst *m*
paradajka *f* Tomate
parádiť: **~ *sa*** sich herausputzen
parašutista *m* Fallschirmjäger
párať auftrennen
parenica *f* geräucherter Schafskäse *m*
Paríž *m* Paris *n*
parko|vať parken; ***~vacie hodiny*** *pl* Parkuhr *f*; **~visko** *n* Parkplatz *m*
párky *m/pl.* Würstchen *n/pl.*
parník *m* Dampfer
parný Dampf-
párny Paar-, paarweise
parochňa *f* Perücke
paroháč *m* betrogener Ehemann
parohy *m/pl.* Geweih *n*; F Teufel *m*
paroplavba *f* Dampfschifffahrt
partajný F Partei-
pas *m* (*Reise-*)Pass
pás *m* Gürtel; Band *n*; ***ochranný ~*** Schutzstreifen *m*
pasák *m* Zuhälter
pasažier *m* Passagier
pasca *f* Falle
pasienok *m* Weideland *n*
pás|ka *f* Band *n*, Binde; **~mo** *n* Gürtel *m*, Streifen *m*, Zone *f*
pasový Pass-
pásový Band-, Streifen-
pásť weiden
pastier *m* Hirt
pastor|kyňa *f* Stieftochter; **~ok** *m* Stiefsohn
paš|erák *m* Schmuggler; **~ovať** schmuggeln
pátrať fahnden; nachforschen
patri|čný angemessen, entsprechend; Betreffende(r); **~ť** gehören, angehören; ***~ť sa*** *unpers.* sich gehören; ***ako sa patrí*** wie es sich gehört
patronát *m* Patenschaft *f*; **~ny** Patenschafts-
páv *m* Pfau
pav|učina *f* Spinnwebe; **~úk** *m* Spinne *f*

pazucha *f* Achselhöhle
pazúr *m* Klaue *f*, Kralle *f*
pažerák *m* Speiseröhre *f*
pažítka *f* Schnittlauch *m*
pažravý gefräßig
päs|ť *f* Faust; **~tiar** *m* Boxer
päť fünf
päta *f* Ferse
päťdesiat fünfzig
pätnásť fünfzehn
pätolizač *m* F Speichellecker
päťsto fünfhundert
pec *f* Ofen *m*; **~eň** *m* Brotlaib
pečať *f* Siegel *n*, Stempel *m*
pečeň *f* Leber
pečený gebacken, Back-; gebraten, Brat-
pečiatka *f s.* ***pečať***
pečienka *f* Braten *m*
pečivo *n* Gebäck
pedál *m* Pedal *n*; ***plynový ~*** Gaspedal
peha *f* Sommersprosse
pechota *f* Infanterie
peká|č *m* Bratpfanne *f*; **~r** *m* Bäcker; **~reň** *f* Bäckerei
pek|elný höllisch; **~lo** *n* Hölle *f*
pekný schön
peň *m* Baumstamm, Baumstumpf
pena *f* Schaum *m*; ***~ na holenie*** Rasierschaum *m*
peňaž|enka *f* Geldbörse; **~itý** Geld-; **~ný** Geld-
peniaz *m* Münze *f*; **~e** *m/pl.* Geld *n*
peni|ť: ***~ť sa*** schäumen; **~vý** schäumend, Schaum-
penzi|a *f* Pension; Rente; **~sta** *m* Rentner
pera *f* Lippe
percento *n* Prozent
peri|e *n* Gefieder, Federn *f/pl.*; **~na** *f* Federbett *n*
perleť *f* Perlmutt *n*
perník *m* Honigkuchen, Lebkuchen
pero *n* Feder *f*; ***plniace ~*** Füllfederhalter *m*; **~vať** federn
perón *m* P Bahnsteig
peruť *f* Schwinge
perzekvovať verfolgen, diskriminieren
pes *m* Hund
pesničk|a *f* Lied, Liedchen *n*; **~ár** *m* Liedermacher
pestovať anbauen; züchten; pflegen
pestrý bunt, farbenfreudig
pestúnka *f* Amme, Pflegerin
peš|i, ~o, ~ky *adv.* zu Fuß; ***~í pluk*** Infanterieregiment *n*; **~iak** *m* Fußgänger
petrolej *m* Petroleum *n*
petržlen *m* Petersilie *f*
pevn|ina *f* Festland *n*; **~osť** *f* Festung; **~ý** fest, hart, stark; haltbar, stabil, zuverlässig
pchať stopfen, schieben
piaď *f* Spanne; ***ani na ~*** nicht um einen Fußbreit
piatok *m* Freitag
piaty fünfter
piec|ť backen, braten; brennen; **~ka** *f* kleiner Ofen *m*
pieseň *f* Lied *n*; ***labutia ~*** Schwanengesang *m*
pies|kovec *m* Sandstein; **~kovisko** *n* Sandkasten *m*; **~ok**

m Sand; **~t** *m Tech.* Kolben
pietný Trauer-
pich|ať stechen; **~ľavý** stachelig; Stachel-; stichelnd, beißend; **~liač** *m* Stachel; **~núť** *pf. s.* ***pichať***
pijan *m* Trinker
pijavica *f* Blutegel *m*; Blutsauger *m*
pijavý: **~** ***papier*** Löschpapier *n*
pikle F *m/pl.* Ränke *pl.*, Intrigen *f/pl.*
píla *f* Säge; Sägewerk *n*
pilier *m* Pfeiler; Stütze *f*
píliť sägen
pilník *m* Feile *f*
pilovať feilen
pilulka *f* Tablette
piplať: **~** ***sa*** *s.* ***babrať sa***
pirohy *m/pl.* Piroggen *f/pl.*
písací Schreib-; **~** ***stroj*** Schreibmaschine *f*
písanka *f* Schreibheft *n*
pisár *m* Schreiber
písať schreiben
pískať pfeifen
písmeno *n* Buchstabe *m*
písmo *n* Schrift(art) *f*; Handschrift *f*
písomka *f* P schriftliche Arbeit, Klausur
písomn|íctvo *n* Schrifttum; **~ý** schriftlich
píšťal(k)a *f* Pfeife, Flöte
pištoľa *f* Pistole
pi|ť trinken; **~tný** trinkbar, Trink-
pitva *f Med.* Sektion; **~ť** sezieren
pivnica *f* Keller *m*
pivo *n* Bier; ***kvasinkové*** **~** *n* Hefeweizen (*Bier*); **~var** *m* Bierbrauerei *f*
plač *m* Weinen *n*
plagát *m* Plakat *n*
plach|etnica *f* Segelboot *n*, Segelschiff *n*; **~ta** *f* Leintuch *n*, Laken *n*; **~tiť** segelfliegen
plachý scheu, schüchtern
plakať weinen
plameň *m* Flamme *f*
pláň *f* Hochebene
plánka *f* wilder Obstbaum; wildes Obst
plánov|ací Plan-, Planungs-; **~ač** *m* Planer; **~ať** planen, entwerfen; **~itý** planmäßig
planý schlecht; *Pflanze*: wild; *Rede*: leer
plápolať flammen, flackern
plašiť schrecken, (auf-, ver-)scheuchen
plášť, **~tik** *m* Mantel, Umhang, Überzieher
plat *m* Gehalt *n*; **~ba** *f* Zahlung; **~iť** (be)zahlen; gelten, gültig sein, in Kraft sein; **~ňa** *f* Platte; Schallplatte
plátno *n* Leinwand *f*
platný gültig
plaváreň *f* Badeanstalt; ***krytá*** **~** Hallenbad *n*; ***otvorená*** **~** Freibad *n*
plávať schwimmen
plav|ba *f* Schifffahrt; **~ec** *m* Schwimmer; **~iť** flößen; schwemmen; **~ky** *f/pl.* Badehose *f*
plavý blond; fahl

plaz *m* Kriechtier *n*; **~iť**: **~*iť sa*** kriechen
pláž *f* Strand *m*
plece *n* Schulter *f*
plech *m* Blech *n*; **~ovka** *f* Blechdose
plemen|ný Zucht-; **~o** *n* Rasse *f*; Zucht *f*
ples *m* Ball (*Tanz*); **~ať** jubeln
ples|eň *f* Schimmel *m* (*Pilz*); **~nivieť** schimmeln; **~nivý** schimmelig
pleso *n* Bergsee *m*
pleši|na *f* Glatze; **~vý** kahl, glatzköpfig
pleť *f* Haut, Teint *m*
pletený gestrickt, Strick-; geflochten, Flecht-
pletka *f* Gerede *n*; Nichtigkeit
pleva *f* Spreu
pliaga *f* Plage
plieniť plündern, verwüsten
plienka *f* Windel
pliesť flechten; stricken; verwirren; ~ ***sa*** sich irren; sich einmischen; ~ ***si*** durcheinander bringen
plieť jäten
plniť füllen; abfüllen; erfüllen; ~ ***sa*** sich erfüllen; erfüllt werden; abgefüllt werden
plnka *f* Füllung
plno *adv.* voll; viel, lauter, voller; **~letý** volljährig; **~krvný** vollblütig
plný voll; erfüllt; vollständig
plod *m* Frucht *f*; **~iť** zeugen; *Früchte* tragen; **~ný** fruchtbar
ploch|a *f* Fläche, Ebene; **~ý** flach
plomba *f* Plombe, Füllung
plošina *f* Ebene; Plattform
ploštica *f* Wanze
plot *m* Zaun; ***živý*** ~ Hecke *f*
plť *f* Floß *n*
pľuca *n/pl.* Lunge *f*
pluh *m* Pflug
pluk *m* Regiment *n*; **~ovník** *m* Oberst
plut schwimmen; *Schiff*: fahren
pľuť *pf. s.* ***pľuvať***
plutva *f* Flosse
pľuvať spucken, speien
pľuzgier *m* (*Haut*-)Blase *f*
plyn *m* Gas *n*; **~áreň** *f* Gaswerk *n*; **~ový** Gas-; **~ulý** flüssig, zügig; fließend, glatt, reibungslos; **~úť** fließen; verstreichen, vergehen; sich ergeben (aus)
plytčina *f* Untiefe
plytký seicht, flach
plytvať verschwenden, vergeuden
pneumatika *f* Autoreifen *m*
po *prp.* (*A*) bis hin, bis zu, bis an; (*L*) auf, in, nach (*D*); zu, je; über, entlang, durch, gemäß, an; ~ ***nemecky*** *adv.* deutsch
po- *Präfix bei Verben mit dem vollendeten Aspekt; demzufolge siehe manche Verben auch unter der Form ohne* **po-**
po|bádať anregen, anspornen; **~baviť** *pf.* unterhalten; **~bočka** *f* Zweigstelle; **~bozkať** *pf.* küssen, einen Kuss

geben; **~božný** fromm; **~brežie** *n* Küste *f*; **~budnúť** *pf.* sich aufhalten; **~burovať** *s.* ***búriť***; **~burujúci** aufwiegelnd, aufhetzend; **~byt** *m* Aufenthalt; **~cit** *m* Gefühl *n*, Empfindung *f*; **~ciťovať** *s.* ***cítiť***
poct|a *f* Ehre; **~iť** *pf.* ehren, auszeichnen; **~ivý** ehrlich, anständig
počas *prp.* (*G*) während, im Verlauf(e)
počasie *n* Wetter
počatie *n* Empfängnis *f*
počes|ť *f* Ehre; ***na ~ť*** zu Ehren; **~tný** ehrsam, anständig
počet *m* Zahl *f*, Anzahl *f*; **~ný** zahlreich; zahlenmäßig
počiato|čný anfänglich; **~k** *m* Anfang, Beginn
počina|nie *n* Vorgehen; **~ť**: ***~ť si*** vorgehen, handeln
počíta|cí Rechen-; **~č** *m* Rechner, Computer; **~ť** zählen, rechnen; halten (für)
počkať *pf.* (ab)warten
počnúc *prp.* (*I*) angefangen; ***~ … až po*** von … bis
počty *m/pl.* Rechnen *n*
počuť (*im*)*pf.* hören, vernehmen
počúvať (an)hören, lauschen, horchen; gehorchen
pod *prp.* (*A*) unter (*wohin*); (*I*) unter (*wo*)
poďakovať (***sa***) *pf.* sich bedanken; abdanken
podariť: ***~ sa*** *pf.* gelingen
pod(áv)ať reichen, geben; aufgeben; *Antrag* einreichen
podce|niť (**~ňovať**) unterschätzen
podčiark|nuť (**~ovať**) unterstreichen
podda|jný nachgiebig; **~nstvo** *n* Frondienst *m*; **~ný** Leibeigene(r); **~ť**: ***~ť sa*** *pf.* sich beugen, nachgeben
poddôstojník *m* Unteroffizier
pod|fuk F *m* Mogelei *f*, Schwindel; **~hlavník** *m* Kopfkissen *n*; **~chod** *m* Unterführung *f*; **~chytiť** hochziehen; auffangen, aufgreifen
podiel *m* Teil, Anteil
podísť *pf.* herangehen, sich nähern
podívať: ***~ sa*** *pf.* ansehen, blicken, schauen
podiv|ín *m* Sonderling; **~ný** sonderbar; **~uhodný** bemerkenswert, sonderbar
podjazd *m* Unterführung *f*
podklad *m* Unterlage *f*, Grundlage *f*; **~ať** unterlegen, unterstellen
podkop(áv)ať untergraben
podkova *f* Hufeisen *n*; **~ť** *pf.* beschlagen
podkrovie *n* Dachgeschoss
podk|úriť (**~urovať**) einheizen
podkutý beschlagen (*a. fig.*)
podľa *prp.* (*G*) gemäß, nach, laut, entsprechend; ***~ okol-***

nosti gemäß den Umständen
podlaha *f* Fußboden *m*
pod|ľahnúť *pf. s.* ***podliehať***; **~lamovať** unterhöhlen; **~lhovastý** länglich; **~liak** *m* Schuft; **~liehať** erliegen, unterliegen; **~lomiť** *pf. s.* ***podlamovať***; **~ložiť** *pf. s.* ***podkladať***; **~ložka** *f* Unterlage
podlý gemein, niederträchtig
podma|niť (**~ňovať**) unterjochen, unterwerfen, bezwingen
podmie|nečný auf Bewährung; **~nený** bedingt; **~nka** *f* Bedingung, Voraussetzung; **~ňovať** bedingen
pod|nájom *m* Untermiete *f*; **~napitý** angetrunken, angeheitert; **~nebie** *n* Klima; Gaumen *m*; **~necovať** anspornen; entfachen; **~nes** *adv.* bis heute
podnet *m* Anregung *f*, Anlass; **~ný** anregend
podnietiť *pf. s.* ***podnecovať***
podnik *m* Betrieb; Unternehmen *n*; Veranstaltung *f*; **~ať** unternehmen; **~ateľ** *m* Unternehmer; **~avý** unternehmungslustig; **~núť** *pf.* unternehmen; **~ový** Betriebs-, Werks-
podob|a *f* Form; Gestalt; **~ať: ~ *sa*** ähneln, gleichen; **~izeň** *f* Porträt *n*; **~ný** ähnlich
podobrom *adv.* im Guten
podop|ierať ⟨**~rieť**⟩ (unter)stützen
podošva *f* Sohle
podot|knúť (**~ýkať**) bemerken
podozr|enie *n* Verdacht *m*; **~ievavý** misstrauisch, argwöhnisch; **~ievať** verdächtigen; **~ivý** verdächtig
podp|aľač *m* Brandstifter; ***vojnový ~aľač*** Kriegshetzer; **~áliť** (**~aľovať**) entfachen, anzünden
podpätok *m* Absatz
podpich|ovať ⟨**~núť**⟩ sticheln
pod|pis *m* Unterschrift *f*; **~písať** (**~pisovať**) unterschreiben
podpl|ácať ⟨**~atiť**⟩ bestechen
podpor|a *f* Stütze; Unterstützung; **~iť** (**~ovať**) (unter)stützen
podpriemerný schwach, unter dem Durchschnitt gelegen
podprsenka *f* Büstenhalter *m*
podra|dený untergeordnet; **~diť** *pf.* unterordnen; **~dný** zweitrangig, minderwertig
podr|aziť (**~ážať**) umstoßen; besohlen; *Autorität* untergraben
podráždiť *pf.* reizen, ärgern
podrážka *f* Sohle
podria|diť (**~ďovať**) unterordnen
podrob|iť *pf.* unterwerfen, unterjochen; unterziehen; **~ný** ausführlich, eingehend
podružný zweitrangig

podr|yť (**~ývať**) untergraben, unterhöhlen
podržať (eine Weile) festhalten
podsk|akovať ⟨**~očiť**⟩ hochspringen; hüpfen
podstat|a *f* Wesen *n*; **~ný** wesentlich, grundlegend
podstav|ec *m* Gestell *n*; Sockel; **~iť** (**~ovať**) (dar)unterstellen
podstrešie *n* Dachboden *m*
podst|úpiť (**~upovať**) erdulden; sich unterziehen
podsvetie *n* Unterwelt *f*
podšívka *f* Futter *n*
podtrh|núť (**~ovať**) unterstreichen, betonen
pod|učiť: ***~učiť sa*** *pf.* hinzulernen; **~ujať**: ***~ujať sa*** *pf.* *s.* ***podujímať sa***; **~ujatie** *n* Unternehmen; Veranstaltung *f*; **~ujímať**: ***~ujímať sa*** sich entschließen
poduška *f* Kopfkissen *n*
pod|vádzať betrügen, anführen; **~večer** *adv.* gegen Abend; **~vedomie** *n* Unterbewusstsein
podvih|núť (**~ovať**) heben, hochheben
podvod *m* Betrug; **~ník** *m* Betrüger; **~ný**[1] betrügerisch
pod|vodný[2] Untersee-, Unterwasser-; **~vozok** *m* Untergestell *n*; **~vracať** ⟨**~vrátiť**⟩ umstürzen; widerlegen; **~vratný** umstürzlerisch, Wühl-; **~vrhnúť** (**~vrhovať**) unterschieben; **~výšiť** (**~vyšovať**) erhöhen; **~výživa** *f* Unterernährung
podzem|ie *n* Unterwelt *f*; Untergrundbewegung *f*; **~ný** unterirdisch; *Pol.* Untergrund-
pohádať: ***~ sa*** *pf.* sich zerstreiten
pohan *m* Heide; Gottlose(r)
poháňa|cí Antriebs-, Treib-, Trieb-; **~ť** treiben
pohár *m* Glas *n*, Becher
pohľad *m* Blick; Anblick, Ausblick; Ansicht *f*; **~ať** *pf.* suchen; **~nica** *f* Ansichtskarte
pohlav|ár *m* Häuptling, Anführer; **~ie** *n* Geschlecht; **~ný** geschlechtlich, Geschlechts-
pohl|covať ⟨**~tiť**⟩ schlucken, verschlingen
po|hnevať *pf.* ärgern, böse machen; **~hnúť** *pf.* bewegen, rühren; **~hnutie** *n* Bewegung *f*, Regung *f*; Aufregung *f*; **~hnútka** *f* Beweggrund *m*, Anlass *m*
pohoda *f* schönes Wetter; Behaglichkeit
pohodl|ie *n* Bequemlichkeit *f*; **~ný** bequem, behaglich
pohon *m* Antrieb; **~ný** Treib-
pohorie *n* Gebirge
pohorš|enie *n* Ärgernis; **~iť** (**~ovať**) ärgern, empören; verschlimmern; ***~ovať sa*** sich empören; sich verschlimmern
pohostin|ný gastfreundlich;

~ský Gast-; **~stvo** *n* Gastfreundschaft *f*
pohotov|osť *f* Bereitschaft; Schlagfertigkeit; **~ý** schlagfertig, findig
pohov *m* Pause *f*; **~!** *Mil.* rührt euch!; **~ka** *f* Sofa *n*
pohovor *m* Gespräch *n*, Aussprache *f*
pohranič|ie *n* Grenzgebiet; **~ný** Grenz-
pohŕda|ť verschmähen, verachten; **~vý** verächtlich
pohreb *m* Begräbnis *n*; **~ný** Begräbnis-, Bestattungs-
pohroma *f* Unglück *n*, Katastrophe
pohromade *adv.* beisammen
pohrúžiť (***sa***) *pf.* (sich) vertiefen, versenken
pohyb *m* Bewegung *f*; **~livý** beweglich; **~ovať**: ***~ovať sa*** sich bewegen, sich rühren; verkehren (*häufig besuchen*)
pochádzať kommen, stammen
pochmúrny düster, finster, dunkel
pochod *m* Marsch; **~iť** *pf.* durchwandern; ergehen; **~ovať** marschieren
pochop|enie *n* Verständnis; **~iť** *pf.* verstehen, begreifen; **~iteľný** verständlich
pochov(áv)ať beerdigen, begraben
pochúťka *f* Leckerbissen *m*
pochutn(áv)ať: **~ *si*** sich schmecken lassen; auskosten
pochváliť *pf.* loben; **~ *sa*** sich rühmen
pochyb|a *f* Zweifel *m*; **~ený** fehlerhaft; **~ný** zweifelhaft; **~ovačný** skeptisch, zweifelnd; **~ovať** zweifeln
pois|tenie *n* Versicherung *f*; ***~tenie motorových vozidiel*** Kfz-Versicherung *f*; **~tiť** (**~ťovať**) versichern; **~tka** *f* Sicherung; **~ťovňa** *f* Versicherungsgesellschaft
pojať *pf.* (er)fassen; einbeziehen
pojednávanie *n* Gerichtsverhandlung *f*
pojem *m* Begriff
pokánie *n* Buße *f*
pokarhať *pf.* tadeln
pokaziť *pf.* verderben
pokiaľ *adv.* wie weit, wie hoch; bis wohin; *cj.* solange, sofern; **~ *ide o teba*** was dich betrifft
poklad *m* Schatz; **~ať** halten; ***~ať si za česť*** sich zur Ehre anrechnen; **~ňa** *f*, **~nica** *f* Kasse; **~ný** Kassen-; **~ník** *m* Kassierer
pokles *m* Absinken *n*; **~ok** *m* Vergehen *n*
poklon|a *f* Verbeugung; **~iť**: ***~iť sa*** *pf.* sich beugen, sich neigen
pokoj *m* Ruhe *f*; Frieden *m*; **~amilovný** friedliebend; **~ný** ruhig, friedlich, Friedens-
pokolenie *n* Generation *f*; Geschlecht *n*

pokope *adv.* beisammen, zusammen
pokor|a *f* Demut; **~iť** (**~ovať**) demütigen, erniedrigen; **~ný** demütig
pokožka *f* Haut
pokračovať fortsetzen, fortschreiten; vorgehen
pokraj *m* Rand
pokrm *m* Gericht *n*, Speise *f*; Nahrung *f*
pokroči|lý fortgeschritten; vorgeschritten; **~ť** *pf.* fort-, vorschreiten, Fortschritte machen
pokrok *m* Fortschritt; **~ový** fortschrittlich
pokrovec *m* Teppich
pokrstiť *pf.* taufen
pokrvný blutsverwandt, Bluts-
pokryť *pf.* (be)decken
pokrytec *m* Heuchler; **~ký** heuchlerisch
pokrýv|ať bedecken; **~ka** *f* Decke; Deckel *m*
pokus *m* Versuch; **~ný** Versuchs-
pokú|siť (**~šať**): ***~siť sa*** versuchen
pokušenie *n* Versuchung *f*
pokut|a *f* Strafe; **~ovať** bestrafen
pokyn *m* Hinweis
pól *m* Pol
pol *undekl.* halb; ***~ hodiny*** halbe Stunde
poľadovica *f* Eisglätte
poľahč|iť (**~ovať**) erleichtern; ***~ujúce okolnosti*** *f/pl.* mildernde Umstände *m/pl.*
poľana *f* Waldwiese
polapiť *pf.* (ein)fangen, ergreifen, fassen
polárka *f* Polarstern *m*
poľaviť *pf.* nachlassen
polčas *m Sp.* Halbzeit *f*
pole *n* Feld; Gebiet
poleno *n* Klotz *m*; Holzscheit *n*
polepš|iť (**~ovať**) (ver)bessern
poletovať (umher)flattern
poležiačky *adv.* liegend
Poliak *m* Pole
polica *f* Regal *n*
policaj|ný polizeilich; **~t** *m* Polizist
polícia *f* Polizei
polievať begießen
polievka *f* Suppe
polihovať herumliegen, faulenzen
politi|cký politisch; **~ka** *f* Politik
polmesiac *m* Halbmond
polno|c *f* Mitternacht; **~čný** Mitternachts-
poľnohospodár *m* Landwirt; **~sky** Agrar-, landwirtschaftlich; **~stvo** *n* Landwirtschaft *f*
poľný Feld-
polo- halb, Halb-; **~guľa** *f* Halbkugel
poloha *f* Lage
polo|hlasne *adv.* halblaut; **~mer** *m* Halbmesser, Radius; **~ostrov** *m* Halbinsel *f*; **~šero** *n* Halbdunkel, Zwie-

licht, Dämmerung *f*; **~tovar** *m* Halbfabrikat *n*
poľova|čka *f* Jagd; **~ť** jagen
polovi|ca *f* Hälfte; **~čatý** halbherzig, oberflächlich; **~čka** *f* Hälfte; **~čný** halb; **~na** *f* Hälfte
poľovník *m* Jäger
polovodič *m El.* Halbleiter
polož|enie *n* Lage *f*, Situation *f*; **~iť** *pf.* legen, setzen, stellen; **~iť život** sein Leben einsetzen; **~ka** *f* Posten *m*; Betrag
polro|čný halbjährlich; halbjährig, Halbjahr(es)-; **~k** *m* Halbjahr *n*, Semester *n*
Poľsk|o *n* Polen; **2ý** polnisch
poltopánka *f* Halbschuh *m*
polud|ňajší Mittags-, mittäglich; **~nie** *n* Mittag *m*; **~ník** *m* Meridian
poľutova|niahodný bedauernswert; **~ť** *pf.* bedauern
polytechnický polytechnisch
pomáha|č *m* Helfershelfer; **~ť** helfen
pomal|ičky *adv.* langsam, allmählich, nach und nach; **~šie** *adv.*, *comp.* langsamer, ruhiger; **~ý** langsam, ruhig; behäbig
pomaranč *m* Apfelsine *f*
pomätený irrsinnig, sinnesgestört
pomedzi *prp.* (*A*) zwischen
pomenovať *pf.* (be)nennen
pomer *m* Verhältnis *n*; **~iť** *pf.* versöhnen; **~ný** relativ, verhältnismäßig

pominuteľný vergänglich
pomlčka *f* Gedankenstrich *m*
pomník *m* Denkmal *n*
pomoc *f* Hilfe; **~nica** *f* Gehilfin; **~ník** *m* Helfer, Gehilfe; **~ný** helfend, Hilfs-
pomocou *prp.* (*G*) mittels, mithilfe, durch
pomôc|ka *f* Hilfsmittel *n*; **~ť** *pf.* helfen
pomst|a *f* Rache, Vergeltung; **~iť**: **~iť sa** (*im*)*pf.* sich rächen
pomstychtivý rachsüchtig
pomykov *m* Verlegenheit *f*; ***je v ~e*** er ist in Verlegenheit
po|mýlený falsch; **~nad** *prp.* (*A*) über; **~náhľať**: **~náhlať sa** sich beeilen; **~nárať** eintauchen, untertauchen, versenken; **~nášať sa** ähneln, ähnlich sein
poňatie *n* Auffassung *f*; Vorstellung *f*, Ahnung *f*
ponaučenie *n* Lehre *f*, Lektion *f*
pondelok *m* Montag
ponechať *pf.* lassen, be-, überlassen
ponemč|iť (**~ovať**) eindeutschen
ponevierať: **~ sa** sich herumtreiben; *Dinge*: herumliegen
ponímať auffassen, erfassen
poniže *adv.* weiter unten; *prp.* (*G*) unterhalb
ponížiť erniedrigen
ponor *m* Tauchen *n*; Tiefgang; **~iť** *pf.* *s.* **ponárať**; **~ka** *f* Unterseeboot *n*
ponos|a *f* Klage, Beschwer-

de; **~ovať**: ***~ovať sa*** sich beklagen, sich beschweren (***na niekoho*** über j-n)
ponožka *f* Socke
ponuka *f* Angebot *n*
ponúk|ať ⟨**~nuť**⟩ anbieten; bewirten; ***~ať sa*** sich (an)bieten
poobed|e *adv.* nachmittags; **~ňajší** Nachmittags-
po|otvoriť *pf.* ein wenig öffnen; **~pálenina** *f* Brandwunde; **~páliť** *pf.* verbrennen; **~pierať** leugnen, abstreiten, bestreiten; **~píjať** (gemächlich) trinken
popis *m* Beschreibung *f*
popla|ch *m* Alarm; **~šný** alarmierend, Alarm-; ***~šné zariadenie*** *n* Alarmanlage *f*
poplatok *m* Gebühr *f*
popliesť *pf.* verwirren
popod *prp.* (*A*) unter
popol *m* Asche *f*; **~ník** *m* Aschenbecher
popoludn|í *adv.* nachmittags; **~ie** *n* Nachmittag *m*
popoluška *f* Aschenputtel *n*
poponáhľať: ***~ sa*** *pf.* sich beeilen
poprav|a *f* Hinrichtung; **~iť** (**~ovať**) *jur.* hinrichten; ausbessern, richten
popred|ie *n* Vordergrund *m*; **~ný** führend
poprevracať umwerfen; durcheinander bringen
popri *prp.* (*L*) neben
poprieť *pf. s.* ***popierať***
poprípade *adv.* gegebenenfalls
popritom *adv.* daneben, dabei
poprosiť *pf. s.* ***prosiť***
poprsie *n* Brust *f*, Busen *m*
popud *m* Antrieb, Impuls, Anstoß; **~livý** erregbar; aufreizend
populácia *f* Bevölkerung
popustiť *pf.* lockern, nachlassen
pór *m Anat.* Pore *f*; *Bot.* Porree *m*
porad|a *f* Beratung; **~ca** *m* Berater; **~ie** *n* Reihenfolge *f*; **~iť** *pf.* raten, empfehlen; ***~iť si*** sich zu helfen wissen; **~ňa** *f* Beratungsstelle; **~ovník** *m* Warteliste *f*; **~ový** Ordnungs-
poran|enie *n* Verwundung *f*; **~iť** *pf.* verwunden
porast *m* Bewuchs
por|aziť (**~ážať**) schlagen, besiegen
porážka *f* Niederlage; Herzschlag *m*; Schlaganfall *m*
porcelán *m* Porzellan *n*
porekadlo *n* Sprichwort
poriad|ny ordentlich, genau; **~ok** *m* Ordnung *f*
poro|diť *pf.* zur Welt bringen, gebären; **~ta** *f* Jury; Schwurgericht *n*; **~vn(áv)ať** vergleichen; **~zmýšľať** *pf.* (ein wenig) nachdenken, überlegen; **~zprávať** *pf.* erzählen; **~zumenie** *n* Verständnis
poručník *m* Vormund
porucha *f* Störung

poruke *adv.* zur Hand
poruš|iť (**~ovať**) verletzen, übertreten
po|sadiť *pf.* (***sa*** sich) setzen; **~sádka** *f* Garnison; (*Schiffs-*)Besatzung; **~sadnutý** besessen; **~sedenie** *n* Unterhaltung *f*; Beisammensein
poschod|ie *n* Stockwerk, Geschoss; **~ový** einstöckig
poschovávať *pf.* verstecken
posiaľ *adv.* bisher
posielať schicken, senden
posil|a *f* Verstärkung; **~niť** (**~ňovať**) (ver)stärken
posilovňa *f* Fitnesscenter *n*
poskakovať hüpfen
poskladať *pf.* zusammenfalten; zusammenstellen; abladen; **~ *skúšky*** Prüfungen ablegen
poskytovať *Hilfe* erweisen; bieten; gewähren
posla|nec *m* Abgeordnete(r); **~nie** *n* Sendung *f*, Mission *f*; **~ť** *s.* ***posielať***
posledný letzte(r)
poslovenčiť *pf.* slowakisieren; ins Slowakische übersetzen
posluchá|č *m* Hörer, Zuhörer; **~reň** *f* Hörsaal *m*
poslúch|ať ⟨**~nuť**⟩ gehorchen; zuhören
poslušný folgsam, gehorsam
posmech *m* Spott, Gelächter *n*
posme|liť (**~ľovať**) er-, aufmuntern
posmešný spöttisch
posmievať: **~ *sa*** (***niekomu***) verspotten
posmrtný postum, nach dem Tode
posol *m* Bote, Abgesandte(r)
posoliť *pf.* salzen
posolstvo *n* Botschaft *f*
pospolitý einfach, gewöhnlich
postarať: **~ *sa*** *pf.* sich sorgen, kümmern
postava *f* Gestalt, Figur
postávať herumstehen
postav|enie *n* Stellung *f*; **~iť** *pf.* (auf)stellen, bauen, errichten, setzen; **~*iť sa*** sich stellen; sich einsetzen, eintreten; Stellung beziehen
posteľ *f* Bett *n*
postielať aufbetten; das Bett machen
postih|núť (**~ovať**) treffen; betreffen
postiť: **~ *sa*** fasten
postoj *m* Haltung *f*, Einstellung *f*; **~ačky** *adv.* stehend, im Stehen
postrádať vermissen
postrach *m* Schrecken, Schreckgespenst *n*
postranný Seiten-, Neben-
postreh *m* Beobachtungsgabe *f*; Wahrnehmung *f*; **~núť** *pf.* wahrnehmen, bemerken
postriekať *pf.* besprengen, bespritzen
postrieľať *pf.* erschießen
postriežka *f* Pirsch

postup *m* Verlauf, Fortschritt; Methode *f*, Verfahren *n*; Aufstieg, Vorankommen *n*; *Mil.* Vorrücken *n*, Vormarsch; **~ný** allmählich, schrittweise; **~ovať** vorankommen, vor-, aufrücken; verfahren, vorgehen; fortschreiten, aufsteigen
posud|ok *m* Beurteilung *f*, Rezension *f*, Gutachten *n*; **~zovať** beurteilen, bewerten, einschätzen; begutachten, rezensieren
posun|ok *m* Geste *f*, Gebärde *f*; **~ovať** ⟨**~úť**⟩ (ver)schieben; *Esb.* rangieren
posvä|covať ⟨**~tiť**⟩ heiligen; **~tný** geheiligt
posvietiť *pf.* beleuchten
pošeptávať flüstern
poškodiť *pf.* (be)schädigen
poškvr|niť (**~ňovať**) beflecken, schänden
pošpiniť *pf.* beschmutzen
pošt|a *f* Post; Postamt *n*; **~ár** *m* Briefträger; **~ový** Post-, Brief-
poštátniť *pf.* verstaatlichen
pošva *f* Scheide
pot *m* Schweiß
potácať: **~ *sa*** schwanken
poťah *m* Bezug (*Möbel*); **~ovačky** *f/pl.* F Scherereien *pl.*
potajomky *adv.* heimlich, geheim
potápa|č *m* Taucher; **~ť**: **~ť *sa*** tauchen
poteš|enie *n* Freude *f*; **~iť** (**~ovať**) erfreuen, Freude bereiten; **~iteľný** erfreulich
potiahnuť *pf.* ziehen; *Möbel* beziehen
potiaľ *adv.* bis hierher; solange; **~, *pokiaľ*** insofern, soweit als
potichu *adv.* leise, still
potiť: **~ *sa*** schwitzen
potkan *m* Ratte *f*
potk|núť (**~ýnať**): **~*núť sa*** stolpern
potl|áčať ⟨**~ačiť**⟩, **~ačovať** unterdrücken, unterwerfen
potlesk *m* Beifall, Applaus
potĺkať: **~ *sa*** herumstreichen
potme *adv.* im Finstern
potok *m* Bach
potom *adv.* dann, darauf, danach; *cj.* dann, also, so
potom|ok *m* Nachkomme, Nachfahre; **~stvo** *n* Nachkommenschaft *f*
potop|a *f* Sintflut; **~iť** *pf.* versenken
potrat *m* Fehlgeburt *f*; Abtreibung *f*
potrav|a *f* Nahrung; **~iny** *f/pl.* Lebensmittel *n/pl.*
potreb|a *f* Notwendigkeit; Bedarf *m*; Bedürfnis *n*; **~ný** notwendig, nötig; erforderlich; **~ovať** brauchen, benötigen
potrestať *pf.* (be)strafen
potrubie *n* Rohrleitung *f*
potuch|a *f* F: ***nemá ani ~y*** ... hat keinen blassen Schimmer
potul|ka *f* Bummel *m*; **~ovať**:

~ovať sa umherstreifen, bummeln
potup|a *f* Schmach, Schande; **~iť** (**~ovať**) eine Schande antun, schmähen; **~ný** schändlich
potvora *f* Missgestalt, Ungeheuer *n*; Luder *n*
potvrd|enie *n* Bestätigung *f*; **~iť** (**~zovať**) bestätigen, bescheinigen; beglaubigen
potýčka *f* Zusammenstoß *m*, Streit *m*
potykať: *~ si pf.* sich duzen
poúč|enie *n* Belehrung *f*, Lehre *f*. **~iť** *pf.* belehren; ***~iť sa*** Lehren ziehen; **~ka** *f* Lehrsatz *m*; **~ný** lehrreich, belehrend; **~ovať** *s.* ***poučiť***
poukaz *m* Hinweis; Berechtigungsschein; **~ovať** hinweisen; überweisen
poukážka *f* Überweisung
poukladať *pf.* verstauen
pouličný Straßen-
použ|iť (**~ívať**) verwenden, anwenden, gebrauchen; **~itie** *n* Verwendung *f*, Gebrauch *m*
povaha *f* Charakter *m*, Natur; Wesen *n*
povala *f* Zimmerdecke; Dachboden *m*
povaľ|ač *m* Tagedieb; **~ovať**: ***~ovať sa*** faulenzen
po|važovať betrachten, halten; **~vážlivý** bedenklich; **~väčšine** *adv.* (zu)meist; **~vďačný** dankbar; **~vedať** *pf.* sagen; **~vedomie** *n* Bewusstsein
povel *m* Befehl
pover|a *f* Aberglaube *m*; **~čivý** abergläubisch; **~enec** *m* Bevollmächtigte(r); **~iť** (**~ovať**) beauftragen
poves|ť *f* Überlieferung, Legende; Name *m*, Ruf *m*; Gerücht *n*; **~tný** berühmt
povet|ernostný meteorologisch, Wetter-; **~rie** *n* Luft *f*, Wetter, Witterung *f*
poviedka *f* Erzählung
povin|nosť *f* Pflicht; **~ný** verpflichtet; Pflicht-, obligatorisch; ***~né poistné*** *n* Haftpflichtversicherung *f*
povlak *m* Bezug, Überzug; Belag; Haut *f*
povodeň *f* Überschwemmung, Hochwasser *n*
povojnový Nachkriegs-
povol|anie *n* Beruf *m*; **~(áv)ať** rufen; einladen; einberufen
povo|lenie *n* Erlaubnis *f*, Bewilligung *f*; **~liť** (**~ľovať**) erlauben, gestatten; lockern; nachlassen, nachgeben
povoz *m* Fuhrwerk *n*; Fuhre *f*; **~ník** *m* Fuhrmann
povrávať sagen, erzählen
povraz *m* Strick, Seil *n*; Strang *Jur.*
povrch *m* Oberfläche *f*; **~ný** oberflächlich
povst|anie *n* Aufstand *m*; **~(áv)ať** aufstehen; sich erheben; entstehen
povšimn|utie *n* Beachtung *f*; **~úť**: ***~úť si*** *pf.* (be)merken,

beachten
po|vyhadzovať *pf.* hinauswerfen; **~vyše** *adv.* oberhalb; *prp.* (*G*) über, oberhalb; **~výšenecký** überheblich; **~výšiť** *pf.* befördern; höher stellen
povzbud|iť (**~zovať**) anregen, anfeuern
povzn|ášať ⟨**~iesť**⟩ erheben; **~esený** gehoben; erhoben; erhaben
poza *prp.* (*A*) hinter
póza *f* Pose
poza|die *n* Hintergrund *m*; **~du** *adv.* hinten, zurück
pozajtra *adv.* übermorgen
pozamykať *pf.* absperren, abschließen
pozastav|iť (**~ovať**): **~iť sa** sich wundern, Anstoß nehmen, sich stoßen (an)
pozbav|iť (**~ovať**) bringen (um etw.); entheben
pozdĺž *adv. u. prp.* (*G*) entlang, längs; **~ny** länglich
pozdrav *m* Gruß; **~iť** (**~ovať**) (be)grüßen; **~ný** Gruß-, Begrüßungs-
pozem|kový Boden-, Land-, Grund-, Agrar-; **~ný** oberirdisch; Land-; **~ok** *m* Grundstück *n*; **~ský** irdisch
pozerať (**sa**) schauen, blicken; betrachten
pozháňať *Mittel* auftreiben; zusammentreiben
pozlát|iť *pf.* vergolden; **~ka** *f* Vergoldung
po|značiť *pf.* anmerken, kennzeichnen; sich notieren; **~znamenať** anmerken, kennzeichnen; bemerken, feststellen; **~známka** *f* Bemerkung, Notiz; Anmerkung
pozna|nie *n* Erkenntnis *f*, Erkennen; **~ť** kennen; **~ť sa** sich kennen; bekannt werden, kennen lernen; sich erkennen; **~tok** *m* Erkenntnis *f*
poznávať erkennen; kennen lernen; einsehen; **~ na vlastnej koži** am eigenen Leibe spüren
pozor *m* Vorsicht *f*, Obacht *f*; **dať ~** Acht geben, aufpassen; **~!** Achtung!, Aufgepasst!; **~nosť** *f* Aufmerksamkeit; Vorsicht; **~ný** vorsichtig; aufmerksam; **~ovať** beobachten; **~ovateľ** *m* Beobachter; **~uhodný** bemerkenswert
pozost|alosť *f* Hinterlassenschaft; **~ávať** bestehen (aus)
pozrieť (**sa**) *pf. s.* **pozerať**
pozv|anie *n*, **~ánka** *f* Einladung; Aufforderung, Einladungsschreiben *n*; Vorladung
poz(ý)vať rufen; (ein)laden
požadovať fordern
požehna|nie *n* Segen *m*; **~ť** *pf.* segnen
požiada|nie *n*: **na ~nie** auf Ersuchen; **~ť** ersuchen, ansuchen; verlangen; **~vka** *f* Forderung; Anforderung
požiar *m* Feuer *n*; **~nik** *m*

Feuerwehrmann
požič|(iav)ať leihen, verleihen, ausleihen; **~ovňa** *f* Leihhaus *n*
požierať verschlingen, fressen
požívať verbrauchen, konsumieren; genießen
požrať *pf. s.* ***požierať***
pôda *f* Boden *m*, Land *n*, Erde
pôdo|hospodárstvo *n* Landwirtschaft *f*; **~rys** *m* Grundriss
pôjd *m* Dachboden
pôrod *m* Geburt *f*, Entbindung *f*; **~nosť** *f* Geburtenziffer
pôsobenie *n* Tätigkeit *f*; Wirkung *f*; Einfluss *m*
pôsobi|sko *n* Wirkungskreis *m*, Tätigkeitsbereich *m*; Arbeitsstelle *f*; **~ť** (ein)wirken; bewirken, verursachen, hervorrufen; arbeiten, wirken, tätig sein; **~vý** wirksam, eindrucksvoll
pôsobnosť *f* Wirkung; Kompetenz, Wirkungsbereich *m*
pôst *m* Fastenzeit *f*
pôvab *m* Reiz, Anmut *f*, Liebreiz; **~ný** reizend
pôvod *m* Herkunft *f*, Ursprung; **~ca** *m* Autor, Urheber, Initiator; **~ina** *f* Original *n*; **~ný** ursprünglich, Ausgangs-; Original-
pôžička *f* Anleihe
pôžitok *m* Genuss
pra- *in Zssgn* ur-, Ur-
práca *f* Arbeit
práce(ne)schopný arbeits(un)fähig
prací Wasch-
praclík *m* Brezel *f*
pracov|ať arbeiten; **~isko** *n* Arbeitsstelle *f*; **~itý** arbeitsam; **~ňa** *f* Arbeitszimmer *n*; **~ník** *m* Mitarbeiter; Arbeiter; **~ný** Arbeits-
práčka *f* Waschmaschine
pradávny uralt
praded *m* Urgroßvater
prah *m* Schwelle *f*
prach *m* Staub; Pulver *n*
práchnivieť morsch werden, verrotten
prales *m* Urwald
prame|ň *m* Quelle *f*; Ursprung; **~niť** entspringen, seinen Ursprung haben; wurzeln
pranie *n* Waschen
pranier *m* Pranger; **~ovať** anprangern
pra|obyčajný ganz gewöhnlich; **~obyvateľ** *m* Ureinwohner; **~pôvodný** *hist.* Ur-
prápor *m* Bataillon *n*
pras|a *n*, **~iatko** *n* Ferkel, Schwein(chen)
praskať bersten, platzen, (zer)springen; krachen; knistern
práskať *Peitsche*: knallen
prask|lina *f* Riss *m*, Sprung *m*; **~núť** *pf. s.* ***praskať***, ***práskať***
prastarý uralt
prašan *m* P Pulverschnee

prašina *f* Räude
prášiť stauben; *Teppich* (aus)-klopfen
prašivý räudig, grindig
práškový Staub-, Pulver-, Puder-
prašný staubig; Pulver-
prášok *m* Pulver *n*
prať *Wäsche* waschen; **~ sa** raufen, sich balgen
pravák *m* Rechtshänder
pravda *f* Wahrheit; *adv.* freilich, allerdings, gewiss; nicht wahr?; **~že** allerdings; natürlich
pravdepodobný wahrscheinlich
pravdivý wahrhaftig
práve *adv.* eben, gerade; direkt, geradezu; namentlich, genau; **~ tak** genau so
pravek *m* Urzeit *f*; **~ý** urzeitlich, Ur-, ur-
pravica *f* die Rechte (*a. Pol.*)
pravidelný regelmäßig
pravidlo *n* Regel *f*
pravítko *n* Lineal
právni|cký juristisch, rechtlich; **~k** *m* Jurist
práv|ny Rechts-, rechtlich; **~o** *n* Recht; **~om** *adv.* mit Recht, zu Recht; **~omoc** *f* Rechtskraft; Vollmacht
pravopis *m* Rechtschreibung *f*
právoplatný rechtsgültig, rechtskräftig
pravoslávny (griechisch-, russisch-) orthodox
pravý rechte(r); richtig, echt, wahr
prax *f* Praxis
prázdn|iny *f/pl.* Ferien *pl.*; **~o** *n* Leere *f*; **~y** leer
prazdroj *m* Urquell
praženica *f* Rührei *n*
pražiť rösten, braten
pre *prp.* (*A*) für; wegen, um … willen; **~ teba** deinetwegen; nach, um
preba|liť (**~ľovať**) umpacken
prebeh|núť (**~ovať**) laufen; *Auto*: fahren; hinüberlaufen; überlaufen; *Text* überfliegen; *Zeit*: vergehen, verstreichen; *Prozess*: verlaufen
preberať auslesen, sortieren; *Lehrstoff* durchnehmen; übernehmen; **~ sa** stöbern; zu sich kommen
pre|biehať *s.* ***prebehnúť***; **~bíjať** ⟨**~biť**⟩ durchschlagen; **~bodnúť** *pf.* durchstechen, durchstoßen; **~boha!** *Int.* um Gottes willen!; **~bojov(áv)ať**: ***~bojov(áv)ať sa*** sich durchschlagen, sich durchkämpfen; sich durchsetzen
preboriť *pf.* durchbrechen
pre|brať (**sa**) *pf. s.* ***preberať*** (**sa**); **~brodiť** *pf.* durchwaten; **~budiť** (**sa**) *pf. s.* ***predbúdzať*** (**sa**); **~budovať** umbauen; **~búdzať** (auf)wecken; wecken, anregen; ***~búdzať sa*** aufwachen
prebyto|čný überschüssig; **~k** *m* Überschuss
prece|diť *pf.* (durch)seihen;

(durch)sieben; **~niť** (**~ňovať**) überschätzen, überbewerten; **~stovať** (durch)reisen, bereisen
precliť *pf.* verzollen
precvič|iť (**~ovať**) durch-, einüben
preč *adv.* weg, fort
pre|čiarknuť *pf.* (durch)streichen; **~čin** *m jur.* Vergehen *n*; **~čítať** *pf.* durchlesen; **~čk(áv)ať** (ab)warten; überdauern
prečo? warum?, wozu?
pred, ~o *prp.* (*I*) vor; (*A*) vor (*wohin*)
predaj *m* Verkauf; **~ňa** *f* Verkaufsstelle; **~ný** käuflich, Verkaufs-
predák *m Pol.* Führer, Leiter
preda|ť *pf. s.* ***predávať***; **~vač(ka** *f*) *m* Verkäufer(in *f*)
predávať verkaufen
pred|behnúť *pf.* überholen; zuvorkommen; **~bežný** vorläufig; **~časný** vorzeitig; **~davok** *m* Vorschuss; **~hovor** *m* Vorwort *n*, Vorrede *f*; **~chádzať** vorangehen, vorausgehen; zuvorkommen; **~chodca** *m* Vorgänger
predierať: **~ *sa*** sich durchdrängen, sich durchkämpfen
pred|ísť *pf. s.* ***predchádzať***; **~izba** *f* Vorzimmer *n*; **~jedlo** *n* Vorspeise *f*; **~kladať** vorlegen; **~krm** *m* Vorspeise *f*
pred|loha *f* Vorlage; **~ložiť** *pf. s.* ***~kladať***; **~ĺžiť** (**~lžovať**) verlängern; **~mestie** *n* Vorort *m*, Vorstadt *f*
predmet *m* Gegenstand, Objekt *n*; Lehrfach *n*
pred|minulý vorletzte(r); **~nášať** vortragen; **~náška** *f* Vortrag *m*, Vorlesung; **~nedávnom** *adv.* vor kurzem; **~niesť** *pf. s.* ***prednášať***
predn|osť *f* Vorzug *m*, Vorrang *m*, Vorteil *m*; Vorfahrt; **~ostný** vorrangig, Vorzugs-; **~ý** vorderer; führend
predohra *f* Vorspiel *n*, Ouvertüre, Prolog *m*
predok *m* Vorfahre, Ahne; Vorderteil *n*, Vorderstück *n*
predom *adv.* im Voraus
predo|slať *pf.* vorausschicken; **~šlý** vergangen, früher, vorig; **~všetkým** *adv.* vor allem
pred|pis *m* Vorschrift *f*, Verordnung *f*; **~písať** (**~pisovať**) vorschreiben; *Med.* verschreiben
pred|plácať ⟨**~platiť**⟩ (***si***) abonnieren; **~platiteľ** *m* Abonnent
predpojatý voreingenommen
predpoklad *m* Voraussetzung *f*; Annahme *f*; **~ať** voraussetzen
pred|poludnie *n* Vormittag *m*; **~posledný** vorletzte(r)
predpove|ď *f* Voraussage, Vorhersage, Prognose; **~dať** (*im*)*pf.* voraussagen, vorhersagen
predpredaj *m* Vorverkauf

predsa dennoch, doch (*schließlich*)
predsavz|atie *n* Vorhaben; **~iať**: ***~iať si*** *pf.* sich vornehmen
predsed|a *m* Vorsitzende(r); ***~a vlády*** Ministerpräsident; **~ať** den Vorsitz führen; **~níctvo** *n* Präsidium
pred|sieň *f* Vorhalle, (*Haus-*) Flur *m*; **~slov** *m* Vorwort *n*; **~spevovať** vorsingen
predstav|a *f* Vorstellung; **~enie** *n Thea.* Vorstellung *f*, Aufführung *f*; **~enstvo** *n* Vorstand *m*; **~ený** *m* Vorgesetzte(r); **~iť** (**~ovať**) vorstellen; darstellen, bilden, sein; **~iteľ** *m* Vertreter; *Thea.* Darsteller; **~ivosť** *f* Fantasie, Vorstellungsvermögen *n*, Einbildungskraft
predstierať vortäuschen, vorgeben
predstih *m* Vorsprung; **~núť** (**~ovať**) überholen, übertreffen
predst|úpiť (**~upovať**) hintreten
pred|sudok *m* Vorurteil *n*; **~školský** vorschulisch, Vorschul-; **~tucha** *f* Vorahnung; **~tým** *adv.* vorher, ehedem
predurč|enie *n* Vorherbestimmung *f*; **~iť** (**~ovať**) vorherbestimmen
predvádzať vorführen
predvčer|ajší vorgestrig; **~om** *adv.* vorgestern
predvečer *m* Vorabend
predvída|ť voraussehen; **~vý** weitsichtig
predviesť *pf. s.* ***predvádzať***
predvlani *adv.* vorvoriges Jahr
predvoj *m* Vorhut *f*; Avantgarde *f*; **~nový** Vorkriegs-
predvol|ať (**~ávať**) vorladen
predzvesť *f* Vorbote *m*
preexponovať *pf.* übertreiben; *Foto* überbelichten
prefabrikát *m* Fertigteil *n*
prefarb|iť (**~ovať**) umfärben, überfärben
prefíkaný durchtrieben, gerissen
preg|ĺgať ⟨**~lgnúť**⟩ schlucken, verschlingen
pre|hadzovať hinüber-, darüber werfen; umstellen; **~háňať** umherjagen, herumjagen; verfolgen; übertreiben; ***preháňa ma*** ich habe Durchfall; **~hánka** *f* (*Regen-*) Schauer *m*
prehľad *m* Überblick; **~(áv)ať** durchsuchen; **~ný** übersichtlich
prehlasovať *s.* ***vyhlasovať***; *pf.* überstimmen
preh|ĺbiť (**~lbovať**) vertiefen
prehliad|ať ⟨**~nuť**⟩ durchsuchen, untersuchen; übersehen; **~ka** *f* Besichtigung; *Med.* Untersuchung; Durchsuchung; Schau, Parade; ***módna ~ka*** Mode(n)schau
preh|ĺtať ⟨**~ltnúť**⟩ (ver)schlucken
prehlušiť *pf.* übertönen; be-

täuben
pre|hnať *pf. s.* ***prehánať***; **~hnitý** morsch, verfault; **~hodiť** *pf. s.* ***prehadzovať***
prehodno|covať ⟨**~tiť**⟩ umwerten; **~tenie** *n* Umwertung *f*
prehov|árať ⟨**~oriť**⟩ überreden, überzeugen; etwas sagen
pre|hra *f* Niederlage; **~hrab(ov)ať** (durch)wühlen; schüren; **~hradiť** (**~hrádzať**) absperren, abzäunen; **~hr(áv)ať** verspielen, verlieren
prehreš|iť (**~ovať**): ***~iť sa*** verstoßen; ein Unrecht begehen
prehŕňať umschippen; umschichten; **~ *sa*** wühlen
prehrnúť *pf. s.* ***prehŕňať***
prehryznúť *pf.* durchbeißen
prechádz|ať gehen, fahren; hinübergehen, überqueren; vorübergehen, vorbeifahren; übergehen; *Schmerz:* vergehen; *harte Schule* durchmachen; ***mráz mu ~a po chrbte*** es läuft ihm kalt über den Rücken; ***~ať sa*** spazieren gehen, auf und ab gehen; **~ka** *f* Spaziergang *m*
prechlad|núť *pf.* sich erkälten; **~nutie** *n* Erkältung *f*
prechmat *m* Übergriff
prechod *m* Übergang; **~iť** *s.* ***prechádzať***; ***~iť chrípku*** eine Grippe zu leicht nehmen; **~ný** vorübergehend; Übergangs-
prechovávať *Hoffnung* hegen; versteckt halten
prejav *m* Ansprache *f*, Rede *f*; Äußerung *f*; **~iť** (**~ovať**) zeigen, äußern, bekunden
pre|jazd *m* Überfahrt *f*; (*Bahn-*)Überführung *f*; **~jesť**: ***~jesť sa*** *pf.* sich überessen; **~jsť** (***sa***) *pf. s.* ***prechádzať*** (***sa***); **~kaziť** *pf.* vereiteln
prekáž|ať stören, im Wege stehen; hindern; **~ka** *f* Hindernis *n*; Sperre
preklad *m* Übersetzung *f*, Übertragung *f*; **~ať** legen, setzen, stellen; umladen; versetzen; übersetzen; verschieben, aufschieben; **~ateľ** *m* Übersetzer
pre|klenúť *pf.* überwinden, überbrücken; **~klep** *m* Tippfehler; **~kliať** (**~klínať**) verfluchen, verdammen; **~kon(áv)ať** überwinden, überstehen; **~kop(áv)ať** durchgraben; umgraben; **~kračovať** überschreiten, übertreten; *Norm* übererfüllen; *Grenze* passieren; **~krásny** wunderschön; **~kročiť** *pf. s.* ***prekračovať***; **~krúcať** ⟨**~krútiť**⟩ umdrehen, umwenden; verdrehen, entstellen
prekvap|enie *n* Erstaunen, Verwunderung *f*; Überraschung *f*; **~iť** (**~ovať**) erstaunen, verwundern; überra-

schen; **~ujúci** überraschend
pre|kvitať (auf)blühen; **~kypovať** überquellen, überlaufen; (*vor Wut*) schäumen; (*vor Gesundheit*) strotzen; **~ľaknúť**: ***~ľaknúť sa*** *pf.* erschrecken; **~lamovať** (durch)brechen; **~lepiť** (**~lepovať**) überkleben; **~letieť** (**~letovať**) überfliegen, fliegen; **~li(ev)ať** umgießen, übergießen; vergießen; **~lietavý**: ***~lietavý vták*** Zugvogel *m*; **~liez(a)ť** (hinüber)kriechen; **~línať**: ***~línať sa*** sich verflechten; ineinander übergehen; **~listovať** *pf.* (durch)blättern
prelom *m* Durchbruch; Umbruch *m*, Wende *f*; **~iť** *pf. s.* ***prelamovať***
prelož|enie *n* Versetzung *f*; **~iť** *pf. s.* ***prekladať***
pre|lud *m* Phantom *n*; **~ľudnený** überbevölkert; **~máčať** durchnässen; **~máhať** überwinden, bezwingen; **~márniť** *pf. Vermögen* durchbringen; *Gelegenheit* versäumen; *Zeit* ungenützt verstreichen lassen
premáv|ať *Zug*: verkehren; **~ka** *f* Verkehr *m*
premen|a *f* Veränderung, Wandlung, Umgestaltung; **~iť** *pf.* (ver)ändern; verwandeln; *Geld* wechseln; **~livý** veränderlich; **~ovať** umbenennen
pre|mer(iav)ať (ab)messen; **~meškať** *pf.* versäumen; **~mieňať** *s.* ***premeniť***
premies|t(n)iť *pf.* (**~tňovať**, **~ťovať**) verlagern; umstellen; verschieben, bewegen
premiet|ať ⟨**~nuť**⟩ projizieren; vorführen
premlčať *pf.* verjähren
premok|ať tropfen, undicht sein; **~knúť** *pf.* durch und durch nass werden; *s. a.* ***premokať***
pre|môcť *pf. s.* ***premáhať***; **~myslieť** (**~mýšľať**) nachdenken, überlegen
prenáhl|ený überstürzt, übereilt; **~iť**: ***~iť sa*** *pf.* überstürzen, übereilen
prenaj|ať (***si***) (**~ímať**) verpachten, vermieten; ***~ímať si*** pachten, mieten
pre|nájom *m* Miete *f*, Pacht *f*; **~nasledovať** verfolgen; **~nášať** (hinüber)tragen; verlegen; versetzen; *Infektion* übertragen; *Erfahrungen* weitergeben; ***~nášať do života*** in die Tat umsetzen, verwirklichen; **~nech(áv)ať** überlassen, abtreten; **~nesený** übertragen; **~ňho** (**pre neho**) für ihn; **~niesť** *pf. s.* ***prenášať***
prenik|ať ⟨**~núť**⟩ (durch)dringen; **~avý** *Laut*: grell; weit reichend
prenocovať übernachten
prenos *m* Übertragung *f*; **~ný** übertragbar; portabel
preoblie|cť (**~kať**) umziehen,

umkleiden; verkleiden
prepáč|enie *n* Verzeihung *f*; **~iť** *pf.* verzeihen, entschuldigen
prepad *m* Überfall; **~ať** ⟨**~núť**⟩ hindurchfallen; (*bei der Prüfung*) durchfallen; verfallen; überfallen; **~lisko** *n* Falltür *f*
pre|pájať umschalten; **~páliť** (**~paľovať**) durchbrennen; **~pásť** *pf. Gelegenheit* verpassen, versäumen; **~pašovať** (ein)schmuggeln; **~pelica** *f* Wachtel
prepich|núť (**~ovať**) durchstechen
prepína|č *m* Schalter; **~ť** überanstrengen; übertreiben; umschalten
pre|písať (**~pisovať**) abschreiben; neu schreiben; transkribieren; **~piť** *pf.* vertrinken; **~pitné** *n* Trinkgeld; **~plácať** überbezahlen; auszahlen; **~platiť** *pf. s.* ***preplácať***; **~plávať** *pf.* (durch)-schwimmen; **~plaviť** *pf.* hinüberflößen; **~plaziť**: ***~plaziť sa*** *pf.* (durch)kriechen; **~pletať** ⟨**~pliesť**⟩ verflechten; **~plniť** (**~plňovať**) überfüllen; **~pnúť** *pf. s.* ***prepínať***; **~počita(va)ť** nachzählen, nachrechnen; *Währung* umrechnen; durchrechnen
prepoj|iť (**~ovať**) umschalten
pre|potrebný vordringlich, dringend notwendig; **~počičať** *pf. Orden* verleihen; **~pracovať** *pf.* überarbeiten, umarbeiten; **~prať** *pf.* (schnell) (durch)waschen
prepravi|a *f* Beförderung, Transport *m*; **~iť** (**~ovať**) befördern, transportieren
pre|puknúť *pf.* (*in Tränen*) ausbrechen; **~pustiť** (**~púšťať**) (durch)lassen; freilassen, entlassen; abtreten, überlassen; **~pych** *m* Luxus; **~rábať** umarbeiten, überarbeiten; verlieren; **~radiť** (**~raďovať**) versetzen; **~rásť** (**~rastať**) hinüberwachsen; an Wuchs übertreffen; **~raziť** (**~rážať**) durchschlagen, durchstechen, durchbohren; *Licht*: dringen; *Front* durchbrechen; durchdringen; ***~raziť si cestu*** sich einen Weg bahnen; **~rez(áv)ať** durchschneiden; **~rieknuť**: ***~rieknuť sa*** *pf.* sich versprechen; **~robiť** *pf. s.* ***prerábať***; **~rod** *m* Wiedergeburt *f*; **~roko-v(áv)ať** erörtern, behandeln, besprechen, durchdiskutieren
preruš|iť (**~ovať**) unterbrechen; abbrechen
presad|ať ⟨**~núť**⟩ umsteigen; **~iť** (**~zovať**) durchsetzen; umsetzen, umpflanzen
pre|sahovať höher sein (als *etw.*); vorstehen; übertreffen; überschreiten; **~sakovať** durchsickern; **~sedlať** *pf.* umsatteln; **~sek(áv)ať** ⟨**~seknúť**⟩ durchhacken;

Weg bahnen; **~siahnuť** *pf. s.* ***presahovať***; **~siaknuť** *pf. s.* ***presakovať***
presíd|lenec *m* Umsiedler; **~liť** (**~ľovať**) umsiedeln, übersiedeln
pre|sila *f* Übermacht; **~skakovať** ⟨**~skočiť**⟩ (über)-springen; fliegen; übergehen; **~skúmať** *pf.* durchforschen, erforschen, prüfen; **~skupiť** (**~skupovať**) umgruppieren; **~skúšať** *pf.* überprüfen
presláv|ený berühmt; ***smutne ~ený*** berüchtigt; **~iť** *pf.* berühmt machen; ***~iť sa*** berühmt werden
presn|osť *f* Genauigkeit, Präzision, Exaktheit; **~ý** genau, exakt, präzis; pünktlich
presoliť *pf.* versalzen
pre|spať *pf.* verschlafen; übernachten; **~sťahovať** (***sa***) umsiedeln, übersiedeln; **~st(áv)ať** aufhören; **~stáť** *pf.* durchstehen, erdulden, überstehen; **~stavať** ⟨**~staviť**⟩ umbauen; umstellen; **~stavba** *f* Umbau *m*; **~stávka** *f* Pause, Unterbrechung
prestiera|dlo *n* Tischdecke *f*; **~ť** ausbreiten; *Tisch* decken; ***~ť sa*** sich erstrecken, sich ausdehnen
prestíž *f* Ansehen *n*, Prestige *n*
prestrašiť *pf.* erschrecken
prestrel|iť *pf.* durchschießen; *fig.* (etwas) zu weit gehen, übertreiben
prest|rieť *pf. s.* ***prestierať***; **~rojiť** *pf.* verkleiden; **~up** *m* Übertritt; **~úpiť** (**~upovať**) überschreiten; treten; umsteigen; übertreten, wechseln; *Gesetz* verletzen; **~upný** Umsteige-
pres|un *m* Verschiebung *f*, Verlagerung *f*; **~unúť** (**~úvať**) (ver)schieben; verlagern
presvedč|enie *n* Überzeugung *f*; **~iť** (**~ovať**) überzeugen; **~ivý** überzeugend
pre|svitať (durch)leuchten, (durch)schimmern; **~sypať** (**~sýpať**) umschütten; **~sýtiť** *pf.* übersättigen; **~šetriť** *pf.* untersuchen, prüfen; **~šiť** (**~šívať**) umnähen; steppen; **~školiť** (**~školovať**) umschulen; **~škrtnúť** *pf.* durchstreichen; **~študovať** durchstudieren; **~táčať** *Gewinde* überdrehen; umwickeln; *Wein* umgießen; **~ťahovať** über-, hinüber- ziehen, durchziehen; in die Länge ziehen; **~ťať** *pf.* durchhacken, entzweihacken; schneiden
preťaž|iť (**~ovať**) überlasten
pretek|ár *m* Wettkämpfer; Rennfahrer; **~ať** (über)fließen, (über)laufen; hindurchfließen; ***~ať sa*** wetteifern; **~y** *m/pl.* Wettbewerb

m, Wettstreit *m*, Wettkampf *m*

pre|tiahnuť *pf. s.* ***preťahovať***; **~tiecť** *pf. s.* ***pretekať***; **~tierať** reiben; passieren; überstreichen, übermalen; **~tínať** *s.* ***preťať***; **~tískať**: ***~tískať sa*** sich durchzwängen; **~tláčať** ⟨**~tlačiť**⟩ durchzwängen; pressen; passieren; *Typ.* neu drucken; **~tlak** *m* Mus *n*, Püree *n*; Überdruck; **~tĺcť (sa)** *pf.* (sich) durchschlagen

preto *cj.* deshalb, deswegen

pretočiť *pf. s.* ***pretáčať***

pretože *cj.* weil, da

pretrh|núť (**~ovať**) zerreißen; abbrechen; unterbrechen

pre|triasať durchschütteln; durchnehmen; besprechen; **~trieť** *pf. s.* ***pretierať***; **~trpieť** *pf.* erleiden, erdulden, durchmachen; **~trvať** *pf.* überdauern; überleben; **~tvárať** umgestalten, umformen; **~tvárka** *f* Verstellung, Heuchelei; **~tvarovať**: ***~tvarovať sa*** sich verstellen; **~tvoriť** *pf. s.* ***pretvárať***

preuk|az *m* Ausweis; ***očkovací ~az*** Impfpass; ***študentský ~az*** Studentenausweis; **~ázať** (**~azovať**) *Ehre* erweisen; ***~azovať sa*** sich ausweisen

prevádz|ať (hinüber)führen; *Geld* überweisen; durchführen, ausüben; **~ka** *f* Betrieb *m*

preva|ha *f* Übergewicht *n*; **~liť** (**~ľovať**) umkippen, umwerfen; ***~ľovať sa*** sich herumwälzen

pre|várať ⟨**~variť**⟩ kochen; **~vážať** überführen, hinüberfahren, befördern; herumfahren; ***~vážať sa*** herumfahren; **~vážiť** *pf.* überwiegen; **~važný** vorwiegend, überwiegend; **~važovať** *s.* ***prevážiť***; **~väzovať** verbinden; **~vencia** *f* Vorsorge; **~veriť** (**~verovať**) überprüfen; **~vetr(áv)ať** (durch)lüften; **~viazať** *pf.* verbinden; **~vierka** *f* Überprüfung; **~viesť** *pf. s.* ***prevádzať***; **~viezť** *pf. s.* ***prevážať***

previn|enie *n* Vergehen; Schuld *f*; **~iť**: ***~iť sa*** verstoßen; sich vergehen

prevlád|ať ⟨**~nuť**⟩ vorherrschen; überwinden; die Oberhand gewinnen

prevlie|cť (**~kať**) durchziehen; überziehen

prevod *m* Übertragung *f*; ***~ová skrinka*** *f* Getriebe *n*

pre|volanie *n Pol.* Aufruf *m*; **~voz** *m* Überführung *f*; ***~voz chorého*** Krankenüberführung *f*; **~vracať** umdrehen, wenden; *Hemd* wechseln; umwerfen; **~vrat** *m Pol.* Umsturz; Umschwung; **~vrátiť** *pf. s.* ***prevracať***; **~vrhnúť** *pf.* umstoßen, umwerfen; **~vŕtať** (**~vrtávať**) durchbohren; **~vychov(áv)ať** umerziehen;

~výšiť (**~vyšovať**) übertreffen; **~vzatý** übernommen, entlehnt, Lehn-; **~vziať** *pf.* *s.* ***preberať***
prezenčn|ý: ***~á listina*** Anwesenheitsliste *f*
prezervatív *m* Präservativ *n*, Kondom *n*
prezerať durchsehen; untersuchen, kontrollieren
pre|zieravý weitsichtig; **~zimovať** *pf.* überwintern
prezlie|cť (**~kať**) umziehen, umkleiden
prezr|adiť (**~ádzať**) verraten, preisgeben
pre|zrieť *pf. s.* ***~zerať***; **~zuvky** *f/pl.* Überschuhe *m/pl.*; **~zývka** *f* Spitzname *m*
prežehnať: ***~ sa*** *pf.* sich bekreuzigen
prežierať (ver)schlucken; (durch)fressen; ***~ sa*** sich überfressen
prež|iť (**~ívať**) erleben, durchmachen; verbringen, überleben; **~itok** *m* Überbleibsel *n*
prežr|ať *pf.*, **~ieť** *pf. s.* ***prežierať***
prež|uť (**~úvať**) (durch)kauen, wiederkäuen; **~úvavec** *m* Wiederkäuer
pŕhľava *f* Brennnessel
prchavý flüchtig, vergänglich
prchký jähzornig, aufbrausend
pri *prp.* (*L*) bei, neben; ***~ víne*** bei einem Glas Wein
priadza *f* Garn *n*
priam *adv.* direkt, geradezu; **~ka** *f* Gerade; **~očiary** offen, geradeaus; **~y** gerade, direkt; unmittelbar, aufrichtig
prianie *n* Wunsch *m*
priasť spinnen
priať wünschen; gönnen
priateľ *m* Freund; **~ka** *f* Freundin; **~ský** freundschaftlich, Freundschafts-, Freundes-; **~stvo** *n* Freundschaft *f*
priaz|eň *f* Gunst; **~nivý** günstig, gewogen; positiv
príbeh *m* Begebenheit *f*, Erlebnis *n*; Erzählung *f*, Geschichte *f*
pribehnúť *pf.* herbeilaufen
priberať aufnehmen; (*an Gewicht*) zunehmen
prib|íjať ⟨**~iť**⟩ annageln, anschlagen
pribl|ížiť (**~ižovať**) annähern; **~ižný** annähernd
príboj *m* Brandung *f*
príbor *m* Besteck *n*
pribrať *pf. s.* ***priberať***
pribrzdiť *pf.* abbremsen
prib|údať ⟨**~udnúť**⟩ zunehmen, ansteigen, wachsen
príbuz|enský verwandtschaftlich; **~enstvo** *n* Verwandtschaft *f*; **~ný** verwandt; Verwandte(r)
príbytok *m* Wohnung *f*
pricestovať ankommen, anreisen
príčesok *m* Haarteil *n*
príčetný zurechnungsfähig
príčina *f* Ursache
priči|nenie *n* Bemühung *f*;

Zutun; **~niť** (**~ňovať**): ***~niť sa*** sich bemühen; dafür sorgen; sich verdient machen
príčinný kausal, ursächlich
pričle|niť (**~ňovať**) angliedern
pričom *cj.* wobei
prid|ať (**~ávať**) hinzufügen, zulegen, geben; ***~ať sa*** sich anschließen
prídav|ok *m* Zugabe *f*; Zuschlag; ***~ky na deti*** Kindergeld *n*
prídel *m* Zuteilung *f*
pride||lenec *m* Attaché; **~liť** (**~ľovať**) zuteilen, zuweisen
pridrž|ať, **~iavať**: ***~ať, ~iavať sa*** halten, festhalten
priebeh *m* Verlauf
prieberčivý wählerisch
priebojný energisch, durchschlagend
priečelie *n* Fassade *f*
prieči|nok *m* Fach *n*, Schublade *f*; **~ť**: ***~ť sa*** widersprechen; zuwider sein; hadern, streiten
prie|čny quer, Quer-; dickköpfig; **~dušnica** *f* Luftröhre; **~hľadný** durchsichtig; **~hrada** *f* Talsperre; **~hrštie** *n* beide Hände voll; **~chod** *m* Durchgang
priek *m* Trotz; ***robiť ~y*** trotzen
priekop|a *f* Graben *m*; **~nícky** bahnbrechend; **~ník** *m* Wegbereiter
prie||liv *m* Meerenge *f*; **~lom** *m* Durchbruch; **~mer** *m* Durchmesser; Durchschnitt, Mittelwert; **~merný** durchschnittlich, Durchschnitts-; mittelmäßig
priemysel *m* Industrie *f*; **~ník** *m* Industrielle(r); **~ny** industriell, Industrie-
prie|pasť *f* Abgrund *m*; **~plav** *m* Kanal; **~rez** *m* Querschnitt; **~skum** *m* Erkundung *f*; Umfrage *f*; **~smyk** *m* (*Gebirgs-*)Pass
priest|or *m* Raum; **~ranný** geräumig
priestup|ný durchlässig; ***~ný rok*** Schaltjahr *n*; **~ok** *m* Übertretung *f*
priesvitný durchsichtig
prieťah *m* Aufschub, Verzögerung *f*
pretrž *f* Durchbruch *m*, Bruch *m*; ***~ mračien*** Wolkenbruch *m*
prievan *m* Zugluft *f*, Durchzug
prievoz *m* Fähre *f*; **~ník** *m* Fährmann
priezračný durchsichtig
priezvisko *n* Zuname *m*, Familienname *m*
prihl|ásiť (**~asovať**) (an)melden; **~áška** *f* Anmeldung
prihliad|ať ⟨**~nuť**⟩ berücksichtigen; **~nutie** *n* Berücksichtigung *f*
prihnať *pf.* heraufziehen; hinzueilen
príhoda *f* Ereignis *n*, Vorfall *m*, Geschehnis *n*
prihodiť *pf.* dazulegen, dazu-

werfen, auflegen (*Ofen*); **~ sa** sich ereignen
prihovárať: **~ sa** sich wenden (an), ansprechen; sich einsetzen
príhovor *m* Ansprache *f*
pri|hovoriť: **~hovoriť sa** *pf. s.* **prihovárať sa**: **~hri(ev)ať** anwärmen; **~chádzať** (an)kommen, eintreffen, gelangen; beginnen, *Jahreszeit*: anbrechen
príchod *m* Ankunft *f*, Eintreffen *n*; Zugang *m*
prichodiť *s.* **prichádzať**
príchuť *f* Beigeschmack *m*
pri|chýliť *pf. Tür* anlehnen; aufnehmen; **~chystať** *pf.* (vor)bereiten; **~chytiť** *pf.* fassen; erwischen, ertappen; **~jať** *pf.* annehmen; aufnehmen, empfangen; **~jateľný** annehmbar; **~jatie** *n* Annahme *f*; Aufnahme *f*
príjem *m* Empfang, Annahme *f*; Einkommen *n*; **~ca** *m* Empfänger; **~ný** angenehm
prijíma|cí Empfangs-; Aufnahme-; **~č** *m* Empfangsgerät *n*, Empfänger; **~ť** *s.* **prijať**
príkaz *m* Auftrag; Anweisung *f*; Gebot *n*
prik|ázať (**~azovať**) anordnen, befehlen, vorschreiben; überweisen, zuweisen
príklad *m* Beispiel *n*
prikladať beilegen, beifügen; zulegen, nachlegen; anlegen
príkladný beispielhaft, vorbildlich
pri|kláňať: **~kláňať sa** sich neigen; neigen (zu *etw.*); beipflichten; **~klincovať** *pf.* festnageln, annageln; **~kloniť**: **~kloniť sa** *pf. s.* **prikláňať sa**
príkorie *n* Unrecht
prikovať *pf.* anschmieden; fesseln, ketten
prikr|ádať ⟨**~adnúť**⟩: **~ádať sa** heranschleichen
prikrášľovanie *n* Beschönigung *f*
prikrčiť: **~ sa** *pf.* sich ducken
príkrm *m Kochk.* Beilage *f*
prikroč|iť (**~ovať**) herantreten, hinzutreten
príkry steil
prikr|yť (**~ývať**) zudecken; *Tisch* decken; **~ývka** *f* Decke; Deckel *m*
prik|ývnuť (**~yvovať**) nicken; zustimmen
priľahlý anliegend
prilákať *pf.* anlocken
prilba *f* Helm *m*
prilepiť *pf.* ankleben
prilepš|iť (**~ovať**) aufbessern
prílet *m* Anflug; Ankunft *f*
prilet|ieť (**~ovať**) anfliegen; ankommen
príležitos|ť *f* Gelegenheit; **~tný** gelegentlich
priliať *pf.* zugießen
prilieha|ť passen, anliegen; **~vý** passend; anliegend
prilievať *s.* **priliať**
príliš *adv.* zu (sehr); **~ný** übermäßig

príliv *m* Flut *f*; Zustrom
príloha *f* Beilage
priložiť *pf. s.* ***prikladať***
primár *m* Chefarzt
primeraný angemessen, entsprechend
prímerie *n* Waffenstillstand *m*
pri|miešať beimischen, zumischen; **~mknúť** (**~mkýnať**): ***~mknúť sa*** sich anlehnen; **~montovať** anfügen, anbauen, montieren
prímorský Küsten-, See-
prim|rzať ⟨**~rznúť**⟩ anfrieren
prinajlepšom *adv.* bestenfalls
prinajmen|ej, **~šom** *adv.* mindestens, zumindest
pri|náležať *pf.* (an)gehören; zukommen; **~nášať** bringen; ruinieren; **~navrátiť** *pf.* zurückgeben, wiedergeben; **~niesť** *pf. s.* ***prinášať***
prínos *m* Beitrag
prin|ucovať zwingen, nötigen; **~útenie** *n* Zwang *m*
priostr|iť (**~ovať**) verschärfen, zuspitzen
prípad *m* Fall; ***v každom ~e*** auf jeden Fall
pripadať entfallen, kommen; fallen (***na*** auf); *Erbe*: zufallen; vorkommen, scheinen
prípadne *adv.* eventuell; gegebenenfalls
pripadnúť *pf. s.* ***pripadať***
prípadný eventuell, möglich
pri|pájať beifügen, (hin)zufügen, anlegen; anschließen; **~páliť** (**~paľovať**) anbrennen lassen; *Zigarette* anzünden; **~pekať** braten, rösten; *Sonne*: brennen, stechen; **~pevniť** (**~pevňovať**) festmachen, befestigen; **~piecť** *pf. s.* ***pripekať***; **~píjať** zutrinken, zuprosten
pripína|čik *m* Reißzwecke *f*; **~ť** anstecken; anschnallen; anhängen
prípis *m* Zuschrift *f*; Nachtrag
pri|písať (**~pisovať**) (hin)zuschreiben, hinzufügen; gutschreiben
pripiť *pf. s.* ***pripíjať***
prípitok *m* Trinkspruch
pri|plácať ⟨**~platiť**⟩ zuzahlen, nachzahlen
príplatok *m* Zuschlag
priplávať heranschwimmen; *Schiff*: ankommen
priplaviť *pf.* anschwemmen; ***~ sa*** (*mit dem Schiff*) ankommen
pri|plaziť: ***~plaziť sa*** *pf.* herankriechen; **~počíta(va)ť** hinzurechnen, hinzuzählen; aufschlagen
prípoj *m* Anschluss
pripojiť *pf. s.* ***pripájať***
pripo|menúť (**~mínať**) erinnern; bemerken, erwähnen; **~mienka** *f* Bemerkung; Anmerkung
príprava *f* Vorbereitung; Zubereitung; Zubehör *n*
pripraviť *pf.* vorbereiten; zubereiten

prípravný Vorbereitungs-
prípravok *m* Mittel *n*, Präparat *n*
pripravovať *s.* ***pripraviť***
pripustiť *pf.* zulassen; annehmen, einräumen
prípustný zulässig
pri|púšťať *s.* ***pripustiť***; **~púta(va)ť** fesseln, anketten; **~rábať** hinzumachen; hinzuverdienen; **~radiť** (**~raďovať**) einreihen, einfügen; **~rásť** (**~rastať**) anwachsen; zunehmen; **~rážka** *f* Zuschlag
prírastok *m* Zuwachs, Wachstum *n*, Zunahme *f*
prirobiť *pf. s.* ***prirábať***
prírod|a *f* Natur; **~ný** natürlich, Natur-; **~opis** *m*, **~oveda** *f* Naturwissenschaft; **~ovedec** *m* Naturwissenschaftler
prirodzen|osť *f* Natur; Natürlichkeit, Einfachheit; **~ý** natürlich, naturgemäß
prirovn(áv)ať vergleichen
príruč|ka *f* Handbuch *n*; **~ný** Hand-
prísada *f* Zusatz *m*
prísaha *f* Schwur *m*, Eid *m*
pri|sahať schwören, e-n Eid ablegen; **~s(áv)ať**: ***~s(áv)ať sa*** sich festsaugen
prísediaci *m* Beisitzer
pri|schnúť *pf.* antrocknen, haften bleiben; **~skakovať** hinzuspringen
prí|slovečný sprichwörtlich; **~slovie** *n* Sprichwort; **~sľub** *m* Versprechen *n*, Gelöbnis *n*
prisľ|úbiť (**~ubovať**) versprechen, zusagen
príslušenstvo *n* Zubehör
príslušn|ík *m* Angehörige(r); **~ý** gebührend; zuständig
prisn|iť: ***~iť sa*** *unpers. pf.* träumen; ***~ilo sa mi*** ich träumte
prísny streng
príspevok *m* Beitrag; Beihilfe *f*, Unterstützung *f*
prispie|(va)ť beitragen; mitarbeiten; **~vateľ** *m* Mitarbeiter
prispôsob|iť (**~ovať**) (***sa*** sich) anpassen
prisťahovalec *m* Einwanderer
prísť *pf. s.* ***prichádzať***
prístav *m* Hafen
pri|st(áv)ať einverstanden sein; beipflichten; eingehen; passen, zu Gesicht stehen; **~stá(va)ť** *Schiff*: anlegen; *Flugzeug*: landen; **~stavať** ⟨**~staviť**¹⟩ anbauen, dazubauen; **~staviť**² (**~stavovať**) (auf)stellen; ***~stavovať sa*** stehen bleiben; sich aufhalten (auf)stellen
pristih|núť (**~ovať**) ertappen
prí|strešie *n* Unterkunft *f*; **~stroj** *m* Vorrichtung *f*, Apparat; **~stup** *m* Zutritt, Zugang
pristúpiť *pf.* herantreten; herangehen; beitreten; zusteigen
prístupný zugänglich

pri|stupovať *s.* ***pristúpiť***; **~súdiť** (**~sudzovať**) *Jur.* zuerkennen, zusprechen
prísun *m* Nachschub
prisvedč|iť (**~ovať**) beipflichten, zustimmen; bestätigen; nicken
prisvoj|iť (**~ovať**): ***~iť si*** sich aneignen
príšer|a *f* Gespenst *n*; **~ný** schrecklich, furchtbar
priš|iť (**~ívať**) annähern; F ***~iť niekomu za golier*** j-m etw. anhängen
prišliapnuť *pf.* treten, darauftreten
príštipkár *m* Flickschuster; *fig.* Pfuscher
pri|ťahovať ziehen (***k sebe*** an sich), herbeiziehen; *Publikum* anziehen; **~takať** *pf.* beipflichten; nicken
príťaž *f* Bürde, Last; **~livosť** *f* Anziehungskraft; **~livý** anziehend
pri|tiahnuť *pf. s.* ***priťahovať***; **~tískať** ⟨**~tisnúť**⟩ (an)drücken, pressen; **~tláčať** ⟨**~tlačiť**⟩ andrücken, zudrücken
prítmie *n* Halbdunkel
prítok *m* Zustrom, Nebenfluss
pritom *adv., cj.* dabei
prítomn|osť *f* Anwesenheit; Gegenwart; **~ý** anwesend; gegenwärtig
prítul|ok *m* Obdach *n*, Schutz; **~ný** anschmiegsam; gemütlich
pri|túliť (**~tuľovať**): ***~túliť sa*** sich anschmiegen; **~účať** ⟨**~učiť**⟩ anlernen; gewöhnen; **~vábiť** *pf.* anlocken, anziehen
privádzať führen, bringen; ***~ do rozpakov, ~ do úzkych*** in Verlegenheit bringen
príval *m* Flut *f*, Schwall; ***~ slov*** Redeschwall *m*
priva|liť (**~ľovať**) heranwälzen; drücken; daraufwälzen
prívarok *m Kochk.* Beilage *f*
pri|vážať herführen, zuführen, bringen; **~väzovať** anbinden; **~veľa** *adv.* allzu viel; **~veľmi** *adv.* zu sehr, übermäßig
príves|ný vozík Beiwagen *m*; **~ok** *m* Anhang, Anhängsel *n*; Anhänger
prívetivý freundlich
pri|viazať *pf. s.* ***priväzovať***; **~viesť** *pf. s.* ***privádzať***; **~viezť** *pf. s.* ***privážať***; **~vítať** begrüßen, willkommen heißen
privlast|niť (**~ňovať**): ***~niť si*** sich aneignen
privliecť *pf.* herbeischleppen
prívod *m* Zufuhr *f*
pri|vol(áv)ať (herbei)rufen; heraufbeschwören; **~voliť** *pf.* zustimmen
privrieť *pf.* schließen, zumachen; einsperren; ***~ oko*** ein Auge zudrücken
prívrženec *m* Anhänger
privyk|ať ⟨**~núť**⟩ (sich) gewöhnen
prí|zemie *n* Erdgeschoss;

~značný kennzeichnend; **~znak** *m* Merkmal *n*, Kennzeichen *n*; *Med.* Anzeichen *n*, Symptom *n*
prizn|anie *n* Geständnis; **~(áv)ať** zugeben, eingestehen; zuerkennen; ***~(áv)ať sa*** sich bekennen, zugeben
prízrak *m* Gespenst *n*
prízvuk *m* Betonung *f*; **~ovať** (*im*)*pf.* betonen, unterstreichen, hervorheben
príživn|ícky schmarotzerhaft; **~ík** *m* Schmarotzer
priživovať: ***~ sa*** mitessen; schmarotzen
prižm|úriť (**~urovať**) die Augen zukneifen; *fig.* ein Auge zudrücken
produkovať produzieren
program|ovať planen; programmieren; **~átor** *m* Programmierer
prokurátor *m* Staatsanwalt
promovaný Diplom-, mit Diplom
propag|ácia *f* Propagierung; **~ovať** propagieren
propeler *m* *Flgw.* Propeller
proro|ctvo *n* Prophezeiung *f*; **~k** *m* Prophet; **~kovať** prophezeien
pros|ba *f* Bitte, Ansuchen *n*; **~ebný** Bitt-, flehend; **~iť** bitten; ***~ím*** bitte; ***neprosím si*** danke, nein; ***~iť sa*** *impf.* eindringlich bitten; betteln
prosp|ech *m* Erfolg; Nutzen; Fortschritte *m/pl.*; ***v ~ech*** zugunsten; **~echár** *m* Gewinnler; **~ešný** nützlich; **~ie(va)ť** nützen; vorwärts kommen; gedeihen; **~el** bestanden (*Note*)
prosto|duchý einfach, einfältig, naiv; **~ta** *f* Einfachheit, Einfalt, Einfältigkeit
prostred *prp.* (*G*) inmitten, mitten in; **~ie** *n* Milieu, Umwelt *f*; **~níctvo** *n* Vermittlung *f*; **~níctvom** *prp.* mittels, durch; **~ník** *m* Vermittler; **~ný** Mittel-, mittlere(r); mittelmäßig
prostriedok *m* Mittel *n*; Mitte *f*
prostý einfach
proti *prp.* (*D*) gegen, wider; gegenüber, im Vergleich zu
proti- anti-, gegen-, Gegen-
protialkoholick|ý gegen Alkohol; ***~é liečnie*** *n* Entziehungskur *f*
proti|chodný entgegengesetzt; **~jed** *m* Gegengift *n*; **~klad** *m* Gegensatz; **~ľahlý** gegenüberliegend; **~látka** *f* Antikörper *n*
protireč|enie *n* Widerspruch *m*; **~iť** widersprechen; **~ivý** widersprüchlich
protismer *m* Gegenrichtung *f*
proti|štátny staatsfeindlich; **~úder** *m* Gegenschlag; **~útok** *m* Gegenangriff; **~váha** *f* Gegengewicht *n*; **~viť**: ***~viť sa*** sich widersetzen; **~vládny** regierungsfeindlich
protivn|ík *m* Gegner, Widersacher; **~ý** widerlich; gegen-

überliegend; entgegengesetzt
protizákonný ungesetzlich
provokovať provozieren
prsia *n/pl.* Brust *f*, Busen *m*
prska|ť schnauben; zischen, brodeln; spritzen; **~vka** *f* Wunderkerze
prsný Brust-
prst *m* Finger; Zehe *f*; **~eň** *m* Ring; **~enník** *m* Ringfinger
pršať *impf. unpers.* regnen; ***prší*** es regnet
pršiplášť *m* Regenmantel
prúd *m* Strömung *f*; *El.* Strom *m*; ***v plnom ~e*** in vollem Gange, auf vollen Touren; **~iť** fließen, strömen; zirkulieren
prudký stark, heftig; plötzlich; steil; rasch, flott
pruh *m* Streifen; **~ovaný** gestreift
prút *m* Rute *f*, Gerte *f*; ***~ený nábytok*** *m* Korbmöbel *n*
pružný elastisch, federnd, geschmeidig; wendig
prv *adv.* früher; ***~ než*** bevor
prvenstvo *n* Vorrang *m*
prvok *m* Element *n*
prvopočiat|ok *m* Anfang; ***od ~ku*** von Anfang an, seit Anbeginn
prvo|radý erstrangig; **~rodenec** *m* Erstgeborene(r); **~sienka** *f* Primel; **~tný** primär; anfänglich; Ur-; ***~tný človek*** Urmensch *m*; **~triedny** erstklassig
prvý erste(r); **~krát** *adv.* zum ersten Mal, erstmalig
psí Hunde-; F ***vyjsť na ~ tridsiatok*** auf den Hund kommen
pstruh *m* Forelle *f*
pšenica *f* Weizen *m*
pštros *m Zo.* Strauß
publikovať publizieren
puč *m Pol.* Putsch
pučať treiben, sprießen, ausschlagen; aufblühen
púčik *m* Knospe *f*
pud *m* Trieb, Instinkt; **~ový** triebhaft, instinktiv
pudrovať pudern
púhy bloß, rein
puchnúť (an)schwellen
puk *m* Knospe *f*; Puck (*Eishockey*)
pukať (***sa***) bersten, zersplittern, platzen
puklina *f* Riss *m*
puknúť *pf. s.* ***pukať sa***
pulóver *m* Pullover
pult *m* Notenständer; Theke *f*
pulz *m* Puls; **~ovať** pulsieren
pumpa *f* Pumpe; ***benzínová ~*** Tankstelle
pumpky *f/pl.* Pumphose *f*
punč *m* Punsch
puntičkár *m* Pedant, Haarspalter
púpava *f Bot.* Löwenzahn *m*
pupenec *m* Pickel; Spross
pupok *m* Nabel
pusa F *f* Kuss *m*; Mäulchen *n*
pust|iť *pf.* lassen; entlassen; durchlassen; herauslassen, gehen lassen; herunterlas-

sen; anlassen; **~núť** leer werden; veröden, verkommen
pustoši|ť verheeren, verwüsten; **~vý** verheerend
pust|ota *f* Leere; **~ovník** *m* Einsiedler; **~ý** leer, öde
puška *f* Flinte, Gewehr *n*
pušný: **~ *prach*** Schießpulver *n*
púšť *f* Wüste; Einöde, Wildnis
púšťať *s.* ***pustiť***; **~ *sa*** loslassen; sich machen (***do niečoho*** an etw.); sich einlassen; nachjagen; anfangen, beginnen; *Fleck*: weggehen, herausgehen
púť *f* Wallfahrt, Pilgerfahrt; Fahrt
púta|ť fesseln, binden; **~vý** fesselnd
pútnik *m* Wallfahrer, Pilger
puto *n* Kette *f*, Fessel *f*; **~vať** umherwandern; **~vný** Wander-
puzdro *n* Futteral, Etui; Kasten *m*, Dose *f*; Tasche *f*
pýcha *f* Stolz *m*, Hochmut *m*
pykať büßen
pyré *n* (*undekl.*) Püree
pysk *m* Maul *n*
pýšiť: **~ *sa*** sich brüsten (***niečím*** mit etw.)
pyšný stolz; hochmütig
pytač *m* Brautwerber
pýtať (***si***) bitten; *Preis* verlangen, fordern; **~ *sa*** fragen; bitten; erbitten; wollen
pytlia|čiť wildern; **~k** Wilderer
pyžama *f* Pyjama *m*, Schlafanzug *m*

R

rabín *m* Rabbiner
rabova|čka F *f* Raub(zug) *m*, Plünderung *f*; **~ť** F räubern; plündern, (aus)rauben
ráčiť belieben, geruhen
rad *m* Reihe *f*; Orden *m*; **~ *za ~om*** nacheinander
rád[1] *m Rel.* Orden
rád[2] *m*, **rada**[1] *f adj., adv.* froh; gern, bereitwillig; ***som ~*** ich bin froh
rad|a[2] *f* Rat *m*; ***neviem si ~y*** ich weiß mir keinen Rat; **~ca** *m* Ratgeber; Rat (*Titel*)
radiátor *m* Kühler; Heizkörper
radiť (an)raten, empfehlen; anreihen; einreihen; **~ *sa*** (sich) beraten
radnica *f* Rathaus *n*
radno *adv.* ratsam
rado|vať: ***~vať sa*** sich freuen; **~sť** *f* Freude
radový einfach, gewöhnlich; regulär; Reihen-
radšej *adv.* lieber
rachot *m* Getöse *n*, Gepolter *n*, Krachen *n*; Donnerrollen *n*; **~iť** poltern, rasseln, krachen

raj *m* Paradies *n*
rajči|ak *m*, **~na** F *f* Tomate
rajnica *f* Kasserolle
rak *m* *Zo.* Krebs; **~eta** *f* Rakete; *Sp.* Schläger *m*; **~ovina** *f* *Med.* Krebs *m*
Rakú|sko *n* Österreich; **2sky** österreichisch; **~šan** *m* Österreicher
rakva *f* Sarg *m*
rám *m* Rahmen; **~cový** Rahmen-; **~ec** *m* *fig.* Rahmen; ***v ~ci*** im Rahmen
rameno *n* Oberarm *m*; Schulter *f*; Flussarm *m*; (*Zirkel-*) Schenkel *m*
ramienko *n* Ärmchen; *Kochk.* Schulterstück; Träger *m* (*am Kleid*); Kleiderbügel *m*
rámovať (ein)rahmen
rampa *f* *Thea.* Rampe; F Bahnschranke
ran|a *f* Wunde; Schuss *m*; ***jednou ~ou*** mit einem Schlag
raňajk|ovať frühstücken; **~y** *f/pl.* Frühstück *n*
rande F *n* (*undekl.*) Rendezvous, Verabredung *f*
raniť *pf.* verwunden
ranný morgendlich, Morgen-
ráno¹ *n* Morgen *m*
ráno² *adv.* morgens, am Morgen
raný früh, zeitig, Früh-
rasa *f* Rasse
rasca *f* Kümmel *m*
rast *m* Wuchs, Wachstum *n*; Zunahme *f*, Hebung *f*
rásť wachsen, zunehmen
rastlin|a *f* Pflanze; **~ný** Pflanzen-
rašelina *f* Torf *n*
rátať rechnen, zählen
ratolesť *f* Spross *m*, Sprössling *m*, Zweig *m*; Eichenlaub *n*
raz¹ (*pl.* **ráz**) Mal *n*; ***mnoho ráz*** vielmals, viele Male
raz² *adv.* einstmals (*Vergangenheit*); einmal (*Zukunft*)
raz³: **~ ... ~** *cj.* bald … bald
ráz *m* Charakter
rázcestie *n* Scheideweg *m*
raziť *Wort, Münze* prägen
rázny energisch
razom *adv.* plötzlich, mit einem Mal
raž *f* Roggen *m*; **~eň** *m* Bratspieß; **~ný** Roggen-
reagovať reagieren
rebrík *m* Leiter *f*
rebro *n* Rippe *f*
recepcia *f* Empfang *m*
recidivista *m* Wiederholungstäter
reč *f* Sprache; Rede; ***prázdne ~i*** leeres Gerede; ***má mnoho ~í*** er redet viel; **~ník** *m* Redner; **~niť** eine Rede halten, Reden halten
redigovať redigieren
reďkev *f* Rettich *m*
reďkovka *f* Radieschen *n*
rednúť sich lichten
redukovať reduzieren
reform|a *f* Reform; **~ista** *m* Reformer
rehoľa *f* Mönchsorden *m*
rehotať: **~ *sa*** schallend la-

chen
re|komando *adv.* (*Post*) eingeschrieben; **~konštruovať** rekonstruieren, wiederherstellen; **~kreácia** *f* Erholung, Urlaub *m*; **~kreovať**: ***~kreovať sa*** sich erholen, Urlaub machen
reku sage ich, meine ich
relácia *f* Zusammenhang *m*, Relation; Rundfunksendung
reme|ň *m* Riemen; Leder *n*; **~nný** Riemen-; ledern, Leder-
remes|elník *m* Handwerker; **~lo** *n* Handwerk
remíza *f Sp.* Unentschieden *n*
repa *f* Rübe; ***červená ~*** rote Be(e)te *pl.*
reproduktor *m* Lautsprecher
reptať murren
restante (**poste ~**) postlagernd
reštaurácia *f* Restaurant *n*
reťaz *f* Kette
retiazka *f* (*Schmuck-*)Kette
rev *m* Gebrüll *n*, Geheul *n*
réva *f* Rebe, Weinrebe
revať brüllen, heulen
revidovať revidieren; überprüfen
revír *m* Revier *n*
revízny Revisions-
rez *m* Schnitt; *Kochk.* Schnitte *f*; (*Wurst-*)Scheibe *f*; **~ák** *m* Schneidezahn; **~ance** *m/pl.* Nudeln *f/pl.*; **~ať** schneiden; ***~ať do živého*** die wunde Stelle treffen; **~eň** *m* Schnitzel *n*
re|zervovať reservieren; **~zignovať** resignieren; zurücktreten
rezký rege, flink, schneidig
rezort *m* Ressort *n*
réži|a *f Thea.* Regie; ***vo vlastnej ~i*** auf eigene Kosten
režim *n* Regime
režisér *m* Regisseur
riad *m* Gerät *n*, Geschirr *n*
riad|enie *n* Leitung *f*, Führung *f*; Steuerung *f*; **~iť** leiten, lenken, steuern; aufräumen, Ordnung schaffen; ***~iť sa*** sich leiten lassen; sich richten (***podľa niečoho*** nach etw.); **~iteľ** *m* Direktor; **~iteľstvo** *n* Direktion *f*, Leitung *f*, **~ne** *adv.* ordnungsgemäß, ordentlich; **~ny** ordentlich
riadok *m* Zeile *f*; Reihe *f*
riasa *f* Wimper; ***morská ~*** Alge
riava *f* Strom *m*; Gebirgsbach *m*
ríbezle *f/pl.* Johannisbeeren
rieč|isko *n* Flussbett; **~ka** *f* (kleiner) Fluss; **~ny** Fluss-
ried|iť verdünnen; lichten; **~ky** dünn, licht; dünnflüssig
rieka *f* Fluss *m*, Strom *m*
rieš|enie *n* Lösung *f*; **~iť** (auf)lösen
Rím *m* Rom *n*; **2sky** römisch, Rom-, Römer-
rímsa *f* Gesims *n*
rinčať klirren, rasseln
riskovať riskieren

ríš|a *f* Reich *n*, Imperium *n*; **~sky** Reichs-
rizoto *n* Risotto *m*
robiť tun, machen; anfertigen, herstellen; bereiten; **~ *opatrenia*** Maßnahmen treffen; arbeiten; **~ *sa*** sich (ver)stellen (***niečím*** als etw.), spielen; sich tun, geschehen, passieren; sich bilden, entstehen; **~ *sa nevinným*** sich unschuldig stellen
robot *m* Küchenautomat; **~a** *f* Arbeit; Fronarbeit; **~nícky** Arbeiter-, Arbeits-; **~níctvo** *n* Arbeiterschaft *f*; **~ník** *m* Arbeiter
ročenka *f* Jahrbuch *n*
ročn|ík *m* Jahrgang; **~ý** jährlich; Jahres-; einjährig
rod *m* Geschlecht *n*, Sippe *f*, Herkunft *f*, Geburt *f*; **~ák** *m* Landsmann; **~ený** geboren
rodič|ia *m/pl*. Eltern *pl*.; ***starí ~ia*** Großeltern *pl*.; **~ovský** Eltern-
rodin|a *f* Familie; Verwandtschaft; **~kárstvo** *n* Vetternwirtschaft *f*; **~ný** Familien-
rodi|sko *n* Geburtsort *m*; Heimatland; **~ť** gebären; *Pflanzen*: tragen; *fig*. hervorbringen, erzeugen; **~*ť sa*** geboren werden; gedeihen
rod|ný Geburts-; leiblich; **~okmeň** *m* Stammbaum; **~ový** Stammes-
roh *m* Horn *n*; Ecke *f*; *Sp*. Eckball, Ecke *f*; **~áč** *m* Rehbock; Hirsch; Hirschkäfer; **~atý** gehörnt, Horn-; **~ovka** *f* Hornhaut; **~ový** Horn-; Eck-; ***~ový kop*** *Sp*. Eckball *m*, Ecke *f*; **~ožka** *f* Fußabtreter *m*
roj *m* Schwarm; **~čiť** schwärmen; **~iť sa** *Bienen*: schwärmen; wimmeln; **~čivý** schwärmerisch; **~ko** *m* Schwärmer
rok *m* Jahr *n*; ***v ~och*** bejahrt
roklina *f* Schlucht
rokova|cí Verhandlungs-, Geschäfts-; **~ť** verhandeln; sich beraten
rola *f* Rolle
roľa *f* Feld *n*
roleta *f* Jalousie
roľní|cky bäuerlich, Bauern-; landwirtschaftlich; **~ctvo** *n* Bauernschaft *f*; Bauerntum; **~k** *m* Bauer
románo|pisec *m* Romanschriftsteller; **~vý** Roman-
roniť *Tränen*: vergießen
rop|a *f* Rohöl *n*; **~ovod** *m* Ölleitung *f*
ropucha *f* Kröte
rosa *f* Tau *m*
rošt *m* Rost *n*, Gitter *n*; **~enka** *f* Rostbraten *m*
rováš *m* Kerbholz *n*; ***má niečo na ~i*** er hat etw. auf dem Kerbholz
rovesník *m* Altersgenosse
rovina *f* Ebene
rovna|ký gleich, gleichartig, der gleiche; **~ť** ebnen, gera-

de machen, gleichmachen; **~ť** ***sa*** gleich sein; gleichkommen, gleich stark sein
rovnica *f Math.* Gleichung
rovník *m* Äquator
rovno- gleich-, Gleich-
rovno|bežka *f* Parallele; Breitengrad *m*: **~cenný** gleichwertig; **~merný** gleichmäßig; **~právny** gleichberechtigt; **~rodý** gleichartig, homogen; **~stárstvo** *n* Gleichmacherei *f*; **~šata** *f* Uniform; **~váha** *f* Gleichgewicht *n*
rovný gerade; eben; *Summe*: genau; gleich, gleichmäßig; ***~ch sto korún*** genau hundert Kronen
roz|baliť (**~baľovať**) auspacken; **~behnúť** (**~biehať**): ***~behnúť sa*** auseinander laufen; in Gang kommen, Anlauf nehmen; **~bíjať** ⟨**~biť**⟩ zerschlagen; **~bolieť** *pf.* wehtun, schmerzen; **~bor** *m* Analyse *f*; **~brieždiť**: ***~brieždiť sa*** *pf.* tagen, hell werden; **~broj** *m* Zwist, Zwietracht *f*
rozbúr|ať ⟨**~iť**⟩ zerstören; niederreißen, einreißen; in Bewegung bringen
roz|cvička *f* Morgengymnastik; **~čarovanie** *n* Enttäuschung *f*; **~čeriť** *pf. Wasser* in Bewegung bringen; **~členovať** aufgliedern; **~čúliť** (**~čuľovať**) aufregen; **~d(áv)ať** verteilen; ausgeben; **~deliť** (**~deľovať**) aufteilen, verteilen; einteilen; **~diel** *m* Unterschied; **~dielny** verschieden; **~dláviť** *pf.* zerdrücken; **~dráždiť** *pf.* (auf)reizen; **~driapať** *pf.* zerreißen; **~drobiť** *pf.* zerkleinern, zerbröckeln; **~drviť** *pf.* zerstampfen, zermalmen; **~dup(áv)ať** zertreten, zerstampfen; **~dvojiť** (**~dvojovať**) entzweien, spalten; **~fúkať** aufblasen; anblasen, anfachen; zerwehen; **~hádzať** (**~hadzovať**) auseinander werfen, verstreuen; (*mit Geld*) um sich werfen; verschleudern; ***~hadzovať sa*** F sich aufspielen; **~halenka** *f* Bluse, Hemd *n* mit offenem Kragen
rozháňať auseinander jagen; ***~ sa*** mit dem Arm schwenken; Schwung holen, ausholen
rozháraný zerfahren, zerrüttet
rozheganý wacklig
rozhľad *m* Aussicht *f*; Überblick, Übersicht *f*; **~ňa** *f* Aussichtsturm *m*
rozhlas *m* Rundfunk; **~ový** Radio-, Rundfunk-
rozhnevať *pf.* wütend machen, aufbringen
rozhod|ca *m Sp.* Schiedsrichter; **~núť** *pf.* entscheiden; **~nutie** *n* Entscheidung *f*, Entscheid *m*; Beschluss *m*; Entschluss *m*; **~ný** entschei-

dend; entschlossen; **~ovať** entscheiden
rozhorč|iť (**~ovať**) erbittern, in Zorn versetzen
rozhorieť: **~ sa** *pf.* zu brennen anfangen, auflodern
rozhovor *m* Gespräch *n*, Unterhaltung *f*
rozhran|ičiť *pf.* abgrenzen; **~ie** *n* Grenze *f*; Wende *f* (*Zeit*)
roz|hŕňať ⟨**~hrnúť**⟩ auseinander werfen; **~hryznúť** *pf.* zerbeißen; **~hýbať** *pf.* in Schwung bringen, in Bewegung setzen; **~chádzať**: ***~chádzať sa*** auseinander gehen; **~chod** *m* Auseinandergehen *n*; *Tech.* Spurweite *f*; **~chýriť** (**~chyrovať**) Gerüchte verbreiten; **~ísť**: ***~ísť sa*** *pf. s.* ***rozchádzať sa***; **~jarený** freudig, freudestrahlend; **~jasniť**: ***~jasniť sa*** *pf. Himmel*: sich aufheitern; klar werden (***niekomu*** j-m); **~jímať** meditieren; **~kaz** *m* Befehl; **~kázať** (**~kazovať**) befehlen; verfügen, anordnen
rozklad *m* Verfall, Zerfall; **~ať** *pf.* zerlegen; *Feuer* anlegen; zerschlagen, zersetzen; *Zelt* bauen; aufmachen; ausführlich erzählen; ***~ať sa*** *pf.* zerfallen; sich ausbreiten
rozkol *m* Spaltung *f*
rozkolísa|ný schwankend, wacklig; zerrüttet; **~ť** *pf.* aufrütteln; erschüttern, ins Wanken bringen
rozkopať *pf.* aufreißen; umgraben
rozkoš *f* Wollust; **~ný** anmutig, hübsch
roz|krádať ⟨**~kradnúť**⟩ veruntreuen; rauben, stehlen
roz|krájať zerschneiden; **~kričať**: ***~kričať sa*** *pf.* losschreien; anschreien; **~kročmo** *adv.* breitbeinig; **~krojiť** *pf. s.* ***rozkrájať***; **~kúskovať** zerstückeln; **~kvet** *m* Blüte *f*, Aufblühen *n*; **~kvitať** ⟨**~kvitnúť**⟩ aufblühen, erblühen; **~kypriť** *pf.* auflockern; **~ladiť** *pf.* verstimmen; **~ľahlý** ausgedehnt; **~lámať** *pf.* zerbrechen; **~lepiť** (**~lepovať**): ***~lepiť sa*** nicht mehr kleben, auseinander fallen; **~letieť**: ***~letieť sa*** *pf.* auseinander fliegen; **~liať** *pf.* vergießen, verschütten; **~ličný** unterschiedlich, verschieden; **~liehať**: ***~liehať sa*** ertönen, erklingen; **~lievať** *s.* ***rozliať***; **~líšiť** (**~lišovať**) unterscheiden; **~loha** *f* Fläche; Flächeninhalt *m*; **~lomiť** *pf.* zerbrechen; **~ložiť** *pf. s.* ***rozkladať***
rozlúč|iť: ***~iť sa*** *pf.* sich verabschieden, Abschied nehmen; **~ka** *f* Abschied *m*
roz|luka *f* Trennung; **~lúštiť** *pf.* (auf)lösen; entziffern; **~máhať**: ***~máhať sa*** sich verbreiten, an Umfang gewinnen; stark werden, überhand

nehmen; **~mach** *m* Aufschwung; **~manitý** verschiedenartig; **~mar** *m* Laune *f*, Grille *f*
rozmaz|ať[1] *pf.* verstreichen, verschmieren; **~(n)ať**[2] *pf.* (**~návať**) verwöhnen
roz|meniť *pf.* wechseln; **~mer** *m* Ausmaß *n*, Dimension *f*; **~merný** voluminös; **~metať** *pf. s.* ***rozhádzať***
rozmies|t(n)iť (**~tňovať**, **~ťovať**) verteilen; unterbringen
roz|miešať *pf.* vermischen, vermengen; **~mliaždiť** *pf.* zerdrücken, zertreten; **~množiť** (**~množovať**) vermehren; vervielfältigen; **~mot(áv)ať** abwickeln, abspulen, loswickeln; **~mŕzať** auftauen; **~myslieť**: ***~myslieť si*** *pf.* es sich überlegen; **~mýšľať** nachdenken
roznášať *Post* austragen; *Ruhm* verbreiten; *Infektion* übertragen, verschleppen; ***~ sa*** sich ausbreiten; erklingen
roz|necovať entfalten; **~niesť** *pf. s.* ***roznášať***; **~nietiť** *pf. s.* ***roznecovať***; **~ob(e)rať** auseinander nehmen; aufkaufen; analysieren; **~odni(eva)ť**: ***~odni(eva)ť sa*** tagen, hell werden
rozohnať *pf. s.* ***rozháňať***; ***~ sa*** ausholen; losrennen
rozohriať *pf.* aufwärmen; heiß machen
rozop|äť *pf.* **~núť** *pf.* (**~ínať**) aufknöpfen; ausbreiten, spreizen
roz|or(áv)ať aufpflügen; **~os(ie)lať** verschicken; **~osmiať** *pf.* zum Lachen bringen; **~ostaviť** (**~ostavovať**) aufstellen; **~ostrieť** *pf.* ausbreiten; **~oštv(áv)ať** aufwiegeln; aufbringen
rozozn(áv)ať unterscheiden; erkennen; **~(o)žať** *pf.* anzünden, entfachen; **~pačitý** verlegen
rozpad *m* Verfall, Zerfall; **~ať** ⟨**~núť**⟩: ***~ať sa*** zerfallen, verfallen, auseinander fallen
rozpájať trennen; loskuppeln
rozpaky *m/pl.* Verlegenheit *f*
rozp|áliť (**~aľovať**) erhitzen
roz|pamät(áv)ať: ***~pamät(áv)ať sa*** sich erinnern (***na niečo*** an etw.); **~pätie** *n* Spannweite *f*; Spurweite *f*; Zeitspanne *f*; Umfang *m*; **~pínať** *s.* ***rozopínať***; **~pínavý** expansiv; **~písať** (**~pisovať**) aufschlüsseln, aufteilen; **~plakať**: ***~plakať sa*** *pf.* anfangen zu tränen *od.* zu weinen, in Tränen ausbrechen
rozplaš|iť (**~ovať**) verscheuchen
rozpl|ynúť (**~ývať**): ***~ynúť sa*** zerfließen, zergehen; zerrinnen; verschwimmen
roz|počet *m* (Staats-)Haushalt; Voranschlag; **~počíta(va)ť** berechnen, kalkulieren; **~pojiť** *pf. s.* ***rozpájať***;

~položenie *n* Verfassung *f*, Stimmung *f*; **~poltiť** (**~poltovať**) spalten; **~por** *m* Widerspruch; **~pozn(áv)ať** erkennen, unterscheiden; **~pracovať** ausarbeiten; **~prášiť** (**~prašovať**) zerstäuben; sprengen; **~prava** *f* Debatte, Diskussion

rozpráv|ať erzählen, berichten; sprechen, reden; ***~ať sa*** sich unterhalten, sprechen; **~ka** *f* Märchen *n*

rozprest|ierať ⟨**~rieť**⟩: ***~ierať sa*** sich ausdehnen, sich erstrecken

roz|prúdiť *pf.* beleben, intensivieren; **~ptýliť** (**~ptyľovať**) zerstreuen (*a. fig.*); **~pustiť** (**~púšťať**) auflösen, schmelzen; lösen; entlassen; **~púta(va)ť** *Krieg* entfesseln; **~rásť** (**~rastať**): ***~rásť sa*** (an)wachsen; überhand nehmen; **~rez(áv)ať** zerschneiden, aufschneiden; **~riediť** (**~rieďovať**) verdünnen, dünn machen; **~riešiť** *pf.* (auf)lösen; **~robiť** *pf. Farbe, Teig, Feuer* anmachen; **~rúbať** zerhauen, zerhacken; **~ruch** *m* Aufruhr

rozruš|iť (**~ovať**) aufregen; stören

rozr|ýpať (**~ypávať**), **~yť** (**~ývať**) aufgraben; zerwühlen

rozsad|iť (**~zovať**) auseinander setzen; Platz zuweisen

roz|sah *m* Umfang, Ausmaß *n*, Volumen *n*; **~sek(áv)ať** zerhauen; **~siahly** ausgedehnt, umfangreich, weit reichend; **~sobášiť**: ***~sobášiť sa*** *pf.* sich scheiden lassen; **~strapatiť** *pf.* zerraufen, zerzausen; **~strih(áv)ať** zerschneiden

rozsudok *m* Urteil *n*

rozsv|ecovať ⟨**~ietiť**⟩ Licht anmachen

roz|sypať (**~sýpať**, **~sypávať**) zerstreuen; verstreuen; **~šafný** verschwenderisch; **~šíriť** (**~širovať**) erweitern; verbreiten; ausdehnen; **~škrabať** zerkratzen; **~šliapať** zertreten, zerdrücken; *Schuh* ablaufen; **~štiepiť** *pf.* spalten; **~táčať** *Maschine* anlassen; in Drehung versetzen

rozťahovať auseinander ziehen; *Vorhang* aufmachen; ***~ sa*** sich breitmachen; F angeben

roz|ťať *pf.* zerhauen, zerspalten; **~taviť** (**~tavovať**) (zer)-schmelzen; **~tiahnuť** *pf. s.* ***rozťahovať***; **~tínať** *s.* ***rozťať***; **~točiť** *pf. s.* ***roztáčať***; **~tok** *m* Lösung *f* (*Flüssigkeit*); **~tomilý** reizend; **~topašný** ausgelassen; **~topiť** *pf.* zerlassen; ***~topiť sa*** zergehen, schmelzen; **~trasený** zittrig, erregt; **~trhať** *pf.*, **~trhnúť** *pf.* zerreißen

roztrie|diť (**~ďovať**) sortieren, einteilen, ordnen

roz|trieskať *pf.* zerschlagen; einschlagen; **~trpčiť** (**~trpčovať**) verbittern; **~trúsiť** *pf.* (ver)streuen; **~tržitý** zerstreut; **~tržka** *f* Zerwürfnis *n*
rozum *m* Vernunft *f*; Verstand; ***prišlo mu na ~*** es fiel ihm ein; **~ieť** verstehen; ***~ieť sa*** sich verstehen (gegenseitig; ***do niečoho*** auf etw.); **~ný** vernünftig; **~ový** rational, Vernunfts-; Verstandes-
rozutekať: ~ ***sa*** auseinander laufen, loslaufen
rozvádzať scheiden; *Pläne* ausführen; ~ ***sa*** sich scheiden lassen
roz|vaha *f* Bedachtsamkeit, Bedacht *m*; **~valcovať** auswalzen, auseinander walzen; **~valina** *f* Ruine; **~valiť** (**~vaľovať**): ***~valiť sa*** einstürzen; *fig.* es sich bequem machen; **~várať** ⟨**~variť**⟩ zerkochen
rozváž|ať ausfahren, transportieren; **~iť¹** (***si***) *pf.* überlegen; **~iť²** *pf.* auswiegen; **~ny** bedächtig, bedachtsam
roz|väzovať aufmachen, aufknoten, losbinden, lösen; **~vedený** geschieden
rozvese|liť (**~ľovať**) aufheitern
roz|vetvený verzweigt; **~viať** *pf.* verwehen; **~viazať** *pf. s.* ***rozväzovať***
rozviedka *f* Erkundung; Nachrichtendienst *m*; Spionageabwehr
roz|viesť *pf. s.* ***rozvádzať***; **~viezť** *pf. s.* ***rozvážať***; **~víjať** ⟨**~vinúť**⟩ entwickeln, entfalten; **~víriť** *pf.* aufwirbeln, aufwühlen; *Diskussion* in Gang bringen; in Aufruhr versetzen; **~viť** *pf. s.* ***rozvíjať***; **~vláčny** langwierig, langsam
rozvod *m* Scheidung *f*; **~ie** *n* Wasserscheide *f*; **~niť** (**~ňovať**): ***~niť sa*** aus den Ufern treten
rozvoj *m* Entwicklung *f*, Aufschwung
roz|vracať ⟨**~vrátiť**⟩ zerrütten; untergraben, unterhöhlen; **~vrat** *m* Zerrüttung *f*, Zersetzung *f*; **~vratník** *m* Diversant
rozvrh *m* Plan; Aufschlüsselung *f*; **~núť** *pf.* verteilen, aufschlüsseln; planen, entwerfen
rozvrstv|iť (**~ovať**) schichten; differenzieren
roz|vŕtať *pf.* aufbohren; **~zúriť** *pf.* wütend machen; ***~zúriť sa*** in Wut geraten, wütend werden; **~žiariť**: ***~žiariť sa*** *pf.* aufleuchten, aufglühen
rožný gehörnt, Horn-; Eck-
rožk|ok *m* Hörnchen *n*
rôsol *m* Sülze *f*
rôzno- *in Zssgn* verschieden-
rôzny verschieden, unterschiedlich
rub *m* Kehrseite *f*; ***obracať na ~y*** auf den Kopf stellen

rubač *m* Holzhauer
rúbani|e *n* Holzfällen; **~sko** *n* Holzschlag *m* (*Ort*)
rúbať fällen, schlagen
rúcať umstürzen, umwerfen; niederreißen, einreißen; **~ sa** einstürzen, herabstürzen
ručička *f* Händchen *n*; Uhrzeiger *m*
ruči|ť bürgen; **~teľ** *m* Bürge
rúčka *f* Händchen *n*; Stiel *m*; Federhalter *m*
ručn|e *adv.* manuell, mit der Hand; **~ný** Hand-
rud|a *f* Erz *n*; **~ný** Erz-; **~ná baňa** Erzbergwerk *n*
rúhať: **~ sa** lästern, spotten
ruch *m* Bewegung *f*, Regung *f*; **stavebný ~** Bautätigkeit *f*; **cudzinecký ~** Fremdenverkehr *m*; **cestovný ~** Reiseverkehr
rúcho *n* Gewand, Festkleid
ruja *f* Brunst
ruka *f* Hand
rukáv *m* Ärmel
rukavica *f* Handschuh *m*
ruko|jemník *m* Geisel *f*; **~lapný** handgreiflich; **~pis** *m* Handschrift *f*; **~vať** F *Mil.* einrücken, eingezogen werden; **~väť** *f* Griff *m*; Handbuch *n*
rumovisko *n* Ruine(nstätte) *f*
Rumun *m* Rumäne; **~sko** *n* Rumänien; **²ský** rumänisch
rúra *f* Röhre, Backrohr *n*
Rus *m* Russe; **²alka** *f* Nixe; **²ký** russisch
rušeň *m* Lokomotive *f*
ruši|ť *pf.* stören; *Wort* brechen; **~vý** störend
rúško *n fig.* Mantel *m*, Deckmantel *m*
rušný lebhaft, belebt, rege; *Zeit*: stürmisch
rútiť: **~ sa** einfallen, herunterstürzen; sich stürzen; losstürzen
rúž *m* Rouge *n*
ruža *f* Rose
ruženec *m* Rosenkranz
ružica *f* Rosette
ružový rosig; Rosen-; rosa (-farben), rosarot
ryb|a *f* Fisch *m*; **~ací** Fisch-; **~ár** *m* Fischer; **~árský** Fischer-, Fischerei-, Angler-; **~í** Fisch-; **~ník** *m* Teich
ryčať brüllen
rýdzi echt, pur
ryh|a *f* Furche, Rille; **~ovaný** gerillt
rýchl|ik *m* Schnellzug; **~odoprava** *f* Eiltransport *m*; **~očistiareň** *f* Schnellreinigung; **~osť** *f* Geschwindigkeit; **~ostný** Geschwindigkeits-; **~y** schnell, geschwind
rýľ *m* Spaten
rým *m* Reim
rýpadlo *n* Bagger *m*
rypák *m* Rüssel, Schnauze *f*
rýpať wühlen, graben; *fig.* sticheln; **~ sa** herumwühlen
rys (*Charakter-*)Zug; Luchs; **~ovať** *Tech.* zeichnen; **~ovať**

sa sich abzeichnen
ryť *pf.* graben, wühlen; (ein)-gravieren
rytina *f* Gravierung
ryšavý rothaarig
rytier *m* Ritter; **~sky** ritterlich
ryž|a *f* Reis *m*; **~ový** Reis-

S

s, so *prp.* (*I*) mit; ~ ***tým*** damit; ***so mnou*** mit mir
sa (*A*) sich; *pron. refl., steht bei reflexiven Verben für alle Personen wie: mich, dich, sich, uns, euch, sich, z. B.* ***usiluj sa*** bemühe dich
sabot|áž *f* Sabotage; **~ovať** sabotieren
sad *n* Garten; Park
sadať (***si***) sich setzen
sadiť pflanzen, setzen
sadlo *n* Speck *m*, Fett
sadnúť (***si***) *pf. s.* ***sadať si***
sadra *f* Gips *m*
sadza *f* Ruß *m*
sadzač *m Typ.* Setzer
sádzať setzen (*a. Typ.*)
sadzba *f* Satz *m* (*a. Typ.*); Tarif *m*
sako *n* Sakko
saláma *f* Wurst
salaš *m* Sennhütte *f*
sála *f* Saal *m*
sálať ausstrahlen
sám, sama, samo allein; selbst; ***samo od seba*** von selbst
sam|ec *m Zo.* Männchen *n*; **~ica** *f Zo.* Weibchen *n*
samo- selbst-; Selbst-; *s. a.* ***seba-***
samo|bytný eigenständig; **~druhá** schwanger; **~činný** selbsttätig; **~hláska** *f* Vokal *m*; **~ľúby** selbstgefällig; **~obsluha** *f* Selbstbedienung; **~pašný** ausgelassen; **~správa** *f* Selbstverwaltung; **~statný** selbstständig; **~ta** *f* Einsamkeit; Einöde; **~tár** *m* Einzelgänger; **~tka** P *f* Einzelhaft; **~tný** allein; selbst; **~účel** *m* Selbstzweck; **~účelný** als Selbstzweck; **~uk** *m* Autodidakt; **~určenie** *n* Selbstbestimmung *f*; **~väzba** *f* Einzelhaft; **~vrah** *m* Selbstmörder; **~vražda** *f* Selbstmord *m*; **~zrejmý** selbstverständlich
samý unmittelbar, direkt; rein; lauter; ~ ***piesok*** lauter Sand
sanácia *f* Sanierung
sane *f/pl.* Schlitten *m*
sanitka F *f* Rettungswagen *m*
sánk|a *f* Unterkiefer *m*; **~y** *f/pl.* Rodel *m*, Schlitten *m*; **~ovať**: ***~ovať sa*** rodeln
sať saugen
sce|liť (**~ľovať**) vereinigen, zusammenlegen; festigen
scéna *f* Bühne

scenár *m* Drehbuch *n*
scestie *n* Abweg *m*, Irrweg *m*
scvrk|ať ⟨**~núť**⟩: **~ať sa** schrumpfen
sčasti *adv.* teilweise, zum Teil
sčervenieť *pf.* erröten
sčíta|cí Rechen-; **~nie** *n* Zählung *f*; **~ný** belesen; **~ť (sčitovať)** zusammenzählen, addieren
seba (*A*) sich; einander; *s.* **sa**, **samo-**
seba|dôvera *f* Selbstvertrauen *n*; **~istota** *f* Selbstsicherheit; **~klam** *m* Selbstbetrug, Selbsttäuschung *f*; **~kritický** selbstkritisch; **~obrana** *f* Notwehr; **~ovládanie** *n* Selbstbeherrschung *f*; **~určenie** *n* Selbstbestimmung *f*; **~vedomý** selbstbewusst; **~záchova** *f* Selbsterhaltung; **~zaprenie** *n* Selbstverleugnung *f*
sebec *m* Egoist; **~kosť** *f* Egoismus *m*; **~ký** egoistisch
sebe|rovný seinesgleichen; gleichgestellt; **~stačnosť** *f* Autarkie
sebou (*I*) sich
sečn|ý Hieb-; **~á rana** Hiebwunde *f*
sedadlo *n* Sitz *m*
sedávať zu sitzen pflegen
sedem sieben; **~desiat** siebzig; **~sto** siebenhundert
sedi|ačky *adv.* sitzend; **~eť** sitzen
sedl|ár *m* Sattler; **~ať** satteln; **~iak** *m* Bauer; **~o** *n* Sattel *m* (*a. Berg*2)
sedmina *f* Siebentel *n*
sejba *f* Saat, Aussaat
sekať hauen, hacken; fällen
sekera *f* Beil *n*
seknúť *pf. s.* **sekať**; **~ sa** *Milch*: sauer werden
sem *adv.* hierher; **~-tam** da und dort, hie und da; **~ a tam** *adv.* hin und zurück; **chodiť ~ a tam** auf und ab gehen
semafor *m Esb.* Signal *n*; Verkehrsampel *f*
semenisko *n* Herd *m*, Keimstätte *f*
sem|eno, **~ienko** *dim. n* Samen *m*; **~iš** *m* Wildleder *n*
sen *m* Traum
sen|ník *m* Heuboden; **~o** *n* Heu
senzačný sensationell, großartig
sépia *f* Tintenfisch *m*
seriál *m* Fortsetzungsreihe *f*, (*Fernseh-*)Serie *f*
seriózny seriös, ernst(haft)
servis *m* (Auto-)Werkstatt *f*
sesternica *f* Kusine
sestra *f* Schwester
sever *m* Norden; **~ný** nördlich, Nord-; **~ský** skandinavisch
sezóna *f* Saison
sfalšovať *pf.* fälschen
sféra *f* Sphäre
sfilmovať verfilmen
sfúknuť *pf.* ausblasen; herunterblasen
schádzať hinuntergehen; ab-

steigen; *Farbe*: abgehen; **~ sa** sich versammeln, zusammenkommen, sich treffen (***s niekým*** *mit j-m*)
schlad|iť (**~zovať**) abkühlen
schnúť trocknen
schod *m* Stufe *f*; **~isko** *n* Treppenhaus; **~ný** gangbar; **~ok** *m* Defizit *n*; **~y** *m/pl.* Treppe *f*
schopn|osť *f* Fähigkeit; **~ý** fähig; tauglich
schov(áv)ať verstecken; einstecken
schôdz|a *f*, **~ka** *f* Versammlung, Zusammenkunft; Verabredung; **~ovať** e-e Sitzung abhalten
schránka *f* Kasten *m*; Kassette; ***mailová ~*** Mailbox
schudnúť *pf.* abmagern; abnehmen
schudobnieť verarmen
schúliť: **~ *sa*** *pf.* sich zusammenkauern
schuti *adv.* herzhaft
schvál|enie *n* Bestätigung *f*; Einwilligung *f*; **~iť** *pf.* genehmigen, bewilligen; **~ny** absichtlich
schvaľovať *s.* ***schváliť***
si (*D*) sich, uns, einander
siah|ať ⟨**~nuť**⟩ langen, greifen, fassen (***po niečom*** nach etw.); anfassen, anrühren; es abgesehen haben *auf etw.*; sich erstrecken, reichen
siať säen
síce *adv.* zwar
sídl|iť *pf.* siedeln; residieren; **~o** *n* Sitz *m*, Residenz *f*
siedm|i sieben (*Personen*); **~y** siebenter
sieň *f* Saal *m*
sieť *f* Netz *n*
sietnica *f* Netzhaut
sieťovka *f* Einkaufsnetz *n*
signatár *m* Unterzeichner
sil|a *f* Kraft; *Tech.* Leistung; **~ák** *m* Kraftmensch; **~ený** unnatürlich, gewollt; **~iť** zwingen; **~ný** stark, kräftig
sinka *f* blauer Fleck *m*
sipieť zischen
sír|a *f* Schwefel *m*; **~natý** schwefelhaltig
sirota *f* Waise
sito *n* Sieb, Seihe *f*
situ|ačný Situations-, Lage-; **~ovany** situiert; ***dobre ~ovaný*** wohl situiert
sivý grau
skade *adv.* woher
skákať springen, hüpfen
skala *f* Fels(en) *m*; Stein *m*
skaličiť *pf.* verstümmeln
skaliť *pf.* trüben
skal|n(at)ý felsig, steinig; **~opevný** felsenfest
skamarátiť: **~ *sa*** sich anfreunden
skamenieť versteinern
skántriť *pf.* zugrunde richten
skapať verenden, verrecken, eingehen; verschwinden
skateboard *m Sp.* Skateboard *n*
skaut *m* Pfadfinder
skaz|a *f* Verderbnis, Untergang *m*; **~iť** *pf.* verderben;

~onosný verderblich
skic|a *f* Skizze; **~ovať** skizzieren
sklad *m* Lager *n*, Magazin *n*; **~** ***obilia*** Getreidespeicher *m*; **~ací** Falt-, zusammenlegbar; **~ať** zusammenlegen; *Gedicht* verfassen; komponieren; *Examen* ablegen; lagern; ***~ať sa*** bestehen (aus); sich zusammensetzen; **~ateľ** *m* Komponist; **~ba** *f* Komposition; Syntax; **~isko** *n* Lagerplatz *m*
skládka *f* Deponie; ***~ odpadu*** Mülldeponie
sklama|nie *n* Enttäuschung *f*; **~ť** *pf.* enttäuschen
skl|ár *m* Glaser; **~enený** Glas-, gläsern; **~eník** *m* Glashaus *n*
sklesnúť *pf.* niedersinken; ***~ na duchu*** den Mut sinken lassen; zusammenfallen
sklo *n* Glas
sklon *m* Neigung *f*; **~iť** *pf.* neigen, beugen; **~ok** *m* Neige *f*, Ausgang, Ende *n*; ***na ~ku storočia*** zu Ende des Jahrhunderts
sklopiť *pf. Augen* niederschlagen
skľ|účiť (**~učovať**) bedrücken
skĺznuť (***sa***) *pf.* ausrutschen, ausgleiten, abrutschen
skočiť *pf. s.* ***skákať***; auf einen Sprung weggehen; ***~ do reči*** ins Wort fallen
skok *m* Sprung; **~an** *m* Springer
skomoliť *pf.* entstellen
skomplikovať *pf.* komplizieren
skomponovať *pf.* komponieren
skonať *pf.* verscheiden, ableben
skoncentrovať *pf.* konzentrieren
skoncipovať *pf.* ein Konzept machen; *Brief* aufsetzen
skon|covať *pf.* Schluss machen (***s niečím*** mit etw.); **~čiť** *pf.* beendigen, abschließen
skonfiškovať *pf.* beschlagnahmen, konfiszieren
skormútiť *pf.* betrüben
skor|o *adv.* fast, beinahe; bald; frühzeitig; rasch, schnell; **~ší** *comp.* früher, eher; **~ý** früh, Früh-
skosiť *pf.* abmähen
skostnatelý verknöchert
skotúľať (***sa***) *pf.* hinunterrollen, hinabgleiten
skôr, **skorej** *adv.* früher, eher; ***čím ~*** möglichst bald; ***~ naopak*** eher das Gegenteil; ***skôr-neskôr*** *adv.* früher oder später
skracovať verkürzen, abkürzen
skrachovať *pf.* Bankrott erleiden, Pleite machen
skráš|liť (**~ľovať**) verschönern; beschönigen
skrat *m* Kurzschluss
skr|átiť *pf. s.* ***skracovať***; **~atka**

f Abkürzung, Kurzform; **~átka** *adv.* kurz, mit einem Wort; **~čiť** *pf.* krümmen; zerknüllen
skres|liť (~ľovať) entstellen
skríknuť *pf.* aufschreien
skriňa *f* Schrank *m*, Schrein *m*; Kasten *m*
skr|iviť *pf.* krümmen, verziehen; **~ížiť** *pf.* kreuzen; **~omný** bescheiden; **~otiť** *pf.* zähmen, bändigen; **~úšený** zerknirscht; **~útiť** *pf.* zusammenrollen; **~utka** *f* Schraube; **~ýša** *f* Versteck *n*
skry|ť (skrývať) verbergen, verstecken; **~tý** verborgen
skrz-naskrz *adv.* durch und durch
skučať heulen, jaulen
skúma|ť untersuchen; klären; **~vý** forschend
skupina *f* Gruppe
skúpiť *pf.* aufkaufen
skúpy geizig; karg
skúsen|osť *f* Erfahrung; **~ý** erfahren
skúsiť *pf.* versuchen, probieren; erfahren; erleiden
skúšanie *n* Prüfung *f*; Probe *f*, Test *m*
skúš|ať (aus)probieren; erproben, testen, prüfen; *Thea.* proben; **~ka** *f* Probe; Anprobe; Prüfung; **~obný** Prüfungs-, Probe-, Versuchs-
skutkový tatsächlich; **~ *stav*** Tatbestand *m*
skutočn|osť *f* Wirklichkeit, Realität; Tatsache; **~ý** wirklich, tatsächlich; wahr, echt
skut|ok *m* Tat *f*; ***stať sa ~kom*** Wirklichkeit werden
skvalit|niť (~ňovať) die Qualität erhöhen, besser machen
skvelý glänzend, hervorragend, großartig
skvost *m* Juwel *n*; **~ný** großartig
skypr|iť (~ovať) locker machen
skysnúť *pf.* sauer werden, gerinnen
slabik|a *f* Silbe; **~ovať** buchstabieren
slabina *f* Leistengegend; Schwäche, Blöße
slab|núť schwach werden; **~omyseľný** schwachsinnig; **~osť** *f* Schwäche; **~ší** *comp.* schwächer; **~ý** schwach
slad *m* Malz *n*; **~iť** süßen, zuckern; **~ký** süß; süßlich
slam|ený Stroh-; **~ka** *f* Strohhalm *m*; **~ník** *m* Strohsack
slanina *f* Speck *m*
slaný salzig, Salz-
slasť *f* Wonne, Süße
sláv|a *f* Ruhm *m*, Ehre; **~ik** *m* Nachtigall *f*; **~iť** *pf.* feiern, begehen; **~nosť** *f* Feier, Fest *n*; **~nostný** feierlich, Fest-; **~ny** berühmt, ruhmvoll
slečna *f* Fräulein *n*
sleď *m* Hering
sledovať verfolgen, beobachten

slep|ačí Hühner-; **~ec** *m* Blinde(r); **~ota** *f* Blindheit; **~ý** blind; ***~á ulička*** Sackgasse *f*
slezina *f* Milz
sliediť *pf. s.* ***sledovať***; spähen
sliepka *f* Huhn *n*
slimák *m* Schnecke *f*
slina *f* Speichel *m*
slintačka *f* Maul- und Klauenseuche
sliv|ka *f* Pflaume, Zwetschge; **~ovica** *f* Pflaumenbranntwein *m*, Slibowitz *m*
sliz|ký Schleim-; schleimig; **~nica** *f* Schleimhaut
slnečn|ica *f* Sonnenblume; **~ý** sonnig, Sonnen-
sln|iť: ***~iť sa*** sich sonnen; **~ko** *n* Sonne *f*
slobod|a *f* Freiheit; **~ník** *m* Gefreiter; **~no** es ist erlaubt, man darf; **~ný** frei; ledig, unverheiratet; **~ymilovný** freiheitsliebend
sloh *m* Stil; (*Schul-*)Aufsatz
slon *m* Elefant; **~ovina** *f* Elfenbein *n*
Slov|ák *m* Slowake; **~an** *m* Slawe; **2anský** slawisch; **2enčina** *f* Slowakisch(e) *n*; **~enka** *f* Slowakin; **~ensko** *n* Slowakei *f*; **2enský** slowakisch; **2esnosť** *f* Literatur, Dichtung; **2íčko** *n* Wörtchen; **2ník** *m* Wörterbuch *n*; **2ný** Wort-; **2o** *n* Wort; **2om** *adv.* mit einem Wort; **2osled** *m* Wortfolge *f*
sľub *m* Versprechen *n*, Gelöbnis *n*; **~ný** verheißend, viel versprechend; **~ovať** ⟨**sľúbiť**⟩ versprechen
slučka *f* Schlinge
sluha *m* Diener
sluch *m* Gehör *n*; **~ový** Gehör-
slúchadlo *n* (Telefon-)Hörer *m*
sluka *f* *Zo.* Schnepfe
sluš|ať: ***~ať sa*** sich gehören, sich geziemen; ***ako sa ~í*** wie es sich gehört; **~ný** anständig
službl|a *f* Dienst *m*; **~ukonajúci** Dienst habend; Diensthabende(r)
slúžiť dienen; ***~i mu ku cti*** es ehrt ihn; **~ka** *f* Dienstmädchen *n*, Magd
službobn|íctvo *n* Dienerschaft *f*; **~ý** Dienst-, dienstlich
slýchať hören, vernehmen; *s.* ***počuť***
slza *f* Träne; **~vý** Tränen-
slzotvorný: ***~ plyn*** *m* Tränengas *n*
smažiť braten
smäd *m* Durst; **~iť** Durst haben; ***~í ma*** ich habe Durst; **~ný** durstig
smelý kühn, verwegen
smena *f* (*Arbeits-*)Schicht
smer *m* Richtung *f*; Fachrichtung *f*; **~nica** *f* Richtlinie, Direktive; **~ný** Richt-, richtungweisend; **~odajný** maßgebend, entscheidend; **~ovať** abzielen, gerichtet sein; **~ovka** *f* Blinker *m*

sme|ť *f* Kehricht *m*, Müll *m*; **~tisko** *n* Abfallgrube *f*
smi|ať: **~ať sa** lachen; **~ech** *m* Lachen *n*; **~ešny** lächerlich; komisch
smieť dürfen
smola *f* Harz *n*; Pech *n* (*a. fig.*)
smot|ánka *f* Sahne; *fig.* die oberen Zehntausend; **~ana** *f* Sahne
smr|ad *m* Gestank; **~adľavý** stinkend; **~dieť** stinken
smrek *m* Fichte *f*; ***červený ~***, **~ovec** *m* Lärche *f*
smr|ť *f* Tod *m*; ***na ~ť*** tödlich, zu Tode; **~teľník** *m* Sterbliche(r); **~teľný** tödlich, todbringend; sterblich, Sterbe-; **~tka** *f* Totenkopf *m*; Tod *m*
smútiť trauern; traurig sein
smutný traurig, betrübt
smúto|čný Trauer-; **~k** *m* Trauer *f*
snáď *adv.* vielleicht, möglicherweise
snaha *f* Streben *n*, Bestreben *n*, Bestrebung
snár *m* Traumbuch *n*
sňať *pf.* abnehmen, herunternehmen; aufnehmen, fotografieren
snaži|ť: **~ť sa** sich bemühen; streben; **~vý** strebsam
sneh *m* Schnee; **~ový** Schnee-; **~uliak** *m* Schneemann; **~ulienka** *f* Schneewittchen *n*
snem *m* Landtag; Parteitag; ***spolkový ~*** Bundestag; **~ovať** e-n Parteitag abhalten; **~ovňa** *f* Parlament *n*, Abgeordnetenhaus *n*; ***Horná ~ovňa*** Oberhaus *n*; ***Dolná ~ovňa*** Unterhaus *n*
snenie *n* Träumen
snež|enie *n* Schneefall *m*; **~ienka** *f* Schneeglöckchen *n*; **~iť** schneien; **~í** es schneit
sním|ať *s.* ***sňať***; **~ka** *f Fot.* Aufnahme
snívať träumen
snop *m* Garbe *f*
snowboard *m* Snowboard *n*
snúben|ec *m* Verlobte(r); **~ica** *f* Verlobte
snubný Verlobungs-
so *prp.* (*I*) mit; *s.* ***s***
sob *m* Ren *n*
sobáš *m* Trauung *f*, Eheschließung *f*; ***civilný ~*** standesamtliche Trauung; **~iť** trauen, vermählen
sobot|a *f* Sonnabend *m*; Samstag *m*; **~ňajší** Sonnabend-
sociali|sta *m* Sozialist; **~stický** sozialistisch; **~zácia** *f* Vergesellschaftung, Sozialisierung
sociálny sozial; gesellschaftlich, Gesellschafts-
sodík *m* Natrium *n*
sódovka *f* Sodawasser *n*
softvér, software *m EDV* Software *f*
soch|a *f* Statue; **~ár** *m* Bildhauer; **~árstvo** *n* Bildhauerei *f*
sojka *f* Häher *m*
sok *m* Rivale, Nebenbuhler,

Widersacher
sokol *m* Falke
soľ *f* Salz *n*
solárium *n* Solarium, Sonnenbank *f*
sólista *f* Solist
so|liť salzen; **~livar** *m* Salzsiederei *f*; **~ľnička** *f* Salzstreuer *m*; **~ľný** Salz-
sólový Solo-
somár *m* Esel
sondovať sondieren
sop|ka *f* Vulkan *m*; **~tiť** Feuer speien
sosna *f* Föhre, Kiefer
sotiť *pf.* stoßen
sotva *adv.* kaum
sova *f* Eule
spací Schlaf-
spád *m* Abhang; Gefälle *n*; Ablauf, Lauf
spad|ať ⟨**~núť**⟩ herabfallen; fallen
spáchať *pf.* begehen, verüben, tun
spájať verbinden, vereinen; zusammenlöten; aneinander koppeln
spáleni|na *f* Brandwunde; **~sko** *n* Brandstätte *f*
spáliť *pf.* verbrennen, niederbrennen
spálňa *f* Schlafzimmer *n*
spaľov|ací: ***~ací motor*** Verbrennungsmotor *m*; **~ať** *s.* ***spáliť***
spamät|(áv)ať: ***~ať sa*** sich besinnen; **~i** *adv.* auswendig, aus dem Gedächtnis
spán|ky *m/pl.* Schläfen *f/pl.*;
~ok *m* Schlaf
spanštieť hochmütig werden
spáriť *pf. Tiere* paaren
sparn|o *n* Schwüle *f*, Hitze *f*; **~ý** schwül, heiß
sp|ása *f* Heil *n*, Erlösung *f*; **~asiť** *pf.* retten, erlösen
sp(áv)ať schlafen
spavý verschlafen; Schlaf-
späť *adv.* zurück, rückwärts; ***tam a ~*** hin und zurück
spätný Rück-
spätosť *f* Verbundenheit
spečatiť *pf.* besiegeln
speňažiť *pf.* zu Geld machen
spestr|iť (**~ovať**) bunt gestalten
spešnina *f* Eilgut *n*, Eilfracht
spev *m* Gesang; **~ácky** Gesangs-; **~áčka** *f* Sängerin; **~ák** *m* Sänger
spev|nieť *pf.*, **~niť** *pf.* (**~ňovať**) festigen, stärken
spevo|hra *f* Singspiel *n*; **~kol** *m* Chor, Gesangsverein
spiatočka P *f* Rückwärtsgang *m*
spiatočn|ícky reaktionär; **~ík** *m* Reaktionär; **~ý** Rück-; ***~ý lístok*** Rückfahrkarte *f*
spieť sich nähern, entgegengehen
spievať singen
spiež *f* Bronze
spíliť *pf.* absägen; abfeilen
spínať zusammenheften, klammern; ***~ ruky*** die Hände ringen
spinka *f* Klammer
spis *m* Schriftstück *n*, Akte *f*;

Schrift *f*
spísať *pf.* niederschreiben, abfassen; listenmäßig erfassen
spis|ba *f* Literatur, Schrifttum *n*; **~ovať** *s.* ***spísať***; **~ovateľ** *m* Schriftsteller; **~ovný** literarisch
spiť: **~ *sa*** *pf.* sich betrinken
splácať bezahlen; tilgen; abzahlen, abtragen
spl|áchnuť (**~achovať**) *Mund* spülen; abspülen, abwaschen
splaš|ený erschrocken; *Pferd*: scheu; **~iť** *pf.* verscheuchen; F auftreiben
splatiť *pf. s.* ***splácať***
splátk|a *f* Abzahlung, Teilzahlung, Rate; ***na~y*** auf Raten
splatnosť *f* Fälligkeit
splav *m* Staudamm; Schleuse *f*, Wehr *n*; Flößen *n*; **~iť** (**~ovať**) flößen; **~ný** schiffbar
splesn(iv)ieť *pf.* (ver)schimmeln, schimmelig werden
sple|ť *f* Verstrickung; Wirrwarr *m*; **~titý** verwickelt, kompliziert
splie|sť (**~tať**) zusammenflechten; verwirren; ***~sť sa*** irren, durcheinander kommen; ***~sť si*** vertauschen, verwechseln
spln *m* Vollmond
spĺňať ⟨**splniť**⟩ erfüllen
splnomoc|nenec *m* Bevollmächtigte(r); **~niť** (**~ňovať**) ermächtigen, bevollmächtigen
splodiť *pf.* (er)zeugen, hervorbringen
sploš|tiť (**~ťovať**) abflachen; *fig.* verflachen
spl|ynúť (**~ývať**) verschmelzen, zusammenfließen
spočiatku *adv.* anfangs
spočíta|nie *n* Addition *f*; Zählen; **~(va)ť** addieren, zusammenzählen; berechnen
spočívať beruhen, fußen (***v niečom*** auf etw.)
spod *prp.* (*G*) unter; **~ina** *f* Bodensatz *m*; *fig.* Abschaum *m*; **~ky** *flpl.* Unterhose *f*; **~nička** *f* Unterrock *m*; **~ný** untere(r), Unter-; **~ok** *m* Unterteil *n*
spohodlnieť *pf.* bequem werden
spochybniť *pf.* in Frage stellen
spoj *m* Verbindungsstück *n*; ***~e*** *pl.* Verbindungen *f/pl.*; ***Ministerstvo* 2*ov*** *n* Ministerium für Post- und Fernmeldewesen; **~enec** *m* Verbündete(r), Alliierte(r); **~enecký** verbündet, alliiert; **~enectvo** *n* Bündnis; **~enie** *n* Verbindung *f*; **~ený** verein(ig)t; verbunden, alliiert; ***Organizácia ~ených národov, OSN*** *f* Organisation der Vereinten Nationen, UNO; **~iť** *pf.* verbinden, vereinigen; *Tech.* anschließen; ankuppeln; **~itosť** *f* Zusam-

menhang *m*; **~ivo** *n* Bindeglied; **~ka** *f* Kupplung; Verbindungsmann *m*; **~ovací** Verbindungs-; **~ovať** *s.* ***spojiť***
spokojný zufrieden; ruhig, still
spoľah|livý verlässlich, zuverlässig; **~núť** (**spoliehať**): ***~núť sa*** sich verlassen
spolčiť: ~ ***sa*** *pf.* sich zusammentun, sich vereinigen
spolkový Bundes-, föderativ
spoločens|ký gesellschaftlich; gesellig; **~tvo** *n* Gemeinsamkeit *f*; Gemeinschaft *f*; Bündnis *n*
spoločn|ík *m* Gefährte; Gesellschafter; Komplize; **~osť** *f* Gesellschaft; **~ý** gemeinsam, Gemeinschafts-
spolok *m* Verein, Gesellschaft *f*, Vereinigung *f*, Verband
spolu *adv.* gemeinsam, zusammen; beisammen; insgesamt; **~bojovník** *m* Mitkämpfer; **~bývajúci** *m* Mitbewohner; **~cestujúci** *m* Mitreisende(r), Reisegefährte; **~cítiť** *pf.* mitfühlen; **~hláska** *f* Konsonant *m*; **~jazdec** *m* Beifahrer; **~hráč** *m* Mitspieler; **~majiteľ** *m* Mitinhaber; **~nažívať** zusammenleben; **~občan** *m* Mitbürger; **~patričnosť** *f* Zusammengehörigkeit; **~pôsobiť** mitwirken, zusammenwirken; **~práca** *f* Zusammenarbeit, Mitarbeit, Mitwirkung; **~pracovník** *m* Mitarbeiter; **~rozhodovať** mitentscheiden; **~účasť** *f* Beteiligung; Beihilfe; **~účinkovať** mitwirken, zusammenwirken; **~zodpovedný** mitverantwortlich; **~žiak** *m* Mitschüler
spoma|liť (**~ľovať**) verlangsamen
spomedzi *prp.* (*G*) unter (*D*); ~ ***nás*** unter uns
spom|enúť (**~ínať**) erinnern; erwähnen; gedenken; ***~enúť si*** sich erinnern; **~ienka** *f* Erinnerung; Erwähnung
spona *f* Haarspange
spopod *prp.* (*G*) unter ... hervor, von unten
spopolniť *pf.* einäschern
spor *m* Streit; ***bezo ~u*** unbestritten
sporák *m* Herd
spori|ť sparen; **~teľňa** *f* Sparkasse; **~vý** sparsam
sporný strittig
sporožíro *n* Giroverkehr *m*; ***~vý účet*** *m* Girokonto *n*
spot|ený verschwitzt; **~iť**: ***~iť sa*** *pf.* schwitzen, in Schweiß geraten
spotreb|a *f* Verbrauch *m*; Bedarf *m*; **~iteľ** *m* Verbraucher; **~iteľský** Verbraucher-; **~ný** Konsum-; **~ovať** *pf.* verbrauchen; aufwenden
spove|ď *f* Beichte; **~dať** beichten
spoza *prp.* (*G*) hinter (*D*)

spozn(áv)ať erkennen; kennen lernen
spozorovať bemerken
spôsob *m* Art und Weise *f*; Verfahren *n*, Methode *f*; Manier *f*; **~ilý** tauglich, fähig, befähigt; **~iť (~ovať)** verursachen, hervorrufen; zufügen
spracov(áv)ať bearbeiten; verarbeiten
sprať: **~ *sa*** *pf.* (durch Waschen) einlaufen
spratať *pf.* verstauen; **~ *sa*** sich unterbringen lassen
sprava *adv.* von rechts
správ|a *f* Verwaltung; **~ať**: **~ať *sa*** sich benehmen; sich leiten lassen (***niečim*** von etw.); **~ca** *m* Verwalter
spravidla *adv.* in der Regel
spraviť *pf.* tun, machen
správn|osť *f* Richtigkeit; **~y** richtig; Verwaltungs-
spravodajstvo *n* Berichterstattung *f*
spravodliv|osť *f* Gerechtigkeit; Justiz; **~ý** gerecht
spravovať verwalten, leiten; **~ *sa*** sich leiten lassen
spredu *adv.* von vorn(e)
sprenever|iť (~ovať) veruntreuen
spres|niť (~ňovať) präzisieren
sprevádzať begleiten; (*mit dem Blick*) verfolgen
sprch|a *f* Dusche, Brause; **~ovať**: **~ovať *sa*** sich duschen
spriah|ať ⟨**~nuť**⟩ zusammenspannen; verbinden, verknüpfen
spriasť *pf.* spinnen
spriatel|ený befreundet; **~iť**: **~iť *sa*** sich anfreunden, sich befreunden
spriaznený verwandt
spriečiť: **~ *sa*** *pf.* sich entgegenstellen; verweigern
spriemysel|niť (~ňovať) industrialisieren
sprievod *m* Geleit *n*, Zug, Prozession *f*; Begleitung *f* (*a. Mus.*); Geleitzug *m*; **~ca** *m* Fremdenführer, Reiseleiter; Führer; Schaffner; **~ný** Begleit-; **~ka** *f* Begleitschein *m*
spríjem|niť (~ňovať) angenehm machen
spríkriť *pf.* verekeln (***niekomu niečo*** j-m etw.); **~ *sa*** *pf.* zuwider werden
sprisaha|nec *m* Verschwörer; **~nie** *n* Verschwörung *f*; **~ť**: **~ť *sa*** sich verschwören
sprísniť *pf.* verschärfen
sprístup|niť (~ňovať) zugänglich machen
spros|tiť (~ťovať) entheben; **~ťovať *sa*** sich freimachen
sprostredkova|ť vermitteln; übermitteln, weitergeben; **~teľ** *m* Vermittler
sprostý dumm; ***robiť sa ~m*** sich dumm stellen
sprotiviť (*sa*) *pf. s.* ***spríkriť***
sprvu *adv.* zuerst, zunächst
spuchnúť *pf.* anschwellen

spurný trotzig, widerspenstig
spústa F *adv.* eine (ganze) Menge
spustiť *pf.* herablassen, herunterlassen; nachlassen; *Waffe* abdrücken; ~ ***zástavu*** die Flagge einholen
spust|núť *pf.* veröden, verwildern; **~nutý** verlassen, öde, einsam; **~ošiť** *pf.* verwüsten, verheeren
spúšťať *s.* ***spustiť***; ~ ***sa*** sich herunterlassen; absteigen, heruntersteigen; *Regen*: einsetzen
spút(av)ať, **sputnať** *pf.* fesseln; koppeln; zügeln
spýt|ať (**spytovať**): **~*ať sa*** fragen, sich erkundigen; **~avý** forschend, prüfend
srd|ce *n* Herz; **~cový** Herz-; **~ečný** herzlich, Herz-; **~cervúci** herzzerreißend
srdiť: ~ ***sa*** sich ärgern
srditý erzürnt, wütend
srieň *m* Raureif
sŕkať schlürfen
srn|a *f* Reh *n*; **~ec** *m* Rehbock; **~ka** *f* Reh *n*
srp *m* Sichel *f*
srs|ť *f* Tierhaar *n*, Fell *n*; ***proti ~ti*** gegen den Strich; **~tnatý** haarig, behaart
sršať sprühen
SR (**Slovenská republika**) Slowakische Republik (SR)
stáčať zusammenrollen; lenken; (*in Flaschen*) abfüllen
stač|iť genügen, langen; Zeit haben, es schaffen; gewachsen sein; mitkommen, es schaffen; **~í** es genügt, es reicht, genug
stade *adv.* von dort
stádo *n* Herde *f*
sťahova|cí Zieh-; herabziehbar; Umzugs-, Übersiedlungs-; **~ť** herunterziehen; abziehen; zusammenziehen, enger schnallen; einziehen; *Mil.* abziehen, zurückziehen; *Vorschlag* zurückziehen; *Wort* zurücknehmen; aus dem Umlauf ziehen; abziehen (*vom Gehalt*); **~*ť sa*** um-, übersiedeln, umziehen
stajňa *f* Pferdestall *m*
stálica *f* Fixstern *m*
stály (be)ständig; fest, stabil
stan *m* Zelt *n*
stani|ca *f* Station; Bahnhof *m*; **~čný** Stations-, Bahnhofs-
stann|ý Stand-; **~*é právo*** Standrecht *n*
stánok *m* Stand, Kiosk
stanovi|sko *n* Standpunkt *m*; Standort *m*; **~ť** *pf.* festsetzen
stanovy *m/pl.* Statuten *n/pl.*
starať: ~ ***sa*** sorgen; sich bemühen; sich kümmern
star|ec *m* Greis; **~ena** *f* Greisin; **~inár** *m* Trödler; **~núť** altern
staro|- alt, Alt-; **~ba** *f* Alter *n*; **~binec** *m* Altersheim *n*; **~bný** Alters-; **~bylý** altertümlich
staročný jahrhundertealt

staro|dávny altertümlich; **~módny** altmodisch; **~sť** *f* Sorge, Fürsorge; Mühe; **~sta** *m* Bürgermeister; **~stlivosť** *f* Sorgfalt, Sorgfältigkeit; Fürsorge; **~stlivý** fürsorglich; sorgfältig; sorgsam; **~svetský** altväterlich; **~vek** *m* Altertum *n*; **~žitnosti** *f/pl.* Antiquitäten *f/pl.*; Altertumskunde *f*; **~žitný** antik
star|ší *comp.* älter; **~ý** alt
stať[1] *f* Artikel *m*
stať[2]: **~ sa** *pf.* werden; geschehen, passieren, vorkommen; **~ si** sich stellen
sťať *pf.* fällen, schlagen; enthaupten
stáť stehen, stillstehen; kosten; **~ za to** lohnen
státie *n*: **miesto na ~** Stehplatz *m*
státisíce *f/pl.* Hunderttausende *f/pl.*
statkár *m* Gutsbesitzer
statočný anständig
statok *m* Vieh *n*; Gut *n*
stav *m* Zustand, Lage *f*, Situation *f*; ***rodinný ~*** Familienstand *m*; ***je v druhom ~e*** sie ist in anderen Umständen
stavať bauen, errichten; aufstellen, hinstellen; **~ sa** sich stellen
stávať: **~ sa** werden; *s.* ***stať sa***
stavb|a *f* Bau *m*; **~ár** *m* Bauarbeiter
stavebn|ica *f* Baukasten *m*; **~íctvo** *n* Bauwesen; **~ý** Bau-
stavec *m* Wirbel
stavenisko *n* Bauplatz *m*
staviť: **~ sa** wetten
staviteľ *m* Erbauer, Architekt, Baumeister; **~ský** Bau-, Architektur-; **~stvo** *n* Bauwesen, Architektur *f*
stávk|a *f* Wette
stavovský ständisch, Stände-; Berufs-
sťažeň *m* Mast, Schiffsmast
sťaž|iť (**~ovať**) erschweren; ***~ovať sa*** *impf.* sich beschweren; **~nosť** *f* Beschwerde
steblo *n* Halm *m*
steh *m* Stich (*Nähen*)
stehno *n* Schenkel *m*, Oberschenkel *m*; Keule *f*
stekať herunterfließen; **~ sa** zusammenfließen
steles|niť (**~ňovať**) verkörpern
stemnieť *pf.* dunkel werden
stena *f* Wand
stenať stöhnen
stiahnuť *pf. s.* ***sťahovať***; **~ si** (***na počítač***) *EDV* herunterladen (auf den Computer)
stiecť *pf. s.* ***stekať***
stierať abwischen
sties|niť (**~ňovať**) beengen; beklemmen
stíha|cí: ***~cie lietadlo*** Jagdflugzeug *n*; **~č** *m* Jagdflieger; **~čka** *f* Jagdflugzeug *n*; **~ť** verfolgen
stihnúť *pf.* erreichen, einholen; treffen; es schaffen, Zeit haben
stihomam *m* Verfolgungs-

wahn
stíchnuť *pf.* verstummen; *Wind*: sich legen
stínať fällen, schlagen; enthaupten
stískať ⟨**stisnúť**⟩ (zu)drücken, zusammendrücken; umarmen
stíšiť (**stišovať**) senken, leiser machen; *Schmerz* lindern; verlangsamen
stlačiť *pf.* drücken, pressen; **~ sa** sich drücken, sich pressen; zusammenrücken
stĺ|cť (**~kať**) zusammenzimmern; F verprügeln
stlmiť *pf.* dämpfen
stĺp *m* Säule *f*, Pfeiler, Mast; **~ec** *m* Säule *f*; *Typ.* Spalte *f*
stlstnúť *pf.* dick werden
stmavieť *pf.* dunkel werden
stme|liť (**~ľovať**) zusammenkitten; F zusammenschweißen, festigen
stmievať: **~ sa** dunkel werden
sto hundert; ***robiť o ~päť*** wie ein Verrückter arbeiten
stočiť *pf. s.* ***stáčať***
stodola *f* Scheune
stoh *m* (*Heu-*)Schober
stoja|cí stehend, Steh-; **~n** *m* Ständer, Gestell *n*; **~tý** stehend
stojka *f* Handstand *m*
stok *m* Zusammenfluss; **~a** *f* Gosse
stokorunáčka *f* Hundertkronenschein *m*
stokrát *adv.* hundertmal
stol|ár *m* Tischler; **~ica** *f* Stuhl *m*; *Med.* Stuhlgang *m*; **~ička** *f* Stuhl *m*; Backenzahn *m*; **~ný** Tisch-, Tafel-; **~ový** Tisch-
stonásobný hundertfach
stonať stöhnen
stonožka *f* Tausendfüßler *m*
stopa *f* Stapfen *m*, Fährte, Spur; Fuß *m*; Versfuß *m*
stopár *m* Anhalter, Tramper
stopätdesiat hundertfünfzig
stop|ky *f/pl.* Stoppuhr *f*; **~núť** (**~ovať**[1]) *Zeit* stoppen; per Anhalter fahren; **~ovať**[2] beschatten, nachspüren
storočie *n* Jahrhundert
stotina *f* Hundertstel *n*
stotož|niť (**~ňovať**) gleichsetzen, identifizieren; ***~ňovať sa*** gleicher Meinung sein
stovka F *f* Hunderter *m*
stožiar *m* Mast
stôl *m* Tisch
strácať verlieren, einbüßen; ***~ sa*** sich verlieren, verschwinden
strach *m* Angst *f*, Furcht *f*; **~ovať**: ***~ovať sa*** fürchten, bangen (***o niekoho*** um j-n)
straka *f* Elster; **~tý** scheckig; bunt
stráň *f* Abhang *m*, Berglehne
stran|a *f* Seite; Partei; ***svetová ~a*** Himmelsrichtung *f*; **~ou** beiseite; **~íckosť** *f* Parteilichkeit; **~ícky** parteilich; voreingenommen; **~ík** *m* Parteimitglied *n*

strán|iť: **~iť sa** meiden; **~ka** *f* Seite; Hinsicht; *jur.* Partei; ***webová ~ka*** *EDV* Internetseite
strap|atý zerzaust, zottig, zerrauft; **~ec** *m* Franse *f*; Quaste *f*; Traube *f*
straš|iak *m* Vogelscheuche *f*; Schreckgespenst *n*; **~idlo** *n* Gespenst; **~iť** *pf.* schrecken, scheuchen; spuken; ***tam ~í*** dort spukt es; **~ný** schrecklich
strat|a *f* Verlust *m*, Einbuße; **~iť** *pf.* verlieren, einbüßen; ***~ iť sa*** verlieren; verschwinden; **~ový** Verlust-
strava *f* Kost, Nahrung
stráviť *pf.* verdauen; *Urlaub* verbringen
stravova|ť verköstigen; ***~cí lístok*** Essenkarte *f*
stráž *f* Wache; Wachposten *m*; Schutz *m*; **~ca** *m* Wächter; **~iť** *pf.* bewachen, behüten; **~nica** *f* Wachstube; **~nik** *m* Wächter; **~ny** Wach-
strčiť *pf.* stoßen; hineinstecken, hineintun
stred *m* Mitte *f*, Zentrum *n*, Mittelpunkt; **~a** *f* Mittwoch *m*; **~isko** *n* Zentrum; **~ný** mittlere(r), Mittel-, Zentral-; durchschnittlich, Durchschnitts-
stredo|- mittel-, Mittel-; **~bod** *m* Mittelpunkt; **Ωmorie** *n* Mittelmeer; **~vek** *m* Mittelalter *n*
stre|cha *f* Dach *n*; **~šný** Dach-
strek *m* Schorle *f*
stre|la *f* Pfeil *m*; Schuss *m*; Geschoss *n*; **~ľba** *f* Schießen *n*, Feuer *n*, Schießerei; **~lec** *m* Schütze; **~liť** *pf.* schießen, feuern; erschießen; **~livo** *n* Munition *f*; **~lnica** *f* Schießplatz *m*; **~lný** Schuss-, Schieß-
stres *m* Stress *m*
stret|(áv)ať, **~núť** *pf.* begegnen, treffen; **~nutie** *n* Begegnung *f*, Treffen
strh|ávať ⟨**~núť**⟩ losreißen, herunterreißen; fortreißen; (*vom Lohn*) abziehen; ***~núť sa*** ausbrechen, beginnen; **~ovať** *s.* ***strhávať***; **~ujúci** mitreißend
strias|(a)ť abschütteln; ***~(a)ť sa*** zittern, beben; ***~ť sa*** *impf.* abschütteln, loswerden
strieb|orný silbern, Silber-; **~ro** *n* Silber
strieda|ť (ab)wechseln; **~vo** *adv.* abwechselnd
striedmy mäßig
striehnuť *pf.* lauern
striek|ačka *f* Spritze; **~ať** ⟨**~nuť**⟩ (be)spritzen, sprengen
strieľať *s.* ***streliť***
striezlivý nüchtern
strig|a *f* Hexe; **~ôň** *m* Hexenmeister, Zauberer
strih *m* Schnitt, Zuschnitt; **~ať** (*mit einer Schere*) schneiden
strkať *s.* ***strčiť***

strm|hlav *adv.* kopfüber; **~ý** steil
strnulý *Blick*: starr; träge
strohý streng
stroj *m* Maschine *f*; **~áreň** *f* Maschinenfabrik; **~árenstvo** *n* Maschinenbau *m*; **~ček** *m* Apparat; ***~ček na mäso*** Fleischwolf *m*; **~ený** gezwungen, gestellt, gekünstelt; **~ník** *m* Mechaniker; **~ný** Maschinen-; **~vodca** *m* Maschinist
strom *m* Baum; **~ček** *m* Bäumchen *n*; ***vianočný ~ček*** Weihnachtsbaum *m*; **~oradie** *n* Allee *f*
strop *m* Zimmerdecke *f*
stroskot|anec *m* Schiffbrüchige(r); **~ať** Schiffbruch erleiden; in die Brüche gehen, scheitern
strpč|iť (**~ovať**) vergällen
strpenie *n* Geduld *f*
stŕpnuť *pf.* erstarren
stručný kurz, bündig
strúha|ť schaben, reiben; anspitzen; **~nka** *f* Paniermehl *n*
strukoviny *f/pl.* Hülsenfrüchte
struma *f* Kropf *m*
struna *f* Saite; Feder
stružiny *f/pl.* Hobelspäne *m/pl.*
strýc *m* Onkel (*Bruder des Vaters*)
stryná *f* Tante (*Frau des Vaterbruders*)
stučnieť *pf.* dick werden
studený kühl, kalt
stud|ienka *f*, **~ňa** *f* Brunnen *m*
stuha *f* Band *n*
stuhnúť *pf.* erstarren
stúliť: ***~ sa*** *pf.* sich ducken, kauern; sich pressen
stúpa|ť treten; (an)steigen; **~vý** steigend
stupeň *m* Grad, Stufe *f*; Rang
stúp|enec *m* Anhänger; **~iť** *pf. s.* ***stúpať***
stupnica *f* Skala; Tonleiter
stupňov|ať steigern; **~itý** stufenartig
stúpnuť *pf. s.* ***stúpať***
stvárať treiben
stvár|niť (**~ňovať**) gestalten
stvor|enie *n* Erschaffung *f*; Geschöpf; **~iť** *pf.* schaffen; **~iteľ** *m* Schöpfer
stvrdnúť *pf.* hart werden, fest werden
stý hundertste(r)
styk *m* Kontakt, Verbindung *f*, Berührung *f*; ***písomný ~*** Schriftwechsel *m*; ***diplomatické ~y*** diplomatische Beziehungen *f/pl.*
stýkať: ***~ sa*** verkehren, Kontakt *od.* Beziehungen haben; sich berühren
súbežný parallel
súboj *m* Zweikampf, Duell *n*
súbor *m* Chor, Ensemble *n*; (*Computer-*) Datei *f*
súc seiend; **~i** geeignet, tauglich, fähig
súcit *m* Mitleid *n*, Mitgefühl *n*
súčas|ník *m* Zeitgenosse;

~ný zeitgenössisch; gegenwärtig; **~ne** *adv.* gleichzeitig; **~ť** *f* Bestandteil *m*; Ersatzteil *n*
súčet *m* Summe *f*
súčiastka *f s.* ***súčasť***
sud *m* Fass *n*
súd *m* Gericht *n*; Urteil *n*
sudca *m* Richter
súden|ý: ***je nám ~é*** es ist uns beschieden
súd|iť *pf.* zu Gericht sitzen; urteilen; folgern; denken, meinen; **~ny** Gerichts-
súdruh *m* Genosse
súdruž|ka *f* Genossin; **~ský** kollegial, kameradschaftlich
súdržný einträchtig; geschlossen, kompakt
surfovať surfen; ***~ v internete*** im Internet surfen
súhlas *m* Zustimmung *f*; ***v ~e s ...*** in Übereinstimmung mit ...; **~iť** *(im)pf.* zustimmen, einverstanden sein; übereinstimmen, entsprechen; ***to ~í*** das stimmt
súhra *f* Zusammenspiel *n*, Harmonie
súhrn *m* Gesamtheit *f*
súhvezdie *n* Sternbild, Konstellation *f*
sucho *n* Dürre *f*, Trockenheit *f*; **~párny** *fig.* trocken; langweilig; **~ty** F *f/pl.* Schwindsucht *f*
suchý dürr, trocken
suka *f* Hündin
suk|ňa *f* Frauenrock *m*; **~ničkár** *m* Schürzenjäger, Frauenheld
súkno *n* Tuch
súkromý privat
sú|lad *m* Harmonie *f*, Eintracht *f*, Einklang; **~lož** *f* Beischlaf *m*
suma *f* Summe
sumec *m* Wels
súmerný symmetrisch
súmrak *m* Dämmerung *f*
súostrovie *n* Archipel *m*, Inselgruppe *f*
sup *m* Geier
súper *m* Rivale; **~iť** *pf.* rivalisieren, wetteifern
súpis *m* Verzeichnis *n*; Zählung *f*; Inventur *f*
súprava *f* Garnitur, Satz *m*
súr|iť antreiben; **~ny** dringlich, dringend
súrodenci *m/pl.* Geschwister *pl.*
súrodý homogen
surovec *m* Grobian, Flegel
surov|ina *f* Rohstoff *m*; **~ý** roh, Roh-
sused *m* Nachbar; **~iť** benachbart sein; **~ný** nachbarlich, Nachbar-, benachbart; **~stvo** *n* Nachbarschaft *f*
súsošie *n* Statuengruppe *f*
suspendovať suspendieren
sústav|a *f* System *n*; **~ný** systematisch
sústrasť *f* Mitleid *n*, Beileid *n*
sústre|diť (**~ďovať**) konzentrieren
sústružiť *Tech.* drehen
suši|areň *f* Trockenraum *m*, Trockenkammer; **~čka** *f*

Trockner *m*; **~ť** trocknen, dörren

súťaž *f* Wettbewerb *m*; **~iť** wetteifern; im Wettbewerb stehen

sútok *m* Zusammenfluss

súvis *m* Zusammenhang; **~ieť** zusammenhängen; **~losť** *f* Zusammenhang *m*; **~lý** zusammenhängend

súž|iť (**~ovať**) bedrängen, quälen

súžitie *n* Zusammenleben

svad|ba *f* Hochzeit; **~obný** Hochzeits-

svah *m* Abhang

sval *m* Muskel; **~natý** muskulös

svár *m* Streit, Zwietracht *f*

svät|iť feiern; heiligen; **~ožiara** *f* Heiligenschein *m*

svedčiť zeugen; passen, geeignet sein; **~** ***sa*** sich geziemen, sich gehören

sved|ectvo *n* Zeugnis, Zeugenaussage *f*; **~ok** *m* Zeuge; **~omie** *n* Gewissen; **~omitý** gewissenhaft

svet *m* Welt *f*; Weltall *n*; F alle Welt, die Leute; **~adiel** *m* Erdteil

sveter *m* Strickjacke *f*

svet|lo *n* Licht; ***výstražné ~lá*** *pl* Warnblinker *m*; **~lomet** *m* Scheinwerfer; **~lý** licht, hell

sveto|borný welterschütternd; **~bôľ** *m* Weltschmerz; **~chýrny** weltbekannt; **~názor** *m* Weltanschauung *f*; **~vláda** *f* Weltherrschaft; **~vý** Welt-; **~známy** weltbekannt

svetský weltlich

sviato|čný feierlich, Fest-, Feiertags-; **~k** *m* Fest *n*, Feiertag

svieč|a *f* Kerze; **~ovica** *f* *Kochk*. Filet *n*

sviet|iť leuchten; **~nik** *m* Leuchter

svieži frisch

svi|ňa *f* Schwein *n*; **~nský** Schweine-; schweinisch; **~nstvo** *n* Schweinerei *f*

svit *m* Dämmerung *f*, Leuchten *n*; **~anie** *n* Morgendämmerung *f*; **~ať** ⟨**~núť**⟩ tagen, hell werden

svižný flink, geschickt

svoj, **~a**, **~e** sein, eigen; **~bytný** souverän; originell; **~hlavý** eigensinnig; **~pomoc** *f* Selbsthilfe; **~rázny** eigenartig; **~voľný** eigenmächtig

svok|or *m* Schwiegervater; **~ra** *f* Schwiegermutter

svorka *f* Rudel *n*

svornosť *f* Eintracht

svrab *m* Krätze *f*

svrbieť jucken

svrček *m* Grille *f*

syčať zischen

sychravý nasskalt

sýkorka *f* Meise

symfónia *f* Sinfonie

sympatický sympathisch

syn *m* Sohn; **~áčik** *m* Söhnchen *n*; **~ovec** *m* Neffe

sypať schütten; ~ ***sa*** auslaufen, ausrinnen
sýpka *f* Speicher *m*
syr *m* Käse; **~ový** Käse-
systém *m* System *n*
sýt|iť: **~*iť sa*** sich sättigen; **~osť** *f* Sattheit (*a. fig.*); **~y** satt (*a. fig.*)

Š

šabľa *f* Säbel *m*
šablónovitý schablonenhaft
šafáriť schlecht wirtschaften
šach *m* Schach *n*; ***hrať v ~y*** Schach spielen
šachta *f* Schacht *m*
šál *m* Schal
šalát *m* Salat
šalieť irrsinnig werden
šálka *f* Tasse
šampanské *n* Champagner *m*, Sekt *m*
šampiňón *m* Champignon
šampión *m* *Sp.* Meister
šampón *m* Shampoo *n*
šanca *f* Chance
šarapatiť Unfug treiben
šarkan *m* Drache
šašo *m* Clown, Narr
šat|iť kleiden; **~ka** *f* (*Kopf-*) Tuch *n*; **~ňa** *f* Garderobe; **~ník** *m* Kleiderschrank; **~stvo** *n* Kleidung *f*; **~y** *f/pl.* Kleid *n*; Anzug *m*
šedi|ny *f/pl.* graues Haar; **~vieť** ergrauen, grau werden; **~vý**, **šedý** grau(haarig)
šéf *m* Chef
šek *m* Scheck
šelma *f* Raubtier *n*; Bestie; Schelm *m*
šep|kať flüstern; soufflieren, vorsagen; **~ot** *m* Flüstern *n*, Geflüster *n*; **~tom** *adv.* im Flüsterton
šerm *m* *Sp.* Fechten *n*; **~ovať** fechten
šero *n* Halbdunkel, Dämmerung *f*
šesť sechs; **~desiat** sechzig
šest|ina *f* Sechstel *n*; **~násť** sechzehn
šesťkrát sechsmal
šetr|iť *pf.* sparen; schonen; **~ný** sparsam; schonend
šev *m* Naht *f*
šialen|ý verrückt, wahnsinnig; **~stvo** *n* Wahnsinn *m*
šibal *m* Spitzbube; Schlaumeier
šibať schlagen
šibenica *f* Galgen *m*
šiesti sechs (*Personen*)
šiesty sechste(r)
šija *f* Hals *m*; **~cí**: ***~cí stroj*** Nähmaschine *f*
šík *m* Reihe *f*; Reih und Glied *n*
šikmý schief, schräg
šikovn|osť *f* Geschicklichkeit; **~ý** geschickt
šíp *m* Pfeil; Heckenrose *f*; **~iť** ahnen, vorhersehen; **~ka** *f* Pfeil *m*; Hagebutte

šíriť verbreitern, erweitern; ~ ***sa*** sich auslassen
šírk|a *f* Breite; ***v celej ~e*** im ganzen Umfang
šir|oký breit; **~ší** *comp.* breiter
šiška *f Bot.* Zapfen *m*; *Kochk.* Berliner *m*
šiť nähen
škára *f* Fuge, Ritze
škaredý hässlich
škatuľa *f* Schachtel, Schatulle
škeriť: ~ ***sa*** *Zähne* fletschen
škod|a *f* Schaden *m*; Nachteil *m*; Verlust *m*; *adv.* schade; **~ca** *m* Schädling; **~iť** schaden; **~livina** *f* Schadstoff *m*; **~livý** schädlich; **~oradosť** *f* Schadenfreude
škol|a *f* Schule; ***vysoká ~a*** Hochschule *f*; **~ák** *m* Schüler; **~enie** *n* Schulung *f*; **~iť** schulen, unterweisen; **~né** *n* Schulgeld; **~stvo** *n* Schulwesen
škorica *f* Zimt *m*
škovránok *m* Lerche *f*
škôlka *f* Kindergarten *m*; Baumschule
škraba|nec *m* Kratzwunde *f*; **~ť** kratzen; kritzeln; schaben; ~ ***sa*** kriechen
škrečok *m* Hamster
škriabať *s.* ***škrabať***
škriatok *m* Kobold
škriekať kreischen
škridla *f* Dachziegel *m*
škriep|iť: ***~iť sa*** zanken, streiten, hadern; **~ka** *f* Zank *m*, Streit *m*
škrieť ärgern, verdrießen
škrípať *Räder*: kreischen, quietschen; (*mit den Zähnen*) knirschen
škripec *m Tech.* Flaschenzug
škrob *m Chem.* Stärke *f*; **~iť** *Wäsche* stärken
škrt *m* Strich; Streichung *f*; **~ať** ⟨**~núť**⟩ (durch)streichen, löschen; **~iť** würgen
škrupina *f* Schale
škúliť schielen
škvar|a *f* Schlacke; **~iť** schmoren, braten; *Fett* auslassen; **~ka** *f* Speckgriebe
škvrn|a *f* Fleck *m*, *fig.* Schandfleck *m*; **~itý** fleckig, Fleck-
šlabikár *m* Fibel *f*
šľah|ačka *f* Schlagsahne; **~ať** ⟨**~núť**⟩ peitschen; *Sahne* schlagen
šľacha *f* Sehne
šľachetný edel
šľacht|a *f* Adel *m*; **~ic** *m* Adlige(r); **~iť** *Bot.* veredeln
šľapaj *f* Spur, Fußstapfen *m*
šliap|ať ⟨**~nuť**⟩ treten
šmah *m*: ***jedným ~om*** im Handumdrehen
šmelin|ár *m* Schwarzhändler, Schieber; **~a** F *f* Schwarzhandel *m*
šmyk *m* Gleiten *n*, Rutschen *n*; **~ľavý** rutschig, glatt; **~núť** (**šmýkať**) (***sa***) (aus)rutschen
šnúra *f* Schnur
šofér *m* Fahrer

šok *m* Schock; **~ovať** schockieren
šomrať brummen, murren
šopa *f* Schuppen *m*
šošov|ica *f Bot.* Linse; **~ka** *f* (*Augen-*)Linse; ***kontaktná ~ka*** Kontaktlinse
Španiel *m* Spanier; **Ձčina** *f* Spanisch(e) *n*; **~sko** *n* Spanien; **Ձsky** spanisch
špáradlo *n* Zahnstocher *m*
špargľa *f* Spargel *m*
špatiť hässlich machen, entstellen
špeh *m* Spion, Späher; **~ovať** spähen, spionieren
špekulovať spekulieren
špenát *m* Spinat
špendlík *m* Stecknadel *f*
šperk *m* Kleinod *n*, Juwel *n*
špi|catý F spitz, scharf; **~čka** *f* Spitze; **~čkový** Spitzen-
špik *m Kochk.* Knochenmark *n*
špin|a *f* Schmutz *m*; **~avý** schmutzig; **~iť** beschmutzen, verunreinigen
šplhať (***sa***) klettern
špongia *f* Schwamm *m*
šport *m* Sport; **~ka** *f* Lotto *n*; **~ovať** Sport treiben; **~ovec** *m* Sportler
šramotať lärmen
šrot *m* Schrot
štáb *m* Stab
šťast|ie *n* Glück; **~livý**, **~ný** glücklich
štát *m* Staat; **~nica** P *f* Staatsexamen *n*; **~nik** *m* Staatsmann; **~ny** staatlich, Staats-
šťav|a *f* Saft; **~natý** saftig
štebot *m* Gezwitscher *n*; **~ať** zwitschern
štedrý freigiebig; Ձ ***večer*** Heilige(r) Abend
štekať bellen
štekl|iť kitzeln; **~ivý** kitzlig
šteňa *n* Welpe *m*
štep|enie *n* Impfung *f*; Pfropfen; **~iť** impfen; pfropfen
štet|ec *m* Pinsel
štica *f* Haarschopf *m*
štiep|ať, **~iť** (zer)spalten, zersplittern
štíhly schlank
štípať beißen, stechen, F pieksen
štipka *f* Prise
štipľavý beißend, ätzend, scharf
štít *m* Schild; Aushängeschild *n*; **~iť**: ***~iť sa*** sich ekeln (***niečoho*** vor etw.); **~ny** Schild-; **~ok** *m* Etikett *n*
štôlňa *f Bgb.* Stollen *m*
štrajk *m* Streik, Ausstand; **~ovať** streiken; **~okaz** *m* Streikbrecher
štrbina *f* Spalte, Ritze
štrk *m* Kies, Schotter; **~áč** *m* Klapperschlange *f*
štrnásť vierzehn
štrng|ať ⟨**~núť** (***si***)⟩ klirren, rasseln; ***~ať si*** (*mit den Gläsern*) anstoßen
štrúdľa P *f Kochk.* Strudel *m*
štúdia *f* Studie
štud|ijný Studien-; **~ovať** studieren, untersuchen; **~ovňa** *f* Studierzimmer *n*

šťuka *f* Hecht *m*
šťúply kleinwüchsig
štváč *m* Hetzer
štva|ť (auf)hetzen; **~vý** Hetz-
štvor|- vier-; **~ročný** vierjährig; **~aký** viererlei; **~cový** quadratisch; **~ec** *m* Quadrat *n*; **~ka** *f* Viertel *n*
štvr|ť *f* Viertel *n*; **~tok** *m* Donnerstag; **~ťročný** Quartals-, vierteljährlich; **~tý** vierte(r)
štýl *m* Stil
štyri vier; **~a** vier (*Personen*), zu viert; **~dsať** vierzig; **~dsiaty** vierzigste(r); **~sto** vierhundert
šuhaj *m* Bursche
šúchať reiben, schrubben
šuchot *m* Rascheln *n*, Knistern *n*; **~ať** rascheln
šum *m* Rauschen *n*, Brausen *n*; **~ieť** rauschen, brausen; **~ivý** rauschend, brausend; ***~ivé víno*** Schaumwein *m*
šunk|a *f* Schinken *m*; **~ový** Schinken-
šup|a *f* Schale, Pelle; **~ina** *f* Rinde, Schale; (*Fisch-*) Schuppe
šuškať flüstern
šušlať lispeln
šušťať rascheln
šváb *m* Schabe *f*
švag|or *m* Schwager; **~riná** *f* Schwägerin
Švajčiar *m* Schweizer; **~sko** *n* Schweiz *f*; **²sky** schweizerisch, Schweizer
Švéd *m* Schwede; **~sko** *n* Schweden; **²sky** schwedisch
švih *m* Schlag; Schwung; **~adlo** *n* Springseil; **~ák** F *m* Geck; **~ať** ⟨**~núť**⟩ schlagen, peitschen
švík *m* Naht *f*
švindlovať mogeln, schwindeln

T

ta *adv.* dorthin
tá diese
tabletka *f Med.* Tablette; ***~ proti boleniu hlavy*** Kopfschmerztablette; ***~ na spanie*** Schlaftablette
tábor *m* Lager *n*; **~iť** lagern, sein Lager haben; ***stanový ~*** Zeltlager
tabuľ|a *f* Tafel; **~ka** *f* Tabelle; Wegweiser *m*
tackať: ***~ sa*** torkeln
tácka *f* Tablett *n*
ta|de *adv.* dort entlang; **~diaľ** *adv.* hier entlang, da entlang
ťah *m* Zug; Linie *f*, Strich; Ziehung *f*
ťaha|nica *f* Unannehmlichkeit; Verzögerung; **~ť** ziehen; schleppen; **~vý** lang gezogen
taj|iť verbergen; **~ný** geheim, Geheim-; *m* Geheimagent; **~nosť** *f* Geheimnis *n*; ***držať***

v ~nosti geheim halten
tajomn|íčka *f* Sekretärin; **~ík** *m* Sekretär; **~ý** geheimnisvoll
tajomstvo *n* Geheimnis
tajuplný geheimnisvoll
tak *adv.* so, auf diese Weise; ***práve ~*** ebenso, genauso; ***aj ~*** sowieso; **~mer** *adv.* beinahe, fast, so gut wie; **~rečeno** *adv.* sozusagen; fast, beinahe; **~tiež** *adv.* ebenso
taktný taktvoll
takto *adv.* so, folgendermaßen
taký(to) solcher
takzvaný so genannte(r)
takže *cj.* sodass
Talian *m* Italiener; **~ka** *f* Italienerin; **~sko** *n* Italien; **≗sky** italienisch
tam *adv.* dort; **~ojší** dortig
tampón *m* Tampon
tancovať tanzen
tane|c *m* Tanz; **~čnica** *f* Tänzerin; **~čník** *m* Tänzer; **~čný** Tanz-
tanier, **~ik** *dim. m* Teller; Untertasse *f*
tankový *Mil.* Panzer-
tápať tappen, tasten
tárať schwätzen, schwatzen
ťarbavý schwerfällig
ťarcha *f* Last, Bürde
taška *f* (*Hand-*)Tasche; Aktentasche
ťať schlagen, hauen; ***~ do živého*** den wunden Punkt treffen
Tatry *f/pl.*: ***Vysoké ~*** die Hohe Tatra; ***Nízke ~*** die Niedere Tatra
ťava *f* Kamel *n*
tavba *f Tech.* Schmelzen *n*
taviť schmelzen
tax|ík *m* Taxi *n*; **~ikár** *m* Taxifahrer
ťažba *f Bgb.* Förderung; ***povrchová ~*** Tagebau *m*; ***~ rašeliny*** Torfgewinnung *f*
ťaženie *n* Feldzug *m*; Kampf *m*
ťaži|sko *n* Schwerpunkt *m*; **~ť** fördern, gewinnen; Nutzen ziehen; ***~ť sa*** *unpers.* schwer fallen; ***ťaží sa mi*** es fällt mir schwer, ich habe keine Lust
ťaž|kopádny schwerfällig; **~kosť** *f* Schwerfälligkeit; **~ký** schwer, schwierig; **~ší** *comp.* schwerer, schwieriger
teda *adv.* also
teh|elňa *f* Ziegelei; **~la** *f* Ziegel *m*
tehot|enstvo *n* Schwangerschaft *f*; **~ná** schwanger
techni|cký technisch; **~ka** *f* Technik
tekut|ina *f* Flüssigkeit; **~ý** flüssig
tekvica *f* Kürbis *m*
teľa *n* Kalb; **~cí** Kalbs-; **~cina** *f* Kalbfleisch *n*
telefón *m* Telefon *n*; **~ný** Telefon-; ***~na karta*** *f* Telefonkarte
teles|ný physisch, körperlich, Körper-; **~o** *n* Körper *m*; Klangkörper *m*; *Mil.* Verband *m*

televízia *f* Fernsehen *n*; ***káblová ~ia*** Kabelfernsehen *n*; **~or** *m* Fernsehgerät *n*
telo *n* Körper *m*; **~cvičňa** *f* Turnhalle; **~cvik** *m* Turnen *n*; **~výchova** *f* Körpererziehung
téma *f* Thema *n*
temer *adv.* beinahe, fast
temn|ieť dunkel werden; **~o** *n* Dunkel, Finsternis *f*; **~ý** dunkel, finster
ten, tá, to dieser, diese, dieses; der, die, das
tendenčný tendenziös
tenis *m* Tennis *n*; **~ky** F *f/pl.* Tennisschuhe *m/pl.*; **~ta** *m* Tennisspieler
tenký dünn; hager, mager
tento, táto, toto dieser, diese, dieses
tentoraz *adv.* diesmal
tep *m* Puls
tepelný Wärme-; Thermo-, thermisch
tepl|áky *m/pl.* Sporthose *f*; **~o** *n* Wärme *f*; **~omer** *m* Thermometer *n*; **~ota** *f* Wärme, Temperatur; **~ý** warm (*a. fig.*)
tepna *f* Schlagader; Verkehrsader
tera|jší jetzig; **~z** *adv.* jetzt, nun, heutzutage
terč *m* Zielscheibe *f*
terén *m* Terrain *n*, Gelände *n*
termínovaný termingebunden
termoska *f* Thermosflasche
tes|ár *m* Zimmermann; **~ať** behauen
tesný eng; *in Zssgn.* -dicht, *z. B.* ***vodo~*** wasserdicht
test *m* Schwiegervater
testiná *f* Schwiegermutter
tešiť freuen; ***~ sa*** sich freuen; ***teší ma*** es freut mich
teta *f* Tante
texasky P *f/pl.* Jeans *f*
téza *f* These
tchor *m* Iltis
tiahnuť ziehen
tiecť fließen
tie|ň *m* Schatten; **~nidlo** *n* Blende *f*; **~nistý** schattig, Schatten-
ties|eň *f* Bedrängnis, Beklemmung; **~nivý** beklemmend, drückend
tiež auch, ebenfalls
tich|o *n* Stille *f*, Ruhe *f*; **~ý** still, ruhig; ***2ý oceán*** der Stille Ozean
tikať ticken
tisíc tausend; **~i** tausendste(r); **~ina** *f* Tausendstel *n*
tíšina *f* Stille
titul *m* Titel
tkáč *m* Weber
tka|nivo *n* Gewebe; **~ť** weben
tlač *f* Presse; Druck *m*; ***uverejniť v ~i*** drucken lassen; **~enica** *f* Gedränge *n*; **~enka** *f* Presswurst; **~iar** *m* Drucker; **~iareň** *f* Druckerei; **~iť** drücken; drucken; bedrücken; ***~iť sa*** sich drängen; gedruckt werden; **~ivo** *n* Formular; Drucksache *f*; **~ový** Presse-; Druck-
tlak *m* Druck

tlapa *f* Tatze, Pranke
tĺcť pochen, schlagen, klopfen
tlieskať applaudieren
tlieť schwelen, glimmen
tlkot *m* Klopfen *n*
tlmený gedämpft, abgeschwächt
tlmi|č *m* Dämpfer; **~ť** dämpfen
tlmoč|iť übersetzen, dolmetschen; übermitteln; **~ník** *m* Übersetzer, Dolmetscher
tlst|núť dick werden, zunehmen; **~ý** dick
tma *f* Finsternis, Dunkel *n*; ***je ~*** es ist dunkel; **~vý** dunkel, Dunkel-
to das, dieses; *s.* ***ten***
toaleta *f* Toilette
tobôž umso mehr
točiť drehen
točňa *f* Pol *m*
točovka *f Tech.* Drehbank
tohoročný diesjährig, heurig
to jest das heißt
tok *m* Strömung *f*, Lauf; ***horný ~*** Oberlauf *m*
tokár *m* Dreher
toľko *adv.* soviel
toľký so groß, so lang; so viel; ***po ~ch rokoch*** nach so vielen Jahren
tón *m Mus.* Ton
tona *f* Tonne
tónina *f* Tonart
topánka *f* Schuh *m*
topiť (ein)schmelzen; ertränken; **~ *sa*** schmelzen, zergehen; ertrinken, untergehen
topoľ *m* Pappel *f*
toporný plump, hölzern
torba *f* Tornister *m*
totiž nämlich, das heißt, und zwar
totožn|osť *f* Identität; **~ý** identisch
tovar *m* Ware *f*
továre|ň *f* Fabrik; **~nský** Fabrik-, Werks-
tovariš *m* Geselle
továrnik *m* Fabrikant
tovarový Waren-
tô|ňa *f* Schatten *m*; **~nistý** schattig
tradičný traditionell
trafika *f* Tabakladen *m*; **~nt** *m* Tabakwarenhändler
trafiť treffen; **~ *sa*** gelingen; sich bieten
traja drei, zu dritt
traky *m/pl.* Hosenträger
trám *m* Querbalken
trampoty *f/pl.* Schwierigkeiten; Kummer *m*, Sorgen
tráp|enie *n* Qual *f*, Plage *f*; Quälerei *f*; Mühen *f/pl.*; **~iť**: ***~iť sa*** sich abmühen, sich abplagen; **~ny** peinlich
trasa *f* Trasse; Reiseroute
traskavina *f* Sprengstoff *m*
trasľavý zitternd
trať *f* Strecke, Linie; Straße; **~ový** Strecken-
tratiť vergeuden, verlieren
tráva *f* Gras *n*
tráv|enie *n* Verdauung *f*; Zeitvertreib *m*; **~iť** verdauen; verbringen
trávnik *m* Rasen
trblietať: **~ *sa*** schimmern,

flimmern
trčať ragen; stecken
treba es ist notwendig, es ist nötig, man muss; ***tak ti ~*** es geschieht dir recht
trebárs *cj.* meinetwegen; obwohl, auch wenn
trecí Reib-
tréma *f* Aufregung, Lampenfieber *n*
trenice *f/pl.* Streitigkeiten
trenírky *f/pl.* Turnhose *f*
trénovať trainieren
trepať rütteln, schlagen, poltern; schütteln; *Flachs* brechen; F *Unsinn* quatschen
treska *f* Dorsch *m*
tres|kot *m* Knall, Gepolter *n*; **~kúci** schneidend, grimmig; **~núť** *pf.* knallen; schlagen
trest *m* Strafe *f*; **~ať** (be)strafen; ahnden; **~ný** Straf-, strafbar; **~uhodný** strafwürdig
tret|í dritte(r); **~ina** *f* Drittel *n*; **~ý** gerieben
trezor *m* Tresor, Schließfach *n*
trh *m* Markt
trh|ať reißen; pflücken; *Zahn* ziehen; ***~ať sa*** sich reißen (***o niečo*** um etw.); zerreißen; **~avina** *f* Sprengstoff *m*; **~lina** *f* Riss *m*, Spalte; **~núť** *pf. s.* ***trhať***
trhovisko *n* Markt(platz) *m*; Absatzmarkt *m*
tri drei
triasť schütteln; ***~ sa*** zittern, beben
triaška *f* Schüttelfrost *m*
tríbiť schärfen
tričko *n* T-Shirt
trids|ať dreißig; **~iaty** dreißigste(r)
tried|a *f* Klasse; **~iť** klassifizieren; sortieren; ***~ny*** Klassen-; *m* Klassenlehrer
trieska *f* Holzspan *m*; Splitter *m*; **~ť** knallen, schlagen
trieštiť aufsplittern
trieť reiben; ***~ biedu*** Not leiden; ***~ sa*** reiben; laichen
triezvy nüchtern
trik *m* Trick
trikrát *adv.* dreimal
trinášť dreizehn; **~sty** dreizehnte(r)
tristo dreihundert
trma-vrma *f* Wirrwarr *m*, Durcheinander *n*
tŕň *m* Dorn
tŕnistý dornig, dornenreich
trnka *f* Schlehe
trnúť erstarren
troch|a, **~u** *adv.* ein wenig, etwas, ein bisschen
trojaký dreierlei
trojčatá *n/pl.* Drillinge *m/pl.*
troj|ka *f* Dreier *m*; **~kolka** *f* Dreirad *n*; **~mo** *adv.* dreifach; **~násobný** dreifach, dreimal; **~uholník** *m* Dreieck *n*
trolejbus *m* Trolleybus, Oberleitungsbus
tromf *m* Trumpf
trón *m* Thron
troska *f* Ruine
trošk|a, **~u** *adv. s.* ***trocha***

trovy *f/pl.* Kosten, Auslagen *pl.*
trpaslík *m* Zwerg
trpezliv|osť *f* Geduld; **~ý** geduldig
trpieť dulden; leiden; erdulden; erleiden
trpký herb, bitter
tŕpnuť starr werden, erstarren
tŕstie *f* Schilf *n*
trstina *f* Schilfrohr *n*
trubač *m* Trompeter
trubica *f* Röhre
trúb|iť blasen; ***~iť na poplach*** Alarm schlagen; **~ka** *f* Trompete; Röhrchen *n*
truc *m* Trotz; **~ovať** trotzen; **~ovitý** trotzig
trúd *m* Drohne *f*
trudnomyseľný schwermütig
trúf|ať ⟨**~nuť**⟩: ***~ať si*** wagen, sich trauen; **~alý** waghalsig
truhla *f* Truhe; Sarg *m*
trúchliť trauern
trup *m* Rumpf
trus *m* Kot
trúsiť streuen; ***~ klebety*** Gerüchte verbreiten
trust *m* Trust
trva|losť *f* Dauer, Beständigkeit; **~lý** ständig, dauernd, Dauer-; **~nie** *n* Dauer *f*; **~nlivý** Dauer-; **~ť** dauern, bestehen
trysk|a *f* Düse; ***~ové lietadlo*** *n* Düsenflugzeug
trýzniť plagen, quälen
tržba *f* Erlös *m*
tržisko *n* Markt(platz) *m*
tržnica *f* Markthalle
tu *adv.* hier, da; ***~ a tam*** hier und dort
tuc|et *m* Dutzend *n*; **~tový** Dutzend-
tučn|iak *m* Pinguin; **~ieť** dick werden, fett werden; **~ý** dick, fett
tuha *f* Graphit *m*
tuh|núť erstarren; **~ý** fest, zäh; ***~á zima*** ein strenger Winter; ***ide do ~ého*** es wird ernst; **~ší** *comp.* zäher; fester
tuk *m* Fett *n*; Tran
tulák *m* Vagabund, Landstreicher
túlať: ***~ sa*** herumstrolchen
tuleň *m* Seehund
tulipán *m* Tulpe *f*
túliť: ***~ sa*** sich anschmiegen
tuná *adv.* hier, da
tunajší hiesiger
tuniak *m* Thunfisch
Tunis|an *m* Tunesier; **~ko** *n* Tunesien; **²ký** tunesisch
tup|iť stumpf machen; schmähen; **~ý** stumpf
Ture|cko *n* Türkei *f*; **²cký** türkisch; **~k** *m* Türke
turnaj *m* Turnier *n*
tuš|iť ahnen, vermuten; ***máš ~ím pravdu*** du hast wohl Recht
tútor *m* Vormund, Betreuer
tuzem|ec *m* Inländer; **~sko** *n* Inland; **~ský** inländisch
túž|ba *f* Sehnsucht, Verlangen *n*; **~iť** sich sehnen, Verlangen haben

tužka *f* Bleistift *m*
túžobný sehnsüchtig
tvar *m* Form *f*, Gestalt *f*
tvár *f* Gesicht *n*, Antlitz *n*; **~iť**: ***~iť sa*** sich stellen, so tun als ob
tvaroh *m* Quark; **~ovník** *m* Käsekuchen
tvoj, **~a**, **~e** dein, deine
tvor *m* Kreatur *f*, Wesen *n*; **~ba** *f* Schaffen *n*; **~ca** *m* Schöpfer; **~iť** schaffen; bilden, ausmachen; **~ivý** schöpferisch
tvrd|enie *n* Behauptung *f*; **~iť** behaupten
tvrd|núť hart werden; **~ohlavý** dickköpfig; **~ošijný** hartnäckig; **~ý** hart, fest
ty du
tyč *f* Stange; **~inka** *f* Stange *f*, Stäbchen *n*; ***čokoládová ~inka*** Schokoriegel *m*; ***slaná ~inka*** Salzstange
týčiť: ***~ sa*** emporragen
tykadlo *n* Fühler *m*
tykať duzen
týkať: ***~ sa*** berühren, betreffen; ***to sa ma netýka*** das geht mich nichts an; ***čo sa teba týka*** was dich betrifft
tylo *n* Genick, Nacken *m*
týrať quälen, schinden
týždeň *m* Woche *f*
týždenn|e *adv.* wöchentlich; **~ík** *m* Wochenzeitung *f*
týždňový Wochen-, wöchentlich
tzv. (**takzvaný**) so genannt

U

u *prp.* (*G*) bei
ubehnúť *pf.* vergehen
uberať abnehmen; wegnehmen; mindern; ***~ sa*** sich aufmachen; Weg einschlagen
ubezpeč|iť (**~ovať**) versichern
ubiehať *Zeit*: vergehen
ubikácia *f* Wohnbaracke, Massenunterkunft
ubíjať unterdrücken, ersticken
ubl|ížiť (**~ižovať**) verletzen
úbohý arm, ärmlich, erbärmlich
úbor *m* Kleidung *f*
ubrať abnehmen, wegnehmen
ubúdať ⟨**ubudnúť**⟩ abnehmen, zurückgehen
úbytok *m* Abnahme *f*, Rückgang
ubyto|vať unterbringen; einquartieren; **~vanie** *n* Unterkunft *f*
ucelený ganz, ganzheitlich, abgeschlossen
úct|a *f* Ehre, Achtung; **~ivý** ehrerbietig; **~ihodný** ehrwürdig
ucti(eva)ť (ver)ehren
účas|ť *f* Anteil *m*; Beteili-

gung, Teilnahme; **~tina** *f* Aktie, Anteil *m*; **~tník** *m* Teilnehmer
učeb|ňa *f* Klasse; **~nica** *f* Lehrbuch *n*; **~ný** Lehr-
účel *m* Ziel *n*; Zweck, Bestimmung *f*; **~ný** zweckmäßig; **~ový** zweckgebunden
uče|ň *m* Lehrling; **~nec** *m* Gelehrte(r); **~nie** *n* Lernen; **~ný** gelehrt
účes *m* Frisur *f*
učesať *pf.* (**sa** sich) kämmen, frisieren
účet *m* Rechnung *f*; Konto *n*
učin|iť *pf. s.* ***činiť***; vollziehen, vollbringen; ***zadosť ~iť*** Genüge tun
účin|kovať wirken, mitwirken; **~kujúci** *Thea.* Mitwirkende(r); **~ný** wirksam, effektiv; **~ok** *m* Wirkung *f*
uči|ť lehren, unterrichten; ***~ť sa*** lernen; **~teľ** *m* Lehrer; **~teľský** Lehrer-; **~vo** *n* Lehrstoff *m*
účtáreň *f* Buchhaltung
účtov|ať berechnen; buchen; **~níctvo** *n* Buchhaltung *f*; **~ník** *m* Buchhalter
úd *m* Glied *n*
údaj *m* Aussage *f*; **~e** *m/pl.* Angaben *f/pl.*, Daten *pl.*; **~ne** *adv.* angeblich
udalosť *f* Begebenheit, Ereignis *n*, Vorfall *m*
ud|(áv)ať angeben, anzeigen; **~atný** tapfer; **~avač** *m* Denunziant
údel *m* Los *n*, Schicksal *n*
ude|liť (**~ľovať**) zuerkennen
úden|árstvo *n* Räucherwarenhandlung *f*; **~iny** *f/pl.* Räucherwaren
úder *m* Stoß, Schlag
uderiť *pf.* schlagen, stoßen
udica *f* Angel
udierať stoßen, schlagen
údiv *m* Verwunderung *f*, Erstaunen *n*
udiv|iť (**~ovať**) in Erstaunen versetzen
údolie *n* Tal
udomác|niť (**~ňovať**): ***~niť sa*** heimisch werden
udrieť *pf. s.* ***udierať***; **sa** sich stoßen
udrž|(iav)ať einhalten, halten, wahren; unterhalten; instand halten; **~ovať** *s.* ***udržiavať***
údržba *f* Wartung, Instandhaltung
udusiť *pf.* ersticken
úfať (**sa**) hoffen
uhádnuť *pf.* erraten
uhájiť *pf.* halten, verteidigen, schützen
uháňať dahinjagen, dahinfliegen
uhladený gefällig
úhľadný ansehnlich; schön, angenehm
úhlavný: ***~ nepriateľ*** Todfeind *m*
uh|lie *n* Kohle *f*; **~lopriečka** *f* Diagonale; **~ľový** Kohle-
uhniezdiť: ***~ sa*** *pf.* sich einnisten
uhnúť: ***~ sa*** *pf.* ausweichen

uhol *m* Winkel
uhoľný Kohle-
uhor *m* Pickel
úhor *m* Aal; Brachland *n*; ***ležať ~om*** brachliegen
uhorka *f* Gurke
Uhorsk|o *n hist.* Ungarn *n*; **2ý** ungarisch
úhrada *f* Rückerstattung
uhr|adiť (**~ádzať**) begleichen, decken; erstatten, ersetzen
úhrn *m* Gesamtbetrag; ***~om*** insgesamt; **~ný** gesamt
uhýbať: ***~ sa*** ausweichen; meiden
uchádza|č *m* Bewerber; **~ť**: ***~ť sa*** sich bewerben
uchlácholiť *pf.* besänftigen, beruhigen
ucho *n* Ohr; Griff *m*; **~piť**: ***~piť sa*** *pf.* ergreifen
uchov(áv)ať (auf)bewahren
uchrániť *pf.* bewahren, behüten
uchvac|ovať ⟨**uchvátiť**⟩ ergreifen, fesseln; **~ujúci** hinreißend
uchýliť: ***~ sa*** *pf.* abweichen; Zuflucht suchen
úchylka *f* Abweichung
úchylný abwegig; abnormal
uchyľovať: ***~ sa*** *s.* ***uchýliť sa***
uchytiť: ***~ sa*** *pf.* Fuß fassen
uis|tiť (**~ťovať**) versichern; ***~ťujem vás, že …*** ich versichere Ihnen, dass …
ujarm|iť (**~ovať**) unterjochen
ujas|niť (**~ňovať**): ***~niť si*** sich klarmachen
uj|ať (**~ímať**): ***~ať sa*** sich *einer Sache* annehmen; *Funktion* übernehmen
ujma *f* Schaden *m*
ujo *m* Onkel
ujsť *pf.* weggehen, abfahren, gehen; entgehen; davonlaufen; entweichen; ***~ sa*** zufallen
ukájať befriedigen; *Durst* stillen
úkaz *m* Erscheinung *f*
uk|ázať (**~azovať**) zeigen; **~azovák** *m* Zeigefinger; **~azovateľ** *m* Verzeichnis *n*, Register *n*; Index
ukážk|a *f* Auszug *m*, Probe; Muster *n*; **~ový** Muster-; Probe-
úklad *m* Anschlag; ***strojiť ~y*** Ränke schmieden
ukladať einpacken; *Geld* anlegen; auferlegen
ukojiť *pf. s.* ***ukájať***
úkol *m s.* ***úloha***; Leistung *f*
ukolísať *pf.* einwiegen (*a. fig.*)
úkolov|aný Leistungs-; genormt
úkon *m* Handlung *f*; Leistung *f*
ukončiť *pf.* beenden, abschließen
úkor *m*: ***na ~*** auf Kosten
ukoristiť *pf.* erbeuten
ukracovať benachteiligen, j-n um etwas bringen
ukrad|núť *pf.* stehlen; **~omky** *adv.* heimlich, verstohlen
ukrátiť *pf. s.* ***ukracovať***
ukrivdiť *pf.* Unrecht zufügen (*od.* tun)

ukrutný grausam
úkryt *m* Bunker
ukr|yť (**~ývať**) verbergen, verstecken; **~ývať sa** sich verbergen, Zuflucht suchen
úľ *m* Bienenstock
uľahč|iť (**~ovať**) erleichtern
ulakomiť: **~ sa** *pf.* nicht widerstehen können
úľava *f* Erleichterung
uľav|iť (**~ovať**): **~iť sa** leichter werden
uletieť *pf.* wegfliegen
ulica *f* Straße
ulič|ka *f* Gasse; **slepá ~ka** Sackgasse; **~ník** *m* Bengel
ulievať: **~ sa** F sich drücken
úlisný heuchlerisch, unaufrichtig
úloha *f* Aufgabe; *Thea.* Rolle
ulom|iť *pf.* abbrechen, losbrechen
úlomok *m* Bruchstück *n*
uloviť *pf.* fangen
úlovok *m* Fang, Beute *f*
uložiť *pf. s.* **ukladať**
ulúpiť *pf.* rauben, erbeuten
um *m* Verstand, Vernunft *f*; **prísť na ~** in den Sinn kommen
umel|ec *m* Künstler; **~ecký** künstlerisch, Kunst-; **~ý** künstlich, Kunst-
umenie *n* Kunst *f*, Können
úmerný proportional
umieniť: **~ si** *pf.* sich vornehmen
umierať sterben
umiernený zurückhaltend, mild
umiest|niť (**~ňovať**) (auf)-stellen, anbringen; unterbringen
umiesťovať *s.* **umiestniť**; **~ sa** Platz finden, Platz belegen
umlč(ov)ať zum Schweigen bringen
umĺknuť *pf.* verstummen
úmorný erschöpfend, ermüdend
umož|niť (**~ňovať**) ermöglichen
umrieť *pf. s.* **umierať**
úmrtn|osť *f* Sterblichkeit; **~ý** Sterbe-, Todes-
umŕtv|iť (**~ovať**) töten; betäuben, abtöten
umučiť *pf.* martern, zu Tode quälen
úmysel *m* Absicht *f*; **~ný** absichtlich
umyť *pf.* (**sa** sich) waschen
umýva|dlo *n* Waschbecken; **~čka** *f* Spülmaschine
umyváreň *f* Waschraum *m*
umývať (ab)waschen; **~ sa** sich waschen
unáhlený voreilig, übereilt
unášať forttragen, entführen; begeistern, hinreißen; **dať sa ~** sich hinreißen lassen
únav|a *f* Müdigkeit, Ermüdung; **~ný** ermüdend
unav|ený müde, ermüdet; **~iť** (**~ovať**) ermüden
uniesť *pf. s.* **unášať**; tragen können, heben können; wegtragen
únik *m* Flucht *f*
unik|ať ⟨**~núť**⟩ fliehen; ent-

gehen; schwinden
univerzit|a *f* Universität; **~ný** Universitäts-
únos *m* Entführung *f*, Raub; **~ca** *m* Entführer; **~ný** tragbar *fig*.
unudený gelangweilt
unúvať belästigen
upadať fallen; verfallen
úpadový Verfalls-
upadnúť *pf. s.* ***upadať***
úpadok *m* Verfall, Zerfall; Pleite *f*
úpal *m* Hitze *f*; Sonnenstich
up|áliť (**~aľovať**) verbrennen
úpätie *n* (*Berg-*)Fuß *m*
upečený gebacken; gebraten
úpenlivý eindringlich, inständig
upev|niť (**~ňovať**) festmachen, festigen
upch(áv)ať verstopfen
upiecť *pf.* backen; durchbraten
upierať das Recht verweigern; *Blick* richten
úplatkár *m* bestechlicher Mensch; **~stvo** *n* Korruption *f*
uplat|niť (**~ňovať**) anwenden; *Jur. Ansprüche* anmelden; wirksam werden
úplatok *m* Bestechungsgeld *n*
úplný vollständig, völlig, Voll-
uplyn|ulý verflossen, abgelaufen; **~úť** *pf.* verfließen, vergehen; **~utie** *n* Ablauf *m*
upo|dozrievať verdächtigen; **~kojiť** (**~kojovať**) beruhigen; **~mienka** *f* Mahnung, Mahnbrief *m*; **~slúchnuť** *pf.* gehorchen, folgen, hören; **~trebiť** *pf.* (ver)brauchen
upozor|niť (**~ňovať**) aufmerksam machen; **~nenie** *n* Hinweis *m*, Warnung *f*
uprat(ov)ať aufräumen; **~ovačka** *f* Putzfrau
úprava *f* Regulierung, Regelung; Bearbeitung
uprav|iť (**~ovať**) regulieren, regeln; bearbeiten; *Kleidung* in Ordnung bringen
uprázdniť: **~** ***sa*** *pf.* frei werden
uprednost|niť (**~ňovať**) bevorzugen
uprený starr, aufmerksam; gerichtet
uprieť *pf. s.* ***upierať***
úprimný aufrichtig, offen
uprostred *adv.* in der Mitte; *prp.* (*G*) mitten in
upustiť (**upúšťať**) verzichten, aufgeben; absehen (von *etw.*)
upúta(va)ť fesseln (*a. fig.*)
úrad *m* Amt *n*, Behörde *f*; Stellung *f*, Amt *n*, Funktion *f*; **~ník** *m* Beamte(r), Angestellte(r); **~ný** amtlich, Amts-; Dienst-, dienstlich, offiziell; **~ovať** amtieren, sein Büro haben; **~ujúci** geschäftsführend
urastený gut gewachsen
úraz *m* Unfall; Verletzung *f*; **~ový** Invaliden-, Unfall-

uraziť *pf.* verletzen, beleidigen
uráž|ať *s.* ***uraziť***; **~ka** *f* Beleidigung; **~livý** beleidigend, verletzend; leicht beleidigt
urč|enie *n* Bestimmung *f*; **~iť** (**~ovať**) bestimmen; festsetzen; **~itý** bestimmt, gewiss
urezať *pf.* abschneiden
urg|encia *f* Mahnung; **~ovať** mahnen
urna *f* Urne
urobiť *pf. s.* ***robiť***
úroda *f* Ernte
urodiť: **~ *sa*** *pf. Früchte*: geerntet werden; wachsen
úrodný fruchtbar, ertragreich
urodzený hochgeboren
úrok *m* Zinssatz, Zinsen *pl.*
úroveň *f* Niveau *n*; ***životná* ~** Lebensstandard *m*
urovn(áv)ať ebnen, ausgleichen, begleichen; schlichten, beilegen
urputný erbittert, verbissen
urých|lený schnell, unverzüglich; **~liť** (**~ľovať**) beschleunigen
úryvok *m* Fragment *n*
usadať: **~ *sa*** sich setzen, ablagern
usad|iť *pf.* setzen, Platz nehmen lassen; ansiedeln; **~*iť sa*** sich setzen, Platz nehmen; sich niederlassen; sich ablagern; **~lý** sesshaft; *Mensch*: gesetzt; **~núť** (***sa***) *pf.* sich ablagern, sich setzen
usádzať: **~ *sa*** *s.* ***usadiť sa***
úsečný abgehackt *fig.*
úsek *m* Abschnitt; Gebiet *n*, Sektor
usek|ávať ⟨**~núť**⟩ abhauen, abhacken
úsekový Abschnitts-
uschnúť *pf.* austrocknen
úschova *f* Aufbewahrung
uschov(áv)ať verbergen, verstecken; aufbewahren
úschovňa *f* Gepäckaufbewahrung
usídliť: **~ *sa*** *pf.* sich niederlassen
úsilie *n* Anstrengung *f*
usilov|ať: **~*ať sa*** sich anstrengen, sich bemühen; **~ný** fleißig; angestrengt
úskalie *n* Riff; *fig.* Klippe *f*
usklad|niť (**~ňovať**) lagern
úskočný heimtückisch, hinterlistig
uskrom|niť (**~ňovať**): **~*niť sa*** sich einschränken, sich bescheiden
uskutoč|niť (**~ňovať**) verwirklichen, realisieren, durchführen; **~niteľný** realisierbar, durchführbar
úslužný zuvorkommend
usmer|niť (**~ňovať**) lenken, dirigieren; **~ňujúci** richtunggebend
úsmev *m* Lächeln *n*
usmi|(ev)ať: **~ *sa*** lächeln; **~evavý** lächelnd
usnúť *pf.* einschlafen
uspať *pf. s.* ***uspávať***
uspáva|cí Schlaf-; einschläfernd; **~nka** *f* Wiegenlied *n*; **~ť** einschläfern

úspe|ch *m* Erfolg; **~šný** erfolgreich
uspokoj|enie *n* Befriedigung *f*; **~iť** (**~ovať**) befriedigen, zufrieden stellen; beruhigen; ***~ovať sa*** sich begnügen; **~ivý** befriedigend
úspora *f* Ersparnis
uspor|adovať ⟨**~iadať**⟩ ordnen; veranstalten; **~iadateľ** *m* Veranstalter
usporiť *pf.* (ein)sparen
úsporný sparsam
ústa *n/pl.* Mund *m*
ustá|lený beständig, fest; **~liť** (**~ľovať**) festlegen, festsetzen, stabilisieren
ustanov|izeň *f* Einrichtung, Institution; **~ovať** ⟨**~iť**⟩ einsetzen, bestimmen, festlegen; **~ujúci** konstituierend
ustarostený besorgt, ratlos
usta|ť *pf.* ermüden; **~tosť** *f* Müdigkeit; **~tý** müde
ústav *m* Institut *n*, Anstalt *f*, Institution *f*; **~a** *f* Verfassung
ustav|ičný ständig; **~iť** (**~ovať**) gründen
úst|ie *n* (*Fluss-*)Mündung *f*; **~iť** (ein)münden; **~ny** mündlich, Mund-; **~ranie** *n* Zurückgezogenheit *f*
ustrašený erschreckt
ústred|ie *n* Zentrum; **~ňa** *f* Zentrale; **~ný** zentral
ústrety: ***vychádzať v ~*** entgegenkommen; ***v ~*** *prp.* entgegen
ústrižok *m* Abschnitt, Kupon
ustrnúť *pf.* erstarren
ústroj *m* Organ *n*
ústup *m* Rückgang; Rückzug; **~čivý** nachgiebig; **~ok** *m* Zugeständnis *n*
ustupovať zurücktreten, zurückgehen; nachgeben, nachlassen
úsudok *m* Schluss, Schlussfolgerung *f*; Meinung *f*, Urteil *n*
usudzovať schlussfolgern, schließen, urteilen
usvedč|iť (**~ovať**) überführen (***niekoho z niečoho*** j-n e-r Sache)
úsvit *m* Morgendämmerung *f*, Tagesanbruch
ušetriť *pf.* sparen; ersparen, verschonen
ušiť *pf.* nähen; ***~ si*** sich nähen lassen
uškľab|iť (**~ovať**): ***~iť sa*** grinsen
uško *n* kleines Ohr, Öhr
uškodiť *pf. s.* ***škodiť***
ušľahať *pf. Kochk.* schlagen
ušľachtilý edel, Edel-
ušný Ohren-
uštip|ačný spitz, bissig, giftig; **~núť** *pf.* zwicken; beißen, stechen
uštvať *pf.* hetzen, zu Tode jagen
uťahovať zuammenziehen; ***~ si*** sich lustig machen, zum Narren halten
utaj|iť (**~ovať**) verheimlichen, verbergen
uťať *pf.* abschlagen; ***akoby uťal*** plötzlich

utečenec *m* Flüchtling
útecha *f* Trost *m*
útek *m* Flucht *f*
utekať fliehen, die Flucht ergreifen
uterák *m* Handtuch *n*
utesniť *pf.* etwas dicht machen
uteš|ený herrlich, wunderbar; **~iť** (**~ovať**) trösten
utiecť *pf. s.* ***utekať***
utierať abwischen
utích|ať ⟨**~nuť**⟩ *Wind, Schmerz*: sich legen; nachlassen; verstummen
utíšiť (**utišovať**) beruhigen, beschwichtigen; stillen
utišujúci beruhigend, Beruhigungs-
utkvieť *pf.* haften; stecken bleiben
utláča|ť unterdrücken, unterjochen; **~teľ** *m* Unterdrücker
utlač|iť (**~ovať**) *s.* ***utláčať***
útlak *m* Joch *n*, Unterdrückung *f*
útly zart
útočisko *n* Zufluchtsstätte *f*
útoč|iť angreifen, überfallen; **~ník** *m* Aggressor, Angreifer; *Sp.* Stürmer
útok *m Sp., Mil.* Angriff, Sturm; Aggression *f*
utopiť: **~ *sa*** *pf.* ertrinken
utorok *m* Dienstag
útrapy *f/pl.* Qualen
útrata *f* Aufwand *m*, Ausgabe(n *pl.*)
utratiť *pf.* ausgeben, aufwenden, verausgaben
utrh|ávať ⟨**~núť**⟩ abreißen; pflücken
utrieť *pf. s.* ***utierať***
utrpieť *pf.* erleiden
utŕžiť *pf.* einhandeln, erhalten
útržok *m* Abschnitt; Bruchteil
útul|ný gemütlich; **~ok** *m* Heim *n*
utuž|iť (**~ovať**) festigen, stärken; abhärten
útvar *m* Formation *f*; Einheit *f*
utv|árať ⟨**~oriť**⟩ bilden, herausbilden, formen; ***~árať predpoklady*** Voraussetzungen schaffen
uvádza|č *m* Platzanweiser; **~ť** *Gast* einführen; *Film* vorführen; *Beispiel* anführen; *Oper* aufführen; ***~ť do života*** in die Tat umsetzen
úvah|a *f* Erwägung, Überlegung; ***brať do ~y*** in Erwägung ziehen
uva|liť (**~ľovať**) auferlegen
uvariť *pf.* kochen
uvážiť (**uvažovať**) überlegen, erwägen, nachdenken
uvädnúť *pf.* verwelken
uväzniť *pf.* einkerkern
úväzok *m*: ***polovičný ~*** Halbtagsarbeit *f*
uvedený (oben) angeführt
uvedom|elosť *f* Bewusstsein *n*; **~elý** bewusst; **~iť** (**~ovať**): ***~iť si*** sich bewusst werden, sich vergegenwärtigen
úver *m* Darlehen *n*, Kredit

uverej|niť (**~ňovať**) veröffentlichen, publizieren
uveriť *pf.* glauben
úverový Kredit-, Darlehens-
uviazať *pf.* umbinden, anbinden
uviaznuť *pf.* stecken bleiben
uvidieť *pf.* sehen, erblicken; ***~ sa*** sich sehen, sich treffen
uviesť *pf. s.* ***uvádzať***
uvíta|cí Begrüßungs-; **~ť** begrüßen
úvod *m* Einführung *f*, Einleitung *f*; **~ník** *m* Leitartikel; **~ný** Einleitungs-, Einführungs-; **~zovky** *f/pl.* Anführungsstriche *m/pl.*
uvoľ|niť (**~ňovať**) freimachen, räumen; lockern, schwächen; *Platz* abtreten
uvrhnúť *pf.* stürzen; ***~ do väzenia*** ins Gefängnis werfen
úzadie *n* Hintergrund *m*
uzáko|niť (**~ňovať**) gesetzlich festlegen
uzamk|núť (**~ýnať**) verschließen, zumachen
uzatvárať (ab)schließen (*a. fig.*)
uzáver *m* Verschluss
uzav|ierať *s.* ***uzatvárať***; **~retie** *n* Schließung *f*; Abschluss *m*; **~rieť** *pf. s.* ***uzatvárať***
uzávierka *f* Fristablauf *m*; ***redakčná ~*** Redaktionsschluss *m*
uzda *f* Zaum *m*, Zügel *m*
uzdrav|enie *n* Heilung *f*, Genesung *f*; **~iť** (**~ovať**) heilen, gesund machen; ***~iť sa*** gesund werden, genesen
územ|čistý untersetzt, stämmig; **~ie** *n* Gebiet, Territorium
uzem|niť (**~ňovať**) erden
územný Gebiets-, territorial
uzhodnúť: ***~ sa*** sich einigen, übereinkommen
úzko *adv.* eng; ***je mi ~*** mir ist bange (zumute); **~koľajný** *Esb.* Schmalspur-; **~profilový** Mangel-; **~prsý** engstirnig, engherzig; **~sť** *f* Enge, Bedrängnis
úzky eng
uzlík *m* kleiner Knoten
uzlový Knoten-
uznanie *n* Anerkennung *f*
uznášať: ***~ sa*** beschließen
uzn(áv)ať anerkennen, zugeben; ***~ za potrebné*** es für notwendig erachten
uznesenie *n* Beschluss *m*, Resolution *f*
uzniesť: ***~ sa*** *pf. s.* ***uznášať sa***
uzol *m* Knoten; Knotenpunkt
uzrieť *pf.* erblicken
už *adv.* schon, bereits
úžas *m* Entsetzen *n*; **~ný** unerhört
užasnúť *pf.* sich entsetzen, entsetzt sein
úžer|a *f* Wucher *m*; **~ník** *m* Wucherer
úžina *f* Meerenge
uži|ť *pf.* genießen; benutzen; *Arznei* einnehmen; **~tie** *n* Einnahme *f*, Einnehmen; **~tkový** nützlich, Nutz-; Gebrauchs-; **~točný** nützlich,

Nutz-
úžitok *m* Nutzen; Gebrauch
užívať *s.* ***užiť***

V

v, **vo** *prp.* (*L*) in; (*A*) in (*wohin*); ***v izbe*** im Zimmer; ***vo dvore*** im Hof; ***zmeniť v niečo*** in etw. umwandeln
vábec *m* Köder
vábi|ť *pf.* (an)locken, ködern; **~vý** verlockend, verheißend
vačok *m* (Hosen-)Tasche *f*
vadiť F stören; ***to nevadí*** das macht nichts; **~ *sa*** zanken, streiten
váha *f* Gewicht *n*; Waage; **~ť** zögern, schwanken, zaudern; **~vý** zögernd, zaudernd
vajce *n* Ei
vak *m* Sack, Tasche *f*; ***spací~*** Schlafsack
val *m* Wall
valach *m* Schafhirt
váľať rollen; fällen; abtragen; wälzen
valcov|ať walzen; **~ňa** *f* Walzwerk *n*
valčík *m* Walzer
valec *m* Zylinder
valiť: **~ *sa*** *Menge*: sich wälzen
valn|ý: ***~é zhromaždenie*** Vollversammlung *f*
vaňa *f* Wanne
vankúš *m* Kissen *n*
vánok *m* Windhauch
vanúť wehen
uživiť *pf.* ernähren, erhalten
užovka *f* Ringelnatter
užší *comp.* enger
vápno *n* Kalk *m*
var *m* Sieden *n*, Knochen *n*; *fig.* Gären *n*
varecha *f* Kochlöffel *m*
vari etwa; wohl
varič *m* Kocher
varírovať variieren
variť (***sa***) kochen
varov|ať warnen; **~ný** warnend, Warn-
váš, **vaš|a**, **~e** euer, Ihr
váš|eň *f* Leidenschaft; **~nivý** leidenschaftlich
vat|a *f* Watte; **~ovaný** wattiert
vatra *f* Feuer *n*
vavrín *m* Lorbeer
váza *f* Vase
vážený geehrter; **~ *pán*** geehrter Herr
vážiť (ab)wiegen; **~ *si*** (hoch) schätzen
vážka *f* Libelle
vážn|e *adv.*, **~y** ernst(haft)
väčš|í *comp.* größer; **~ina** *f* Mehrheit; **~inou** *adv.* größtenteils
vädnúť *pf.* welken
väz *m* Hals; ***zlom si ~*** Hals- und Beinbruch!
väzba *f* Einband *m*
väz|eň *m* Häftling, Gefangene(r); **~enie** *n* Gefängnis; **~nenie** *n* Inhaftierung *f*;

~nica *f* Gefängnis *n*; **~niť** *pf.* gefangen halten
vbehnúť hineinlaufen
vbíjať ⟨**vbiť**⟩ (hin)einschlagen
vcelku *adv.* insgesamt; im Großen und Ganzen
včas *adv.* rechtzeitig, fristgemäß; **~ný** rechtzeitig, Früh-
včel|a *f* Biene; **~í** Bienen-
včera *adv.* gestern; **~jší** gestrig; **~jšok** *m* der gestrige Tag
včítane *adv.* einschließlich, inklusive, darunter
včle|niť (**~ňovať**) eingliedern
vďač|iť verdanken; **~ne** *adv.* dankbar, gern; **~nosť** *f* Dankbarkeit, Anerkennung; **~ný** dankbar
vďaka *f* Dank *m*; *prp.* (*D*) dank; **~ *jeho podpore …*** dank seiner Unterstützung …; **~ *vám!*** herzlichen Dank!
vdov|a *f* Witwe; **~ec** *m* Witwer
vdýchnuť *pf.* einatmen
vec *f* Sache, Ding *n*, Angelegenheit; **~ný** Sach-, sachlich; ***~ný zoznam*** Sachregister *n*
večer *m* Abend; *adv.* abends, am Abend; **~a** *f* Abendessen *n*; **~ať** Abendbrot essen; **~ník** *m* Abendzeitung *f*; **~ný** abendlich, Abend-
večierok *m* Abendveranstaltung *f*; Party *f*
večný ewig
veď doch, aber
ved|a *f* Wissenschaft; **~ec** *m* Wissenschaftler; **~ecký** wissenschaftlich
vedenie *n* Führung *f*, Leitung *f*
vedieť wissen; können; ***viem nemecky*** ich kann Deutsch; ***neviem, kde býva*** ich weiß nicht, wo er wohnt
vedľa *prp.* (*G*) neben, an … vorbei; *adv.* daneben, vorbei; nebenan; **~jší** nebensächlich; Neben-; ***~jší zárobok*** Nebenverdienst *m*
vedno *adv.* zusammen
vedný Wissens-, Wissenschafts-
vedom|ie *n* Bewusstsein, Kenntnis *f*; **~osť** *f* Kenntnis, Wissen *n*; **~ý** bewusst
vedro *n* Eimer *m*
vedúci leitend, Leit-, Haupt-; *m* Leiter *m*; **~ *výpravy*** Reiseleiter
vegetarián *m* Vegetarier; **~ka** *f* Vegetarierin
vegetovať vegetieren
vejár *m* Fächer
vek *m* Alter *n*, Zeit(alter *n*) *f*
veko *n* Deckel *m*
vekový Alters-
veľa *adv.* viel; **~ *vravný*** viel sagend
velebiť preisen, rühmen
velen|ie *n* Kommando; ***pod ~ím*** unter dem Befehl
velezrada *f* Hochverrat *m*
velič|enstvo *n* Hoheit *f*; **~ina** *f* Größe
velikášstvo *n* Größenwahn *m*
veli|ť befehl(ig)en; **~teľ** *m* Be-

fehlshaber
Veľká noc Ostern *n*
veľko|dušný großzügig; **~lepý** großartig; **~mesto** *n* Großstadt *f*; **~obchod** *m* Großhandel; **~rysý** großzügig; **~sť** *f* Größe; **~statkár** *m* Großgrundbesitzer; **~statok** *m* Großgrundbesitz; **~výroba** *f* Großproduktion
veľ|ký groß; bedeutend; **~mi** *adv.* sehr; **~moc** *f* Großmacht; **~ryba** *f* Wal *m*; **~trh** *m Hdl.* Messe *f*
veľvyslanec *m* Botschafter; **~ký** Botschafts-; **~stvo** *n* Botschaft *f*
vemeno *n* Euter
veniec *m* Kranz
veno *n* Mitgift *f*; **~vať** widmen; spenden
verbovať (an)werben
verejn|osť *f* Öffentlichkeit; **~ý** öffentlich
ver|iaci *m* Gläubige(r) *Rel.*; **~iť** glauben, Glauben schenken; **~iteľ** *m* Gläubiger *Jur.*; **~ný** treu
verš *m* Vers
veru wahrlich
vesel|ica *f* Volksfest *n*; **~ohra** *f* Lustspiel *n*; **~ý** lustig
veslo *n* Ruder; **~vať** rudern
vesmír *m* Weltall *n*, Weltraum
vesta *f* Weste
vestibul *m* Foyer *n*, Halle *f*
vešať aufhängen
vešiak *m* Kleiderbügel, -ständer
veštiť weissagen
veta *f Gr.* Satz *m*
vetr|ať (durch)lüften; **~iť** wittern; **~oň** *m* Segelflugzeug *n*; **~ovka** *f* Windjacke
vetva *f* Zweig *m*
veverica *f* Eichhörnchen *n*
veža *f* Turm *m*
vežiak *m* Hochhaus *n*
vhlb|iť (**~ovať**): ***~iť sa*** sich vertiefen
vhod *adv.* gelegen; ***prísť ~*** gelegen kommen; **~iť** *pf.* (hin)einwerfen; **~ný** passend, angebracht, geeignet
vchádzať hineingehen, eintreten
vchod *m* Eingang
viac mehr; **~-menej** mehr oder weniger; **~krát** mehrmals; **~násobný** mehrfach
Viano|ce *flpl.* Weihnachten *n*; **≗čka** *f* Brotzopf *m*; **≗čný** Weihnachts-, weihnachtlich
viať wehen
viaza|nka *f* Krawatte; **~ť** binden; fesseln; einbinden
viaznuť stecken bleiben
vid *m Gr.* Aspekt
videnie *n* Sehen; Vision *f*
video|film *m* Videofilm; **~kamera** *f* Videokamera; **~kazeta** *f* Videokassette
vidie|cky ländlich, Land-; provinziell, Provinz-; **~čan** *m* Landbewohner
vidiek *m* Land *n*; ***na ~u*** auf dem Land
vidieť sehen; ***bolo ~*** es war zu sehen

vidina *f* Täuschung, Trugbild *n*
viditeľný sichtbar
vidli|ca *f*, **~čka** *f* Gabel
vidly *f/pl.* Heugabel *f*, Forke *f*
vidno es ist zu sehen, man sieht
Viedeň *f* Wien *n*
viech|a *f* Weinschänke; ***pod ~ou*** in der Weinschänke
vier|a *f* Glaube *m*; **~ohodný** glaubwürdig; **~olomný** treubrüchig; **~ovyznanie** *n* Konfession *f*
viesť (an)führen, leiten; *Auto* fahren
vietor *m* Wind
viezť fahren, bringen, mit sich führen; **~ *sa*** fahren
vích|or *m* Sturmwind; **~rica** *f* Sturm *m*
víkend *m* Wochenende *n*
vila *f* Villa
víla *f* Fee
vina *f* Schuld
vin|áreň *f* Weinstube; **~ica** *f* Weinberg *m*, Weingarten *m*
vin|iť beschuldigen; **~ník** *m* Schuldige(r); **~ný** schuldig
vínny Wein-
víno *n* Wein *m*
vino|branie *n* Weinlese *f*; **~hrad** *m* Weinberg
vinúť: **~ *sa*** sich winden, sich schlängeln
vír *m* Wirbel, Strudel; **~iť** (auf)wirbeln
vírus *m Med.*, *EDV* Virus *m*, *n*
visieť hängen
visutý hängend, Hänge-
višňa *f* Sauerkirsche
viť winden
vitaj(te)! sei(d) willkommen!
víta|ný willkommen; **~ť** begrüßen, willkommen heißen
víťaz *m* Sieger; **~ný** siegreich; **~iť** siegen; **~stvo** *n* Sieg *m*
vizitka *f* Visitenkarte
vízum *n* Visum
vjazd *m* Einfahrt *f*
vklad *m* Einlage *f*, Einzahlung *f*; **~ať** (hin)einlegen; *Kapital* anlegen; **~ný** Einlage-
vkrádať ⟨**vkradnúť**⟩: **~ *sa*** sich einschleichen
vkročiť *pf.* eintreten
vkus *m* Geschmack; **~ný** geschmackvoll
vláčiť schleppen
vláda *f* Regierung
vladár *m* Feudalherrscher
vlád|ať vermögen, können, die Kraft haben; **~ca** *m* Herrscher
vládn|uť regieren, herrschen; **~y** Regierungs-
vlaha *f* Feuchtigkeit
vlajka *f* Flagge, Fahne
vlak *m* Zug; ***osobný ~*** Personenzug *m*
vlákno *n* Faser *f*
vlamač *m* Einbrecher
vlámať (**vlamovať**): **~ *sa*** einbrechen
vlaňajší vorjährig
vlani *adv.* im vorigen Jahr
vlas *m* Haar *n*; **~atý** haarig, behaart
vlas|ť *f* Vaterland *n*, Hei-

mat(-land *n*); **~tenec** *m* Patriot; **~tenecký** patriotisch, vaterländisch; **~tenectvo** *n* Vaterlandsliebe *f*; **~tizrada** *f* Landesverrat *m*
vlastn|e *adv.* eigentlich; **~íctvo** *n* Eigentum; **~ík** *m* Eigentümer; **~iť** besitzen; **~oručný** eigenhändig; **~osť** *f* Eigenschaft, Beschaffenheit; **~ý** eigen
vľavo *adv.* (nach) links
vlažný lau
vlčí Wolfs-
vlčiak *m* Schäferhund
vlek *m* Schlepptau *n*; **~lý** lang gezogen, sich hinziehend
vlep|iť (~ovať) einkleben
vletieť *pf.* hineinfliegen
vlhk|o *n* Feuchtigkeit *f*; **~ý** feucht
vlhnúť feucht werden
vliecť ziehen, schleppen
vlk *m* Wolf; **~olak** *m* Werwolf
vlna *f* Welle; Wolle
vlnený Woll-
vlno|bitie *n* Brandung *f*, Wellenschlag *m*; **~vý** Wellen-
vločka *f* Flocke
vlo|hy *f/pl.* Anlagen; Begabung *f*, Talent *n*; **~žiť** *pf. s.* ***vkladať***; **~žka** *f* Einlage; Einlegesohle
vľúdny freundlich, aufgeschlossen
vlúpať: ~ ***sa*** *pf.* einbrechen
vmestiť: ~ ***sa*** *pf.* hineingehen, Platz finden
vnárať (ein)tauchen
vnášať hineintragen
vňať *f Bot.* Stängel *m*
vnem *m* Empfindung *f*
vniesť *pf. s.* ***vnášať***
vnik|ať ⟨**~núť**⟩ eindringen
vníma|ť aufnehmen, wahrnehmen; **~vý** empfänglich; aufmerksam
vnoriť *pf. s.* ***vnárať***
vnucovať aufzwingen
vnúča *n* Enkel *m*
vnuknúť *pf.* einflößen
vnuknutie *n* Eingebung, Inspiration *f*
vnútiť *pf. s.* ***vnucovať***
vnút|ornosti *f/pl.* Innereien; **~orný** Innen-, innere(r); **~ri** *adv.* innen, innerhalb; **~ro** *n* Innere(s); **~ropolitický** innenpolitisch; **~rozemie** *n* Binnenland
voči *prp.* (*D*) gegenüber
voda *f* Wasser *n*
vodáreň *f* Wasserwerk *n*
vodca *m* Führer
vodič *m* Fahrer; Leiter; ***~ský preukaz*** Führerschein
vodík *m* Wasserstoff
vodiť führen, leiten; *Auto* fahren
vodna|tieť wässrig werden; **~tý** wässrig
vodn|ár *m* Wassermann (*Tierkreis*); **~ný** Wasser-
vodo|rovný waagerecht; **~tesný** wasserdicht; **~vod** *m* Wasserleitung *f*
vohnať *pf.* hineintreiben, hineinjagen
vojak *m* Soldat
vojenči|na F *f* Militärdienst

m; **~ť** den Militärdienst leisten
vojenský Militär-
voj|na *f* Krieg *m*; **~nový** Kriegs-; **~sko** *n* Heer, Armee *f*
vojsť *pf.* hineingehen
vojvod|a *m* Herzog; **~ca** *m* Heerführer
voľa|kde *adv.* irgendwo; **~kedy** *adv.* irgendwann
volanie *n* Rufen, Anrufen; Ruf *m*; Verlangen *n*
volant *m* Lenkrad *n*
volať (zu)rufen; anrufen; **~ sa** heißen
voľb|a *f* Wahl; **~y** *fpl. Pol.* Wahlen
volebný Wahl-
volejbal *m* Volleyball
volenka *f* Aufforderung zum Tanz; ***dámska ~*** Damenwahl
voli|č *m* Wähler; **~čský** Wähler-; **~ť** wählen; **~teľný** fakultativ
voľky-nevoľky *adv.* nolens volens, ob man will oder nicht
voľno *n* Freizeit *f*; ***dnes je ~*** heute ist frei; **~!** *Int.* bitte!, herein!; **~beh** *m* Leerlauf; **~sť** *f* Freiheit
voľný frei; umsonst, kostenlos, frei
vol|ovina *f* Quatsch *m*, Unsinn *m*
von *adv.* hinaus; nach außen
voňa|ť duften, riechen; **~vka** *f* Parfüm *n*; **~vkovať**: ***~vkovať sa*** sich parfümieren; **~vý** duftend
vonka *adv.* draußen; **~jší** äußerlich, Außen-; **~jšok** *m* Äußere(s) *n*
vonkoncom *adv.* durchaus
vopred *adv.* im Voraus, von vornherein
vosk *m* Wachs *n*; **~ovať** wachsen; **~ový** Wachs-
voš *f* Laus
votr|elec *m* Eindringling; **~ieť**: ***~ieť sa*** *pf.* eindringen, sich aufdrängen
voz *m* Wagen (*a. Auto*); Fuhre *f*; **~eň** *m* Waggon; ***jedálny ~eň*** *Esb.* Speisewagen; **~íčkar** *m* Rollstuhlfahrer; **~idlo** *n* Fahrzeug; **~ík** *m* Wagen; ***nákupný ~ík*** Einkaufswagen; **~iť** fahren; ***~iť sa*** (herum)fahren; **~ovka** *f* Straße, Fahrbahn
vôbec überhaupt
vôkol *prp.* (*G*) um … herum
vôl *m* Ochse
vôľa *f* Wille *m*
vôňa *f* Duft *m*, Wohlgeruch *m*
vpád *m* Einfall, Überfall
vpad|ať ⟨**~núť**⟩ einfallen, eindringen
vpašovať einschmuggeln
vpichnúť *pf.* hineinstecken
vpletať ⟨**vpliesť**⟩ einflechten; **~ sa** *pf.* sich einmischen
vplyv *m* Einfluss
vplývať beeinflussen, Einfluss haben, einwirken
vplyvný einflussreich
vpravo *adv.* (nach) rechts
vpred *adv.* vorwärts; **~u** *adv.*

vorn(e)
vprostred *prp.* (*G*) inmitten, mitten in
vpustiť (**vpúšťať**) (hin)einlassen
vrab|čí Sperlings-, Spatzen-; **~ec** *m* Sperling, Spatz
vracať zurückgeben; erbrechen; **~ *sa*** zurückkommen, zurückkehren
vrah *m* Mörder
vraj angeblich; **~ *príde*** angeblich kommt …
vrak *m* Wrack *n*
vrana *f* Krähe
vráska *f* Runzel, Falte
vrásť (**vrastať**) hineinwachsen
vraštiť runzeln
vráta *pl.* Tor *n*; **~ne** *adv.* einschließlich
vrátiť (***sa***) *pf. s.* ***vracať sa***
vratký labil, unbeständig
vrátnik *m* Pförtner
vrav|a *f* Gespräch *n*, Reden *n*; **~ieť** sagen, reden
vraziť (**vrážať**) hineinstoßen, einrammen
vražd|a *f* Mord *m*; **~iť** morden, totschlagen
vŕba *f Bot.* Weide
vrčať knurren
vrec|e *n* Sack *m*, Beutel *m*; **~ko** *n* kleiner Beutel; ***~kové*** *n* Taschengeld; **~kovka** *f* Taschentuch *n*; **~úško** *n* Tüte *f*
vred *m* Geschwür *n*, Abszess
vrelý kochend; heiß, innig
vrešťať heulen, winseln
vrh *m* Wurf, Stoß; **~ať** ⟨**~núť**⟩ werfen, stoßen
vrch *m* Gipfel; Berg; ***dole ~om*** bergab; ***hore ~om*** bergauf; **~nák** *m* Deckel; **~nosť** *f* Obrigkeit; **~ný** oberer, Ober-; **~ol** *m* Gipfel, Höhepunkt; ***to je ~ol!*** das ist die Höhe!; **~oliť** gipfeln; **~olný** Höchst-, Gipfel-, maximal
vrieskať heulen, winseln
vrieť sieden, brodeln, kochen
vrkoč *m* Zopf
vrodený angeboren
vrstovník *m* Altersgenosse
vrstva *f* Schicht
vŕtač *m* Bohrer; **~ka** *f* Bohrmaschine
vŕtať bohren
vrt|ieť drehen, wenden; ***~ieť chvostom*** mit dem Schwanz wedeln; **~kavý** launenhaft, unbeständig; **~och** *m* Grille *f*, Schrulle *f*; **~ošivý** grillenhaft, launisch; **~uľník** *m* Hubschrauber
vrub *m* Kerbe *f*; Kerbholz *n*; *s.* ***rováš***
vrúcny flammend, inbrünstig
vrútiť: **~ *sa*** *pf.* sich hineinstürzen
vryť (**vrývať**) einschnitzen, einmeißeln, einritzen; **~ *sa*** sich eingraben
vŕzgať ⟨**vrzgnúť**⟩ kreischen, quietschen
vsadiť *pf.* P auf etwas setzen
vsať (**vsávať**) einsaugen
vskutku tatsächlich
vsotiť *pf.* hineinstoßen

vstať (**vstávať**) aufstehen, sich erheben
vstreb(áv)ať einsaugen, aufsaugen
vstrek|núť (**~ovať**), **vstrieknuť** *pf.* einspritzen
vstup *m* Eintritt, Zutritt, Zugang; Einfahrt *f*; **~ *do EU*** EU-Beitritt; ***kandidát na ~*** Beitrittskandidat; **~enka** *f* Eintrittskarte; **~né** *n* Eintrittsgeld; **~ovať** ⟨**vstúpiť**⟩ eintreten
vsunúť (**vsúvať**) einfügen, (hin)einschieben
vsuvka *f* Einschub *m*
všade *adv.* überall
však *cj.* jedoch, allerdings; sicherlich, nicht wahr?
všedný alltäglich, Alltags-; ***~ deň*** Alltag *m*, Werktag *m*
všeličo allerlei, mancherlei
všeliek *m* Allheilmittel *n*
všelija|ko *adv.* auf verschiedene Weise; nicht besonders (gut); **~ký** verschieden, mancherlei
vše|mohúci allmächtig; **~možný** mancherlei; **~obecný** allgemein; **~stranný** allseitig
všet|ci *pf.* alle (*von Personen*); **~ka** (die) ganze; ***~ka česť*** alle Ehre; **~ko** alles; ganz; **~ky** *pl.* alle (*von Sachen u. Tieren*); **~ok** (der) ganze
všíma|ť ⟨**všimnúť**⟩: ***~ si*** beachten, beobachten; bemerken; **~vý** aufmerksam
všivavý lausig, Lause-
vštep|iť (**~ovať**) einimpfen, einflößen
vtá|čí Vogel-; **~čik** *m* Vöglein *n*; **~k** *m* Vogel
vted|ajší damalig; **~y** *adv.* damals
vtesnať einzwängen
vťahovať ⟨**vtiahnuť**⟩ einziehen, einatmen
vtiera|ť: ***~ sa*** sich aufdrängen, eindringen; **~vý** aufdringlich; eindringlich
vtip *m* Witz; **~ný** witzig
vtom *adv.* da, plötzlich
vtŕhať ⟨**vtrhnúť**⟩ einfallen, eindringen
vy ihr; Sie
vybadať bemerken, herauslesen
vyba|liť (**~ľovať**) auspacken
výbava *f* Aussteuer
vybav|iť (**~ovať**) ausstatten, versehen, versorgen; erledigen; abfertigen; einrichten
vybehnúť *pf.* hinauslaufen; hinauflaufen
výbeh *m* Auslauf (*für Hunde*)
výber *m* Auswahl *f*, Auslese *f*
vyberať herausnehmen; (aus)wählen, auslesen; *Gebühren* erheben; ***~ sa*** sich aufmachen, sich begeben
vyberavý wählerisch
výberový auserlesen, ausgewählt; Spezial-
výbežok *m* Ausläufer
vybiehať *s.* ***vybehnúť***
vybíjať ⟨**vybiť**⟩ (her)ausschlagen; entladen
vyboč|iť (**~ovať**) abweichen

výboj *m* Entladung *f*; **~ný** aggressiv; energisch, kämpferisch
vybojovať erkämpfen, erringen
výbor *m* Komitee *n*, Ausschuss; **~ný** ausgezeichnet, hervorragend, erlesen
vybra|ný ausgewählt; **~ť (sa)** *pf. s.* ***vyberať (sa)***
vybr|úsiť (~usovať) (aus)schleifen
vybudova|nie *n* Aufbau *m*, Errichtung *f*; **~ť** aufbauen, errichten
výbuch *m* Explosion *f*; Ausbruch
vybuch|núť (~ovať) explodieren, platzen; auffahren
výbušný explosiv; auffahrend
vycer|iť (~ovať) *Zähne* fletschen
vycestova|cí Ausreise-; **~ť** ausreisen
vycic(iav)ať aussaugen, auslutschen
vycítiť *pf.* merken, wittern
vycvič|iť (~ovať) ausbilden; dressieren
výčap *m* Ausschank
vyčas|iť (~ovať): ***~iť sa*** sich aufheitern, sich aufklären, aufhellen
vyčerp|aný erschöpft; **~(áv)ať** (her)auspumpen; erschöpfen
vyčiark|nuť (~ovať) ausstreichen, durchstreichen
výčiny *m/pl.* Streiche; Ränke *pl.*, Schliche *pl.*; ***robiť ~*** Unfug treiben
vyčís|liť (~ľovať) beziffern
vyčis|tiť (~ťovať) putzen, sauber machen
vyčítať *pf.* (heraus)lesen; vorwerfen
výčitk|a *f* Vorwurf *m*; ***~y svedomia*** Gewissensbisse *m/pl.*
vyčk(áv)ať abwarten
vyčnievať hervorragen, hervorstehen
vydaj *m* Heirat *f*; ***dievča na ~*** heiratsfähiges Mädchen
výdaj *m* Ausgabe *f*
vydanie *n* Ausgabe *f* (*a. Typ.*)
vydar|ený gelungen, wohlgeraten; **~iť**: ***~iť sa*** *pf.* gelingen, gut geraten
vydať *pf. s.* ***vydávať***
vydatá *f* Verheiratete
výdatný ausgiebig
vydávať ausliefern; herausgeben (*a. Typ.*); ausgeben; *Tochter* verheiraten; ***~ sa*** sich aufmachen; sich ausgeben (***za*** *A für etw./j-n*); *Frau:* heiraten
vydavateľ *m* Verleger; Herausgeber; **~stvo** *n* Verlag *m*
výdavok *m* Ausgabe *f*
vyde|diť (~ďovať) enterben
vydesiť (sa) *pf.* (sich) erschrecken
vydiera|č *m* Erpresser; **~čstvo** *n* Erpressung *f*; **~ť** erpressen
vydláždiť *pf.* pflastern
vydobyť *pf.* erobern; errin-

gen
výdobytok *m* Errungenschaft *f*
vydobývať *s.* ***vydobyť***
vydra *f* Fischotter *m*
vydrancovať ausplündern
vydra|žiť (**~žovať**) versteigern
vydriduch *m* F Halsabschneider
vydrž|ať *pf.* durchhalten, aushalten, ertragen; *Wetter*: sich halten; **~iavať** unterhalten, aushalten, für den Unterhalt sorgen
vydých|ať ⟨**~nuť** (***si***)⟩ ausatmen; verschnaufen, aufatmen
výfuk *m* Auspuff
vy|fúknuť (**~fukovať**) ausblasen; **~gumovať** ausradieren; **~hádzať** (**~hadzovať**) hinauswerfen; **~háňať** austreiben, verjagen, wegjagen; *Baum*: treiben, ausschlagen
výherca *m* Gewinner
výhľad *m* Aussicht *f*; ***má vo ~e*** er hat in Aussicht
vyhľadávač *m EDV* Suchmaschine *f*
vyhľad(áv)ať (her)aussuchen; aufsuchen
vyhladiť *pf.* glätten; ausbügeln; ausrotten
vyhl|ásiť (**~asovať**) erklären, verkünden; **~áška** *f* Bekanntmachung
vyhliadka *f* Aussicht; Perspektive
vyhn|anec *m* Vertriebene(r); **~anstvo** *n* Verbannung *f*; **~ať** *pf. s.* ***vyháňať***; **~úť**: ***~úť sa*** *pf.* ausweichen, meiden
výhoda *f* Vorteil *m*
vyhodiť *pf. s.* ***vyhádzať***
výhodný vorteilhaft
výhonok *m Bot.* Trieb
vyhorieť *pf.* abbrennen
vyhos|tiť (**~ťovať**) (hin)ausweisen
vyhotov|iť (**~ovať**) anfertigen; ausfertigen
vyhov|árať ⟨**~oriť**⟩: ***~árať sa*** sich ausreden
vyhov|ieť (**~ovať**) entgegenkommen; genügen; entsprechen; **~ujúci** passend, entsprechend
výhovorka *f* Ausrede
výhra *f* Gewinn *m*
vyhrabať *pf.* ausgraben
výhrada *f* Vorbehalt *m*
vyhrad|iť (**~zovať**): ***~iť si*** sich vorbehalten
vyhr(áv)ať *Mus.* spielen; gewinnen
vyhráž|ať drohen; **~ka** *f* Drohung
vyhrešiť *pf.* ausschimpfen
vyhri|ať (**~evať**) (durch)wärmen, anwärmen
vyhrnúť *pf.* aufkrempeln
vyhro|tiť (**~covať**) verschärfen
vyhubiť *pf.* ausrotten
vyhýba|ť: ***~ť sa*** *s.* ***vyhnúť sa***; **~vý** ausweichend
výhybka *f* Weiche
vyhynúť *pf.* aussterben
vychádz|ať hinausgehen; he-

rauskommen; *Sonne*: aufgehen; ausgehen; auskommen; gelingen; **~ka** *f* Spaziergang *m*, Ausgang *m*
vychladnúť *pf.* erkalten, sich abkühlen
východ *m* Ausgang; Osten; ***núdzový*** **~** Notausgang; **~isko** *n* Ausgangspunkt *m*; Ausweg *m*; **~ný** Ost-, östlich; **~oeurópsky** osteuropäisch
výchova *f* Erziehung
vychov|(áv)ať erziehen; **~ávateľ** *m* Erzieher
vychrliť *pf.* auswerfen; ausspucken
vychutn(áv)ať auskosten
vychv|áliť (**~aľovať**) loben, preisen
vych|ýliť (**~yľovať**): ***~ýliť sa*** abweichen
vychýrený berühmt, namhaft
vyjadr|iť (**~ovať**): ***iť sa*** sich ausdrücken; sich äußern
vyjasniť *pf.* (auf)klären
výjav *m* Erscheinung *f*
výjazd *m* Ausfahrt *f*; ***~ z diaľnice*** Autobahnausfahrt
vy|jdenie *n Typ.* Erscheinen, Herauskommen; **~jedn(áv)ať** verhandeln, ausmachen; **~jsť** *pf. s.* ***vychádzať***; **~kal** *m* Fäkalie *f*; **~kasať** *pf.* hochkrempeln, hochschlagen; **~kašľať**: ***~kašľať sa*** husten; F (auf etw.) pfeifen; **~kať** siezen
výkaz *m* Nachweis; Bericht; Rechenschaftsbericht
vy|kázať (**~kazovať**) nachweisen, vorweisen, aufweisen; ausweisen
výklad *m* Darlegung *f*; Auslegung *f*; Auslage *f*
vykladať hinauslegen, hinauflegen; ausladen, entladen; pflastern, auslegen; interpretieren; erzählen
vykláňať: **~** ***sa*** sich hinausbeugen, sich hinauslehnen
vykĺbiť *pf.* verrenken
výklenok *m* Nische *f*, Ausbuchtung *f*
vykloniť: **~** ***sa*** *pf. s.* ***vykláňať sa***
vyklop(áv)ať (aus)klopfen
vykoľajiť: **~** ***sa*** *pf.* entgleisen
výkon *m* Leistung *f*, Kapazität *f*; Ausübung *f*
vykon(áv)ať leisten, vollziehen, ausüben, durchführen; F erledigen
výkonn|osť *f* Leistungsfähigkeit; **~ý** leistungsfähig; Vollzugs-, Exekutiv-
výkop *m* Grundsteinlegung *f*; *Sp.* Anstoß *m*
vykop|(áv)ať ausgraben, ausheben; mit dem Fuß hinausstoßen; F vor die Tür setzen; **~ávky** *f/pl.* Ausgrabungen; **~núť** *pf. s.* ***vykop(áv)ať***; *Sp. Ball* abstoßen
vykore|niť (**~ňovať**) ausmerzen
vykoris|tiť (**~ťovať**) ausbeuten; **~ťovateľ** *m* Ausbeuter
vy|kračovať (aus)schreiten; **~krádať** bestehlen, ausrau-

ben; **~kradnúť** *pf. s.* ***vykrádať***
výkres *m* Zeichnung *f*
vykres|liť (**~ľovať**) zeichnen; darstellen, umreißen
výkrik *m* Aufschrei, Schrei
vy|kríknuť (**~krikovať**) aufschreien, herumbrüllen
výkrm *m* Mast *f*
vy|kŕmiť (**~krmovať**) mästen
vykrúcať herausschrauben; drehen; auswringen; ~ ***sa*** sich herauswinden
vykrvácať verbluten
vykryštalizovať: ~ ***sa*** *pf.* sich herauskristallisieren
výkup *m* Aufkauf
vykúpať: ~ ***sa*** *pf.* (sich) baden
vykúpenie *n* Erlösung *f*
vykúpiť *pf.* aufkaufen, loskaufen
výkupné *n* Lösegeld
vykupovať *s.* ***vykúpiť***
výkvet *m* Blüte *f*
vy|kvitnúť *pf.* aufblühen; **~kynožiť** *pf.* ausrotten, ausmerzen
výkyv *m* Abweichung *f*; Schwankung *f*
vy|ladiť *pf.* einstimmen; **~lákať** herauslocken; **~lámať** *pf.* aufbrechen; **~lamovať** *s.* ***vylámať***
výlet *m* Ausflug; **~ník** *m* Ausflügler
vylet|ieť (**~ovať**) (hin)ausfliegen; *fig.* auffliegen
vy|liahnuť: ***~liahnuť sa*** *pf.* ausschlüpfen; **~liať** *pf.* ausgießen; **~líčiť** *pf.* schildern; **~liečiť** *pf.* heilen, kurieren; **~lievať** *s.* ***vyliať***; **~liezť** *pf.* herauskriechen; hinaufkriechen
vylo|denie *n* Ausschiffung *f*, Landung *f*; **~diť** (**~ďovať**) (***sa***) landen, an Land setzen; ausladen
výlohy *f/pl.* Auslagen, Spesen *pl.*
vy|lomiť *pf. s.* ***vylámať***; **~ložiť** *pf. s.* ***vykladať***; **~lúčiť** (**~lučovať**) ausschließen; **~ľudniť** (**~ľudňovať**) entvölkern; **~lúpiť** (**~lupovať**) ausschälen; ausrauben; **~máhať** eintreiben
vymámiť *pf.* herauslocken
vyma|niť (**~ňovať**): ***~niť sa*** sich befreien, sich loslösen
vymazať *pf.* ausstreichen, tilgen
vymedz|iť (**~ovať**) abgrenzen
výmena *f* Ersatz *m*, Ersetzung; Ablösung; Austausch *m*, Wechsel *m*
vyme|niť (**~ňovať**) austauschen, auswechseln; ablösen; ersetzen; **~novať** *pf.* ernennen; aufzählen
výmer *m* (*Steuer-*)Veranlagung *f*
vy|mer(iav)ať ausmessen; festlegen; **~meškať** versäumen; **~metať** ausfegen; **~mieňať** *s.* ***vymeňovať***; **~mierať** aussterben; **~miesť** *pf.* auskehren; **~miznúť** *pf.* verschwinden, aussterben; **~mknúť** (**~mykať**) aussper-

ren; **~moženosť** *f* Errungenschaft; **~môcť** *pf.* eintreiben; **~mrieť** *pf.* aussterben; **~mykať**: ***~mykať sa*** entgleiten; sich entziehen
výmysel *m* Erfindung *f*; Hirngespinst *n*
vym|yslieť (**~ýšľať**) (sich) ausdenken
vynadať beschimpfen
vynahrad|iť (**~zovať**) ersetzen
vynachádzavý erfinderisch
vy|nájsť *pf.* erfinden; **~nakladať** *Geld* aufwenden
vynález *m* Erfindung *f*; **~ca** *m* Erfinder
vy|naliezavý erfinderisch; **~naložiť** *pf. s.* ***vynakladať***; **~nárať**: ***~nárať sa*** auftauchen; **~nasnažiť**: ***~nasnažiť sa*** *pf.* sich bemühen
vynášať hinaustragen; ***~ rozsudok*** ein Urteil fällen; einbringen
vyňať *pf.* herausnehmen
výňatok *m* Auszug
vynech(áv)ať auslassen, weglassen
vyniesť *pf. s.* ***vynášať***
vynik|ajúci hervorragend; **~ať** ⟨**~núť**⟩ hervorragen; sich auszeichnen
výnim|ka *f* Ausnahme; **~očný** außerordentlich, Ausnahme-
vynoriť: ***~ sa*** *pf.* auftauchen
výnos *m* Ertrag, Erlös; Erlass
vy|nosný ergiebig, einträglich, rentabel; fruchtbar; **~nútiť** *pf.* erzwingen; **~obliekať**: ***~obliekať sa*** sich festlich kleiden
vyostr|iť (**~ovať**) verschärfen
výpad *m* Angriff, Ausfall; ***~ová cesta*** *f* Ausfallstraße
vypad(áv)ať (her)ausfallen
výpar *m* Ausdünstung *f*
vyparádiť: ***~ sa*** *pf.* F sich in Schale werfen
vypar|iť (**~ovať**): ***~iť sa*** verdunsten
vypátrať ausforschen
vypätie *n* Anspannung
vypch|ať (**~ávať**) ausstopfen
vypína|č *m* Schalter; **~ť** ausschalten; ***~ť sa*** *Berg*: sich erheben; überheblich sein
vy|pisovať ausschreiben; **~piť** *pf.* austrinken; **~plácať** auszahlen; ***~plácať sa*** sich lohnen; **~plachovať** (aus)spülen; **~plašiť** *pf.* aufscheuchen; **~platiť** *pf. s.* ***vyplácať***
výplata *f* Lohn *m*
vypl|niť (**~ňovať**) ausfüllen; erfüllen; auffüllen
výplod *m* Ausgeburt *f*, Produkt *n*
vypľ|uť (**~úvať**) (aus)spucken
vyplývať sich ergeben, folgen
výpočet *m* Berechnung *f*; Aufzählung *f*
vypočíta|(va)ť berechnen; aufzählen; **~vý** berechnend
vypoč|uť (**~úvať**) verhören; sich anhören
vypomáhať aushelfen
výpomoc *f* Aushilfe
výpoveď *f* Aussage; Äuße-

rung; Kündigung; ***dať ~*** kündigen
vypovedať *pf.* aussprechen; aussagen; kündigen; erklären, verkünden
vypožič|ať (**~iavať**) (***si*** sich) borgen, ausborgen
vypr|acovať ausarbeiten; **~ášiť** (**~ašovať**) ausstauben; **~ať** *pf.* auswaschen
výprava *f* Expedition; *Thea.* Ausstattung
vyprávať erzählen, berichten
vyprav|iť (**~ovať**) *Zug* abfertigen; ausstatten, ausrüsten; ***~ovať sa*** sich reisefertig machen; sich aufmachen
vyprázd|niť (**~ňovať**) (ent)leeren; räumen
výpredaj *m* Ausverkauf
vypred(áv)ať ausverkaufen
vyprev|adiť (**~ádzať**) (hinaus)begleiten
vypriah|ať ⟨**~nuť**⟩ *Pferde usw.* ausspannen
vypros|iť (**~ovať**) sich verbitten; **~tiť** *pf.* bergen, retten
vy|pršať verstreichen, ablaufen; **~pudiť** (**~pudzovať**) verjagen; **~puklý** konkav; gewölbt; **~puknúť** *pf. Krieg:* ausbrechen; **~pumpovať** auspumpen; **~pustiť** (**~púšťať**) herauslassen; **~pýtať** (**~pytovať**): ***~pýtať sa*** fragen; ausfragen
výr *m* Uhu
vy|rábať herstellen, anfertigen, produzieren; gewinnen, fördern; verdienen; **~rabovať** ausrauben; **~radiť** (**~raďovať**) aussortieren, herausnehmen; ausschließen; *Mil.* feierlich entlassen; **~rásť** (**~rastať**) wachsen; ***~rástol z neho muž*** aus ihm ist ein Mann geworden
výrastok *m* Sprössling; Auswuchs
výraz *m* Ausdruck
vyraziť *pf.* ausschlagen; hinauswerfen; *Münze* prägen; hervorsprudeln; aufbrechen
výrazný ausdrucksvoll; deutlich
vyrážka *f Med.* Ausschlag *m*
výrečný beredt
vy|rez(áv)ať (her)ausschneiden; schnitzen; **~riecť**: ***~riecť súd*** ein Urteil fällen; **~riešiť** *pf.* lösen
výrob|a *f* Produktion, Herstellung; ***domáca ~a*** Heimindustrie; **~ca** *m* Hersteller, Produzent; **~ný** Produktions-; produktiv; **~ok** *m* Erzeugnis *n*, Produkt *n*
vyrobiť *pf. s.* ***vyrábať***
výroč|ie *n* Jahrestag *m*, Jubiläum; **~ný** jährlich, Jahres-
výrok *m* Ausspruch; Urteil *n*
vyrovn|(áv)ať ausgleichen; ebnen, glätten; *Schuld* begleichen; ***~ávať sa*** sich auseinander setzen, fertig werden; sich abfinden
vyrozprávať *pf.* erzählen
vyrozum|ieť *pf.* verstehen, entnehmen; *a.* (**~ievať**) benachrichtigen

vyrúba(va)ť aushauen, ausschlagen; abholzen
vyrub|iť (**~ovať**) verhängen, festsetzen
vyruš|iť (**~ovať**) stören
vyr|yť (**~ývať**) einschnitzen; eingravieren
výsada *f* Vorrecht *n*, Privileg *n*
vysad|ať ⟨**~núť**⟩ aussteigen; besteigen; **~iť** *pf.* bepflanzen
výsadný privilegiert
vysáva|č *m* Staubsauger; **~ť** (ab)saugen
vysedávať (*lange Zeit*) sitzen, absitzen, herumhängen
vysch|núť (**~ýnať**) austrocknen; versiegen
vysídl|iť (**~ovať**) aussiedeln
vysiela|č *m* (*Rundfunk-*)Sender; **~čka** *f* Sendeanlage; **~nie** *n* Sendung *f*; **~ť** (aus)senden; ausstrahlen; schicken
vysi|liť (**~ľovať**) entkräften, erschöpfen
vyskakovať herausspringen, hinausspringen; abspringen; aufspringen; hinaufspringen
výskať jauchzen
vyskočiť *pf. s.* ***vyskakovať***
výskum *m* Forschung *f*, Erforschung *f*, Untersuchung *f*; **~ný** Forschungs-, Studien-
vyskúmať *pf.* erforschen, untersuchen
vyskúšať ausprobieren; anprobieren; prüfen
výskyt *m* Vorkommen *n*
vyskytovať: **~ sa** vorkommen, auftreten; auftauchen
vyslanec *m* Gesandte(r); **~tvo** *n* Gesandtschaft *f*
vyslať *pf. s.* ***vysielať***
výsledok *m* Ergebnis *n*, Resultat *n*
vysliediť *pf.* aufspüren
vyslobod|iť (**~zovať**) befreien
vyslov|ený ausgesprochen; **~iť** *pf.* aussprechen, ausdrücken, äußern
výslov|ne *adv.* ausdrücklich; **~nosť** *f* Aussprache
vyslovovať *s.* ***vysloviť***
výsluch *m* Verhör *n*
vyslúch|ať ⟨**~nuť**⟩ verhören
výslužba *f* Ruhestand *m*, Pension
výsmech *m* Hohn, Spott
vysmi|ať (*sa*) *pf.* spotten, sich lustig machen; **~evať** auslachen; ***~evať sa*** *s.* ***vysmiať sa***
vysočina *f* Höhe; Anhöhe, Erhebung
vysokoškol|ák *m* Hochschüler; **~ský** Hochschul-
vyso|ko *adv.* hoch; **~ký** hoch, Hoch-; ***~ká škola*** *f* Hochschule
výsostný souverän
vy|sotiť *pf.* hinausstoßen; **~spať**: ***~spať sa*** *pf.* sich ausschlafen; **~spelý** hoch entwickelt, ausgereift
vystač|iť (**~ovať**) auskommen; ausreichen
vysťahova|lec *m* Auswanderer; **~ť** aussiedeln; ***~ť sa*** ausziehen (*Wohnung*); aus-

wandern
vy|stať *pf.* ausbleiben; **~stáť** *pf.* (lange) stehen, herumstehen; **~statovať**: ***~statovať sa*** sich brüsten
výstava *f* Ausstellung
vystavať aufbauen, errichten
vystávať *s.* ***vystať*** *u.* ***vystáť***
výstavba *f* Aufbau *m*
vystav|iť (**~ovať**) ausstellen; aussetzen; **~ovateľ** *m* Aussteller; **~ovať**: ***~ovať sa*** sich aussetzen
vystih|núť (**~ovať**) treffen, erfassen
výstižný treffend
vystopovať aufspüren
výstraha *f* Warnung
vystrájať Unfug treiben; ausrüsten (*für eine Reise*)
výstražný warnend
vystrčiť *pf.* hinausstrecken; hinausstoßen
výstredný exzentrisch
výstrel *m* Schuss
vystre|liť (**~ľovať**) abschießen
vystrie|dať *pf.* ablösen; **~hnuť** *pf.* abpassen; **~ť** *pf.* (aus)strecken; aufrichten
výstrih *m* Ausschnitt, Dekolleté *n*
vystrihať *pf.* ausschneiden
vystríhať warnen; ***~ sa*** sich hüten
vystrih|núť (**~ovať**) *s.* ***vystrihať***
výstroj *m* Ausrüstung *f*, Zubehör *n*
vystroj|iť (**~ovať**) ausrüsten, ausstatten; versorgen; (ein)kleiden
výstup *m* Aufstieg; *Thea.* Auftritt
vyst|úpenie *n* Auftritt *m*, Vorstellung *f*; **~úpiť** *pf.* auftreten, sich benehmen; aussteigen, austreten; aufsteigen; **~upňovať** *pf.* steigern; **~upovať** *s.* ***vystúpiť***
vy|sušiť *pf.* (aus)trocknen; **~svätiť** *pf.* einweihen; **~svedčenie** *n* Zeugnis; **~svetliť** (**~svetľovať**) erklären, klarmachen; **~sviacka** *f* Einweihung; **~svitať** ⟨**~svitnúť**⟩ hervorgehen, erhellen; **~sychať** austrocknen; **~sypať** (**~sýpať**) ausschütten
vyše *prp.* (*G*) über; oberhalb
vyšetr|iť (**~ovať**) untersuchen; vernehmen; **~ujúci** Untersuchungs-
výšina *f* Höhe, Anhöhe
vyš|iť (**~ívať**) (be)sticken
výšivka *f* Stickerei
výška *f* Höhe
vyškoliť *pf.* schulen
výškový Hoch-, Höhen-
vyškrabať *pf.* auskratzen; ***~ sa*** sich herauswinden, herausklettern; emporklettern
vyškrtnúť *pf.* streichen
vyšľahnúť *pf.* *Feuer*: herausschlagen
vyšliap|ať austreten; ***~ané topánky*** *f/pl.* ausgetretene Schuhe *m/pl.*
vyšmyk|núť (**~ovať**): ***~núť sa***

ausrutschen, ausgleiten
vyšný obere(r), Ober-
vyšší *comp.* höher
vyštvať *pf.* hinausekeln
vyšvihnúť: ~ ***sa*** *pf.* sich aufschwingen
vyť heulen
výťah *m* Lift, Fahrstuhl; Aufzug
vyťahovať herausziehen, herausnehmen; ausziehen; ~ ***sa*** sich hinauslehnen; sich strecken; F angeben
vytav|iť (**~ovať**) (aus)schmelzen
vyťažiť *pf.* gewinnen, Nutzen ziehen
výťažok *m* Gewinn, Profit
vy|tekať herausfließen; **~tesať** *pf.* hauen (*aus Stein*); **~tiahnuť** *pf. s.* ***vyťahovať***; **~tiecť** *pf. s.* ***vytekať***; **~tierať** ausreiben; einreiben; streichen; **~tínať** abholzen, fällen; **~tláčať** herausdrücken; verdrängen; hinaufstoßen; **~tlačiť** *pf.* (ab)drucken; *s.* ***vytláčať***
výtlačok *m* Abdruck; Exemplar *n*
vytlačovať *s.* ***vytláčať***
vytĺ|cť (**~kať**) (aus)schlagen, herausschlagen; ***~cť si z hlavy*** sich aus dem Kopf schlagen
vytočiť *pf.* (aus)drehen; *Tel.* wählen
výtok *m* Ausfluss
vy|trestať *pf.* bestrafen; **~trčať** herausragen; **~trčiť** *pf. s.* ***vytŕčať***; herausstrecken; **~trh(áv)ať** ⟨**~trhnúť**⟩ herausreißen, abreißen; *Zahn* ziehen; **~tríbiť** *pf. fig. Stil* ausfeilen; verfeinern; **~trieť** *pf. s.* ***vytierať***; **~triezvieť** *pf.* nüchtern werden; **~trpieť** *pf.* durchmachen, erleiden
vytrv|alý ausdauernd, beharrlich; **~(áv)ať** aushalten, durchhalten, verharren, bleiben
vytrženie *n* Ekstase *f*
výtržnosť *f* Ausschreitung
vytvárať bilden, darstellen, schaffen
výtvarní|ctvo *n* darstellende Kunst; **~k** *m* Künstler
vy|tvoriť *pf. s.* ***vytvárať***; **~týčiť** (**~tyčovať**) abstecken; **~týkať** vorwerfen; ***~si za cieľ*** sich zum Ziel setzen
vyuč|iť *pf.* ausbilden; ***~iť sa*** (er)lernen; **~ovanie** *n* Unterricht *m*; **~ovať** unterrichten
vyúčtovať *pf.* abrechnen
vyu|melkovaný gekünstelt; **~sťovať** (ein)münden; **~žiť** (**~žívať**) (aus)nutzen
vyvádzať herausführen; (*aus dem Gleichgewicht*) bringen; sich ausgelassen benehmen, Unfug treiben; ~ ***hlúposti*** Dummheiten machen
vyvaliť *pf.* herausreißen
vývar *m Kochk.* Brühe *f*
vyv|árať ⟨**~ariť**⟩ auskochen
vy|vážať (hin)ausfahren; exportieren; **~vážiť** (**~važovať**) ausgleichen; **~vesiť** (**~veso-**

vať) aushängen; **~vetrať** *pf.* durchlüften; **~viaznuť** *pf.* davonkommen, durchkommen; **~viesť** *pf. s.* ***vyvádzať***; **~viezť** *pf. s.* ***vyvážať***; **~víjať** entwickeln, entfalten
vývin *m* Entwicklung *f*
vyvinúť *pf. s.* ***vyvíjať***
vyvlast|niť (**~ňovať**) enteignen
vývod *m* Schluss(folgerung *f*)
vyvod|iť (**~zovať**) ableiten; Schlüsse ziehen, schließen; ***~iť dôsledky*** Konsequenzen ziehen
vývoj *m s.* ***vývin***
vy|vol(áv)ať herausrufen; aufrufen; hervorrufen; ausrufen; *Foto* entwickeln; **~voliť** *pf.* auserwählen
vývoz *m* Export *m*, Ausfuhr *f*; **~ca** *m* Exporteur; **~ný** Export-
vyvr|acať ⟨**~átiť**⟩ umdrehen; umstürzen; widerlegen; **~aždiť** *pf.* morden, ausrotten; **~heľ** *m* Auswurf, Abschaum
vyvrchol|enie *n* Höhepunkt *m*; **~iť** *pf.* kulminieren
vývrtka *f* Korkenzieher *m*
vyvýšenia *f* Erhebung, Höhe
výzbroj *f* Ausrüstung
vyzbroj|iť (**~ovať**) ausrüsten, bewaffnen
výzdoba *f* Dekoration
vyzdob|iť (**~ovať**) (aus-)schmücken, dekorieren
vyzdravieť *pf.* gesund werden, genesen
vyzdvih|núť (**~ovať**) hervorheben; fördern
vyzerať aussehen
vyzlie|cť (**~kať**): **~** ***sa*** sich ausziehen
vyznač|iť (**~ovať**) kennzeichnen, bezeichnen; ***~ovať sa*** sich auszeichnen
význačný bedeutend, bedeutungsvoll
význam *m* Bedeutung *f*; **~ný** bedeutend, bedeutsam; viel sagend
vyznamen|anie *n* Auszeichnung *f*; **~(áv)ať** auszeichnen
vyzn(áv)ať bekennen; **~** ***sa*** sich auskennen
vyznie(va)ť (aus)klingen
výzor *m* Aussehen *n*
vyzr|adiť (**~ádzať**) preisgeben, verraten
vyz|uť (**~úvať**) die Schuhe ausziehen
výzva *f* Aufforderung; Herausforderung; Voranmeldung; Aufruf *m*
vyzvať *pf.* aufrufen, auffordern
vyzveda|č *m* Spion; **~ť** spionieren
vyzýva|ť *s.* ***vyzvať***; **~vý** herausfordernd
vy|žadovať verlangen, erfordern; **~žarovať** ausstrahlen; **~žehliť** *pf.* (aus)bügeln; **~žiadať** (***si***) *pf.* anfordern; erfordern, fordern; *Auskunft* einholen; **~žiť** *pf.* auskommen
výživa *f* Ernährung
vyžívať: **~** ***sa*** aufgehen
vyživ|iť (**~ovať**) ernähren, un-

terhalten
výživný nahrhaft
vyžmýkať ausdrücken, auspressen; auswringen
vzácny wertvoll, selten
vzadu *adv.* hinten
vzájomný gegenseitig
vzápätí *adv.* gleich darauf
vzbud|iť (**~zovať**) (er)wecken, erregen
vzbur|a *f* Aufruhr *m*
vzbúriť: **~ *sa*** *pf.* sich erheben
vzdať: **~ *sa*** *pf.* sich ergeben; aufgeben, verzichten; niederlegen
vzdávať erweisen; **~ *sa*** *s.* ***vzdať sa***
vzdelan|ie *n* Bildung *f*; **~ec** *m* Gebildete(r)
vzdelávať bilden, aufklären
vzdial|enosť *f* Entfernung; **~ený** entfernt; **~iť**: ***~iť sa*** *pf.* sich entfernen
vzdorovať sich widersetzen
vzduch *m* Luft *f*; **~oprázdny** luftleer; **~otesný** luftdicht, hermetisch; **~ovka** *f* Luftgewehr *n*
vzdušný Luft-, luftig
vzdúvať aufblasen
vzdych *m* Seufzer; **~ať** ⟨**~núť**⟩ seufzen
vzhľad *m* Anblick, Aussehen *n*; ***~om na*** *prp.* (*A*) angesichts (*G*), im Hinblick auf (*A*)
vzchopiť: **~ *sa*** *pf.* sich aufraffen
vziať *pf.* nehmen, wegnehmen; *Mil.* einnehmen
vzísť *pf. Saat*: aufgehen
vzkries|enie *n* Auferstehung *f*; **~iť** *pf.* wieder beleben
vz|letieť *pf.* hinauffliegen; **~letný** hochtrabend; **~lykať** (auf)schluchzen; **~máhať**: ***~máhať sa*** Aufschwung nehmen; **~môcť**: ***~môcť sa*** *pf. s.* ***vzmáhať sa***: sich aufschwingen; **~mužiť**: ***~mužiť sa*** *pf.* sich zusammennehmen; **~nášať** erheben; vorbringen; ***~nášať sa*** schweben; emporsteigen; **~necovať**: ***~necovať sa*** *fig.* sich entflammen; **~nešený** erhaben, vornehm
vznik *m* Entstehung *f*; **~ať** ⟨**~núť**⟩ entstehen
vzoprieť (***sa***) *pf.* (sich) erheben
vzor *m* Muster *n*; Beispiel *n*, Vorbild *n*; **~ec** *m* Formel *f*; **~kovaný** gemustert; **~ný** musterhaft, beispielhaft, mustergültig
vzostup *m* Aufstieg; **~ný** aufsteigend
vzpamätať: **~ *sa*** zu sich kommen
vzpierač *m* Gewichtheber
vzplanúť *pf.* aufflammen, auflodern
vzpriam|iť (**~ovať**): ***~iť sa*** sich aufrichten
vzpriečiť: **~ *sa*** *pf.* sich widersetzen
vzpru|ha *f* Aufmunterung; **~žiť** (**~žovať**) aufmuntern
vzrast *m* Wuchs; Wachstum

n; **~ať** anwachsen
vzruš|enie *n* Erregung *f*, Aufregung *f*, Unruhe *f*; **~iť** (**~ovať**) erregen, aufregen, beunruhigen; **~ujúci** aufregend
vzťah *m* Beziehung *f*; **~ovať** beziehen
vzt|ýčiť (**~yčovať**) *Fahne* hissen
vzývať aufrufen
vždy *adv.* immer, stets
vžiť (**vžívať**): **~ *sa*** sich einleben; sich einfühlen

Z

z (**zo**) *prp.* (*G*) aus; von (*herunter*); von, aus (*zeitlich*); ***z dreva*** aus Holz; ***zo železa*** aus Eisen; ***zo stredoveku*** aus dem Mittelalter
za *prp.* (*G*) während, zur Zeit, unter; unter, bei, mit; (*A*) für; in, innerhalb; im Namen; als, zu; (*I*) hinter; **~ *Napoleona*** unter Napoleon; **~ *sto korún*** für 100 Kronen; **~ *tri roky*** in drei Jahren; ***zvoliť* ~ *prezidenta*** zum Präsidenten wählen; **~ *domom*** hinter dem Haus; **~ *stolom*** am Tisch, bei Tisch
zaba|liť (**~ľovať**) einpacken, einwickeln
zábava *f* Unterhaltung
zabávať ⟨**zabaviť**⟩ unterhalten
zábavný Unterhaltungs-, unterhaltend
zábeh *m* Einfahren *n* (*Auto*)
zabehnúť *pf.* auf einen Sprung weggehen
záber *m* Aufnahme *f*
zaberať (ein)nehmen, wegnehmen
zabezpeč|iť (**~ovať**) sichern
zabiehať: **~ *do podrobností*** sich auf Einzelheiten einlassen
zabíja|čka *f* Schlachtfest *n*; **~ť** töten, ermorden; schlachten; *Nagel* einschlagen
zabiť *pf. s.* ***zabíjať***
záblesk *m* Aufflackern *n*
zablúdiť *pf.* sich verirren, sich verlaufen
zaboč|iť (**~ovať**) abbiegen, abweichen
zábradlie *n* Geländer
zábrana *f* Hindernis *n*; Hemmung
zabr|ániť (**~aňovať**) verhindern; hindern
zabrať *pf. s.* ***zaberať***
zabrzdiť *pf.* bremsen
zabúdať vergessen
zábudlivý vergesslich
zabudnúť *pf. s.* ***zabúdať***
zabudova|ť *pf.* einbauen; **~*ná skriňa*** *f* Einbauschrank *m*
záclona *f* Vorhang *m*
zacloniť *pf.* verdecken
zacvič|iť (**~ovať**) anlernen
za|čarovať *pf.* bezaubern;

~čať (*sa*) *pf.* beginnen, anfangen; **~červenať**: ***~červenať sa*** *pf.* erröten; **~čiatkom** *adv.* zu Beginn, anfangs
začiato|čník *m* Anfänger; **~čný** anfänglich, Anfangs-; **~k** *m* Anfang, Beginn
začínať (*sa*) beginnen, anfangen
začle|niť (**~ňovať**) eingliedern, einordnen
za|čudovať: ***~čudovať sa*** *pf.* staunen; **~čuť** *pf.* vernehmen, hören; **~ďakovať**: ***~ďakovať sa*** *pf.* sich bedanken; **~darmo** *adv.* umsonst, unentgeltlich; **~d(áv)ať** vergeben; **~deliť** (**~deľovať**) einweisen, einordnen; **~dĺžený** verschuldet
zadný hinterer, Hinter-
zadobre: ***som s ním ~*** ich stehe mit ihm auf gutem Fuß
zadok *m* Hinterteil *n*
zado|sťučinenie *n* Genugtuung *f*; **~vážiť** *pf.* beschaffen
zadrž(iav)ať anhalten, zurückhalten, festnehmen
zadusiť *pf.* erwürgen; ***~ sa*** ersticken
záhad|a *f* Rätsel *n*; **~ný** rätselhaft
zahadzovať wegwerfen; *Gelegenheit* verschmähen
zaháľa|č *m* Bummelant; **~ť** bummeln
zaha|liť (**~ľovať**) verhüllen
za|háňať vertreiben; **~hanbiť** *pf.* beschämen; **~hasiť** (**~hášať**) *Licht* löschen, ausmachen; **~hatať** *pf.* verstellen, verhindern; **~hĺbiť (*sa*)** *pf.* sich vertiefen; **~hmliť** *pf.* vernebeln; **~hnať** *pf. s.* ***zaháňať***; **~hniezdiť**: ***~hniezdiť sa*** *pf.* sich einnisten; **~hnívať** sich zersetzen; **~hnúť** *pf.* einbiegen; **~hodiť** *pf. s.* ***zahadzovať***; **~hojiť**: ***~hojiť sa*** *pf.* abheilen
záhon *m* Beet *n*
zahrabať *pf.* eingraben
záhrad|a *f* Garten *m*; **~níctvo** *n* Gärtnerei *f*; **~ník** *m* Gärtner
zahranič|ie *n* Ausland; **~ný** ausländisch, fremd; ***~ná politika*** Außenpolitik *f*
za|hrať *pf.* spielen; **~hrešiť** *pf.* fluchen, schimpfen; **~hriaknuť** *pf.* anschreien; **~hri(e-v)ať** erwärmen, anwärmen; **~hrmieť** *pf.* donnern
zahr|ňovať ⟨**~núť**⟩ umfassen, einschließen
zahro|covať ⟨**~tiť**⟩ zuspitzen
zahr|ýzať ⟨**~yznúť**⟩ beißen
záhuba *f* Verderben *n*
záhyb *m* Umschlag (*am Rock*); Windung *f*
za|hynúť *pf.* umkommen, untergehen; **~chádzať** kommen; *Sonne*: untergehen; umgehen
záchod *m* Abort, Toilette
zachov|(áv)ať bewahren, erhalten; ***~ať sa*** sich verhalten, sich benehmen; ***~ávať sa*** erhalten bleiben
záchran|a *f* Rettung; **~ca** *m*

Retter; **~ka** *f* Rettungswagen
zachr|ániť (**~aňovať**) retten; bewahren
záchvat *m Med.* Anfall
zachy|covať ⟨**~tiť**⟩ auffangen, erfassen
záchytka *f* P Ausnüchterungszelle
zais|te *adv.* sicher(lich), bestimmt; **~tiť** (**~ťovať**) sichern; festnehmen
zajac *m* Hase
zaja|ť *pf.* einnehmen; **~tec** *m* Gefangene(r); **~tie** *n* Gefangenschaft *f*
zájazd *m* Ausflug; Tournee *f*
zajedno *adv.* einig
zajímať *s.* ***zajať***
zájsť *pf.* gehen, kommen; *s.* ***zachádzať***
zajtra *adv.* morgen
zaka|liť härten; (*a.* **~ľovať**) trüben; **~lkulovať** *pf.* einkalkulieren
zákaz *m* Verbot *n*; **~ka** *f* Auftrag; **~ník** *m* Kunde
zakáza|ť *pf.* verbieten; ***fajčiť ~né*** Rauchen verboten
zakazovať verbieten
zakaždým *adv.* immer wieder
zákerný heimtückisch; treubrüchig
zakiaľ solange
základ *m* Grundlage *f*, Fundament *n*
zaklada|ť gründen; anlegen; einlegen; ***~ť sa*** beruhen; ***~ť si*** bauen, stolz sein; **~teľ** *m* Gründer, Begründer
základ|ňa *f* Basis, Stützpunkt *m*; **~ný** grundlegend, Grund-
zakolísať *pf.* zu wanken beginnen
zákon *m* Gesetz *n*
zakončiť *pf.* beenden, abschließen
zákon|itý gesetzmäßig; **~ník** *m* Gesetzbuch *n*; **~ný** gesetzlich
zako|pať *pf.* eingraben; **~reniť**: ***~reniť sa*** *pf.* Wurzeln fassen, sich einbürgern; **~tviť** *pf.* ankern, vor Anker gehen; sich niederlassen
zakrátko *adv.* bald, demnächst
zakroč|iť (**~ovať**) einschreiten, eingreifen
zákrok *m* Eingriff, Einschreiten *n*
zákruta *f* Kurve
zakr|yť (**~ývať**) bedecken, verdecken; verbergen, verschließen (***oči*** die Augen)
zakuklený vermummt; verkappt
zákulisie *n Thea.* Raum *m* hinter den Kulissen; *fig.* Hintergründe *m/pl.*
zakúpiť *pf.* erwerben, kaufen
zakúriť *pf.* einheizen
zákusok *m* Kuchen
zalep|iť (**~ovať**) zukleben
zales|niť (**~ňovať**) aufforsten
záletník *m* Weiberheld
zálež|ať abhängen, darauf ankommen; ***dať si ~ať na niečom*** sich etw. angelegen

sein lassen; **~itosť** *f* Angelegenheit
zaliez(a)ť (hinein)kriechen, sich verkriechen
záliv *m* Bucht *f*
záloh *m* Pfand *m*; **~a** *f* Reserve; Anzahlung
založ|enie *n* Gründung *f*; Veranlagung *f*; **~ený** gegründet, begründet; veranlagt; **~iť** *pf. s.* ***zakladať***
záložňa *f* Pfandhaus *n*
záľuba *f* Vorliebe; Steckenpferd *n*
zaľúb|ený verliebt; **~iť**: ***~iť sa*** *pf.* sich verlieben
zaľudniť *pf.* besiedeln
záludný heimtückisch
zamat *m* Samt
zamazaný beschmiert, verschmiert
zamdlie(va)ť in Ohnmacht fallen
zamedz|iť (**~ovať**) verhindern, hindern
zameniť *pf.* auswechseln, austauschen; verwechseln
zámeno *n* Pronomen, Fürwort
zameňovať *s.* ***zameniť***
zámer *m* Absicht *f*; **~ný** absichtlich, vorsätzlich
zamer|anie *n* Ausrichtung *f*, Einstellung *f*; **~(iav)ať** ausrichten, orientieren, einstellen; **~aný** (aus)gerichtet
zamestn|anec *m* Angestellte(r); **~anie** *n* Beruf *m*, Beschäftigung *f*; **~(áv)ať** beschäftigen; **~ávateľ** *m* Arbeitgeber
zameškať *pf.* versäumen
zameta|č *m* Straßenfeger; **~ť** fegen, kehren
zamieňať (ver)tauschen; verwechseln
zámienka *f* Vorwand *m*
zamieriť *pf.* (ab)zielen
zamiet|ať ⟨**~nuť**⟩ ablehnen
zamilova|ný verliebt; **~ť**: ***~ť sa*** *pf.* sich verlieben
zámka *f* (*Tür-*)Schloss *n*
za|mknúť *pf.* einsperren; verschließen, zumachen; **~mlčať** *pf.* verschweigen
zámo|čník *m* Schlosser; **~k** *m* *Arch.* Schloss *n*; **~rie** *n* Übersee
zamor|ovať ⟨**~iť**⟩ verseuchen; **~ený** verseucht
zamotať *pf.* verwickeln, verwirren
zámožný wohlhabend
za|mračiť: ***~mračiť sa*** *pf.* sich verfinstern, finster werden; **~mrznúť** *pf.* (ein)frieren; **~myslieť** (**~mýšľať**): ***~myslieť sa*** nachdenken; **~nedb(áv)ať** vernachlässigen; **~nedlho** *adv.* bald (darauf); **~nechať** *pf.* hinterlassen, verlassen, zurücklassen; **~neprázdnený** beschäftigt; **~nevrieť** *pf.* zu hassen beginnen; böse sein; **~nietiť** *pf.* entzünden, entfachen; begeistern
zánik *m* Untergang; Schwund; Niedergang
zanik|ať ⟨**~núť**⟩ untergehen;

verschwinden, absterben
zaob|erať: ***~berať sa*** sich beschäftigen, sich befassen; **~chádzať** umgehen; **~bísť**: ***~bísť sa*** *pf.* auskommen
zao|krúhliť *pf.* aufrunden; **~patriť** *pf.* beschaffen, besorgen; versorgen; **~st(áv)ať** zurückbleiben; **~striť** *pf.* zuspitzen; scharf einstellen
západ *m* Westen; (*Sonnen-*) Untergang
zapad|ať ⟨**~núť**⟩ *Sonne*: untergehen; passen, sich einfügen; greifen (***do seba*** ineinander); **~lý** entlegen
západný westlich
zápach *m* Gestank
zapájať anschließen; ankuppeln; einschalten
zápal *m* Entzündung *f*; Elan, Begeisterung *f*
zapáliť *pf.* anzünden
zápalka *f* Streichholz *n*
zapaľova|č *m* Feuerzeug *n*; **~ť** anzünden
zapamätať: ***~ si*** *pf.* sich merken
zápas *m* Kampf, Wettstreit; ***futbalový ~*** Fußballspiel *n*; **~iť** kämpfen, ringen; wetteifern, wettstreiten
zápästie *n* Handgelenk
za|pečatiť *pf.* versiegeln; **~pchať** *pf.* verstopfen; **~pierať** abstreiten; (ver)leugnen; **~pínať** zuknöpfen; einschalten; **~písať** *pf.* einschreiben, aufschreiben
zápcha *f* Verstopfung; Stau *m*
zápisn|ica *f* Protokoll *n*; **~ík** *m* Notizbuch *n*
zapisovať *s.* ***zapísať***; Protokoll führen
zaplatiť *pf.* bezahlen
záplava *f* Überschwemmung; Flut
zaplav|iť (**~ovať**) überschwemmen, überhäufen
zapletať flechten; verwickeln
zápletka *f* Intrige, Verstrickung
za|pliesť (***sa***) *pf.* (sich) verstricken; **~plniť** *pf.* (aus)füllen; **~pnúť** *pf.* *s.* ***zapínať***; **~počítať** *pf.* anrechnen, zählen; **~podievať**: ***~podievať sa*** sich beschäftigen; **~pochybovať** *pf.* zu zweifeln beginnen
zapoj|iť (**~ovať**) anschließen; ankuppeln
zápor *m* Minus *n*; Verneinung *f*, Negation *f*; **~ne** *adv.* negativ
za|pôsobiť *pf.* (ein)wirken, wirksam sein; **~pracovať**: ***~pracovať sa*** *pf.* sich einarbeiten; **~prášiť** *pf.* mit Staub bedecken; **~predaný** verraten; **~predať** *pf.* verkaufen, verraten; **~priahať** *Pferde* einspannen; **~príčiniť** *pf.* verursachen, zufügen; **~prieť** *pf.* *s.* ***zapierať***; **~prísahaný** verschworen; **~rábať** verdienen; **~radiť** (**~raďovať**) einreihen, einordnen; **~radom** *adv.* der Reihe nach; **~rámovať** *pf.* einrah-

men; **~raziť** (*sa*) (**~rážať** *sa*) stutzig werden; **~rážať** stutzig machen; **~revať** *pf.* aufheulen
zaria|denie *n* Einrichtung *f*, Anlage *f*; **~diť** (**~ďovať**) einrichten; vorbereiten
zármutok *m* Trauer *f*
zarobiť *pf. s.* ***zarábať***
zárobok *m* Verdienst
zárodok *m* Keim
zároveň *adv.* zugleich, gleichzeitig
záruč|iť (**~ovať**) sicherstellen, garantieren
záruka *f* Garantie; Pfand *n*, Unterpfand *n*
zarytý eingefleischt; verbissen
zas, **~a** *adv.* wieder(um)
zásada *f* Grundsatz *m*, Prinzip *n*
zasad|ací Sitzungs-, Sitz-; **~anie** *n* Sitzung *f*, Tagung *f*; **~ať** tagen; **~iť** (*sa*) *pf.* (sich) einsetzen; versetzen, zufügen; **~nutie** *n s.* ***zasadanie***
zásadný grundsätzlich, prinzipiell
zasadzovať *s.* ***zasadiť***
zásah *m* Eingriff
zasahova|nie *n* Eingreifen; **~ť** eingreifen
zasiahnuť *pf. s.* ***zasahovať*** treffen
zásielka *f* Sendung
za|sievať (be)säen; **~skliť** *pf.* verglasen; **~skočiť** *pf.* auf einen Sprung (wohin) gehen; **~slať** *pf.* versenden
zásluha *f* Verdienst *n*
za|sluhovať (*si*), **~slúžiť** (*si*) *pf.* verdienen
záslužný verdienstvoll
zasmiať: **~** ***sa*** *pf.* (auf)lachen
zasnežený verschneit
zasnúbiť: **~** ***sa*** *pf.* sich verloben
zásob|a *f* Vorrat *m*; **~iť** (**~ovať**) versorgen
zaspať einschlafen; verschlafen
zaspievať *pf.* singen
zástanca *m* Beschützer; Verfechter
zastaraný veraltet
zastať *pf.* stehen bleiben; *Weg* verstellen; **~** ***sa*** in Schutz nehmen
zástava *f* Fahne
zastávať *Ansicht* vertreten; *Amt* bekleiden, innehaben; **~** ***sa*** *s.* ***zastať sa***
zast|aviť (*sa*) *pf.* stehen bleiben; verweilen, sich aufhalten; **~ávka** *f* Haltestelle; **~avovať** anhalten; abstellen; einstellen; ***~avovať sa*** *s.* ***zastaviť sa***
zástera *f* Schürze
zasti|erať zudecken; verbergen; **~hnúť** *pf.* erwischen, ertappen; ereilen; antreffen
zastraš|iť (**~ovať**) einschüchtern
zástrčka *f* Stecker *m*, Steckkontakt *m*
zastreliť *pf.* erschießen
zastrieť *pf. s.* ***zastierať***
zástup *m* Menschenmenge *f*;

~ca *m* (Stell-)Vertreter; ***štátny ~ca*** Staatsanwalt *m*
zastúpiť *pf.* vertreten
zastup|iteľský: ***~iteľský úrad*** diplomatische Vertretung; **~ovať** *s.* ***zastúpiť***
zásuvka *f* Schublade, Fach *n*
zasvä|covať ⟨**~tiť**⟩ einweihen (*in ein Geheimnis*)
zas|ypať (**~ýpať**) zuschütten; überschütten
zaš|iť (**~ívať**) zunähen
zaškodiť *pf.* schaden
záškodník *m* Schädling; Diversant
zaškrtiť *pf.* erwürgen
zašpiniť *pf.* beschmutzen
záštita *f* Schutz *m*; Schirmherrschaft
zať *m* Schwiegersohn
za|táčať zudrehen; abbiegen; **~ťahovať** zuziehen; *Schraube* anziehen; hineinziehen; **~tajiť** (**~tajovať**) verheimlichen; **~tarasiť** *pf.* versperren; **~ťatý** verbissen
záťah *m* Razzia *f*
zaťaž|enie *n* Belastung *f*; **~iť** (**~ovať**) belasten, auslasten
zatem|nenie *n* Verdunk(e)lung *f*; **~niť** (**~ňovať**) verdunkeln
zatiahnuť *pf. s.* ***zaťahovať***
zatiaľ *adv.* inzwischen; vorläufig; dabei; **~ *čo*** *cj.* während
zatínať einschlagen; ***~ päste*** die Fäuste ballen; ***~ zuby*** die Zähne zusammenbeißen; ***~ do živého*** den wunden Punkt treffen
zátišie *n* stiller Ort; Stillleben
zátka *f* Korken *m*
zatknúť *pf.* verhaften
zatl|cť (**~kať**) einschlagen; zunageln
zatm|enie *n* Finsternis *f*; **~i(eva)ť** verdunkeln, verfinstern
zato deshalb, deswegen; dabei; dafür
zatočiť *pf. s.* ***zatáčať***; ***~ sa*** sich drehen; abbiegen
zátoka *f* Bucht, Meerbusen *m*
zatopiť *pf.* überschwemmen, überfluten
za|tratený verdammt; **~tvárať** ⟨**~tvoriť**⟩ schließen, zumachen, absperren
zátvorka *f* Klammer
zatykač *m* Steckbrief
zatýkať *s.* ***zatknúť***
zátylok *m* Nacken, Genick *n*
zaúč|ať anlernen; **~inkovať** *pf.* wirken; **~tovať** *pf.* verbuchen; anrechnen
zaucho *n* Ohrfeige *f*
zauja|ť *pf.* *Platz* einnehmen; **~tý** voreingenommen
záujem *m* Interesse *n*; **~ca** *m* Interessent
zaujíma|ť *s.* ***zaujať***; ***~ť sa*** sich interessieren (***o*** *A für A*); **~vosť** *f* interessante Tatsache; **~vý** interessant
zaumieniť: ***~ si*** *pf.* beschließen, sich vornehmen
zaútočiť *pf.* (***na*** *A*) angreifen; bestürmen
zaužíva|ný allgemein ge-

bräuchlich, erprobt, bewährt; **~ť**: **~ť sa** sich einbürgern; Wurzel fassen
závad|a *f* Mangel *m*; **~ný** fehlerhaft, mangelhaft
za|vadzať im Wege sein; stören; **~vádzať** einführen; hereinlegen; **~váhať** *pf.* zaudern, zögern, schwanken; **~valitý** stämmig; **~váňať** riechen, duften; **~várať** einkochen; brühen
zavar|enina *f* Eingemachte(s) *n*; **~iť** *pf. s.* ***zavárať***
závažný gewichtig
záväz|ný verbindlich, obligatorisch; **~ok** *m* Verpflichtung *f*; **~ovať** (zu)binden; (***sa*** sich) verpflichten
zavčas(u) *adv.* früh; **~ *ráno*** frühmorgens
zavďačiť: **~ *sa*** *pf.* sich erkenntlich zeigen
závdavok *m* Vorschuss, Anzahlung *f*
závej *m* Verwehung *f*; ***snehové ~e*** *pl.* Schneeverwehungen *f/pl.*
záver *m* Schluss; ***na ~*** zum Schluss, abschließend; **~ečný** abschließend, Schluss-; ***~ečná hodina*** Polizeistunde *f*
záves *m* Vorhang; Türangel *f*
za|viať *pf.* verwehen; *Wind:* wehen; **~viazať (*sa*)** *pf. s.* ***zaväzovať***; **~viaznuť** *pf.* stecken bleiben
závidieť beneiden
zaviesť *pf. s.* ***zavádzať***
zaviezť *pf.* hinbringen (*mit Auto usw.*)
závin *m Kochk.* Strudel
zavi|niť (**~ňovať**) verschulden, hervorrufen; **~novať** ⟨**~núť**⟩ einwickeln
závis|ieť abhängen; **~losť** *f* Abhängigkeit; ***~losť na drogách*** Drogensucht; **~lý** abhängig; **~ť** *f* Neid *m*
závit *m* Gewinde *n*; Windung *f*
za|vítať *pf.* kommen (*auf Besuch*); **~vládnuť** *pf.* eintreten; sich ausbreiten, herrschen
zavlaž|iť (**~ovať**) bewässern
zavlie|cť (**~kať**) (hin)schleppen, verschleppen; hineinziehen
závod *m* Betrieb; **~ný** Betriebs-
zavod|niť (**~ňovať**) bewässern
závoj *m* Schleier
zavolať *pf.* (herbei)rufen; zurufen; anrufen; einladen
závory *f/pl.* Bahnschranken
závoz *m* Sackgasse *f*; ***dostať sa do ~u*** in eine Sackgasse geraten; **~ník** *m* Beifahrer
závrat *m* Schwindel; **~ný** Schwindel erregend
zavraždiť *pf.* ermorden
zavrh|núť (**~ovať**) ablehnen; aufgeben
zavrieť *pf. s.* ***zatvárať***
zavŕšiť *pf.* abschließen, vollenden

zavše *adv.* manchmal, von Zeit zu Zeit
zavýjať (auf)heulen
zázemie *n* Hinterland
zazlievať verübeln
záznam *m* Notiz *f*; Eintragung *f*; ***robiť si ~y*** Notizen machen
zaznamen(áv)ať verzeichnen, vermerken, notieren
zaznáva|ný verkannt; **~ť** verkennen
zaznieť *pf.* ertönen, erklingen
zázra|čný wunderbar, Wunder-; **~k** *m* Wunder *n*
zažehnať *pf.* *Gefahr* abwenden, bannen
zažíhať anzünden
zaž|iť (**~ívať**) erleben; verdauen; **~ívanie** *n* Verdauung *f*
zážitok *m* Erlebnis *n*
záživný verdaulich; interessant
zažra|ť: ***~ť sa*** *pf.* sich einfressen; **~tý** eingefleischt
zbabel|ec *m* Feigling; **~ý** feige
zba|brať F *pf.* verderben, verpfuschen; **~dať** *pf.* bemerken; **~liť** *pf.* einpacken; **~viť** (***sa***) *pf.* verzichten, aufgeben; ablegen; sich entledigen; **~vovať** entheben; befreien; ***~vovať sa*** *s.* ***zbaviť sa***
zbedačiť *pf.* ins Elend stürzen
zbeh *m* Überläufer; (*Menschen-*)Auflauf; **~nuť**: ***~núť sa*** *pf.* zusammenlaufen, zusammenströmen; *Stoff*: einlaufen
zber|ateľ *m* Sammler; **~ňa** *f* Sammelstelle
zbesilý tollwütig
zbežný flüchtig, kurz
zbie|hať: ***~hať sa*** *s.* ***zbehnúť sa***; **~rať** sammeln; auflesen; ***~rať sa*** *Wunde*: eitern; **~rka** *f* Sammlung; Sammelband *m*
zbiť *pf.* zusammenhämmern; F zusammenschlagen, verprügeln
zblázniť: **~** ***sa*** *pf.* verrückt werden, den Verstand verlieren
zblednúť *pf.* erbleichen
zblí|zka *adv.* aus der Nähe; näher, genauer; **~žiť**: ***~žiť sa*** *pf.* sich annähern
zbližovať: **~** ***sa*** einander näher kommen
zbohatnúť *pf.* reich werden
zbohom! leb wohl!
zbojník *m* Räuber
zboku *adv.* von der Seite
zbor *m* Versammlung *f*; Kollegium *n*; Chor; **~ník** *m* Sammelband
zbož|ňovať vergöttern; **~ný** fromm
zbraň *f* Waffe; ***dvojsečná ~*** zweischneidiges Schwert
zbroj|ársky Rüstungs-; **~enie** *n* Rüstung *f*; Aufrüstung *f*; **~iť** (auf)rüsten; **~ovka** *f* Waffenfabrik
zbúrať zum Einsturz bringen
zburcovať *pf.* aufwiegeln
zbystriť *pf.* *Sinne* schärfen

zbyt|očný überflüssig; vergeblich
zďaleka *adv.* von weitem; bei weitem
zda|nie *n* Schein *m*; **~niť** (**~ňovať**) besteuern; **~nlivý** scheinbar, Schein-
zdar *m* Erfolg
zdať: **~ *sa*** scheinen
zdatný tüchtig; rüstig
zdediť *pf.* erben
zdeprimovať *pf.* deprimieren
zdes|ený entsetzt; **~iť** *pf.* entsetzen
zdiaľky *adv.* aus der Ferne, von weitem
zdĺhavý langwierig
zdnu *adv.* von innen
zdobiť schmücken
zdoch|núť (**~ýnať**) verrecken, krepieren
zdokona|liť (**~ľovať**) vervollkommnen
zdola *adv.* von unten
zdol(áv)ať überwinden; fertig werden (mit)
zdomácnieť *pf.* zahm werden; heimisch werden
zdôraz|niť (**~ňovať**) unterstreichen
zdôver|iť (**~ovať**): **~*iť sa*** sich anvertrauen
zdôvod|niť (**~ňovať**) begründen
zdrap *m* Fetzen
zdráhať: **~ *sa*** sich zieren, sich bitten lassen; ablehnen
zdrav|ica *f* Trinkspruch *m*; **~ie** *n* Gesundheit *f*; **~iť** (be)grüßen; **~otný** Gesundheits-; **~ý** gesund
zdraž|ieť *pf.* teuer werden; **~iť** *pf.* verteuern
zdriemnuť: **~ *si*** *pf.* ein Schläfchen halten, einnicken
zdroj *m* Quelle *f*
združ|enie *n* Vereinigung *f*; **~iť** (**~ovať**) (***sa*** sich) vereinigen, vereinen
zdrvujúci *Kritik*: vernichtend; *Mehrheit*: überwältigend
zdrž|anlivý zurückhaltend; **~iavať** zurückhalten; aufhalten; **~(*iav*)*ať sa*** sich zurückhalten; sich enthalten; sich aufhalten; **~ovať** (***sa***) *s.* ***zdržiavať sa***
zdvíhať (auf)heben; **~ *sa*** sich erheben
zdvihnúť *pf. s.* ***zdvíhať***
zdvojnásobiť *pf.* verdoppeln
zdvorilý höflich, zuvorkommend
zele|ň *f* Grün *n*; **~nina** *f* Gemüse *n*; **~ninársky** Gemüse-; **~ný** grün
zeler *m* Sellerie *f*
zelin|a *f* (Un-)Kraut *n*; **~ky** *f/pl.* Kräuter *n/pl.*
zem *f* Erde
zeme|guľa *f* Erdkugel; **~pis** *m* Erdkunde *f*; **~trasenie** *n* Erdbeben
zem|iak *m* Kartoffel *f*; **~ský** Land-, Landes-; Erd-
zhabať *pf.* konfiszieren, beschlagnahmen
zháčiť: **~ *sa*** *pf.* verzagen, stutzig werden

zhadzovať herabwerfen; stürzen
zháňať besorgen, auftreiben
zhasínať auslöschen
zhlboka *adv.* tief
zhltnúť *pf.* verschlucken
zhniť *pf.* verfaulen, vermodern
zhnusiť *pf.* verekeln; **~ sa** zuwider werden
zhod|a *f* Einvernehmen *n*, Übereinstimmung; ***~ou okolností*** durch das Zusammentreffen der Umstände; **~iť** *pf. s.* ***zhadzovať***; **~nocovať** ⟨**~notiť**⟩ bewerten, einschätzen; **~núť** (**~ovať**): ***~núť sa*** übereinstimmen; **~ný** übereinstimmend
zhon *m* Hast *f*, Durcheinander *n*
zhora *adv.* von oben
zhorieť *pf.* verbrennen, abbrennen
zhorš|iť (**~ovať**) (***sa*** sich) verschlechtern, verschlimmern
zhostiť: **~ sa** *pf.* fertig werden
zhotov|iť (**~ovať**) anfertigen
zho|várať: ***~várať sa*** sich unterhalten; **~vievavý** nachsichtig; **~vorčivý** redselig; aufgeschlossen
zhrb|ený gebeugt; **~iť**: ***~iť sa*** *pf.* gebeugt sein
zhrdzav|ený verrostet; **~ieť** *pf.* verrosten
zhrešiť *pf.* sündigen
zhŕňať, **zhrnovať**, ⟨**zhrnúť**⟩ zusammenfassen; anhäufen
zhromaž|denie *n* Versammlung *f*; **~diť** (**~ďovať**) (ver)sammeln; anhäufen
zhroziť: **~ sa** *pf.* entsetzt sein, sich entsetzen
zhruba *adv.* etwa, annähernd
zhubný verderblich; *Med.* bösartig
zhudob|niť (**~ňovať**) vertonen
zhus|tiť (**~ťovať**) verdicken, verdichten; **~tnúť** *pf.* dick werden
zhýčkať *pf.* verzärteln
zim|a *f* Winter *m*; Kälte; ***je mi ~a*** es ist mir kalt; **~nica** *f* Schüttelfrost *m*; **~ník** *m* Wintermantel; **~ný** winterlich, Winter-; **~omriavky** *fl pl.* Gänsehaut *f*
zinok *m* Zink *n*
zintenzívniť *pf.* intensivieren
zips *m* Reißverschluss
zisk *m* Gewinn
získa(va)ť sich verschaffen, erwerben; gewinnen
zísť *pf.* hinuntergehen, herunterkommen; **~ sa** zusammenkommen, sich versammeln; (ge)brauchen können
zis|tiť (**~ťovať**) feststellen
zištný eigennützig, gewinnsüchtig
zívať gähnen
zjašiť: **~ sa** *pf.* erschrecken, scheu werden; verrückt werden
zjav *m* Erscheinung *f*; **~enie** *n* Erscheinung *f*, Vision *f*; **~iť** (**~ovať**): ***~iť sa*** erscheinen; **~ný** offensichtlich

zjazd *m* Kongress; *Sp.* Abfahrt(slauf)
zjedn|(áv)ať *Preis* aushandeln; **~ocovať** (ver)einen, vereinigen; **~odušiť** (**~odušovať**) vereinfachen; **~otiť** *pf. s.* **zjednocovať**
zjemniť *pf.* verfeinern
zjesť *pf.* aufessen
zlacn|ieť *pf.* billiger werden; **~iť** *pf.* verbilligen
zla|diť (**~ďovať**) in Einklang bringen
zľahč|iť (**~ovať**) erleichtern; leicht nehmen, unterschätzen
zlákať *pf.* verlocken
zľaknúť: **~ *sa*** *pf.* erschrecken
zlámať *pf.* brechen
zlat|ník *m* Goldschmied; **~o** *n* Gold; **~ý** Gold-
zľava[1] *f* Ermäßigung; **~ *pre deti*** Kinderermäßigung
zľava[2] von links
zľav|iť (**~ovať**) nachlassen
zle *adv.* schlecht, schlimm
zlenivieť *pf.* faul werden
zlep|iť (**~ovať**) zusammenkleben
zlepš|iť (**~ovať**) verbessern; **~*ovací návrh*** Verbesserungsvorschlag *m*; **~ovateľ** *m* Verbesserer; Aktivist
zliatina *f* Legierung
zlievač *m* Gießer
zliezť *pf.* herunterkriechen, hinuntersteigen
zlo *n* Übel, das Böse; **~ba** *f* Bosheit; **~čin** *m* Verbrechen *n*; **~činec** *m* Verbrecher; **~dej** *m* Dieb; **~duch** *m* Bösewicht
zlom *m* Bruch; Umbruch; **~enina** *f* Knochenbruch *m*; Bruchstelle *f*; **~iť** *pf.* brechen; **~ok** *m* Bruchteil
zlo|myseľný böswillig; **~povestný** berüchtigt; **~sť** *f* Wut, Ärger *m*; ***na ~sť*** zum Trotz; **~stiť** ärgern, böse machen; **~stný** böse; **~zvyk** *m* Unsitte *f*, schlechte Gewohnheit
zlož|enie *n* Zusammensetzung *f*; **~enka** *f* Scheck *m*; **~iť** *pf.* zusammenlegen, falten; *Gedicht* verfassen, dichten; komponieren; *Prüfung* ablegen; **~itý** kompliziert, verwickelt; **~ka** *f* Bestandteil *m*
zlúč|enina *f* *Chem.* Verbindung; **~iť** *pf.* verein(ig)en; verbinden
zlučovať *s.* **zlúčiť**
zľutovať: **~ *sa*** *pf.* sich erbarmen
zlý schlecht, schlimm, übel; böse, bösartig; falsch
zlyhať *pf.* versagen; missglücken
zmariť *pf.* vereiteln; zunichte machen
zmárniť *pf.* zugrunde richten
zmaturovať *pf.* Abitur ablegen
zmazať *pf.* abwischen; *Schuld* gutmachen
zmäkč|iť (**~ovať**) weich machen, erweichen

zmäknúť *pf.* weich werden
zmät|ený verwirrt; **~ok** *m* Wirrwarr *m*
zmen|a *f* Änderung, Veränderung; Wechsel *m*; Wandel *m*; **~áreň** *f* Wechselstube; **~iť** *pf.* (ver)ändern; wechseln; **~iť sa** sich (ver)ändern; sich (ver)wandeln
zmenš|iť (**~ovať**) verkleinern; vermindern; *Ausgaben* kürzen
zmerať *pf.* (ab)messen
zmeravieť *pf.* erstarren
zmes *f* Mischung; **~tiť**: **~tiť sa** *pf.* Platz finden, hineingehen
zmeškať *pf.* versäumen
zmiasť *pf.* verwirren, durcheinander bringen
zmie|niť (**~ňovať**): **~niť sa** erwähnen
zmieriť (**sa**) *pf.* sich versöhnen; sich abfinden
zmier|niť (**~ňovať**) mäßigen, vermindern; *Schmerz* lindern; **~ovať**: **~ovať sa** *s.* **zmieriť sa**
zmiešanina *f* Mischung
zmietať: **~ sa** sich herumwerfen
zmija *f* Kreuzotter
zmilova|nie *n* Erbarmen, Gnade *f*; **~ť**: **~ť sa** *pf.* sich erbarmen
zmiznúť *pf.* verschwinden
zmluva *f* Vertrag *m*; *s.* **dohoda**
zmoc|niť (**~ňovať**): **~niť sa** sich bemächtigen; **~ňovať** bevollmächtigen
zmo|dernizovať *pf.* modernisieren; **~drieť** *pf.* blau werden; **~hutnieť** *pf.* stark werden, erstarken; **~knúť** *pf.* nass werden; **~tať** *pf.* zusammenrollen; verwickeln
zmraziť *pf.* einfrieren
zmrz|lina *f* Eis *n*; **~núť** *pf.* erfrieren
zmúdrieť *pf.* klug werden; ***z toho som nezmúdrel*** daraus bin ich nicht klug geworden
zmýliť *pf.* irreführen; **~ sa** sich irren
zmysel *m* Sinn; **~ný** sinnlich
zmysl|ieť: ***~ieť si*** *pf.* auf eine Idee kommen; ***~el si*** es fiel ihm ein; **~ový** Sinnes-
zmýšľanie *n* Denkweise *f*, Gesinnung *f*
zm|yť (**~ývať**) abwaschen
znač|iť bedeuten; bezeichnen; **~ka** *f* Marke (*Ware*); Markierung; **~kovať** markieren; **~ne** *adv.* bedeutend; ziemlich; **~ný** bedeutend
znak *m* Zeichen *n*, Anzeichen *n*
znalec *m* Kenner, Experte; **~ký** Kenner-
znalosť *f* Kenntnis
znamen|ať bedeuten; **~ie** *n* Zeichen; Vorzeichen; **~itý** ausgezeichnet, vortrefflich, hervorragend
známk|a *f* Briefmarke; Note, Zensur; **~ovať** Noten geben
znám|osť *f* Bekanntschaft;

~y bekannt; *m* Bekannte(r)
znárod|nenie *n* Verstaatlichung *f*; **~niť** (**~ňovať**) verstaatlichen
znásilniť *pf.* vergewaltigen
znásob|iť (**~ovať**) vervielfachen
znášanlivý verträglich
znášať zusammentragen; aushalten; heruntertragen
znateľný merklich
znázor|niť (**~ňovať**) veranschaulichen
znečis|tiť (**~ťovať**) verunreinigen
znehodno|covať ⟨**~tiť**⟩ entwerten
znechu|covať ⟨**~tiť**⟩ die Lust nehmen, lustlos machen; verärgern
znemož|niť (**~ňovať**) unmöglich machen
zne|návidieť *pf.* zu hassen beginnen; **~nazdajky** *adv.* unerwartet, von ungefähr; **~nie** *n* Wortlaut *m*
znepokoj|iť (**~ovať**) beunruhigen
znepriateliť (*si*) *pf.* zum Feind(e) machen
znervóz|niť (**~ňovať**) nervös machen
znesiteľný erträglich
zneškod|niť (**~ňovať**) unschädlich machen
znetvor|iť (**~ovať**) entstellen
zneucti(eva)ť entehren
zneuž|iť (**~ívať**) missbrauchen
zničiť *pf.* vernichten, zerstören; ausrotten
zniekade *adv.* von irgendwoher
zniesť *pf. s.* ***znášať***
znieť klingen; *Name*: lauten
zn|ížiť (**~ižovať**) *Preis* senken; vermindern, herabsetzen
znov|a, **~u** *adv.* von neuem, wieder(um); **~uzrodenie** *n* Wiedergeburt *f*
znútra *adv.* von innen
zo *s.* ***z***
zobák *m* Schnabel
zobať picken (*mit dem Schnabel*)
zoblie|cť (**~kať**) ausziehen
zobrať *pf.* (auf)nehmen; wegnehmen, abnehmen; **~ *sa*** heiraten; sich aufmachen (*auf den Weg*)
zob|údzať ⟨**~udiť**⟩ j-n wecken; ***~údzať sa*** aufwecken
zoce|liť (**~ľovať**) stählen, härten
zoči-voči *adv.* gegenüber, von Angesicht zu Angesicht
zodpoved|ajúci entsprechend; **~ať** (*im*)*pf.* die Verantwortung tragen; entsprechen; (be)antworten; **~nosť** *f* Verantwortung; **~ný** verantwortlich
zo|drať *pf. Fell* abziehen; zerreißen, aufreißen; **~hľadniť** *pf.* berücksichtigen; **~hnať** *pf. s.* ***zháňať***; **~hnúť** *pf.* beugen; niederbiegen; **~hri(ev)ať** erwärmen, aufwärmen; **~hýnať** *s.* ***zohnúť***; **~mdlie(va)ť** ohnmächtig werden;

~mierať sterben, verscheiden; **~mlieť** *pf.* mahlen; *Fleisch* durchdrehen; **~mrieť** *pf. s.* ***zomierať***; **~pakovať** wiederholen
zopár ein paar, einiges
zopnúť *pf.* zusammenheften; *Hände* falten
zora *f* Morgenröte; ***večerná ~*** Abendröte
zorať *pf.* aufpflügen
zorný: ~ ***uhol*** *m* Gesichtspunkt
zosad|ať ⟨**~núť**⟩ aussteigen, absteigen; niedergehen, landen; **~iť** (**~zovať**) absetzen
zosil|niť (**~ňovať**) verstärken
zosk|akovať ⟨**~očiť**⟩ (her)abspringen
zoskup|enie *n* Gruppenbildung *f*, Gruppierung *f*; **~iť** (**~ovať**) gruppieren, Gruppen bilden
zoslab|iť (**~ovať**) schwächen; **~núť** *pf.* schwach werden
zosmieš|niť (**~ňovať**) auslachen, lächerlich machen
zosnulý *m* Verstorbene(r); *adv.* verstorben
zosobášiť: ~ ***sa*** *pf.* heiraten
zosob|niť (**~ňovať**) verkörpern
zospodu *adv.* von unten
zostarnúť *pf.* altern, alt werden
zostať *pf.* bleiben; ~ ***pozadu*** zurückbleiben; ~ ***bledým*** bleich werden
zostava *f* Zusammensetzung
zostávať *s.* ***zostať***
zostav|iť (**~ovať**) bilden, zusammensetzen, zusammenstellen
zostre|liť (**~ľovať**) abschießen
zostr|iť (**~ovať**) verschärfen
zostúpiť *pf.* aussteigen; absteigen; heruntergehen
zostup|ný fallend; **~ovať** *s.* ***zostúpiť***
zo|šalieť *pf.* toll werden, wahnsinnig werden; **~šedivieť** *pf.* ergrauen, grau werden; **~široka** *adv.* ausführlich, von weit her
zoš|it *m* Heft *n*; **~iť** (**~ívať**) zusammennähen
zoškrab(ov)ať abkratzen, abschaben
zošmyknúť: ~ ***sa*** *pf.* abgleiten
zoštátniť *pf.* verstaatlichen
zotav|iť (**~ovať**): **~iť *sa*** sich erholen; **~ovňa** *f* Erholungsheim *n*
zotmie(va)ť: ~ ***sa*** dunkel werden
zotrvačnosť *f* Trägheit
zotrv(áv)ať verweilen, (ver)bleiben; (*auf s-r Meinung*) beharren
zovierať schließen
zovňajš|í äußerlich, Außen-; **~ok** *m* Äußere(s) *n*
zovšednieť *pf.* alltäglich werden
zovšeobec|niť (**~ňovať**) verallgemeinern
zozadu *adv.* von hinten

zozbierať sammeln
zoznam *m* Verzeichnis *n*; ***telefónny ~*** Telefonbuch *n*
zozn|ámiť (**~amovať**) bekannt machen
zožať *pf.* ernten
zož(ie)rať fressen; quälen
zračiť: **~ *sa*** *pf.* sich spiegeln
zrad|a *f* Verrat *m*; **~ca** *m* Verräter; **~iť** *pf.* verraten; **~ný** verräterisch
zrádzať *s.* ***zradiť***
zrak *m* Sehen *n*; Sehkraft *f*; Blick
zran|enie *n* Verwunderung *f*, Verletzung *f*; **~iť** *pf.* verletzen, verwunden
zrastať: **~ *sa*** verwachsen
zraz *m* Treffpunkt; Treffen *n*; **~iť** (***sa***) *pf.* zusammenstoßen; gerinnen
zrazu *adv.* plötzlich
zrážať umstoßen; zusammenschlagen; *Geld* abziehen; **~ *sa*** *s.* ***zraziť sa***
zrážk|a *f* Zusammenstoß *m*; Abzug *m*; **~y** *f/pl.* Niederschläge *m/pl.*
zrejmý offensichtlich
zrelý reif
zrenica *f* Pupille
zreteľ *m* Gesichtspunkt; Augenmerk *n*; ***so ~om*** unter Berücksichtigung
zrezať *pf.* abschneiden; F heruntermachen (*Kritik*)
zria|denie *n* Ordnung *f*; Errichtung *f*; ***štátne ~denie*** Staatsform *f*; **~diť** (**~ďovať**) gründen, errichten
zriedka *adv.* selten; **~vý** selten
zrieďovať verdünnen
zriek|ať ⟨**~nuť**⟩: **~*ať sa*** verzichten, sich lossagen
zrkadlo *n* Spiegel *m*
zrnko *n* Körnchen; **~vý** gekörnt; ***~vá káva*** Bohnenkaffee *m*
zrno *n* Korn
zrobiť *pf. s.* ***urobiť***
zrod *m* Entstehung *f*; **~iť** *pf.* erzeugen; zeugen; hervorbringen; ***~iť sa*** geboren werden; entstehen
zrovn(áv)ať ebnen
zrozumiteľný verständlich
zrub *m* Holzhütte *f*
zrúca|nina *f* Ruine; **~ť** *pf. s.* ***rúcať***
zručný gewandt
zruš|iť (**~ovať**) schließen; auflösen; aufheben
zrútiť: **~ *sa*** *pf.* einstürzen; zusammenbrechen
zrýchliť *pf.* beschleunigen
zub *m* Zahn; **~ár** *m* Zahnarzt; **~ný** Zahn-
zúbožený verarmt; erbärmlich
zúčast|nený beteiligt; **~niť** (**~ňovať**): ***~niť sa*** teilnehmen, sich beteiligen
zúčtovať *pf.* abrechnen
zúfa|lstvo *n* Verzweiflung *f*; **~lý** verzweifelt; **~ť** *pf.* verzweifeln
zunovať verdrießen, überdrüssig sein
zúri|ť *pf.* wüten, toben; **~vý** wütend, tollwütig

zúročiť *pf.* verzinsen
zušľachtiť *pf.* veredeln
zúžiť *pf.* einengen
zužitkovať ausnutzen, nutzbar machen
zužovať *s.* ***zúžiť***
zvábiť *pf.* (ver)locken
zvada *f* Zank *m*, Streit *m*
zvádzať ableiten, verleiten, abbringen; verwirren; zusammenführen
zva|liť (**~ľovať**) niederwerfen; abwälzen
zvárať ⟨**~zvariť**⟩ schweißen
zvať *pf.* rufen; einladen
zvážať *Getreide* einfahren
zvážiť *pf.* abwiegen; abwägen; berücksichtigen
zvážnieť *pf.* ernst werden
zväčša *adv.* größtenteils
zväčš|enina *f* Vergrößerung; **~iť** (**~ovať**) vergrößern
zvädnúť *pf.* verwelken
zväz *m* Bund, Union *f*
zväzo|k *m* Bund; Bündel *n*; Band *n*; Bündnis *n*; **~vať** zusammenbinden
zvečera *adv.* gegen Abend
zveč|niť (**~ňovať**) verewigen; **~nený** verewigt
zvedav|osť *f* Neugier; **~ý** neugierig
zveľa|diť (**~ďovať**) fördern, heben
zvelebiť *pf.* verherrlichen, preisen
zvelič|iť (**~ovať**) übertreiben
zver[1] *m* Tier *n*
zver[2] *f*, **~ina** *f* Wild *n*
zverej|ňovať ⟨**~niť**⟩ veröffentlichen
zver|iť (**~ovať**) anvertrauen
zverolekár *m* Tierarzt
zvesiť *pf.* abnehmen; *Kopf* hängen lassen
zves|ť *f* Nachricht, Kunde; **~tovať** verkünden
zviazať *pf. s.* ***zväzovať***
zviera *n* Tier; **~cí** tierisch, Tier-
zvierať zusammenpressen
zviesť *pf. s.* ***zvádzať***
zviezť *pf.* hinabfahren; *Ernte* einbringen; hinfahren; **~ *sa*** mitfahren; durchkommen
zvíjať: **~ *sa*** sich winden
zvíriť *pf.* aufwirbeln
zvislý senkrecht, vertikal
zvíťaziť *pf.* (be)siegen; triumphieren
zvládnuť überwinden; bewältigen
zvlášť *adv.* besonders, speziell
zvláštn|osť *f* Besonderheit; **~y** besonders; sonderbar
zvliekať ablegen; *Haut* abziehen
zvl|niť (**~ňovať**) Wellen erzeugen; **~nený** gewellt
zvnútra *adv.* von innen
zvodný verführerisch
zvoľa *f* Willkür
zvol|anie *n* Einberufung *f* (*e-r Sitzung*); Anruf *m*, Ausruf *m*; **~(áv)ať** einberufen; rufen
zvoliť *pf. s.* ***voliť***
zvon *m* Glocke *f*; **~ček** *m*, **~ec** *m* Glocke *f*, Klingel *f*; **~iť** läuten; klingeln

zvonka *adv.* von außen, von draußen
zvoziť *pf.* wegfahren; F herunterputzen
zvraca|nie *n* Brechen; **~ť** sich übergeben; ***musím ~ť*** mir ist übel
zvrat *m* Wendung *f*
zvrhlík *m* Wüstling
zvrhnúť *pf.* stürzen; **~ *sa*** verkommen
zvrchník *m* Überzieher (*Mantel*)
zvrchovaný souverän; **~ *čas*** höchste Zeit
zvrchu *adv.* von oben
zvuč|ať klingen; **~ka** *f* Erkennungsmusik
zvuk *m* Ton, Klang; **~ový** Ton-
zvyčajný gewöhnlich
zvyk *m* Gewohnheit *f*; Sitte *f*, Brauch; **~ať** (***si*** sich) gewöhnen; **~núť** pflegen, die Gewohnheit haben; ***~núť si*** *pf. s.* ***zvykať si***; **~nutý** gewöhnt
zvýraz|niť (**~ňovať**) zum Ausdruck bringen, unterstreichen
zvysoka *adv.* von oben
zvýšiť *pf.* erhöhen, steigern; übrig bleiben
zvyšo|k *m* Rest, Überbleibsel *n*; **~vať** *s.* ***zvýšiť***

Ž

žaba *f* Frosch *m*
žalár *m* Zuchthaus *n*, Gefängnis *n*
žalob|a *f* Klage; Anklage; **~ca** *m* Kläger; Ankläger
žalost|iť trauern; **~ný** traurig; klagend; erbärmlich
žalovať klagen; anklagen; sich beklagen
žalúdok *m* Magen
žandár *m* Gendarm
žáner *m* Genre *n*
žart *m* Witz, Spaß; ***bez ~u*** Spaß beiseite; **~ovať** spaßen, Spaß machen
žasnúť entsetzt sein
žať mähen, ernten
žatva *f* Ernte
že *cj.* dass
žehli|čka *f* Bügeleisen *n*; **~ť** bügeln
žehnať segnen
žela|nie *n* Wunsch *m*; **~ť** (***si*** sich) wünschen; **~teľný** wünschenswert
želez|iareň *f* Eisenwerk *n*; **~nica** *f* Eisenbahn; **~ný** Eisen-, eisern; **~o** *n* Eisen
žemľa *f* Semmel, Brötchen *n*
žena *f* Frau, Ehefrau; **~tý** *Mann*: verheiratet
ženích *m* Bräutigam
ženský weiblich
žeravý glühend
žeriav *m* Kranich; Kran
žiačka *f* Schülerin
žiada|ný gewünscht, gefragt; **~ť** fordern, bitten, ansuchen;

~ *sa povedať* es ist erforderlich zu sagen; **~teľ** *m* Antragsteller; **~ *o azyl*** Asylbewerber
žiad|en, **~ny** kein
žiad|osť *f* Gesuch *n*, Ersuchen *n*, Antrag *m*; Verlangen *n*; **~úci** wünschenswert, gewünscht
žiak *m* Schüler
žiaľ *m* Trauer *f*, Schmerz; *adv.* leider; **~bohu** *adv.* leider Gottes
žialiť trauern
žiar|a *f* Schein *m*; **~enie** *n* Strahlung *f*; **~iť** strahlen, glühen
žiarli|ť eifersüchtig sein; **~vý** eifersüchtig
žiarovka *f* Glühbirne
Žid *m* Jude; **~ovska** *f* Jüdin; **2ovský** jüdisch
žihadlo *n* Stachel *m*
žihľava *f* Brennnessel
žila *f* Sehne; Ader
žiletka *f* Rasierklinge
žiť leben
žito *n* Roggen *m*; Weizen *m*
živel *m* Element *n*; **~ný** elementar
živica *f* Harz *n*
živiť (***sa*** sich) ernähren
živnos|ť *f* Gewerbe *n*; **~tník** *m* Gewerbetreibende(r)
živný Nähr-; nahrhaft
živobytie *n* Lebensunterhalt *m*
živočí|ch *m* Lebewesen *n*, Tier *n*; **~šny** Tier-
živoriť vegetieren
život *m* Leben *n*; ***celý ~*** zeitlebens; **~aschopný** lebensfähig; **~ný** Lebens-; **~opis** *m* Lebenslauf; **~ospráva** *f* Lebensweise
živý lebendig, lebend
žľab *m* Rinne *f*
žľaza *f* Drüse
žlč *f* Galle
žltačka *f* Gelbsucht
žĺtok *m* Eigelb *n*, Dotter *n*
žltý gelb
žmúriť (**žmurkať**) blinzeln
žmýkať wringen
žobr|ák *m* Bettler; **~ať** betteln
žold *m* Sold; **~nier** *m* Söldner
žoviálny jovial
žralok *m* Haifisch
žra|ť fressen; **~vý** gefräßig
žrď *f* Stange, Stock *m*
žreb *m* Los *n*
žrebec *m* Hengst
žrebovať Los(e) ziehen
žriebä *n* Fohlen
žriedlo *n* Quelle *f*; Sprudel *m*
žula *f* Granit *m*
žúr *m* P Feier *f*, Fete *f*
žurnál *m*: ***filmový ~*** Wochenschau *f*
žurnalist|a *m* Journalist; **~ický** journalistisch
žuť, **žuvať** kauen
žuvačka *f* Kaugummi *m*

A

Aal *m* úhor
ab *prp.* od (*G*); ~ ***und zu*** časom, tu a tam, občas
abändern (z)meniť
Abart *f* odroda
Abbau *m* odbúranie *n*; zníženie *n*; *Bgb.* ťažba *f*; **2en** odbúrať; znížiť; ťažiť, dobývať
abbeißen odhryznúť
abberufen odvol(áv)ať
abbestell|en odvolať objednávku (*A*); **2ung** *f* odvolanie *n* objednávky
abbiegen odboč|iť (~ovať); ***nach rechts*** doprava; ***nach links*** doľava
Abbildung *f Typ.* obraz *m*, reprodukcia
ab|blättern *v/i.* odlupovať sa; **~blenden** stlmiť svetlá; **2blendlicht** *n* stlmené svetlo, stretávacie svetlo; **~brechen** *v/t.* odlomiť, odtrhnúť; *Haus* zbúrať; *Reise, Verhandlungen* preruš|iť (~ovať); **~bremsen** (za)brzdiť; **~brennen** *v/t.* vypáliť; *v/i.* vyhorieť; **~bröckeln** *v/i.* odpad(áv)ať
Abbruch *m* zbúranie *n*; *fig.* prerušenie *n*
abbuchen: ***vom Konto*** ~ účtovať ⟨zúčtovať⟩ z účtu
ab|bürsten vykefovať; **~decken** odkryť; (*zudecken*) prikryť; **~drängen** odtisnúť; **~dichten** utesniť, zapchať; **~drehen** *Gas, Wasser* uzavrieť
Abdruck *m* obťah; odliatok
Abend *m* večer; ~- *in Zssgn* večerný; **~essen** *n* večera *f*; **~kasse** *f* pokladnica; **2lich** večerný; **2s** večer; **~veranstaltung** *f* večerné podujatie *n*; **~zeitung** *f* večerník *m*
Abenteuer *n* dobrodružstvo
aber ale
Aber|glaube *m* povera *f*; **2gläubisch** poverčivý
abermals znova, opäť
abfahren odcestovať; odviezť
Abfahrt *f* odchod *m*
Abfahrts|lauf *m Sp.* zjazd; **~zeit** *f* čas *m* odchodu
Ab|fall *m* odpad; odtrhnutie; **~fälle** *m/pl.* odpadky *m/pl.*; **~falleimer** *m* kôš na odpadky; **2fallen** odpadať, odpadnúť; (*Straße*) príkro sa zvažovať
ab|fällig nepriaznivý; **~fangen** zachytiť; *Briefe* zadržať; **~färben** odfarbiť; **~fertigen**

vypraviť; (*abweisen*) odbyť; **~feuern** vystreliť
abfind|en uspoko|jiť (~jovať); ***sich ~en mit*** zmieriť sa (*I*); **≈ung(ssumme)** *f* odstupné *n*
ab|fliegen odletieť; **~fließen** odtiecť (odtekať)
Abflug *m* odlet; **~zeit** *f* čas *m* odletu
Abfluss *m* odtok, odpad
abführ|en odviesť (odvádzať); (*mit Wagen*) odviezť (odvážať); **≈mittel** *n* preháňadlo
Ab|gabe *f* odovzdanie *n*; (*Steuer*) poplatok *m*; **~gang** *m* odchod; odjazd; **~gase** *m/pl.* výfukové plyny; **≈geben** odovzdať; ***sich ≈geben mit*** zaoberať sa (*I*)
abge|brochen zlomený; **~droschen** otrepaný; **~härtet** otužilý
abgehen odísť (odchádzať); *Geklebtes*: odlepiť sa; *s.* ***abfallen***
abgelegen odľahlý
abgemacht dohodnutý; **~!** platí!, dobre!
abgeneigt: **~ *sein*** byť proti
Abgeordnete(r) *m/f* poslanec *m*, poslankyňa *f*
abge|rissen rozodratý; **≈sandte(r)** *m* posol; **~schieden** osamelý
abgesehen: **~ *von*** nehľadiac na to
abge|spannt ustatý; **~standen** odstatý; **~storben** odumretý; **~tragen** obnosený
abgewöhnen (*j-m A*) odvyknúť, odučiť (*D*); ***sich ~*** odvyknúť si, odučiť sa
ab|gießen odli(ev)ať; **~gleiten** skĺznuť; **~grenzen** ohraničiť, vymedziť; **≈grund** *m* priepasť *f*; *fig.* hlbočina *f*; **≈guss** *m* odliatok; **~hacken** odseknúť; **~halten** (***von*** *D*) prekážať (*D*); ***eine Sitzung ~halten*** zasadať
abhanden: **~ *kommen*** stratiť sa
Abhandlung *f* rozprava, stať
Abhang *m* svah, úbočie *n*
abhängen *v/t.* odopnúť; *v/i.* *fig.* (***von*** *D*) závisieť od (*G*)
abhängig závislý od (*G*); **≈keit** *f* závislosť
abhärten otuž|iť (~ovať)
abhauen *s.* ***abhacken***
abheben: ***Geld ~*** vybrať; ***sich ~*** vynikať
abhelfen vypomôcť (*D*)
abhetzen F: ***sich ~*** utrápiť sa, uštvať sa
Ab|hilfe *f* pomoc; **≈holen** odniesť, doniesť, vyzdvihnúť; (*j-n*) ísť po (*A*); **≈holzen** vyrúbať; **≈hören** *Telefon usw.* odpočú|uť (~úvať)
Abitur *n* maturita *f*
ab|kaufen odkúpiť; **~klopfen** vyklopať; **~knöpfen** odo|pnúť (~pínať); **~kochen** uvariť; **≈kommen** *n* dohoda *f*, dohovor *m*; **≈kömmling** *m* potomok; **~koppeln** odopnúť; odpojiť; **~kratzen** zoškrabať; F skapať; **~küh-**

len schladnúť; **∼kühlung** *f* schladenie *n*
abkürz|en skrátiť; **∼ung** *f* skrátenie *n*; skratka
abladen skladať, zložiť
Ablage *f* polica
ablassen *Wasser* vypustiť; (*v. Preis*) zľaviť; **∼ von** upustiť od (*G*)
Ablauf *m* (*Wasser*) odtok; (*Zeit*) uplynutie *n*; (*Verlauf*) chod; **∼en** odtekať, uplynúť; *Schuhe* rozšliapať
ab|lecken olizovať; **∼legen** odložiť; *Prüfung* zložiť; *Zeugnis* vydať; *Geständnis* priznať sa; *Rechenschaft* zodovedať sa z (*G*); **∼lehnen** odmietnuť; **∼lehnung** *f* zamietnutie *n*
ab|leiten od|viesť (∼vádzať); od|vodiť (∼vodzovať); **∼lenken** od|vrátiť (∼vracať); **∼lenkung** *f* odvrátenie *n*; rozptýlenie *n*; **∼lesen** odčítať, prečítať
abliefer|n odovzdať, dodať; **∼ung** *f* dodanie *n*, odovzdanie *n*
ablös|en oddeliť, odlúčiť; *Geklebtes* odlepiť; *Wache usw.* vystriedať; ***sich* ∼en** *Farbe usw.*: odpad|ať ⟨-núť⟩; **∼ung** *f* vystriedanie *n*
abmach|en *fig.* dohovoriť sa; **∼ung** *f* dohovor *m*, dohoda
abmagern schudnúť
Ab|marsch *m* odchod; **∼melden** odhlásiť; **∼messen** odmerať, vymerať; **∼mühen**: ***sich* ∼mühen** natrápi[ť]...; **∼nagen** ohlodať; **∼nahme** ... úbytok *m*, ubúdanie *n*; pre... vzatie *n*; (*Ware*) odber *m*, odňatie *n*
abnehm|en odňať, odoberať; *Hut* sňať; *v/i.* (*Mond, Kräfte*) ubúdať; *s.* ***abmagern***; **∼er** *m* odberateľ; zákazník, spotrebiteľ
Abneigung *f* nechuť, odpor *m*
abnutz|en opotrebovať; **∼ung** *f* opotrebovanie *n*
abonnieren predplatiť, mať predplatené
Abordnung *f* delegácia
Abort *m* záchod
ab|pfeifen *Spiel* odpískať; **∼pflücken** *s.* ***pflücken***; **∼prallen** od|raziť (∼rážať) sa; **∼rasieren** oholiť; **∼raten** odhovárať; **∼räumen** odpratať; **∼rechnen** odpočítať, odrátať; *fig.* (***mit*** *j-m*) zúčtovať (s *I*)
abreib|en otrieť; **∼ung** *f* trenie *n*; F bitka
Abreise *f* odchod *m*, odcestovanie *n*
abreisen odcestovať
ab|reißen *Kleidung* strhnúť; *Haus* zboriť; *Verbindung* prerušiť; **∼richten** ⟨vy⟩cvičiť; **∼riegeln** zatvoriť
Abriss *m* náčrt, skica *f*; *s.* ***Abbruch***
ab|rücken *v/t.* odsunúť; *v/i.* odísť; **∼runden** zaokrúhliť; **∼rüsten** odzbrojiť; **∼rutschen** skĺznuť

Absage *f* odvolanie *n*
absagen odriecť, odvolať
absägen odrezať
Absatz *m Hdl.* odbyt; *Typ.* odsek; (*Schuh*) podpätok
ab|schaffen zrušiť; **~schälen** olúpať; **~schalten** vypnúť; **~schätzen** odhadnúť
Abscheu *m* odpor, hnus; **²lich** ošklivý, hnusný
ab|schicken odos(ie)lať; **~schieben** odsunúť
Abschied *m* rozlúčka *f*, rozlúčenie *n*; **~ *nehmen*** rozlúčiť sa
abschießen zostreliť
Abschlag *m* (*Nachlass*) zľava *f*, zrážka *f*; **²en** odraziť; *Bitte* odoprieť, odmietnuť
Abschlagszahlung *f* splátka
abschlepp|en odvliecť; **²seil** *n* vlečné lano
abschließen *Tür* zamknúť; *Rede* zakončiť; *Konto*, *Vertrag* uzavrieť
Abschluss *m* záver, skončenie *n*; uzávierka *f*
ab|schmieren *Auto* namazať; **~schneiden** odrezať; odkrojiť; odstrihnúť; ***gut ~schneiden*** uspieť; ***schlecht ~schneiden*** neuspieť; **²schnitt** *m* odsek, úsek; ústrižok; (*Zeit*) obdodie *n*
ab|schrauben odkrútiť; **~schrecken** odstrašiť; **~schreiben** odpísať; **²schrift** *f* odpis *m*, prepis *m*; **²schuss** *m* (*e-s Wildes*) odstrel; **~schüssig** strmý, zrázny; **~schütteln** striasť; **~schwächen** zoslabiť; **~schweifen** odchýliť sa
abseh|bar dohľadný; **~en**: ***es auf et.*** (*A*) **~*en*** mieriť na (*A*); ***von et.*** (*D*) **~en** odhliadnuť od (*G*)
abseilen spúšťať po lane (***sich*** sa)
abseits *adv.* stranou, bokom
Abseits *n Sp.* ofsajd *m*
absend|en vyslať; **²er(in** *f*) *m* odosielateľ(ka)
absetzen *Last* zložiť, zhodiť; odstaviť; *Passagiere* vysadiť; *Thea.* stiahnuť z programu; *Hdl.* predať
Absicht *f* zámer *m*, úmysel *m*; **²lich** úmyselný
absolut absolútny
absolvieren absolvovať
absonder|n oddeliť; **²ung** *f* oddeľovanie *n*
absperren uzavrieť; *Straße* zahatať
abspielen *Platte* P spustiť; ***sich ~*** odohrávať sa
ab|springen zoskočiť; **²sprung** *m* zoskok
abstamm|en pochádzať; **²ung** *f* pôvod *m*, rod *m*
Abstand *m* vzdialenosť *f*
abstatten: ***Dank ~*** vzdávať vďaku; ***Besuch ~*** navštíviť
ab|stauben oprášiť; **~stechen** (***gegen** A*, ***von** D*) líšiť sa (od *G*); **²stecher** *m* výlet; **~stecken** vytýčiť; **~steigen** zostúpiť; (*im Hotel*) ubytovať sa; **~stellen** odstaviť; *Motor*

zastaviť; *Missstand* odstrániť; **⁓stellraum** *m* odkladacie priestory; **⁓stempeln** opečiatkovať; **⁓sterben** odumierať
Abstieg *m* zostup; *fig.* pokles, komora *f*
abstimm|en *Mus.* naladiť; *Pol.* ⟨od⟩hlasovať; **⁓ung** *f* zladenie *n*, súlad *m*; *Pol.* hlasovanie *n*
ab|stoßen odraziť, odstrčiť; **⁓stoßend** odpudzujúci; **⁓streiten** popierať; **⁓stumpfen** *v/i.* otupieť; **⁓sturz** *m* pád *m*, zrútenie *n*; **⁓stürzen** zrútiť sa, spadnúť; **⁓suchen** prehľadať
Abszess *m* vred
Abt *m* opát
abtauen *v/t.* odmraziť
Abtei *f* opátstvo *n*
Abteil *n* oddelenie, kupé
abteil|en oddeliť; **⁓ung** *f* odbor *m*, oddelenie *n*
ab|tippen odklepať na stroji; **⁓tragen** *Haus* zboriť; *Kleid* znosiť; **⁓treibung** *f Med.* potrat *m*; **⁓trennen** odde|liť (⁓ľovať); *Angenähtes* odpárať; **⁓treten** ustúpiť; (*j-m A*) odstúpiť; (*v. Amt*) vzdať sa (*G*); **⁓trocknen** utrieť; **⁓tropfen** odkvapkať; **⁓urteilen** odsúdiť; **⁓wägen** uvážiť
abwälzen: ***von sich ⁓*** zva|liť (⁓ľovať) zo seba
abwarten vyčk(áv)ať, dočkať
abwärts dolu, nadol; ***den Fluss ⁓*** po prúde, po rieke
abwasch|bar umývateľ…
⁓en umyť (umývať)
Abwässer *n/pl.* odpadové vody *f/pl.*
abwechs|eln meniť sa, striedať sa; **⁓elnd** striedavý; **⁓lung** *f* výmena, striedanie *n*; zmena
Abwehr *f* obrana; **⁓en** odr|aziť (⁓ážať)
ab|weichen odchýliť sa; (*sich unterscheiden*) líšiť sa; **⁓weichend** odchylný; **⁓weisen** odmiet|ať ⟨-nuť⟩; **⁓weisung** *f* zamietnutie *n*; **⁓wenden** odvrátiť, odkloniť (***sich*** sa); *Krieg* zabrániť; **⁓werfen** odhodiť, zhodiť; **⁓wertung** *f* znehodnotenie *n*
abwesen|d neprítomný; (*zerstreut*) rozptýlený; ***⁓d sein*** nebyť prítomný; **⁓heit** *f* neprítomnosť
ab|wickeln odvíjať; *fig.* realizovať, uskutočniť; **⁓wiegen** odvážiť; **⁓wischen** utrieť
ab|zahlen splácať; **⁓zählen** odpočítať
Abzeichen *n* (od)znak *m*
abziehen *v/t. Schlüssel* vytiahnuť; *Fell* stiahnuť; *Math.* odrátať, odpočítať; *Typ.* prekopírovať; *v/i.* odísť, odtiahnuť; *Vögel*: odletieť
Ab|zug *m* (*Weggang*) odchod, ústup; (*Hdl., Lohn*) zrážka *f*, zľava *f*; *Fot.* kópia *f*; (*an Schusswaffen*) spúšť *f*; **⁓züglich** po odpočítaní; **⁓zweigen** *v/i. Weg*: odbočiť

(~ovať); **~zweigung** *f* rozvetvenie *n*, odbočka *f*
Achse *f* os
Achsel *f* rameno *n*, plece *n*; **~höhle** *f* podpažie *n*
acht osem
Acht[1] *f* (*Zahl*) osmička
Acht[2] *f* pozor *m*; ***sich in ~ nehmen*** mať sa na pozore; ***außer ~ lassen*** nedbať na (*A*); ***~ geben*** dávať pozor (na *A*)
acht|e(r) ôsmy; **≗el** *n* osmina *f*
acht|en (*schätzen*) vážiť si; dbať; **~los** nepozorný
acht|mal osemkrát; **~stündig** osemhodinový
Achtung *f* pozornosť; (*Respekt*) úcta; **~!** pozor!
ächzen vzdychať, stonať
Acker *m* pole *n*, roľa *f*
Adapter *m El.* adaptér
addieren sčítať, spočítať
Adel *m* šľachta *f*
Ader *f* žila
Adjektiv *n* prídavné meno
Adler *m* orol
adoptieren adoptovať, prijať za vlastné
Adress|e *f* adresa; **≗ieren** adresovať
Affäre *f* aféra
Affe *m* opica *f*
Afrika *n* Afrika *f*; **~ner** *m* Afričan; **≗nisch** africký
After *m* konečník
Agent *m* zástupca, agent; **~ur** *f* agentúra
Aggression *f* agresia
Ägypt|en *n* Egypt; **~er** *m* Egypťan; **≗isch** egyptský
Ahn(e) *m* predok, praotec
ähneln (*D*) byť podobným, podobať sa
ahnen tušiť, predvídať
ähnlich podobný; **≗keit** *f* podobnosť, podoba
Ahnung *f* tušenie *n*, predtucha *f*
ahnungslos nič netušiaci, bez potuchy
Ahorn *m* javor
Ähre *f* klas *m*
Aids *n* aids *m*; **~test** *m* skúška *f* na aids
Airbag *m* airbag
Akade|miker *m* s vysokoškolským vzdelaním; **≗misch** akademický
Akazie *f* agát *m*
Akkord *m* akord; *Mus.* akord, súzvuk; **~arbeit** *f* úkolová práca; **~lohn** *m* úkolová mzda *f*
Akkumulator *m* akumulátor
Akt *m* akt; (*Handlung*) čin; *Thea.* dejstvo *n*; **~e** *f* spis *m*, doklad *m*; **~entasche** *f* aktovka
Aktie *f* akcia
Aktiengesellschaft *f* akciová spoločnosť
Aktion *f* akcia, účastina
Aktionär *m* akcionár
aktiv aktívny, činný; **≗ität** *f* aktivita
aktuell aktuálny, časový
akut ostrý, akútny
Akzent *m Gr.* prízvuk, dôraz
akzept|abel prijateľný; **~ie-**

ren akceptovať, prijať
Alarm *m* poplach; **~anlage** *f* poplašné zariadenie *n*; **~bereitschaft** *f* poplachová pohotovosť; **⁓ieren** alarmovať
Alaun *m* kamenec
Albanien *n* Albánsko
albern hlúpy, nerozumný
Albtraum *m* mora *f*
Album *n* album *m*
Alge *f* (morská) riasa
Algerien *n* Alžírsko
Alkohol *m* alkohol, lieh; **⁓frei** nealkoholický; **⁓isch** alkoholický, liehový; **~spiegel** *m* liehomer; **~test** *m* skúška *f* na alkohol
All *n* vesmír *m*
all všetok (všetka *f*, všetko *n*); ***vor ~em*** predovšetkým; ***~e drei Jahre*** každý tretí rok; **~bekannt** všeobecne známy; **~e** *pl.* všetci, všetky; ***~e beide*** obidvaja
Allee *f* aleja *f*, stromoradie *n*
allein sám, jediný; ***~ stehend*** osamotený
allemal *s. Mal*
allenfalls nanajvýš
allerdings pravda, ovšem
allergisch alergický
aller|hand všelijaký, rozličný; **⁓heiligen** *n* Všechsvätých; **~lei** *s.* ***~hand***; **⁓seelen** *n* Dušičky *flpl.*; **~seits** zo všetkých strán
alles všetko; ***~ Gute!*** všetko najlepšie!
allgemein všeobecný; ***im ⁓en*** všeobecne; ***~ verständlich*** všeobecne zrozumiteľný; **⁓heit** *f* všeobecnosť
Alliierte(r) *m* spojenec
all|jährlich každoročný; **~mählich** postupný, pomalý; **~monatlich** mesačný; **~täglich** každodenný; *fig.* všedný; **~zu**: ***~ sehr*** priveľmi, priveľa; ***~ viel*** priveľa, príliš mnoho
Alm *f* salaš *m*
Almosen *n* almužna *f*
Alpen *pl.* Alpy
Alphabet *n* abeceda *f*; **⁓isch** abecedný
Alptraum *s. Albtraum*
als *cj.* keď; ako, než; ***größer ~ er*** väčší než on; ***~ ob ...*** akoby ..., ako by ...
also teda
alt starý; ***~ werden*** starnúť; ***wie ~ ist er?*** koľko má rokov?
Altar *m* oltár
altbacken zatvrdlý
Altenheim *n* starobinec *m*
Alter *n* staroba *f*; vek *m*
älter starší
alternativ alternatívny
Alters|genosse *m* rovesník; **~grenze** *f* veková hranica; **~heim** *n* domov *m* dôchodcov; **~versorgung** *f* zaopatrenie *n* v starobe
Alter|tum *n* starovek *m*; **⁓tümlich** staroveký
altklug prešibaný
alt|modisch staromódny; **⁓stadt** *f* staré mesto *n*
Aluminium *n* hliník *m*

am (*s.* ***an***) *prp.* (*D*) (*Ort*) na; ***Frankfurt ~ Main*** Frankfurt nad Mohanom; ***~ Meer*** na mori; (*Zeit*) v, vo; ***~ Sonntag*** v nedeľu; ***~ Donnerstag*** vo štvrtok; ***~ 1. Mai*** 1. (prvého) mája; ***~ besten*** najlepšie
Amateur *m* amatér
Amboss *m* nákova *f*
ambulant ambulantný
Ameise *f* mravec *m*
Amerika *n* Amerika *f*; **~ner** *m* Američan; **≗nisch** americký
Amme *f* dojka, varovkyňa
Amnestie *f* amnestia
amortisieren amortizovať, umorovať
Ampel *f* (*Verkehrs≗*) semafor *m*
amputieren amputovať
Amsel *f* drozd *m*
Amt *n* úrad *m*; **≗lich** úradný; **~s-** úradný
amüsieren zabávať (***sich*** sa)
an *prp.* (*A*, *D*) na, pri (*L*); k (*D*), do (*G*); ***~ der Donau*** na Dunaji, nad Dunajom; *s.* ***am***
anbahnen pripraviť pôdu
Anbau *m* pestovanie *n* (rastlín); *Arch.* prístavba *f*; **≗en** pestovať; *Arch.* pristavať; **~fläche** *f* osevná (*od.* obrobená) plocha
Anbeginn *m* začiatok; ***von ~*** od samého začiatku
an|behalten *Kleidung* nechať na sebe; **~bei** priložene, v prílohe; **~beißen** zakúsnuť; **~bellen** zabrechať na (*A*); **~beten** klaňať sa (*D*); zbožňovať (*A*)
Anbetracht: ***in ~*** (*G*) vzhľadom na (*A*)
an|bieten ponúk|nuť (**~**ať); **~binden** priviazať; **≗blick** *m* pohľad; **~braten** pripiecť; **~brechen** *v/t.* nalomiť; *v/i.* *Tag*: začínať sa, nastávať
anbrennen *v/i.* pripaľovať sa, prihorieť; ***~ lassen*** pripáliť, pripiecť
an|bringen pripojiť, pripevniť; **≗bruch** *m* načatie *n*; ***bei ≗bruch des Tages*** na svitaní, na úsvite; ***bei ≗bruch der Nacht*** na súmraku; **≗dacht** *f* pobožnosť; **~dächtig** pobožný; **~dauernd** trvalý
Andenken *n* pamiatka *f*, spomienka *f*; ***zum ~ an*** (*A*) na pamiatku (*G*)
ander|- iný, druhý; ***etwas ~es*** niečo iného; ***unter ~em*** medzi iným; **~(er)seits** naproti tomu
ändern meniť, preinačiť
andernfalls ináč
anders ináč; ***jemand ~*** niekto druhý; **~wo** (kdesi) inde; **~wohin** (niekam) inde
anderthalb pol druha
Änderung *f* premena; zmena
andeut|en naznačiť; **≗ung** *f* naznačenie *n*, pokyn *m*
Andrang *m* tlačenica *f*, nával
aneignen: ***sich ~*** osvojiť si, privlastniť si
aneinander na sebe, k sebe,

spolu; ~ ***fügen*** pripojiť (k) sebe; ~ ***grenzen*** hraničiť spolu
anekeln: ***es ekelt mich an*** to sa mi hnusí
anerkannt uznaný
anerkenn|en uznať, oceniť; **~enswert** uznaniahodný; **2ung** *f* uznanie *n*, ocenenie *n*
anfahren (*her~*) privážať; ***j-n*** ~ naraziť na n-o; *fig.* osopiť sa; *v/i.* (*losfahren*) pohnúť sa
Anfall *m Med.* záchvat; **2en** napadnúť
anfällig náchylný
Anfang *m* začiatok; ***am*** ~ na začiatku; ***von*** ~ ***an*** spočiatku; **2en** zač|ať (~ínať)
anfangs spočiatku; **2buchstabe** *m* začiatočné písmeno *n*
An|fänger *m* začiatočník; **2fassen** chytiť sa (*G*); **2fechten** *jur.* napadnúť, popierať; **2fertigen** vyhotoviť, vyrobiť; *Anzug* zhotoviť; **2feuchten** navlhčiť; **2feuern** *fig.* podnecovať; **2fliegen** pristávať; priletieť; **~flug** *m Flgw.* nálet; *fig.* nádych
anforder|n požiadať; **2ung** *f* požiadavka
Anfrage *f* dotaz *m*
anfreunden: ***sich*** ~ spriateliť sa
anfügen pripojiť
anführ|en (*leiten*) viesť; (*zitieren*) spomenúť, zmieniť sa; citovať; **2er** *m* vodca *m*, veliteľ
Angabe *f* údaj *m*, oznámenie *n*; tvrdenie *n*; návod *m*; F (*Prahlerei*) chvastúnstvo *n*
angeb|en oznamovať, uviesť; F chvastať sa; **2er** F *m* (*Prahler*) chvastúň; **~lich** údajný; *adv.* vraj
angeboren vrodený; prirodzený
Abgebot *n* ponuka *f*
ange|bracht *fig.* vhodný; **~brannt** pripálený; **~brochen** *Packung, Flasche*: načatý; **~heitert** podnapitý
angehen (*betreffen*) týkať sa (*G*); (*beginnen*) začínať; **~d** budúci
angehör|en patriť, prináležať; **2ige(r)** *m* príslušník; **2ige(n)** *pl.* (*Familie*) rodina *f*
Angeklagte(r) *m* obžalovaný
Angel *f* udica; (*Tür*) pánt *m*
Angelegenheit *f* vec, záležitosť
angel|n chytať ryby na udicu; **2rute** *f* prút *m* na udicu; **2schnur** *f* vlas *m*, šnúra
ange|messen primeraný; vhodný; **~nehm** príjemný; vítaný; ***sehr ~nehm!*** teší ma!; **~nommen**: ***~nommen, dass ...*** povedzme, že ...; **~sehen** vážený, ctený; **2sicht** *n* obličaj *m*; **~sichts** (*G*) vzhľadom na (*A*); **~spannt** napätý
Angestellte(r) *m* zamestnanec
ange|strengt *adv.* usilovne; **~trunken** podnapitý; **~wie-**

sen (***auf*** *A*) odkázaný (na *A*)
angewöhnen: ***sich ~*** privykať si, navykať (si) na (*A*)
Angewohnheit *f* zvyk *m*, návyk *m*
angleichen pripodobniť
Angler *m* rybár
angreif|en *Feind* napadnúť, zaútočiť na (*A*); *Vorrat* siahnuť, dotknúť sa; **2er** *m* útočník
angrenzen: ***~ an*** (*A*) hraničiť sa (*I*); **~d** susedný
Angriff *m* útok
Angst *f* strach *m*, úzkosť
ängst|igen: ***sich ~igen*** báť sa; **~lich** bojazlivý, úzkostlivý
anhaben *Kleidung* mať na sebe
anhalt|en zadržať, zastaviť (*v/i.* sa); (*dauern*) trvať; **~end** trvalý; **2er** *m*: ***per 2er fahren*** cestovať autostopom
Anhaltspunkt *m* opora *f*
anhand (*G*) na základe, podľa (*G*)
Anhang *m* príloha *f*
anhäng|en privesiť; zavesiť; **~er** *m* prívržence; *Kfz.* prívesný voz; **~lich** prítulný
an|häufen nahromadiť; **~heben** pozdvihnúť niečo; **~heften** pripevniť; **~heizen** zakúriť
An|höhe *f* vyvýšenina, výšina; **2hören** vypočuť (***sich*** si) (*A*); **~kauf** *m* nákup
Anker *m* kotva *f*; **2n** kotviť
Anklage *f* obžaloba; **2n** obžalovať, obviniť
An|kläger *m* žalobca; **~klageschrift** *f* obžalovací spis *m*
Anklang *m*: ***~ finden*** nájsť ohlas
ankleben prilepiť
Ankleide|kabine *f* obliekáreň; **2n** oblie|kať ⟨**~**cť⟩
an|klopfen zaklopať; **~knipsen** F *Licht* zapnúť; **~kommen** prísť, doraziť, pristáť; ***es kommt darauf an, dass ...*** závisí od toho, či ...; **~koppeln** pripojiť, privesiť; **~kreuzen** zakrížkovať
ankündig|en ohlásiť, zvestovať; **2ung** *f* vyhláška; oznámenie *n*
An|kunft *f* príchod *m*; **2kurbeln** *Hdl.* oživiť; **2lachen** smiať sa na (*A*); **~lage** *f* (*Geld*) vklad *m*; (*Aufbau*) osnova, plán *m*; (*Garten*) sad *m*, park *m*; *Tech.* vybavenie *n*; (*Beilage*) príloha; *Biol.* náchylnosť; **~lass** *m* podnet; príčina *f*
anlass|en *s.* ***anbehalten***; *Motor* spustiť; **2er** *m Tech.* spúšťač, štartér
anlässlich (*G*) počas (*G*), pri príležitosti (*G*)
Anlauf *m* rozbeh; ***~ nehmen*** rozbehnúť sa; **2en** pribehnúť; *Hafen* vplávať do prístavu; *v/i.* *Fensterscheibe*: zájsť parou; *Maschine*: dať sa do behu
an|legen *Verband* priložiť;

Geld uložiť; *s.* ***anziehen***; *v/i. Schiff*: pristáť; **~lehnen** opierať (***sich*** sa; ***an*** *A* o *A*); *Tür* privrieť; **2leihe** *f* pôžička

anleit|en dávať návod (*D*); **2ung** *f* návod *m*

anlernen (*j-n*) priučiť, naučiť

Anliegen *n* žiadosť *f*, prosba *f*; **2d** v prílohe; (*benachbart*) susedný

an|locken prilákať; **~lügen** luhať; **~machen** (*befestigen*) prirobiť; *Feuer* urobiť; *Salat usw.* upraviť, pripraviť; F *Mädchen* obletovať

anmaßen: ***sich ~*** osobovať si; **~d** arogantný, povýšený

anmeld|en prihlásiť (***sich*** sa); ohlásiť; **2eschein** *m* prihlasovací lístok; prihláška *f*; **2ung** *f* prihláška, prihlásenie *n*

anmerk|en poznamenať, zaznamenať; **2ung** *f* poznámka

Anmut *f* pôvab *m*, ľúbeznosť; **2ig** pôvabný, ľúbezný

an|nageln pri|biť (~bíjať); **~nähen** pri|šiť (~šívať)

annäher|nd približný; **2ung** *f fig.* zblíženie *n*

Annahme *f* prijatie *n*; (*Vermutung*) domnienka; **~stelle** *f* podateľňa

annehm|bar prijateľný; **~en** prijať; (*voraussetzen*) predpokladať, domnievať sa; ***sich ~en*** (*G*) ujať sa (*G*); **2lichkeit** *f* príjemnosť, pohodlie *n*

anne|ktieren anektovať, pripojiť; **2xion** *f* anexia, pripojenie *f*

Annonce *f s.* ***Anzeige, Inserat***

annullieren anulovať, zrušiť

anonym anonymný, bezmenný

Anorak *m* vetrovka *f*

an|ordnen nariadiť; usporiadať; **2ordnung** *f* nariadenie *n*, príkaz *m*; **~packen** chytiť sa do (*G*), pustiť sa do (*G*); **~passen** prispôsobiť, upraviť; *Kleidung* odmerať; ***sich ~passen*** (*D*) prispôsobiť sa (*D*); **~pfeifen** *Spiel* zapískať na (*A*); **~pflanzen** nasadiť, zasadiť; **~pöbeln** V nadávať (*D*); **2prall** *m* náraz; **~prangen** pranierovať; **~preisen** vychv|áliť (~aľovať)

Anprob|e *f* skúška (šiat); **2ieren** skúšať

an|pumpen F pumpnúť (o peniaze); **~rechnen** pripočítať; **2recht** *n* nárok *m*, právo; **2rede** *f* oslovenie *n*, prívet *m*; **~reden** osloviť, prihovoriť sa

anreg|en pod|nietiť (~necovať); **2ung** *f* podnet *m*, popud *m*; **~end** podnetný

An|reise *f* pricestovanie *n*, príjazd *m*, príchod *m*; **~reiz** *m* popud; ***materieller ~reiz*** hmotná zainteresovanosť *f*; **2rempeln** F uraziť; **~richte** *f* príborník *m*; **2richten** pripraviť; *Unheil* spôsobiť

Anruf *m* zavolanie *n*; **~beant-**

worter *m* odkazovač; **≗en** zavolať, zatelefonovať
anrühren dotknúť sa (*G*); *Farbe, Teig* premiešať
Ansag|e *f* ohlásenie *n*, hlásenie *n*; **≗en** ⟨o⟩hlásiť, vyhlásiť; **~er** *m* hlásateľ
ansammeln nahromadiť
anschaff|en opatriť, zadovážiť (***sich*** si); **≗ung** *f* obstaranie *n*
anschau|en pozrieť sa na (*A*); **~lich** názorný; **≗ung** *f* názor *m*
Anschein *m*: ***allem ~ nach*** podľa všetkej pravdepodobnosti; ***dem ~ nach*** ako sa zdá; **≗end** pravdepodobne
Anschlag *m* vyhláška *f*; atentát; náraz, úder; **≗en** pribiť; vyvesiť, vylepiť; *v/i. Glocke*: biť, udrieť; *Arznei*: pôsobiť, zabrať
anschließen pripojiť (***an*** *A* k *D*); nadväzovať; ***sich ~*** (*D*) pripojiť sa (k *D*)
Anschluss *m Tech.* spojenie *n*, pripojenie *n*; *fig.* ***~ finden*** zoznámiť sa
anschmiegen: ***sich ~*** privinúť sa (***an*** k *D*)
an|schnallen priviazať, pripínať (***sich*** sa); **~schneiden** zarezať, nakrájať; nastrihať; **~schrauben** priskrutkovať; **≗schrift** *f* adresa; **~schwellen** napuchnúť
ansehen pozrieť; (***als*** *A*) považovať (za *A*)
Ansehen *n* (*Würde*) vážnosť *f*
ansehnlich značný
anseilen: ***sich ~*** uviazať sa na lano
ansetzen nasadiť; pristaviť; nastaviť
Ansicht *f* pohľad *m*, výhľad *m*; (*Meinung*) mienka *f*, názor *m*; ***zur ~*** na nazretie
Ansichtskarte *f* pohľadnica
ansied|eln usadiť (***sich*** sa); **≗lung** *f* osada
ansonst(en) ináč
anspannen zapriahnuť; *Kräfte* napäť
anspiel|en: *Sp.* prihrať; *fig.* ***~en auf*** narážať na (*A*); **≗ung** *f* narážka
an|spitzen priostriť, zahrotiť; **≗sporn** *m* popud; **≗sprache** *f* prejav *m*, oslovenie *n*; **~sprechen** *s.* ***anreden***; **~springen** *Motor*: naskočiť
Anspruch *m* nárok; požiadavka *f*; ***in ~ nehmen*** *s.* ***beanspruchen, brauchen***
anspruchs|los nenáročný; **~voll** náročný
An|stalt *f* ústav *m*; **~stand** *m* slušnosť *f*; **≗ständig** slušný, poriadny; **≗standslos** bez ťažkostí; **≗starren** uprene sa dívať na (*A*)
anstatt (*G*) (na)miesto (*G*)
ansteck|en napichnúť; *Zigarette* zapáliť (***sich*** sa); *Med.* nakaziť (***sich*** sa); **~end** nákazlivý, infekčný; **≗ung** *f* nákaza
an|stehen (***nach*** *D*) stáť v ra-

de (po *A*); **~steigen** stúpať
anstelle: **~ *von*** (*D*) (na)miesto (*G*)
anstell|en *Arbeiter* ustanoviť, zamestnať; (*tun*) ⟨u⟩robiť; *Unfug* vyparatiť; *Radio* zapnúť; ***sich ~en*** postaviť sa do radu; **Ձung** *f* postavenie *n*, miesto *n*
Anstieg *m* rast, vzostup; stúpanie *n*
anstift|en navádzať; **Ձer** *m* strojca
Anstoß *m* náraz; *fig.* podnet, popud; (*Ärgernis*) pohoršenie *n*; *Sp.* výkop; **~ *nehmen an*** (*D*) pohoršovať sa na (*L*); **Ձen** (*anecken*) narazhiť (na *A*), vraziť (do *G*); (*auf j-s Wohl*) štrngnúť si; *s.* ***angrenzen***
anstößig neslušný; urážlivý
anstreichen natierať; (*kennzeichnen*) označiť
anstreng|en namáhať, napínať (***sich*** sa); **~end** namáhavý, vysiľujúci; **Ձung** *f* námaha; úsilie *n*
An|strich *m* náter; **~sturm** *m* nával
Anteil *m* účasť *f*; podiel; **~ *nehmen an*** (*D*) zúčastniť sa na (*L*)
Antenne *f* anténa
Antibabypille F *f* antikoncepčná pilulka
antik antický
Antiquar|iat *n* antikvariát *m*; **Ձisch** antikvárny
Antlitz *f* tvár *f*
Antrag *m* návrh, ponuka *f*; ***einen ~ stellen*** navrhovať; **~steller** *m* navrhovateľ
an|treffen zastihnúť, nájsť; **~treiben** *fig.* povzbudiť, popudiť; *Tech.* poháňať; **~treten** nastúpiť, začať; *Reise* vybrať sa na (*A*)
Antrieb *m* podnet, popud; *Tech.* pohon
antun (*j-m A*) *s.* ***zufügen***
Antwort *f* odpoveď; **Ձen** odpovedať
anvertrauen zveriť (***sich*** sa) (*D*)
Anwalt *m* právny zástupca, advokát
Anwärter *m* kandidát
anweis|en dať návod (*D*), prikázať (*D*); *Platz* poukázať; **Ձung** *f* návod *m*, pokyn *m*; (*Geld*) poukážka
anwend|bar používateľný; **~en** vynakladať, použiť; upotrebiť; **Ձung** *f* použitie *n*, upotrebenie *n*
anwesen|d prítomný; **Ձheit** *f* prítomnosť
Anzahl *f* počet *m*; **Ձen** dať závdavok; **~ung** *f* závdavok *m*
Anzeichen *n* znamenie
Anzeig|e *f* oznam *m*, oznámenie *n*, inzerát *m*; (*Straf*Ձ) udanie *n*; **Ձen** ud(áv)ať; oznámiť; *Uhr usw.*: ukázať; **~er** *m* vestník
anzieh|en (*locken*) vábiť, lákať; *Kleid* obliecť; *Schraube* pritiahnuť; ***sich ~en*** oblie|kať sa ⟨~cť si⟩; *Preise*: stúpať,

zvyšovať sa; **~end** *fig.* príťažlivý; **≈ungskraft** *f* príťažlivosť
Anzug *m* oblek
anzüglich urážlivý
anzünden zapáliť
apart nevšedný
apathisch apatický
Apfel *m* jablko *n*; **~mus** *m* jablčná kaša *f*; **~saft** *m* jablková šťava *f*; **~saftschorle** *n* strek *f* z jablčnej šťavy; **~sine** *f* pomaranč *m*; **~wein** *m* jablkové víno *n*
Apostel *m* apoštol
Apotheke *f* lekáreň; **~r** *m* lekárnik
Apparat *m* prístroj, aparát
Appell *m* apel, vyzvanie *n*; **≈ieren** (***an*** *A*) apelovať (na *A*)
Appetit *m* chuť *f*; **≈lich** chutný; **~losigkeit** *f* nechuť
Applaus *m* potlesk
Aprikose *f* marhuľa
April *m* apríl; **~scherz** *m* aprílový žart
Aqua|rell *n* akvarel *m*; **~rium** *n* akvárium
Arab|er *m* Arab; **≈isch** arabský
Arbeit *f* práca; robota; **≈en** robiť, pracovať; **~er** *m* robotník; **~geber** *m* zamestnávateľ; **~nehmer** *m* zamestnanec; **~s...** pracovný; **≈sam** pracovitý
Arbeits|amt *n* úrad *m* práce; **≈los** nezamestnaný; **~losenunterstützung** *f* podpora nezamestnaných; **~losigkeit** *f* nezamestnanosť; **~platz** *m* pracovisko *n*; pracovné miesto *n*; **~tag** *m* pracovný deň; **≈unfähig** neschopný práce; **~zeit** *f* pracovný čas *m*; **~zimmer** *n* pracovňa *f*
Architekt *m* architekt
Archiv *n* archív *m*
arg zlý; zlomyseľný; P dosť, veľmi
Argentin|ien *n* Argentína *f*; **~ier** *m* Argentínec; **≈isch** argentínsky
Ärger *m* hnev, zloba *f*; **≈lich** hnevlivý, zlostný; nemilý
ärger|n hnevať, zlostiť (***sich*** sa); **≈nis** *n* mrzutosť *f*; pohoršenie; *s.* ***Ärger***
arg|listig úskočný, falošný; **~los** dôverčivý; **≈wohn** *m* podozrenie *n*, nedôvera *f*; **~wöhnisch** upodozieravý, nedôverčivý (***gegen*** *A* voči *D*)
Arie *f* ária
arm chudobný; úbohý
Arm *m* rameno *n*; náručie *n*
Armaturenbrett *n* prístrojová doska *f*
Arm|band *m* náramok; **~banduhr** *f* náramkové hodinky *f/pl.*
Arme(r) *m* chudák, úbožiak
Armee *f* armáda, vojsko *n*
Ärmel *m* rukáv; **~kanal** *m* Lamanšský prieplav; **≈los** bez rukáva
ärmlich chudobný
armselig *s.* ***arm***; úbohý,

biedny
Armut *f* chudoba
Aroma *n* vôňa *f*
Arsch V *m* riť *f*, zadok
Art *f* spôsob *m*, správanie *n*; druh *m*
Arterie *f* tepna
artig slušný, zdvorilý
Artikel *m* článok; *Gr.* člen
Artillerie *f* delostrelectvo *n*
Artist *m* artista, umelec
Arznei *f* liek *m*
Arzt *m* lekár
Ärzt|in *f* lekárka; **²lich** lekársky
Asch|e *f* popol *m*; **~enbahn** *f* *Sp.* škvarová dráha; **~enbecher** *m* popolník; **~ermittwoch** *m* Popolcová streda *f*
asiatisch ázijský
Ass *n* eso
Assistent *m* asistent
Ast *m* konár, ratolesť *f*
Asthma *n* astma *f*
Astro|naut *m* kozmonaut; **~nomie** *f* hvezdárstvo *n*
Asyl *n* azyl *m*; útočisko *n*; **~recht** *n* právo azylu
Atelier *n* ateliér *m*
Atem *m* dych; **~ *holen*** lapať dych; ***außer ~ kommen*** stratiť dych; **²los** bez dychu; **~zug** *m* dych
Äther *m* éter
Athlet *m* atlét; **~ik** *f* atletika; **²isch** atletický
atlantisch atlantický
atm|en dýchať; **²ung** *f* dýchanie *n*, dych *m*
Atom *n* atóm *m*; **~-** atómový; **~kraftwerk** *n* jadrová elektráreň *f*
Attentäter *m* páchateľ atentátu, útočník
Attest *n* vysvedčenie
Attrappe *f* atrapa
ätzen vypáliť, žeraviť; **~d** leptavý
Aubergine *f* baklažán *m*
auch tiež, aj; ***was ~ immer*** akokoľvek
auf (*A*, *D*) na (*A*, *L*); *adv.* hore; ***~ und ab*** hore-dolu, sem a tam; ***von klein ~*** od malička; (*Zeit*) ***~ einen Monat*** na mesiac; *cj.* ***~ dass*** aby; ***~ Slowakisch*** (po) slovensky; ***~ jeden Fall*** v každom prípade
aufatmen vydýchnuť si
Aufbau *m* výstavba *f*, obnova *f*; stavba *f*; **²en** vystavať, vybudovať, postaviť; zriadiť
auf|bauschen zveličovať; **~bekommen** *Tür* otvoriť; *Aufgabe* dostať; **~bessern** zlepšiť; **~bewahren** uschovať, uložiť; **²bewahrung** *f* (*Ort*) úschovňa; **~blähen**, **~blasen** nadúvať (***sich*** sa); **~bleiben** (*wachen*) zostať (hore); *Fenster*: zostať otvorený; **~blühen** rozkvitať; **~brausen** *fig.* vzplanúť; **~brechen** *Tür* vylomiť; *v/i.* rozviť sa; (*weggehen*) vydať sa na cestu; **~bringen** (*öffnen*) otvoriť; *Geld* zohnať; *fig.* popudiť
Auf|bruch *m* odchod; rozmach; **²brühen** napariť;

∼decken odkrývať; **∼drängen** vnucovať; **∼drehen** vykrúcať; otáčať; **∼dringlich** dotieravý; **∼druck** *m* natlačenie *n*

aufeinander za sebou; ***∼ folgen*** nasledovať po sebe; ***∼ folgend*** idúci za sebou, nasledujúci po sebe; ***∼ prallen*** naraziť na seba

Aufenthalt *m* pobyt; *Esb.* zastávka *f*

Aufenthalts|dauer *f* trvanie *n* pobytu; **∼genehmigung** *f* povolenie *n* k pobytu; **∼ort** *m* miesto *n* pobytu

auf|erlegen zaťaž|iť (∼ovať); **∼erstehung** *f Rel.* zmŕtvychvstanie, vzkriesenie *n*; **∼essen** zjesť; **∼fahren** (***auf*** *A*) naraziť (na *A*); **∼fahrt** *f* výjazd *m*; **∼fallen** (*D*) biť do očí, byť nápadný; **∼fällig** nápadný; **∼fangen** zachytiť; **∼fassen** *fig.* pojať, pochopiť; **∼fassung** *f* poňatie *n*, pochopenie *n*; (*Meinung*) názor *m*; **∼flammen** vzplanúť; **∼fordern** vyz(ý)vať; **∼forderung** *f* výzva, vyzvanie *n*; **∼frischen** osviežiť; *fig.* obnoviť

aufführ|en vystavať; (*nennen*) uviesť; *Thea.*, *Mus.* predviesť, zahrať; **∼ung** *f Thea.* predstavenie *n*, predvedenie *n* (hry)

auf|füllen doplniť; **∼gabe** *f* úloha; povinnosť; (*e-s Briefes*) podanie *n*; (*Verzicht*) vzdanie (sa *G*); **∼gang** *m* výstup; vystupovanie *n*; *Astr.* východ; **∼geben** (*Post*) podať, odovzdať; *Aufgabe* uložiť; (*verzichten*) vzdať sa (*G*); (*schließen*) zatvoriť (*A*); **∼gebot** *n Rel.* ohlášky *f/pl.*; **∼gedunsen** napuchnutý

auf|gehen *Sonne*: vychádzať; *Saat*: klíčiť; (*sich öffnen*) otvoriť sa; **∼gelegt** naladený, v nálade; **∼gepasst!** pozor!; **∼geräumt** uprataný; *fig.* veselý; **∼geregt** nahnevaný; **∼geweckt** *fig.* bystrý, čulý; **∼gießen** naliať; **∼greifen** (*A*) uchopiť, chopiť sa (*G*); **∼guss** *m* poleva *f*; nalievanie *n*

aufhalten: ***die Hand ∼*** držať otvorenú ruku; (*j-n*) zadržať; ***sich ∼*** zdržiavať sa

auf|hängen zavesiť, vešať (***an*** *A* na *A*); ***sich ∼hängen*** obesiť sa; **∼heben** zdvihnúť; (*aufbewahren*) uschovať; *Verbot*, *Gesetz* rozpustiť, zrušiť; **∼hebung** *f* zrušenie *n*; **∼heitern** rozveseliť; ***sich ∼heitern*** (*Himmel*) vyjasniť sa; **∼hetzen** ⟨na⟩štvať; **∼holen** dohoniť; **∼hören** prest(á-v)ať; **∼kaufen** nakupovať; **∼klappen** odklopiť

aufklär|en objasniť; vysvetliť; ***sich ∼en*** vyjasniť sa; **∼ung** *f* objasnenie *n*; osveta; (*Kunst*) osvietenstvo *n*

auf|kleben nalepiť; **∼kleber** *m* nálepka *f*; **∼knöpfen**

rozopnúť; **~kommen** povstať, vzniknúť; *Wind*: rozpútať sa; (**für** *A*) ručiť, zodpovedať (za *A*); **~laden** nakladať, naložiť; *Akku* nabiť; **2lage** *f Typ.* náklad *m*, vydanie *n*; **~lassen** (*offen lassen*) nechať otvorené; **2lauf** *m* hŕba *f* ľudí; *Kochk.* nákyp; **~leben** ožívať; **~legen** položiť, naložiť
auflehnen: ***sich ~*** *fig.* búriť sa (***gegen*** *A* proti *D*)
auf|lesen zozbierať; **2lockerung** *f* uvoľnenie *n*; **~lösen** *Knoten* rozviazať; *Partei*, *Zucker* rozpustiť; *Rätsel* roz-, vy|riešiť; ***sich ~lösen*** rozpustiť sa; **2lösung** *f* rozriešenie *n*; likvidácia; **~machen** otvoriť
aufmerksam pozorný; úslužný; ***~ machen auf*** upozorniť; **2keit** *f* pozornosť; úslužnosť
auf|muntern rozveseliť; **2nahme** *f* prijatie *n*; privítanie *n*; *Fot.* snímka; (*Ton2*) záznam *m*; **~nehmen** prijať; (*begrüßen*) privítať; *Protokoll* napísať; (*fassen*) obsiahnuť, pojať; *Fot.* urobiť (snímku); *s.* **leihen**; **beginnen**; **~passen** (**auf** *A*) dávať pozor (na *A*); **2prall** *m* náraz; **2preis** *m* prirážka *f*; **~raffen**: ***sich ~raffen*** vzchopiť sa; **~räumen** uprat|ať (~ovať)
aufrecht vzpriamený; úprimný; ***~ gehen*** ísť vzpriamený; **~erhalten** udržiavať v platnosti, zachovávať
auf|regen rozčuľovať (***sich*** sa); **2regung** *f* rozčúlenie *n*, vzrušenie *n*; **~reißen** *Tür* prudko otvoriť; *Straße* roztrhnúť; rozrýpať; **~richten** vzpriamiť (***sich*** sa); vztýčiť; postaviť; *fig.* potešiť; **~richtig** úprimný, priamy
Aufruf *m* výzva *f*; **2en** vyvol(áv)ať; vyzvať
Auf|ruhr *m* vzbura *f*, revolta *f*; **2runden** zaokrúhliť; **2rüsten** vyzbrojiť; **2sässig** vzdorný; **~satz** *m* (*Schule*) slohová úloha *f*; článok; (*Möbelteil*) nástavok; **2schieben** (*zeitlich*) odročiť
Aufschlag *m* (*Aufprall*) úder, náraz; (*Preis*) prirážka *f*; **2en** rozbíjať; *Buch* otvoriť; *Zelt* postaviť; (*Preis*) zvýšiť ceny; *v/i.* naraziť
auf|schließen otvoriť, odomykať; **~schlussreich** poučný, ~ovací; **~schneiden** rozkrojiť, rozrezať; rozstrihnúť; F chvastať sa; **2schnitt** *m* nárez; **~schrauben** priskrutkovať; (*lösen*) rozskrutkovať; **~schreiben** napísať; **2schrift** *f* nápis *m*; **2schub** *m* odklad; **~schütten** nasypať; **2schwung** *m* rozmach
Aufsehen *n*: ***~ erregen*** vzbudiť rozruch; ***~ erregend*** senzačný, podivuhodný; ***ohne ~*** nenápadne
Aufseher *m* dozorca

auf|setzen nasadiť; *Brief* napísať; *v/i. Flgw.* posadiť sa; **⁀sicht** *f* dozor *m*, dohľad *m*; **⁀sichtsrat** *m* dozorná rada *f*; **~spannen** napnúť; **~sperren** otvoriť; **~springen** vyskočiť; **⁀stand** *m* povstanie *n*; **~stehen** ⟨po⟩vstať; **~steigen** stúpať, dvíhať sa; vystupovať
aufstellen postaviť; *Rechnung* podať účet, zostaviť; *Kandidaten* menovať (za *A*); ***sich* ~** postaviť sa
Auf|stieg *m* vzlet, výstup; **⁀stoßen** *v/t.* vyraziť; **⁀suchen** navštíviť; **~takt** *m fig.* úvod, začiatok; **⁀tauchen** vynoriť sa; *fig.* objaviť sa; **⁀tauen** *v/t.* roztopiť (sa *v/i.*); **⁀teilen** rozdeliť
Auftrag *m* príkaz, rozkaz; *Hdl.* objednávka *f*; ***im* ~(*e*)** z poverenia; **⁀en** *Speisen* prinášať; *Farbe*: nanášať; **~geber** *m* objednávateľ
auf|treiben (*beschaffen*) obstarať; **~treten** vyskytovať sa; *Thea.* vystupovať; *fig.* javiť sa; **⁀tritt** *m* výstup; výjav; **~wachen** zobudiť sa; **~wachsen** vyrásť; **⁀wand** *m* náklad, výdavok; *fig.* prepych
aufwärts hore; ***den Fluss* ~** proti prúdu
auf|wecken zobudiť; **~weichen** rozmočiť; **~wenden** použiť; vynaložiť, podniknúť; **~werten** zhodnotiť; **~wickeln** rozvinúť; **~wiegeln** poburovať; **~wischen** utrieť; **~zählen** vyrátať; uvádzať; **~zeichnen** zaznamenať; nakresliť; **⁀zeichnung** *f* záznam *m*, poznámka *f*; **~ziehen** *Uhr* natiahnuť; *Kind* vychovať; F *fig.* naťahovať; *Gewitter* valiť sa, hnať sa; **⁀zug** *m* výťah; *Thea.* dejstvo *n*; sprievod; **~zwingen** nanútiť
Auge *n* oko; ***unter vier* ~n** medzi štyrmi očami
Augen|arzt *m* očný lekár; **~blick** *m* okamžik; **⁀blicklich** okamžitý; **~braue** *f* obočie *n*; **~leiden** *n* očná choroba *f*; **~lid** *n* mihalnica *f*; **~zeuge** *m* očitý svedok
August *m* august
Auktion *f* dražba
aus (*D*) z, zo (*G*); **~ *Gold*** zo zlata; F ***... ist* ~** je po ...
aus|arbeiten vypracovať; **~arten** zvrhnúť sa; **~atmen** vydýchnuť; **⁀bau** *m* výstavba *f*; vybudovanie *n*; **~bauen** vystavať, vybudovať; *fig.* prepracovať; **~bessern** upraviť; zlepšiť
Ausbeut|e *f* výťažok *m*; **⁀en** dobývať, ťažiť; *fig.* vykorisťovať; **~ung** *f* dobývanie *n*, ťažba; *fig.* vykorisťovanie *n*
ausbild|en vycvičiť, vypestovať; **⁀er** *m* inštruktor; **⁀ung** *f* výcvik *m*; vzdelanie *n*; výchova
aus|bleiben nedostaviť sa;

℃blick *m* výhľad, pohľad; **~brechen** *v/t.* vylámať; *v/i. fig.* utiecť, uniknúť (***aus** D* z[o] *G*); *Krieg*: vypuknúť, rozpútať sa; *Vulkan*: vybuchnúť; ***in Tränen ~brechen*** prepuknúť v plač; **~breiten** rozostrieť; ***sich ~breiten*** rozširovať sa; **℃bruch** *m* (*Vulkan*) výbuch; (*Krieg*) vypuknutie *n*; (*Flucht*) útek

Ausdauer *f* vytrvalosť; **℃nd** vytrvalý

ausdehn|en roz|tiahnuť (~ťahovať) (***sich*** sa); rozšíriť (sa); **℃ung** *f* rozsah *m*, objem *m*; rozširovanie *n*

aus|denken vymyslieť; **℃druck** *m* výraz; vyjadrenie *n*

ausdrück|en *Zitrone* vytlačiť; *Idee* vyjadriť (***sich*** sa); **~lich** výslovný

aus|drucksvoll výrazný; **℃drucksweise** *f* vyjadrovanie *n*, štýl *m*; **℃dünstung** *f* výpar *m*

auseinander od seba; ***~ bringen*** rozlučovať; ***~ fallen*** rozpadnúť sa; ***~ gehen*** rozísť sa; ***~ nehmen*** rozložiť; ***~ setzen*** *fig.* vysvetliť; **℃setzung** *f* výmena názorov, diskusia

Ausfahrt *f* východ *m*, výjazd *m*

Ausfall *m Hdl.* strata *f*; vypadávanie *n*; **℃en** vypadnúť; *fig.* odpadnúť; **℃end** útočný, urážlivý; **~straße** *f* výpadová cesta

aus|fegen vymiesť; **~findig**: ***~findig machen*** vypátrať; **~fließen** vytiecť; **℃flucht** *f* výhovorka; **℃flug** *m* výlet, vychádzka *f*; **℃flügler** *m* výletník; **℃flugsort** *m* výletné miesto *n*; **℃fluss** *m* výtok; **~forschen** vyzvedať; vybádať; **~fragen** vypytovať sa

Ausfuhr *f* vývoz *m*, export *m*; **~bewilligung** *f* vývozné povolenie *f*; **~zoll** *m* vývozné clo *n*

ausführ|en *Plan* splniť; *Hdl.* vy|viesť (~vážať); **~lich** obšírny; **℃ung** *f* vykonanie *n*; uskutočnenie *n*

aus|füllen vyplniť; **℃gabe** *f* výdaj *m*, vydávanie *n*; (*Kosten*) výdavky *m/pl.*, trovy *f/pl.*; (*Buch*) vydanie *n*; **℃gang** *m* východ; vychádzka *f*; (*Schluss*) koniec, vyústenie *n*; **~geben** vyd(áv)ať; utrácať; **~gehen** vyjsť; *Vorrat* míňať sa, vychádzať; *Haare* vypadávať; *Feuer* hasnúť; **~gehungert** vyhladovený; **~gelassen** samopašný, rozpustený

ausgenommen *adv.* okrem, mimo; *cj.* ***~, dass …*** výnimkou, že …

aus|gerechnet P *adv.* práve, teraz; **~geschlafen** vyspatý; **~gesprochen** *adv.* výslovne; **~gezeichnet** znamenitý, výborný; **~giebig** hojný, výdatný; **~gießen** vyliať; **℃gleich** *m* vyrovnanie *n*;

~gleichen vyrovnať; zaplatiť; **~gleiten** pošmyknúť sa; **~graben** vykop(áv)ať; **≈guss** *m* výlevka *f*, vyliatok; **~halten** vydržať, znášať; (*unterstützen*) podporovať, vydržiavať; **~händigen** vydať, odovzdať; **≈hang** *m* vyhláška *f*; **~hängen** vyvesiť, zavesiť
aus|harren vytrvať; **~heilen** vyliečiť (sa *v/i.*); **~helfen** vypomôcť; **≈hilfe** *f* výpomoc; **~höhlen** vyhĺbiť; **~kehren** *s.* ***ausfegen***; **~kennen**: ***sich ~kennen*** vyznať sa (***in*** *D* v *L*); **~kleiden** vyzliecť (***sich*** sa); *s.* ***auslegen***; **~klopfen** vyklopať; **~knipsen** *s.* ***ausschalten***; **~kommen** vyjsť, vystačiť; (***mit*** *j-m*) vychádzať, znášať sa s (*I*); **~kosten** vychutnať; **~kratzen** vyškriabať; **~kundschaften** vyzvedať
Auskunft *f* informácia
Auskunfts|büro *n*, **~stelle** *f* informačná kancelária
aus|lachen vysmievať (sa); **~laden** vyložiť, vyskladniť; **≈lage** *f* výklad *m*; **≈lagen** *pl.* výlohy *pl.*; **≈land** *n* zahraničie, cudzina *f*
Ausländ|er *m* cudzinec; **≈isch**, **Auslands-** zahraničný, cudzozemský
aus|lassen vynechať; *Butter* rozpustiť; **~laufen** vytekať; *Mar.* vyplávať; **~leeren** vyprázdniť; **~legen** vyložiť; *Geld* vynakladať, zaplatiť; (*deuten*) vysvetliť; (*auskleiden*) vykladať (***mit*** *I*); **~leihen** (vy)požičať (***sich*** si)
Auslese *f* výber *m*; **≈n** vyb(e)rať; *Buch* dočítať
aus|liefern vydať, vydávať; **~löschen** zahasiť; *fig.* vyhubiť; **≈löser** *m Fot.* spúšť *f*; **~losen** vyžrebovať; **~machen** *s.* ***betragen***; ***ausschalten***; ***verabreden***; **≈maß** *n* rozmer *m*; rozsah *m*; miera *f*; **~messen** vymerať
Ausnahme *f* výnimka; **~zustand** *m Pol.* výnimočný stav
ausnahms|los bez výnimky; **~weise** *adv.* výnimočne
aus|nehmen vyberať; *Geflügel* vypitvať; **~nutzen** využiť; **~packen** vybaliť; **~plaudern** vyrozprávať; **~pressen** vytlačiť; **~probieren** vyskúšať
Auspuff *m* výfuk; **~gase** *n/pl.* výfukové plyny *m/pl.*
aus|pumpen vypumpovať; **~radieren** vygumovať; **~rangieren** vyradiť, vylúčiť; **~rasieren** vyholiť; **~rauben** olúpiť; **~räumen** vypratať; **~rechnen** vypočítať
Ausrede *f* výhovorka; **≈n** dohovoriť; (*j-m A*) odhovárať
ausreichen postačiť; **~d** dostatočný
Ausreise *f* vycestovanie *n*
ausreisen odcestovať, odísť (***nach*** *D* do *G*)
aus|reißen *v/t.* vytrhnúť; F *v/i.*

ujsť, uniknúť; **~renken** vytknúť si, vykĺbiť; **~richten** (*et. erreichen*) vybaviť; *Gruß* odkázať; **~rotten** vyhubiť, vyničiť
Ausruf *m* výkrik; **2en** zvolať, vyhlásiť; **~ungszeichen** *n* výkričník *m*
ausruhen: ***sich ~*** odpočinúť si
ausrüst|en vyzbrojiť, vystrojiť; **2ung** *f* vyzbrojenie *n*; vybavenie *n*; výbava
Aus|sage *f* výrok *m*, výpoveď; **2sagen** vypovedať; **~satz** *m Med.* malomocenstvo *n*; **2saugen** vycic(iav)ať; **2schalten** *Tech.* vypnúť; *fig.* vylúčiť; **~schau** *f* výhľad *m*; **2scheiden** *v/t.* vyradiť; *Med., Chem.* vylučovať; *v/i.* vystúpiť, oddeliť sa; *Sp.* byť vyradený (z pretekov); **2schenken** čapovať; **2schimpfen** vyhrešiť; **2schlafen** vyspať sa
Ausschlag *m Med.* vyrážka *f*; *fig.* ***den ~ geben*** riešiť, rozhodnúť; **2en** vyraziť, vybiť; *fig.* odmietnuť; **2gebend** rozhodný, rozhodujúci
ausschließ|en vylúčiť, vyhostiť (***von, aus*** *D* od *G*); ***sich ~en von*** (*D*) odlúčiť sa od (*G*); **~lich** výlučný
Ausschluss *m* vylúčenie *n*
aus|schneiden vyrezať; vystrihnúť, vykrojiť; **2schnitt** *m* úryvok; výstrih; **~schreiben** vypísať; **2schreitung** *f* výtržnosť; **2schuss** *m* výbor; (*Ware*) nepodarok; **~schütten** vysypať; **~schweifend** výstredný, bujný
aussehen vyzerať; ***es sieht nach Regen aus*** chystá sa na dážď
Aussehen *n* výzor *m*; ***dem ~ nach*** podľa výzoru
außen vonku, na vonkajšej strane; ***von ~*** (***her***) zvonku
Außen|handel *m* zahraničný obchod; **~ministerium** *n* ministerstvo *n* zahraničných vecí; **~seite** *f* vonkajšia strana; **~seiter** *m* outsider
außer *prp.* (*D*) okrem, mimo, bez (*G*); *cj.* ***~ dass, ~ wenn*** iba ak; ***~ sich sein vor*** byť bez seba pre; ***... ist ~ Betrieb*** ... nefunguje; ***~ Dienst*** mimo služby; **~dem** okrem toho
äußere vonkajší; **2(s)** *n* vonkajšok *m*, zovňajšok *m*
außer|gewöhnlich neobyčajný, neobvyklý; **~halb** *adv.* mimo; *prp.* (*G*) mimo (*G*), za (*I*)
äußerlich vonkajší; *Med.* zvonku
äußern prejaviť; ***sich ~*** vyjadriť sa
außerordentlich mimoriadny, neobyčajný
äußerst *adj.* najkrajnejší; *adv.* veľmi; zvrchovane
außerstande: ***~ sein*** nebyť schopný, nemôcť
Äußerung *f* prejav *m*, výrok *m*

aussetzen vyložiť; vystavovať; vysadiť; *Belohnung* vypísať; *Boot* spustiť, *v/i.* prerušiť; ***sich*** ~ (*D*) vystaviť sa (*D*)
Aussicht *f* výhľad *m*; ***in*** ~ ***stellen*** sľubovať
aussichts|los beznádejný; **⁀turm** *m* rozhľadňa *f*
aus|söhnen zmiriť; **~spannen** *Pferd* vypriahať; *v/i. fig.* oddýchnuť si; **~sperren** vymknúť; *Arbeiter* vylúčiť; **⁀sprache** *f* výslovnosť; rozhovor *m*; **~sprechen** vyslo|viť (~vovať) (***sich*** sa); **⁀spruch** *m* výrok; výpoveď *f*; **~spucken** vypľuť; **~spülen** vypláchnuť; **⁀stand** *m* štrajk
ausstatt|en vystrojiť, vybaviť; **⁀ung** *f* výbava *f*; *Thea.* výprava *f*
aus|stehen zniesť, strpieť; *fig.* nedochádzať; **~steigen** vystúpiť (***aus*** *D* z *G*); **~stellen** vystaviť, vyhotoviť
Ausstell|er *m* vystavovateľ; **~ung** *f* výstava; **~ungsstück** *n* exponát *m*
aus|sterben vymierať, vymiznúť; **⁀steuer** *f* výbava; **~stopfen** vypchávať; **~stoßen** vyhadzovať; *Schrei* vykríknuť; (*j-n*) vylúčiť; **~strahlen** vyžarovať; **~strecken** vystrieť, vyťahovať (***sich*** sa); **~streuen** roztrúsiť; **~strömen** *v/i.* vytekať; **~suchen** vyhľadať
Austausch *m* výmena *f*; **⁀en** vymeniť (si), vymieňať (si)
austeilen rozdeliť
Auster *f* ustrica
austragen *Post* roznášať; *Spiel*, *Kampf* usporiadať
Austral|ien *n* Austrália *f*; **~ier** *m* Austrálčan; **⁀isch** austrálsky
aus|treiben vyhnať; **~treten** vy|stúpiť (~stupovať); ísť na stranu; **~trinken** vypiť; **⁀tritt** *m* výstup; **~trocknen** *v/t.* vysušiť; *v/i.* vyschnúť; **~üben** vykonávať; robiť; *Sp.* pestovať
Ausverkauf *m* výpredaj; **⁀en** vypred(áv)ať
Aus|wahl *f* výber *m*, voľba; **⁀wählen** vybrať, vyvoliť (***sich*** si); **~walzen** vyvalcovať
Auswander|er *m* vysťahovalec; **⁀n** vysťahovať sa; **~ung** *f* vysťahovanie *n*
aus|wärtig zahraničný; vonkajší; **~wärts** von(ku); **~waschen** vymyť, vyprať; **~wechseln** vyme|niť (~ňovať)
Ausweg *m* východisko *n*
ausweich|en vyhnúť sa, vyhýbať sa; ustúpiť z cesty; **~end** vyhýbavý; **⁀stelle** *f* výhybka
Ausweis *m* preukaz; **⁀en** preukázať; (*aus e-m Land*) vypovedať, vyhostiť; ***sich*** **⁀en** preukázať sa; **~ung** *f* vypovedanie *n*, vyhostenie *n*
aus|weiten rozšíriť (***sich*** sa);

~wendig naspamäť, spamäti; **~werfen** vyhodiť; **~werten** vyhodnotiť; **~wickeln** rozbaliť; **~wirken**: ***sich ~wirken*** mať za následok; **&wirkung** *f* účinok *m*; **~zahlen** vyplatiť; **&zahlung** *f* výplata; **~zeichnen** vyznamenať (***sich*** sa); **~ziehen** *Kleider* zobliecť; *Tisch* roztiahnuť; (*aus e-r Wohnung*) vysťahovať sa; ***sich ~ziehen*** vyzliecť sa; **&zug** *m Lit.* úryvok; odchod
Auto *n* auto
Autobahn *f* autostráda; **~ausfahrt** *f* výjazd z diaľnice *m*; **~gebühr** *f* diaľničný poplatok *m*; **~raststätte** *f* motorest *m*; **~vignette** *f* diaľničná vineta, diaľničná známka
Auto|bus *m* autobus; **~fahrer** *m* šofér; **~schlüssel** *m* kľúč od auta; **~waschanlage** *f* umývacia linka
automatisch automatický
autonom autonómny; **&ie** *f* autonómia
Autor *m* autor, pôvodca
Autoreparaturwerkstatt *f* autodielňa, autoservis *m*
Autorität *f* autorita
Auto|verkehr *m* autodoprava *f*; **~vermietung** *f* prenájom *m* áut
Axt *f* sekera

B

Baby *n* decko, dieťatko
Bach *m* potok
Backe *f* líce *n*
backen piecť, smažiť
Backenzahn *m* črenový zub, stolička *f*
Bäcker *m* pekár; **~ei** *f* pekáreň *f*
Back|fisch *m* smažená ryba *f*; F žabec; **~ofen** *m* pec *f*; **~pulver** *n* prášok *m* do pečiva; **~stein** *m* tehla *f*; **~ware** *f* pečivo *n*
Bad *n* kúpeľ *m*; *s.* ***Badezimmer***; (*Badeort*) kúpele *flpl.*; ***ein ~ nehmen*** (vy)kúpať sa
Bade|anstalt *f* kúpele *flpl.*; **~anzug** *m* kúpací oblek; **~hose** *f* plavky *flpl.*; **~kappe** *f* kúpacia čiapka; **~mantel** *m* kúpací plášť; **~meister** *m* plavčík
baden kúpať (sa *v/i.*)
Baden-Württemberg *n* Bádensko-Württembersko
Bade|ort *m s.* ***Bad***; **~strand** *m* pláž *f*; **~wanne** *f* vaňa; **~zimmer** *n* kúpeľňa *f*
Bagger *m* bager, rýpadlo *n*
Bahn *f* trať; *Esb.* železnica; dráha; **&en** raziť cestu; **~hof** *m* železničná stanica *f*; **~steig** *m* nástupište *n*; **~übergang** *m* železničný prechod; **~wärter** *m* železničný dozorca

Bahre *f* máry *f/pl.*; *s.* ***Trage***
Bakterie *f* baktéria
bald skoro, hneď
Balkan *m* Balkán
Balken *m* brvno *n*, trám; klada *f*
Ball *m* lopta *f*; (*Tanz*) ples, bál
Ballast *m* balast
Ballen *m* bal(ík)
Ballett *n* balet *m*
Ballspiel *n* hra *f* s loptou
Banane *f* banán *m*
Banause *m* nevzdelanec
Band[1] *m* zväzok
Band[2] *n* stuha *f*; ***am laufenden*** **~** na bežiacom páse; **~aufnahme** *f* záber *m* na zvukový pás
Bande *f* rota
bändigen krotiť; *fig.* zmierniť, držať na uzde
Bandit *m* bandita, lúpežník
Bandscheibe *f Med.* platnička
Bandwurm *m* pásomnica *f*
bangen (***um*** *A*) strachovať sa (o *A*)
Bank *f* lavica; *Fin.* banka; **~konto** *n* bankový účet *m*; **~note** *f* bankovka; **~rott** *m* úpadok, bankrot
Bann *m* čaro *n*; kliatba *f*
bar nahý, holý; bez (*G*); *Fin.* ***in*** **~** v hotovosti
Bar *f* bar *m*; výčap *m*
Bär *m* medveď
Baracke *f* barak *m*, búda *f*
barfuß bosý; **~ *gehen*** ísťboso
Bargeld *n* hotové peniaze *m/pl.*
Bariton *m* barytón; (*Sänger*) barytonista
barmherzig milosrdný, súcitný
Barock *m* barok
Barometer *n* tlakomer *m*
Barren *m* (*Gold*) prút; *Sp.* bradlá *n/pl.*
Barriere *f* priehrada
barsch drsný, nevľúdny
Barsch *m* ostriež
Bart *m* brada *f*
bärtig bradatý
Barzahlung *f* platenie *n* v hotovosti
Basar *m* bazár; trhovisko *n*
Base *f Chem.* prísada
Basis *f* báza, základňa; základ
Basketball *m* basketbal
Bass *m* bas; (*Sänger*) basista, bas; (*Instrument*) basa *f*
Bast *m* lyko *n*
bast|eln zhotoviť (zo záľuby); **≈ler** *m* kutil
Batterie *f* batéria
Bau *m* stavba *f*; (*Gebäude*) budova *f*; **~arbeiter** *m* stavebný robotník
Bauch *m* brucho *n*; **~schmerzen** *m/pl.* bolenie *n* brucha
Baude *f* búda, chata
bauen stavať, budovať
Bauer *m* sedliak, roľník
Bäuer|in *f* sedliačka, roľníčka; **≈lich** sedliacky, roľnícky
Bauern|haus *n* sedliacky dom *m*; **~hof** *m* sedliacky dvor
bau|fällig chatrný, na spad-

nutie; **≗gerüst** *n* stavebné lešenie; **≗jahr** *n* rok *m* výroby; **≗kasten** *m* stavebnica *f*
Baum *m* strom
Baumeister *m* staviteľ
baumeln klátiť sa, pohybovať
bäumen: ***sich*** ~ vzopnúť sa
Baumwolle *f* bavlna; **≗n** bavlený
Bau|platz *m*, **~stelle** *f* stavenisko *n*; **~weise** *f* spôsob *m* stavania; **~werk** *n* stavba *f*
Bayern *n* Bavorsko
beabsichtigen hodlať, mať v úmysle
beacht|en všímať si (*A*); **~enswert** pozoruhodný; **≗ung** *f* pozornosť, povšimnutie *n*
Beamt|e(r) *m* úradník; **~in** *f* úradníčka
beängstigend znepokojivý
bean|spruchen nárokovať si, požadovať; **~standen** vyčítať, robiť výčitky; **~tragen** navr|hnúť (~hovať)
beantworten odpovedať na (*A*)
bearbeit|en obrábať; spracovať; prepracovať; **≗ung** *f* *Agr.* obrábanie *n*; spracovanie *n*, vypracovanie *n*; (*Buch*) úprava *f*
beaufsichtig|en dozerať na (*A*); **≗ung** *f* dozor *m*
beauftrag|en prikázať, uložiť; **≗te(r)** *m* povereník, zmocnenec
bebauen obrábať; *Gelände* zastavať
beben triasť sa, chvieť sa
Becher *m* pohár; kalich
Becken *n* (*Wasch≗*) umývadlo; *Anat.* panva *f*; *Geogr.* kotlina *f*
bedächtig odmeraný; *s.* ***besonnen***
Bedarf *m* potreba *f*; ***bei*** ~ podľa potreby, ak je treba
bedauer|lich poľutovaniahodný; **~n** ľutovať (*A*)
bedeck|en pokryť, zastrieť; ***sich*** **~*en*** pokryť sa; **~t** *Himmel* zaoblačený
bedenk|en uvážiť (si); brať do úvahy; **≗en** *n* pochybnosť *f*; **≗*en haben*** mať pochyby, pochybovať; **~lich** povážlivý (stav); **≗zeit** *f* čas *m* na rozmyslenie
bedeut|en znamenať, značiť; **~end** významný; dôležitý; **≗ung** *f* význam *m*, zmysel *m*; dôležitosť *f*
bedien|en obsluhovať; ***sich*** **~*en*** (*G*) poslúžiť si (*I*); ***bitte*** **~*en Sie sich!*** nech sa vám páči!, prosím, poslúžte si!; **≗ung** *f* obsluha; **≗ungsanleitung** *f* návod *m* k použitiu
bedingt podmienený
Bedingung *f* podmienka
bedingungslos bezpodmienečný
be|drängen naliehať, tiesniť; **~drohen** ohrozovať (*A*); **~drücken** utláčať; **~dürfen** (*G*) potrebovať (*A*)
Bedürfnis *n* potreba *f*

bedürftig (*arm*) chudobný
Beefsteak *n* biftek *m*
beeilen: ***sich ~*** ponáhľať sa (***mit*** *D* s[o] *I*)
beein|flussen oplyvniť (*A*), pôsobiť (na *A*); **~trächtigen** zle pôsobiť, škodiť
beenden skončiť, dokončiť
beerdig|en pochovať; **2ung** *f* pohreb *m*
Beere *f* jahoda; bobuľa
Beet *n* hriadka *f*, záhon *m*
Befähig|ung *f* spôsobilosť pre (*A*), schopnosť na (*A*); **2t** spôsobilý, schopný
befahrbar zjazdný
befangen zaujatý, predpojatý; **2heit** *f* *Jur.* zaujatosť, predpojatosť
befassen: ***sich ~ mit*** (*D*) zaoberať sa (*I*)
Befehl *m* rozkaz, povel; **2en** rozkázať, nariadiť
befestig|en pri-, u|pevniť; opevniť; **~t** *Weg* opevnený
Befinden *n* zdravotný stav *m*
befinden: ***sich ~*** byť, nachádzať sa
befolgen uposlúchnuť
beförder|n dopraviť; *fig.* povýšiť; **2ung** *f* doprava; *fig.* povýšenie *n*; **2ungsmittel** *n* dopravný prostriedok *m*
befrei|en oslobodiť, vyslobodiť (***sich*** sa; ***von*** *D* d *G*); **2ung** *f* oslobodenie *n*
befreund|en: ***sich ~en mit*** (*D*) spriateliť sa s(o) (*I*); **~et** spriatelený
befriedig|en splniť; uspokojiť; **~end** uspokojivý; **2ung** *f* uspokojenie *n*; satisfakcia
befristet lehotou viazaný
Befruchtung *f* oplodnenie *n*
Befug|nis *f* oprávnenie *n*; **2t** oprávnený
Befund *m* *Med.* nález
be|fürchten obávať sa o (*A*); **~fürworten** odporúčať (*A*), prihovárať sa za (*A*); **~gabt** nadaný, talentovaný; **2gabung** *f* nadanie *n*, vlohy *f/pl.*; **2gebenheit** *f* udalosť
begegn|en (*D*) stretnúť (*A*), stretnúť sa (s *I*); **2ung** *f* stretnutie *n*
begehen *Fest* sláviť; *Fehler* dopustiť sa (*G*), urobiť, spáchať (*A*)
begehren žiadať, túžiť po (*L*)
begehrenswert želateľný, žiadúci
begeister|n: ***sich ~n*** oduševniť (sa), nadchnúť (sa); **~t** nadšený; **2ung** *f* nadšenie *n*, zanietenie *n*
Begier|de *f* žiadostivosť, dychtivosť; **2ig** dychtivý po (*L*), žiadostivý po (*L*)
begießen poli(ev)ať
Beginn *m* začiatok, počiatok; **2en** *v/t.* začať; *v/i.* začať sa
beglaubig|en overovať; **2ung** *f* overenie *n*
begleichen vyrovnať
begleit|en sprevádzať; odprevádzať; **2er** *m* sprievodca; **2ung** *f* sprievod *m*
beglückwünschen (*A*) blahoželať (*D*)

begnadig|en omilostiť; **2ung** *f* omilostenie *n*
begnügen: ***sich ~ mit*** (*D*) uspokojiť sa s(o) (*I*)
be|graben zakopať; pochovať; **2gräbnis** *n* pohreb *m*
begreif|en pochopiť, porozumieť; **~lich** pochopiteľný
begrenzen ohrani|čiť (~čovať)
Begriff *m* pojem; poňatie *n*; predstava *f*; ***im ~ sein zu*** mať v úmysle
begründ|en odôvodniť; založiť; **2ung** *f* odôvodnenie *n*
begrüß|en pozdraviť, privítať; **2ung** *f* pozdravenie *n*, privítanie *n*
be|günstigen podporovať; **~gütert** zámožný; **~haart** vlasatý, chlpatý; **~haglich** pohodlný; **~halten** podržať, ponechať; (*sich merken*) pamätať si; **2hälter** *m* nádrž *f*
behand|eln zaobchádzať; *Med.* ošetrovať; **2lung** *f* zaobchádzanie *n*; rozprava; *Med.* ošetrenie *n*, liečenie *n*
beharr|en ⟨vy⟩trvať; nástojiť; **~lich** vytrvalý
behaupt|en tvrdiť, uisťovať; ***sich ~en*** presadiť sa; **2ung** *f* tvrdenie *n*; udržanie *n*
beheben *fig.* odstrániť
behelfen: ***sich ~*** pomôcť si
behelfsmäßig náhradný, (vý)pomocný
beherbergen (*A*) dať prístrešie (*D*), poskytnúť útulok
beherrsch|en ovládať (***sich*** sa); **2ung** *f* ovládanie *n*; znalosť *f*
beherzigen vziať si k srdcu
behilflich: ***~ sein*** napomáhať
behindern zavadzať, byť v ceste
Behörd|e *f* úrad *m*; **2lich** úradný
behüten ochrániť
behutsam opatrný
bei *prp.* (*D*) pri (*L*), u (*G*); ***~m Arzt*** u lekára; ***~ Tag und Nacht*** vo dne v noci: ***~ weitem*** ani zďaleka; **~behalten** ponechať; **~bringen** (*j-m A*) naučiť (n-o *D*)
Beicht|e *f* spoveď; **2en** spovedať sa
beide obe, obaja, obidva, obidve; ***einer von ~n*** jeden z dvoch
bei|einander pospolu, pri sebe; **2fahrer** *m* závozník; spolujazdec; **2fall** *m* potlesk; *fig.* pochvala *f*; **~fügen** pripojiť; **2geschmack** *m* príchuť *f*; **2hilfe** *f* pomoc; (*finanziell*) podpora
Beil *n* sekera *f*
Bei|lage *f* príloha; (*Essen*) príkrm *m*; **2läufig** náhodný, náhodilý; *adv.* mimochodom; **2legen** priložiť; *Streit* zmieriť; **~leid** *n* sústrasť *f*; **2liegend** priložený, pripojený
Bein *n* noha *f*; kosť *f*
bei|nahe takmer, skoro, temer; **2name** *m* prímeno *n*;

~sammen dovedna, dokopy; **≈sammensein** *n* schôdza *f*; beseda *f*; **≈schlaf** *m* súlož *f*; **~seite** stranou, na stranu
beisetz|en pochovať; **≈ung** *f* pohreb *m*
Beisitzer *m* prísediaci
Beispiel *n* príklad *m*, vzor *m*; ***zum ~*** napríklad; **≈haft** príkladný, vzorný
beißen kúsať, hrýzť; *Rauch*: štípať (oči)
Bei|stand *m* pomoc *f*, podpora *f*; *Jur.* obhajca; **≈stehen** (*D*) pomáhať (*D*), podporovať (*A*)
Beitrag *m* príspevok; prínos; **≈en** prispievať (***zu*** *D* k[u] *D*)
beitreten (*D*) pristúpiť (k *D*); *fig.* vstúpiť (do *G*)
Beitritt *m* vstup; ***~ in die EU*** vstup do EU
Beitrittskandidat *m* kandidát na vstup
bei|wohnen (*D*) zúcastniť sa na (*L*); **~zeiten** zavčasu
bejahen prisvedčiť; **~d** kladný
bejahrt starý, v rokoch
bekämpfen bojovať proti (*D*), oponovať (*D*)
bekannt známy; povestný; ***~ geben*** oznámiť, dať na vedomie; **≈e(r)** *m* známy; **≈machung** *f* oznámenie *n*, vyhláška; **~lich** ako je známe; **≈schaft** *f* známosť
bekehren obrátiť na (*A*)
bekenn|en vyznať, hlásiť sa; ***Farbe ~en*** priznať; ***sich ~en*** (***zu*** *D*) priznať sa (ku *D*)
Bekenntnis *n* priznanie; *Rel.* vyznanie
beklagen oplakávať; ***sich ~ bei j-m über*** (*A*) ponosovať sa, sťažovať sa n-u na (*A*)
Be|kleidung *f* odev *m*; **≈kommen** dostať; **≈kömmlich** lahodný, chutný; **≈kräftigen** potvrdiť; **≈kümmert** utrápený; **≈kunden** preja|viť (~vovať); **≈laden** nakladať; *adv.* zaťažený; **~lag** *m* nános; povlak; **≈lagern** obliehať; **≈langlos** bezvýznamný
belasten zaťažiť (***sich*** sa); *Jur.* obviňovať
belästig|en znepokojovať; obťažovať; **≈ung** *f* obťažovanie
Belastung *f* zaťaženie *n*; *Jur.* obvinenie *n*; *Tech.* záťaž
belaufen: ***sich ~ auf ...*** robiť, činiť ...
beleb|en oživiť; **~t** živý; čulý
Beleg *m* doklad; **≈en** obložiť; doložiť; *Platz* obsadiť; *Vorlesung* zapísať sa; **~schaft** *f* osadenstvo *n*; **≈t** *Platz* obsadený; ***≈tes Brötchen*** obložený chlebíček *m*
be|lehren poučiť; **~leibt** korpulentný, tučný
beleidig|en uraziť; **~end** urážlivý; **≈ung** *f* urážka
beleucht|en osvetliť; **≈ung** *f* osvetlenie *n*
Belgi|en *n* Belgicko; **~er** *m* Belgičan; **≈sch** belgický
belicht|en *Fot.* exponovať;

≈ung *f Fot.* exponovanie *n*; **≈ungsmesser** *m* expozimeter

belieb|ig ľubovoľný; hocijaký; ***jeder ≈ige*** ktorýkoľvek

beliebt obľúbený, milovaný; **≈heit** *f* obľuba

beliefern dodávať, zásobovať

bellen brechať, štekať

belohn|en odmeniť; **≈ung** *f* odmena

belügen oklamať; nacigániť (*D*)

Belustigung *f* obveselenie *n*, zábava

bemächtigen: ***sich*** **~** zmocniť sa (*G*)

bemalen omaľovať

bemerk|bar zjavný, viditeľný; ***sich ~bar machen*** upozorniť na seba; **~en** spozorovať; podotknúť; **~enswert** pozoruhodný; **≈ung** *f* poznámka, pripomienka

bemitleid|en poľutovať; **~enswert** poľutovaniahodný

bemüh|en: ***sich ~en*** namáhať sa, usilovať sa; **≈ung** *f* námaha, úsilie *n*

benach|bart susedný; **~richtigen** upovedomiť; **~teiligen** poškodiť

benehmen: ***sich*** **~** správať sa

Benehmen *n* správanie, chovanie

beneid|en závidieť (***j-n um*** n-u *A*); **~enswert** závideniahodný

Bengel *m* beťár

benommen omámený

benötigen potrebovať

benutz|en (po)užívať; **≈ung** *f* (po)užitie *n*; upotrebenie *n*

Benzin *n* benzín *m*; **~-** *in Zssgn* benzínový; **~tank** *m* benzínová nádrž *f*

beobacht|en pozorovať; **≈er** *m* pozorovateľ; **≈ung** *f* pozorovanie *n*

bequem pohodlný; **≈lichkeit** *f* pohodlnosť, pohodlie *n*

berat|en (po)radiť (***sich*** sa); **≈er** *m* poradca; **≈ung** *f* rokovanie *n*; porada, konzultácia; **≈ungsstelle** *f* poradňa

berauben okradnúť, olúpiť

berausch|en: ***sich ~en*** opiť sa; **~t** opitý

berechn|en vypočítať; *fig.* uvážiť; **~end** vypočítavý; **≈ung** *f* výpočet *m*; vypočítavosť

berechtig|en oprávniť; **~t** oprávnený; **≈ung** *f* oprávnenie *n*

Beredsamkeit *f* výrečnosť

Bereich *m* odbor; okruh, dosah; oblasť *f*

bereichern oboha|covať (~tiť) (***sich*** sa)

Bereifung *f* pneumatiky *f/pl.*

bereisen precestovať

bereit hotový, pripravený; **~en** pripraviť; **~halten** prichystať si

bereit|s už, práve; **≈schaft** *f* pohotovosť; **~willig** ochotný

bereuen ⟨o⟩ľutovať

Berg *m* hora *f*, vrch; **≈ab** dolu,

nadol; z kopca; **2an**, **2auf** hore, do vrchu, do kopca; **~bau** *m* baníctvo *n*; **2en** skryť, schovať; zachrániť; **2ig** hornatý; **~mann** *m* baník; **~spitze** *f* vrcholec *m*; **~station** zastávka na hore; **~steiger** *m* horolezec; **~ung** *f* záchrana; **~werk** *n* baňa *f*, bane *f/pl*.
Bericht *m* správa *f*; **2en** podať správu, oznámiť; **~erstatter** *m* spravodajca
berichtig|en opraviť; **2ung** *f* oprava, opravenie *n*
Berlin Berlín
Bernstein *m* jantár
bersten puknúť, prasknúť
berüchtigt smutne známy
berücksichtigen zohľadňovať
Beruf *m* povolanie *n*; stav; **2en** *v/t*. povolať; menovať; *adv*. povolaný; ***sich* 2en** odvolávať sa; **2lich** odborný
Berufs|schule *f* odborná škola; **2tätig** zamestnaný
Berufung *f* povolanie *n*; menovanie *n*; *Jur*. ***~ einlegen*** podať odvolanie
beruhen (***auf***) spočívať (v)
beruhig|en upokojiť, utíšiť; ***sich ~en*** upokojiť sa; **~t** pokojný, upokojený; **2ung** *f* upokojenie *n*; **2ungsmittel** *n* utišujúci prostriedok *m*
berühmt slávny
berühr|en dotknúť sa; ***sich ~en*** dotýkať sa; **2ung** *f* dotyk *m*, dotknutie *n*
Besatzung *f* posádka, mužstvo *n*
besaufen P: ***sich ~*** ožrať sa
beschädig|en poškodiť, ublížiť; **2ung** *f* poškodenie *n*
beschaffen *v/t*. zaobstarať; **2heit** *f* povaha; akosť
beschäftig|en zamestnať; ***sich ~en mit*** (*D*) zaoberať sa (*I*); **~t** zaujatý, zamestnaný; **2ung** *f* zamestnanie *n*; práca
beschäm|en zahanbiť; **~t** zahanbený
Bescheid *m* rozhodnutie *n*, odpoveď *f*; správa *f*; **2en** skromný, nenáročný; **~enheit** *f* skromnosť
bescheinig|en potvrdiť, dosvedčiť; **2ung** *f* potvrdenie *n*
bescher|en obdarovať; **2ung** *f* nádielka
beschießen ostreľovať
beschimpfen pohaniť; vyhrešiť; pokarhať
beschlag|en *v/t*. obíjať; *v/i*. (*anlaufen*) zarosiť; **2nahme** *f* zhabanie *n*; **~nahmen** zhabať
beschleunig|en urýchliť; **~t** zrýchlený; **2ung** *f* urýchlenie *n*; akcelerácia
be|schließen dokončiť, uzavrieť; (*übereinkommen*) dohodnúť sa; (*entscheiden*) uzniesť sa; **2schluss** *m* rozhodnutie *n*, uznesenie *n*; **~schmieren** zamazať; **~schmutzen** zašpiniť, pošpiniť (***sich*** sa); **~schneiden** orezávať; (*mit der Schere*)

ostrihať; *fig.* obrezať; **~schönigen** zastierať; skrášliť
beschränk|en obmedzovať; **~t** obmedzený; **≈ung** *f* obmedzenie *n*
beschreib|en opísať, popísať; **≈ung** *f* (p)opis *m*; opísanie *n*
beschuldig|en ⟨ob⟩viniť; **≈ung** *f* obvinenie *n*
beschütz|en chrániť, hájiť (*vor D* pred *I*); **≈er** *m* ochranca
Beschwer|de *f* sťažnosť, ponosa; **≈en** zaťažiť; *sich* **≈en** sťažovať sa (*a.* si); **≈lich** ťažký, obťažný
be|schwichtigen uchlácholiť; **~schwindeln** *s.* ***betrügen***; **~schwipst** F podnapitý; **~schwören** (*beeiden*) odprisahať; **~seitigen** odstrániť; *fig.* zahnať
Besen *m* metla *f*
besessen (*von D*) posadnutý (*I*)
besetz|en obsadiť; **~t** obsadený; **≈ung** *f* obsadenie *n*
besichtig|en prezerať; pozerať; **≈ung** *f* prehliadka
be|siedeln osídliť; **~siegen** poraziť
besinn|en: ***sich* ~en *auf*** rozpamätať sa na (*A*); **≈ung** *f* vedomie *n*, rozvaha; **~ungslos** bezvedomý
Besitz *m* majetok; **≈en** mať; vlastniť; **~er** *m* majiteľ; **~tum** *m* majetok *m*, vlastníctvo
be|sohlen podraziť; **≈soldung** *f* plat *m*; žold *m*; **~sondere(r)** osobitný, zvláštny; **~sonders** najmä, predovšetkým; **~sonnen** rozvážny
besorg|en nakúpiť; obstarať; **≈nis** *f* obava; **~t** znepokojený; (*sich kümmernd*) starostlivý; **≈ung** *f* obstaranie *n*
besprech|en (*A*) hovoriť o (*L*); (*beraten*) rokovať; (*kritisieren*) posudzovať, rozoberať; **≈ung** *f* rozhovor *m*, porada; (*Buch≈*) posúdenie *n*
besser lepší; *adv.* lepšie
bessern zlepš|iť (~ovať); ***sich* ~** polepšiť sa
Besserung *f* zlepšenie *n*; polepšenie *n*
Be|stand *m* bytie *n*; stav; trvanie *n*; (*Lager≈*) zásoba *f*; **≈ständig** trvalý, stály; **~standteil** *m* súčasť *f*, súčiastka *f*
bestätig|en potvrd|iť (~zovať); ***sich* ~en** splniť sa; **≈ung** *f* potvrdenie *n*, potvrdenka
bestatt|en pochovať; **≈ung** *f* pohreb *m*
beste|(r) najlepší; ***am* ~n** *adv.* najlepšie
bestech|en podplatiť; **≈ung** *f* podplatenie *n*
Besteck *n* príbor *m*
bestehen byť, jestovať; *Probe* obstáť; (*dauern*) trvať; skladať sa (***aus*** *D* z *G*); **~ *auf*** (*D*) zotrvávať na (*L*)
bestehlen okradnúť

besteigen vystúpiť na (*A*)
bestell|en objednať; *Acker* obrobiť; **2ung** *f* objednávka, príkaz *m*; *Agr.* obrábanie *n*; **2zettel** *m* objednávací lístok
besten|falls pri najlepšom; **~s** najlepšie
Bestie *f* beštia
bestimm|en ustanoviť, určiť, nariadiť; **~t** určitý; *adv.* určite, rozhodne; **2ung** *f* nariadenie *n*; určenie *n*, ustanovenie *n*; **2ungsort** *m* miesto *n* určenia
bestrafen potrestať
bestrahl|en *Med.* ožarovať; **2ung** *f* ožarovanie *n*
Bestreben *n* snaha *f*
bestreiten popierať; *Kosten* zaplatiť, uhradiť
bestürz|t ohromený, zarazený; **2ung** *f* zdesenie *n*, preľaknutie *n*
Besuch *m* návšteva *f*; **2en** navštíviť, navštevovať; **~er** *m* návštevník; **~stag** *m* deň návštev
betätig|en: ***sich* ~en** činiť, byť činný; **2ung** *f* činnosť
betäub|en omámiť; **2ungsmittel** *n* omamujúci prostriedok *m*
beteilig|en: ***sich* ~en *an*** (*D*) zúčastniť sa na (*L*); **2ung** *f* účasť
beten modliť sa
beteuern uis|tiť (~ťovať)
Beton *m* betón
beton|en prízvukovať; **2ung** *f* (*Akzent*) prízvuk *m*; dôraz *m*

Betracht *m*: ***in* ~ *ziehen*** brať do úvahy; **2en** pozorovať, obzerať
beträchtlich značný, veľký
Betrachtung *f* pozorovanie *n*; (*Erwägung*) úvaha
Betrag *m* suma *f*; **2en** byť, činiť; ***sich* 2en** správať sa; **~en** *n* správanie; *s.* ***Benehmen***
betreffen (*A*) týkať sa (*G*); ***was das Geld betrifft*** čo sa týka peňazí; **~d** týkajúci sa (*G*); príslušný
betreten vstúpiť (do *G*, na *A*); rozpačitý
Betrieb *m* prevádzka *f*; (*Fabrik*) podnik, závod; ***in* ~ *setzen*** uviesť do chodu (*od.* činnosti); ***in* ~ *sein*** byť v prevádzke
Betriebs|leiter *m* vedúci prevádzky, správca podniku; **~rat** *m* závodný výbor; **~schutz** *m* závodná stráž *f*
betrinken: ***sich* ~** opiť sa
betrübt zarmútený
Betrug *m* podvod, klam
betrüg|en klamať, podvádzať; **2er** *m* podvodník; **~erisch** klamársky, podvodnícky
betrunken opitý
Bett *n* posteľ *f*, lôžko; (*Fluss*2) riečisko; **~decke** *f* posteľná deka
betteln žobrať
bettlägerig: **~ *sein*** ležať v posteli
Bettlaken *n* prestieradlo
Bettler *m* žobrák

Bettwäsche *f* posteľné prádlo *n*
beugen ohýbať ⟨ohnúť⟩; *Gr.* skloňovať, časovať; ***sich* ~** ohýbať sa, skloniť; *fig.* podrobovať sa
Beule *f* hrča; *Med.* nádor *m*; (*Delle*) hľuza
be|unruhigen znepokojovať (***sich*** sa); **~urkunden** dokumentovať, doložiť (listinami); **~urlauben** uvolniť na dovolenku
beurteil|en posudzovať; **≗ung** *f* posudok *m*, posúdenie *n*
Beute *f* korisť
Beutel *m* vrece *n*, vrecko *n*
Bevölkerung *f* obyvateľstvo *n*
bevollmächtig|en splnomocniť; **≗te(r)** *m* splnomocnenec
bevor skôr než, prv ako
bevor|stehen nastávať; **~stehend** nastávajúci; **~zugen** dávať prednosť (*D*), uprednostňovať (*A*)
bewach|en strážiť, chrániť; **≗ung** *f* stráženie *n*, stráž
bewaffn|en vyzbrojiť; **≗ung** *f* ozbrojenie *n*; výzbroj
bewahren zachovať; (***vor*** *D*) ochraňovať
bewähr|en: ***sich* ~*en*** osvedčiť sa; **≗ungsfrist** *f* skúšobná lehota
bewaldet zalesnený
bewältigen *Arbeit* urobiť; zvládnuť; *s.* ***überwinden***
bewandert zbehlý, skúsený
bewässer|n zavodniť; **≗ung** *f* zavodnenie *n*; **≗ungsanlage** *f* zavodňovacie zariadenie *n*
beweg|en pohnúť, dojať; ***sich* ~*en*** pohybovať sa; **~lich** pohyblivý; čulý; **~t** pohnutý, dojatý; **≗ung** *f* pohyb *m*, hnutie *n*; *fig.* vzrušenie *n*; **~ungslos** nehybný
Beweis *m* dôkaz; **≗en** dokázať
bewerb|en: ***sich* ~*en um*** (*A*) uchádzať sa o (*A*); **≗er** *m* uchádzač, kandidát; **≗ung** *f* uchádzanie *n*, žiadosť o miesto
bewerkstelligen uskutočniť, vykonať
bewerten zhodnotiť
bewillig|en povoliť; **≗ung** *f* povolenie *n*
be|wirken spôsobiť; **~wirten** ⟨po⟩hostiť; **~wirtschaften** spravovať, hospodáriť
bewohn|bar obytný; **~en** obývať; **≗er** *m* obyvateľ
bewölkt zamračený, zaoblačený
bewunder|n (*A*) obdivovať (*A*), čudovať sa (*D*); **≗ung** *f* obdiv *m*, údiv *m*
bewusst (po)vedomý; *adv.* vedome, úmyselne; **~los** v bezvedomí; **≗sein** *n* (po)vedomie
bezahl|en zaplatiť; vyplatiť; **≗ung** *f* zaplatenie *n*, plat *m*
bezaubernd čarovný
bezeichn|en označiť, poznačiť; **~end** významný; charakteristický; **≗ung** *f* označenie *n*; značka

bezeugen dosvedčiť

bezieh|en dostávať, odoberať; *Wohnung* sťahovať sa (do *G*); ***sich*** **~*en auf*** vzťahovať sa na (*A*), odvolávať sa na (*A*); **≈ung** *f* (*Kontakt*) vzťah *m*; (*Verhältnis*) styk *m*; **~ungsweise** respektíve

beziffern očíslovať; ***sich ~ auf*** (*A*) činiť (*A*)

Bezirk *m* obvod, okres; **~s-** okresný

Bezug *m* (*Überzug*) povlak, poťah; *fig.* ***in ~ auf*** (*A*) vzhľadom na (*A*); ***~ nehmen*** *s.* ***sich beziehen***

be|zwecken mať v úmysle; **~zweifeln** pochybovať; **~zwingen** premáhať ⟨premôcť⟩

Bibel *f* biblia

Biber *m* bobor

Bibliothek *f* knižnica

bieder slušný, poctivý

bieg|en ohýbať; zabočiť; ***sich ~en*** ohýbať sa; **~sam** ohybný; **≈ung** *f* ohyb *m*, záhyb *m*

Biene *f* včela

Bienenstock *m* úľ

Bier *n* (***dunkles, helles*** čierne, svetlé) pivo

bieten ponúkať, poskytovať; ***sich ~*** *Gelegenheit*: naskytnúť sa

Bilanz *f* bilancia

Bild *n* obraz *m*; *Fot.* snímka *f*; **≈en** (*schaffen, formen*) tvoriť; (*erziehen*) vzdelávať (***sich*** sa)

Bilder|buch *n* obrázková kniha *f*; **~galerie** *f* obrazáreň

Bild|hauer *m* sochár; **≈lich** obrazný; **~schirm** *m* obrazovka *f*; **~ung** *f* (*Erziehung*) vzdelanie *n*; (*Form*) útvar *m*, obraz *m*; (*Gründung*) tvorba *f*, tvorenie *n*

billig lacný; **~en** schváliť, súhlasiť

Binde *f* páska; *Med.* obväz *m*; **~glied** *n* spájadlo, spojivo

bind|en (***an*** *A*) ⟨za⟩viazať (na *A*); *s.* ***anbinden***; **~end** záväzný; **≈faden** *m* motúz, špagát; **≈ung** *f* viazanie *n*, spojenie *n*; väzba; *fig.* záväzok *m*

binnen *prp.* (*D od. G*) za (*A*), cez (*A*), v priebehu (*G*); ***~ kurzem*** onedlho; **≈land** *n* vnútrozemie

Biografie, Biographie *f* životopis *m*

Biologie *f* biológia

Birke *f* breza; **~n-** brezový

Birn|baum *m* hruška *f*; **~e** *f* hruška; *El.* žiarovka

bis (***an*** *A*, ***auf*** *A*, ***nach*** *D*, ***zu*** *D*) (až) do (*G*), po (*A*); okrem (*G*); ***~ heute*** dodnes; *cj.* ***~ dass*** kým, až; **~her** dosiaľ, doteraz

Bischof *m* biskup

Biss *m* zahryznutie *n*

bisschen: ***ein ~*** trochu

Bissen *m* sústo *n*

bissig zlý; *fig.* uštipačný

Bistum *n* biskupstvo

bisweilen niekedy

bitte prosím

Bitte *f* prosba, žiadosť

bitten prosiť
bitter horký; trpký
Bittschrift *f* prosba, žiadosť
Blähungen *f/pl.* vetry *m/pl.*
Blam|age *f* hanba, blamáž; **≈ieren** blamovať (***sich*** sa)
blank jagavý, lesklý
Blase *f* bublina; (*Harn≈*) mechúr *m*; (*Haut≈*) pľuzgier *m*; **≈n** fúkať, duť; *Mus.* trúbiť
Blasinstrument *n* dychový nástroj *m*
blass bledý; ~ ***werden*** blednúť
Blatt *n* list *m*; *s.* ***Zeitung***
blättern listovať
blau modrý, belasý; ~***er Fleck*** modrina *f*; **≈beere** *f* čučoriedka
Blech *n* plech *m*; **~-** plechový; **~schaden** *m* škoda *f* na karosérii
Blei *n* olovo; **~-** olovený
bleiben (z)ostať; ~ ***lassen*** nechať; **~d** stály, trvalý
bleich bledý; **~en** ⟨vy⟩bieliť
Bleistift *m* ceruzka *f*
Blende *f Fot.* clona
blend|en *Licht*: oslniť; **~end** oslňujúci; (*sehr gut*) znamenitý
Blick *m* pohľad; **≈en** pozerať sa, dívať sa (na *A*); ***sich ≈en lassen*** ukázať sa
blind slepý; ~ ***werden*** oslepnúť; **≈darm** *m* slepé črevo *n*
Blind|enschrift *f* slepecké písmo *n*; **~e(r)** *m* slepec; **~flug** *m* radarový let; **~heit** *f* slepota; **≈lings** slepo

blink|en blikať; **≈er** F *m Kfz.* smerovka *f*
blinzeln žmurkať
Blitz *m* blesk, hrom; **~ableiter** *m* hromozvod; **≈en** blýskať sa; žiariť; *fig.* ligotať sa; ***es ≈t*** blýska sa; **~licht** *n* bleskové svetlo; **≈schnell** *adv.* bleskurýchle
Block *m* blok; balvan; (*Schreib≈*) zápisník
block|ieren uzavrieť; blokovať; **≈schrift** *f* paličkové písmo *n*
blöd|(e) hlúpy, blbý; **≈sinn** *m* hlúposť *f*, nezmysel; *Med.* slabomyseľnosť *f*; **~sinnig** hlúpy, nezmyselný
blond plavý, blond
bloß holý, bosý; *adv.* len, iba; **~stellen** vydať napospas, kompromitovať
blühen kvitnúť; *fig.* prekvitať
Blume *f* kvet *m*, kvetina
Blumen|kohl *m* karfiol; **~strauß** *m* kytica *f*; **~topf** *m* kvetináč
Bluse *f* blúzka
Blut *n* krv *f*; **~druck** *m* krvný tlak; **≈en** krvácať; **≈ig** krvavý; **~probe** *f* krvná skúška; **~spender** *m* darca krvi; **~ung** *f* krvácanie *n*; **~vergiftung** *f* otrava krvi; **~wurst** *f* krvavnička
Bö *f* závan (*od.* náraz) *m* vetra
Bock *m* cap; *Sp.* koza *f*; **~wurst** *f* párky *m/pl.*
Boden *m* pôda *f*, zem *f*; (*Fuß≈*) dlážka *f*, podlaha *f*;

(*Gefäß*2) dno *n*; 2**los** bez dna; (*unerhört*) neslýchaný; **~schätze** *m/pl.* nerastné bohatstvo *n*
Bogen *m* oblúk; *Mus.* sláčik; (*Waffe*) luk; 2**förmig** oblúkovitý
Böhmen *n* Čechy
Bohne *f* fazuľa; bôb *m*
Bohnenkaffee *m* zrnková káva *f*
bohnern leštiť
bohr|en ⟨vy⟩vŕtať; 2**er** *m* nebožiec; (*Arbeiter*) vŕtač; 2**maschine** *f* vŕtačka
Bolzen *m* klin
Bon *m s.* ***Gutschein***
bombardieren bombardovať
Bombe *f* bomba
Bonbon *m* bonbón *m*, cukrík *m*
Bonze *m* papaláš
Boot *n* čln *m*
Bord *m* paluba *f*; obruba *f*; ***an*** **~** na lodi
borgen vypožičať si, požičať
Börse *f* burza; peňaženka
Borsäure *f* kyselina bórová
Borste *f* štetina
bösartig zlý; *Med.* nebezpečný, zhubný
Böschung *f* svah *m*, stráň, úbočie *n*
böse zlý; nahnevaný
bos|haft zlomyseľný; 2**heit** *f* zloba
böswillig zlomyseľný
Botanik *f* botanika
Bote *m* posol
Botschaft *f* posolstvo *n*; *Pol.* veľvyslanectvo *n*; **~er** *m* veľvyslanec
Bottich *m* kaďa *f*
Bowle *f* bowle *n*
box|en boxovať; 2**er** *m Sp.* pästiar, boxer
Boykott *m* bojkot; 2**ieren** bojkotovať
brachliegen ležať úhorom; *fig.* zaháľať
Branche *f* (obchodné) odvetvie *n*
Brand *m* oheň, požiar; *Med.* popálenina *f*
Brandenburg *n* Brandenbursko
Brand|stifter *m* podpaľač; **~stiftung** *f* podpálenie *n*; **~ung** *f* príboj *m*, vlnobitie *n*; **~wunde** *f* spálenina
Branntwein *m* pálenka *f*
Brasilian|er Brazílčan; 2**isch** brazílsky
Brasilien *n* Brazília *f*
brat|en piecť, pražiť; 2**en** *m* pečienka *f*; 2**hähnchen** *n* pečené kurča; 2**kartoffeln** *f/pl.* opekané zemiaky *m/pl.*; 2**pfanne** *f* panva
Bratsche *f* viola
Brat|spieß *m* ražeň; **~wurst** *f* klobása
Brauch *m* zvyk, obyčaj *f*; 2**bar** použiteľný, upotrebiteľný; užitočný; 2**en** potrebovať; použiť, upotrebiť
Brauerei *f* pivovar *m*
braun hnedý, kávový; **~** ***gebrannt*** (*v. d. Sonne*) opálený; 2**kohle** *f* hnedé uhlie *n*

bräunlich hnedastý
Brause *f* sprcha; šumienka
brausen šumieť, hučať
Braut *f* nevesta, mladucha
Bräutigam *m* ženích
Brautpaar *n* snúbenci *pl.*
brav dobrý; poriadny
bravo! výborne!, bravo!
Brech|eisen *n* sochor *m*, páka *f*; **2en** *v/t.* zlomiť (lámať); *Frieden, Gesetz* porušiť; *v/i.* (*er~*) dáviť, vracať
Brei *m* kaša *f*
breit široký; **2e** *f* šírka; **2wand** *f* široké premietacie plátno *n*
Bremen Brémy
Brems|belag *m* brzdové obloženie *n*; **~e** *f* brzda, hamovka; **2en** brzdiť, hamovať
brenn|bar horľavý; **~en** páliť; piecť; pražiť; horieť
Brennnessel *f* žihľava
Brenn|punkt *m* ohnisko *n*; **~stoff** *m* horľavá látka *f*, horľavina *f*
brenzlig pripálený; háklivý
Brett *n* doska *f*
Brief *m* list; **~kasten** *m* poštová schránka *f*; **~marke** *f* poštová známka; **~markensammler** *m* filatelista; **~papier** *n* listový papier *m*; **~tasche** *f* peňaženka; **~träger** *m* poštar; **~umschlag** *m* obálka *f*; **~wechsel** *m* korešpondencia *f*
Brikett *n* briketa *f*
Brillant *m* briliant
Brille *f* okuliare *m/pl.*
bringen priniesť; (*im Auto*) priviezť; ***in Ordnung ~*** dať do poriadku
britisch britský
bröckeln *v/t.* drobiť
Brocken *m* úlomok; kúsok
brodeln vrieť
Brombeere *f* černica, ostružina
Bronchitis *f* zápal *m* priedušiek
Bronze *f* bronz *m*
Brosche *f* brošňa
Broschüre *f* brožúra
Brot *n* chlieb *m*; ***belegtes ~*** obložený chlebíček
Brötchen *n* žemľa *f*
Brotschnitte *f* krajec *m*
Browser *m* browser
Bruch *m* lom; *Math.* zlomok; *Med.* zlomenina *f*
brüchig lámavý; krehký
Bruch|stück *n* úlomok *m*, zlomok *m*; úryvok *m*; **~teil** *m* čiastka *f*, zlomok
Brücke *f* most *m*; *Sp.* mostík *m*
Bruder *m* brat
brüderlich bratský
Bruderschaft *f* bratstvo *n*
Brühe *f* silná mäsová polievka, bujón *m*
brühen *Tee* ⟨na⟩pariť
brüllen bučať, mučať; F *Mensch*: revať
brumm|en mrmlať; (*murren*) hundrať; **~ig** hundravý
brünett tmavovlasý, hnedý
Brunft *f* ruja
Brunnen *m* studňa *f*; (*Mineralwasser*) prameň; *s.* ***Spring-***

brunnen
brüsk prudký, príkry
Brust *f* prsia *pl.*, hruď; *s.* ***Busen***
Brüstung *f* zábradlie *n*
Brut *f* liahnutie *n*; (*Junge*) mláďatá *n/pl.*
brutal brutálny
brüten sedieť na vajciach; *fig.* premýšľať
Bruttogewicht *n* hrubá váha *f* (s obalom)
Brutzeit *f* doba liahnutia
Bube *m* chlapec; (*Karten*) dolník
Buch *n* kniha *f*; **~binder** *m* knihár; **~druck** *m* kníhtlač *f*
Buche *f* buk *m*; **~n-** bukový
buchen účtovať; zaknihovať; *Reise*, *Platz* objednať
Bücher|ei *f* knižnica; **~schrank** *m* knihovňa *f*
Buch|führung *f* účtovníctvo *n*; **~handlung** *f* kníhkupectvo *n*
Büchse *f* škatuľa, krabica
Büchsenöffner *m* otvárač na konzervy
Buchstab|e *m* písmeno *n*, litera *f*; **2ieren** slabikovať
buchstäblich doslova
Bucht *f* záliv *m*, zátoka
Buckel *m* hrb; chrbát; **2ig** hrbatý
bücken: ***sich*** ~ zohnúť sa
Bude *f* búda
Büfett *n* bufet *m*
Bug *m* *Mar.*, *Flgw.* predná časť *f*, prova *f*
Bügel *m* držadlo *n*; vešiak; **~brett** *n* doska *f* na žehlenie; **~eisen** *n* žehlička *f*; **2frei** k vyveseniu
bügeln žehliť
Bühne *f* javisko *n* (*a. fig.*); divadlo *n*
Bulgar|e *m* Bulhar; **~ien** *n* Bulharsko; **2isch** bulharský
Bummel *m* prechádzka *f*
bummeln túlať sa, potulovať sa; lajdáčiť, flákať sa
Bund *m* spolok; zväz
Bündel *n* zväzok *m*, uzlík *m*
Bundes|- spolkový; **~genosse** *m* spojenec; **~republik** *f* spolková republika
Bündnis *n* spojenectvo
Bunker *m* bunker, kryt
bunt pestrý, strakatý; **2metall** *n* farebný kov *m*
Burg *f* hrad *m*
Bürge *m* ručiteľ
bürgen ručiť, zaručiť sa
Bürger *m* občan, mešťan; **2lich** občiansky; *Pol.* buržoázny, meštiacky; **~meister** *m* starosta *m* mesta, primátor; **~steig** *m* chodník
Bürgschaft *f* záruka, ručenie *n*
Büro *n* kancelária *f*; **~kratie** *f* byrokracia
Bursche *m* šuhaj, mladík
Bürste *f* kefa
bürsten kefovať
Bus F *m* autobus
Busch *m* krovie *n*, húšťava *f*
Busen *m* prsia *n/pl.*; (*Meer2*) záliv
Buße *f* pokánie *n*; (*Geld~*) po-

kuta
büßen kajať sa, pykať
Büste *f* poprsie *n*
Büstenhalter *m* podprsenka *f*
Butter *f* maslo *n*; **~brot** *n* chlieb *m* s maslom; **~milch** *f* cmar *m*

C

Café *n* kaviareň *f*
Camping *n* táborenie; **~platz** *m* autokemping
Cello *n* čelo
CD *f* CD *n*; **~Player** *m* CD-prehrávač; **~ROM** *f* CD-ROM *m*
Cent *m* cent
Champagner *m* šampanské (víno) *n*
Champignon *m* šampiňón, pečiarka *f*
Champion *m Sp.* šampión, majster
Chance *f* šanca
chaotisch chaotický
Charakter *m* charakter, povaha *fg*, ráz; **Ωistisch** charakteristický, príznačný, svojrázny
Chassis *n* podvozok *m*
Chauffeur *m* šofér
chauvinistisch šovinistický
Chef *m* šéf, riaditeľ
Chemie *f* chémia
Chemikalien *f/pl.* chemikálie
Chemiker *m* chemik
chemisch chemický
chiffrieren šifrovať
Chin|a *n* Čína *f*; **~ese** *m* Číňan; **Ωesisch** čínsky
Chirurg *m* chirurg
Chor *m* chór; zbor
Christ *m* kresťan; **~baum** *m* vianočný stromček
Christ|entum *n* kresťanstvo; **~kind** *n* Ježiško *m*; **Ωlich** kresťanský
Christus *m* Kristus
Chron|ik *f* kronika; **Ωologisch** chronologický
Clique *f* klika
Clown *m* šašo, klaun
Computer *m* počítač, komputer
Couch *f* gauč *m*
Cousin *m* bratranec; **~e** *f* sesternica
Creme *f* krém *m*

D

da *adv.* tu; (*dort*) tam; ***hier und ~*** tu a tam; ***von ~ ab*** odvtedy; *cj.* (*weil*) pretože, keď-že; (*wenn*) keď; ***~ sein*** byť prítomný
dabei pri tom, pritom; ***~ sein***

zúčastniť sa, byť pri tom; **~ *sein et. zu tun*** práve sa chystať niečo urobiť; ***es ist nichts ~, wenn ...*** to nič, keď ...; **~bleiben** zostať
dableiben zostať tu
Dach *n* strecha *f*; **~boden** *m* povala *f*, pôjd; **~decker** *m* pokrývač; **~garten** *m* záhradka *f* na streche; **~geschoss** *n* podstrešie; **~pappe** *f* krycia lepenka
Dachs *m* jazvec; **~hund** *m* jazvečík
Dach|stuhl *m* podkrovie *n*; **~ziegel** *m* škridla *f*
da|durch *adv.* tým; tadiaľ; *cj.* preto; **~für** za to, pre to; ***~für sein*** súhlasiť s tým, byť za to; **~gegen** *adv.* proti tomu; *cj.* avšak, ale; ***nichts ~gegen haben*** nemať nič proti; **~heim** doma; **~her** *adv.* odtiaľ; *cj.* preto; teda; **~hin** tam, na to miesto; ***bis ~hin*** až tam, až dovtedy
dahinter za tým; ***~ kommen*** prísť na niečo, objaviť (*A*)
damals vtedy
Dame *f* dáma, pani; ***meine ~n und Herren!*** dámy a páni!; **~n-** dámsky
Damhirsch *m* daniel
damit *adv.* tým, s tým; *cj.* aby
Damm *m* násyp; hrádza *f*, hať *f*
dämmer|ig zamračený, nejasný; **~n** zmrákať sa; **≗ung** *f* úsvit *m*; (*Abend≗*) súmrak *m*
Dampf *m* para *f*; **~bad** *n* parný kúpeľ *m*; **≗en** vyparovať sa
dämpfen dusiť; pariť; *Schall, Freude* tlmiť, oslabovať
Dampf|er *m* parník; **~heizung** *f* parné kúrenie *n*; **~maschine** *f* parný stroj *m*
danach potom, nato; podľa toho
Däne *m* Dán
daneben vedľa (*G*), okrem toho, popri tom
Dän|emark *n* Dánsko; **≗isch** dánsky
Dank *m* vďaka *f*; poďakovanie *n*; **≗bar** vďačný; **≗en** vďačiť, ďakovať; ***≗e sehr!*** ďakujem pekne!
dann potom, nato; ***selbst ~*** aj vtedy; ***~ und wann*** kedytedy
daran na tom, pritom; **~gehen** dať sa do (*G*)
daraus z toho, odtiaľ
darbiet|en poskytnúť, podávať; **≗ung** *f Thea.* predstavenie *n*
darin v tom, vnútri
darlegen vyložiť
Darleh(e)n *n* pôžička *f*
Darm *m* črevo *n*
darstell|en zobraziť; opísať; *Thea.* predstavovať; **~end**: ***~ende Kunst*** *f* výtvarné umenie *n*; **≗er** *m Thea.* herec, predstaviteľ; **≗ung** *f* zobrazenie *n*; opis *m*; obraz *m*; *Thea.* predstavenie *n*
darüber (*wo?*) nad tým; (*wohin?*) nad to; (*davon*) o tom; ***~ hinaus*** okrem toho, ďalej

darum preto; okolo
darunter (*wo?*) pod tým; (*zwischen*) medzitým; (*wohin?*) pod to; medzi to; F ***drunter und drüber*** bez ladu a skladu
das to; ktoré, čo
Dasein *n* život *m*; bytie
dass že; ***so ~*** tak, že; ***auf ~*** aby; ***ohne ~*** bez toho, že
dasselbe to isté
datieren datovať
Daten|bank *f* databanka; **~verarbeitung** *f* spracovanie *n* údajov
Dattel *f* datľa
Datum *n* dátum *m*
Dauer *f* trvanie *n*; doba; **2haft** trvalý, trvanlivý; **~karte** *f* permanentka
dauer|n trvať; **~nd** trvalý, stály; **2welle** *f* trvalá (ondulácia)
Daumen *m* palec
Daunendecke *f* páperová perina
davon od toho, odtiaľ; (*darüber*) o tom; **~laufen** utiecť, odbehnúť
davor (*wo?*) pred tým; (*wohin?*) pred to
dazu k tomu; **~gehören** patriť k tomu; **~tun** pripojiť, dodať
dazwischen medzitým; (*wo?*) medzi tým; (*wohin?*) medzi to; **~kommen** prekážať; zakročiť; **~reden** skákať do reči (*D*); hovoriť do (*G*)
Debatte *f* debata
Deck *n Mar.* paluba *f*; **~e** *f* prykrývka, deka; *Arch.* povala; **~el** *m* pokrývka *f*; vrchnák; **2en** pokryť; *Hdl.* hradiť; kryť, chrániť; **~ung** *f* úkryt *m*; *Hdl.* krytie
defekt defektný, chybný
Defensive *f* obrana, defenzíva
Defizit *n* deficit *m*, schodok *m*
Degen *m* meč
dehnen rozťahovať, rozširovať (***sich*** sa)
Deich *m* hrádza *f*, hať *f*
Deichsel *f* oje *n*
dein (**~e, ~**) tvoj (**~**a, **~**e); **~erseits** z tvojej strany
deinetwegen pre teba, kvôli tebe
Deklin|ation *f Gr.* skloňovanie *n*, deklinácia; *Phys.* odklon *m*; **2ieren** *Gr.* skloňovať
Dekor|ation *f* výzdoba; vyznamenanie *n*; **2ieren** vyzdobiť; vyznamenať, dekorovať
Deleg|ation *f* delegácia; **2ieren** vyslať, delegovať; **~ierte(r)** *m* delegát, zástupca
delikat chutný, delikátny; **2esse** *f* lahôdka
Delikt *n* delikt *m*, priestupok *m*
demagogisch demagogický
dem|entsprechend podľa toho; **~gegenüber** naproti tomu; **~nach** preto, teda; podľa toho; **~nächst** onedlho
Demo|krat *m* demokrat; **~kratie** *f* demokracia; **2kra-**

tisch demokratický; **⁀kratisieren** demokratizovať
demonstrieren demonštrovať
demütig pokorný; **~en** pokoriť; **⁀ung** *f* pokorenie *n*
denk|bar mysliteľný; **~en** myslieť (**an** *A* na *A*); (*meinen*) mieniť; **⁀mal** *n* pomník *m*; **~würdig** pamätihodný, pamätný; **⁀zettel** *m fig.* ponaučenie *n*
denn *adv.*: ***es sei ~, dass ...*** leda, že; *cj.* lebo; že; ***mehr ~ je*** viac než kedykoľvek predtým
dennoch predsa, však, jednako
denunzieren udávať, donášať
Deodorant *n* de(z)odorant *m*
de|ponieren ukladať 〈uložiť〉; **~portieren** deportovať
der ten; ktorý
derart tak; **~ig** taký
derb hrubý, drsný; *Spaß*: ostrý, šťavnatý
der|gleichen podobný; **~jenige** ten; **~maßen** tak, toľko; **~selbe** ten istý
des|gleichen taký, podobný; **~halb** preto
Desin|fektion *f* dezinfekcia; **⁀fizieren** dezinfikovať
dessen ktorého
Dessert *n* dezert *m*
desto o to, tým; ***je ... ~ ...*** čím ... tým ...
deswegen preto
Detail *n* detail *m*, podrobnosť *f*
deut|en vykladať; (***auf*** *A*) ukazovať (na *A*); **~lich** jasný, zreteľný
deutsch nemecký; ***~ sprechen*** hovoriť (po) nemecky; **⁀** *n* nemčina *f*; ***ins ⁀e übersetzen*** preložiť do nemčiny; **⁀e(r)** *m* Nemec; **⁀e** *f* Nemka; **⁀land** *n* Nemecko
Devise *f* zásada; heslo *n*; **~n** *f/pl.* devízy
Dezember *m* december
dezentralisieren decentralizovať
Dia *s.* ***Diapositiv***
Diabetes *f* cukrovka
Diagnose *f Med.* diagnóza
Dialekt *m* nárečie *n*
Dialog *m* rozvohor, dialóg
Diamant *m* diamant
Diapositiv *n* diapozitív *m*
Diät *f* diéta; ***~ halten*** zachovávať diétu; **~en** *f/pl.* diéty
dich teba, ťa; (*reflexiv*) seba, sa
dicht hustý; hutný; (*eng*) tesný; *adv.* tesne (***an*** *D* pri *L*); ***~ bevölkert*** husto zaľudnený
Dichte *f* hustota
dicht|en básniť; **⁀er** *m* básnik; **⁀ung¹** *f* poézia, báseň; **⁀ung²** *f Tech.* tesnenie *n*; upchanie *n*
dick tučný, tlstý; objemný
Dickicht *n* húšťava *f*
dickköpfig tvrdohlavý
die tá; ktorá; *pl.* tí, tie; ktorí, ktoré
Dieb *m* zlodej; **~stahl** *m*

krádež *f*
Diele *f* dlážka; (*Raum*) predsieň
dien|en ⟨po⟩slúžiť; **≗er** *m* sluha; **≗erin** *f* slúžka
Dienst *m* služba; **~-** služobný
Dienstag *m* utorok
Dienstleistung *f* služby *pl.*
dienst|lich služobný; **≗mädchen** *n* slúžka *f*; **≗reise** *f* služobná cesta; **≗vorschrift** *f* služobný predpis *m*
diese tá; táto
Dieselkraftstoff *m* motorová nafta *f*
dies|er, ~es ten, to; tento, toto; **~jährig** tohoročný; **~mal** tentoraz; teraz; **~seits** (*G*) z tejto strany, na tejto strane
Dietrich *m* pakľúč
Differenz *f* rozdiel *m*; nezhoda, spor *m*
digital digitálny
Diktat *n* diktát *m*
Diktatur *f* diktatúra
diktieren diktovať; predpisovať
Dill *m* kôpor
Dilettant *m* diletant, ochotník
Diner *n* obed *m*
Ding *n* vec *f*, predmet *m*; ***vor allen ~en*** predovšetkým
Diphtherie *f* záškrt *m*
Diplom *n* diplom *m*; **~-** diplomovaný
diplomatisch diplomatický; *fig.* opatrný, obozretný
dir tebe, ti
direkt priamy, bezprostredný
Direk|tion *f* správa, vedenie *n*; **≗tor** *m* riaditeľ
Direktübertragung *f* priamy prenos *m*
Dirig|ent *m* dirigent; **≗ieren** dirigovať; *fig.* riadiť, usmerňovať
Dirne *f* pobehlica; V kurva
Diskette *f* disketa
diskret rozvážny, diskrétny
dis|kutieren diskutovať; **~ponieren** disponovať; **~qualifizieren** diskvalifikovať
Distanz *f* odstup *m* vzdialenosť; **≗ieren**: ***sich ~ von*** (*D*) dištancovať sa od (*G*)
Distel *f* bodliak *m*
Disziplin *f* disciplína; **≗iert** disciplinovaný
Divid|ende *f* dividenda; **≗ieren** deliť
doch *adv.* predsa, jednako; *cj.* avšak, ale; **~!** áno!, pravdaže!; ***nicht ~!*** ba nie!, nijako!; ***also ~!*** predsa len!
Docht *m* knôt
Dock *n Mar.* lodenica *f*, dok *m*
Dogge *f* doga
dogmatisch dogmatický
Dohle *f* kavka
Dokument *n* dokument *m*
Dolch *m* dýka *f*
Dolmetscher *m* tlmočník
Dom *m* dóm, katedrála *f*
Donau *f* Dunaj *m*
Donner *m* hrom
donnern hrmieť
Donnerstag *m* štvrtok
Doppel|- dvojitý; **~fenster** *n* dvojité okno; **~gänger** *m* dvojník; **~punkt** *m* dvoj-

bodka *f*; **⁓seitig** dvojstranný; **⁓t** dvojitý, dvojnásobný; **⁓zimmer** *n* dvojposteľová izba *f*; **⁓züngig** dvojtvárny, falošný
Dorf *n* dedina *f*; **⁓-** dedinský
Dorn *m* tŕň; **⁓ig** tŕnistý
Dorsch *m* treska *f*
dort tam; ***von ⁓***, **⁓her** odtiaľ
Dose *f* škatuľka; tabatierka; *El.* zástrčka; *s.* ***Büchse***
dösen podriemkávať
dosieren dávkovať, dózovať
Dosis *f* dávka
downloaden: downloadovať; ***aus dem Internet ⁓*** sťahovať ⟨stiahnuť⟩ si z internetu
Dotter *m* žĺtok
Dozent *m* docent
Drache *m* drak
Dragee *n* dražé
Draht *m* drôt; **⁓auslöser** *m Fot.* drôtená spúšť *f*; **⁓los** bezdrôtový; **⁓seil** *n* drôtové lano; **⁓seilbahn** *f* lanovka
drall statný, švárny
Drama *n* dráma *f*; **⁓tisch** dramatický
dran *s.* ***daran***; ***ich bin ⁓*** som na rade
Drang *m* nával; tlak; pud; túžba
drängen tisnúť, tlačiť (***sich*** sa); *fig.* naliehať na (*A*)
drastisch drastický
drauf *s.* ***darauf***; **⁓gänger** *m* násilník, hazardér
draußen vonku; ***von ⁓*** zvonku
drechs|eln sústružiť, točovať; **⁓ler** *m* tokár
Dreck *m* blato *n*, kal; trus, výkal; **⁓ig** špinavý, zablatený
Dreh|bank *f* sústruh *m*, točovka; **⁓bar** otáčavý; **⁓buch** *n* filmový scenár *m*; **⁓en** krútiť, točiť; *Film*: natáčať; *v/i. Schiff*: otáčať sa; ***sich*** **⁓en** krútiť sa, otáčať sa; **⁓er** *m* tokár; **⁓ung** *f* otáčanie *n*; obrátka
drei tri, traja; **⁓ *viertel*** tri štvrte
Drei *f* trojka
Dreieck *n* trojuholník *m*; **⁓ig** trojhranný
drei|fach trojnásobný; *adv. a.* trojmo; **⁓mal** trikrát; **⁓rad** *m* trojkolka *f*
dreist trúfalý, odvážny
drei|stöckig trojposchodový; **⁓teilig** trojdielny
dresch|en mlátiť; **⁓maschine** *f* mláťačka
Dress *m* dres
dressieren cvičiť, drezírovať
Drillinge *m/pl.* trojčatá *pl.*
drin *s.* ***darin***
dringen (***in*** *A*) vniknúť, prenikať do (*G*); *fig.* naliehať
dringend naliehavý, súrny
drinnen vnútri, v tom
dritt|e(r) tretí; **⁓el** *n* tretina *f*; **⁓ens** po tretie
Droge *f* droga
Drogerie *f* drogéria
drohen hroziť, vyhrážať
dröhnen dunieť, rinčať
Drohung *f* hrozba, vyhrážka
drollig čudný, žartovný

Drossel *Zo. f* drozd *m*
drosseln škrtiť, hrdúsiť; *Tech.* tlmiť, zastavovať
drüben tam, na druhej strane
Druck *m* tlak; (*Zwang*) nátlak; *Typ.* tlač *f*; **2en** *Typ.* tlačiť
drücken tisnúť, tlačiť; F *fig.* ***sich ~*** (***vor*** *D*) vyhýbať sa (od *G*)
drückend tiesnivý
Drucker *m* tlačiar; **~ei** *f* tlačiareň
Druck|fehler *m* tlačová chyba *f*; **~knopf** *m* tlačidlo *n*; **~sache** *f* tlačivo *n*
drum P preto
drunt|en dole; **~er** *s.* ***darunter***
Drüse *f* žľaza
Dschungel *m* džungľa, prales
du ty
ducken: ***sich ~*** krčiť sa
Dudelsack *m* gajdy *pl.*; **~pfeifer** *m* gajdoš
Duft *m* vôňa *f*; **2en** voňať; **2end** voňavý
duld|en znášať, trpieť; **~sam** znášanlivý
dumm hlúpy, tupý; **2heit** *f* hlúposť; **2kopf** *m* hlupák
dumpf *Klang*: tlmený; *Schmerz*: tupý; (*moderig*) stuchnutý; (*drückend*) dusný, stiesnený
Düne *f* duna
düng|en hnojiť; **2er** *m* hnoj
dunkel temný, tmavý; ***es wird ~*** stmieva sa; **~blau** tmavomodrý; **2heit** *f* tma, temnota; **2kammer** *f* tmavá komora; **~rot** tmavočervený
dünn tenký; *Suppe*, *Haar*: riedky
Dunst *m* hmla *f*, para *f*; výpar; **2ig** plný pár, hmlistý; (*trübe*) zamračený
dünsten *Kochk.* dusiť
Duplikat *n* duplikát *n*
durch (*A*) *prp.* cez (*A*); *wird mit I wiedergegeben*: ***~ den Wald gehen*** ísť lesom; *adv.* ***~ und ~*** skrz-naskrz; ***die ganze Nacht ~*** po celú noc; **~arbeiten** prepracovať
durchaus vonkoncom, vôbec; ***~ nicht*** vôbec nie
durchblättern prelistovať
Durchblick *m* prehľad; **2en** mať prehľad; ***2en lassen*** dať najavo
durch|bohren prevŕtať; (*mit dem Schwert*, *Blick*) prebodnúť; **~braten** prepiecť; **~brechen** prerazіť, prelomiť; preniknúť; **~brennen** prepáliť; *fig.* utiecť; **2bruch** *m* prelomenie *n*; *Mil.* prelom; *fig.* prepuknutie *n*; **~drängen**: ***sich ~drängen*** pretisnúť sa; **~dringen** prenikať; **~dringend** prenikavý
durcheinander jedno cez druhé, bez ladu a skladu; ***~ werfen*** poprehadzovať
Durcheinander *n* zmätok *m*
durch|fahren prechádzať ⟨prejsť⟩; precestovať; **2fahrt** *f* priechod *m*; **2fall** *m* *Med.* hnačka *f*; *Thea.* neúspech

m; **~fallen** prepadnúť; **~fließen** pretekať
durchführ|en vykonať; previesť; **2ung** *f* vykonanie *n*; prevedenie *n*
Durchgang *m* prechod; **~ *verboten!*** prechod zakázaný!
durchgehen prejsť (prechádzať); ***et. ~ lassen*** dovoliť (*A*); **~d** priamy
durch|hauen prerúbať; F *fig.* nabiť; **~kommen** prejsť; **~kreuzen** *fig.* zmariť; prekrížiť; **~lassen** prepustiť (prepúšťať); **~lässig** priepustný; **~laufen** prebehnúť; **~lesen** prečítať; **~leuchten** presvietiť; *Med.* prežiariť; **~löchern** predierkovať; **~lüften** vyvetrať, prevetrať; **~machen** prežiť, zakúsiť
Durchmesser *m* priemer
durch|nässen premočiť; **~nässt** premoknutý, premočený; **~queren** (krížom) prejsť; *Fluss* prebrodiť
Durchreise *f*: ***auf der ~*** cestou
durchreisen pre|jsť (~chádzať), precestovať
durch|reißen pretrhnúť; **2sage** *f Rdf.* oznam *m*, vysielanie *n*; **~sagen** vysielať, hlásiť; **~sägen** prepíliť; **~schauen** prezrieť; *fig.* odhaliť; **~scheinen** presvitať; **~scheinend** priesvitný
Durchschlag *m* (*Kopie*) prieklep; **2en** preraziť; *v/i.* preniknúť; ***sich 2en*** prebiť si
durch|schlüpfen pretisnúť sa; **~schmuggeln** prepašovať; **~schneiden** prestrihnúť, prerezať
Durchschnitt *m* priemer; **2lich** priemerný
durch|schwimmen preplávať; **~sehen** prezerať; **~setzen** presadiť (***sich*** sa); preniknúť; **~sichtig** priezračný, priehľadný; **~sickern** presiaknuť; **~sprechen** prediskutovať, pohovoriť o (*L*); **~stechen** prepichnúť; **~streichen** preškrtnúť; **~suchen** prezerať; **2suchung** *f* prehliadka, prezeranie *n*; **~trieben** prešibaný; chytrý; **~wandern** pre|jsť (~chádzať) po (*L*); **~waten** prebrodiť; **~wählen** *Tel.* volať priamo; **~weg(s)** všeobecne; vždy; **~zählen** prepočítať; **~ziehen** *v/t.* pretiahnuť; prevliecť; **2zug** *m* priechod; (*Luft*) prievan
dürfen smieť; ***ich darf nicht*** nesmiem
dürftig chudobný, chatrný
dürr suchý; (*mager*) vyziabnutý; **2e** *f* suchota, sucho *n*
Durst *m* smäd; **~ *haben*** byť smädný; **2ig** smädný
Dusch|e *f* sprcha; **2en** sprchovať (***sich*** sa); **~gel** *n* sprchový gél *m*
Düse *f Tech.* dýza
Düsenflugzeug *n* prúdové lietadlo

düster tmavý, temný; pochmúrny
Dutzend *n* tucet *m*
duzen tykať
Dynamit *n* dynamit *m*
D-Zug *m s.* ***Schnellzug***

E

Ebbe *f* odliv *m*
eben *adj.* rovný, hladký; *adv.* práve, priam
Ebene *f* rovina, planina
ebenfalls rovnako, taktiež
ebenso práve tak; **~ *viel*** práve toľko; **~ *wenig*** práve tak málo
Eber *m* kanec
ebnen urovnať
Echo *n* ozvena *f*; *fig.* ohlas *m*
echt pravý, rýdzi
Eck|e *f* roh *m*, kút *m*; *Sp.* rohový kop *m*; ***um die ~e*** za roh; **~haus** *n* nárožný dom *m*; **2ig** hranatý
edel drahocenný, vzácny; ušľachtilý; **2metall** *n* drahý kov *m*; **2stein** *m* drahokam; **2weiß** *n* plesnivec *m*
Efeu *n* brečtan
effektvoll efektný
Egge *f* brány *f/pl.*; **2n** brániť (pole)
Egoist *m* sebec, egoista; **2isch** sebecký
ehe skôr, prv než
Ehe *f* manželstvo *n*; **~bruch** *m* nevera *f*; **~frau** *f* manželka; **2lich** manželský
ehemal|ig bývalý; **~s** kedysi, prv
Ehe|mann *m* manžel; **~paar** *n* manželský pár *m*
eher skôr, prv; (*lieber*) radšej
Ehe|ring *m* snubný prsteň; **~scheidung** *f* rozvod *m*; **~schließung** *f* sobáš *m*
ehrbar počestný
Ehr|e česť; úcta, pocta; **~enčestný**; **2en** ctiť, vážiť si
ehren|amtlich *adv.* čestne, bezplatne; **2bürger** *m* čestný občan; **~haft**, **~voll** čestný; **2wort** *n* čestné slovo
Ehr|furcht *f* úcta, úctivosť; **~geiz** *m* ctižiadosť *f*; **2geizig** ctižiadostivý; **2lich** čestný, statočný; **2los** bez cti; **~ung** *f* uctenie *n*; **2würdig** ctihodný
Ei *n* vajce, vajíčko (***weich*** namäkko, ***hart*** natvrdo)
Eiche *f* dub *m*; **2n** dubový
Eichhörnchen *n* veverička *f*
Eid *m* prísaha *f*
Eidechse *f* jašterica
Eier|becher *m* pohárik na vajíčko; **~kuchen** *m* omeleta *f*, palačinka *f*; **~schale** *f* vajcová škrupina
Eifer *m* horlivosť *f*, nadšenie *n*; **~sucht** *f* žiarlivosť; **2süchtig** žiarlivý
eifrig horlivý, snaživý
Eigelb *n* žĺtok *m*

eigen vlastný; osobný; osobitý; **~artig** svojrázny, osobitý; **~händig** vlastnoručný; **~mächtig** svojvoľný; **2name** *m* vlastné meno *n*; **~nützig** ziskuchtivý, sebecký; **2schaft** *f* vlastnosť, akosť, povaha; osobitnosť; **~sinnig** svojhlavý, tvrdohlavý
eigen|tlich *adv.* vlastne; **2tum** *n* vlastníctvo; **2tümer** *m* vlastník; **~tümlich** zvláštny, osobitý; **~willig** svojvoľný, svojhlavý
eignen: ***sich ~*** hodiť sa (***zu*** *D*, ***für*** *A* na *A*)
Eil|bote *m* doručovateľ; **~brief** *m* expres
Eil|e *f* náhlenie *n*, chvat *m*; **2en** ponáhľať sa; **~gut** (*a.* **~sendung** *f*) *n* spešnina *f*; **2ig** chytrý, náhly; **~zug** *m* rýchlik
Eimer *m* vedro *n*
ein: ***~er, ~e, ~(es)*** jeden, jedna, jedno; ***~ für allemal*** raz navždy
einander navzájom, vospolok
einarbeiten: ***sich ~ in*** (*A*) zapracovať sa do (*G*)
einäscher|n spáliť, spopolniť; **2ung** *f* spopolnenie *n*
ein|atmen vdychovať; **2bahnstraße** *f* jedosmerná premávka; **2band** *m* väzba *f*; **2bauküche** *f* vstavaná kuchyňa; **2bauschrank** *m* vstavaná skriňa *f*; **~berufen** *Versammlung* zvolať; *Person* povolať; **2bettzimmer** *n* jednoposteľová izba *f*
einbiegen zahnúť
einbilden: ***sich ~*** zakladať si, namýšľať si
Einbildung *f* obrazotvornosť; fantázia; namyslenosť
einbinden zviazať; *fig.* zapojiť
Einblick *m* pohľad, náhľad na (*A*); ***~ nehmen in*** (*A*) nahliadnuť do (*G*)
einbrech|en vlámať sa (***bei*** *D* do *G*); vniknúť, vtrhnúť; **2er** *m* vlamač
Einbruch *m* vlámanie *n*; *Mil.* vpád, prielom; ***bei ~ der Nacht*** na súmraku
einbürgern naturalizovať, poskytnúť občianstvo, zdomácnieť
Ein|buße *f* škoda, strata; **2büßen** stratiť, škodovať; **2deutig** jednoznačný; **2dringen** vniknúť, prenikať; **~dringling** *m* votrelec; **~druck** *m* dojem; **2drücken** vtisnúť, vtlačiť; **2drucksvoll** pôsobivý
einer niekto; **~lei** jednaký, jednotvárny; **~seits** jednak
ein|fach jednoduchý; *adv.* priamo; **~fahren** vchádzať, prichádzať; *Wagen* dávať do zábehu; **2fahrt** *f* vjazd *m*; *Bgb.* fáranie *n*; **2fall** *m* (*Idee*) nápad; *Mil.* vpád; **~fallen** *Vergessenes*: spomenúť si (na *A*); *Feind*: vpadnúť; napadnúť; **~fältig** prostý, naivný; **2familienhaus** *n* rodinný dom *m*; **~farbig** jed-

nofarebný; **~fetten** ⟨na⟩-mastiť; **~flößen** vnuknúť
Einfluss *m fig.* vplyv, pôsobenie *n*; **2reich** vplyvný; pôsobivý
ein|förmig jednotvárny; **~frieren** *v/t.* zamraziť; **2fuhr** *f* dovoz *m*, import *m*
einführ|en uvádzať; *Hdl.* dovážať; **2ung** *f* uvádzanie *n*, zavedenie *n*; úvod *m*
Ein|gabe *f* podanie *n*; žiadosť; **~gang** *m* vchod; (*e-r Sendung*) príjem, príchod; **2geben** dávať; *fig.* vnuknúť; **2gebildet** namyslený; domnelý; **~gebung** *f fig.* vnuknutie *n*
eingehen *v/t. Verpflichtung* prevziať; *Wette* uzavrieť; *v/i.* vstúpiť; zanikať, prestávať; **~d** podrobný
Einge|machte(s) *n* zavarenina *f*; **2schrieben** *Brief*: doporučený; **~ständnis** *n* priznanie; **2stehen** (*A*) priznať sa [ku (*D*)]; **~weide** *n* črevá *n/pl.*; vnútornosti *f/pl.*; **2wöhnen**: ***sich ~*** zvyknúť si
ein|gießen nali|evať ⟨~ať⟩; **~graben** zakopať; **~greifen** zasahovať; *fig.* zakročiť; **2griff** *m Med.* zákrok; *fig.* zasahovanie *n*; **~halten** *v/t.* dodržať; *v/i.* zadrž(iav)ať; **~hängen** zavesiť; **~heimisch** domáci
Einheit *f* jednota; jednotka; **2lich** jednotný, zjednotený; **~s-** jednotný
ein|heizen zakúriť; **~holen** dohoniť; *Flagge* stiahnuť; *Erlaubnis* vyžiadať si; *s.* ***einkaufen***; **~hüllen** zahaliť
einig jednotný
einig|e niekoľko, niekoľkí, niektorí; **~en** zjednotiť, spojiť (***sich*** sa); ***sich ~en*** zhodnúť sa (***über*** *A* na *L*); **~ermaßen** *adv.* ako-tak; **~es** niečo; **2keit** *f* jednota, zhoda; **2ung** *f* zjednotenie *n*
ein|jährig jednoročný; **~kassieren** inkasovať, vyberať
Einkauf *m* nákup; **2en** (na)kúpiť
Einkaufs|preis *m* nákupná cena *f*; **~tasche** *f* nákupná taška; **~wagen** *m* nákupný vozík; **~zentrum** *n* nákupné centrum
einkehren zastaviť sa, zavítať
Einklang *m*: ***in ~ bringen*** zladiť
ein|kleben vlepiť; **~klemmen** zovrieť, stisnúť; **~kochen** zavariť
Einkommen *n* príjem *m*, dôchodok *m*; **~steuer** *f* daň z príjmu
Einkünfte *pl.* príjem *m*
einlad|en pozvať, povolať; **2ung** *f* pozvanie *n*; pozvánka
Ein|lage *f* príloha; *Med.* vložka; *Mus.* vložka; **~lass** *m* vchod; prístup; (*Öffnung*) otvor; **~lasskarte** *f* vstupenka; **2lassen** vpustiť;

~**lauf** *m Med.* klystír; ≈**laufen** prichádzať; *Mar.* vplávať; *Stoff*: zrážať sa
einleben: ***sich*** ~ vžiť sa do (*G*)
einlegen vložiť; nakladať
einleit|en uviesť; *Prozess* zaviesť; ≈**ung** *f* úvod *m*; uvedenie *n*
einleuchtend jasný, očividný
einliefer|n dodať; ≈**ung** *f* dodanie *n*, dodávka *f*
ein|lösen vyplatiť; vymeniť; *Versprechen* dodržať; ~**machen** *Früchte* naložiť
einmal raz, jedenkrát; *s.* ***einst***; ***auf*** ~ naraz; ***nicht*** ~ ani; ≈**eins** *n* násobilka *f*; ~**ig** jednorázový, jedinečný
einmischen: ***sich*** ~ miešať sa; zasahovať
Einmündung *f* ústie, vyústenie *n*
ein|mütig jednomyseľný, zhodný, svorný; ≈**nahme** *f* príjem *m*; ~**nehmen** vyberať; *Med.* užiť; *Mil.* dobyť
Einöde *f* samota, pustina
ein|ölen ⟨na⟩olejovať; ~**ordnen** zaradiť, včleniť (***sich*** sa); ~**packen** zabaliť; ~**pflanzen** zasadiť; ~**planen** zaplánovať; ~**prägen** vryť; ***sich*** ~***prägen*** vštepiť si do pamäti; ~**quartieren** ubytovať; ~**rahmen** zarámovať; ~**rammen** zatĺcť; ~**räumen** *Sachen*: uložiť; *fig.* pripustiť; ~**reiben** natierať, namazať; ~**reichen** pod(áv)ať; ~**reihen** zaradiť; ~**reihig** jednoradový
Einreise *f* príchod *m*, pricestovanie *n*; ≈**n** pricestovať, prísť; ~**visum** *n* vstupné vízum
ein|reißen *v/t.* strhnúť; *Haus* zboriť; *v/i.* natrhnúť sa; *fig.* vzmáhať sa; ~**renken** napraviť; ~**richten** zariadiť, usporiadať; ≈**richtung** *f* zariadenie *n*; nábytok *m*; ~**rosten** ⟨za⟩hrdzavieť
eins jeden
Eins *f* jednotka, jednička
einsam samotný, osamelý; opustený, osirelý; ≈**keit** *f* samota, osamelosť; ústranie *n*
Ein|satz *m* vložka *f*; (*Spiel*) záloha *f*; *fig.* nasadenie *n*; ≈**schalten** vsunúť; zapojiť, zapnúť; ***sich*** ≈***schalten*** zapojiť sa; zúčastniť sa; ≈**schätzen** oceniť; ≈**schenken** naliať, načapovať; ≈**schicken** zaslať
einschiffen: ***sich*** ~ vstúpiť na loď, nalodiť sa
ein|schlafen zaspať, usnúť; *Fuß*: okľavieť, zdrevenieť; ~**schläfern** uspávať
einschlagen *Nagel* zabiť, zatĺcť; *Scheibe*, *Tür* vylomiť, rozbiť; *v/i. Blitz*: udrieť
einschleichen: ***sich*** ~ votrieť sa
einschließ|en zavrieť, zamknúť; (*umgeben*) obklopiť; *Mil.* obkľúčiť; uzavierať; ~**lich** (*G*) vrátane (*G*)

ein|schmieren namazať; **~schmuggeln** vpašovať; **~schneidend** citlivý, prenikavý; **2schnitt** *m* zárez; zastrihnutie *n*
einschränk|en obmedzovať, zahradiť; ***sich ~en*** uskromniť sa; **2ung** *f* obmedzenie *n*
einschrauben zakrútiť
Einschreibe|brief *m* doporučený list; **~gebühr** *f* zápisné *n*
einschreiben zapísať; podať doporučene; ***sich ~*** zapísať sa
ein|schreiten zakročiť; **~schüchtern** zastrašiť; **~sehen** nazrieť; *fig.* uznať, pochopiť; **~seifen** namydliť; **~seitig** jednostranný, predpojatý; **~senden** poslať; **2sender** *m* odosielateľ
einsetzen vsadiť, vložiť; *fig.* ustanoviť; *Kräfte* nasadiť; ***sich ~*** zasadiť sa (***für*** *A* za *A*)
Einsicht *f* náhľad *m*, názor *m*; **2ig** rozumný; uznanlivý
Ein|siedler *m* pustovník; **2sinken** zapadnúť; **2sparen** ušetriť, ušporiť; **2sperren** zavrieť; **2spritzen** vstrieknuť
Einspruch *m* námietka *f*, protest; ***~ erheben*** ohradiť sa
einspurig jednostopový
einst kedysi, niekedy; raz
ein|stecken zastrčiť; **~steigen** vstúpiť, nastúpiť; **~stellen** *Arbeiter* prijať, vymenovať; (*unterbringen*) umiestiť; *Radio* naladiť; *Maschine* nariadiť; *Fot.* zaostriť; (*aufhören mit et.*) zastaviť; **2stellung** *f* prijatie *n*, prijímanie *n*; zastavenie *n*; (*Haltung*) stanovisko *n*, postoj *m*
einstig bývalý, niekdajší
ein|stimmig jednohlasný; jednomyseľný; **~stöckig** jednoposchodový; **2sturz** *m* zrútenie *n*; **~stürzen** zrútiť sa
einstweilen medzitým
eintauchen ponoriť sa
einteil|en rozdeliť, zadeliť; **~ig** jednodielny; **2ung** *f* rozdelenie *n*, zadelenie *n*
ein|tönig monotónny; jednotvárny; **2tracht** *f* svornosť, zhoda; **~trächtig** svorný
eintrag|en zapísať; vniesť; ***sich ~en*** zapísať sa do (*G*); **2ung** *f* zápis *m*
ein|träglich výnosný, užitočný; **~treffen** dôjsť, prísť; *Voraussage*: splniť sa; **~treiben** *Vieh* vyháňať; *Geld* vymáhať; **~treten** vst|upovať (~úpiť); (*hin~*) vojsť; (*sich ereignen*) nastávať; (***für*** *A*) ujať sa (*G*)
Eintritt *m* vchod, vstup; ***~ verboten!*** vstup zakázaný!
Eintritts|geld *n* vstupné; **~karte** *f* vstupenka
eintrocknen vyschnúť
ein(und)einhalb *s.* ***anderthalb***
einver|standen uzrozumený;

súhlasím!; ***~standen sein*** súhlasiť s(o) (*I*); **~ständnis** *n* súhlas *m*, zhoda *f*

Ein|wand *m* námietka *f*; **~wanderer** *m* prisťahovalec; **~wandfrei** bezchybný, bez námietok; **~weichen** namočiť; **~weihen** zasvätiť; (***in*** *A*) uviesť (do *G*); **~wenden** namietať; **~werfen** vhodiť; rozbiť; *fig.* namietnuť; **~wickeln** zabaliť; **~willigen** privoliť, súhlasiť; **~willigung** *f* súhlas *m*, privolenie *n*; **~wirken** (***auf*** *A*) pôsobiť na (*A*)

Einwohner *m* obyvateľ

Einwurf *m Sp.* hod; (*Schlitz*) otvor

einzahl|en zaplatiť; **~ung** *f* vklad *m*; platenie *n*

einzäunen ohradiť

Einzelhandel *m* maloobchod

Einzelheit *f* podrobnosť

einzel jednotlivý, ojedinelý; ***bis ins ~ne*** do podrobností; ***im ~en*** jednotlivo; **~zimmer** *n* jednoposteľová izba *f*

einziehen *v/t.* vtiahnuť; *v/i.* nasťahovať sa

einzig jediný; sám; jedinečný; ***~ und allein*** iba, len; **~artig** jedinečný

Einzug *m* vstup; prisťahovanie *n*

Eis *n* ľad *m*; zmrzlina *f*; **~bahn** *f* klzisko *n*; **~diele** *f* zmrzlináreň

Eisen *n* železo

Eisenbahn *f* železnica; **~übergang** *m* železničný priechod; **~unglück** *n* železničné nešťastie; **~wagen** *m* železničný vozeň; **~zug** *m* vlak

Eisen|beton *m* železobetón; **~haltig** železitý; **~industrie** *f* železiarsky priemysel *m*

eisern železný; *fig.* tvrdý ako železo

Eis|hockey *n* ľadový hokej *m*; **~ig** ľadový; *fig.* chladný, nevľúdny; **~kaffee** *m* mrazená káva *f*; **~kunstlauf** *m* krasokorčuľovanie *n*; **~schrank** *m* chladnička *f*; **~zapfen** *m* cencúľ

eitel namyslený; márny; márnivý; **~keit** *f* namyslenosť; márnomyseľnosť

Eit|er *m* hnis; **~ern** hnisať; **~rig** hnisavý

Eiweiß *n* bielok *m*; *Chem.* bielkovina *f*

Ekel *m* hnus; odpor; **~haft** hnusný, odporný; **~n**: ***sich ~n*** hnusiť sa

elastisch pružný, elastický

Elch *m* los

Elefant *m* slon

elegant elegantný, ladný

elektrifizieren elektrifikovať

elektri|sch elektrický; **~sieren** elektrizovať; **~zität** *f* elektrina; **~zitätswerk** *n* elektráreň *f*

elektronisch elektronický

Element *n* prvok *m*; živel *m*; **~ar** základný, elementárny

elend *adj.* biedny, úbohý;

naničhodný
Elend *n* bieda *f*, núdza; chudoba
elf jedenásť
Elf *f Sp.* jedenástka
Elfenbein *n* slonová kosť *f*, slonovina *f*
Elfmeter *m* pokutový kop, jedenástka *f*
Ellbogen *m* lakeť *f*
elliptisch eliptický
Elster *f* straka
Eltern *pl.* rodičia *m/pl.*
E-Mail-Adresse *f* e-mailová adresa
Emanzip|ation *f* emancipácia; **~iert** emancipovaný
Emigration *f* vyhnanstvo *n*; emigrácia
Empfang *m* prijatie *n*, príjem; privítanie *n*; **2en** dostať; privítať; *Med.* počať, otehotnieť
Empfänger *m* príjemca; (rádio)prijímač
Empfängnis *f* počatie *n*; **~verhütung** *f* antikoncepcia
empfehl|en odporúčať, prihovárať sa; ***sich ~en*** porúčať sa; **2ung** *f* odporúčanie *n*; odkaz *m*, pozdrav *m*
empfind|en cítiť, pociťovať; **~lich** citlivý; chúlostivý; **2ung** *f* cítenie *n*, pocit *m*; vnem *m*
empor hore
empör|en pobúriť, popudiť; ***sich ~en*** búriť sa, povstať; **~end** nasrdený, rozhorčený
empört nahnevaný, rozhorčený; **2ung** *f* rozhorčenie *n*; vzbura, odboj *m*
emsig usilovný
Ende *n* koniec *m*; zakončenie; záver *m*; skon *m*; ***letzten ~s*** koniec koncov
enden *s.* ***beenden***; končiť sa
end|gültig konečný, definitívny; **2kampf** *m sp.* finále *n*; **~lich** konečný; *adv.* konečne; **~los** nekonečný; **2spiel** *n* finálový zápas *m*; **2station** *f* konečná stanica; **2ung** *f* koncovka
Energ|ie *f* energia, sila; **2isch** energický
eng úzky; tesný; **2e** *f* úzkosť, tieseň; úžina
Engel *m* anjel
Eng|land *n* Anglicko; **~länder** *m* Angličan; **2lisch** anglický
Engpass *m* priesmyk; *fig.* úzky profil
engstirnig úzkoprsý
Enkel *m* vnuk; **~in** *f* vnučka
enorm obrovský, nesmierny
entbehr|en nemať, postrádať; **~lich** postrádateľný, nepotrebný
entbind|en zbaviť; *Med.* porodiť; **2ung** *f Med.* pôrod *m*; *fig.* pozbavenie *n*
entblößen obnažiť; *fig.* skompromitovať
entdeck|en odkryť, objaviť; odhaliť; **2er** *m* objaviteľ; **2ung** *f* objav *m*, objavenie *n*
Ente *f* kačka, kačica
ent|ehren zneuctiť; **~eignen** vyvlastniť; **~erben** vydediť;

~fallen vypadnúť; odpadnúť, nekonať sa; **~falten** roz|vinúť (~víjať), rozpínať; *fig.* vyvinúť; ***sich ~falten*** vyvíjať sa
entfern|en odstrániť, vylúčiť; ***sich ~en*** vzdialiť sa; odchýliť sa; **~t** vzdialený, ďaleký; **Ձung** *f* vzdialenosť; odstránenie *n*
ent|fliehen utiecť; **~führen** odniesť; uniesť
entgegen *adv.* naproti, oproti; *prp.* (na)proti (*D*); **~gesetzt** opačný; protiľahlý; **~kommen** (pr)ísť (*a.* vychádzať) v ústrety; **~nehmen** prijať; **~treten** postaviť sa proti (*D*)
ent|gegnen *s.* ***antworten***; **~gehen** unikať, ujsť
Entgelt *n* odplata *f*, odmena *f*
entgleisen vykoľajiť sa
enthalt|en obsahovať; ***sich ~en*** zdržať sa (*G*); **~sam** zdržanlivý
ent|hüllen odhaliť; **~kleiden** vyzliecť, zobliecť (***sich*** sa); **~kommen** ujsť, vyviaznuť; **~kräftet** vysilený, zoslabnutý; *fig.* vyvrátený; **~laden** vyprázdniť; vybiť; ***sich ~laden*** zbaviť sa, rozpútať sa
entlang pozdĺž, popri (*G*)
entlass|en prepustiť; **Ձung** *f* prepustenie *n*
entlasten odľahčiť, odbremeniť
ent|legen odľahlý; **~leihen** požičať si; **~lohnen** odmeniť; **~mutigen** znechutiť; **~mutigt** zastrašený, zbavený odvahy; **~nehmen** odnímať, vyberať; *fig.* dozvedať sa; **~reißen** vytrhnúť; **~richten** zaplatiť; **~rinnen** unikať; vyviaznuť; **~rüstet** rozhorčený, rozčúlený; **Ձrüstung** *f* rozhorčenie *n*; **~sagen** (*D*) vzdať sa, zriecť sa (*G*); **~schädigen** odškodniť; **Ձschädigung** *f* odškodnenie *n*
entscheid|en rozhodnúť (***sich*** sa); **~end** rozhodný, rozhodujúci; **Ձung** *f* rozhodnutie *n*
entschließ|en: ***sich ~en*** rozhodnúť sa; **Ձung** *f* rozhodnutie *n*, uznesenie *n*
entschlossen rozhodnutý; **Ձheit** *f* rozhodnosť, odhodlanosť
entschlüpfen unikať, vychádzať
Entschluss *m s.* ***Entscheidung***
entschuldig|en ospravedlniť, prepáčiť; ***~en Sie!*** prepáčte!; **Ձung** *f* ospravedlnenie *n*
entsenden vyslať
Entsetz|en *n* zdesenie, hrôza *f*, úžas *m*; **Ձlich** strašný, úžasný
entsinnen: ***sich ~*** (*G*) pamätať sa na (*A*)
entspann|en uvoľniť; ***sich ~en*** oddýchnuť si; **Ձung** *f* uvoľnenie *n*; úľava
entsprechen zodpovedať, vyhovovať

entsprechend zodpovedajúci, vhodný, vyhovujúci
ent|springen vzniknúť; **~stehen** povstať, vzniknúť; **Ꙫstehung** *f* vznik *m*, začiatok *m*; **~stellen** znetvoriť; skomoliť; **~täuschen** sklamať; **Ꙫtäuschung** *f* sklamanie *n*; **~waffnen** odzbrojiť; **~wässern** odvodniť
entweder: **~ ...** ***oder*** buď ... buď; alebo ... alebo
ent|weichen uniknúť; **~wenden** ukradnúť; **~werfen** načrtnúť; **~werten** znehodnotiť; **~wickeln** vyvinúť, vyložiť, objasniť; *Fot.* vyvolať; *Chem.* utvoriť; ***sich ~wickeln*** vyvíjať sa; **Ꙫwicklung** *f* vývoj *m* rozvíjanie *n*; vyvolávanie *n*; *Chem.* tvorenie *n*; **~wirren** rozuzliť; **~wischen** unikať
Entwurf *m* námet, návrh, náčrt, osnova *f*
entziehen odobrať; ***sich ~*** (*D*) vyhýbať sa (*G u. D*)
entziffern rozriešiť
entzücken uchvátiť; **~d** úchvatný
entzünd|en zapáliť (***sich*** sa); **Ꙫung** *f* zápal *m*
entzwei na dvoje, napoly; **~gehen** rozbiť sa; zlomiť sa
Epoche *f* epocha, doba
Episode *f* epizóda
er on
erachten pokladať
Er|barmen *n* zľutovanie; **Ꙫbärmlich** poľutovaniahodný, úbohý; **Ꙫbarmungslos** nemilosrdný
erbauen vybudovať; pestovať; *fig.* povzniesť
Erbe[1] *n* dedičstvo
Erbe[2] *m* dedič
erben zdediť
erbeuten ukoristiť
erbieten: ***sich ~*** ponúkať sa
Erbin *f* dedička
erbitter|t roztrpčený; **Ꙫung** *f* roztrpčenie *n*
erblich dedičný
er|blicken zbadať, zazrieť, uzrieť; **~blinden** oslepnúť
erbost rozhnevaný
Erbschaft *f* dedičstvo *n*
Erbse *f* hrach *m*
Erd|ball *m* zemeguľa *f*; **~beben** *n* zemetrasenie; **~beere** *f* jahoda; **~boden** *m* zemský povrch, zem *f*
Erd|e *f* Zem; zem, pôda; **Ꙫen** uzemniť; **~gas** *n* zemný plyn *m*; **~geschoss** *n* prízemie; **~kugel** *f* zemeguľa; **~kunde** *f* zemepis *m*; **~nuss** *f* arašid *m*; **~öl** *n* nafta *f*
er|drosseln zaškrtiť; **~drücken** utlačiť
Erd|rutsch *m* zosutie *n* pôdy; **~teil** *m* svetadiel; **~trabant** *m* družica *f* Zeme, sputnik
erdulden zniesť, vytrpieť
ereign|en: ***sich ~en*** stať sa, prihodiť sa; **Ꙫis** *n* udalosť *f*, príhoda *f*
erfahr|en dozvedieť sa; *adj.* skúsený; **Ꙫung** *f* skúsenosť
erfassen chytiť, uchopiť; *fig.*

pochopiť
erfind|en vynájsť, objaviť; *fig.* vybásniť si; **&er** *m* vynálezca; **&ung** *f* vynález *m*; *fig.* výmysel *m*
Erfolg *m* úspech, zdar; **&en** nasledovať; *fig.* prihodiť sa; **&los** neúspešný; **&reich** úspešný
erforderlich potrebný
erfordern vyžiadať
erforschen vyskúmať; vypátrať
erfreu|en ⟨po⟩tešiť; **~lich** potešiteľný
erfrieren zamrznúť
erfrisch|en občerstviť (***sich*** sa); **&ung** *f* občerstvenie *n*
erfüll|en splniť, vyhovieť; ***sich ~en*** splniť sa; **&ung** *f* splnenie *n*
ergänz|en doplniť (***sich*** sa); **&ung** *f* doplnenie *n*, dodatok *m*
ergeben¹ (*Rechnung*) robiť; ***sich ~*** vzdávať sa; vyplývať (**aus** *D* z *G*)
ergeben² *adj.* oddaný
Ergebnis *n* výsledok *m*
ergiebig výdatný, výnosný
ergießen: ***sich ~*** vyliať sa
ergreifen vziať, uchopiť; *Dieb* pristihnúť; *fig.* pohnúť, dojať; **~d** dojímavý; úchvatný
er|greifen dojatý; **~gründen** vyskúmať; **~haben** vyvýšený; vznešený
erhalt|en udržať; dostať; **&ung** *f* udržanie *n*
erheb|en zdvihnúť; *Klage* podať; *Steuern* vyberať; ***sich ~en*** zdvihnúť sa, povstať; (*emporragen*) vypínať sa; (*revoltieren*) vzbúriť sa; **~lich** značný, dôležitý; **&ung** *f* vyvýšenina; vzbúrenie *n*
er|heitern rozveseliť; **~hellen** osvetliť; **~hitzen** rozpáliť, rozohniť; ***sich ~hitzen*** zohriať sa; *fig.* rozohniť sa; **~höhen** zvýšiť; **&höhung** *f* zvýšenie *n*
erhol|en: ***sich ~en*** zotaviť sa, oddýchnuť si; **&ung** *f* oddych *m*, zotavenie *n*; **&ungsurlaub** *m* rekreácia *f*
erinner|n napomínať; pamätať; ***sich ~n*** spomínať si; **&ung** *f* spomienka; pamäť
erkalten vychladnúť
erkält|en: ***sich ~en*** prechladnúť; **&ung** *f* prechladnutie *n*
erkennen poznať; zbadať
Erkenntnis *f* poznanie
Erker *m* arkier, výklenok
erklär|en vysvetliť; (*bekannt geben*) vyhlásiť, oznámiť; **&ung** *f* vysvetlenie *n*; *Jur.* ***eidesstattliche*** **&ung** *f* miestoprísažné vyhlásenie *n*
erkrank|en ochorieť; **&ung** *f* nemoc, ochorenie *n*
erkundig|en: ***sich ~en*** opýtať sa; **&ung** *f* opýtanie *n*, dotaz *m*
erlangen dosiahnuť
Erlass *m* ustanovenie *n*; zľavenie *n*; odpustenie *n*
erlassen vydať, vyniesť; *Strafe* zľaviť, odpustiť

erlaub|en dovoliť; **~en** ***Sie bitte!*** dovoľte, prosím!; **2nis** *f* dovolenie *n*
erläuter|n vysvetliť; **2ung** *f* vysvetlenie *n*; výklad *m*, komentár *m*
erleb|en dožiť, zažiť; dočkať sa (*G*); **2nis** *n* zážitok *m*; príhoda *f*, udalosť *f*
erledig|en vybaviť; vykonať, urobiť; **2ung** *f* vybavenie *n*
erleichter|n uľahčiť (***sich*** si); zmierniť; **2ung** *f* uľahčenie *n*
er|leiden utrpieť; **~lernen** (*A*) naučiť sa (*D*); **~lesen** vyberaný, ušľachtilý; **2lös** *m* tržba *f*; **~löschen** zhasnúť; zaniknúť; **~lösen** spasiť, vyslobodiť (***von*** *D* od *G*); **~mächtigen** zmocniť; **~mahnen** napomenúť
ermäßig|en zmierniť, znížiť; **2ung** *f* zľava, zníženie *n*
Ermessen *n* uváženie
ermitt|eln vyšetriť; **2lung** *f* vyšetrenie *n*
er|möglichen umožniť; **~morden** zavraždiť; **~müden** unaviť, ukonať (sa); **~muntern** povzbudiť; **~mutigen** povzbudiť
ernähr|en vyživiť; **2ung** *f* výživa
ernenn|en vymenovať, ustanoviť; **2ung** *f* (vy)menovanie *n*
erneuer|n obnoviť; **2ung** *f* obnovenie *n*
erniedrig|en *fig.* pokoriť (***sich*** sa); **2ung** *f* poníženie *n*
ernst vážny
Ernst *m* vážnosť *f*, prísnosť *f*; **2haft** vážny, seriózny
Ernte *f* žatva, úroda; **~dankfest** *n* dožinky *flpl.*
ernten žať
erober|n *Mil.* dobyť; podmaniť si; **2ung** *f* *Mil.* dobytie *n*, dobývanie *n*
eröffn|en otvoriť, začať; **2ung** *f* otvorenie *n*
erörter|n vysvetliť, objasniť; **2ung** *f* vysvetlenie *n*; výklad *m*
erotisch erotický
erpress|en *Jur.* vydierať, vynútiť; **2er** *m* vydierač; **2ung** *f* vydieranie *n*
er|proben vyskúšať; **~raten** uhádnuť; **~rechnen** vyrátať; **~regen** vzrušiť; vyvolať; **2regung** *f* vzrušenie *n*; **~reichen** dosiahnuť; **~richten** postaviť; *s.* ***gründen***; **~ringen** (*A*) dobývať, zmocniť sa (*G*); **~röten** sčervenieť; **2rungenschaft** *f* vymoženosť, úspech *m*, výdobytok *m*
Ersatz *m* náhražka *f*; náhrada *f*; **~spieler** *m* náhradník; **~teil** *m* náhradná súčiastka *f*
erschaffen stvoriť
erschein|en objaviť sa; ukázať sa; **2ung** *f* úkaz *m*; zjavenie *n*; jav *m*; zjav *m*
er|schießen zastreliť; **~schlagen** zabiť; **~schließen** otvoriť, rozvinúť
erschöpf|en vyčerpať; **~t** vy-

čerpaný, vysilený; **2ung** *f* vyčerpanie *n*, vysilenie *n*
erschrecken nastrašiť, naľakať (*v/i.* sa)
erschütter|n otriasť; *fig.* vzrušiť; **2ung** *f* otras *m*; vzrušenie *n*
er|schweren sťažovať; **~schwinglich** dostupný, prijateľný; **~setzen** nahradiť; **~spähen** vysliediť; **~sparen** ušetriť, usporiť; **2sparnis** *f* úspora
erst *adv.* najprv; až; iba, len
er|starren stuhnúť; **~statten** *Schaden* vynahradiť; *Bericht* podať; *Anzeige* udať, urobiť
Erstaufführung *f* premiéra
Erstaun|en *n* údiv *m*, obdiv *m*; **2lich** podivný; **2t** udivený
erste, ~r, ~s prvá, prvý, prvé
erstens po prvé
ersticken *v/t.* zadusiť (*v/i.* sa); *fig.* potlačiť
erst|klassig prvotriedny, najlepší; **~mals** ponajprv, prvýkrát
erstrecken: ***sich ~*** rozkladať sa, rozprestierať sa
er|suchen požiadať (***um*** *A* o *A*); **~teilen** d(áv)ať, poskytnúť; **~tönen** zaznieť
Ertrag *m* výnos; výťažok; **2en** uniesť; znášať
er|träglich znesiteľný; **~trinken** utopiť sa; **~wachen** prebudiť sa; *fig.* spamätať sa; **~wachsen** *adv.* dospelý; **~wägen** uvážiť; **2wägung** *f* úvaha; **~wähnen** zmieniť sa, pripomínať; **~wärmen** zohriať
erwart|en očakávať; **2ung** *f* čakanie *n*, očakávanie *n*
erwecken zobudiť
erwehren: ***sich ~*** (*G*) brániť sa pred (*L*)
erweichen obmäkčiť
erweisen preukázať (***sich als*** sa ako); preukazovať
erweiter|n rozšíriť, zväčšiť; **2ung** *f* rozšírenie *n*
Erwerb *m* zárobok, zisk; **2en** zarábať; získať
erwerbs|los nezamestnaný; **~tätig** zárobkovo činný
er|widern odpovedať; **~wischen** prichytiť, chytiť; **~wünscht** želateľný; **~würgen** zahrdúsiť
Erz *n* kov *m*, ruda *f*
erzähl|en rozprávať; **2ung** *f* poviedka; vyprávanie *n*
Erzbischof *m* arcibiskup
erzeug|en plodiť; *Tech.* vyrábať; **2nis** *n* výrobok *m*; *fig.* výplod *m*; **2ung** *f* *Tech.* výroba, vyrábanie *n*
erzieh|en vychovať; **2er** *m* vychovávateľ; **2ung** *f* výchova; vzdelávanie *n*
er|zielen dosiahnuť; **~zürnen** ⟨roz⟩hnevať; **~zwingen** vynútiť si
es ono; *oft nicht übersetzt, z. B.*: ***es regnet*** prší, ***~ freut mich*** teší ma
Esel *m* somár
essbar jedlý
essen jesť; ***zu Mittag ~*** obe-

dovať; ***zu Abend ~*** večerať
Essen *n* jedlo; hostina *f*
Essig *m* ocot
Ess|löffel *m* lyžica *f*; **~waren** *f/pl.* potraviny; **~zimmer** *n* jedáleň *f*
Est|e *m* Estónec; **~land** *n* Estónsko; **≗nisch** estónsky
Etage *f* poschodie *n*
Etat *m* výkaz, rozpočet
Etikett *n* nálepka *f*; **~e** *f* etiketa
etliche niekoľko; **~s** všeličo, niečo
Etui *n* puzdro
etwa asi; azda, vari; **~s** niečo, čosi
EU (***Europäische Union***) *f* EÚ (Európska únia)
euch (*A*) vás; (*reflexiv*) sebe, si; (*D*) vám
eu|er, **~re** váš, vaše, vaši, vaše
eurerseits z vašej strany, pokiaľ ide o vás
euret|halben, **~wegen** kvôli vám, pre vás, vo vašom záujme
Eule *f* sova
Euro *m* euro *n*; **~pa** *n* Európa *f*
Europä|er *m* Európan; **≗isch** európsky
Euter *n* vemeno
evakuieren vysťahovať
evangelisch evanjelický
eventuell možný, prípadný; *adv.* prípadne
ewig večný, naveky; **≗keit** *f* večnosť
Examen *n* skúška *f*
Exemplar *n* exemplár *m*
Exil *n* exil *m*
existieren byť, jestvovať
exotisch exotický
explodieren explodovať
Export *m* vývoz, export; **≗ieren** vyvážať
Expressgut *n* rýchlotovar *m*
extra osobitný; mimoriadny
extrem extrémny, výstredný

F

Fabel *f* bájka; **≗haft** báječný; rozprávkový
Fabrik *f* továreň, fabrika
Fabrik|at *n* fabrikát *m*; **~marke** *f* výrobná značka
Fach *n* odbor *m*; priečinok *m*, priehradka *f*; **~arbeiter** *m* odborný robotník; **~arzt** *m* odborný lekár; **~ausdruck** *m* odborný výraz; **~buch** *n* odborné dielo
Fächer *m* vejár
Fach|gebiet *n* odbor *m*; **~mann** *m* odborník; **~schule** *f* odborná škola
Fackel *f* fakľa; **~zug** *m* fakľový sprievod
fade nudný, fádny
Faden *m* niť *f*, vlákno *n*
fähig schopný; **≗keit** *f* schopnosť, spôsobilosť
fahl mdlý; bledý

fahnd|en (*nach D*) pátrať (po *L*); **$\mathfrak{L}$ung** *f* pátranie *n*
Fahne *f* zástava
Fahrbahn *f* vozovka, (jazdná) dráha
Fähre *f* kompa, prievoz *m*
fahr|en *v/t.* (*befördern*) voziť, viezť; *v/i.* ísť, cestovať, jazdiť; **$\mathfrak{L}$er** *m* vodič auta; **$\mathfrak{L}$erlaubnis** *s.* ***Führerschein***; **$\mathfrak{L}$gast** *m* cestujúci; **$\mathfrak{L}$karte** *f* cestovný lístok *m*; **~lässig** nedbanlivý, nedbalý; **$\mathfrak{L}$lässigkeit** *f* nedbalosť; **$\mathfrak{L}$plan** *m* cestovný poriadok; **$\mathfrak{L}$preis** *m* cestovné *n*, cestovný poplatok; **$\mathfrak{L}$rad** *n* bicykel; **~radweg** *m* cesta pre bicykle *f*; **$\mathfrak{L}$stuhl** *m* výťah
Fahrt *f* cesta, jazda; plavba
Fahr|weg *m* vozná cesta *f*; **~zeit** *f* čas *m* jazdy; **~zeug** *n* vozidlo
fair slušný; *Sp.* dovolený
Fakultät *f* fakulta
Falke *m* sokol
Fall *m* pád; prípad; ***auf alle Fälle*** na každý prípad
Falle *f* pasca, klepec *m*; osídlo *n*, nástraha
fallen pad|ať ⟨~núť⟩; **~ *lassen*** opustiť, nepodporovať
fällen rúbať, stínať; *Urteil* vyniesť (rozsudok)
fällig splatný
falls ak, keď, v prípade že
Fallschirm *m* padák
falsch falošný, nesprávny; nepravý, falšovaný; **~ *verbunden*** (*Telefon*) omyl
fälsch|en falšovať; **$\mathfrak{L}$er** *m* podvodník; **~lich** mylne
Falschheit *f* faloš(nosť), klam *m*
Fälschung *f* falšovanie *n*
Faltboot *n* Sp. kajak *m*, skladací čln *m*
Falt|e *f* záhyb *m*; vráska; **$\mathfrak{L}$en** skladať; *Hände* spínať; **~er** *m* motýľ; **$\mathfrak{L}$ig** naberaný; (*runzelig*) vráskavý
Familie *f* rodina
Familien|angehörige *m* rodinný príslušník; **~name** *m* priezvisko *n*
fanatisch fanatický
Fang *m* lov; (*Beute*) úlovok; (*Maul*) pasca *f*; **$\mathfrak{L}$en** chytať, lapať; zajať; ***sich $\mathfrak{L}$en*** *Tier*: chytiť sa
Fantasie *f* fantázia; **$\mathfrak{L}$ren** blúzniť, rojčiť
Farb|e *f* farba; **$\mathfrak{L}$echt** stálofarebný
färben ⟨za⟩farbiť (***sich*** sa)
Farb|film *m* farebný film; **$\mathfrak{L}$ig** farebný; pestrý; **$\mathfrak{L}$los** bezfarebný; **~stift** *m* farebná ceruzka *f*; **~stoff** *m* farbivo *n*
Farm *f* farma
Farn *m* papradie *n*
Fasan *m* bažant
Fasching *m* fašiangy *m/pl.*
Faser *f* vlákno *n*; (*Faden*) niť; **$\mathfrak{L}$ig** vláknitý
Fass *n* sud *m*; ***frisch vom ~*** priamo od čapu; **~bier** *n* čapované pivo
Fassade *f* fasáda
fassen vziať, uchopiť; obsahovať; (*begreifen*) porozu-

mieť; ***sich ~*** spamätať sa; ***sich kurz ~*** stručne sa vyjadriť

Fassung *f* obruba; *fig.* (*Text*) znenie *n*, úprava; ***aus der ~ bringen*** *fig.* vyviesť z rovnováhy

fast takmer, temer

fast|en postiť sa; **2nacht** *f* fašiangy *m/pl.*

fauchen prskať

faul lenivý; (*verdorben*) zhnitý; *fig.* povážlivý; **~en** hniť

faul|enzen leňošiť, zaháľať; **2heit** *f* lenivosť

Fäulnis *f* hniloba, rozklad *m*

Faulpelz F *m* leňoch, povaľač

Faust *f* päsť; ***auf eigene ~*** na vlastnú zodpovednosť

Fax *n* fax *m*; **2en** faxovať

Februar *m* február

fecht|en šermovať; **2er** *m* šermiar; **2sport** *m* šerm

Feder *f* pero *n*, *Tech.* spruha, pružina; **~bett** *n* perina *f*, duchna *f*; **~halter** *m* rúčka *f*

federn pliznuť, šklbať; *Tech.* perovať; **~d** pružný

Federung *f* perovanie *n*

Fee *f* víla

fegen čistiť, vymetať

Fehde *f* svár *m*, spor *m*

Fehl|betrag *m* schodok, manko *n*, deficit; **2en** (*an D*) chýbať, nemať (*A*); ***was 2t Ihnen?*** čo vám je?

Fehler *m* chyba *f*, omyl; porucha *f*; **2frei** bezchybný; **2haft** chybný; **2los** bez chyby

Fehl|geburt *f* potrat *m*; **~schlag** *m* nezdar; **2schlagen** *fig.* nepodariť sa; **~tritt** *m* chybný krok; *fig.* poklesok

Feier *f* oslava, slávnosť; **~abend** *m* koniec *m* služby, fajront *m*; **2lich** slávnostný, sviatočný; **2n** sláviť, svätiť; **~tag** *m* sviatok

Feige *f* figa

feig|e zbabelý, bojazlivý; **2heit** *f* bojazlivosť, zbabelosť; **2ling** *m* zbabelec

Feil|e *f* pilník *m*; **2en** pilovať, brúsiť

feilschen jednať sa, dohadovať sa

fein jemný; tenký, drobný; výborný

Feind *m* nepriateľ, protivník; odporca; **2lich** nepriateľský; **~schaft** *f* nepriateľstvo *n*

feinfühlend jemnocitný

Fein|gefühl *n* jemnocit *m*; **~kost** *f* lahôdka; **~schmecker** *m* labužník

Feld *n* pole, roľa *f*; *Mil.* bojisko; *fig.* odbor *m*, odvetvie; **~stecher** *m* ďalekohľad; **~weg** *m* poľná cesta *f*; **~zug** *m* vojenská výprava *f*

Felge *f* húžva

Fell *n* kož(ušin)a *f*

Fels|en *m* skala *f*; **2ig** skalnatý

Fenster *n* oblok *m*, okno; **~brett** *n* podokenica *f*; **~laden** *m* okenica *f*; **~scheibe** *f* okenné sklo *n*

Ferien *pl.* prázdniny *f/pl.*; **~heim** *n* zotavovňa *f*; **~reise**

f prázdninová cesta
Ferkel *n* prasa, prasiatko
fern ďaleký; **~ *bleiben*** (*D*) nezúčastniť sa (na *L*); **~ *halten*** zdržiavať (***sich*** sa); **⁓amt** *n* medzimetská telefónna služba *f*; **⁓bedienung** *f* diaľkové ovládanie *n*
Ferne *f* diaľka, vzdialenosť
ferner ďalej, okrem toho
Fern|gespräch *n* medzimestský rozvohor *m*; **⁓gesteuert** s diaľkovým riadením; **~glas** *n* ďalekohľad *m*; **⁓heizung** *f* diaľkové kúrenie *n*; **~licht** *n* *Kfz*. diaľkové svetlo; **⁓mündlich** telefonický; **~rohr** *n* ďalekohľad *m*; **~schreiber** *m* ďalekopis; **~sehapparat** *m* televízor; **~sehen** *n* televízia *f*; **⁓sehen** dívať sa na televíziu
Fernsprech|er *m* telefón; **~gebühr** *f* poplatok *m* za telefón; **~zelle** *f* hovorňa
Fern|verkehr *m* diaľková doprava *f*; **~zug** *m* diaľkový vlak
Ferse *f* päta
fertig hotový; **~ *bringen*** dokázať; **~ *stellen*** dokončiť; **⁓keit** *f* zručnosť, obratnosť
Fessel *f* puto *n*; okovy *f*/*pl*.; **⁓n** sputnať; *fig*. upútať; **⁓nd** pútavý
Fest *n* sviatok *m*, oslava *f*
fest pevný, tuhý, mocný
Fest *n* sviatok *m*, oslava *f*
fest|binden priviazať; **~halten** pevne držať; *Dieb* zachytiť; ***sich ~halten*** ⟨za⟩držať sa; **~igen** spevniť; **⁓igkeit** *f* húževnatosť; pevnosť, tuhosť
Festival *n* festival *m*
Festland *n* pevnina *f*
festlegen ustanoviť, určiť
festlich sviatočný, slávnostný; **⁓keit** *f* slávnosť
fest|machen upevniť; **⁓nahme** *f* zaistenie *n*; zatknutie *n*; **~nehmen** chytiť; uväzniť, zavrieť
Festplatte *f* *EDV* pevný disk *m*
festsetzen určiť, stanoviť
Festspiele *n*/*pl*. festival *m*
feststellen zistiť, určiť, konštatovať
Festung *f* pevnosť
Festzug *m* slávnostný sprievod
fett tučný, mastný
Fett *n* tuk *m*, masť *f*; **~fleck** *m* mastná škvrna *f*; **⁓ig** tučný, mastný
Fetzen *m* handra *f*
feucht vlhký, zvlhnutý; **⁓igkeit** *f* vlhkosť
Feuer *n* oheň *m*; (*Brand*) požiar *m*; *Mil*. streľba *f*, paľba *f*; *fig*. zápal *m*; **⁓gefährlich** horľavý, ľahko zápalný; **~löscher** *m* hasiaci prístroj; **~melder** *m* požiarny automat
feuern strieľať
Feuer|ung *f* kúrenie *n*; kurivo *n*; **~wehr** *f* požiarníctvo *n*; požiarna stráž; **~werk** *n*

ohňostroj *m*; **~zeug** *n* zapaľovač *m*
feurig ohnivý; *fig.* zapálený; nadšený
Fibel *f* šľabikár *m*
Fichte *f* smrek *m*
Fieber *n* horúčka *f*, zimnica *f*; **2haft** horúčkovitý
Figur *f* figúra; postava
Filet *n* *Kochk.* filé
Filiale *f* pobočka, filiálka
Film *m* film; **2en** filmovať; **~regisseur** *m* filmový režisér; **~schauspieler** *m* filmový herec; **~vorführung** *f* filmové predstavenie *n*
Filter|papier *n* filtrovací papier *m*; **~zigarette** *f* filtrová cigareta
filtrieren filtrovať
Filzhut *m* plstený klobúk
Finale *n* finále
Finanzamt *n* finančný úrad *m*
finanz|iell finančný; **~ieren** financovať
finden nájsť; ***sich ~*** byť; nachádzať sa
Finder *m* nálezca; **~lohn** *m* nálezné *n*
findig dôvtipný; vynaliezavý
Finger *m* prst; **~abdruck** *m* odtlačok prsta; **~hut** *m* náprstok; **~nagel** *m* necht
Finn|e *m* Fín; **2isch** fínsky; **~land** *n* Fínsko
finster tmavý, temný; **2nis** *f* temnota; *s.* ***Mond-, Sonnenfinsternis***
Firma *f* firma, závod *m*
Fisch *m* ryba *f*; **2en** loviť (*od.* chytať) ryby; **~er** *m* rybár; **~erei** *f* rybárstvo *n*; **~fang** *m* rybolov; **~geschäft** *n* obchod *m* s rybami; **~gräte** *f* rybia kosť; **~konserve** *f* rybia konzerva; **~zucht** *f* chov *m* rýb, rybárstvo *n*
fix stály, pevný; **~ieren** upevniť, fixovať; *fig.* pozerať sa uprene
flach plochý, rovný; (*nicht tief*) plytký
Fläche *f* plocha; hladina
Flächenmaß *n* plošná miera *f*
Flachland *n* rovina *f*, planina *f*
Flachs *m* ľan
flackern plápolať
Flagge *f* vlajka
Flamme *f* plameň
Flanke *f* bok *m*, strana
Flasche *f* fľaš(k)a
Flaschen|öffner *m* otvárač; **~zug** *m* kladkostroj
flattern trepotať sa; viať
flau slabý, mdlý, chabý; **2te** *f* *Mar.* bezvetrie *n*; *Hdl.* pokles *m*
Flechte *f* lišaj *m*; **2n** pliesť, viť, zapletať
Fleck *m* škvrna *f*; (*Stelle*) miesto *n*; **~enwasser** *n* čistiaci postriedok *m*; **2ig** škvrnitý; strakatý
Fledermaus *f* netopier *m*
Flegel *m* cep; *fig.* grobian; **~ei** *f* uličnícky kúsok *m*; **2haft** uličnícky, grobiansky
Fleisch *n* mäso; **~brühe** *f* silná, čistá hovädzia poliev-

ka, bujón *m*; **~er** *m* mäsiar; **~erei** *f* mäsiarstvo *n*; **~konserve** *f* mäsová konzerva; **~vergiftung** *f* otrava mäsom
Fleiß *m* usilovnosť *f*; **2ig** usilovný, snaživý
fletschen (vy)ceriť
flicken plátať, opravovať
Flicken *m* záplata *f*
Flieder *m* orgován
Fliege *f* mucha; (*Krawatte*) motýlik *m*
fliegen letieť, lietať; **2pilz** *m* muchotrávka *f*
Flieger *m* letec
flieh|en utekať ⟨utiecť⟩; **2kraft** *f* odstredivá sila
Fliese *f* dlaždica
Fließband *n* bežiaci pás *m*
fließ|en tiecť, prúdiť; **~end** tečúci; ***~end Deutsch sprechen*** hovoriť plynne (po) nemecky
flimmern kmitať
flink obratný, bystrý
Flinte *f* puška
Flirt *m* milkovanie *n*; flirt; **2en** flirtovať
Flitterwochen *f/pl.* medové týždne *m/pl.*
Flocke *f* vločka; (*Wolle*) chumáč *m*
Floh *m* blcha *f*; **~markt** *m* blší trh
Floß *n* plť *f*
Flosse *f* plutva
Flöte *f* flauta
flott (*schnell*) bystrý; (*lustig*) veselý, bujný
Flotte *f* loďstvo *n*
Fluch *m* kliatba *f*, prekliatie *n*; **2en** kliať, zlorečiť
Flucht *f* útek *m*
flücht|en utekať, bežať; **~ig** *Chem.* letmý; prchavý, vratký; (*oberflächlich*) povrchný; **2ling** *m* utečenec
Fluchtweg *m* núdzový východ
Flug *m* let, lietanie *n*; vzlet; **~bahn** *f* dráha letu; **~begleiter** *m* stevard; **~begleiterin** *f* letuška; **~blatt** *n* leták *m*
Flügel *m* krídlo *n*; *Mus.* klavír
Flug|gast *m* cestujúci (lietadlom); **~hafen** *m* letisko *n*; **~karte** *f* letenka; **~plan** *m* letecký poriadok; **~platz** *m* letisko *n*; **~ticket** *n* letenka *f*; **~verkehr** *m* letecká doprava *f*; **~zeit** *f* čas *m* letu
Flugzeug *n* lietadlo; **~führer** *m* pilot
Flur *m* predsieň *f*; chodba *f*
Fluss *m* rieka *f*, tok, prúd; **2ab(wärts)** po prúde; **2auf(wärts)** proti prúdu; **~bett** *n* riečisko, koryto
flüssig tekutý; plynulý; **2keit** *f* tekutina
flüstern šepkať
Flut *f* príliv *m*; (*Überschwemmung*) záplava; **~licht** *n* svetlo reflektorov
Fohlen *n* žriebä
Föhn *m* fén; **2en** fénovať
Föhre *f* borovica; *s.* ***Kiefer***
Folge *f* (*Ergebnis*) následok *m*; (*Reihe*) poradie *n*
folgen (*D*) poslúchať (*A*); na-

sledovať (*A*); **~d** nasledujúci; tento
folgerichtig dôsledný
folger|n vyvodzovať, uzavierať; **2ung** *f* dôsledok *m*, záver *m*
folgsam poslušný
Folie *f* fólia
Folter *f* trápenie *n*, trýznenie *n*; **2n** mučiť, trápiť
fordern žiadať, požadovať
fördern podporovať; *Bgb.* ťažiť, dobývať
Forderung *f* požiadavka; vyzvanie *n*
Förderung *f* podpora; *Bgb.* ťažba
Forelle *f* pstruh *m*
Form *f* forma; podoba; *Gr.* tvar *m*; ***in ~ sein*** byť vo forme
formal formálny; **2ität** *f* formalita
Format *n* formát *m*, veľkosť *f*
Formel *f* formula, vzorec *m*
formen utvárať, formovať
förmlich *s.* ***formal***
Formul|ar *n* formulár *m*; **2ieren** štylizovať; formulovať
forsch|en pátrať, bádať; **2er** *m* učenec, bádateľ; **2ung** *f* bádanie *n*
Forst *m* les, hora *f*; **~wirtschaft** *f* lesné hospodárstvo *n*
Förster *m* lesník, hájnik
fort (*weg*) preč; ***in einem ~*** neprestajne
fort|bestehen trvať; **~bewegen** pohnúť ďalej; **2bildung** *f* ďalšie vzdelanie *n*; **~dauern** (po)trvať; **~fahren** odísť, odcestovať (ďalej); *fig.* pokračovať v (*L*); **~führen** odviesť; *fig.* pokračovať v (*L*); **~gehen** ísť ďalej; **~geschritten** pokročilý; **2kommen** *n* odchod *m*; úspech *m*; pokrok *m*; **~laufend** nepretržitý; **~pflanzen** rozmnožiť (***sich*** sa); **~reißen** strhovať; **~schreiten** kráčať ďalej, pokračovať
Fortschritt *m* pokrok; postup; **2lich** pokrokový
fortsetz|en *s.* ***fortfahren***; **2ung** *f* pokračovanie *n*
fort|während ustavičný; **~ziehen** *v/i.* odsťahovať sa
Foto|apparat *m* fotografický aparát; **2grafieren** fotografovať; **2grafisch** fotografický; **2kopieren** xeroxovať
Fracht *f* nákladný tovar *m*; dopravné *n*; **~brief** *m* nákladný list; **~gebühr** *f* dovozné *n*; **~gut** *n* nákladný tovar *m*
Frack *m* frak
Frage *f* otázka; ***in ~*** *s.* ***infrage***; **~bogen** *m* dotazník; **2n** pýtať (***sich*** sa)
frag|lich sporný, pochybný; **~würdig** pochybný
frankieren vyplatiť, frankovať
Frankreich *n* Francúzsko
Fran|zose *m* Francúz; **2zösisch** francúzsky
Fräse *f* fréza, obrábací stroj *m*; **2n** frézovať

Fratze *f* grimasa
Frau *f* žena; (*Ehe*≈) manželka; (*Anrede*) pani
Frauen|arzt *m* ženský lekár; **~krankheit** *f* ženská choroba
Fräulein *n* slečna *f*
frech bezočivý, drzý; **≈heit** *f* drzosť, bezočivosť
frei voľný; slobodný; *s.* ***Himmel***; **≈bad** *n* kúpalisko; **~bleibend** nezáväzný; **≈denker** *m* voľnomyšlienkár
Freier *m* frajer; záletník
frei|gebig štedrý; **≈gepäck** *n* voľná batožina *f*; **≈handel** *m* voľný obehod; **~händig** z voľnej ruky
Freiheit *f* sloboda, nezávislosť; **≈lich** slobodomyseľný; slobodný
Freiheitsstrafe *f* trest *m* odňatia slobody
Frei|karte *f* voľná vstupenka; voľný cestovný lístok *m*; **~körperkultur** *f* nudizmus *m*; **≈lassen** prepustiť na slobodu; **~lassung** *f* prepustenie *n*; **~lauf** *m* voľnobežka *f*; **≈lich** pravdaže, zaiste; **~lichtbühne** *f* divadlo *n* v prírode; **~marke** *f s.* ***Briefmarke***; **~maurer** *m* slobodomurár; **≈mütig** úprimný, prostosrdečný; **≈sprechen** *Jur.* oslobodiť od (*G*); **~spruch** *m* oslobodenie *n*; **~stoß** *m Sp.* voľný kop
Freitag *m* piatok
frei|willig dobrovoľný; **≈zeit** *f* voľný čas *m*

fremd cudzí; (*unbekannt*) neznámy
Fremden|buch *n* kniha *f* cudzincov; **~führer** *m* sprievodca cudzincov; **~verkehr** *m* cudzinecký ruch; **~zimmer** *n* izba *f* pre hostí, hosťovská *f*
Fremd|e(r) *m* cudzinec; **~körper** *m Med.* cudzí prvok; **~sprache** *f* cudzí jazyk *m*, cudzia reč; **~wort** *n* cudzie slovo
fressen ⟨zo⟩žrať
Freu|de *f* radosť; **≈dig** radostný, veselý; **≈en**: ***sich ≈en*** radovať sa, tešiť sa (***über*** *A* z *G*, *D*; ***auf*** *A* na *A*)
Freund *m* priateľ; **~in** *f* priateľka; **≈lich** priateľský, láskavý; milý, prívetivý; **~schaft** *f* priateľstvo *n*; **≈schaftlich** priateľský
Frevel *m* zločin; svojvôľa *f*
Friede(n) *m* pokoj, mier
Friedens|bruch *m* porušenie *n* mieru; **~politik** *f* mierová politika; **~vertrag** *m* mierová dohoda *f*
Fried|hof *m* cintorín; **≈lich** mierny, pokojný
frier|en mrznúť; ***es ~t*** mrzne; ***ich ~e, mich ~t*** oziaba ma
frisch *Gemüse*: čerstvý; *Aussehen*: čulý; (*kühl*) svieži
Fri|seur *m* holič; **~seurin** *f* holička; **≈sieren** česať, upraviť účes
Frist *f* lehota; termín *m*; **≈los** *adv.* okamžite; *adj.* neod-

kladný
Frisur *f* účes *m*, frizúra
froh radostný; veselý; **~** ***sein*** byť rád
fröhlich veselý; *s.* ***froh***
fromm nábožný; pobožný
Fronleichnam *m* Božie telo *n*
Front *f* priečelie *n*; *Mil.* front *m*; **~antrieb** *m* (*Auto*) predný pohon
Frosch *m* žaba *f*
Frost *m* mráz; srieň; **~beule** *f* omrzlina
fröstel|n oziabať; ***es ~t mich*** oziaba ma
frost|ig mrazivý; **2schutzmittel** *n* protimrazový prostriedok *m*
frottieren utrieť
Frucht *f* ovocie *n*; plod *m*; **2bar** úrodný; plodný; **~eis** *n* ovocná zmrzlina *f*; **~saft** *m* ovocná šťava *f*
früh skorý, včasný, raný; ***morgen ~*** zajtra ráno; **2e** *f* ráno *n*; ***in aller 2e*** zavčasu; **~er** *adv.* včaššie; (*vorher*) predtým; *adj.* včasnejší; ***~er oder später*** skôr-neskôr; **~estens** najskoršie; **2jahr** *n*, **2ling** *m* jar *f*; ***im 2ling*** zjari, na jar; **2lings-** jarný; **2stück** *n* raňajky *f/pl.*; **~stücken** raňajkovať
Fuchs *m* líška *f*; *fig.* lišiak
Fuge *f* štrbina; *Mus.* fúga
fügen pripojiť; ***sich ~*** podrobiť sa
fühl|bar citeľný; **~en** cítiť, pociťovať; ohmatať; ***sich ~en*** cítiť sa
Fuhre *f* povoz *m*; náklad *m* (na voze), fúra
führ|en viesť, vodiť; **2er** *m* vodca; sprievodca; **2erschein** *m* vodičský list; **2ung** *f* vedenie *n*; správanie *n*; (*Rundgang*) prehliadka
Fuhrwerk *n* voz *m*, povoz *m*
Füll|e *f* hojnosť; **2en** plniť (***sich*** sa); **~federhalter** *m*, **~er** *m* plniace pero *n*; **~ung** *f* plnenie *n*; *Kochk.* plnka; *Med.* plomba
Fund *m* nález; objav
Fundament *n* základ *m*; *fig.* podklad *m*
Fundbüro *n* oddelenie nálezov
fünf päť
Fünf *f* pätorka
fünf|mal päťkrát; **~te(r)** piaty; **2tel** *n* pätina *f*
funk|eln iskriť (sa); blýskať sa, ligotať sa; **2e(n)** *m* iskra *f*; **~en** vysielať v rozhlase; iskriť; **2er** *m* rádiotelegrafista; **2spruch** *m* rádiogram; **2station** *f* rádiová stanica; **~(streifen)wagen** *m* policajné auto *n*
funktionieren fungovať
für (*A*) za, pre (*A*), namiesto (*G*); ***Wort ~ Wort*** slovo za slovom; **~ *immer*** navždy
Furche *f* brázda; vráska
Furcht *f* strach *m*; **2bar** strašný, hrozný
fürcht|en (*A*, ***sich vor*** *D*) báť

sa, obávať sa (*G*); **~erlich** strašný, príšerný
furcht|los nebojazlivý; **~sam** bojazlivý
füreinander jeden za druhého
Für|sorge *f* starostlivosť, starosť; **~sprache** *f* príhovor *m*
Fürst *m* knieža *n*, *m*; **~in** kňažná; **ℒlich** kniežací
Furt *f* brod *m*
Furunkel *m* vred
Fuß *m* noha *f*; **~ball** *m* futbal; **~ball-** futbalový; **~boden** *m* dlážka *f*; **~bremse** *f* nožná brzda; **~gänger** *m* chodec, pešiak; **~gängerzone** *f* pešia zóna; **~knöchel** *m* kotník; **~note** *f* poznámka pod čiarou; **~sohle** *f* chodidlo *n*; **~weg** *m* chodník
Futter *n* krm *m*; (*Kleider*ℒ) podšívka *f*
fütter|n kŕmiť; **ℒung** *f* kŕmenie *n*

G

Gabe *f* dar *m*; *fig.* nadanie *n*; (*Dosis*) dávka
Gabel *f* vidlička; (*Heu*ℒ) vidly *f pl.*; **ℒn**: ***sich* ℒn** rozdvojiť sa
gaffen gániť, zazerať
Gage *f* plat *m*
gähnen zívať
galant galantný
Galerie *f* galéria; *s.* ***Bilder*ℒ**
Galgen *m* šibenica *f*
Galle *f* žlč
Gallenstein *m* žlčový kameň
Galopp *m* cval; **ℒieren** cválať
Gämse *f* kamzík *m*
Gang *m* chôdza *f*; chod; (*Verlauf*) priebeh; (*Flur*) chodba *f*; *Kfz.* rýchlosť *f*; **ℒbar** schodný
gängig bežný; predajný
Gangschaltung *f* menenie *n* rýchlosti
Gans *f* hus
Gänse|braten *m* pečená hus *f*; **~haut** *f* husacia koža; **~rich** *m* gunár
ganz celý, úplný; *adv.* celkom, úplne; ***~ gut*** dosť dobre; ***~ recht!*** celkom správne!; ***~ und gar nicht*** vôbec nie
gar *adj. Speise*: dovarený, dopečený, hotový; *adv.* celkom; príliš; ***~ nichts*** vôbec nič, celkom nič; ***~ keiner*** vôbec nik
Garage *f* garáž
Garantie *f* záruka; **~frist** *f* záručná lehota; **ℒren** (za)ručiť (***für** A* za *A*)
Garbe *f* snop *m*
Garde *f* garda
Garderobe *f* šatstvo *n*; (*Raum*) šatňa
Gardine *f* záclona
gären kvasiť; kysnúť
Garn *n* priadza *f*
Garnitur *f* súprava

garstig ošklivý
Garten *m* záhrada *f*; **~bau** *m* záhradníctvo *n*; **~haus** *n* dom *m* v záhrade
Gärtner *m* záhradník; **~ei** *f* záhradníctvo *n*
Gärung *f* kvasenie *n*
Gas *n* plyn; **~** ***geben*** (***wegnehmen***) pridať (ubrať) plyn; **~heizung** *f* plynové kúrenie *n*; **~herd** *m* plynový sporák; **~leitung** *f* plynovod *m*, plynové potrubie *n*
Gasse *f* ulica, ulička
Gast *m* hosť; **~freundschaft** *f* pohostinnosť; **~geber** *m* hostiteľ; **~haus** *n*, **~hof** *m* hostinec; **2lich** pohostinný; **~spiel** *n* pohostinská hra *f*; **~stätte** *f* hostinec *m*; **~wirt** *m* hostinský
Gaswerk *n* plynáreň *f*
Gatt|e *m* manžel; **~in** *f* manželka; **~ung** *f* druh *m*; *Bot.* rod *m*
Gaukler *m* kaukliar
Gaul *m* (starý) kôň
Gaumen *m* *Anat.* podnebie *n*
Gauner *m* podvodník, darebák
Ge|bäck *n* pečivo; **2backen** pečený
Gebärde *f* posunok *m*, gesto *n*
gebär|en porodiť; **2mutter** *f* maternica
Gebäude *n* budova *f*, stavba *f*
geben d(áv)ať; ***es gibt*** je, sú; ***es gibt nicht*** niet, nie je, nie sú
Gebet *n* modlitba *f*; **~buch** *n* modlitebná knižka *f*
Gebiet *n* územie; (*Fach*) odbor *m*
gebieten prikázať
gebildet vzdelaný
Gebirg|e *n* pohorie, horstvo; **2ig** hornatý
Gebirgs|bewohner *m* horniak; **~pass** *m* (horský) priesmyk
Gebiss *n* chrup *m*; (*Prothese*) umelý chrup *m*
Ge|bläse *n* ventilátor *m*; **2blümt** kvetovaný; **2bogen** ohnutý
geboren (na)rodený; **~** ***werden*** narodiť sa
Gebot *n* príkaz *m*; prikázanie *n*
gebraten pečený
Gebrauch *m* používanie *n*, upotrebenie *n*; **2en** (po)užívať
gebräuchlich obyvklý, bežný
Gebrauchs|anweisung *f* návod *m* na pouzíivanie; **~artikel** *m* predmet (*od.* článok) dennej potreby
gebraucht upotrebený; *Kleidung*: obnosený
gebrechlich slabý; chybný
gebrochen zlomený; **~** ***Deutsch sprechen*** hovoriť lámanou nemčinou
Gebrüll *n* rev *m*
Gebühr *f* poplatok *m*; ***nach*** **~** podľa zasluhy; ***über*** **~** viac ako treba; **2en** (***sich***) patriť sa; náležať; **2end** náležitý;

≈enfrei oslobodený od poplatku
gebunden (za)viazaný
Geburt *f* narodenie *n*; *Med.* pôrod *m*
gebürtig rodený, pôvodom
Geburts|helferin *f s.* ***Hebamme***; **~jahr** *n* rok *m* narodenia; **~ort** *m* rodisko *n*; **~tag** *m* narodeniny *f/pl.*; **~urkunde** *f* rodný list *m*
Gebüsch *n* krovie
Gedächtnis *n* pamäť *f*
gedämpft dusený
Gedanke *m* myšlienka *f*
gedanken|los bezmyšlienkovitý; **≈strich** *m* pomlčka *f*
Gedeck *n* príbor *m*; menu
gedeihen prospievať
gedenk|en (*G*) spomínať na (*A*); ***~en zu tun*** zamýšľať urobiť; **≈feier** *f* spomienková slávnosť; **≈tafel** *f* pamätná doska
Gedicht *n* báseň *f*
gediegen dôkladný
Gedräng|e *n* tlačenica *f*; stisk *m*; nával *m*; **≈t** stiesnený; zovretý
Geduld *f* trpezlivosť; ***~ haben*** = **≈en**: ***sich* ≈en** mať strpenie; **≈ig** trpezlivý
geehrt vážený, ctený; ***sehr ~er Herr!*** vážený pán!
geeignet vhodný, súci, spôsobilý (***für*** na *A*)
Gefahr *f* nebezpečenstvo *n*; ohrozenie *n*; ***auf eigene ~*** na vlastné riziko; ***~ laufen*** byť v nebezpečenstve
gefähr|den ohrozovať; **~lich** nebezpečný
Gefährte *m* spoločník, druh
Gefälle *n* spád *m*, sklon *m*
gefallen *v/i.* páčiť sa; ***sich ~ lassen*** zniesť, strpieť; *adj.* (*tot*) padlý
Gefallen[1] *n* záľuba *f*
Gefallen[2] *m s.* ***Gefälligkeit***
gefällig láskavý, úslužný; **≈keit** *f* láskavosť; ochota
gefälscht falšovaný
gefangen: ***~ nehmen*** zajať
Gefangene(r) *m* väzeň; *Mil.* zajatec
Gefangenschaft *f* väzba, uväznenie *n*; *Mil.* zajatie *n*
Gefängnis *n* väzenie, žalár *m*
Gefäß *n* nádoba; *Anat.* cieva *f*
gefasst spokojný; ***~ auf*** byť pripravený na
Gefecht *n* bitka *f*, zrážka *f*
Gefieder *n* perie
gefleckt strakatý
Geflügel *n* hydina *f*
Geflüster *n* šuškanie
Gefolge *n* sprievod *m*, družina *f*
gefräßig (pa)žravý, hltavý
Gefrier|- *Kochk.* zmrazený; **≈en** *v/i.* zamrznúť; **~punkt** *m* bod mrazu; **~truhe** *f* mraznička
gefroren z(a)mrznutý, mrazený
Gefüg|e *n* zloženie; skladba *f*; **≈ig** povoľný
Gefühl *n* (po)cit *m*; **≈los** bezcitný; **≈voll** citlivý
gegen *prp.* (*A*) proti (*D*); do

(*G*); k(u) (*D*); okolo (*G*); oproti (*D*); (*etwa*) asi, zo
Gegend *f* kraj *m*, krajina
Gegen|dienst *m* vzájomná služba *f*; **2einander** proti sebe; **~gewicht** *n* protiváha *f*; **~gift** *n* protijed *m*; **~maßnahme** *f* protiopatrenie *n*; **~partei** *f s.* ***~seite***; **~satz** *m* protiklad; opak; **~seite** *f Jur.* protivník *m*; **2seitig** vzájomný, obapolný; opačný; **~stand** *m* predmet; **~teil** *n* opak *m*; ***im ~teil*** naopak
gegenüber *adv.* (na)proti; *prp.* (*D*) (na)proti (*D*); **~liegend** ležiaci proti; **~stellen** postaviť proti sebe; *fig.* porovnávať; **2stellung** *f* porovnanie *n*
Gegen|wart *f* prítomnosť; **2wärtig** prítomný; terajší; **~wehr** *f* obrana; **~wind** *m* protivietor; **~wirkung** *f* opačný účinok *m*; **2zeichnen** spolupodpísať
Gegner *m* protivník; **2isch** nepriateľský
Gehackte(s) *n Kochk.* sekaná *f*, fašírka *f*
Gehalt[1] *m* obsah; hodnota *f*
Gehalt[2] *n* plat *m*, mzda *f*
Gehaltserhöhung *f* zvýšenie *n* platu
gehässig nenávistný, nevraživý
Gehäuse *n* puzdro
geheim tajný, skrytý; ***~ halten*** utajovať, tajiť; **2nis** *n* tajomstvo; **~nisvoll** tajuplný
Geheimnummer *f* tajné číslo *n*, diskrétny údaj *m*
gehen ísť; chodiť; ***es geht*** ide to; ***so geht das nicht!*** tak to nejde!; ***wie geht es Ihnen?*** ako sa máte?; ***mir geht es gut*** (***schlecht***) mám sa dobre (zle)
Gehilfe *m* pomocník
Gehirn *n* mozog *m*; **~erschütterung** *f* otras *m* mozgu; **~schlag** *m* ochrnutie *n* mozgu
Gehöft *n* (sedliacky) dvor *m*
Gehölz *n* lesík *m*, hájik *m*
Gehör *n* sluch *m*
gehorchen (*D*) poslúchať (*A*)
gehör|en patriť, prislúchať; ***das ~t sich nicht!*** to sa nepatrí!; **~ig** patriaci; (*beträchtlich*) poriadny
gehorsam *adj.* poslušný
Gehorsam *m* poslušnosť *f*
Gehweg *m* chodník
Geier *m* sup
Geige *f* husle *f/pl.*; **~r** *m* huslista
Geisel *f* rukojemník *m*; **~nahme** *f* únos *m* rukojemníka
Geißel *f* bič *m*; *fig.* metla
Geist *m* duch
geistes|abwesend duchom neprítomný; **2gegenwart** *f* duchaprítomnosť; **~krank** choromyseľný
geist|ig duchovný; duševný; **~lich** *Rel.* duchovný, kňazský; **2liche(r)** *m* kňaz, duchovný; **~los** bezduchý; **~reich** duchaplný

Geiz *m* lakomstvo *n*; **~hals** *m* lakomec, skupáň; **≗ig** lakomý, skúpy
ge|kocht varený; **~kränkt** urazený; **~künstelt** strojený; **≗lächter** *n* smiech *m*; (*Spott*) posmech *m*; **≗lage** *n* pijatika *f*; **~lähmt** ochromený; **≗lände** *n* kraj *m*, terén *m*; **≗länder** *n* zábradlie; **~langen** dostať sa, dôjsť; **~lassen** mierny, pokojný; **~läufig** bežný, plynný
gelaunt naladený; ***gut*** (***schlecht***) **~ *sein*** byť dobrej (zlej) vôle
gelb žltý; **~lich** žltkavý; **≗sucht** *f* žltačka
Geld *n* peniaze *m/pl.*; **~automat** *m* bankomat; **~börse** *f* peňaženka; **~buße** *f* pokuta; **~entwertung** *f* znehodnotenie *n* peňazí; **~mittel** *n/pl.* peňažné prostriedky *m/pl.*; **~schrank** *m* pokladnica *f*; **~strafe** *f* peňažný trest *m*; **~stück** *n* peniaz *m*; **~wechsel** *m* zmenáreň *f*
Gelee *n* huspenina *f*, želé
gelegen položený, ležiaci; (*passend*) vhodný
Gelegen|heit *f* príležitosť; **~heitskauf** *m* príležitostná kúpa *f*; **≗tlich** príležitostný; náhodný
gelehr|ig učenlivý; **≗te(r)** *m* učenec
Geleise *n* s. ***Gleis***
Geleit *n* sprievod *m*; **≗en** odprevadiť, sprevádzať
Gelenk *n* kĺb *m*, zhyb *m*; **≗ig** ohybný; obratný
Geliebt|e *f* milenka, milá; **~e(r)** *m* milenec, milý
geliehen vypožičaný
gelingen ⟨po⟩dariť sa
gellend prenikavý
geloben sľúbiť
gelten platiť; byť vážený (***als*** ako); byť určený; ***es gilt*** platí; ***Ansprüche ~d machen*** uplatňovať požiadavky
Geltung *f* platnosť; hodnota
Gelübde *n* sľub *m*
gemächlich pohodlný
Gemahl(in *f*) *m* manžel(ka)
Gemälde *n* obraz *m*, maľba *f*
gemäß podľa (*G*); **~igt** mierny
gemein obyčajný; prostý, hrubý, podlý
Gemeinde *f* obec; **~rat** *m* obecná rada *f*
Gemein|eigentum *n* spoločné vlastníctvo; **~heit** *f* hrubosť, podlosť; **≗nützig** spoločensky užitočný; **≗sam** spoločný; **~schaft** *f* spoločenstvo *n*; **≗schaftlich** spoločný; **~wohl** *n* všeobecné blaho
gemessen odmeraný
Gemisch *n* miešanina *f*, zmes *f*
Gemurmel *n* mrmlanie
Gemüse *n* zelenina *f*; **~garten** *m* záhrada *f* na zeleninu; **~händler** *m* zeleninár
Gemüt *n* myseľ *f*; **≗lich** pri-

jemný; útulný
gemütskrank choromyseľný
genau presný; dôkladný; **&ig-keit** *f* presnosť, dôkladnosť; **~so** práve tak, presne tak (*wie* ako)
genehmig|en schváliť; **&ung** *f* schválenie *n*, povolenie *n*
geneigt naklonený, náchylný; *fig.* (*D*) láskavý, priaznivý
General *m* generál; **~direktor** *m* generálny riaditeľ; **~probe** *f Thea.* generálna skúška; **~streik** *m* generálny štrajk; **~versammlung** *f* valné zhromaždenie *n*
Generation *f* pokolenie *n*
generell všeobecný
genes|en uzdraviť sa, zotaviť sa; **&ung** *f* uzdravenie *n*, zotavenie *n*
genial geniálny
Genick *n* väzy *m/pl.*, šija *f*
Genie *n* geniálny človek *m*
genieren: ***sich*** **~** hanbiť sa
genieß|bar poživateľný, jedlý; **~en** požívať; užívať
Genitalien *n/pl.* pohlavný orgán *m*, rodidlá *n/pl.*
genormt normovaný
Genoss|e *m* druh, spoločník; *Pol.* súdruh; **~enschaft** *f* družstvo *n*; **&enschaftlich** družstevný; **~in** *f* družka; súdružka
Gentechnik *f* génové inžinierstvo *n*
genug dosť
genüg|en stačiť; **~end** dostatočný; **~sam** skromný; striedmy
Genugtuung *f* zadosťučinenie *n*
Genuss *m* pôžitok; užitie *n*; **~mittel** *m* požívatina *f*
geöffnet otvorený
Geo|grafie, **Geographie** *f* zemepis *m*; **&logisch** geologický; **&metrisch** geometrický
Gepäck *n* batožina *f*; **~annahme** *f* príjem *m* batožiny; **~aufbewahrung** *f* úschovňa batožiny; **~ausgabe** *f* výdaj *m* batožiny; **~kontrolle** *f* prehliadka batožiny; **~schein** *m* batožinový lístok; **~träger** *m* nosič
gepflegt upravený
gerade *adj.* priamy, rovný; *fig.* (*ehrlich*) statočný, úprimný; *adv.* priamo, rovno; *fig.* statočne, úprimne; **~ *Zahl*** párne číslo; **~ *gegenüber*** priamo naproti; **~ *heute*** práve dnes; ***nun*** **~!** práve teraz!
gerade|aus priamo, rovno; **~so** práve tak, takisto; **~so *viel*** práve toľko; **~zu** priam tak; rovno, priamo
Gerät *n* náradie, náčinie
geraten (***in*** *A*) dostať sa; (*gelingen*, *gedeihen*) podariť sa
Geratewohl: ***aufs*** **~** naverímboha
ge|räuchert údený; **~räumig** priestranný, rozľahlý
Geräusch *n* šum *m*, šelest *m*; **&los** bez hluku
gerbe|n vyrábať kožu; **&rei** *f*

garbiareň
gerecht vhodný, primeraný; spravodlivý; ~ ***werden*** (*D*) uspokojiť (*A*); **2igkeit** *f* spravodlivosť
Gerede *n* prázdna reč *f*, klebeta *f*
gereizt podráždený
Gericht *n* jedlo; *Jur.* súd *m*; **2lich** súdny
Gerichts|verhandlung *f* súdne konanie *n*; **~vollzieher** *m* exekútor
gering malý, nepatrný; ***nicht im 2sten*** ani najmenej; **~fügig** nepatrný; **~schätzig** nevšímavý, pohŕdavý
gerinnen zrážať sa, zbehnúť sa
Gerippe *n* kostra *f*
gern(e) (mile)rád; vďačne
Geröll *n* okruhliaky *m/pl.*
geronnen zrazený
Gerste *f* jačmeň *m*
Geruch *m* (*Sinn*) čuch; (*Duft*) pach; (*Gestank*) zápach; **2los** bez vône
Gerücht *n* povesť *f*, chýr *m*
Gerümpel *n* haraburdie
Gerüst *n* lešenie
gesalzen solený, slaný
gesamt celý, všetok; **2betrag** *m* celá suma *f*; **2heit** *f* celok *m*
Gesandt|e(r) *m* vyslanec; **~schaft** *f* vyslanectvo *n*
Gesang *m* spev; pieseň *f*; **~verein** *m* spevácky krúžok
Gesäß *n* zadok *m*
Geschäft *n* obchod *m*; podnik *m*; **2ig** usilovný; **2lich** obchodnícky; *adv.* obchodne
Geschäfts|brief *m* obchodný list; **~führer** *m* tajomník, zástupca; **~mann** *m* obchodník; **~reise** *f* obchodná cesta; **~verkehr** *m* obchodný styk
geschehen stať sa, prihodiť sa
gescheit rozumný, múdry
Geschenk *n* dar *m*; **2t** darovaný
Geschicht|e *f* dejiny *m/pl.*; dejepis *m*; (*Erlebnis*) príhoda, príbeh *m*; (*Erzählung*) poviedka, rozprávka; **2lich** dejinný, historický
Geschick|lichkeit *f* zručnosť, obratnosť; **2t** poslaný; šikovný, zručný
geschieden rozvedený
Geschirr *n* riad *m*; nádoba *f*; (*Pferd*) konský postroj *m*; **~schrank** *m* príborník; **~spüler** *m* umývačka *f* riadu
Geschlecht *n* rod *m*; pohlavie; **2lich** pohlavný
Geschlechts|krankheit *f* pohlavná choroba; **~verkehr** *m* pohlavný styk
geschliffen brúsený; vytríbený
geschlossen (u)zavretý
Geschmack *m* chuť *f*; **2los** nechutný; **2voll** vkusný
geschmeidig ohybný; hebký
Geschöpf *n* tvor *m*, stvorenie
Geschoss *n* strela *f*; *Arch.* poschodie
Geschrei *n* krik *m*, vresk *m*

Geschütz *n* delo, kanón *m*
Geschwader *n* eskadra *f*
Geschwätz *n* táranie; **⁓ig** táravý
geschweige: **⁓** (*denn*) nehovoriac
geschwind rýchly; **⁓igkeit** *f* rýchlosť; **⁓igkeitsbegrenzung** *f* obmedzenie *n* rýchlosti; **⁓igkeitskontrolle** *f* kontrola rýchlosti
Geschwister *pl.* súrodenci *m/pl.*, brat a sestra
geschwollen napuchnutý
Geschworene *m/pl. Jur.* porota *f*
Ge|schwulst *f* nádor *m*, opuchlina; **⁓schwür** *n* vred *m*
Gesell|e *m* druh, spoločník; tovariš; **⁓ig** družný
Gesellschaft *f* spoločnosť; prostredie *n*; **⁓** ***leisten*** (*D*) pridružiť sa (k *D*); **⁓er** *m* spoločník; **⁓lich** spoločenský
Gesellschafts|abend *m* spoločenský večierok; **⁓ordnung** *f* spoločenský poriadok *m*; **⁓spiel** *n* spoločenská hra *f*
Gesetz *n* zákon *m*; **⁓buch** *n* zákonník *m*; **⁓gebung** *f* zákonodarstvo *n*; **⁓lich** zákonný, zákonitý; **⁓mäßig** podľa zákona; **⁓widrig** nezákonitý
gesetzt: **⁓** ***den Fall*** dajme tomu
Gesicht *n* tvár *f*, obličaj *m*
Gesichts|ausdruck *m* výraz obličaja; **⁓creme** *f* pleťový krém *m*; **⁓farbe** *f* farba tvári; **⁓kreis** *m* obzor; **⁓punkt** *m* stanovisko *n*, hľadisko *m*; **⁓zug** *m* rys, črta *f*
Ge|sindel *n* spodina *f*; **⁓sinnung** *f* zmýšľanie *n*; **⁓sittet** slušný; civilizovaný; **⁓sondert** oddelený; **⁓spann** *n* záprah *m*; **⁓spannt** napätý; **⁓spenst** *n* strašidlo
Gespräch *n* rozvohor *m*, reč *f*; **⁓ig** zhovorčivý
Gestalt *f* postava; podoba, tvar *m*; **⁓en** tvoriť, vytvárať; **⁓ung** *f* vytváranie *n*; tvorba
Geständnis *n* priznanie
Gestank *m* zápach, smrad
gestatten dovoliť, povoliť; **⁓** ***Sie bitte!*** dovoľte, prosím!
Geste *f* posunok *m*
ge|stehen priznať sa; ***offen ⁓standen*** otvorene povedané; **⁓stein** *n* kamenie, hornina *f*; **⁓stell** *n* podstavec *m*, stojan *m*
gestern včera
Gestirn *n* súhvezdie
gestorben zomrelý, zosnulý
gestreift pruhovaný
gestrig včerajší
Gestrüpp *n* krovie
Gestüt *n* žrebčinec *m*
Gesuch *m* žiadosť *f*, prosba *f*
gesund zdravý; **⁓** ***werden***, **⁓en** uzdraviť sa; **⁓heit** *f* zdravie *n*; **⁓heitlich** zdravotný; **⁓heitsschädlich** škodlivý zdraviu

Getöse *n* hrmot *m*
Getränk *n* nápoj *m*
Getränke|automat *m* nápojový automat; **~karte** *f* nápojový lístok *m*
getrauen: ***sich*** **~** odvážiť sa
Getreide *n* obilie
getrennt oddelený; **~ *leben*** žiť odlúčene
Getriebe *n* pohon *m*, ruch *m*; *Tech.* hnací mechanizmus *m*; *Kfz.* prevodovka *f*
Gewächs *n* rastlina *f*; *Med.* nádor *m*; **~haus** *n* skleník *m*
Gewähr *f* záruka, istota; **2en** poskytovať; vyhovieť; **2leisten** zaručiť, ručiť za (*A*)
Gewahrsam¹ *n* väzba *f*
Gewahrsam² *m* opatrovanie *n*
Gewalt *f* moc, sila; (*Zwang*) násilie *n*; **2ig** ohromný; **2sam** násilný, násilnícky; **2tätig** násilný
Gewand *n* rúcho
gewandt obratný, zručný; **2heit** *f* zručnosť, obratnosť
Gewässer *n* vodstvo
Gewebe *n* tkanina *f*, tkanivo (*a. Anat.*)
Gewehr *n* puška *f*
Geweih *n* parohy *m/pl.*
Gewerbe *n* živnosť *f*; **~treibende(r)** *m* živnostník
Gewerkschaft *f* odborová organizácia; **~(l)er** *m* odborár; **2lich** odborový
Gewicht *n* váha *f*; (*zum Wiegen*) závažie; **~heben** *n Sp.* vzpieranie; **2ig** vážny, závažný
gewillt ochotný
Gewimmel *n* hemženie
Gewinde *n* závit
Gewinn *m* zisk, zárobok; (*Spiel*) výhra *f*; **~ *bringend*** výnosný; **2en** získať; vyhrať; vyťažiť; **~er** *m* výherca; **~ung** *f* získanie *n*; *Bgb.* ťažba; *Chem.* získavanie *n*
gewiss istý, bezpečný; *adv.* iste; ***ein* ~*er*** akýsi, nejaký
Gewissen *n* svedomie; **2haft** svedomitý; **2los** nesvedomitý
Gewissensbisse *m/pl.* výčitky svedomia
gewissermaßen akosi, do istej miery
Gewissheit *f* istota
Gewitter *n* búrka *f*
gewöhnen (***an*** *A*) zvykať navykať (*D*); ***sich*** **~** privykať si
Ge|wohnheit *f* zvyk *m*, obyčaj *m*; **2wöhnlich** obyčajný; **2wohnt** zvyklý
Gewölbe *n* klenba *f*
Gewühl *n* tlačenica *f*
Gewürz *n* korenie
Gezeiten *pl.* odliv a príliv *m*
Gezwitscher *n* čvirikanie
geziert strojený
gezwungen nútený; (*unnatürlich*) strojený
Gicht *f* lámka
Giebel *m* štít, lomenica *f*
gierig dychtivý, hltavý
gieß|en liať; (*begießen*) polievať; **2erei** *f* zlieváreň; **2kan-**

ne *f* kanva na polievanie
Gift *n* jed *m*; **~-** *in Zssgn*, **≈ig** jedovatý; *fig.* zlomyseľný
gigantisch obrovský, mohutný
Gipfel *m* vrchol; **~treffen** *n* vrcholné stretnutie
Gips *m* gyps, sadra *f*; **~verband** *m* gypsový obväz
Giraffe *f* žirafa
Girlande *f* záves *m* na kvety
Giro *n* žíro, rukopis *m* zmenky; **~konto** *n* sporožírový účet *m*; **~verkehr** *m* platba *f* žírovou cestou
Gitarre *f* gitara
Gitter *n* mreža *f*
Glanz *m* lesk
glänzen lesknúť sa, jagať sa; *fig.* vynikať; **~d** lesklý, jagavý; *fig.* skvelý
Glas *n* sklo; (*Trink≈*) pohár *m*; **~er** *m* sklenár, sklár; **~erei** *f* sklenárstvo *n*
gläsern skle(ne)ný
Glasscheibe *f* tabuľa
Glasur *f* glazúra, glieda; (*Zuckerguss*) poleva
glatt hladký; rovný; **≈eis** *n* ľadovica *f*
glätten hladiť
Glatze *f* plešina
Glaub|e *m* viera *f*; **≈en** veriť; (*voraussetzen*) predpokladať; (*meinen*) mieniť; **≈haft** hodnoverný, vierohodný
gläubig veriaci; **≈e(r)** *m Rel.* veriaci; **≈er** *m* veriteľ
glaubwürdig vierohodný
gleich *adj.* rovnaký, zhodný; *adv.* hneď; **~artig** rovnaký; **~berechtigt** rovnoprávny; **≈berechtigung** *f* rovnoprávnosť; **~en** rovnať (sa); podobať sa; **~falls** rovnako, takisto, práve tak; **≈gewicht** *n* rovnováha *f*; **~gültig** ľahostajný; **≈heit** *f* rovnosť; **~kommen** vyrovn(áv)ať sa; **~machen** vyrovn(áv)ať; **~mäßig** rovnomerný; **~sam** takmer, temer; **≈strom** *m* rovnosmerný prúd; **≈ung** *f* rovnica; **~wertig** rovnocenný; **~zeitig** súčasný
Gleis *n* koľaj *f*, koľajnica *f*
gleit|en kĺzať sa, zošmýknuť sa; **≈flug** *m* kĺzavý let; **≈zeit** *f* pružná pracovná doba
Gletscher *m* ľadovec
Glied *n* úd *m*; (*Kette*) článok *m*; (*Mit≈*) člen *m*; **≈ern** rozčleniť; **~erung** *f* členenie *n*; **~maßen** *pl.* údy *m/pl.*
glimmen tlieť
glimpflich: **~ *davonkommen*** vyviaznuť dosť šťastne
glitschig klzký
glitzern jagotať sa
Globalisierung *f* globalizácia
Glöckchen *n* zvonček *m*
Glocke *f* zvon *m*
Glocken|schlag *m* úder zvonu; **~turm** *m* zvonica *f*
glotzen P vyvaľovať oči; *s.* ***gaffen***
Glück *n* šťastie; ***viel ~!*** mnoho šťastia!; **≈en** pošťastiť sa; **≈lich** šťastný; ***≈liche Reise!*** šťastnú (od. šťastlivú) cestu!;

≈licherweise našťastie
Glücksspiel *n* hazardná hra *f*
Glückwunsch *m* blahoželanie *n*, gratulácia *f*
Glüh|birne *f*, **~lampe** *f* žiarovka; **≈en** žiariť, planúť; **≈end** rozpálený, rozžeravený; planúci; **~wein** *m* varené víno *n*; **~würmchen** *n* svätojánska muška *f*
Glut *f* žiar *m*; *fig*. páľava
Gnade *f* milosť
gnädig milostivý
Gold *n* zlato; **≈en** zlatý; **≈ig** roztomilý; **~schmied** *m* zlatník
Golf[1] *m* záliv, zátoka *f*
Golf[2] *n Sp*. golf *m*
Gondel *f* gondola
gönnen žičiť, dopriať
gönnerhaft blahosklonný
Gosse *f* stoka
Got|ik *f* gotika; **≈isch** gotický
Gott *m* Boh; ***~ sei Dank!*** chvalabohu!; ***um ~es willen!*** preboha!
Gott|esdienst *m* bohoslužba *f*; **~heit** *f* božstvo *n*
Gött|in *f* bohyňa; **≈lich** božský
gottlos bezbožný
Götze *m* modla *f*
Grab *n* hrob *m*; **≈en** kopať, ryť; **~en** *m* priekopa *f*; zákop; **~inschrift** *f* náhrobný nápis *m*; **~mal** *n* pomník *m*, náhrobný kameň *m*; **~stätte** *f* hrobka, krypta; **~stein** *m* náhrobný kameň
Grad *m* stupeň
Graf *m* gróf
Gräfin *f* grófka
grafisch grafický
Grafit *s*. ***Graphit***
Gram *m* žiaľ, súženie *n*
grämen trápiť, sužovať (***sich*** sa)
Gramm *n* gram *m*
Grammatik *f* gramatika
Granate *f* granát *m*
Granit *m* žula *f*
graphisch *s*. ***grafisch***
Graphit *m* tuha *f*, grafit
Gras *n* tráva *f*; **≈en** pásť sa; **~halm** *m* steblo *m* trávy
grässlich strašný, príšerný
Grat *m* horský hrebeň
Gräte *f* rybacia kosť
gratis zadarmo, gratis
Gratu|lation *f* gratulácia; **≈lieren** blahoželať
grau sivý, šed(iv)ý
Gräuel *m* ohavnosť *f*; **~tat** *f* hanebný čin *m*
Grauen *n* hrôza *f*; **≈haft** hrozný, strašný
Graupe *f* krúpa
graupe|ln: ***es~lt*** padajú krúpy
grausam krutý, ukrutný; **≈keit** *f* ukrutnosť
grausig hrozný, strašný
graziös pôvabný, graciózny
greifen (***nach*** *D*, ***zu*** *D*) chytiť (*A*), siahnuť (po *L*); ***um sich ~*** vzmáhať sa
Greis *m* starec; **~in** *f* starenka
grell *Farbe*: krikľavý; *Licht*: oslňujúci; *Ton*: prenikavý
Grenz|bahnhof *m* pohraničná stanica *f*
Grenz|e *f* hranica; *fig*. medza;

2en (*an A*) hraničiť (so *I*); **2enlos** neobmedzený, bez hraníc; **~gebiet** *n* pohraničie; **~kontrolle** *f* hraničná kontrola; **~station** *f s.* ***Grenzbahnhof***; **~stein** *m* hraničný kameň; **~übergang** *m* hraničný priechod
Griech|e *m* Grék; **~enland** *n* Grécko; **2isch** grécky
griesgrämig namrzený
Grieß *m* krupica *f*; **~brei** *m* krupičná kaša *f*
Griff *m* uchopenie *n*; držadlo *n*, rukoväť *f*
Grill *m* ražeň; rošt
Grille *f* cvrček *m*; *fig.* vrtoch *m*
Grimasse *f* grimasa
grimmig nahnevaný; **~ *kalt*** treskúca zima
grinsen škeriť sa
Grippe *f* chrípka
grob hrubý; **2heit** *f* hrubosť; **~körnig** hrubozrnný
grölen hulákať
Groll *m* hnev, nenávisť *f*; **2en** (*D*) nenávidieť (*A*), zanevrieť (***na*** *A*)
groß veľký; ***im 2en und Ganzen*** viac-menej, celkove; **~artig** veľkolepý; **2britannien** *n* Veľká Británia *f*
Größe *f* veľkosť; *Math.* veličina
Groß|eltern *pl.* starí rodičia; **~handel** *m* veľkoobchod; **~macht** *f* veľmoc; **~mut** *m* veľkodušnosť *f*; **2mütig** veľkodušný, veľkomyseľný; **~mutter** *f* stará mať, babička; **2spurig** chvastúnsky, arogantný; **~stadt** *f* veľkomesto *n*
größtenteils väčšinou
Groß|vater *m* dedo, starý otec; **2ziehen** vychovať; **2zügig** veľkorysý; **~zügigkeit** *f* veľkorysosť
grotesk smiešny, groteskný
Grotte *f* jaskyňa
Grube *f* jama; *Bgb.* baňa
grübeln hútať, premýšľať
Gruft *f* hrobka, krypta
grün zelený; **~ *werden*** zelenať sa; **2anlage** *f* sad *m*
Grund *m* pôda *f*; pozemok; (*Gefäßboden*, *Meeres2*) dno *n*; (*Ursache*) príčina *f*, dôvod; *s.* ***Grundlage***; ***im ~e genommen*** v podstate, vlastne; ***zu ~e*** *s.* ***zugrunde***; **~besitz** *m* pozemok
gründe|n založiť (zakladať); **2r** *m* zakladateľ
Grund|fläche *f* základná plocha; **~gebühr** *f* základný poplatok *m*; **~gesetz** *n* ústava *f*, ústavný zákon *m*; **~lage** *f* základ *m*, podklad *m*; **2legend** základný
gründlich dôkladný
Grund|lohn *m* základný plat; **2los** neopodstateny, bezdôvodný
Gründonnerstag *m* Zelený štvrtok
Grund|riss *m* pôdorys; *Lit.* náčrt; **~satz** *m* zásada *f*; **2sätzlich** základný, zásadný; **~schule** *f* základná

škola; **~stein** *m* základný kameň; **~stück** *n* pozemok *m*
Gründung *f* založenie *m*
Grundwasser *n* spodná voda *f*; **~wortschatz** *m* základná slovná zásoba *f*
grün|en zelenať sa; **~lich** zelenkavý
Gruppe *f* skupina; **~n-** skupinový
gruselig desný, desivý
Gruß *m* pozdrav
grüßen pozdraviť
Grütze *f* krupica, krupičná kaša
gucken dívať sa
Gulasch *n od. m* guláš *m*
Gulden *m* zlatka *f*
gültig platný; **~keit** *f* platnosť
Gummi *n od. m* guma *f*; **~band** *n* gumová stuha *f*; **~knüppel** *m* gumový obušok; **~mantel** *m* gumový plášť; **~schuh** *m* galoša *f*; **~sohle** *f* gumová podrážka; **~stiefel** *m* gumená čižma *f*
Gunst: ***zu ~en*** *s.* ***zugunsten***
günstig priaznivý; výhodný
Gurgel *f* hrdlo *n*, hrtan *m*; **~n** kloktať
Gurke *f* uhorka; **~n-** uhorkový
Gürtel *m* opasok, pás; pásmo *n*
Guss *m* odliatok; (*Regen*) leják; **~stahl** *m* liata oceľ *f*
Gut *n* (*Habe*) majetok *m*, (*Ware*) tovar *m*; (*Land*) statok
gut *adj.* dobrý; **~achten** *n* dobrozdanie; **~dünken** *n*: ***nach ~dünken*** podľa záľuby
Güte *f* dobrota; (*Qualität*) akosť, kvalita
Güter|bahnhof *m* nákladná stanica *f*; **~zug** *m* nákladný vlak
Gut|haben *n* pohľadávka *f*; mať k dobru; **~heißen** schvaliť, odobriť
gütig dobrotivý, láskavý
gut|machen napraviť; **~mütig** dobromyseľný; **~schein** *m* bon, talón *m*; **~schrift** *f* dopropis *m*; **~willig** ochotný; *adv.* dobrovoľne
Gymnastik *f* telocvik *m*

H

Haar *n* vlas *m*; (*a. Bot.*) chlp *m*; *koll.* vlasy *m/pl.*; (*Tier*) srsť *f*; **~bürste** *f* kefa na vlasy; **~gel** *n* gél *m* na vlasy; **~ig** vlasatý; chlpatý; **~nadel** *f* ihlica do vlasov, vlásnička; **~scharf** ostrý ako britva, veľmi presný; **~schneiden** *n* strihanie vlasov; **~schnitt** *m* účes; **~spalterei** *f* puntičkárstvo *n*; **~sträubend** úžasný, príšerný; **~trockner** *m* sušič vlasov; **~waschmittel** *n* šampón *m*; **~wasser** *n* vodička *f* na vlasy; **~wuchs** *m* rast vlasov

Habe *f* majetok *m*
haben mať; (*besitzen*) vlastniť
Habgier *f* chamtivosť, lakomosť; **≈ig** lakomý, chamtivý
Habicht *m* jastrab
Hab|seligkeiten *pl.* majetok *m*; **~sucht** *f s.* ***Habgier***
Hack|e *f* motyka; sekera; **≈en** rúbať, štiepať; kopať; **~fleisch** *n* fašírka *f*
Hafen *m* prístav; **~-** prístavný
Hafer *m* ovos; **~flocken** *f/pl.* ovsené vločky
Haft *f* väzba; väzenie *n*; **≈bar** záväzný; **~befehl** *m* zatykač; **≈en** tkvieť (***an*** *D* v *L*); ručiť (***für*** *A* za *A*)
Häftling *m* väzeň
Haftpflicht *f* záväznosť; povinné ručenie *n*; **~versicherung** *f* povinné poistenie *n*
Haftung *f* ručenie *n*; záruka
Hagel *m* ľadovec, krupobitie *n*; **≈n**: ***es ≈t*** padá ľadovec; **~schauer** *m* ľadovcová prehánka *f*
hager chudý, vyziably
Hahn *m* kohút; *Tech.* kohútik
Haifisch *m* žralok
Hain *m* háj
häkeln háčkovať
Haken *m* hák; háčik, vešiak
halb polovičný; *adv.* napolo; pol; ***~ und ~*** napoly; ***~ so viel*** o polovicu menej; ***es schlägt ~ drei*** je pol tretej
halbieren rozpoliť, deliť na polovicu
Halb|insel *f* polostrov *m*; **~jahr** *n* polrok *m*; **~kreis** *m* polkruh; **~kugel** *f* pol(o)guľa; **~messer** *m* polomer; **~mond** *m* polmesiac; **~pension** *f* prenocovanie *n* s raňajkami a večerou; **≈rund** pologuľatý; **~schuh** *m* poltopánka *f*; **~tagsarbeit** *f* polovičný úväzok *m*; **≈wegs** polovične; trochu; **~zeit** *f* polčas *m*
Hälfte *f* polovica; polovička
Halle *f* hala, sieň
hallen ozývať sa
Hallenbad *n* krytá plaváreň *f*
Halm *m* slamka *f*, steblo *n*
hallo *Int.* servus, ahoj
Hals *m* krk; hrdlo *n*; ***~ über Kopf*** ozlomkrky; **~band** *m* náhrdelník; **≈brecherisch** krkolomný; **~entzündung** *f* zápal *m* hrdla; **~kette** *f* retiazka na hrdlo; **~schmerzen** *m/pl.* bolenie *n* hrdla; **≈starrig** tvrdošijný; **~tuch** *n* šatka *f* na hrdlo
halt! stoj!, dosť!, stáť!
Halt *m* pevnosť *f*, opora *f*; ***~ machen*** zastaviť sa; **≈bar** trvanlivý; **≈en** *v/t.* držať; pokladať (***für*** *A* za *A*); *v/i.* zastať; vydržať; ***sich ≈en*** vydržať; pridržiavať sa (***an*** *D* na *A*)
Halte|stelle *f* zastávka; **~verbot** *n* zákaz *m* zastavenia
Haltung *f* držanie *n* tela; *fig.* postoj *m*
Halunke *m* naničhodník
Hamburg Hamburg

hämisch potmehúdsky
Hammel *m* škop, baran, škopec; **~fleisch** *n* baranina *f*
Hammer *m* kladivo *n*, mlátok; **~werfen** *n Sp.* hod *m* kladivom
Hampelmann *m* šašo, gašpar
Hamster *m* škrečok
Hand *f* ruka; ***aus erster* ~** z prvej ruky, priamo; **~ *voll*** hrsť; **~arbeit** *f* ručná práca; **~ball** *m* hádzaná *f*; **~bremse** *f* ručná brzda; **~buch** *n* príručka *f*
Händedruck *m* stisnutie *n* ruky
Handel *m* obchod; **2n** obchodovať; (*tun*) počínať si; ***es 2t sich um ...*** ide o to, je reč o tom
Handels|gesellschaft *f* obchodná spoločnosť; **~kammer** *f* obchodná komora; **~schiff** *n* obchodná loď *f*; **~vertrag** *m* obchodná zmluva *f*; **~vertretung** *f* obchodné zastupiteľstvo *n*
Handfeger *m* metlička *f*
Hand|fertigkeit *f* zručnosť, obratnosť; **~fläche** *f* dlaň; **~gelenk** *n* zápästie; **~gepäck** *n* príručná batožina *f*; **2greiflich**: ***2greiflich werden*** byť násilný; **~griff** *m* hmat; držadlo *n*; rukoväť *f*; **~habe** *f fig.* možnosť; spôsob *m*; **~habung** *f* ovládanie *n*, zachádzanie *n*, používanie *n*; **~koffer** *m* príručný kufor
Händler *m* kupec, obchodník
handlich príručný, pohodlný
Handlung *f* čin *m*, skutok *m*; *Hdl.* obchod *m*; *Thea.* dej *m*
Handlungsreisende(r) *m* obchodný agent
Hand|schellen *f/pl.* želiezka *n/pl.*; **~schrift** *f* rukopis *m*; **~schuh** *m* rukavica *f*; **~tasche** *f* kabelka, taška; **~tuch** *n* uterák *m*; **~werk** *n* remeslo; **~werker** *m* remeselník; **~werkszeug** *n* remeselnícky nástroj *m*
Handy *n* mobil *m*, mobilný telefón *m*
Hanf *m* konopa *f*
Hang *m* (*Berg*) úbočie *n*, svah; *fig.* sklon
Hänge|brücke *f* visutý most *m*; **~matte** *f* závesná sieť na spanie
hängen *v/t.* vešať ⟨zavesiť⟩; *v/i.* visieť (***an*** *D* na *L*); *fig.* lipnúť; **~ *bleiben*** uviaznuť
Hantel *f* činka
hantieren zaobchádzať (***mit*** *D* s[o] *I*)
Happen *m* sústo *n*
Harfe *f* harfa
Harke *f* hrable *f/pl.*; **2n** hrabať
harmlos nevinný; neškodný
Harmon|ika *f* harmonika; **2isch** harmonický; súladný
Harn *m* moč; **~blase** *f* močový mechúr *m*; **2en** močiť
hart tvrdý; *adv. fig.* prísne
Härte *f* tvrdosť; drsnosť; **2n** kaliť
hart|herzig bezcitný, zatvrdilý; **~näckig** tvrdošijný;

neústupný
Harz *n* živica *f*, smola *f*
hasch|en chytať; P požívať hašiš, fetovať; **⁓isch** *n* hašiš *m*
Hase *m* zajac
Haselnuss *f* lieskovec *m*
Hasenscharte *f* zajačí pysk *m*
Hass *m* nenávisť *f*
hassen nenávidieť
hässlich ošklivý, hnusný
hastig chvatný; prudký
Haube *f* čepiec *m*; *Kfz.* kapota; príklop *m*
Hauch *m* dych; (*Wind*) závan; **⁓dünn** tenučký; **⁓en** dýchať ⟨vydýchnuť⟩
hauen sekať, stínať; *Holz* štiepať; *Stein* tesať; F (*schlagen*) nabiť
Haufen *m* kopa *f*, hŕba *f*
häuf|en ⟨na⟩hromadiť (*sich* sa); **~ig** častý, hojný; *adv.* často; **⁓ung** *f* nakopenie *n*
Haupt *n* hlava *f*; *fig.* náčelník *m*; **~bahnhof** *m* hlavná stanica *f*; **~eingang** *m* hlavný vchod; **~gewinn** *m* hlavná výhra *f*
Häuptling *m* náčelník
Haupt|mann *m* kapitán; **~rolle** *f* hlavná úloha; **~sache** *f* hlavná vec; **⁓sächlich** *adv.* najmä; **~stadt** *f* hlavné mesto *n*; **~straße** *f* hlavná ulica; **~verkehrsstraße** *f* hlavná dopravná cesta
Haus *n* dom *m*; ***nach ~e*** domov; ***zu ~e*** doma; **~arzt** *m* domáci lekár; **~besitzer** *m* majiteľ domu; **⁓en** bývať
Hausen *m Zo.* vyza *f*
Häuserblock *m* skupina *f* domov
Haus|flur *m* chodba *f*; **~frau** *f* gazdiná, žena v domácnosti; **~halt** *m* domácnosť *f*; rozpočet *m*; **~herr** *m* domáci pán, pán domu
hausiere|n obchodovať po domoch; **⁓r** *m* podomový obchodník
häuslich domáci, domácky
Haus|mädchen *n* slúžka *f*; **~meister** *m* domovník; **~nummer** *f* číslo *n* domu; **~schlüssel** *m* kľúč od domu; **~schuh** *m* papuča *f*; **~suchung** *f Jur.* domová (policajná) prehliadka; **~tür** *f* dvere domu *flpl.*
Haut *f* koža; **~ausschlag** *m* vyrážka *f*; **~farbe** *f* farba pleti; **~krankheit** *f* kožná choroba
Hebamme *f* pôrodná asistentka, babica
Hebel *m* páka *f*, sochor *m*
heben dvíhať; povzniesť
Hecht *m* šťuka *f*
Heck *n* zadná časť *f* (lietadla, lode)
Hecke *f* živý plot *m*
Heckscheibe *f Kfz.* zadné okno *n*
Heer *n* vojsko
Hefe *f* droždie *n*
Heft *n* zošit *m*, písanka *f*; **⁓en** pripnúť; *fig. Blick* upierať

(oči)
heftig prudký, náhly
Heft|pflaster *n* leukoplast *n*; **~zwecke** *f* pripináčik *m*
Hehler *m* prechovávač
Heide¹ *m* pohan
Heide² *f* step, pláň; **~kraut** *n* šedivník *m*
Heidelbeere *f* čučoriedka
heikel chúlostivý
heil *adj*. zdravý; (*ganz*) celý
Heil *n* blaho; spása *f*
Heiland *m* Spasiteľ
Heil|anstalt *f* liečebný ústav *m*; **2en** vyhojiť, vyliečiť, zahojiť (*v/i*. sa)
heilig svätý, posvätný; **2er *Abend*** *m* Štedrý večer; **2keit** *f* svätosť; **2tum** *n* svätyňa *f*
Heil|kraft *f* liečivosť; **2los** *fig*. ohromný; **~mittel** *n* liek *m*; **~quelle** *f* liečivý prameň *m*; **2sam** liečivý; *fig*. užitočný; **~ung** *f* (vy)liečenie *n*
heim *adv*. domov
Heim *n* domov *m*; **~arbeit** *f* domáca práca
Heimat *f* vlasť, otčina; **2lich** rodný; **2los** bez domova, bez vlasti
Heim|fahrt *f* cesta domov; **2gehen** chodiť domov; **2isch** domáci, domácky; **~kehr** *f* návrat *m* domov
heimlich tajný
Heim|reise *f* cesta domov; **2schicken** poslať domov; **2suchen** postihnúť; navštíviť; **2tückisch** potmehúdsky, záludný, zákerný; **~weg** *m* cesta *f* domov; **~weh** *n* túžba *f* po domove (*a*. po vlasti)
Heirat *f* sobáš *m*; ženba; vydaj *m*; **2en** *v/i*. *Mann*: oženiť sa; *Frau*: vydať sa; *v/t*. vziať si
heiser zachrípnutý; **2keit** *f* zachrípnutie *n*
heiß horúci, vrelý; žeravý; *fig*. vrúcny
heiß|en volať sa, menovať sa, nazývať sa; ***es ~t, dass …*** vraví sa, že …; ***das ~t*** to značí; ***willkommen ~en*** privítať
heiter veselý; *Wetter*: jasný; **2keit** *f* veselosť
heiz|bar vykurovateľný; **~en** ⟨vy⟩kúriť; **2er** *m* kurič; **2körper** *m* radiátor; **2kissen** *n* elektrická poduška *f*; **2ung** *f* kúrenie *n*
Held *m* hrdina; (*Roman*) bohatier
Heldentat *f* hrdinstvo *n*
helf|en pomôcť (pomáhať); **2er** *m* pomocník, pomáhač
hell jasný, svetlý; **~blau** svetlomodrý; **~gelb** jasnožltý; **2igkeit** *f* jasnosť; **2seher** *m* jasnovidec
Helm *m* prilba, helma
Hemd *n* košeľa *f*
hemm|en brzdiť, hamovať; (*stören*) prekážať; **2nis** *n* prekážka *f*; **2ung** *f* zábrana, ostýchavosť
Hengst *m* žrebec
Henkel *m* ucho *m*; držadlo *n*

Henker *m* kat
Henne *f* sliepka, kura
her sem; ***es ist lange ~*** je to dávno
herab dolu; *vgl.* ***herunter***; **~fallen** spadnúť; **~lassen** spustiť; **~lassend** blahosklonný; **~setzen** zosadiť; znížiť; **~steigen** zostúpiť; **~stürzen** spadnúť
heran sem (bližšie); **~bilden** vzdelávať, vychovávať; **~kommen**, **~nahen** priblížiť sa; **~schleichen** priplaziť sa, prikradnúť sa; **~treten** pristúpiť; **~wachsen** dorastať, dospievať; **~ziehen** pritiahnuť
herauf hore; **~beschwören** spôsobovať, zapríčiňovať; **~ziehen** vytiahnuť
heraus von; **~bekommen** dostať von; zistiť; **~fallen** vypadnúť; **~fordern** vyzvať; **~geben** vydať; **~geber** *m* vydavateľ; **~kommen** vychádzať; **~lassen** vypustiť; **~nehmen** vybrať; **~ragen** vynikať; **~reißen** vytrhnúť; **~rufen** vyvolať; **~stellen**: ***sich ~stellen*** vyjsť najavo; **~ziehen** vytiahnuť
herb trpký
herbei sem; **~eilen** ponáhľať sa; **~führen** priviesť; *fig.* spôsobiť; **~schaffen** obstarať
Herberge *f* nocľaháreň
herbringen priniesť; (*fahrend*) priviezť; *s.* ***herführen***
Herbst *m* jeseň *f*; ***im ~*** na jeseň; **2lich** jesenný
Herd *m* kozub; *Med.* ohnisko *n*; *fig.* krb, domov
Herde *f* črieda; stádo *n*
herein dnu, dovnútra; **~!** voľno!, ďalej!; **~brechen** vtrhnúť; nastať, dôjsť; **~fallen** vpadnúť; F *fig.* naletieť; **~kommen** vojsť; **~lassen** vpustiť
her|führen priviesť; (*fahrend*) priviezť; **~geben** dať; **2gang** *m* priebeh, postup
Hering *m* sleď, haring
her|kommen prísť; **2kunft** *f* pôvod *m*; **~leiten** *fig.* odvodzovať
hermetisch hermetický
heroisch hrdinský, heroický
Herr *m* pán; **~en-** pánsky, mužský
herrenlos bez pána
herrichten upraviť
Herr|in *f* pani; **2isch** panský; pánovitý; **2lich** veľkolepý, nádherný
Herrschaft *f* panstvo *n*, vláda; ***meine ~en!*** dámy a páni!
herrschen panovať, vládnuť
her|rühren pochádzať (***von*** *D* od *G*); **~sagen** odriekať; **~stellen** vyrábať, vyrobiť; postaviť; **2stellung** *f* výroba; zhotovenie *n*
herüber|kommen prejsť (sem); **~tragen** preniesť (sem)
herum okolo (*G*); **~drehen** krútiť, otáčať; **~führen** sprevádzať; **~treiben**: ***sich ~trei-***

ben potľovať sa
herunter dolu; **~bringen** znášať; *fig.* priviesť na mizinu; **~fallen** spadnúť; **~hängen** visieť dolu; **~lassen** spustiť; **~nehmen** sňať, snímať; **~reißen** strhovať; **~werfen** zhodiť
hervor von; najavo; **~bringen** vytvoriť; *Wort* vydať zo seba; **~gehen** *fig.* vyplývať; **~ragend** vyčnievajúci; vynikajúci; **~rufen** vyvolať
Herz *n* srdce; **~fehler** *m* srdcová chyba *f*; **~infarkt** *m* srdcový infarkt; **~klopfen** *n* klopanie srdca; **Skrank** chorý na srdce; **Slich** srdečný; **Slos** bezcitný, bez srdca; **~schlag** *m* bitie (*od.* klopanie) *n* srdca; (*Todesursache*) srdcová porážka *f*
Hessen *n* Hesensko
Hetze *f* štvanie *n*, štvanica; **Sn** *v/t.* naháňať; *v/i. fig.* štvať
Heu *n* seno
Heuch|elei *f* pokrytectvo *n*; **Seln** predstierať, pretvarovať sa; **~ler** *m* pokrytec; **Slerisch** pokrytecký
heulen vyť, zavýjať; F *Kind*: vrešťať
Heu|schrecke *f* kobylka; **~schnupfen** *m* senná nádcha *f*
heut|e dnes; ***~e Mittag*** dnes naobed; **~ig** dnešný; **~zutage** dnes, v súčasnosti
Hexe *f* striga, čarodejnica
Hieb *m* úder
hier tu; ***~ und dort*** tu a tam; ***von ~*** odtiaľto; **~auf** potom; na to; **~aus** z toho; **~bei** pritom; **~durch** tade, tým; **~für** za to; **~her** sem, až sem; **~hin** tade, sem; tam, ta; **~in** v tom; **~mit** tým, s tým; **~über** o tom; **~unter** pod tým; medzi tým; **~von** z toho; odtiaľ; **~zu** k tomu
hiesig tunajší
Hilfe *f* pomoc; ***zu ~!*** pomoc!; **~ruf** *m* volanie *n* o pomoc
hilflos bezmocný
hilfs|bedürftig odkázaný na pomoc; **~bereit** ochotný pomôcť; **Smittel** *n* pomôcka *f*; prostriedok *m*
Himbeere *f* malina
Himmel *m* nebo *n*; obloha *f*; ***unter freiem ~*** pod šírym nebom; **~fahrt** *f* Nanebavstúpenie *n*
Himmels|körper *m* nebeské teleso *n*; **~richtung** *f* svetová strana
himmlisch nebeský
hin tam; ***~ und her*** sem a tam; ***~ und wieder*** tu a tam, občas
hinab dolu; **~gehen** zostúpiť, schádzať
hinauf hore; **~fahren**, **~gehen** ísť (*od.* cestovať) hore; **~steigen** vystúpiť; **~klettern** vyliezť
hinaus von; **~gehen** vyjsť; **~laufen** vybehnúť; *fig.* smerovať; **~schieben** oddialiť; **~werfen** vyhodiť; **~ziehen**

vytiahnuť
Hinblick *m*: **im ~ auf** vzhľadom na
hinbringen doniesť
hinder|lich prekážajúci; **~n** prekážať, zavádzať; **≗nis** *n* prekážka *f*; *fig.* ťažkosť *f*
hindurch cez (*A*), tade; **~gehen** prejsť cez
hinein dnu do (*G*); *s.* ***herein***; **~gehen** vojsť (vchádzať); (*Platz haben*) zmestiť sa do (*G*); **~legen** vložiť; **~mischen**: ***sich ~mischen*** vmiešať sa; **~stecken** vložiť
hin|fahren *v/t.* doviezť; *v/i.* ísť tam; **≗fahrt** *f* cesta tam; **~fallen** padať; **~fällig** chatrný; bezpredmetný; **~fort** ďalej; **~führen** doviesť; *Weg*: viesť; **~geben** podať; ***sich ~geben*** oddávať sa; **~gehen** ísť tam; **~geraten** ocitnúť sa (v[o] *L*); **~halten** podať; *fig.* preťahovať
hinken krívať
hin|kommen prísť tam; **~legen** položiť; ***sich ~legen*** ľahnúť si; **~nehmen** *s.* ***dulden***; **~reichen** podať; stačiť; **≗reise** *f s.* ***Hinfahrt***
hinricht|en popraviť; **≗ung** *f* poprava
hinsetzen: ***sich ~*** sadnúť si (tam)
Hinsicht *f* zreteľ *m*; ***in dieser ~*** po tejto stránke; **≗lich** (*G*) vzhľadom na (*A*)
hinstellen postaviť
hinten vzadu; pozadu; ***nach ~*** nazad
hinter (*A*, *D*) za (*A*, *I*); **~-** *adj.* zadný; **≗bliebene(n)** *m/pl.* pozostalí; **~einander** za sebou, jeden za druhým; **≗gebäude** *n* zadná budova *f*; **~gehen** podviesť, klamať; **≗grund** *m* pozadie *n*, úzadie *n*; **≗halt** *m* záloha *f*; nástraha; **~hältig** zákerný
Hinter|haus *n* zadný dom *m*; **≗her** potom, neskoršie; **~land** *n* zázemie; **≗lassen** zanechať; **≗legen** uložiť; **≗listig** úskočný, zákerný; **~rad** *n* zadné koleso; **≗rücks** zozadu; **≗treiben** zmariť
hinüber ta, na druhú stranu; **~fahren** prejsť, previezť; **~gehen** prechádzať
hinunter dolu; *s.* ***herunter***; **~gehen** ísť dolu; **~schlucken** zhltnúť; **~tragen** znášať; **~werfen** zhodiť
Hinweis *m* poukaz; **≗en** (**auf** *A*) poukázať (na *A*), upozorniť (*A*)
hin|werfen hodiť tam; **~ziehen** *fig.* preťahovať
hinzu k tomu; **~fügen** pripojiť; **~kommen** pribúdať; **~ziehen** pribrať
Hirn *n* mozog *m*
Hirsch *m* jeleň
Hirte *m* pastier
hissen vztýčiť
historisch historický
Hitz|e *f* horúčava, horúčosť; *fig.* zápal *m*; **≗ig** prudký; **~schlag** *m* slnečný úpal

HIV|-negativ HIV-negatívny; **~-positiv** HIV-pozitívny
Hobel *m* hoblík, struhák; **≗n** hobľovať, strúhať
hoch vysoký; **~ *achten*** vážiť si vysoko; **~!** sláva!
Hoch *n* (*Wetter*) tlaková výš(ka) *f*
Hochachtung *f* úcta, veľká vážnosť; **≗svoll** s plnou úctou
Hoch|bahn *f* nadzemná dráha; **~betrieb** *m* zvýšená činnosť *f*; **~deutsch** *n* spisovná nemčina *f*; **~druck** *m* vysoký barometrický tlak; **~ebene** *f* vysočina; **~gebirge** *n* veľhory *f/pl.*; **~haus** *n* výšková stavba *f*; **~mut** *m* pýcha *f*; **≗mütig** hrdý, pyšný; **~ofen** *m* vysoká pec *f*; **~saison** *f* hlavná sezóna; **~schule** *f* vysoká škola; **~schüler** *m* vysokoškolák; **~spannung** *f* vysoké napätie *n*; **~sprung** *m* skok do výšky
höchst nanajvýš, najväčšmi; **~e *Zeit*** najvyšší čas
Hochstapler *m* hochštapler, fičúr
höchst|ens nanajvýš; *s.* ***höchst***; **≗geschwindigkeit** *f* najväčšia rýchlosť; **≗preis** *m* najvyššia cena *f*
Hoch|verrat *m* velezrada *f*; **~wasser** *n* povodeň *f*, zátopa *f*; **~zeit** *f* svadba, sobáš *m*
hocken čupieť
Höcker *m* hrb
Hockey *n* hokej *m*
Hof *m* dvor; nádvorie *n*; *Agr.* gazdovstvo *n*
hoffen dúfať (***auf*** v *A*)
hoffentlich azda, vari, hádam
Hoffnung *f* nádej
hoffnungslos beznádejný
höflich zdvorilý; **≗keit** *f* zdvorilosť
Höhe *f* výška; výšina
Höhensonne *f* horské slnko *n*
Höhe|punkt *m* vrchol; **≗r** *comp.* vyšší; *adv.* vyššie
hohl dutý; prázdny
Höhle *f* jaskyňa; skrýša
Hohl|maß *n* dutá miera *f*; **~raum** *m* dutina *f*
Hohn *m* posmech, výsmech
höhnisch posmešný, výsmešný
holen vziať; priniesť; ***j-n ~*** dôjsť po niekoho; ***den Arzt ~ lassen*** zavolať lekára
Holland *n* Holandsko
Holländ|er *m* Holanďan; **≗isch** holandský
Hölle *f* peklo *n*
holprig hrbolatý
Holunder *m* baza *f* čierna
Holz *n* drevo; **~-, hölzern** drevený; **~fäller** *m* drevorubač; **~kohle** *f* drevné uhlie *n*; **~schnitt** *m* drevoryt; **~schuhe** *m/pl.* dreváky; **~wolle** *f* drevená vlna
Honig *m* med
Honorar *n* honorár *m*
Hopfen *m* chmeľ
hörbar počuteľný
horchen počúvať
Horde *f* horda; stádo *n*

hören počúvať ⟨počuť⟩
Hörer *m* poslucháč; *Tel.* slúchadlo *n*; **~schaft** *f* poslucháčstvo *n*
Horizont *m* obzor; **⚬al** vodorovný
Horn *n* roh *m*; rohovina *f*
Hörnchen *n* rožtek *m*
Hornisse *f* sršeň *m*
Hornhaut *f* rohovka; (*Schwiele*) mozoľ *m*
Hör|saal *m* posluch※áreň *f*; **~spiel** *n* rozhlasová hra *f*
Hort *m* detský útulok
Hose *f* nohavice *f/pl.*
Hosenträger *m* traky *m/pl.*
Hotel *n* hotel *m*; **~-** hotelový
Hubraum *m* *Tech.* obsah valca (motora)
hübsch švárny, šumný, pekný
Hubschrauber *m* vrtuľník
Huf *m* kopyto *n*; **~eisen** *n* podkova *f*
Hüfte *f* bok *m*; driek *m*
Hügel *m* kopec, vŕšok; **⚬ig** kopcovitý
Huhn *n* kurča; (*Henne*) sliepka *f*
Hühner|auge *n* kurie oko; otlak *m*; **~brühe** *f* kuracia polievka; **~stall** *m* kurín
Hülle *f* obal *m*; ***in ~ und Fülle*** v hojnosti
Hülse *f* struk *m*; šupa; (*Patrone*) nábojnica
Hülsenfrucht *f* strukovina
human ľudský, humánny
Hummel *f* čmeliak *m*
Hummer *m* morský rak
Humor *m* humor, dobrá nálada *f*; **⚬istisch** žartovný
humpeln krívať
Hund *m* pes; **~e-** psí
Hunde|hütte *f* psia búda; **~leine** *f* retiazka na psa
hundert sto; **~ste(r)** stý
Hündin *f* suka
Hunger *m* hlad; **⚬n** hladovať, byť lačný
hungrig lačný, hladný
Hup|e *f* klaksón *m*; **⚬en** trúbiť
hüpfen poskakovať
Hure V *f* prostitútka, V kurva
Hürd|e *f* košiar *m*; *Sp.* prekážka; **~enlauf** *m* *Sp.* prekážkový beh
husten kašľať
Husten *m* kašeľ; **~saft** *m* sirup proti kašľu
Hut *m* klobúk
hüten strážiť, opatrovať; ***sich ~*** (***vor*** *D*) varovať sa (pred *I*)
Hütte *f* chalupa, chata; *Tech.* huta
Hygien|e *f* hygiena; **⚬isch** zdravotný
Hymne *f* hymna
hypnotisieren uspať
Hypothek *f* hypotéka
Hysteri|e *f* hystéria; **⚬sch** hysterický

I

ich ja
ideal *adj.* ideálny
Ideal *n* ideál *m*, vzor *m*; **₂istisch** idealistický; *fig.* nadšený
Idee *f* predstava, myšlienka, idea
ident|ifizieren stotožniť; **~isch** totožný
ideologisch ideololgický
Idiot *m* idiot
Igel *m* jež
ignorieren nevšímať si
ihm (je)mu
ihn (je)ho
ihnen im; ₂ vám
ihr jej; vy (*pl. v.* ***du***); (*D*) jej; svoj; ₂ váš
illegal ilegálny
illuminieren iluminovať
Illusion *f* ilúzia, vidina
Illustr|ation *f* ilustrácia; **₂ieren** ilustrovať, vyobraziť
Iltis *m* tchor
im *s.* ***in***
Imbiss *m* maličkosť *f* na jedenie; **~bude** *f* bufet *m*
imitieren imitovať
Imker *m* včelár
immer vždy, ustavične; ***~ mehr*** stále viac; ***was auch ~*** čokoľvek; **~fort** ustavične
Immobilien *f/pl.* nehnuteľnosti
imperialistisch imperialistický
impf|en štepiť, očkovať; **₂pass** *m* očkovací preukaz; očkovanie *n*; **₂stoff** *m* očkovacia látka *f*; **₂ung** *f* štepenie *n*
Import *m* dovoz, import; **₂ieren** dovážať
imposant veľkolepý
impulsiv impulzívny, prchký
imstande: ***~ sein*** byť schopný, môcť
in (*wo?*) v, vo (*L*); (*wohin?*) do (*G*); (*binnen*) za (*A*)
inbegriffen vrátane
inbrünstig vrúcny; *adv.* vrúcne
indem tým, že …, kým, zatiaľ čo
Inder *m* Ind
indessen *adv.* zatiaľ; *cj.* ale
Indianer *m* Indián
Indien *n* India *f*
indirekt nepriamy
indisch *adj* indický
indiskret nešetrný, indiskrétny
individuell osobný, individuálny; svojrázny
Indizien *n/pl.* náznaky, príznaky *m/pl.*
Indones|ien *n* Indonézia *f*; **₂isch** indonézsky
Industri|e *f* priemysel *m*; **₂ell** priemyselný
ineinander do seba; navzájom

Infanterie *f* pechota
Infektion *f* nákaza, infekcia
infizieren nakaziť
Inflation *f* inflácia
infolge (*G*) pre (*A*); v dôsledku (*G*); **~dessen** preto
Inform|ation *f* informácia; **≈ieren** informovať
infrage: **~ *kommen*** prichádzať do úvahy
Ingenieur *m* inžinier
Ingwer *m* ďumbier, zázvor
Inhaber *m* majiteľ, vlastník
Inhalt *m* obsah, objem
Inhaltsverzeichnis *n* obsah *m*, register *m*
Initiative *f* podnet *m*, iniciatíva
Injektion *f* injekcia
inklusive *s.* ***inbegriffen***
inkonsequent nedôsledný
In|land *n* vnútrozemie; **≈ländisch** tuzemský
Inline-Skates *pl.* kolieskové korčule *pl.*
inmitten uprostred (*G*)
innehalten zastaviť sa, odmlčať sa
innen vnútri; ***nach* ~** dovnútra; ***von* ~** (***her***) znútra; **≈politik** *f* vnútroštátna politika; **≈seite** *f* vnútorná strana
inner|- vnútorný; **≈e(s)** *n* vnútro; **~halb** *adv.* vnútri; *prp.* (*G*) za (*G*), v priebehu (*G*); **~lich** vnútorný
innig vrelý, vrúcny; *adv.* vrúcne
Innung *f* cech *m*
inoffiziell neúradný
ins = ***in das***
Insasse *m* obyvateľ; *s.* ***Fahrgast***
insbesondere najmä, predovšetkým
Inschrift *f* nápis *m*
Insekt *n* hmyz *m*
Insel *f* ostrov *m*
Inser|at *n* oznam *m*; **≈ieren** inzerovať
insgesamt dovedna
insofern nakoľko
instand: **~ *halten*** udržiavať (v dobrom stave); **~ *setzen*** upravovať
inständig naliehavý
In|stanz *f* inštancia; **≈stinktiv** pudový, inštinktívny; **~stitut** *n* ústav *m*; **~struktion** *f* poučenie *n*, inštrukcia; **~strument** *n* nástroj *m*; **≈takt** nedotknutý; **~tellektuelle(r)** *m* intelektuál; **≈telligent** inteligentný, chápavý; **≈tensiv** silný, intenzívny
Intercity-Zug *m* rýchlovlak, intercity
interes|sant zaujímavý; **≈se** *n* záujem *m*; **~sieren** (***für*** *A*) vzbudzovať záujem (o *A*); ***sich* ~*sieren*** zaujímať sa (o *A*)
inter|imistisch dočasný, provizórny; **≈mezzo** *n* intermezzo, medzihra *f*; **~n** vnútorný, interný; **~national** medzinárodný
Internet *n* internet *m*; **~adresse** *f* internetová adresa; **~café** *n* internetová kaviareň *f*

Inter|nist *m* internista; **~pretation** *f* výklad *m*, interpretácia; **&venieren** intervenovať; **~vention** *f* zásah *m*, sprostredkovanie *n*
Interview *n* rozhovor *m*; **&en** interviewovať
in|tim dôverný, intímny; **~tolerant** neznášanlivý, intolerantný; **&trige** *f* nástraha; úklady *m/pl.*, intriga; **&vasion** *f* (nepriateľský) vpád *m*; **&ventar** *n* inventár *m*; **&ventur** *f* inventúra; **~vestieren** investovať; **~wieweit** do akej miery; **~zwischen** medzitým, zatiaľ
Irak *m* Irak; **~er** *m* Iračan; **&isch** iracký
Iran *m* Irán; **~er** *m* Iránec; **&isch** iránsky
ird|en hlinený, z hliny; **~isch** (po)zemský, svetský
Ire *m* Ír
irgend nejako, akosi; **~ein** nejaký, hocaký; **~wann** niekedy; **~was** niečo; **~welcher** niektorý; *s.* **~*ein***; **~wer** niekto, ktosi; **~wie** nejako, akosi; **~wo** niekde, kdesi; **~woher** skadesi, odkiaľsi; **~wohin** niekam, kamsi
irisch írsky
Irland *n* Írsko
ironisch ironický, výsmešný
irre bludný; pmätený; **~führen** zviesť; obalamútiť; **~gehen** zablúdiť; **~machen** pomýliť
irren blúdiť; ***sich* ~** mýliť sa; **&haus** *n* blázinec *m*; ústav *m* choromyseľných
irrig mylný; bludný
irritieren dráždiť; zmiasť
Irrsinn *m* šialenstvo *n*; **&ig** šialený, pomätený
Irr|tum *m* omyl, mýlka *f*; **&tümlich** mylný
islamisch islamský
isolieren izolovať
Israel *n* Izrael *m*; **~i** *m* Izraelčan; **&isch** izraelský
Italien *n* Taliansko; **~er** *m* Talian; **&isch** taliansky

J

ja áno, hej
Jacht *f* jachta
Jacke *f* kabátik *m*
Jackett *n* žaket *m*, sako
Jagd *f* poľovačka; honba; **~flugzeug** *n* stíhačka *f*; **~gewehr** *n* poľovnícka puška; **~hund** *m* poľovnícky pes; **~hütte** *f* poľovnícka chata; **~schein** *m* poľovnícky preukaz; **~verbot** *n* zákaz *m* poľovať
jagen poľovať; (*weg~*) hnať
Jäger *m* horár, poľovník
jäh prudký, náhly
Jahr *n* rok *m*
jahrelang po mnohé roky; mnohoročný

Jahres|anfang *m* nový rok; **~tag** *m* výročný deň, výročie *n*; **~zeit** *f* ročné obdobie *n*
Jahr|gang *m* ročník; **~hundert** *n* storočie
-jährig … ročný
jährlich ročný
Jahr|markt *m* jarmok, výročný trh; **~tausend** *n* tisícročie; **~zehnt** *n* desaťročie
Jähzorn *m* prchkosť *f*, prudký hnev; **&ig** zlostný, hnevlivý
Jalousie *f* žalúzia
Jammer *m* žiaľ; nárek, bieda *f*; ***es ist ein ~!*** to je hrozné!
jämmerlich žalostný, úbohý, biedny
jammern ľutovať, želieť
Januar *m* január
Japan *n* Japonsko; **~er** Japonec; **&isch** japonský
Jasmin *m* jazmín
jäten plieť
Jauche *f* hnojovka
jauchzen výskať; jasať
Jause *f* olovrant *m*
jawohl áno, pravdaže
Jazz *m* džez
je niekedy; ***~ zwei*** po dvoch; ***~ nachdem*** podľa toho; ***~ mehr desto besser*** čím viac tým lepšie
jedenfalls v každom prípade, rozhodne
jede, ~r, ~s každ|á, ~ý, ~é; ***~s Mal*** vždy, zavše
jeder|mann každý; **~zeit** vždy, v každom čase
jedoch ale, avšak, jednako
jeher: ***von ~*** odjakživa
jemals kedysi
jemand niekto, ktosi
jene, ~r, ~s oná, onen, oné
jenseits (***von*** *D*) na druhej strane (*G*)
Jesus *m* Ježiš
jetz|ig terajší; **~t** teraz; ***von ~t an*** odteraz
jeweils vždy, zakaždým
Joch *n* jarmo
Jodtinktur *f* jódová tinktura
joggen pestovať džoging
Jogging *n* džoging *m*
Joghurt, Jogurt *m* jogurt
Johannisbeere *f* ríbezľa
Jordani|en *n* Jordánsko; **&sch** jordánsky
Journalist *m* novinár
Jubel *m* jasot, plesanie *n*; **&n** plesať, jasať
Jubiläum *n* výročie
juck|en svrbieť; **&reiz** *m* svrbivosť *f*, svrbenie *n*
Jude *m* Žid
Jüd|in *f* Židovka; **&isch** židovský
Jugend *f* mladosť; (*junge Leute*) mládež; **&frei** mládeži prístupný; **~herberge** *f* nocľaháreň pre mládež; **&lich** mladý, mladistvý
Juli *m* júl
jung mladý; nový; čerstvý
Junge[1] *m* chlapec
Jung|e[2] *n* mladé; **~fer** *f* stará dievka; **~frau** *f* panna; **~geselle** *m* mládenec
jünger mladší
Jünger *m* *Rel.* učedník
Jüngling *m* mladík, mláde-

nec
jüngst *adv.* nedávno
Juni *m* jún
Jurist *m* právnik; **⁀isch** právnický, právny
Jury *f* porota
Justiz *f* súdnictvo *n*
Juwel *n* klenot *m*, drahokam *m*; **~ier** *m* zlatník
Jux *m* žart

K

Kabel *n* kábel *m*; **~fernsehen** *n* káblová televízia *f*
Kabeljau *m* treska *f*
Kabine *f* kabína
Kachel *f* kachlička; **~ofen** *m* kachľová pec *f*
Kadaver *m* zdochlina *f*
Käfer *m* chrobák
Kaffee *m* káva *f*; **~bohne** *f* zrnko *n* kávy; **~kanne** *f* kávová kanvica; **~maschine** *f* kávovar *m*; **~mühle** *f* mlynček *m* na kávu; **~tasse** *f* šálka na kávu
Käfig *m* klietka *f*
kahl holý; *Kopf*: lysý
Kahn *m* člnok
Kai *m* nábrežie *n*
Kaiser *m* cisár; **⁀lich** cisársky; **~reich** *n* cisárstvo
Kajüte *f* kajuta
Kakao *m* kakao *n*
Kaktus *m* kaktus
Kalb *n* teľa; **~fleisch** *n* teľacina *f*
Kalbsbraten *m* teľacie pečené *n*
Kalender *m* kalendár
Kalk *m* vápno *n*; **~stein** *m* vápenec
kalt studený, chladný; ***es ist ~*** je zima; ***~ stellen*** dať vychladnúť; **~blütig** studenokrvný; chladnokrvný
Kälte *f* zima, chlad *m*
Kamel *n* ťava *f*; **~-** ťaví
Kamera *f* fotoaparát *m*; kamera
Kamerad *m* priateľ, kamarát; **~schaft** *f* priateľstvo *n*, kamarátstvo *n*; **⁀schaftlich** kamarátsky
Kamille *f* harmanček *m*
Kamillentee *m* harmančekový čaj
Kamin *m* krb; komín
Kamm *m* hrebeň
kämmen česať (***sich*** sa)
Kammer *f* komora; **~musik** *f* komorná hudba
Kampagne *f* kampaň
Kampf *m* zápas, boj; bitka *f*
kämpfe|n bojovať, zápasiť; **⁀r** *m* bojovník; zápasník; **~risch** bojovný
Kampf|richter *m* rozhodca zápasu; **⁀unfähig** neschopný boja
Kanada *n* Kanada *f*
Kanadi|er *m* Kanaďan; **⁀sch** kanadský
Kanal *m* kanál; **~isation** *f* ka-

nalizácia
Kanarienvogel *m* kanárik
Kandid|atur *f* uchádzanie *n* (sa); **2ieren** kandidovať
Kaninchen *n* králik *m*
Kanister *m* plechovka *f*
Kanne *f* kanva
Kanone *f* delo *n*, kanón *m*
Kant|e *f* hrana; **2ig** hranatý
Kanzel *f* kazateľňa
Kanzl|ei *f* kancelária; **~er** *m* *Pol.* kancelár
Kap *n* mys
Kapell|e kaplnka; *Mus.* hudobná kapela; **~meister** *m* kapelník
Kapital *n* kapitál *m*; **2istisch** kapitalistický
Kapitän *m* kapitán
Kapitel *n* kapitola *f*, hlava *f*
kapitulieren kapitulovať
Kappe *f* čiapka
Kapsel *f* puzdro *n*; *Bot.* tobolka; (*Spreng2*) rozbuška
kaputt F zničený; pokazený; **~machen** pokaziť, zničiť
Kapuze *f* kapucňa
Karambolage *f* zrážka
Karawane *f* karavána
Karfreitag *m* Veľký piatok
karg skúpy, lakomý
kariert kockovaný
Karies *f* zubný kaz *m*
Karneval *m* karneval, fašiangy *pl.*
Karotte *f* karotka
Karpfen *m* kapor
Karre *f* kára
Karriere *f* kariéra
Karte *f* lístok *m*, karta; *s.* ***Ansichts-, Fahr-, Landkarte***; ***~n spielen*** hrať v karty
Kartei *f* kartotéka, lístkový katalóg *m*
Kartoffel *f* zemiak *m*; **~-** zemiakový; **~brei** *m* zemiaková kaša *f*
Karton *m* kartón
Karussell *n* kolotoč *m*
Käse *m* syr; **~kuchen** *m* tvarožník, syrovník
Kaserne *f* kasáreň
Kasse *f* pokladnica
Kassette *f* kazeta
Kassierer *m* pokladník
Kastanie *f* gaštan *m*
Kästchen *n* skrinka *f*
Kasten *m* skriňa *f*, truhla *f*
Katarr, Katarrh *m* katar
katastroph|al katastrofálny; **2e** *f* katastrofa, pohroma
Kategor|ie *f* kategória; odbor *m*; **2isch** kategorický; rozhodný
Kater *m* kocúr; F *fig. s.* ***Katzenjammer***
Kathedrale *f* katedrála
Katholi|k *m* katolík; **2sch** katolícky
Katze *f* mačka
Katzenjammer *m* nevoľnosť *f*, opica *f*
kauen žuvať, žuť
kauern schúliť sa
Kauf *m* kúpa *f*, nákup; **2en** kúpiť (kupovať)
Käuf|er *m* kupec, kupujúci; **2lich** predajný, na predaj
Kauf|haus *n* obchodný dom *m*; **~mann** *m* obchodník, ku-

pec; **2männisch** obchodný, kupecký; **~vertrag** *m* kúpna zmluva *f*
Kaugummi *m* žuvačka *f*
kaum sotva, ledva; len čo
Kaution *f* kaucia, záruka
Kavalier *m* gavalier
keck smelý, odvážny
Kegel *m* kužel; (*Spiel*) kolok; **2n** kolkovať sa
Kehl|e *f* hrdlo *n*; **~kopf** *m* hrtan, hltan
Kehr|e *f* zákruta; **2en** zametať; (*um*2) obracať; **~seite** *f* opak *m*, rub *m*; *fig*. nepríjemná stránka *f* veci
Kehricht *m* smetie *n*
Keil *m* klin; **2förmig** klinovitý
Keim *m* zárodok; klíček; **2en** klíčiť, pučať; **2frei** sterilizovaný
kein, **~e** nijak|ý, **~**á, **~**é; (*niemand*) nikto; ***ich habe kein ~*** ... nemám (*G*)
keines|falls nijako; **~wegs** v nijakom prípade
Kelch *m* kalich, čaša *f*
Kelle *f* murárska lopatka; (*Schöpf*2) naberačka
Keller *m* pivnica *f*; **~geschoss** suterén *m*
Kellner *m* čašník; **~in** *f* čašníčka
Kelter *f* lis *m*; **2n** lisovať
kennen poznať; **~lernen** zoznámiť sa s(o) (*I*); spoznať sa
Kenn|er *m* znalec
kennt|lich poznateľný po (*L*); **2nis** *f* znalosť, vedomosť
Kenn|zeichen *n* znak *m*, značka *f*; príznak *m*; **2zeichnen** označiť
kentern prevrátiť sa
Keramik *f* keramika
Kerbe *f* vrub *m*, zárez *m*
Kerl *m* chlap(ík); (*Bursche*) chalan
Kern *m* jadro *n*; zrno *n*; (*Obst*) kôstka *f*; **2gesund** zdravý ako repa; **~kraftwerk** *n* atómová elektráreň *f*; **~physik** *f* jadrová fyzika; **~waffen** *f/pl*. atómovézbrane
Kerze *f* sviečka, svieca
Kessel *m* kotol; (*Senke*) kotlina *f*
Kette *f* reťaz, retiazka; **~n-** reťazový
Ketzer *m* kacír
keuch|en dychčať; **2husten** *m* čierny kašeľ
Keule *f* *Kochk*. stehno *n*; *Sp*. telocvičný kužeľ *m*
keusch čistý, poctivý, cudný
kichern chichotať sa
Kiefer[1] *f* *Bot*. borovica, sosna
Kiefer[2] *m* *Anat*. čeľusť *f*, sánka *f*
Kiel *m* *Mar*. spodná časť *f* lode
Kieme *f* žiabra
Kies *m* štrk; **~el** *m* kremeň
Kilo|(gramm) *n* kilo(gram *m*) *n*; **~meter** *n* kilometer *m*; **~watt** *n* kilowatt *m*
Kind *n* dieťa, decko
Kinder|arzt *m* detský lekár; **~bett** *n* detská postieľka *f*; **~ermäßigung** *f* zľava pre deti; **~garten** *m* materská

škola *f*; **~gärtnerin** *f* vychovávateľka; **~geld** *n* detské prídavky *m/pl.*; **~heim** *n* detský domov *m*; **~krippe** *f* detské jasle *pl.*; **~lähmung** *f Med.* detská obrna; **&los** bezdetný; **~mädchen** *n* pestúnka *f*; **&reich** mnohodetný; **~sitz** *m* autosedačka *f*; **~spielplatz** *m* detské ihrisko *n*; **~wagen** *m* kočík
Kind|heit *f* detstvo *n*; **&isch** detinský; **&lich** detský
Kinn *n* brada *f*
Kino *n* kino
Kiosk *m* stánok, kiosk
Kipfel *m* rožok
Kippe *f* hrana; P ohorok *m* cigarety; ***auf der ~ stehen*** byť ohrozený
kippen *v/t.* prevrátiť; *v/i.* prevaliť sa
Kirch|e *f* kostol *m*, chrám *m*; (*Gemeinschaft*) cirkev; **~en-**, **&lich** cirkevný; chrámový, kostolný; **~turm** *m* kostolná veža *f*
Kirmes *f* hody *m/pl.*
Kirschbaum *m* čerešňa *f*
Kirsch|e *f* čerešňa; **~en-** čerešňový; **~kuchen** *m* koláč s čerešňami
Kissen *n* poduška *f*
Kiste *f* debna
Kitsch *m* gýč; **&ig** gýčovitý
Kitt *m* tmel, git
Kittel *m* halena, zástera *f*
kitten gitovať
kitz|eln šteklit; **~lig** šteklivý
klaffen otvárať sa, rozostupovať sa
Klage *f* nárek *m*; *Jur.* žaloba; **&n** bedákať; nariekať (***über*** *A* na *A*); *Jur.* žalovať
Kläg|er *m* žalobca; **&lich** žalostný; úbohý
klamm skrehnutý, stuhnutý
Klammer *f* skoba; *Math.* tvorka; **&n**: ***sich &n an*** (*D*) držať sa (*G*)
Klang *m* zvuk; tón
Klapp|bett *n* sklápacia posteľ *f*; **~e** *f* vrchnák *m*, príklop *m*; záklopka; **&en**: ***es &t*** ide to; **~er** *f* rapkáč *m*
klapper|n klapať, klopať; rapotať; **&schlange** *f* štrkáč *m*
Klappsitz *m* sklápacie sedadlo *n*
klar jasný, čistý; zrejmý; **~!** ale určite!
klären čistiť; *fig.* objasniť
Klar|heit *f* jasnosť; **&legen**, **&machen** vysvetliť
Klass|e *f* trieda; kvalita; **&isch** klasický
Klatsch *m* klebeta *f*; **&en** klebetiť; ***in die Hände &en*** tlieskať (rukami)
Klaue *f* pazúr *m*; paznecht *m*
klauen F kradnúť
Klausel *f* výhrada; doložka
Klavier *n* klavír *m*; **~-** klavírny
kleb|en *v/t.* ⟨na⟩lepiť; *v/i.* lepiť sa; **~rig** lepkavý; **&stoff** *m* lep
Klecks *m* škvrna *f*, fľak
Klee *m* ďatelina *f*
Kleid *n* oblek *m*, šaty *m/pl.*; **&en** obliekať, šatiť (***sich*** sa)
Kleider|bügel *m* ramienko *n*,

vešiak na šaty; **~schrank** *m* šatník
Kleidung *f* šaty *m/pl.*
klein malý; **≈geld** *n* drobné (peniaze) *m/pl.*; **≈igkeit** *f* maličkosť, drobnosť; **≈kind** *n* malé dieťa; **~lich** malicherný; **≈mut** *m* malomyseľnosť *f*; **~mütig** malomyseľný; **≈stadt** *f* malomesto *n*; **~städtisch** malomestský
Klemme *f* zvieradlo *n*; *fig.* tieseň; **≈n** zvierať
Klempner *m* plechár
klerikal klerikálny
Klette *f* lopúch *m*
klettern škriabať sa, liezť na (*A*)
Klima *n* podnebie, klíma *f*; **~anlage** *f* klimatizačné zariadenie *n*
klimatisch podnebný, klimatický
Klinge *f* želiezko *n*; čepeľ
Kling|el *f* zvonec *m*; **≈eln** zvoniť, cengať; **≈en** znieť, zvoniť
Klinik *f* klinika
Klinke *f* kľučka; kľuka
Klippe *f* úskalie *n*; skalina
klirren rinčať
klobig tlstý; neohrabaný
klopfen klopať, klepať; biť, tĺcť
Klosett *n* záchod *m*
Kloß *m* knedľa *f*
Kloster *n* kláštor *m*; **~-** kláštorný
Klotz *m* klát; kyjak; *fig.* surovec
Klub *m* klub
Kluft *f* trhlina; priepasť
klug múdry, bystrý; **≈heit** *f* múdrosť, rozumnosť
Klumpen *m* balvan; kus
knabbern hrýzť, chrúpkať, chrumkať
Knabe *m* chlapec
knacken *v/t.* lúskať; *v/i.* praskať
Knall *m* treskot; **≈en** trieskať, praskať
knapp tesný, úzky; (*spärlich*) skromný; *Zeit*: krátky
knattern rachotiť, praskať
Knäuel *n* klbko
Knauf *m* hlaveň *f*
knebeln *fig.* umlčať
Knecht *m* paholok; **~schaft** *f* poroba, otroctvo *n*
kneifen uštipnúť (štípať)
Kneipe *f* hostinec *m*
kneten miesiť, hniesť
Knick *m* záhyb; **≈en** podlomiť
Knie *n* koleno; **≈n** kľačať; **~strümpfe** *m/pl.* podkolienky *f/pl.*
Kniff *m* uštipnutie *n*; *fig.* úskok; **≈lig** chúlostivý, obťažný
knipsen F preštiknúť; sfotografovať
Knirps *m* trpaslík; špunt
knirschen *Sand, mit den Zähnen*: škrípať; *Schnee*: vŕzgať
knistern praskať
knittern húžvať sa
Knoblauch *m* cesnak
Knöchel *m* členok; stavec
Knochen *m* kosť *f*; **~bruch** *m* zlomenina *f* kosti

knöchern kostený, z kosti
knochig kostnatý, samá kosť
Knödel *m* knedľa *f*
Knolle *f* hrča; hľuza
Knopf *m* gombík; **~loch** *n* gombíková dierka *f*
Knorpel *m* chrupka *f*
Knospe *f* púčik *m*
Knoten *m* uzol; **~punkt** *m* *Esb.* železničný uzol; stredisko *n*
knüpfen spájať ⟨spojiť⟩
Knüppel *m* kyjak, obušok
knurren vrčať
knusprig chrumkavý
Koch *m* kuchár; **&en** variť (sa), vrieť; **~er** *m* varič
Köchin *f* kuchárka
Koch|salz *n* kuchynská soľ *f*; **~topf** *m* hrniec na varenie
Köder *m* vábidlo *n*
Koffer *m* kufor; **~raum** *m* batožinový priestor
Kognak *m* koňak
Kohl *m* kel; F *fig.* hlúposť *f*
Kohle *f* uhlie *n*
Kohlen|grube *f* uhoľná baňa; **~händler** *m* obchodník s uhlím; **~säure** *f* kyselina uhličitá; **~stoff** *m* uhlík
Kohlrabi *m* kaleráb *m*
Kokosnuss *f* kokosový orech *m*
Kolben *m* (*Gewehr*) pažba *f*; *Tech.* piest
Kolik *f* kolika
Kolleg|e *m* kolega, druh; **&ial** kolegiálny
kollektiv *adj.* kolektívny
Kollision *f* zrážka, kolízia
Kölnischwasser *n* kolínska voda *f*
kolonial koloniálny
Kolonie *f* kolónia; osada
Kolonne *f* kolóna, čata
kolossal obrovský
kombinieren kombinovať
Kombiwagen *m* dodávkové auto *n*
Komfort *m* komfort; **&abel** pohodlný
Komitee *n* výbor *m*
komisch komický, smiešny
Komma *n* čiarka *f*; ***sechs ~ vier*** šesť celých štyri
Kommando *n* povel *m*; veliteľstvo; velenie
kommen prísť (prichádzať), dostať sa; ***das kommt daher, dass …*** to je preto, že …
Kommentar *m* výklad, komentár
Kommissar *m* komisár
Kommode *f* skriňa
kommunal komunálny
Kommunikee, **Kommuniqué** *n* komuniké
Kommun|ismus *m* komunizmus; **~ist** *m* komunista; **&istisch** komunistický
Komödie *f* komédia, veselohra
kompakt kompaktný, pevný
Kompanie *f* *Mil.* rota
Kompass *m* kompas
kompetent oprávnený
komplett úplný
Kompli|ze *m* spolupáchateľ; **~kation** *f* komplikácia;

~ment *n* poklona *f*; **&ziert** zložitý
kompon|ieren skladať; **&ist** *m* hudobný skladateľ
Kompott *n* kompot *m*
Kompresse *f* obklad *m*, kompresa
Kompromiss *m* kompromis
kon|densiert zhustený; **&ditorei** *f* cukráreň; **~dolieren** prejaviť sústrasť; **&dom** *n* prezervatív *m*; **&fekt** *n* cukrovinky *f/pl.*; **&fektion** *f* konfekcia; **&ferenz** *f* porada; **&fession** *f* vierovyznanie *n*; **~fessionell** náboženský, cirkevný; **&fitüre** *f* zavárenina; **&flikt** *m* spor, konflikt; **&föderation** *f* konfederácia; **~form** súhlasný, zhodný; **~fus** pomätený, zmätený; **&gress** *m* kongres, zjazd
König *m* kráľ; **~in** *f* kráľovná; **&lich** kráľovský; **~reich** *n* kráľovstvo
Konjunktur *f* konjunktúra
konkret konkrétny, vecný
Konkurr|ent *m* súper; **~enz** *f* konkurencia; **&enzfähig** konkurencieschopný; *Sp.* súťaž; **&ieren** konkurovať; súťažiť
Konkurs *m Jur.* úpadok, konkurz
können môcť; (*wissen*) vedieť; **& *Sie Deutsch?*** hovoríte po nemecky?; ***es kann sein*** možno
konsequen|t dôsledný; **&z** *f* dôsledok *m*
konservativ konzervatívny
Konserv|e *f* konzerva; **&ieren** konzervovať
Konsonant *m* spoluhláska *f*
konstant stály
konstruieren zostrojiť, zostaviť
Konstruktion *f* konštrukcia
Konsul *m* konzul; **~at** *n* konzulát *m*; **~tation** *f* porada; **&tieren** poradiť sa
Konsum *m* spotreba *f*; **~güter** *n/pl.* spotrebný tovar *m*
Kontakt *m* dotyk; styk; **~linsen** *f/pl.* kontaktné šošovky *f/pl.*
Kon|tinent *m* pevnina *f*; **&tinuierlich** plynulý, nepretržitý
Konto *n* účet *m*, konto; **~r** *n* učtáreň *f*; pisáreň *f*
Kontrakt *m* zmluva *f*
Kontrast *m* kontrast
Kontroll|e *f* dozor *m*; **&ieren** kontrolovať
Kontur *f* obrys *m*
konventionell obvyklý
Konversation *f* rozvohor *m*
Konzentrationslager *n* koncentračný tábor *m*
Konzept *n* koncept *m*
Konzern *n* koncern *m*
Konzert *n* koncert *m*
Konzession *f* povolenie *n*
Kooperation *f* kooperácia
koordinieren koordinovať
Kopf *m* hlava *f*; hlavička *f*; **~hörer** *m* slúchadlo *n*; **~kissen** *n* poduška *f*; **~salat** *m* hlávkový šalát; **~schmerz**

m bolenie *n* hlavy; **~schmerztablette** *f* tabletka *f* proti boleniu hlavy; **~sprung** *m Sp.* hlavička *f*; **≈stehen** *fig.* byť na zbláznenie, byť bez seba; **~tuch** *n* šatka *f* na hlavu; **≈über** ozlomkrky; hore nohami; **~weh** *n* bolenie *n* hlavy
Kopie *f* kópia, odpis *m*
kopier|en napodobniť; *Tech.* kopírovať; **≈gerät** *m* xeroxový aparát
koppel|n spojiť, napojiť; **≈ung** *f* spájanie *n*
Koralle *f* koral *m*
Korb *m* kôš, košík; **~flasche** *f* demižón *m*
Korken *m* korok; zátka *f*; **~zieher** *m* vývrtka *f*
Korn *n* zrn(k)o; (*Getreide*) obilie; **~(branntwein)** *m* žitné *n*; žitná pálenka *f*, ražná *f*
körnig zrnitý
Körper *m* telo *n*; *Phys.* teleso *n*; **~bau** *m* postava *f*, vzrast; **≈behindert** telesne postihnutý; **~kraft** *f* telesná sila; **≈lich** telesný; hmotný; **~pflege** *f* pestovanie *n* tela; **~schaft** *f* korporácia; združenie *n*
korpulent tlstý, korpulentný
Korrektur *f* oprava
Korrespond|ent *m* dopisovateľ; **≈ieren** písať si
Korridor *m* chodba *f*
korrigieren opraviť
Korruption *f* podplácanie *n*, korupcia
kosen maznať sa
Kosmetik *f* kozmetika
kosmisch vesmírny
Kost *f* strava
kostbar drahocenný; **≈keit** *f* vzácnosť
kosten[1] *Speise* ochutnávať
kosten[2] (*wert sein*) stáť
Kosten *pl.* trovy, výdavky, náklady; **≈los** zadarmo
köstlich skvostný, utešený
Kostprobe *f* ochutnanie *n*
kostspielig nákladný, drahý
Kostüm *n* kostým *m*; (*Tracht*) kroj *m*
Kot *m* výkal; (*Straßen≈*) blato *n*, bahno *n*
Kotelett *n* kotleta *f*
Kotflügel *m* blatník
Krabbe *f* morský rak *m*
Krach *m* treskot, praskot; F (*Streit*) hádka *f*; **≈en** pukať, praskať
krächzen krákať
Kraft *f* sila; moc; ***in ~ treten*** vstúpiť do platnosti; **~brühe** *f* mäsová polievka; **~fahrer** *m* šofér, vodič auta; **~fahrzeug** *n* motorové vozidlo
kräftig mocný, silný; **≈ung** *f* posilnenie *n*
kraft|los slabý; **≈stoff** *m* pohonná hmota *f*; **≈wagen** *m* auto(mobil) *n*; **≈werk** *n* elektráreň *f*
Kragen *m* golier
Krähe *f* vrana; **≈n** kikiríkať
Kralle *f* pazúr *m*
Kram F *m* (*Zeug*) haraburd|ie

n, ~a *f*
Krampf *m* kŕč; **≗haft** kŕčovitý
Kran *m* žeriav
Kranich *m Zo.* žeriav
krank chorý; ~ ***sein*** chorieť, byť chorý; ~ ***werden*** ochorieť; **≗e(r)** *m* chorý
kränken ublížiť
Kranken|geld *n* nemocenské; **~haus** *n* nemocnica *f*; **~kasse** *f* nemocenská poisťovňa; **~pflege** *f* opatrovanie *n* chorých; **~schwester** *f* ošetrovateľka; **~versicherung** *f* nemocenské poistenie *n*; **~wagen** *m* sanitka *f*
krank|haft chorobný, chorý; **≗heit** *f* choroba, nemoc
kränklich chorľavý
Kranz *m* veniec
krass hrubý; drsný; prísny
kratz|en škriabať (***sich*** sa); škrabať; **≗wunde** *f* (za)škrabnutie *n*
kraus kučeravý
kräuseln vlniť, kaderiť (***sich*** sa)
Kraut *n* kapusta *f*
Krawall *m* hluk, kravál
Krawatte *f* kravata
Kreatur *f* tvor *m*; *fig.* kreatúra
Krebs *m* rak; *Med.* rakovina *f*
Kredit *m* úver; **~karte** *f* kreditná karta; **~brief** *m* úverový list
Kreide *f* krieda
Kreis *m* kruh; (*Bezirk*) okres
kreischen jačať, vrieskať
kreis|en vrtieť sa, točiť sa; (*umlaufen*) obiehať; (*herumgereicht werden*) kolovať; **~förmig** kruhovitý; **≗lauf** *m* kolobeh; *Med.* krvný obeh; **≗säge** *f* cirkulárka; **≗verkehr** *m* kruhová premávka *f*
Krempe *f* strieška na klobúku
krepieren skapať, zahynúť
Kreuz *n* kríž(ik) *m*; ≗ ***und quer*** krížom-krážom; **≗en** krížiť; *Mar.* križovať; ***sich ≗en*** križovať sa
Kreuz|er *m Mar.* krížnik; **~fahrt** *f* plavba na lodi; **~schmerzen** *m/pl.* bolesti *f/pl.* v krížoch; **~ung** *f Bot., Zo.* kríženie *n*; (*Straßen≗*) križovatka, rázcestie *n*; **~worträtsel** *n* krížovka *f*
kribbeln svrbieť, dráždiť
kriechen plaziť sa, liezť
Krieg *m* vojna *f*
kriegen F *s.* ***bekommen***
Kriegs|- vojnový; **~gefangene(r)** *m* vojnový zajatec; **~schauplatz** *m* bojisko *n*; **~schiff** *n* vojnová loď *f*; **~verbrecher** *m* vojnový zločinec
Krimi F *m* kriminálny román: kriminálny film; **~nalität** *f* kriminalita; **~nalpolizei** *f* kriminálna polícia; **≗nell** kriminálny; *s.* ***strafbar***
Krippe *f* jasle *f/pl.*
Krise *f* kríza; obrat *m*
Kristall[1] *n* krištáľ
Kristall[2] *m* kryštál
Kriti|ker *m* kritik; **≗sch** kritický; **≗sieren** posudzovať
kritzeln čmárať

Kroat|e *m* Chorvát; **~ien** *n* Chorvátsko; **~in** *f* Chorvátka; **≗isch** chorvátsky
Krokodil *n* krokodíl *m*
Kron|e *f* koruna; (*Zahn*) korunka; **~leuchter** *m* luster
Kropf *m* hrvoľ; *Med.* struma *f*
Kröte *f* ropucha
Krücke *f* barla; opora
Krug *m* krčah, džbán
Krume *f* striedka (chleba)
krumm krivý
krümmen ohýbať, zohnúť (*sich* sa)
Krüppel *m* mrzák
Kruste *f* kôra
Kübel *m* vedro *n*
Kubik- kubický
Küche *f* kuchyňa
Kuchen *m* koláč
Küchen- kuchynský
Kuckuck *m* kukučka *f*
Kugel *f* guľa; **≗förmig** guľatý; **~lager** *n* guľkové ložisko; **≗n** gúľať (sa), váľať (sa); **~schreiber** *m* guličkové pero *n*; **~stoßen** *n* vrh *m* guľou
Kuh *f* krava
kühl chladný; **≗e** *f* chladnosť; chlad *m*; **~en** ⟨o⟩chladiť; **≗er** *m* chladič; **≗schrank** *m* chladnička *f*; **≗ung** *f* chladenie *n*
kühn smelý, odvážny; **≗heit** *f* smelosť
Küken *n* kuriatko
Kulisse *f* kulisa
Kult *m* kult, uctievanie *n*
kultivieren pestovať
Kultur *f* kultúra; **~denkmal** *n* kultúrna pamiatka *f*; ... kultúrny; **~film** *m* dokumentárny film; **~haus** *n* (*Art Klub*) dom *m* kultúry
Kümmel *m* rasca *f*; (*Schnaps*) rascovica *f*
Kummer *m* zármutok, žiaľ
kümmerlich biedny, núdzny
kümmern: ***sich ~ um*** (*A*) starať sa o (*A*)
Kumpel *m* baník; P kamarát
Kunde[1] *f* zvesť, správa
Kunde[2] *m* zákazník, odberateľ
Kundendienst *m* služba *f* zákazníkom, servis
Kundgebung *f* podujatie *n* manifestácia
kündig|en vypovedať; dať výpoveď; **≗ung** *f* výpoveď
Kund|in *f* zákazníčka; **~schaft** *f* zákazníci *m/pl.*
künftig budúci; *adv.* nabudúce
Kunst *f* umenie *n*; šikovnosť *f*; **~ausstellung** *f* umelecká výstava; **~dünger** *m* umelé hnojivo *n*; **~faser** *f* umelé vlákno *n*; **~gewerbe** *n* umelecký priemysel *m*; **~griff** *m* trik; dokonalosť *f*
Künst|ler *m* umelec; **≗lerisch** umelecký; **≗lich** umelý
Kunst|seide *f* umelý hodváb *m*; **~stoff** *m* umelá látka *f*; **~stück** *n*, **≗werk** *n* umelecké dielo
Kupfer *n* meď *f*; **~stich** *m* medirytina *f*
Kuppel *f* kupola

kuppeln *s.* ***koppeln***; *Kfz.* stlačiť spojkový pedál
Kupplung *f Kfz.* spojka
Kupplungspedal *n* pedál *m* spojky
Kur *f* liečba, liečenie *n*; ***e-e ~ machen*** liečiť sa
Kurbel *f* kľuka; **~welle** *f* kľukový hriadeľ *m*
Kürbis *m* tekvica *f*
Kur|gast *m* kúpeľný hosť; **＾ieren** liečiť sa; **~ort** *m* kúpeľné miesto *n*
Kurs *m* kurz, smer; (*Wechsel＾*) mena *f*; **~buch** *n* cestovný poriadok *m*; **＾ieren** kolovať
Kürschner *m* kožušník
Kurs(us) *m* kurz
Kurswagen *m* priamy vozeň (***nach …*** do …)
Kurtaxe *f* kúpeľná taxa
Kurve *f* krivka; zákruta
Kurverwaltung *f* kúpeľná správa
kurz krátky; ***~ und gut*** skrátka a dobre; ***vor ~em*** nedávno
Kürz|e *f* krátkosť; ***in ~e*** v krátkosti, stručne; **＾en** ⟨s⟩krátiť; **＾lich** nedávno
Kurz|film *m* krátky film; **＾fristig** krátkodobý; **~schluss** *m* krátke spojenie *n*; **~schrift** *f* rýchlopis *m*; **＾sichtig** krátkozraký; *fig.* nechápavý; **＾weilig** zábavný; **~welle** *f* krátka vlna
Kusine *f* sesternica
Kuss *m* bozk
küssen bozk(áv)ať
Küste *f* pobrežie *n*, breh *m*
Küster *m* kostolník
Kutsche *f* koč *m*; **~r** *m* kočiš
Kutte *f* kutňa
Kuttelflecke *m/pl.* držky *f/pl.*
kyrillisch cyrilský

L

Labor *n* laboratórium
Labyrinth *n* bludisko
Lache *f* mláka
lächeln usmiať sa
Lächeln *n* úsmev *m*
lachen smiať sa
Lachen *n* smiech *m*
lächerlich smiešny
Lachs *m* losos
Lack *m* lak, náter; **＾ieren** lakovať
laden naložiť (nakladať); *Mil.*, *El.* nabíjať; *s.* ***ein-***, ***vorladen***
Laden *m* obchod; **~preis** *m* predajná cena *f*; **~schluss** *m* zatváracia doba *f*; **~tisch** *m* pult
Ladung *f* náklad *m*; naloženie *n*
Lage *f* poloha; stav *m*; (*Schicht*) vrstva; ***ich bin in der ~*** môžem, som schopný
Lager *n* (*Zelte*) tábor *m*; (*Waren*) sklad *m*; *Tech.*, *Bgb.* lo-

žisko; **~feuer** *n* táborák *m*; **≈n** *v/t.* uskladniť; *v/i.* táboriť, ležať
lahm chromý; **~ *legen*** ochromiť, zastaviť
lähm|en ochrnúť; **≈ung** *f* ochrnutie *n*
Laib *m* bochník
Laie *m* laik, neodborník; **~n-** laický
Laken *n* prestieradlo
Lamm *n* jahňa, baranča
Lampe *f* lampa
Lampenschirm *m* tienidlo *n* (na lampu)
Land *n* územie, krajina *f*; (*Fest≈*) pevnina *f*; (*Boden*) pôda *f*; (*Provinz*) vidiek *m*; **~arbeit** *f* poľná práca; **≈en** pristáť
Länder|ei *f* pozemok *m*; **~kampf** *m*, **~spiel** *n Sp.* medzištátny zápas *m*
Landesgrenze *f* štátna (*od.* krajinská) hranica
Landkarte *f* mapa
ländlich vidiecky, dedinský
land|läufig obvyklý; **≈rat** *m* krajinsky radca; **≈schaft** *f* krajina; **~schaftlich** krajinský; **≈smann** *m* krajan; **≈straße** *f* cesta; **≈streicher** *m* tulák; **≈tag** *m* snem
Landung *f* pristátie *n*
Landwirt *m* roľník; **~schaft** *f* poľnohospodárstvo *n*; **≈schaftlich** roľnícky, poľnohospodársky
lang dlhý; **~e** *adv.* dlho; ***seit ~em*** oddávna; ***zu ~e*** pridlho
Länge *f* dĺžka; **≈r** dlhší, dlhšie
langen P stačiť; **~ *nach*** (*D*) siahnuť po (*L*)
Langeweile *f* nuda, dlhá chvíľa
lang|fristig dlhodobý, zdĺhavý; **~jährig** dlhoročný; **≈lauf** *m* (*Skisp.*) diaľkový beh
läng|lich podlhovastý; **~s** *adv.* po dĺžke; *prp.* (*G*) pozdĺž, vedľa, podľa
langsam pomalý
längst dávno, dlho
Langstreckenlauf *m* cezpoľný beh
lang|weilen nudiť (***sich*** sa); **~weilig** nudný; **≈welle** *f Rdf.* dlhé vlny *f/pl.*; **~wierig** zdlhavý
Lanze *f* kopija, oštep *m*
Lappalie *f* maličkosť
Lappen *m* handra *f*; onuca *f*
Lärche *f* červený smrek *m*
Lärm *m* hluk, hrmot, hurhaj; **≈en** lomoziť
Larve *f* larva, kukla
lassen (*nicht tun*) nechať, ponechať; (*tun lassen*) dať; *s.* ***verlassen***
lässig lenivý, nedbalý
Last *f* bremeno *n*, ťarcha; ***zu ~en von*** na účet (*G*), *n* vrub (*G*); **~auto** *n* nákladné auto
Laster *n* neresť *f*
lästern hanobiť, urážať; rúhať sa (*D*)
lästig obťažný; dotieravý
Last|kraftwagen *m* nákladné auto *n*; **~wagen** *m* nákladný

vozeň
Latein *n* latinčina *f*; **&isch** latinský
Laterne *f* lampáš *m*, lampa
Latte *f* lata, latka
lau vlažný; *fig.* povrchný
Laub *n* lístie; **~baum** *m* listnatý strom; **~e** *f* besiedka; **~frosch** *m* rosnička *f*; **~wald** *m* listnatý les
Lauch *m* pór
lauern striehnuť, číhať
Lauf *m* beh; tok; (*Gewehr*) hlaveň *f*; **~bahn** *f* *Sp.* závodná dráha; *fig.* životná dráha; **&en** bežať; utekať; *Fass*: tiecť; **&end** bežný, bežiaci
Läufer *m* behúň; *Sp.* bežec
Laufmasche *f* očko *n* na pančuche
Laufwerk *n* počítačová jednotka *f*
Lauge *f* lúh *m*
Laun|e *f* rozmar *m*, vrtoch *m*; **&enhaft**, **&isch** rozmarný, vrtošivý, náladový
Laus *f* voš
lauschen načúvať
laut *adj.* hlasný, hlasitý; *adv.* nahlas, hlasne; *prp.* podľa (*G*)
Laut *m* zvuk, hlas; *Gr.* hláska *f*
Laute *f* lutna
lauten znieť
läuten zvoniť; vyzváňať
lauter čistý, rýdzi, číry; *adv.* iba, len
läutern čistiť
laut|los bezhlasý; *adv.* bez hlasu, nehlučne; **&sprecher** *m* amplión; **&stärke** *f* sila hlasu *od.* zvuku
lauwarm vlažný
Lavendel *m* levanduľa *f*
Lawine *f* lavína
Lazarett *n* lazaret *m*
leben žiť, bývať, živiť sa; **& *Sie wohl!*** majte sa dobre!, zbohom!
Leben *n* život *m*; **&dig** živý, čulý
Lebens|alter *n* vek *m*; **~art** *f* spôsob *m* života; **~gefahr** *f* nebezpečenstvo *n* života; **&gefährlich** životu nebezpečný; **&groß** v životnej veľkosti; **&länglich** doživotný; **~lauf** *m* životopis; **~mittel** *n/pl.* potraviny *f/pl.*; **~standard** *m* životná úroveň *f*; **~unterhalt** *m* živobytie *n*; **~versicherung** *f* životné poistenie *n*
Leber *f* pečeň; **~fleck** *m* pečeňová škvrna *f*; **~wurst** *f* pečeňová saláma
Lebewesen *n* živočích *m*
Lebewohl *n*: **~ *sagen*** dať zbohom
lebhaft živý, čulý
Lebkuchen *m* medovník
leblos bez života
leck popraskaný, rozpuknutý
Leck *n* trhlina *f*
lecken lízať; ***sich* ~** lízať sa, olizovať sa
Leckerbissen *m* maškrta *f*, lahôdka *f*
Leder *n* koža *f*; **~-**, **&n** kožený

ledig (*unverheiratet*) slobodný, neženatý
leer prázdny; voľný, neobsadený; **≗e** *f* prázdnota; **~en** vyprázdniť (**sich** sa); **≗lauf** *m* chod naprázdno; *fig.* neužitočná práca *f*
legal zákonitý, legálny
legen klásť, položiť; *Eier*: niesť; **sich ~** ľahnúť si
legitimieren legitimovať; oprávniť
Lehm *m* hlina *f*, íl; **~-** hlinený
Lehn|e *f* operadlo *n*; (*Berg*) svah *m*; **≗en** opierať; **sich ≗en an** (*A*) oprieť sa o (*A*)
Lehr|anstalt *f* učiteľský ústav *m*; **~buch** *m* učebnica *f*; **~e** *f* poučenie *n*; náuka; **≗en** učiť, vyučovať; **~er(in** *f*) *m* učiteľ(ka); **~film** *m* poučný film; **~gang** *m* kurz; **~ling** *m* učeň; **~plan** *m* učebný plán; **≗reich** poučný; **~stuhl** *m* katedra *f*; **~zeit** *f* učebná doba
Leib *m* telo *n*
Leib|gericht *n* obľúbené jedlo; **~schmerzen** *m/pl.* bolesti *f/pl.* v bruchu; **~wache** *f* osobná stráž
Leiche *f* mŕtvola
Leichenwagen *m* pohrebný voz
Leichnam *m* mŕtvola *f*
leicht ľahký; **≗athletik** *f* ľahká atletika; **~fertig** ľahkovážny; **~gläubig** ľahkoverný; **≗igkeit** *f* ľahkosť; **≗metall** *n* ľahký kov *m*; **≗sinn** *m* ľahkomyseľnosť *f*; **~sinnig** ľahkomyseľný
Leid *n* bôľ *m*, žiaľ *m*; **es tut mi ~** je mi ľúto
leiden trpieť; *Med.* (**an** *D*) znášať (*A*)
Leiden *n* utrpenie; choroba *f*; **≗d** trpiaci; chorý
Leidenschaft *f* vášeň, náruživosť; **≗lich** vášnivý, náruživý
leid|er (bohu)žiaľ, žiaľ (-bohu); **~lich** znesiteľný
Leih|bibliothek *f*, **~bücherei** *f* požičovňa kníh; **≗en** požičať; **~gebühr** *f* poplatok *m* za požičanie; **≗weise** pôžičkou
Leim *m* lepidlo *n*, glej
Lein|e *f* povraz *m*, šnúra; (*Pferde≗*) oprata; **~en** *n* plátno; **~wand** *f* (projekčné) plátno *n*
leise tich(učk)ý; slabý; **~ stellen** stíšiť
Leiste *f* lišta; *Anat.* slabina
leisten konať, robiť, plniť; **sich ~** dopriať si
Leistenbruch *m* kýla *f*
Leistung *f* výkon *m*, práca
leistungsfähig výkonný
Leit|artikel *m* úvodník; **≗en** viesť, vodiť, riadiť
Leiter[1] *m* vedúci, správca; vodič
Leiter[2] *f* rebrík *m*, rebrina
Leit|faden *m* príručka *f*; **~ung** *f* vedenie *n* (*a. El., Tel.*)
Leitungswasser *n* voda *f* z vodovodu
Lektion *f* lekcia; poučenie *n*
Lektüre *f* čítanie *n*

Lende *f* bedrové mäso *n*; bedro *n*
lenk|bar riaditeľný; **~en** viesť, riadiť; *fig.* spravovať; ***die Aufmerksamkeit auf sich ~en*** upozorniť na seba; **≈rad** *n* volant *m*
Lerche *f* škovránok *m*
lernen učiť sa
lesbar čitateľný
Lesebuch *n* čítanka *f*
lesen čítať; (*sammeln*) zbierať; *Trauben* oberať
Leser *m* čitateľ; **≈lich** čitateľný
Lesesaal *m* čitáreň *f*
Lett|e *m* Lotyš; **≈isch** lotyšský; **~land** *n* Lotyšsko
letzt|e(r) posledný, ostatný; ***zum ~en Male*** posledný raz; ***~en Endes*** koniec koncov
Leucht|e *f* lampáš *m*; svietidlo *n*; svetlo *n*; **≈en** svietiť, žiariť; *fig.* skvieť sa, lesknúť sa; **≈end** žiarivý; **~er** *m* svietnik; **~röhre** *f* (neónová) žiarivka; **~turm** *m* *Mar.* maják
leugnen poprieť, zapierať
Leumund *m* povesť *f*, meno *n*
Leute *pl.* ľudia
Leutnant *m* poručík
Lexikon *n* slovník *m*
libanesisch libanonský
Libelle *f* vážka
liberal liberálny
Licht *n* svetlo; **≈** *adj.* svetlý, jasný; *s.* ***Kerze***; **~bild** *n* fotografia *f*; **~hupe** *f* svetelná húkačka; **~maschine** *f* *Kfz.* dynamo *n*; **~reklame** *f* svetelná reklama; **~strahl** *m* svetelný lúč; **~ung** *f* rúbanisko *n*, čistina
Lid *n* mihalnica *f*, viečko
lieb mil(ovan)ý, drahý; ***~ haben*** milovať, mať rád; **≈e** *f* láska; (*Person*) milá; **~en** milovať, ľúbiť, mať rád; **~enswürdig** milý, láskavý; **~er** radšej
Liebes|brief *m* ľúbostný list; **~kummer** *m* útrapy *pl.* z lásky; **~paar** *n* milenci *m/pl.*; **~roman** *m* ľúbostný román
liebevoll láskavý
Liebhabe|r *m* milenec; milovník, amatér; **~rei** *f* záľuba
lieb|kosen laskať sa; **~lich** ľúbezný, roztomilý; **≈ling** *m* miláčik, obľúbenec; **~los** bez lásky; **~st-:** ***am ~sten*** najradšej; **≈ste** *f* milenka
Lied *n* pieseň *f*
Liederbuch *n* spevník *m*
liederlich nedbanlivý, lajdácky
Liefer|ant *m* dodávateľ; **≈bar** dodateľný; **≈n** dodávať; **~ung** *f* dodávka; **~zeit** *f* dodacia lehota
Liege *f* ležadlo *n*; **≈n** ležať; ***≈n lassen*** nechať, opustiť; **~stuhl** *m* lehátko *n*; **~wagen** *m* lehátkový voz
Lift *m* výťah
Liga- *Sp.* ligový
Likör *m* likér
lila fialový, lilavý

Lilie *f* ľalia
Limonade *f* limonáda
Linde *f* lipa
linder|n mierniť, uľaviť; **2ung** *f* uľahčenie *n*
Lineal *n* pravítko, lineár *m*
Linie *f* čiara, línia; (*Flug*) linka; (*Omnibus*) trať
Link|e *f* ľavica; ľavá strana; **2e(r)** *m* ľavý; **2isch** nešikovný, nemotorný
links (*a.* ***nach*** **~**) naľavo, vľavo; ***von*** **~** zľava; **2händer** *m* ľavák
Linse *f* šošovica; *Fot.* šošovka
Lippe *f* pera; pysk *m*
Lippenstift *m* rúž
lispeln šušlať
List *f* lesť, úskok *m*
Liste *f* zoznam *m*, listina
listig úskočný, falošný
Litau|en *n* Litva; **~er** *m* Litvan; **2isch** litovský
Liter *n od. m* liter *m*
litera|risch literárny; **2tur** *f* literatúra
Litfaßsäule *f* návestný stĺp *m*
Lizenz *f* povolenie *n*, licencia
Lob *n* chvála *f*, pochvala *f*; **2en** chváliť; **2enswert** chvályhodný
Loch *n* diera *f*; **2en** prederaviť
löch(e)rig deravý
Locke *f* kučera
locken lákať, vábiť
Lockenwickel *m/pl.* natáčky do vlasov *f/pl.*
locker uvoľnený, voľný; *Boden usw.*: kyprý; **~n** uvoľniť; kypriť; **2ung** *f* kyprenie *n*; uvoľnenie *n*
lockig kučeravý, kaderavý
lodern planúť, blkotať
Löffel *m* lyžica *f*
Loge *f Thea.* lóža
logisch logický
Lohn *m* plat, mzda *f*; **2en**: ***sich*** **2en** vyplatiť sa; **2end** výnosný; **~erhöhung** *f* zvýšenie *n* platu; **~steuer** *n* zárobková daň *f*
Lokal *n* lokál *m*
lokal *adj.* lokálny
Lokomotiv|e *f* lokomotíva; **~führer** *m* rušňovodič
Lorbeer *m* vavrín; **~blatt** *n* vavrínový list *m*
los voľný, prostý, bez (*G*); **~!** teda do toho!; ***was ist*** **~?** čo je?
Los *n* lós *m*, žreb *m*; (*Schicksal*) osud *m*, životný údel *m*
lösbar rozpustný; riešiteľný
losbinden odviazať
Lösch|blatt *n* pijak *m*; **2en** *Licht* zahasiť, zhasiť; *Durst* hasiť; *Geschriebenes* zmazať, vymazať; *Ladung* vyložiť (tovar)
lose voľný, uvoľnený; (*unverpackt*) nezabalený
Lösegeld *n* výkupné
losen losovať, žrebovať
lösen povoliť, rozviazať; *Aufgabe* riešiť; *Fahrkarte* kúpiť si; *Chem.* rozpustiť (***sich*** sa); (*abgehen*) oddeliť (***sich*** sa; ***von*** *D* od *G*)
los|gehen odpojiť sa; (*beginnen*) začínať sa; *Gewehr*: vy-

páliť; **~lassen** pustiť; **~machen** uvoľniť (***sich*** sa); **~reißen** odtrhnúť; **~werden** zbaviť sa; **2ung** *f* žrebovanie *n*; *Pol.* heslo *n*

Lösung *f* uvoľnenie *n*; *Chem.* roztok *m*; (*e-r Aufgabe*) riešenie *n*

Lot *n* závažie; **2en** merať olovnicou

löt|en spájkovať; **2kolben** *m* spájkovačka *f*

Lotse *m* lodivod

Lotterie *f* lotéria

Lotto *n* športka *f*; **~schein** *m* lotériový lístok

Löw|e *m* lev; **~in** *f* levica

Loyalität *f* vernosť

Luchs *m* rys

Lücke *f* štrbina, medzera

lücken|haft neúplný; **~los** úplný

Luft *f* vzduch *m*, povetrie *n*; **2dicht** vzduchtotesný; **~druck** *m* vzdušný tlak

lüften vetrať

Luft|fahrt *f* letectvo *n*; **~fracht** *f* letecký náklad *m*; **2ig** vzdušný; ľahký; **~kühlung** *f* chladenie *n* vzduchom; **~kurort** *m* horské kúpele *f/pl.*; **2leer** vzduchoprázdny; **~linie** *f* vzdušná čiara, vzdušná vzdialenosť; **~matratze** *f* nafukovačka; **~post** *f* letecká pošta; **~röhre** *f* prieduška, priedušnica; **~schiff** *n* vzducholoď *f*

Lüftung *f* vetranie *n*

Luft|verkehr *m* letecká doprava *f*; **~waffe** *f* letectvo *n*; **~zug** *m* prievan

Lüg|e *f* lož; **2en** cigániť, luhať; **~ner** *m* luhár, cigáň

Luke *f* príklop *m*, otvor *m*

Lümmel *m* mamľas; grobian

Lump *m* naničhodník, darebák

Lumpen *m* handra *f*

Lunge *f* pľúca *f/pl.*

Lungen|entzündung *f* zápal *m* pľúc; **2krank** chorý na pľúca

lungern leňošiť, zaháľať

Lupe *f* lupa

Lust *f* slasť, rozkoš; chuť; ***er hat keine ~*** nechce sa mu; ***ich hatte ~*** zachcelo sa mi

lüstern (*gierig*) žiadostivý, chtivý (*G*); (*sinnlich*) zmyselný

lust|ig veselý; ***sich ~ig machen über*** (*A*) posmievať sa (*D*); **2spiel** *n* veselohra *f*

lutschen cmúľať, lízať

luxuriös nádherný, luxusný

Luxus *m* prepych, luxus

Lyrik *f* lyrika

M

machen robiť, konať; ***Platz ~*** spraviť miesto; ***Licht ~*** zažať, rozsvietiť; ***sich ~ an*** (*A*) pustiť sa do (*G*); ***wie viel macht das?*** čo to stojí?; ***das macht nichts*** nevadí
Macht *f* moc, sila; *Pol.* mocnosť; **~haber** *m* vládca
mächtig mocný, silný; (*sehr groß*) ohromný
machtlos bezmocný
Mädchen *n* dievča, dievka *f*; **~name** *m* dievčenské meno *n*
Mad|e *f* červ *m*; moľ *m*; **≈ig** červivý
mag *s.* ***mögen***; **~...** nech...
Magd *f* slúžka
Magen *m* žalúdok; **~geschwür** *n* žalúdočný vred *m*; **≈krank**, **≈leidend** chorý na žalúdok; **~tropfen** *m/pl.* žalúdočné kvapky *f/pl.*
mager chudý; **≈milch** *f* odstredené mlieko *n*
magisch magický
Magnet *m* magnet; **≈isch** magnetický
Mahagoni *n* mahagón *m*
Mähdrescher *m* žatevný kombajn
mähen kosiť; žať
Mahl *n* jedlo; hostina *f*; **≈en** mlieť; **~zeit** *f* jedlo *n*; obed *m*; večera
Mähmaschine *f* kosačka
Mähne *f* hriva
mahn|en napomínať; **≈ung** *f* pripomienka; napomenutie *n*
Mähren *n* Morava *f*
Mai *m* máj; **~feier** *f* májová slávnosť; **~glöckchen** *n* konvalinka *f*; **~käfer** *m* chrúst
Mail|box *f* mailová schránka; **≈en** poslať e-mail
Mais *m* kukurica *f*
Majestät *f* vznešenosť; veličenstvo *n*
Majonäse *f* majonéza
Makel *m* škvrna *f*
Makler *m* maklér, sprostredkovateľ
mal krát; ***drei ~ vier*** trikrát štyri; F ***hören Sie ~!*** počujte!
Mal *n* znak *m*, znamenie; raz *m*; ***das erste ~*** po prvý raz; ***mehrere ~e*** niekoľko ráz; ***ein für alle ~*** raz navždy
male|n maľovať; **≈r** *m* maliar; **≈rei** *f* maliarstvo *n*; maľba; **~risch** malebný
Malzbier *n* sladové pivo
man: ***~ sagt*** hovorí sa; ***darf ~ ...?*** smie sa ...?, možno ...?
Manager *m* manažér
manch|e, **~er**, **~es** niektor|á, **~**ý, **~**é; **~erlei** mnohoraký; **~mal** niekedy, občas
Mandarine *f* mandarínka
Mandant *m* klient
Mandel *f* mandľa; **~entzün-**

dung *f* zápal *m* mandlí
Mangel *m* nedostatok, núdza *f*; (*Fehler*) vada *f*, chyba *f*; **⁓haft** chybný; **⁓n** *s.* ***fehlen***; *Wäsche* mangľovať; **⁓ware** *f* úzky profil *m*
Manieren *f/pl.* maniere, správanie *n*
Maniküre *f* manikúra; (*Person*) manikúrka
Mann *m* muž, chlap; (*Ehe⁓*) manžel
Männchen *n* (*Tier*) samec *m*
Mannequin *n* manekýnka *f*
Männer- *in Zssgn.* mužský
mannig|fach, **⁓faltig** rozmanitý, rôzny
männlich mužský; *fig.* mužný
Mannschaft *f* mužstvo *n*; (*Besatzung*) posádka
Manöver *n* manévre *m/pl.*
Manschette *f* manžeta
Mantel *m* plášť
Manuskript *n* rukopis *m*
Mappe *f* obal *m* (na spisy); aktovka
Märchen *n* rozprávka *f*; **⁓haft** báječný; čarovný
Marder *m* kuna *f*
Marille *f s.* ***Aprikose***
Marine *f* námorníctvo *n*
Marionette *f* bábka
Mark[1] *f hist.* (*Münze*) marka
Mark[2] *n* špik *m*, dreň *f*
Marke *f* značka; (*Brief⁓*) známka
Markenartikel *m* značkový tovar
Marketing *n* marketing *m*
markieren označovať, značkovať
Markt *m* trh(ovisko *n*); **⁓halle** *f* tržnica; **⁓platz** *m* trhovisko *n*; námiestie *n*; **⁓tag** *m* trhový deň
Marmelade *f* marmeláda
Marmor *m* mramor
Marok|kaner *m* Maročan; **⁓kanisch** marocký; **⁓ko** *n* Maroko
Marsch *m* pochod; **⁓ieren** pochodovať
Märtyrer *m* mučeník, martýr
März *m* marec
Masche *f* stuha, mašľa; oko *n*
Maschi|ne *f* stroj *m*; **⁓ne *schreiben*** písať na stroji; **⁓nell** strojný, strojový
Maschinen|bau *m* strojníctvo *n*; **⁓gewehr** *n* guľomet *m*; **⁓pistole** *f* automatická pištoľ
Maschinist *m* strojník
Masern *f/pl.* osýpky
Mask|e *f* maska; *fig.* pretvárka, maskovanie *n*; **⁓enball** *m* maškarný ples; **⁓ieren** maskovať; zakryť
Maß *n* meradlo; miera *f*; ***nach*** **⁓** podľa miery; **⁓ *halten*** zachovať mieru
Massage *f* masáž
Massaker *n* masakra *f*
Masse *f* masa; F kopa, množstvo *n*
Maßeinheit *f* jednotka miery
Massen|grab *n* hromadný hrob *m*; **⁓haft** *adv.* hromadne; **⁓kundgebung** *f* manifestácia; **⁓organisation** *f*

masová organizácia; **~produktion** *f* hromadná výroba
Masseur *m* masér
maßgebend rozhodujúci
massieren masírovať
mäßig mierny, striedmy; (*durchschnittlich*) priemerný; **~en** miernit' (***sich*** sa)
massiv masívny, mohutný
maß|los bez miery, bezuzdný; **2nahme** *f* opatrenie *n*; **2stab** *m* miera *f*; meradlo *n*; **~voll** mierny
Mast *m* stožiar, stĺp
Mastdarm *m* konečník
mästen kŕmiť
Mater|ial *n* materiál *m*, látka *f*, hmota *f*; **2iell** hmotný
Mathematik *f* matematika
Matratze *f* matrac *m*
Matrose *m* námorník
Matsch *m* blato *n*
matt matný; (*kraftlos*) unavený; (*Schach*) mat
Matte *f* rohožka, žinenka
Mattscheibe *f* obrazovka
Mauer *f* múr *m*; stena; **2n** murovať
Maul *n* pysk *m*, papuľa *f*; **~beere** *f* moruša; **~korb** *m* náhubok, kôš; **~wurf** *m* krt
Maurer *m* murár
Maus *f* myš
Mausefalle *f* pasca na myši
Mechan|ik *f* mechanika; **~iker** *m* mechanik; **2isch** mechanický; **~isierung** *f* mechanizácia
Mecklenburg-Vorpommern *n* Mecklenbursko-Predné Pomoransko
meckern mečať; F *fig*. šomrať
Medaille *f* medaila
Medi|kament *n* liek *m*; **~zin** *f* medicína; (*Arznei*) liek *m*; **2zinisch** lekársky
Meer *n* more; **~busen** *m* záliv; **~enge** *f* morská úžina
Meeresspiegel *m* hladina *f* mora
Meerrettich *m* chren; **~schweinchen** *n* morča
Mehl *n* múka *f*; **~speise** *f* múčnik *m*
mehr viac(ej); ***nicht*** **~** už nie; ***nichts*** **~** nič viac; **~en** ⟨roz⟩množiť; **~ere** viaceri; **~fach** niekoľkonásobný; **2heit** *f* väčšina; **~mals** viackrát; **2wertsteuer** *f* spotrebiteľská daň; **2zahl** *f* väčšina; *Gr.* množné číslo *n*
meiden vyhýbať sa (*D*), varovať sa (*G*)
Meile *f* míľa
mein môj; **~e**, **~** moja, moje
Meineid *m* *Jur.* krivá prísaha *f*
meinen myslieť, zamýšľať
meinerseits z mojej strany
meinetwegen pre mňa, kvôli mne
Meinung *f* mienka, názor *m*
Meise *f* sýkorka
Meißel *m* dláto *n*
meist najviac; ***am*** **~*en*** najskôr, najväčšmi; ***die*** **~*en*, *das*** **~*e*** väčšina (*G*); **~ens** najviac
Meister *m* majster; **2haft** majstrovský; **2n** ovládať;

~schaft *f* majstrovstvo *n*; dokonalosť; **~werk** *n* majstrovské dielo
Meld|eamt *n* prihlasovací úrad *m*; **&en** oznámiť, hlásiť; ***sich* &en** hlásiť sa; prihlásiť sa; **~ung** *f* oznámenie *n*, správa; (*Wort&*) prihláška; *Mil.* hlásenie *n*
melken dojiť
Melodie *f* melódia, nápev *m*
Melone *f* melón *m*, dyňa
Menge *f* množstvo *n*, kopa, hŕba; (*Menschen*) zástup *m*; **&n** miešať
Mensa *f* jedáleň
Mensch *m* človek
Menschen|kenntnis *f* znalosť ľudí; **&leer** ľudoprázdny; **~rechte** *n/pl.* ľudské práva; **&scheu** ostýchavý
Mensch|heit *f* ľudstvo *n*; **&lich** ľudský; **~lichkeit** *f* ľudskosť, humanita
Menstruation *f* menštruácia
Mentalität *f* zmýšľanie *n*
Menü *n* jedálny lístok *m*
merk|en pozorovať, všímať si; ***sich* ~en** zapamätať si (*A*); **~lich** znateľný; zjavný; **&mal** *n* znamenie; príznak *m*; **~würdig** podivuhodný
Messe *f Rel.* omša; *Hdl.* veľtrh *m*
messen merať; ***sich* ~** porovnávať sa
Messer *n* nôž *m*
Messing *n* mosadz *f*
Messung *f* meranie *n*
Metall *n* kov *m*; **~arbeiter** *m* kovorobotník
metallurgisch hutnícky, metalurgický
meteorologisch poveternostný
Meter *n* meter *m*
Methode *f* metóda, postup *m*
Metzger *m* mäsiar; **~ei** *f* mäsiarstvo *n*
Meute *f* svorka
Meuter|ei *f* vzbura, odboj *m*; **&n** búriť sa
Mexikan|er *m* Mexičan; **&isch** mexický
Mexiko *n* Mexiko
mich mňa, ma; (*reflexiv*) seba, sa
Mieder *m* šnurovačka *f*
Miene *f* vzhľad *m*, výraz *m* tváre
mies škaredý, hnusný
Miet|- nájomný; **~e** *f* (*Zins*) nájomné *n*; **&en** prenajať si; **~er** *m* nájomník; **~vertrag** *m* nájomná zmluva *f*; **~wagen** *m* nájomný automobil
Migräne *f* migréna
Mikro|fon, **Mikrophon** *n* mikrofón *m*; **~skop** *n* drobnohľad *m*
Milch *f* mlieko *n*; **~bar** *f* mliečny bar *m*; **~flasche** *f* flaška na mlieko; **~kaffee** *m* biela káva *f*; **~kuh** *f* dojná krava; **~zahn** *m* mliečny zub
mild mierny, jemný; (*nachsichtig*) zhovievavý; **&e** *f* miernosť, zhovievavosť; **~ern** zmierniť, zjemniť; *Jur.* ***~ernde Umstände*** poľahču-

júce okolnosti *f/pl.*; **~tätig** dobročinný
Milieu *n* prostredie
Militär *n* vojsko; **2isch** vojenský
Milli|arde *f* miliarda; **~meter** *n od. m* milimeter *m*
Million *f* milión *m*
Milz *f* slezina
Minarett *n* minaret *m*
minder menší; menej; **2heit** *f* menšina; **~jährig** maloletý; **~n** zmenšiť; **~wertig** menejcenný
mindest najmenší; **~ens** *adv.* najmenej, aspoň
Mine *f* mína, baňa; tuha
Mineral *n* nerast *m*; **~-** nerastný; **~wasser** *n* minerálka *f*
minimal najmenší
Minirock *m* minisukňa *f*
Minister *m* minister; **~ium** *n* ministerstvo
minus mínus
Minus *n* mínus, manko
Minute *f* minúta
mir mne, mi; ***mit ~*** so mnou
misch|en miešať (***sich*** sa); **2ling** *m* miešanec; **2ung** *f* miešanie *n*; zmes
miserabel biedny, úbohý
miss|achten pohŕdať, nedbať na (*A*); **2bildung** *f* znetvorenie *n*; **~billigen** zamietnuť, nesúhlasiť; **2brauch** *m* zneužitie *n*; **~brauchen** zneužiť; **2erfolg** *m* neúspech; **2ernte** *f* neúroda; **~fallen** nepáčiť sa; **2geschick** *n* nehoda *f*; **2gestalt** *f* netvo *m*; **~glücken** nepodariť sa; **2gunst** *f* nepriazeň; **~handeln** zle zaobchádzať, týrať
Mission *f* misia; poslanie *n*; **~ar** *m* misionár
Misskredit: ***in ~ bringen*** diskreditovať
miss|lich nepríjemný, nepriaznivý; **~liebig** neobľúbený, nemilý; **~lingen** nepodariť sa; **~mutig** mrzutý, nevrlý; **2stand** *m* nešvár; **2trauen** *n* nedôvera *f*; **~trauisch** nedôverčivý; **2verständnis** *n* nedorozumenie; **~verstehen** nerozumieť
Mist *m* hnoj; **~beet** *n* parenisko
mit (*D*) s, so (*I*); ***~ der Hand*** rukou; *adv.* spolu, tiež; **2arbeit** *f* spolupráca; **~arbeiten** spolupracovať; **2arbeiter** *m* spolupracovník; **~bringen** priniesť; **2bürger** *m* spoluobčan; **~einander** dovedna, spolu; **~fahren** cestovať spolu; **2fahrzentrale** *f* agentúra na sprostredkovanie spolucestujúcich; **2gefühl** *n* súcit *m*; **~gehen** chodiť spolu; **2gift** *f* veno *m*; **2glied** *n* člen *m*; **2leid** *n* sústrasť *f*; **~leidig** súcitný; **~machen** účastniť sa (*G*); prežiť; **~nehmen** vziať so sebou; **2reisende(r)** *m* spolucestujúci; **~schuldig** spoluvinný; **2schüler** *m* spolužiak; **2spieler** *m* spoluhráč

Mittag *m* poludnie *n*; *s.* ***essen***; **~essen** *n* obed *m*
mittags napoludnie; **&pause** *f* poludňajšia prestávka
Mitte *f* stred *m*; **~ *Juni*** v polovici júna
mitteil|en oznámiť; **&ung** *f* oznámenie *n*, oznam *m*
Mittel *n* prostriedok *m*; **~alter** *n* stredovek *m*; **&bar** nepriamy; **&los** nemajetný; **&mäßig** prostredný, priemerný; **~punkt** *m* stred(obod); **&s** prostredníctvom (*G*); **~schule** *f* stredná škola; **~stürmer** *m* stredný útočník; **~welle** *f Rdf.* stredné vlny *f/pl.*
mitten: **~ *in*** (*D*) uprostred (*G*); **~durch** stredom
Mitternacht *f* polnoc
mittlere(r) stredný
Mittwoch *m* streda *f*
mitunter niekedy, občas
mitwirk|en spolupôsobiť; **&ende(r)** *m* spoluúčinkujúci; **&ung** *f* spolupôsobenie *n*
Möbel *n/pl.* nábytok *m*; **~-** nábytkový
mobil prenosný, mobilný; **~isieren** mobilizovať; **&telefon** *n* mobilný telefón *m*, mobil *m*
möblier|en zariadiť; **~t**: ***~tes Zimmer*** zariadená izba *f*
Mode *f* móda; **~artikel** *m* módny tovar
Modell *n* model *m*; vzor *m*
Modem *n EDV* modem *m*
Modenschau *f* módna prehliadka
modern¹ *v/i.* práchnivieť
modern² *adj.* moderný; **~isieren** obnoviť
Modeschmuck *m* bižutéria *f*
modisch módny
mogeln F podvádzať
mögen môcť; (*wollen*) chcieť; ***ich möchte ...*** rád by som ...; ***ich mag nicht ...*** nemám rád ...
möglich možný; ***~st bald*** čo najskôr; **&keit** *f* možnosť
Mohn *m* mak; **~kuchen** *m* makovník
Möhre *f* mrkva
Molkerei *f* mliekáreň
mollig mäkký, príjemný, útulný; (*rundlich*) tučnatý
Moment *m* okamih; **~aufnahme** *f* momentka
Monat *m* mesiac; **&lich** mesačný
Monats|ende *n* koniec *m* mesiaca; **~gehalt** *n* mesačný plat *m*; **~rate** *f* mesačná splátka; **~schrift** *f* mesačník *m*
Mönch *m* mních, rehoľník
Mond *m* mesiac; **~finsternis** *f* zatmenie *n* mesiaca; **~schein** *m* mesačný svit
Monstrum *n* obluda *f*
Montag *m* pondelok
Mon|tage *f* montáž; **~teur** *m* montér; **&tieren** montovať
Monument *n* pomník *m*
Moor *n* močiar *f*, barina *f*; **~bad** *n* bahenný kúpeľ *m*
Moos *n* mach *m*

Moral *f* morálka; **⁓isch** mravný
Morast *m* bahno *n*, blato *n*; **⁓ig** močaristý, bahnistý
Mord *m* vražda *f*; **⁓en** vraždiť
Mörder *m* vrah
morgen zajtra
Morgen *m* ráno *m*; **⁓dämmerung** *f* úsvit *m*; **⁓rock** *m* župan; **⁓rot** *n*, **⁓röte** *f* zora
morgens ráno, zrána
morgig zajtrajší
morsch práchnivý
Mörtel *m* malta *f*, omietka *f*
Mosaik *n* mozaika *f*
mosaisch židovský
Moschee *f* mešita
Most *m* mušt
Motiv *n* motív *m*; pohnútka *f*; **⁓ieren** motivovať
Motor|boot *n* motorový čln *m*; **⁓haube** *f* kapota (auta); **⁓öl** *n* motorový olej *m*; **⁓panne** *f* porucha motora; **⁓rad** *n* motocykel *m*, motorka *f*; **⁓schiff** *n* motorová loď *f*
Motte *f* moľ *m*, moľa
Motto *n* heslo
Mountainbike *n* horský bicykel *m*
Möwe *f* čajka
Mücke *f* komár *m*
Mückenstich *m* uštipnutie *n* komára
müd|e unavený, ustatý; **⁓igkeit** *f* únava
muffig zatuchnutý
Mühe *f* námaha, úsilie *n*; **⁓n**: ***sich* ⁓n** usilovať sa, namáhať sa; **⁓los** bez námahy
Mühle *f* mlyn *m*
mühsam namáhavý, ťažký
Mulde *f* kotlina
Müll *m* smeť *f*; **⁓abfuhr** *f* odvoz *m* odpadu
Mullbinde *f* gázový obväz *m*
Mülldeponie *f* skládka odpadu
Mülleimer *m* kôš na odpadky
Müller *m* mlynár
Mülltrennung *f* triedenie *n* odpadu
multiplizieren násobiť
München *n* Mníchov *m*
Mund *m* ústa *n/pl.*; **⁓art** *f* nárečie *n*
Münd|el *n* zverenec; chovanec; **⁓en** (***in*** *A*) vtekať, vlievať sa, ústiť (do *G*); **⁓ig** dospelý; **⁓lich** ústny; **⁓ung** *f* ústie *n*, vtok *m*
Mundwasser *n* ústna voda *f*
Munition *f* strelivo *n*
munter bdelý, čulý; (*heiter*) veselý
Münz|e *f* minca, peniaz *m*; **⁓fernsprecher** *m* verejný telefón; **⁓wechsler** *m* automat na drobné
mürbe krehký; kyprý
murmel|n mrmlať, reptať; **⁓tier** *n* svišť *m*
murren reptať
mürrisch mrmlavý, hundravý
Mus *n* kaša *f*
Muschel *f* mušľa
Musik *f* hudba; **⁓alisch** hudobný; **⁓er** *m* hudobník;

~instrument *n* hudobný nástroj *m*
musizieren hrať na hudobnom nástroji
Muskat *m* muškát
Muskel *m* sval; **~kater** *m* svalová horúčka *f*; **~zerrung** *f* natrhnutie *n* svalov
muskulös svalnatý
Müsli *n* müsli
Muslim *m* moslim
Muße *f* voľná chvíľa
müssen musieť; ***man muss*** treba
müßig záhaľčivý, lenivý; *s.* ***vergeblich***; **≗gang** *m* záhaľka *f*; **≗gänger** *m* zaháľač, leňoch
Muster *n* vzor *m*, vzorka *f*; **≗gültig**, **≗haft** vzorný; **≗n** (*prüfend betrachten*) merať pohľadom; **~ung** *f* odvody *m/pl*.
Mut *m* odvaha *f*; **≗ig** smelý, odvážny; **≗los** bojazlivý; **≗maßen** domnievať sa
Mutter *f* matka, mať; *Tech.* matica
mütterlich materský, materinský
Mutter|mal *n* materinský znak *m*; **~schaft** *f* materstvo *n*; **~sprache** *f* materinská reč, rodný jazyk *m*
Mutwill|e *m* svojvôľa *f*; **≗ig** samopašný, svojvoľný
Mütze *f* čiapka
mysteriös tajomný, záhadný
Mythologie *f* bájoslovie *n*

N

Nabel *m* pupok
nach (*D*) do (*G*); po (*L*); podľa (*G*); **~ *und* ~** pomaly
nachahm|en napodobniť; **≗ung** *f* napodobenina
Nachbar *m* sused; **~schaft** *f* susedstvo *n*
nach|bestellen dodatočne objednať; **~bilden** napodobniť
nachdem *cj*. podľa toho, len čo, potom; ***je*** **~** podľa toho
nachdenk|en uvažovať (***über*** *A* o *L*); **~lich** zamyslený, vážny
nach|drücklich dôrazný; **~eifern** (*D*) horlivo napodobniť (*A*); **~einander** za sebou, po sebe; **~folgen** (*D*) nasledovať (*A*); **≗folger** *m* nástupca; následník; **~forschen** skúmať; pátrať; **≗frage** *f* opýtanie *n*; *Hdl*. dopyt *m*; **~fragen** dopytovať sa; **~geben** povoliť; **≗gebühr** *f* doplatok *m*; **~gehen** (*D*) chodiť za (*I*); *Uhr*: oneskoriť sa; (pr)ísť oneskorene; **≗geschmack** *m* príchuť *f*; **~giebig** povoľný, ústupný; **~haltig** trvalý; **~helfen** pomôcť
nachher potom

Nach|hilfe *f* pomoc; **2holen** dohoniť; **~komme** *m* potomok; **2kommen** prísť za (*I*, *L*); (*D*) splniť, dodržať (*A*); **~lass** *m* (*Preis*) zľava *f*; (*Erbe*) pozostalosť *f*; **2lassen** *v/t.*, *v/i.* popustiť; zanechať; (*nur v/i.*, *Fieber usw.*) klesať; **2lässig** nedbanlivý; **2laufen** (*D*) bežať za (*I*); **2liefern** dodatočne dodávať; **2machen** napodobniť; ‹s›falšovať

Nachmittag *m* popoludnie *n*; **2s** popoludní

Nachnahme *f* dobierka; ***gegen ~*** dobierkou

nach|prüfen preskúšať; **~rechnen** prepočítať; **2richt** *f* správa; **2ruf** *m* nekrológ; **2saison** *f* vedľajšia sezóna; **~schicken** (*D*) poslať za (*I*); **~schlagen** pozrieť sa na (*A*); vyhľadať (*A*); **2schlagewerk** *n* príručka *f*; **2schlüssel** *m* pakľúč; **2schub** *m Mil.* dovoz, prísun; **~sehen** (*D*, *hinterhersehen*) pozrieť sa za (*I*); *s.* ***nachschlagen***, ***prüfen***; (*j-m A*) odpustiť; **~senden** (*D*) dodatočne poslať (*D od.* za *I*); **~sichtig** zhovievavý; mierny; **~sinnen** premýšľať; **2speise** *f* zákusok *m*, desert *m*; **2spiel** *n* dohra *f*

nächst|- *adj.* najbližší; (*zeitlich*) budúci; *adv.* blízko; *prp.* (*D*) blízko, vedľa (*G*), pri (*L*); **2e(r)** *m* blížny; nasledujúci

nachstellen *Uhr* posunúť

nachsuchen: ***~ um*** (*A*) požiadať o (*A*)

Nacht *f* noc; **~-** nočný; ***gute ~!*** dobrú noc!

Nachteil *m* škoda *f*; nevýhoda *f*; **2ig** nepriaznivý, nevýhodný

nächtelang (po) celé noci

Nachthemd *n* nočná košeľa *f*

Nachtigall *f* slávik

Nachtisch *m* múčnik, desert

Nachtlokal *n* nočný lokál *m*

nächtlich nočný

Nachtquartier *n* nocľah *m*

Nach|trag *m* dodatok, doplnok; **2träglich** dodatočný; **2tragen** *fig.* (*j-m A*) hnevať sa (na *A*)

Nacht|ruhe *f* nočný pokoj *m*; **2s** v noci; **~schicht** *f* nočná smena; **~tisch** *m* nočný stolík; **~tischlampe** *f* nočná lampa; **~topf** *m* nočník; **~wächter** *m* nočný strážnik; **~wandler** *m* námesačný, námesačník

Nach|weis *m* dôkaz, doklad; **2weisen** dokázať; preukázať; **~welt** *f* potomstvo *n*; **2wiegen** prevážiť; **2wirken** účinkovať ďalej; **~wirkung** *f* následky *m/pl.*; **~wort** *n* doslov *m*, záver *m*; **~wuchs** *m* dorast; **2zahlen** doplatiť; **2zählen** prepočítať; **~zahlung** *f* doplácanie *n*, doplatok *m*; **~zügler** *m* oneskorenec

Nacken *m* šija *f*, tylo *n*,väzy *m/pl.*
nackt nahý, holý
Nadel *f* ihla; **~wald** *m* ihličnatý les
Nagel *m* klinec; (*Finger*) necht; **~bürste** *f* kefka na nechty; **~feile** *f* pilníček *m* na nechty; **~lack** *m* lak na nechty; **2n** biť klince; **~schere** *f* nožničky *f/pl.* na nechty
nage|n hlodať, hrýzť; **2tier** *n* hlodavec *m*
nahe blízky; *adv.* blízko; *prp.* (*D*) pri (*L*), blízko (*G*); **~ kommen** približovať sa ku (*D*); **~ stehen** byť blízky; **~ liegend** blízky
Nähe *f* blízkosť; ***in der ~*** blízko
nähen ⟨u⟩šiť
näher bližší; ***die ~en Umstände*** bližšie okolnosti; **~n**: ***sich ~n*** priblížiť sa
Näh|garn *n* niť *f* na šitie; **~maschine** *f* šijací stroj *m*; **~nadel** *f* šijacia ihla; **~zeug** *n* šijacie potreby *f/pl.*
nahr|haft výživný; **2ung** *f* potrava, strava; **2ungsmittel** *n/pl.* potraviny *f/pl.*
Naht *f* steh *m*, šev *m*, švík *m*; **2los** bez šva, bez švíka
naiv prostodušný, naivný
Name *m* meno *n*
Namens|tag *m* meniny *f/pl.*; **~vetter** *m* menovec
namentlich menovitý; *adv.* najmä, hlavne
nämlich totiž
Napf *m* miska *f*
Narbe *f* jazva
Narkose *f* narkóza
Narr *m* blázon, šialenec
närrisch bláznivý, pochabý
nasch|en maškrtiť; **~haft** maškrtný
Nase *f* nos *m*
Nasen|bluten *n* krvácanie z nosa; **~loch** *n* nosná dierka *f*
naseweis všetečný
Nashorn *n* nosorožec *m*
nass mokrý, vlhký; **~ *werden*** zmoknúť
Nässe *f* vlhkosť; mokrota
Nation *f* národ *m*
national nacionálny, národný; **2feiertag** *m* národný sviatok; **2gericht** *n* národné jedlo; **~istisch** nacionalistický; **2ität** *f* národnosť; **2mannschaft** *f* národné mužstvo *n*
Natron *n* nátron *m*
Natter *f* užovka
Natur *f* príroda; (*Charakter*) povaha; **~forscher** *m* prírodovedec; **~katastrophe** *f* živelná katastrofa
natürlich prirodzene, pravda, samozrejme; *adj.* prírodný, prirodzený
Natur|schutzgebiet *n* prírodná rezervácia *f*; **~wissenschaften** *f/pl.* prírodoveda *f*
Nebel *m* hmla *f*
neben (*A*, *D*) vedľa (*G*), pri (*L*), okrem (*G*); **~an** vedľa;

~bei popritom, *okrem toho;* **≗beschäftigung** *f* vedľajšie zamestnanie *n;* **≗buhler** *m* sok; **~einander** vedľa seba; **≗fach** *n* vedľajši predmet; **≗fluss** *m* prítok; **≗gebäude** *n* vedľajšia budova *f;* **≗sache** *f* vedľajšia vec; **~sächlich** vedľajší, bočný; **≗verdienst** *m* vedľajší zárobok; **≗zimmer** *n* vedľajšia izba *f*
neblig hmlistý
necken domŕzať, doberať
Neffe *m* synovec
negativ *adj.* negatívny, záporny
Negativ *n* negatív *m*
nehmen brať, vziať; ***Platz ~*** sadnúť si
Neid *m* závisť *f;* **≗isch** závistlivý
neig|en skloniť (***sich*** sa); **≗ung** *f* sklon *m; fig.* náklonnosť, náchylnosť
nein nie; ***aber ~!*** to nie je možné!
Nelke *f* klinček *m*
nenn|en menovať, nazývať; **≗er** *m* menovateľ
Neon|licht *n* neónové svetlo; **~reklame** *f* neónová reklama
Nerv *m* nerv; ***auf die ~en fallen*** ísť na nervy (*D*)
Nerven|arzt *m* lekár pre nervové choroby; **~zusammenbruch** *m* nervové zrútenie *n*
nerv|ös nervózny, vznetlivý; ***~ös machen*** rozčuľovať (*A*); **≗osität** *f* nervozita
Nerz *m* norka *f,* norok
Nessel *f* žihľava
Nest *n* hniezdo
nett príjemný, milý, láskavý
netto netto; **≗verdienst** *m* čistý zárobok
Netz *n* sieť *f;* **~haut** *f* sietnica; **~karte** *f* mnohorázový cestovný lístok *m*
neu nový; ***von ~em*** znovu; **~artig** novodobý; **≗bau** *m* novostavba *f*
neuerdings nedávno; znovu
Neu|erscheinung *f* (knižná) novinka, nové vydanie *n;* **~erung** *f* novota; **~geborene(s)** *n* novorodenec *m;* **~gier(de)** *f* zvedavosť; **≗gierig** zvedavý; **~heit** *f* novota, novinka; **~igkeit** *f* novinka
Neujahr *n* Nový rok *m;* **~swunsch** *m* novoročný pozdrav
neu|lich nedávny; *adv.* nedávno; **≗ling** *m* nováčik; **≗mond** *m* nový mesiac
neun deväť; **≗** *f* deviatka; **~te(r)** deviaty; **≗tel** *n* devätina *f;* **~zehn** devätnásť; **~zig** deväťdesiat
Neuschnee *m* novonapadnutý sneh
neutral neutrálny; **≗ität** *f* neutralita
Neuzeit *f* novovek *m*
nicht nie; ***gar ~*** vôbec nie; ***~ wahr?*** však?
Nichte *f* neter
nichtig ničotný; (*ungültig*) neplatný

Nichtraucher *m* nefajčiar
nichts nič; ***mir ~ dir ~*** bezdôvodne; ***~ sagend*** bezvýznamný
Nichtschwimmer *m* neplavec
nichts|destoweniger ničmenej; **&tuer** *m* leňoch, naničhodník; **~würdig** naničhodný
Nickel *n* nikel *m*
nicken kývať
nie nikdy
nieder *adv.* dolu; *adj. s.* ***niedrig***; **~brennen** *v/t.* spáliť; **~drücken** stlačiť; ***~gedrückt sein*** *fig.* byť stiesnený; **&gang** *m fig.* úpadok; **~gehen** *Regen usw.*: spadnúť; *s.* ***landen***; **~geschlagen** skľúčený, stiesnený; **~knien** kľaknúť; **&kunft** *f* pôrod *m*; **&lage** *f* porážka, prehra; **&lande** *pl. s.* ***Holland***; **&lassung** *f* osada; *Hdl.* podnik *m*, pobočka; **~legen** položiť, zložiť, *Amt* vzdať sa (*G*); ***sich ~legen*** ľahnúť si (do *G* na *A*); **~reißen** strhnúť
Niedersachsen *n* Dolné Sasko
Nieder|schlag *m* zrazenina *f*; vodné zrážky *f/pl.*; **&schlagen** poraziť; **~schrift** *f* napísanie *n*, zápis *m*; **&trächtig** podlý, ničomný, hnebný; **~ung** *f* nížina
niedlich pôvabný, nežný
niedrig nízky; *fig.* podlý
nie|mals *s.* ***nie***; **~mand** nikto
Niere *f* oblička, ľadvina
Nierenstein *m Med.* ľadvinový kameň
niesel|n mrholiť; ***es ~t*** mrholí
niesen kých|ať (~nuť)
Niet *m* nit; **~e** *f* lós *m* nevyhrávajúci; **&en** nitovať
nippen srkať; odpiť
nirgends nikde
Nische *f* výklenok *m*
nisten hniezdiť
Niveau *n* úroveň *f*, výška *f*
nobel vznešený
noch ešte; ***weder ..., noch ...*** ani ..., ani ...; ***~ immer*** ešte stále; **~mals** znova, opäť
Nomade *m* kočovník
nominell menovitý
Nonne *f* mníška
Nord|(en) *m* sever; **&europäisch** severoeurópsky
nördlich severný
Nord|licht *n* severná žiara *f*; **&östlich** severovýchodný
Nordrhein-Westfalen *n* Porýnsko-Vestfálsko
Nord|pol *m* severný pól; **~see** *f* Severné more *n*; **~wind** *m* severný vietor; **&westlich** severozápadný
nörgeln šomrať
Norm *f* norma; **&al** normálny; **&en** normovať
Norweg|en *n* Nórsko; **~er** *m* Nór; **&isch** nórsky
Not *f* núdza; potreba; ***~ leidend*** biedny, trpiaci núdzu
Notar *m* notár
Not|arzt *m* lekár záchrannej

služby; **~ausgang** *m* núdzový východ; **~behelf** *m* pomôcka *f* v núdzi; **~bremse** *f* záchranná brzda; **~durft** *f* (telesná) potreba; **≈dürftig** núdzový

Note *f Mus.* nota; *Pol.* nóta; (*Schule*) známka

notfalls ak treba, v prípade potreby

notieren zaznamenať

nötig potrebný; ***es ist ~*** je treba; **~en** nútiť

Notiz *f* zápis *m*, správa; **~buch** *n* zápisník *m*

Not|landung *f* núdzové pristátie *n*; **~lüge** *f* lož z núdze; **~ruf** *m* súrne volanie *n*, volanie o pomoc; **~signal** *n* poplašný signál *m*; **~verband** *m* dočasný (*a.* súrny) obväz *m*; **~wehr** *f* sebaobrana; **≈wendig** *s.* ***nötig***; **~wendigkeit** *f* potreba, nutnosť; **~zucht** *f* znásilnenie *n*

Novelle *f* novela

November *m* november

Nu: ***im ~*** zrazu, v okamihu

nüchtern lačný; triezvy

Nudeln *f/pl.* rezance

Null *f* nula; ***eins zu ≈*** jedna-nula

Nummer *f* číslo *n*; **≈ieren** číslovať

Nummernschild *n* tabuľka *f* s číslom

nun teraz; ***von ~ an*** odteraz; **~mehr** teda, konečne

nur len, iba; ***nicht ~, sondern auch …*** nielen …, ale aj

Nuss *f* orech *n*; **~knacker** *m* luskáčik

nutzbar užitočný

nutzen, **nützen** (*j-m*) osožiť, prospievať; *s.* ***aus-***, ***benutzen***

Nutzen *m* úžitok, osoh; *Hdl.* zisk

nützlich užitočný

nutzlos neužitočný

Nylonstrümpfe *m/pl.* nylonky *f/pl.*

O

Oase *f* oáza

ob či; ***als ~*** akoby

Obacht *f*: ***~ geben*** dať pozor

obdachlos bez prístrešia, bezprístrešný

oben hore, navrchu; ***nach ~*** hore; ***von ~*** zhora; ***~ genannt*** predtým (*od.* vyššie) spomenutý

ober: **~e**, **~er**, **~es**, **≈-** horn|á, ~ý, ~é, vrchn|á, ~ý, ~é

Ober *m* hlavný (čašník); **~bett** *n* (*Federbett*) perina *f*; **~fläche** *f* povrch *m*; **≈flächlich** povrchný; **≈halb** *adv.* navrchu; *prp.* (*G*) nad (*I*); **~haupt** *n* hlava *f*; **~hemd** *n* košeľa *f*; **~in** *f Rel.* predstavená; **≈irdisch** nadzemný; vzdušný; **~kellner** *m* hlavný čašník;

~kiefer *m* horná čeľusť *f*; **~körper** *m* horná časť *f* tela; **~lippe** *f* horná pera; **~schenkel** *m* stehno *n*; **~schule** *f* vyššia stredná škola

Oberst *m* plukovník

oberste(r) najvyšší

Oberteil *m od. n* horná časť *f*

obgleich hoci, čo aj

Obhut *f* ochrana

Objekt *n* objekt *m*, predmet *m*; **~iv** objektívny, vecný; nezaujatý

obligatorisch záväzný, povinný

Oboe *f* hoboj *m*

Obrigkeit *f* vrchnosť

obschon *s.* ***obgleich***

obskur temný, obskúrny

Obst *n* ovocie; **~baum** *m* ovocný strom; **~garten** *m* ovocná záhrada *f*; **~saft** *m* ovocná šťava *f*; **~wein** *m* ovocné víno *n*

obszön oplzlý, nemravný

Obus *m* trolejbus

obwohl *s.* ***obgleich***

Ochse *m* vôl

öde pustý, osamotený

oder alebo; *s.* ***entweder***

Ofen *m* pec *f*, kachle *f/pl.*

offen otvorený; *fig.* priamy; **~bar** zjavný, očividný; *s.* ***anscheinend***; **~heit** *f* otvorenosť, úprimnosť; **~herzig** otvorený, úprimný; **~kundig** zjavný; **~sichtlich** zrejmý

öffentlich verejný; **~keit** *f* verejnosť

Offerte *f* ponuka

offiziell úradný

Offizier *m* dôstojník

öffn|en otvoriť; **~ung** *f* otvorenie *n*; (*Loch*) otvor *m*

oft často; **~malig** častý; **~mals** často(krát)

ohne bez (*G*); *cj.* **~ *dass*** ... bez toho, aby; **~ *zu*** ... bez toho, aby

Ohnmacht *f* mdloba

ohnmächtig bezvedomý, v mdlobách; *fig.* bezmocný; **~ *werden*** padnúť do mdlôb

Ohr *n* ucho

Öhr *n* uško (ihly)

Ohrenarzt *m* ušný lekár; **~sausen** *n* hučanie v ušiach

Ohr|feige *f* zaucho *n*; **~feigen** dať zaucho; **~ring** *m* náušnica *f*

Okkupation *f* okupácia

Ökolog|ie *f* ekológia; **~isch** ekologický

ökonomisch ekonomický

Oktober *m* október

Öl *n* olej *m*; **~en** natrieť olejom; **~farbe** *f* olejová farba; **~gemälde** *n* olejomaľba *f*; **~ig** olejnatý; **~leitung** *f* ropovod *m*

Olymp|iade *f* olympiáda; **~isch** olympijský

Omelett *n* omeleta *f*

Omnibus *m* omnibus, autobus

Onkel *m* strýko, ujo

Oper *f* opera

Operation *f* operácia

Operette *f* opereta

operieren operovať
Opern|glas *n* operný ďalekohľad *m*; **~haus** *n* opera *f*
Opfer *n* obeť *f*, obeta *f*; **2n** obetovať (***sich*** sa)
Opposition *f* opozícia
Optik *f* optika; **~er** *m* optiker
optimistisch optimistický
orange *adj.* oranžový
Orange *f* pomaranč *m*; **~ade** *f* oranžáda
Orchester *n* orchester *m*
Orden *m* rehoľa *f*, rád *m*; (*Auszeichnung*) rad
ordentlich poriadny; (*regulär*) riadny
ordinär obyčajný, grobiansky
ordn|en usporiadať; **2ung** *f* poriadok *m*; **2ungszahl** *f* radová číslovka
Organ *n* orgán *m*; **~isation** *f* organizácia; **2isatorisch** organizátorský, organizačný; **2isch** organický; ucelený; **2isieren** organizovať; **~ismus** *m* organizmus
Orgel *f* organ *m*
Orient *m* Východ, Orient; **2alisch** orientálny
orientier|en: ***sich ~en*** orientovať sa; **2ung** *f* orientácia
Original *n* originál *m*; **~-** pôvodný
originell originálny, svojrázny
Orkan *m* uragán, víchrica *f*
Ort *m* miesto *n*; osada *f*; ***an ~ und Stelle*** na mieste
orthodox pravoverný, pravoslávny
Orthografie, **Orthographie** *f* pravopis *m*
orthopädisch ortopedický
örtlich, **Orts-** miestny
Ortschaft *f* osada
Orts|gespräch *n* miestny rozhovor *m*; **2kundig** vyznať sa v meste; **~zeit** *f* miestny čas *m*
Öse *f* úponka, putko *n*; uško *n*
Osten *m* východ
Ostern *n* Veľká noc *f*
osteuropäisch východoeurópsky
Österreich *n* Rakúsko; **~er** *m* Rakúšan; **2isch** rakúsky
östlich východný; *adv.* východne
Ostsee *f* Baltské more *n*
Otter *m* vydra *f*; **~** *f* zmija
Ouvertüre *f* ouvertúra
oval oválny
Overall *m* kombinéza *f*
Oxid, **Oxyd** *n* kysličník *m*; **2ieren** okysličiť (sa)
Ozean *m* oceán

P

Paar *n* pár *m*, dvojica *f*
paar: ***ein ~*** niekoľko; **~en**: ***sich ~en*** páriť sa
Pacht *f* nájom *m*; **2en** najať
Pächter *m* nájomca
Päckchen *n* balíček *m*
pack|en baliť; (*greifen*) chytiť; *fig.* upútať; **2papier** *n* baliaci papier *m*; **2ung** *f* krabička; obal *m*; *Med.* obklad *m*
Paddel *n* veslo; **~boot** *n* kajak *m*; **2n** pádlovať
Paket *n* balík *m*; **~annahme** *f* príjem *m* balíkov; **~ausgabe** *f* výdaj *m* balíkov
Pakt *m* pakt, dohoda *f*
Palast *m* palác
Palm|e *f* palma; **~sonntag** *m* Kvetná nedeľa *f*
panieren smažiť
Panik *f* panika
Panne *f* nehoda, porucha
Pannenhilfe *f* cestná služba
Panter, Panther *m* leopard
Pantoffel *m* papuča *f*
Panzer *m* pancier; brnenie *n*; (*Kampfwagen*) tank
Papagei *m* papagáj
Papier *n* papier *m*; **~handlung** *f* papiernictvo *n*; **~korb** *m* papierový kôš
Pappe *f* lepenka
Pappel *f* topoľ *m*
Paprika *m* paprika *f*
Papst *m* pápež
päpstlich pápežský
Parade *f* paráda; prehliadka
Paradies *n* raj *m*
parallel paralelný, súbežný
Parasit *m* príživník
Pärchen *n* párik *m*
Parfüm *n* voňavka *f*
Park *m* park; **2en** parkovať
Parkett *n* parketová dlážka *f*; *Thea.* prízemie
Park|haus *n* parking *m*, garáž *f* (viacpodlažná); **~kralle** *f* F papuče *f/pl.*; **~platz** *m* parkovisko *n*; **~scheibe** *f* parkovacia karta; **~uhr** *f* parkovacie hodiny *f/pl.*; **~verbot** *n* zákaz *m* parkovať
Parlament *n* snem *m*, parlament *m*; **2arisch** snemový, parlamentný
Parole *f* heslo *n*
Partei *f* strana; *Jur.* stránka; **~gänger** *m* straník; **2isch** zaujatý, stranícky; **2los** bezpartajný; **~mitglied** *n* člen *m* strany
Parterre *n* prízemie
Partie *f* (*Teil*) časť; (*Spiel*) partia; *Thea.* úloha, rola
Partner *m* spoločník; **~schaft** *f* partnerstvo *n*
Parzelle *f* parcela
Pass *m* (*Reise2*) cestovný pas; (*Gebirgs2*) priesmyk
Passagier *m* cestujuci
Passant *m* okoloidúci, chodec

Passbild *n* fotka *f* na osobný preukaz, pasová fotka *f*
passen (**zu** *D*) pristať (*D*); hodiť sa; **~d** vhodný; (*eng anliegend*) priliehavý; (*genau*) presný
passier|en *v/t.* prekročiť, prejsť; *v/i.* stať sa; **&schein** *m* priepustka *f*
passiv pasívny, trpný
Passkontrolle *f* pasová prehliadka
Passwort *n* heslo
Pastete *f* paštéta
Pate *m* krstný otec, kmotor
Patenkind *n* krstniatko; **~schaft** *f* patronát *m*
Patent *n* patent *m*; **~verschluss** *m* zdrhovadlo *n*, zips
Patient *m* pacient, nemocný
Patin *f* kmotra
Patriot *m* vlastenec; **&isch** vlastenecký
Patrone *f* náboj *m*; patróna
Pauke *f* bubon *m*
pauschal paušálny
Pause *f* prestávka
pausenlos neprestajný
Pech *n* smola *f*; *fig.* neúspech *m*; **~vogel** *m* nešťastník, smoliar
Pedal *n* pedál *m*
pedantisch pedantný
Pediküre *f* pedikúra
peilen *Mar.* merať hĺbku vody; *Flgw.* stanoviť polohu, určiť smer
Pein *f* muka; **&igen** trápiť, mučiť; **&lich** trápny
Peitsche *f* bič *m*
Pellkartoffeln *f/pl.* zemiaky *m/pl.* na lúpanie
Pelz *m* kožuch, kožušina *f*; **~mütze** *f* kožušinová čiapka
Pendel *n* kyvadlo; **&n** kývať sa; pendlovať
Pension *f* penzia; (*Hotel*) penzión *m*; **&ieren** dať do penzie
per: **~ *Stück*** za kus; **~ *Schiff*** loďou; **~ *Bahn*** železnicou
perfekt dokonalý
Period|e *f* perióda, doba; **&isch** pravidelný
Peripherie *f* predmestie *n*
Perl|e *f* perla; **&en** perliť sa; **~mutter** *f* perleť
Pers|er *m* Peržan; **~ianer** *m* (*Pelz*) perzián; **&isch** perzský
Person *f* osoba
Personal *n* personál *m*; **~ausweis** *m* občiansky preukaz; **~ien** *pl.* osobné údaje *m/pl.*
Personen|kraftwagen *m* osobné auto *n*; **~zug** *m* osobný vlak
persönlich osobný; **&keit** *f* osobnosť
Perücke *f* parochňa
pessimistisch pesimistický
Pest *f* mor *m*
Petersilie *f* petržlen *m*
Petroleum *n* petrolej *m*; **~lampe** *f* petrolejová lampa
Pfad *m* chodník; **~finder** *m* skaut
Pfahl *m* kôl, kolík
Pfand *n* záloh *m*

pfänden zhabať, vziať do zálohy
Pfandflasche *f* zálohovaná fľaša
Pfändung *f* zhabanie *n*
Pfann|e *f* panva; **~kuchen** *m* palacinka *f*
Pfarr|amt *n* farský úrad *m*; **~er** *m* farár
Pfau *m* páv
Pfeffer *m* čierne korenie *n*; **~kuchen** *m* perník; **~minze** *f* mäta; **2n** okoreniť
Pfeife *f* fajka; píšťala
pfeifen pískať, hvízdať; *Wind*: fičať; **2tabak** *m* fajkový tabak
Pfeil *m* šíp, strela *f*; **~er** *m* pilier
Pfennig *m hist.* fenig
Pferd *n* kôň *m*
Pferde|rennen *n* konské dostihy *m/pl.*; **~stärke** *f* konská sila; **~zucht** *f* chov *m* koní; *s.* ***Gestüt***
Pfiff *m* hvizd, písknutie *n*; **~erling** *m* kuriatko *n* (huba); **2ig** prefíkaný
Pfingsten *n* Turice *pl.*
Pfirsich *m* broskyňa *f*
Pflanz|e *f* rastlina; **2en** ⟨za⟩-sadiť
Pflaster *n Med.* náplasť *f*; (*Straßen*) dlažba *f*; **~stein** *m* dlaždica *f*
Pflaume *f* slivka
Pflaumen|knödel *m* slivkový knedlík; **~mus** *n* slivkový lekvár *m*
Pflege *f* ošetrovanie *n*; starostlivosť; (*z. B. Kunst*) pestovanie *n*; **2leicht** ľahko udržovateľný
pflegen starať sa; ošetrovať; pestovať; (*zu tun pflegen*) mať vo zvyku; ***ich pflege … zu tun*** robievam …
Pfleger(in *f*) *m* ošetrovateľ(ka)
Pflicht *f* povinnosť; **~-** povinný
pflücken trhať, oberať
Pflug *m* pluh
pflügen orať, brázdiť
Pforte *f* brána, vráta *n/pl.*
Pförtner *m* vrátnik
Pfosten *m* pánt; stĺp
Pfote *f* lab(k)a
Pfriem *m* šidlo *n*
Pfropfen *m* zátka *f*
pfui! fuj!
Pfund *n* funt *m*, libra *f*
pfuschen ⟨z⟩babrať
Pfütze *f* barina, kaluž
Phantasie *usw. s.* ***Fantasie*** *usw.*
Phase *f* fáza, stupeň *m*
Philatelie *f* filatelia
Philologie *f* filológia
Philosoph *m* filozof; **~ie** *f* filozofia; **2isch** filozofický
phlegmatisch flegmatický
phonetisch fonetický
Photo- *usw. s.* ***Foto-*** *usw.*
Physi|k *f* fyzika; **2kalisch** fyzikálny; **2sch** fyzický
Pickel *m Med.* vyrážka
piepen pišťať
pikant pikantný, ostrý
Pilger *m* pútnik; **~fahrt** *f* púť

Pille *f* pilulka
Pilsner (Bier) *n* plzenské (pivo)
Pilz *m* huba *f*; hríb; **~-** hubový; hríbový
Pinsel *m* štetec
Pinzette *f* pinzeta
Pionier *m* priekopník; pionier
Pirat *m* pirát
Piste *f* závodná dráha; *Flgw.* pristávacia dráha
Pistole *f* pištoľa
Pizza *f* pizza
Plage *f* trápenie *n*, súženie *n*; pohroma; **˜n** trápiť, sužovať (*sich* sa)
Plakat *n* plagát *m*
Plakette *f* plaketa
Plan *m* plán, zámer; **~e** *f* plachta (na voz); **˜en** plánovať; zamýšľať; **~erfüllung** *f* (s)plnenie *n* plánu; **˜mäßig** podľa plánu
planschen, **plantschen** špliechať
Plan|ung *f* plánovanie *n*; návrh *m*; **~wirtschaft** *f* plánovité hospodárstvo *n*
plappern tárať
Plastik¹ *f* plastika
Plastik² *n* plast *m*, umelá hmota *f*; **~beutel** *m*, **~tüte** *f* vrecko *n* z umelej hmoty
platt plochý; ploský
Platt|e *f* doska, platňa; (*Tablett*) tácňa; **~enspieler** *m* gramofón; **~fuß** *m* plochá noha *f*; **~form** *f* základňa; platforma
Platz *m* miesto *n*; ***nehmen*** ***Sie ~!*** sadnite si!; **~anweiserin** *f* uvádzačka; **˜en** prasknúť, puknúť; **~karte** *f* miestenka; **~regen** *m* lejak
Plätzchen *n* pečivo
plaudern hovoriť, tárať
pleite insolventný; **˜** ***gehen*** skrachovať
Plomb|e *f* plomba; **˜ieren** plombovať
plötzlich nečakaný, náhly
plump neobratný, nemotorný
plünder|n pleniť, pustošiť; **˜ung** *f* pustošenie *n*
Plus *n* plus; prebytok *m*; *fig.* prednosť *f*
Pöbel *m* luza *f*
pochen tĺcť, biť; búšiť
Pocken *f/pl.* kiahne; **~schutzimpfung** *f* štepenie *n* proti kiahňam
Poet *m* básnik, poeta; **˜isch** básnický
Pokal *m* pohár, pokál
Pökel|fleisch *n* nasolené mäso; **˜n** nasoliť
Pol *m* pól; **˜ar** polárny
Pole *m* Poliak; **~n** *n* Poľsko
Police *f* poistka
polieren leštiť
Poliklinik *f* poliklinika
Poli|tik *f* politika; **~tiker** *m* politik; **˜tisch** politický
Politur *f* politúra
Poli|zei *f* polícia; **~zist** *m* policajt
polnisch poľský
Polster *n* poduška *f*
Polter|abend *m* večer pred

svadbou; **2n** búchať; hrmotať
Pommes: ~ ***frites*** *pl.* zemiakové hranolky *m/pl.*
pompös okázalý
populär populárny
Pore *f* pór *m*
porös pórovitý
Portal *n* priečelie
Portier *m* vrátnik
Portion *f* porcia, dávka
Portmonee *n* peňaženka *f*
Porto *n* poštovné; **2frei** bez poštovného
Porträt *n* podobizeň *f*
Portu|gal *n* Portugalsko; **~giese** *m* Portugalec; **2giesisch** portugalský
Porzellan *n* porcelán *m*
Posaune *f* pozauna
Position *f* pozícia; *s.* ***Stellung, Lager***
positiv pozitívny, kladný
Posse *f* žart *m*; fraška
Post *f* pošta; **~amt** *n* poštový úrad *m*; **~anweisung** *f* poštová poukážka; **~beamte(r)** *m* poštový úradník; **~bote** *m* listár, poštár
Posten *m* miesto *n*; postavenie *n*; služba *f*; *Mil.* stráž *f*
Post|fach *n* poštová priehradka *f*; **~karte** *f* karta; **2lagernd** posterestantný, poste restante; **~leitzahl** *f* poštové smerovacie číslo *n*; **~scheckkonto** *n* poštový šekový účet *m*; **~sparkasse** *f* poštová sporiteľňa; **2wendend** obratom pošty; **~wertzeichen** *n* poštová známka *f*
Pracht *f* nádhera, prepych *m*
prächtig nádherný
Prag *n* Praha *f*; **~er** *m* pražský
prägen raziť; *fig.* vyjadriť
prahle|n vystatovať sa; **2rei** *f* chvastúnstvo *n*
praktisch praktický
Praline *f* pralinka
prall napätý, pružný
Prämie *f* prémia; (*Versicherung*) poistné *n*
Präposition *f* predložka
präsentieren prezentovať
Präservativ *n* prezervatív *m*
Präsid|ent *m* prezident; predseda; **~ium** *n* predsedníctvo
prasseln praskať
prassen hýriť
Praxis *f* prax; *Med.* ordinácia
präzise presný, precízny
predig|en kázať, hlásať; **2er** *m* kazateľ; **2t** *f* kázeň
Preis *m* cena *f*; (*Wert*) hodnota *f*; **~ausschreiben** *n* sútáž *f*; **~erhöhung** *f* zvýšenie *n* cien; **~ermäßigung** *f* zníženie *n* cien; **2geben** (vy)dať napospas; **2gekrönt** poctený cenou; **~liste** *f* cenník *m*; **~richter** *m* rozhodca v súťaži; **2wert** lacný
Prellung *f* podliatina
Premiere *f* premiéra
Presse *f* lis *m*; (*Zeitungen*) tlač; **~freiheit** *f* sloboda tlače
pressen lisovať; tlačiť
Prestige *n* prestíž *f*
Priester *m* kňaz

prima príma, výborný
primär prvotný
Primel *f* prvosienka
primitiv primitívny
Prinz *m* princ; **~essin** *f* princezna
Prinzip *n* princíp *m*, zásada *f*; **≈iell** principiálny, zásadný
Prise *f* štipka
Prisma *n* hranol *m*, prizma *f*
Pritsche *f* pričňa
privat súkromný; **≈eigentum** *n* súkromné vlastníctvo
Privileg *n* výsada *f*
pro: **~** ***Stück*** za kus; **~** ***Person*** na osobu; **~** ***Tag*** denne
Probe *f* skúška; vzorka; ukážka; **~fahrt** *f* skúšobná jazda; **~heft** *n* ukážkový zošit *m*; **≈n** nacvičovať; **≈weise** na skúšku
probieren ochutnať; skúmať
Problem *n* problém *m*; otázka *f*
Produkt *n* výrobok *m*; plodina *f*; **~ion** *f* výroba; **~ions-** výrobný
produzieren vyrábať
Professor *m* profesor
Profit *m* zisk
Prognose *f* prognóza, predpoveď
Programm *n* program *m*; **≈ieren** ⟨na⟩programovať
Projekt *n* návrh *m*, projekt *m*; **~ionsapparat** *m*, **~or** *m* premietač
projizieren premietať
proklamieren vyhlásiť
Prokurist *m* prokurista
Promenade *f* promenáda
prominent vynikajúci
promovieren promovať
prompt bystrý, rýchly
Propeller *m* vrtuľa *f*; propeler
Prophe|t *m* prorok; **≈zeien** prorokovať, veštiť
proportional úmerný
prosit! na zdravie!
Prostituierte *f* prostitútka
Protest *m* protest; **≈antisch** protestantský; **≈ieren** protestovať
Protokoll *n* protokol *m*; zápisnica *f*; **≈ieren** zapísať
Protz *m* nafúkanec
Proviant *m* potrava *f*, proviant
Provinz *f* provincia; (*ländliche Gegend*) vidiek *m*
Provision *f* odmena
provisorisch provizórny, dočasný
provozieren provokovať
Prozent *n* percento
Prozess *m* proces, spor
prüde hanblivý (predstieravo)
prüf|en skúšať; **≈ung** *f* skúška
Prügel *m* bitka *f*; **~ei** *f* ruvačka, bitka; **≈n** biť (***sich*** sa)
Prunk *m* nádhera *f*
Psalm *m* žalm
psych|isch psychický, duševný; **~ologisch** psychologický
Pubertät *f* puberta
Publi|kation *f* publikácia; **~kum** *n* publikum, obecenstvo; **≈zieren** uverejniť

Pudel *m* pudlík
Puder *m* púder; **ℒn** ⟨na⟩pudrovať; **~zucker** *m* práškový cukor
Puffer *m* *Kochk.* haruľa *f*
Pullover *m* pulóver
Puls *m* pulz; **~ader** *f* tepna; **~schlag** *m* tep
Pult *n* stojan *m*
Pulver *n* prach *m*; *Med.* prášok *m*
Pumpe *f* pumpa; **ℒn** pumpovať; F (*borgen*) požičať
Punkt *m* bod; bodka *f*; **~ *zehn Uhr*** presne o desiatej
pünktlich presný
Punsch *m* punč
Pupille *f* zrenica, zornička
Puppe *f* bábka, bábika
Puppentheater *n* bábkové divadlo
pur čistý
Püree *n* zemiaková kaša *f*
Purpur *m* purpur, nach
Purzel|baum *m* kotrmelec; **ℒn** zvaliťsa, urobiť kotrmelec
Pustel *f* vriedok *m*
pusten fúkať; ťažko dýchať, funieť
Putsch *m* puč
Pute *f* morka; **~r** *m* moriak
putz|en čistiť; ***sich* ~en** parádiť sa; **ℒfrau** *f* upratovačka
Pyjama *m* pyžama *f*
Pyramide *f* pyramída; *Math.* ihlan *m*

Q

Quacksalber *m* mastičkár
Quadrat *n* štvorec *m*; **~meter** *n* štvorcový meter *m*
quaken kvákať
Qual *f* trápenie *n*, súženie *n*
quälen trápiť, sužovať (***sich*** sa)
Qualifikation *f* kvalifikácia
Qualität *f* kvalita, akosť
Qualm *m* dym, čmud; **ℒen** čmudiť, dymiť
Quantität *f* kvantita, množstvo *n*
Quark *m* tvaroh
Quartal *n* kvartál *m*, štvrťrok *m*
Quartett *n* kvarteto
Quartier *n* príbytok *m*
Quarz *m* kremeň
Quaste *f* strapec *m*
Quatsch F *m* táranina *f*; **ℒen** F tárať
Quecksilber *n* ortuť *f*
Quelle *f* prameň *m*; **ℒn** pramenіť, prýštiť
quer priečny, šikmý, skrížený; ***kreuz und* ~** križom-krážom; **ℒbalken** *m* priečny trám; **ℒschnitt** *m* prierez; **ℒstraße** *f* priečna ulica; **ℒverbindung** *f* priečne spojenie *n*
quetsch|en tlačiť, mliaždiť; **ℒung** *f* pomliaždenina
quieken kvičať
quietschen škrípať, vŕzgať

Quirl *m* habarka *f*; **2en** habarkovať; mútiť
quitt: **~** ***sein*** byť vyrovnaný; **~ieren** kvitovať, potvrdiť; **2ung** *f* potvrdenka
Quitte *f* dula
Quiz *n* kvíz *m*
Quote *f* podiel *m*, kvóta

R

Rabatt *n* zľava *f*, rabat *m*
Rabbiner *m* rabín
Rabe *m* havran
Rache *f* pomsta
Rachen *m* hltan; hrdlo *n*; pysk
rächen pomstiť (***sich*** sa)
Rad *n* kol(es)o; (*Fahr2*) bicykel *m*; **~** ***fahren*** bicyklovať sa; **~fahrer** *m* bicyklista
radier|en vygumovať; **2gummi** *m* guma *f*; **2ung** *f* (*Stich*) lept *m*
Radieschen *n* reďkovka *f*
radikal radikálny
Radio *n* rádio, rozhlas *m*; **2aktiv** rádioaktívny
Radius *m Math.* polomer
Rad|rennen *n* preteky *pl.* na bicykli; **~sport** *m* cyklistika
raffiniert rafinovaný; prefíkaný
Ragout *n* ragú
Rahm *m* smotana *f*
Rahmen *m* rám; *fig.* rámec; zarámovať
Rakete *f* raketa; **~n-** raketový
rammen (*ein~*) zarážať pilóty; (*kollidieren*) naraziť
Rampe *f* rampa
Rand *m* kraj, okraj, obruba *f*
randalieren vystrájať neplechu
Randbemerkung *f* poznámka na okraj
Rang *m* hodnosť *f*; poradie *n*; *Thea.* balkón
Ranke *f* úponka
Ränke *m/pl.* nástrahy *f/pl.*
ranken: ***sich*** **~** popínať sa
Ranzen *m* batoh
ranzig zhorknutý
Raps *m Bot.* repka *f*
rar zriedkavý
rasch rýchly, súrny
rascheln šušťať, šramotiť
Rasen *m* trávnik
rasen zúriť; hnať sa, letieť; **~d** zúrivý
Rasier|apparat *m* holiaci prístroj; **2en** holiť; **~klinge** *f* žiletka; **~messer** *n* britva *f*; **~pinsel** *m* holiaca štetka; **~schaum** *m* pena *f* na holenie; **~seife** *f* holiace mydlo *n*
Rass|e *f* rasa; plemeno *n*; **2ig** čistokrvný; **2isch** rasový
Rast *f* oddych *m*, odpočinok; **2en** oddychovať; **~stätte** *f* motorest *m*
Rasur *f* holenie *n*
Rat *m* rada *f*; (*Ratschlag*) porada *f*; (*Person*) radca; (*Stadt2*) mestská rada *f*

Rate *f* splátka, dávka
raten ⟨po⟩radiť; (*mutmaßen*) hádať; **2zahlung** *f* platenie *n* na splátky
Rat|geber *m* poradca; **⁓haus** *n* radnica *f*, mestský dom *m*
ratio|nalisieren racionalizovať; **⁓nell** racionálny
rat|los bezradný; **⁓sam** *adv.* radno; **2schlag** *m* rada *f*, pokyn
Rätsel *n* záhada *f*, hádanka *f*; **2haft** záhadný
Ratte *f* potkan *m*
rattern rachotiť
rau drsný; (*nicht glatt*) hrubý
Raub *m* lúpež *f*; **2en** lúpiť, zbíjať
Räuber *m* zbojník, lupič
Raub|mord *m* lúpežná vražda *f*; **⁓tier** *n* dravec *m*, šelma *f*; **⁓überfall** *m* lúpežné prepadnutie *n*; **⁓vogel** *m* dravý vták
Rauch *m* dym; **2en** *v/t.* fajčiť; *v/i.* dymiť
Raucher *m* fajčiar; **⁓abteil** *n* fajčiarske oddelenie
räucher|n údiť; **2ware** *f* údeniny *f/pl.*
Räude *f* svrab *m*
Rauf|bold *m* bitkár; **2en**: ***sich 2en*** biť sa; **⁓erei** *f* bitka
Raum *m* priestor, miestnosť *f*
räumen upratovať, čistiť; *Hdl.* vypredávať
Raum|flug *m* kozmický let; **⁓schiff** *n* kozmický koráb *m*
räum|lich priestorový; **2ung** *f* vyprázdnenie *n*, opustenie *n*
Raupe *f* húsenica
Raureif *m* inovať *f*, srieň *f*
Rausch *m* opojenie *n*; **2en** šumieť, hučať; **⁓gift** *n* omamný jed *m*
räuspern: ***sich ⁓*** odkašľať si
Razzia *f* záťah *m*, razia
reagieren reagovať
Reaktion *f* reakcia; **2är** spiatočnícky
real reálny; **⁓isieren** realizovať; **⁓istisch** realistický; **2ität** *f* realita, skutočnosť
Realschule *f* reálka
Rebe *f* vinič *m*, vínna réva
Rebell *m* burič; **2ieren** búriť sa; **2isch** odbojný, buričský
Rebhuhn *n* jarabica *f*
rechen hrabať
Rechen *m* hrable *f/pl.*
Rechen|aufgabe *f* počtová úloha; **⁓fehler** *m* počtová chyba *f*; **⁓maschine** *f* počítací stroj *m*; **⁓schaft** *f* zodpovednosť
rechn|en počítať, rátať; **2er** *m* počítač; **2ung** *f* účet *m*; účtenka
recht pravý; (*richtig*) správny; (*wahr*) pravdivý; *adv.* dobre, veľmi
Recht *n* právo; ***⁓ haben*** mať pravdu
Rechte *f* pravica
Rechteck *n* pravouholník *m*; **2ig** pravouhlý
rechtfertig|en ospravedlniť; **2ung** *f* ospravedlnenie *n*
recht|haberisch neústupný, svojhlavý; **⁓lich** právny;

~los bezprávny; **~mäßig** právoplatný
rechts vpravo, napravo
Rechtsanwalt *m* advokát
Rechtschreibung *f* pravopis *m*
rechts|kräftig právoplatný; **~widrig** protiprávny; **2wissenschaft** *f* právnictvo *n*
recht|wink(e)lig pravouhlý; **~zeitig** včasný; *adv.* včasne
Reck *n* hrazda *f*
Recycling *n* recyklácia *f*
Redakt|eur *m* redaktor; **~ion** *f* redakcia
Rede *f* reč; ***zur ~ stellen*** brať (*A*) na zodpovednosť; **2gewandt** výrečný
reden hovoriť, rozprávať; rečniť
redlich čestný, poctivý
Red|ner *m* rečník; **2selig** zhovorčivý
reduzieren redukovať
reell reálny
Refer|ent *m* referent; referujúci; **2ieren** referovať, podať správu
reflektieren odrážať svetlo
Reform *f* reforma; **~ation** *f* reformácia; **2ieren** obnoviť
Regal *n* regál *m*, polica *f*
rege živý, čulý rezký
Regel *f* pravidlo *n*; ***in der ~*** spravidla; **2mäßig** pravidelný; *adv.* pravidelne; **2n** upraviť, usporiadať; **~ung** *f* úprava, upravenie *n*
regen: ***sich ~*** hýbať sa, pohnúť sa
Regen *m* dážď; **~bogen** *m* dúha *f*; **~mantel** *m* pršiplášť; **~schirm** *m* dáždnik; **~wetter** *n* daždivé počasie; **~wurm** *m* dážďovka *f*
Regie *f Thea.* réžia
regier|en vládnuť; **2ung** *f* vláda
Regime *n* režim *m*
Regiment *n* pluk *m*
Region *f* kraj *m*, oblasť
regional regionálny
Regisseur *m* režisér
registrieren registrovať, zaznamenať
regne|n pršať; **~risch** daždivý
regsam čulý
regu|lär pravidelný; riadny; **~lieren** regulovať, upraviť
Regung *f* (po)hnutie *n*; **2slos** nehybný
Reh *n* srna *f*, srnec *m*
reib|en trieť; roztierať; **2ung** *f* trenie *n*
Reich *n* ríša *f*
reich bohatý
reich|en (*geben*) pod(áv)ať; (*von … bis …*) siahať; (*genug sein*) (vy)stačiť; **~haltig** hojný; **~lich** postačujúci; **2tum** *m* bahatstvo *n*; **2weite** *f* dosah *m*
reif zrelý; ***~ werden*** dozrievať; **2e** *f* zrelosť, dospelosť; **~en** dozrievať; dospieť
Reifen *m* obruč *f*; *Kfz.* pneumatika *f*; **~panne** *f* defekt *m*, prepichnutá guma
Reifeprüfung *f* maturita
Reigen *m* kolo *n*; *Mus.* ka-

rička *f*
Reihe *f* rad *m*; ***der ~ nach*** po poriadku
Reihenfolge *f* poradie *n*
Reim *m* rým; **~en** rýmovať (***sich*** sa)
rein *adj.* čistý, jasný; *adv.* čisto, celkom; **~gewinn** *m* čistý zisk; **~heit** *f* čistota; **~igen** čistiť; **~igung** *f* čistenie *n*; **~lich** čistotný
Reis *m* ryža *f*; **~-** ryžový
Reise *f* cesta; **~büro** *n* cestovná kancelária *f*; **~führer** *m* sprievodca; **~gepäck** *n* batožina *f*; **~leiter** *m* vedúci výpravy
reisen cestovať; **~de(r)** *m* cestujúci
Reise|pass *m* cestovný pas; **~route** *f* trasa; **~scheck** *m* cestovný šek; **~verkehr** *m* cestovný ruch
Reisig *n* raždie
reiß|en trhať; **~end** dravý, prudký; **~verschluss** *m* zips; **~zwecke** *f* pripináčik *m*
reit|en jazdiť na koni; **~er** *m* jazdec; **~pferd** *n* jazdecký kôň *m*; **~schule** *f* jazdiareň
Reiz *m* čaro *n*, pôvab; podráždenie *n*; **~en** ⟨po⟩dráždiť; **~end** rozkošný, pôvabný
Reklam|e *f* reklama; propagácia; **~ieren** reklamovať
rekonstruieren obnoviť
Rekordleistung *f* rekordný výkon *m*
Rekrut *m* branec
relativ relatívny; *Gr.* vzťažný
Religi|on *f* náboženstvo *n*; **~ons-** náboženský; **~ös** pobožný
Renn|bahn *f* protekárska dráha; **~en** utekať, hnať sa; závodiť; **~en** *n* *Sp.* preteky *m/pl.*; **~fahrer** *m* pretekár; závodník; **~pferd** *n* závodný kôň *m*; **~strecke** *f* závodná trať; **~wagen** *m* závodné auto *n*
Renovierung *f* obnovenie *n*
rentabel rentabilný, výnosný
Rent|e *f* dôchodok *m*; **~ner** *m* dôchodca
Reparatur *f* oprava; **~werkstatt** *f* opravovňa, servis *m*
reparieren o-, na|praviť
Report|age *f* reportáž; **~er** *m* reportér
Repräsentant *m* predstaviteľ
reproduzieren reprodukovať
Reptil *n* plaz *m*
Republik *f* republika
republikanisch republikánsky
Reserve *f* rezerva; náhrada; **~rad** *n* náhradné koleso
reserviert rezervovaný
resignieren vzdať sa
resolut odhodlaný, rezolútny; **~ion** *f* uznesenie *n*
Respekt *m* rešpekt, úcta *f*; **~ieren** mať v úcte
Rest *m* zvyšok
Restaurant *n* hostinec *m*, reštaurácia *f*
restaurieren obnoviť
rest|lich zvyšný; **~los** bez zvyšku

Resultat *n* výsledok *m*
rett|en zachrániť (***sich*** sa); **2er** *m* záchranca
Rettich *m* reďkovka *f*
Rettung *f* záchrana
Rettungs|- záchranný; **~boot** *n* záchranný čln *m*; **~dienst** *m* záchranná služba *f*; **~ring** *m* záchranný pás
Reue *f* ľútosť, žiaľ *m*
revanchieren: ***sich*** **~** revanšovať sa, odvďačiť sa
Revier *n* revír *m*; obvod *m*
Revision *f* revízia
Revolt|e *f* vzbura, revolta; **2ieren** búriť sa
Revolution *f* revolúcia; **2är** revolučný
rezensieren recenzovať
Rezept *n* recept *m*; **2frei** bez recepta
rezitieren prednášať
Rhabarber *m* rebarbora *f*
Rhein *m* Rýn; **~land-Pfalz** *n* Porýnsko-Falcko
Rheuma *n* reuma *f*
richten (*gerade machen*) narovnávať; (*reparieren*) opraviť; *Aufmerksamkeit*, *Blick* obrátiť; *Gesuch* podať; ***sich*** ***~ nach*** (*D*) riadiť sa (*I*, podľa *G*)
Richt|er *m* sudca; **2ig** správny; ***2ig stellen*** opraviť; **~linie** *f* smernica; **~ung** *f* smer *m*
riechen *v/t.* ňuchať, čuchať; *v/i.* (***nach*** *D*) voňať; (*stinken*) zapáchať, smrdieť (*I*)
Riegel *m* závora *f*, zástrčka *f*
Riemen *m* remeň
Riese *m* obor
rieseln *Wasser*: žblnkotať; *Schnee*: sypať sa
riesig obrovský
rigoros rigorózny
Rille *f* ryha
Rind *n* hovädo; hovädzí dobytok *m*
Rinde *f* kôr(k)a
Rinderbraten *m* hovädzia pečienka *f*
Rindfleisch *n* hovädzie mäso
Ring *m* prsteň; *Sp.* ring; **~bahn** *f* okružná železnica; **2en** zápasiť; *fig.* boriť sa; **~er** zápasník; **~finger** *m* prsteník; **~kampf** *m* zápas
rings, **~(her)um**, **~umher** okolo, dokola
Rinn|e *f* žľab *m*; odkvap; **2en** tiecť, rinúť
Rippe *f* rebro *n*
risk|ant odvážny, riskantný; **~ieren** riskovať
Riss *m* trhlina *f*, puklina *f*
rissig prasknutý, popukaný
Ritt *m* jazda *f* na koni
Ritter *m* rytier; **2lich** rytiersky; gavaliersky
rituell obradný
Ritz|e *f* štrbina, trhlina; **2en** škrabnúť
Rivale *m* súper
Rizinusöl *n* ricínový olej *m*
Robbe *f* tuleň *m*
Roboter *m* robot
robust robustný, zavalitý
röcheln chrčať
Rock *m* sukňa *f*; (*Jacke*) kabát

Rockmusik *f* rocková hudba
Rodel|bahn *f* dráha pre sánkovanie; **2n** sánkovať sa; **~schlitten** *m* sánky *f/pl.*
rod|en klčovať; **2ung** *f* klčovanie *n*
Roggen *m* raž *f*, žito *n*
roh surový; **2heit** *f* surovosť; **2kost** *f* rastlinná strava
Rohr *n* rúra *f*; *Bot.* šašina *f*
Röhre *f* rúra; *Rdf.* elektrónka
Rohrleitung *f* potrubie *n*
Rohstoff *m* surovina *f*
Roll|e *f* kladka; valec *m*; (*Papier*) svitok *m*; *Thea.* úloha; **2en** *v/t.* krútiť, točiť; *v/i. Donner*: rachotiť; *Kugel usw.*: gúľať sa; **~er** *m* kolobežka *f*; **~film** *m* svitkový film; **~laden** *m* roleta *f*; **~mops** *m* zavináč; **~schuhe** *m/pl.* kolieckové korčule *f/pl.*; **~stuhl** *m* vozíček; **~stuhlfahrer** *m* vozíčkar; **~treppe** *f* pohyblivé schody *m/pl.*
romantisch romantický
römisch rímsky
Röntgenaufnahme *f* röntgenová snímka
ros|a ružový; **2e** *f* ruža; **2enkranz** *m* ruženec; **~ig** ružový
Rost *m* hrdza *f*; (*Gitter*) rošt; **~braten** *m* roštenka *f*; **2en** hrdzavieť
rösten piecť, smažiť; *Kaffee* pražiť
rost|frei nehrdzavejúci; **~ig** hrdzavý
rot červený; **~ *werden*** sčervenieť; **~ieren** krúžiť, rotovať; **2kohl** *m* červená kapusta *f*
rötlich červenkastý
Rot|stift *m* červená ceruzka *f*; **~wein** *m* červené víno *n*
Route *f* cesta, trasa
Routine *f* zručnosť, rutina
Rowdy *m* chuligán
Rübe *f* repa; ***rote ~*** cvikla
Rubrik *f* rubrika
Ruck *m* trhnutie *n*
Rück|antwort *f* spiatočná odpoveď; **~blick** *m* pohľad späť, spätný pohľad
rücken posunúť; ***näher ~*** priblížiť sa
Rücken *m* chrbát; **~mark** *n* miecha *f*; **~schwimmen** *n* znak *m*
Rück|fahrkarte *f* spiatočný cestovný lístok; **~fahrt** *f* spiatočná cesta; **~fall** *m Med.* recidíva *f*; **~frage** *f* dopyt *m*, dodatočná otázka; **~gabe** *f* navrátenie *n*; **~gang** *m* pokles; **2gängig** spiatočný; ***2gängig machen*** zrušiť; **~grat** *n* chrbtica *f*, chrbtová kosť *f*; **~halt** *m* opora *f*; **~kehr** *f* návrat *m*; **~licht** *n* (*Auto*) zadné svetlo; **2lings** *adv.* nazad, spiatky; **~reise** *f* spiatočná cesta
Rucksack *m* batoh
Rück|schlag *m* (nepriaznivý) obrat; **~schritt** *m* cúvnutie *n*; krok dozadu; **~seite** *f* zadná strana; **~sicht** *f* ohľad *m*, zreteľ *m*; **2sichtslos** bezohľadný; **~spiegel** *m Kfz.* spätné zrkadlo *n*; **~spiel**

n Sp. odvetný zápas *m*; **~sprache** *f* opätovný pohovor *m*; **~stand** *m* zostatok; **≈ständig** oneskorený, zaostalý; **~tritt** *m* odstup, odstúpenie *n*; **~vergütung** *f* spätná náhrada; **≈wärts** nazad, naspäť; **~wärtsgang** *m Kfz.* spätný chod; **~weg** *m* spiatočna cesta *f*; **≈wirkend**: ***≈wirkend von*** (*D*) so spätnou platnosťou od (*G*); **~wirkung** *f Jur.* spiatočná platnosť; **~zahlung** *f* splácanie *n*; **~zug** *m* ústup

Rudel *n* črieda *f*, stádo

Ruder *n* veslo; **~boot** *n* veslový čln *m*

rudern veslovať

Ruf *m* (za)volanie *n*; (*Ansehen*) povesť *f*; **≈en** ⟨za⟩volať; **~nummer** *f s.* ***Telefonnummer***

Rüg|e *f* napomenutie *n*; **≈en** napomenúť, pokarhať

Ruhe *f* pokoj *m*; ticho *n*; *fig.* odpočinok *m*; **≈n** ležať, odpočívať; **~pause** *f* prestávka; **~stand** *m* odpočinok; **~tag** *m* deň odpočinku

ruhig *adj.* tichý, pokojný; *adv.* spokojne

Ruhm *m* sláva *f*

rühmen sláviť; chváliť

ruhmvoll slávny

Ruhr *f Med.* červienka

Rühr|ei *n* praženica *f*; **≈en** miešať; dotknúť sa; *fig.* dojať; ***sich ≈en*** hýbať sa; **≈end** dojímavý; **~ung** *f* dojatie *n*, pohnutie *n*

Ruine *f* zrúcanina, ruina

rülpsen grgať

Rumän|e *m* Rumun; **~ien** *n* Rumunsko; **≈isch** rumunský

Rummel *m* ruch; **~platz** *m* lunapark, jarmok

Rumpf *m* driek; trup

rund *adj.* okrúhly, guľatý; *adv.* okolo

Rund|e *f* kolo *n*; spoločnosť; **~fahrt** *f* okružná cesta; **~flug** *m* okružný let; **~funk** *m* rozhlas; **~funksendung** *f* rozhlasové vysielanie *n*; **~gang** *m* obchôdzka *f*; **≈lich** okrúhly; **~reise** *f* okružná cesta; **~schreiben** *n* obežník *m*; **≈weg** celkom; napospol; skrátka

Runz|el *f* vráska; **≈eln**: ***die Stirn ≈eln*** ⟨z⟩vraštiť čelo

Rüpel *m* hrubec; **≈haft** neokrôchaný

rupfen šklbať; *Gras* trhať

Ruß *m* sadza *f*

Russe *m* Rus

Rüssel *m* rypák; (*Elefant*) chobot

russisch ruský

Russland *n* Rusko

rüst|en pripravovať; zbrojiť; ***sich ~en*** chystať sa; **~ig** rezký; zdatný, čulý; **≈ung** *f* výzbroj *m*; zbrojenie *n*

Rute *f* prút *m*; bičisko *n*

Rutsch|e *f* šmykľavka; **≈en** šmýkať sa, kĺzať sa

rütteln triasť, lomcovať

S

Saal *m* sieň *f*, sála *f*
Saarland *n* Sársko
Saat *f* siatina; (*das Säen*) sejba; (*Saatgut*) osivo *n*
Säbel *m* šabľa *f*
Sabotage *f* sabotáž
Sach|bearbeiter *m* referent; **⁂dienlich** užitočný, relevantný
Sache *f* vec, záležitosť
sach|gemäß primeraný, vhodný; **⁂kenner** *m* znalec vecí; **⁂kenntnis** *f* vecná znalosť; **~kundig** znalecký; **⁂lage** *f* stav *m* veci; **~lich** vecný
sächlich *Gr.* stredný rod *m*
Sach|register *n* abecedný zoznam *m*, register *m*; **~schaden** *m* vecná škoda *f*
Sachsen *n* Sasko
Sachsen-Anhalt *n* Sasko-Anhaltsko
Sach|verhalt *m* stav veci; **~verständige(r)** *m* znalec, odborník
Sack *m* vrece *n*; **~gasse** *f* slepá ulica
säen siať, rozsievať
Saft *m* šťava *f*; **⁂ig** šťavnatý
Sage *f* povesť
Säge *f* píla; **~mehl** *n* piliny *f/pl.*
sagen hovoriť, povedať
säge|n píliť; **⁂späne** *pl.* piliny *f/pl.*; **⁂werk** *n* píla *f*
Sahne *f* smotana
Saison *f* sezóna; **~-** sezónny
Saite *f* struna
Sakko *m* sako *n*
Salat *m* šalát
Salbe *f* masť
Salbei *m* šalvia *f*
Salmiakgeist *m* (vodnatý) čpavok
Salon *m* salón
Salpeter *m* liadok; **~säure** *f* kyselina dusičná
Salz *n* soľ *f*; **⁂en** ⟨po⟩soliť; **~fass** *n* soľnička *f*; **~hering** *m* sleď; **⁂ig** slaný; **~säure** *f* kyselina soľná
Sämaschine *f* sejačka
Samen *m* semeno *n*
samm|eln zbierať, zhromaždiť; **⁂ler** *m* zberateľ; **⁂lung** *f* zbierka
Samstag *m* sobota *f*
Samt *m* zamat
sämtlich všetok
Sand *m* piesok
Sandale *f* sandál *m*
sand|ig piesočný; **⁂stein** *m* pieskovec
sanft(mütig) nežný, jemný; mierny
Sänger *m* spevák; **~in** *f* speváčka
Saphir *m* zafír
Sardine *f* sardinka
Sarg *m* rakva *f*
Satellit *m* satelit, družica *f*
satirisch satirický

satt sýty; ***ich habe es ~*** mám toho dosť
Sattel *m* sedlo *n*; **2n** osedlať
sättigen nasýtiť
Sattler *m* sedlár; remenár
Satz *m Gr.* veta *f*; (*Prozent2*; *Typ.*) sadzba *f*; (*Sprung*) skok; (*Briefmarken*) séria *f*; **~ung** *f* stanovy *f/pl.*
Sau *f* sviňa
sauber čistý; ***~ machen*** upratovať; **2keit** *f* čistota
säuber|n *s.* ***reinigen***; **2ung** *f* čistka
Sauce *f s.* ***Soße***
sauer kyslý; F *fig.* mrzutý; **2kraut** *n* kapusta *f*; **2stoff** *m* kyslík; **2teig** *m* kvas
Säufer *m* pijan, ožran
saug|en sať, cicať; **2er** *m* (*Schnuller*) cumeľ, cumlík
Säug|etier *n* cicavec *m*; **~ling** *m* dojča *n*
Säule *f* stĺp *m*; *fig.* opora
Saum *m* obruba *f*; okraj, lem
säum|en *v/t.* obrúbiť, lemovať; *v/i.* váhať, meškať; **~ig** váhavý
Sauna *f* sauna
Säure *f* kyselina
säuseln šelestiť
sausen šumieť; hučať; F (*eilen*) letieť
S-Bahn *f* mestská dráha
scann|en *EDV* skenovať; **2er** *m* skener
Schabe *f* šváb *m*
schaben škrabať
schäbig ošúchaný; *fig.* chatrný
Schablone *f* šablóna
Schach *n* šach *m*; **~brett** *n* šachovnica *f*; **~figur** *f* šachová figúrka; **2matt!** šach mat!
Schacht *m* šachta *f*, baňa *f*
Schachtel *f* krabica
schade škoda
Schädel *m* lebka *f*
schaden škodiť
Schaden *m* škoda *f*; **~ersatz** *m* náhrada *f* škody; **~freude** *f* škodoradosť; **2froh** škodoradostný
schad|haft poškodený; chybný; **2stoff** *m* škodlivína *f*
schäd|igen poškodiť; **~lich** škodlivý, nezdravý; **2ling** *m* škodca
Schaf *n* ovca *f*; **~-** ovčí
Schäfer *m* ovčiar; **~hund** *m* ovčiak
schaffen tvoriť, pracovať; (*bringen*) dopraviť; (*bewältigen*) dať si rady
Schaffner *m* sprievodca
Schaft *m* porisko *n*; pažba *f*; (*Stiefel*) sára *f*
schal planý, bez chuti
Schal *m* šál, štóla *f*
Schale *f* šálka; škrupina; šupa
schälen ⟨o⟩lúpať, lúskať
Schalk *m* šibal
Schall *m* zvuk, hlahol; **~dämpfer** *m* tlmič; **2en** znieť, zvučať; **~geschwindigkeit** *f* rýchlosť zvuku; **~platte** *f* gramofónová platňa

schalt|en spojiť (spájať); zapínať; **≈er** *m* vypínač; (*Bank*) (posuvné) okienko *n*; **≈hebel** *m* vodiaca páka *f*; **≈jahr** *n* priestupný rok *m*; **≈tafel** *f* rozvodná doska
Scham *f* hanblivosť
schämen: ***sich*** **~** hanbiť sa
scham|haft hanblivý; **~los** nehanebný, bez hanby
Schand|e *f* hanba, potupa; **~fleck** *m* škvrna *f*
schändlich hanebný, potupný
Schänke *f* krčma
Schanze *f s.* ***Sprungschanze***
Schar *f* zástup *m*; **≈en** zhromaždiť (***sich*** sa)
scharf ostrý; **≈blick** *m* bystrozrak, bystrosť *f*
Schärf|e *f* ostrosť; **≈en** ostriť
Scharf|sinn *m* dôvtip; **≈sinnig** dôvtipný, bystrý
Scharlach *m* šarlach
Scharnier *n* záves *m*
Schärpe *f* šerpa
scharren hrabať, škrabať
Schatt|en *m* tieň, tôňa *f*; **≈ig** tienistý
Schatz *m* poklad; *fig.* zlato *n*
schätz|en ceniť; **≈ung** *f* odhad *m*; ocenenie *n*
Schau *f* výstava; prehliadka
Schauder *m* hrôza *f*, des; **≈haft** hrozný, úžasný; **≈n** desiť sa, zhroziť sa
schauen dívať sa, hľadieť
Schauer *m* (*Regen*) lejak, prehánka *f*; *s.* ***Schauder***; **≈lich** príšerný
Schaufel *f* lopata
Schaufenster *n* výkladná skriňa *f*
Schaukel *f* hojdačka; **≈n** kolísať, hojdať
Schaum *m* pena *f*
schäumen peniť sa; *fig.* zúriť, soptiť
Schaum|gummi *m* penová guma *f*; **~wein** *m* šumivé víno *n*
Schau|platz *m* dejisko *n*; **≈rig** hrozný; **~spiel** *n* činohra *f*; **~spieler** *m* herec; **~spielerin** *f* herečka
Scheck *m* šek; **~heft** *n* šeková knižka *f*; **~karte** *f* šeková karta; **~konto** *n* šekový účet *m*
Scheib|e *f* kotúč *m*; (*Glas*) tabuľa; (*Brot*) krajec *m*; (*Schieß≈*) terč *m*; **~enwischer** *m* (*Auto*) stierač
Scheid|e *f* pošva; **≈en** rozlúčiť; *Ehe* rozviesť; **~ung** *f* rozvod *m*
Schein *m* (*Licht*) svit; (*Geld*) bakovka *f*; (*Täuschung*) zdanie *n*; *s.* ***Bescheinigung***; **≈bar** zdanlivý; **≈en** svietiť, žiariť; *fig.* zdať sa; **≈heilig** pokrytecký; **~werfer** *m* svetlomet; reflektor
Scheitel *m* pútec; vrchol
scheitern stroskotať
Schelle *f* zvonček *m*
Schelm *m* šibal; **≈isch** šibalský, figliarsky
schelten karhať, hrešiť
schematisch schematický,

prehľadný
Schemel *m* podnožka *f*
Schenkel *m* stehno *n*
schenken darovať
Scherbe *f* črepina
Schere *f* nožnice *f/pl.*; (*Krebs*) klepetá *n/pl.*
scher|en ⟨o⟩strihať; **²ereien** *f/pl.* opletačky
Scherz *m* žart, vtip; **²en** žartovať, vtipkovať; **²haft** žartovný
scheu plachý
scheuchen ⟨za⟩plašiť
scheuen (*A*) báť sa, ľakať sa (*G*)
scheuern *v/t.* umývať, drhnúť; *v/i.* (*reiben*) trieť
Scheune *f* stodola
Scheusal *n* ohava *f*, obluda *f*
scheußlich ohavný, hrozný
Schi *usw. s.* ***Ski*** *usw.*
Schicht *f* vrstva; smena; **~arbeit** *f* práca na smeny; **²en** navrstviť
schick vkusný, úhľadný
schick|en poslať, posielať; ***es ~t sich*** (***nicht*** ne)patrí sa
Schicksal *n* osud *m*
schieb|en posunovať; **²er** *m* zásuvka *f*; šmelinár
Schieds|richter *m* sudca; *Sp.* rozhodca; **~spruch** *m* súdny výrok
schief šikmý, naklonený; ***~ gehen*** neuspieť, nepodariť sa
Schiefer *m* bridlica *f*
schielen škúliť; *fig.* poškuľovať
Schienbein *n* holenná kosť *f*
Schiene *f Esb.* koľajnica; *Med.* dlaha
schieß|en strieľať, streliť; **²platz** *m* strelnica *f*; **²scheibe** *f* terč *m*
Schiff *n* loď *f*; **²bar** splavný; **~bau** *m* stavba *f* lodí; **~bruch** *m* stroskotanie *n* lode; **~er** *m* lodník, námorník
Schiffs|verkehr *m* lodná doprava *f*; **~werft** *f* lodenica
Schikan|e *f* šikanovanie *n*; **²ieren** šikanovať
Schild[1] *m* štít
Schild[2] *n* štít *m*, nadpis *m*; **~drüse** *f* štítna žľaza
schild|ern líčiť, opisovať; **²erung** *f* líčenie *n*, opis *m*; **²kröte** *f* korytnačka
Schilf *n* trstina *f*, šašina *f*
schillern ligotať sa
Schimm|el *m Bot.* pleseň *f*; **²eln** plesnivieť
Schimmer *m* lesk, jagot; **²n** ligotať sa
schimmlig plesnivý
schimpf|en nadávať; **²wort** *n* nadávka *f*
Schinken *m* šunka *f*
Schirm *m* dáždnik; *fig.* ochrana *f*; *s.* ***Bildschirm***; **~herrschaft** *f* patronát *m*, záštita; **~ständer** *m* stojan na dáždniky
Schlacht *f* bitka; **²en** zabíjať
Schlächter *m* mäsiar
Schlacht|feld *n* bojisko; **~hof** *m* jatky *f/pl.*
Schlacke *f* škvara

Schlaf *m* spánok; **~anzug** *m* pyžama *n*; **~sack** *m* spací vak
Schläfe *f* spánky *f/pl.*
schlafen spať; ***sich ~ legen*** ľahnúť si
schlaff voľný, uvoľnený; mdlý
schlaf|los bezsenný; **2losigkeit** *f* nespavosť; **2mittel** *n* uspávací prostriedok *m*; **2rock** *m* župan; **2sack** *m* spací vak; **2tablette** *f* tabletka na spanie; **2wagen** *m* spací vozeň; **2zimmer** *n* spálňa *f*
Schlag *m* úder, tlkot; F *Med.* porážka *f*; ***mit einem ~e*** odrazu; **~ader** *f* tepna; **~anfall** *m* porážka *f*, mŕtvica *f*; **~baum** *m* závora *f*, rampa *f*; **2en** biť ⟨udrieť⟩; (*besiegen*) poraziť; *Uhr*: ⟨od⟩biť; ***sich 2en*** biť sa, zápasiť; **~er** *m* šláger
Schläger *m* (*Tennis*) raketa *f*; (*Rowdy*) bitkár; **~ei** *f* bitka
schlag|fertig pohotový; *fig.* rázny; **2sahne** *f* šľahačka; **2stock** *m* obušok; **2wort** *n* heslo; **2zeile** *f* nadpis *m*, titul *m*; **2zeug** *n Mus.* bicí nástroj *m*
Schlamm *m* bahno *n*, múľ; **2ig** bahnitý, kalný
schlampig nedbalý, neporiadny
Schlange *f* had *m*; F ***~ stehen*** stáť v rade
schlängeln: ***sich ~*** plaziť sa, krútiť sa
schlank štíhly; **2heit** *f* štíhlosť
schlapp malátny
Schlappe F *f* porážka
schlau prefíkaný, prebitý
Schlauch *m* hadica *f*; (*Rad*) duša *f*; **~boot** *n* gumový čln(ok) *m*
schlecht zlý
schleichen plaziť sa; F (*langsam gehen*) vliecť sa
Schleier *m* závoj; **2haft** záhadný, tajomný
Schleif|e *f* stuha, stužka; (*Schlinge*) slučka; **2en** ťahať, vliecť; *Messer usw.* ostriť, brúsiť; **~stein** *m* brús
Schleim *m* hlien; **~haut** *f* sliznica; **2ig** hlienistý, sliznatý
schlemm|en pochutnať si; **2er** *m* labužník
schlendern prechádzať sa
Schlendrian *m* šlendrián
Schlepp|e *f* závoj *m*, vlečka; **2en** vliecť, ťahať; **2end** pomalý, ťažkopádny; **~er** *m Kfz.* vlečniak; vlečník; **~seil** *n*, **~tau** *n* vlečné lano
Schlesien *n* Sliezko
Schleswig-Holstein *n* Šlezvicko-Holštajnsko
Schleuder *f* prak *m*; (*Wäsche2*) odstredivka; **2n** ⟨za⟩hodiť; odstrediť; *v/i.* (*Auto*) dostať šmyk
schleunigst čo najskôr
Schleuse *f* splav *m*, stavidlo *n*
schlicht prostý; **~en** *Streit* uhladiť, urovnať; **2heit** *f* prostota

schließ|en zavrieť, zamknúť; (*beenden*) dokončiť; *Vertrag, Ehe* uzavrieť; (*Schlüsse ziehen*) usudzovať; **2fach** *n* poštová priehradka *f*; safe *m*; **~lich** konečne, koniec koncov
Schliff *m* výbrus; *fig.* vybrúsenosť *f*
schlimm zlý, nepríjemný; **~er** horší
Schling|e *f* slučka, oko *n*; pasca; **2en**: ***sich 2en*** krútiť (*od.* vinúť) sa okolo (*G*); (*schlucken*) hltať, prežierať; **~pflanze** *f* popínavá rastlina
Schlips *m s.* ***Krawatte***
Schlitten *m* sánky *f/pl.*
Schlittschuh *m* korčule *f/pl.*; **~läufer** *m* korčuliar
Schlitz *m* štrbina *f*; rázporok
Schloss *n* zámok *m*, hrad *m*; (*Tür*) zámka *f*
Schlosser *m* zámočník
Schlot *m* komín
Schlucht *f* priepasť
schluchzen vzlykať
Schluck *m* dúšok, glg; **~auf** *m* čkanie *n*; **2en** zhltnúť; absorbovať
Schlummer *m* spánok, driemota *f*; **2n** driemať
Schlund *m* hltan; *fig.* hlbina *f*
schlüpf|en vkĺznuť do (*G*); **2er** *m* (dámske) nohavičky *f/pl.*; **~rig** klzký; *fig.* oplzlý
Schlupfwinkel *m* skrýša *f*
Schluss *m* záver, koniec
Schlüssel *m* kľúč; **~bein** *n* kľúčna kosť *f*; **~loch** *n* kľúčová dierka *f*
Schluss|folgerung *f* dôsledok *m*; následok *m*; záver *m*; **~licht** *n Kfz.* koncové svetlo
Schmach *f* potupa, hanba; **2ten** túžiť, bažiť po (*L*)
schmächtig útly, šťúply
schmackhaft chutný
schmäh|en haniť, urážať, potupovať; **~lich** potupný
schmal úzky, tesný
schmälern zúžiť, stenčiť; *fig.* zmenšovať
Schmalfilm *m* úzky film
Schmalz *n* masť *f*, tuk *m*
Schmarotzer *m* cudzopasník
schmausen hodovať
schmecken chutnať; chutiť
Schmeich|elei *f* lĺškanie *n*, lichotenie *n*; **2elhaft** lichotivý; **2eln** lĺškať sa, lichotiť; **~ler** *m* lichotník
schmeißen hodiť, šmariť
schmelzen *v/t.* taviť, rozpúšťať; *v/i.* taviť sa
Schmerz *m* bolesť *f*; **2en** bolieť; ***es 2t mich*** bolí ma; **2haft**, **2lich** bolestný, bolestivý; **2los** bezbolestný; **2stillend** utišujúci bolesť
Schmetterling *m* motýľ
Schmied *m* kováč; **~e** *f* vyhňa, kováčska dielňa; **2en** kovať, kuť
schmieg|en: ***sich ~en an*** (*A*) vinúť sa ku (*D*); **~sam** ohybný; prítulný
schmier|en mazať, natrieť; **~ig** mazľavý; nečistý; **2öl** *n*

mazací olej *m*; **2seife** *f* mazľavé mydlo *n*
Schminke *f* líčidlo *n*; **2n** maľovať, líčiť
Schmirgel *m* šmirgel
schmollen (*D*) durdiť sa (na *A*)
Schmor|braten *m* dusená pečienka *f*; **2en** *v/t.* dusiť
Schmuck *m* ozdoba *f*; (*Juwelen*) šperk; **2los** neozdobený
schmücken ozdobiť
Schmugg|el *m* pašeráctvo *n*; **2eln** (pre)pašovať; **~ler** *m* pašerák
schmunzeln usmievať sa
Schmutz *m* špina *f*, nečistota *f*; **2ig** špinavý, nečistý
Schnabel *m* zobák
Schnalle *f* spona, zápinka
schnapp|en chytiť, zdrapiť; **2schuss** *m* momentka *f*
Schnaps *m* pálenka *f*
schnarchen chrápať
schnattern gágať; *fig.* tárať
schnauben fučať; ***sich* ~** smrkať
Schnauze *f* rypák *m*; papuľa, pysk *m*
schnäuzen: ***sich* ~** vysiakať sa
Schneck|e *f* slimák *m*; **2enhaus** *n* ulita *f*
Schnee *m* sneh; **~ball** *m* snehová guľa *f*; **2bedeckt** pokrytý snehom; **~flocke** *f* snehová vločka; **~gestöber** *n* fujavica *f*, metelica *f*; **~glöckchen** *n* snežienka *f*; **~kette** *f* snehová reťaz; **~mann** *m* snehuliak; **~pflug** *m* snehový pluh; **~wehe** *f* snehový závej *m*; **2weiß** snehobiely
Schneid|e *f* ostrie *n*; **2en** rezať; *Brot* krájať; (*mit d. Schere*) strihať; **2end** ostrý; **~er(in** *f*) *m* krajčír(ka); **2ig** ostrý; rázny
schnei|en snežiť; ***es* ~t** sneží, padá sneh
schnell rýchly; **2igkeit** *f* rýchlosť; **2imbiss** *m* buffet; občerstvenie *n*; **2reinigung** *f* rýchločistiareň; **2verkehr** *m* rýchlodoprava *f*; **2zug** *m* rýchlik
schnippisch pichľavý; výsmešný
Schnitt *m* rez(anie *n*); (*Wunde*) rana *f*; (*Kleider*) strih; (*Film*) strihanie *n*; **~e** *f* krajec *m* (chleba); **~lauch** *m* pažítka *f*; **~punkt** *m* priesečník; **~wunde** *f* rezná rana *n*
Schnitz|el *n Kochk.* rezeň *m*; **2en** vyrezávať; **~er** *m* rezbár; *fig.* chyba *f*
Schnorchel *m* nasávač vzduchu
schnöde ohavný, hanebný
Schnörkel *m* zakrútená ozdobná čiara *f*; *fig.* kvetnatý výraz
schnüffeln vetriť; *fig.* sliediť
Schnuller *m* cumeľ, cumlík
Schnulze *f* limonádovitý šláger *m*
Schnupfen *m* nádcha *f*
schnuppern ňuchať, vetriť

Schnur *f* šnúra; motúz *m*
schnüren zašnurovať, uviazať
Schnurrbart *m* fúzy *m/pl.*
schnurren *Katze*: priasť
Schnürsenkel *m* šnúrky *f/pl.* do topánok
Schober *m Agr.* stoh; kopa *f*
Schock *m* nervový šok, otras nervov
Schöffe *m* sudca z ľudu
Schoko|lade *f* čokoláda; **~riegel** *m* čokoládová tyčinka *f*
Scholle *f* (*Erde*) hruda; (*Eis*) kryha; (*Fisch*) tľapka
schon už
schön krásny, pekný; ***bitte ~*** prosím pekne!; ***~en Dank!*** ďakujem pekne!
schonen šetriť, (***sich*** sa); chrániť; **~d** šetrný
Schönheit *f* krása; (*Person*) krásavica, kráska
Schon|kost *f* diéta; **~ung** *f* šetrenie *n*; (*Forst*) mladý porast *m*; **~zeit** *f* čas *m* hájenia
schöpf|en 〈na〉čerpať; *Verdacht*, *Hoffnung* mať; **²er** *m* tvorca; *Rel.* stvoriteľ; **~erisch** tvorivý; **²ung** *f* stvorenie *n*; (*Werk*) výtvor *m*, dielo *n*
Schorle *f* strek *m*
Schorf *m* chrasta *f*; príškvar
Schornstein *m* komín; **~feger** *m* kominár
Schoß *m* lono *n*; *Bot.* výhonok
Schote *f* struk *m*
Schotte *m* Škót
Schotter *m* štrk
schottisch škótsky
Schottland *n* Škótsko
schräg priečny, šikmý
Schramme *f* jazva; škrabnutie *n*
Schrank *m* skriňa *f*
Schranke *f* zábradlie *n*, závora; *fig.* medza, hranica
Schraub|e *f* skrutka, P šrauba; **²en** skrutkovať
Schrauben|schlüssel *m* skrutkový kľúč; **~zieher** *m* skrutkovač
Schraubstock *m* zverák
Schreck *m*, **~en** *m* zľaknutie *n*, strach; **²lich** hrozný, strašný
Schrei *m* výkrik, vresk
schreib|en písať; **²en** *n* písanie; (*Brief*) list *m*; **²feder** *f* pero *n*; **²fehler** *m* chyba *f* pri písaní; **²maschine** *f* písací stroj *m*; **²tisch** *m* písací stôl
schreien kričať
Schreiner *m* stolár
schreiten kráčať
Schrift *f* písmo *n*; **²lich** písomný; **~stück** *n* spis *m*; **~steller** *m* spisovateľ
schrill ostrý, prenikavý
Schritt *m* krok; *s. a.* ***Tritt***
schroff príkry, strmý; *fig.* strohý; **²heit** *f fig.* drsnosť
Schrot *m* broky *m/pl.*
Schrott *m* stare železo *n*, šrot; **~platz** *m* šrotovisko *n*
schrubben vydrhnúť

schrumpfen scvrknúť sa
Schub|fach *n*, **~lade** *f* zásuvka
schüchtern plachý, bojazlivý; **⁀heit** *f* ostýchavosť
Schuft *m* darebák, podliak
schuften F lopotiť, drieť
Schuh *m* topánka *f*; **~e** (*Schuhwaren*) obuv *f*; **~bürste** *f* kefa na topánky; **~creme** *f* krém *m* na topánky; **~geschäft** *n* obchod *m* s obuvou; **~macher** *m* obuvník; **~putzer** *m* čistič (topánok); **~sohle** *f* podrážka
Schul|bank *f* školská lavica; **~buch** *n* učebnica *f*
Schuld *f* vina, previnenie *n*; *Fin.* dlh *m*, dlžoba; ***zu ~en*** *s.* ***zuschulden***; **⁀en** dlhovať; **⁀ig** dlžný; *Jur.* vinný; **⁀los** nevinný; **~ner** *m* dlžník
Schul|e *f* škola; **⁀en** školiť
Schüler *m* žiak; **~in** *f* žiačka
Schulferien *pl.* školské prázdniny
schul|frei *adv.* bez vyučovania; **⁀freund** *m* priateľ zo školy; **⁀jahr** *n* školský rok *m*; **⁀pflicht** *f* školopovinnosť; **⁀stunde** *f* školská hodina
Schulter *f* plece *n*; **~blatt** *n* lopatka *f*
Schul|ung *f* školenie *n*; výcvik *m*; **~wesen** *n* školstvo
Schund *m* brak; **~literatur** *f* braková literatúra
Schuppen¹ *f/pl.* (*Kopf⁀*) šupiny
Schuppen² *m* šopa *f*, sklad
schüren *Feuer* rozhrabať; *fig.* rozdúchať
Schurke *m* darebák, podliak
Schürze *f* zástera
Schuss *m* výstrel; hod
Schüssel *f* misa
Schusswaffe *f* strelná zbraň
Schuster *m* obuvník
Schutt *m* trosky *f/pl.*; zrúcaniny *f/pl.*
Schüttelfrost *m* zimnica *f*
schütteln ⟨po⟩triasť; ***den Kopf ~*** vrtieť hlavou
schütten sypať; *Flüssigkeit* liať
schütter riedky
Schutthaufen *m* rumovisko *n*
Schutz *m* ochrana *f*, obrana *f*
Schütze *m* strelec
schützen chrániť (***sich*** sa; ***vor*** pred *I*)
Schutz|engel *m* anjel strážca; **~hütte** *f* chata; **~impfung** *f* ochranné očkovanie *n*
Schützling *m* chránenec
Schutz|marke *f* ochranná značka; **~vorrichtung** *f* ochranné zariadenie *n*
schwach slabý, bezvládny
Schwäch|e *f* slabosť; **⁀en** oslabiť; *fig.* zmenšiť, podrývať; **⁀lich** slabý
schwach|sinnig slabomyseľný; **⁀strom** *m* slaboprúd
Schwager *m* švagor
Schwägerin *f* švagriná
Schwalbe *f* lastovička
Schwamm *m* huba *f*, hríb

Schwan *m* labuť *f*
schwanger tehotná; **Ձschaft** *f* tehotenstvo *n*
Schwank *m* *Thea*. fraška *f*; **Ձen** klátiť sa; *fig*. váhať
Schwanz *m* chvost
schwänzen P ulievať sa
Schwarm *m* roj; kŕdeľ
schwärmen rojiť sa; (*sich begeistern*) rojčiť, blúzniť
Schwärmer *m* rojko; **Ձisch** rojčivý
schwarz čierny; ***das ~e Brett*** vývesná tabuľa *f*; **Ձbrot** *n* čierny chlieb *m*; **Ձfahrt** *f* cesta na čierno; **Ձhandel** *m* čierny obchod; **Ձhörer** *m* poslucháč načierno; **~sehen** pozerať (sa) pesimisticky; **Ձweißfilm** *m* čiernobiely film
schwatzen tárať
Schwätzer *m* táradlo *n*, tárač
schwatzhaft táravý
Schwebe *f*: ***in der ~ sein*** byť nerozhodný; **~bahn** *f* visutá dráha
schweben vznášať sa; *fig*. ***in Gefahr ~*** byť v nebezpečenstve
Schwed|e *m* Švéd; **~en** *n* Švédsko; **Ձisch** švédsky
Schwefel *m* síra *f*; **~säure** *f* kyselina sírová
Schweif *m* chvost; **Ձen** túlať sa; *fig*. blúdiť
schweig|en mlčať; **Ձen** *n* mlčanie; **~sam** mlčanlivý
Schwein *n* sviňa *f*
Schweine|fleisch *n* bravčové mäso; **~rei** P *f* svinstvo *n*
Schweiß *m* pot; **Ձen** *Tech*. zvariť; **~er** *m* zvárač
Schweiz *f* Švajčiarsko *n*; **~er** *m* Švajčiar; **Ձerisch** švajčiarsky
schwelen *Feuer*: tlieť
schwelgen hýriť
Schwelle *f* prah *m*
schwell|en *v/t*. nadúvať; *v/i*. vzdúvať sa; napuchnúť; **Ձung** *f* *Med*. opuchnutie *n*
schwenk|en mávať; *v/i*. meniť smer; **Ձung** *f* obrat *m*
schwer ťažký; vážny; **Ձarbeiter** *m* ťažko pracujúci; **Ձe** *f* ťarcha; **~fällig** ťažkopádny; **~hörig** nedoslýchavý; **Ձkraft** *f* príťažlivosť; **~mütig** zádumčivý; **Ձpunkt** *m* ťažisko *n*, stredobod
Schwert *n* meč *m*
schwerwiegend závažný
Schwester *f* sestra; **Ձlich** sesterský
Schwieger|eltern *pl*. svokrovci; **~mutter** *f* svokra; **~sohn** *m* zať; **~tochter** *f* nevesta; **~vater** *m* svokor
Schwiele *f* mozoľ *m*
schwierig ťažký; **Ձkeit** *f* ťažkosť
Schwimm|bad *n* plaváreň *f*; **~becken** *n* bazén *m*; **Ձen** plávať; **~er** *m* plavec; **~flosse** *f* plutva; **~sport** *m* plávanie *n*; **~weste** *f* záchranná vesta
Schwind|el *m* *Med*. závrat; (*Betrug*) podvod, podfuk; **Ձeln** F klamať; ***mir Ձelt***

mám závrat; **~en** miznúť; **~ler** *m* podvodník; **~lig** závratný; **~sucht** *f* suchotiny *f/pl.*
schwing|en *v/t.* mávať (*I*); točiť; *v/i.* kývať sa, chvieť sa; **~ung** *f* kývanie *n*; chvenie *n*
Schwips F *m* podnapilosť *f*; ***e-n ~ haben*** podnapiť sa
schwitz|en potiť sa; **~bad** *n* parný kúpeľ *m*
schwören (*D*) prisahať na (*A*)
schwul homosexuálny
schwül dusný, sparný; **~e** *f* dusno *n*, sparno *n*
Schwung *m* rozmach; *fig.* vzlet; ***in ~ bringen*** rozhýbať; **~kraft** *f* odstredivosť; **~voll** vzletný, nadšený
Schwur *m* prísaha *f*; **~gericht** *n* porotný súd *m*
sechs šesť; **~er** *m* šestka *f*; šesták; **~te(r)** šiesty; **~tel** *n* šestina *f*
See[1] *m* jazero *n*
See[2] *f* more *n*; **~bad** *n* morské kúpele *f/pl.*; **~gang** *m* vlnenie *n* mora; **~krank**: ***~krank sein*** mať morskú nemoc
Seel|e *f* duša; **~isch** duševný
See|mann *m* námorník; **~meile** *f* morská míľa; **~not** *f* nebezpečenstvo *n* na mori; **~reise** *f* cesta po mori; **~weg** *m* námorná cesta *f*
Segel *n* plachta *f*; **~boot** *n* plachetnica *f*; **~fliegen** plachtiť; **~flieger** *m* plachtár; **~flugzeug** *n* vetroň *m*; **~n** plachtiť; **~regatta** *f* preteky *m/pl.* plachetníc; **~schiff** *n* plachetnica *f*; **~sport** *m* jachting
Seg|en *m* požehnanie *n*; **~nen** požehnať
sehen ⟨u⟩vidieť
sehens|wert pozoruhodný; **~würdigkeit** *f* pozoruhodnosť, pamätihodnosť
Sehne *f Anat.* šľacha; (*Bogen*) tetiva
sehn|en: ***sich ~en nach*** (*D*) túžiť, bažiť po (*L*); **~lich** túžobný; **~sucht** *f* túžba
sehr veľmi
seicht plytký; *fig.* povrchný
Seide *f* hodváb *m*; **~n** hodvábny
Seife *f* mydlo *n*
Seil *n* povraz *m*; **~bahn** *f* lanovka
sein[1] *v/i.* byť, existovať; (*sich befinden*) nachádzať sa
sein[2] *pron.* jeho; (*reflexiv*) svoj
Sein *n* bytie
seiner|seits z jeho strany; **~zeit** svojho času, kedysi
seinetwegen preneho, kvôli nemu
seit *prp.* (*D*) od (*G*); *cj.* odvtedy ako; **~dem** *adv.* odvtedy; *cj.* odvtedy ako
Seite *f* strana; (*Körper~*) bok *m*
seiten|s zo strany (*G*); **~sprung** *m* poklesok, nevera *f*; **~stechen** *n* pichanie v boku; **~weg** *m* bočná cesta

f; **~wind** *m* bočný vietor
seither od toho času
seitlich postranný
seitwärts stranou, bokom
Sekretär(in *f*) *m* sekretár(ka)
Sekt *m* sekt, šampanské (víno) *n*
Sektierer *m* sektár
Sekunde *f* sekunda
selber sám
selbst sám; *adv.* dokonca; **~ständig** samostatný
Selbst|auslöser *m Fot.* samospúšť *f*; **~bedienung** *f* samoobsluha; **~bestimmung** *f* sebaurčenie *n*; **≈bewusst** sebavedomý; **~bewusstsein** *n* sebavedomie; **~kosten** *pl.* vlastné náklady *m/pl.*; **~kritik** *f* sebakritika; **≈los** nezištný; **~mord** *m* samovražda *f*; **~mörder** *m* samovrah; **≈süchtig** sebecký; **≈tätig** samočinný; **~verpflegung** *f* samostrava; **≈verständlich** samozrejmý; **~vertrauen** *n* sebadôvera *f*; **~verwaltung** *f* samospráva
selig blažený
Sellerie *f* zeler *m*
selten zriedkavý, vzácny; *adv.* zriedka; **≈heit** *f* vzácnosť
seltsam zvláštny, podivný
Semester *n* semester *m*
Seminar *n* seminár *m*
Semmel *f* žemľa
send|en poslať (posielať), zaslať; *Rdf.* vysielať; **≈er** *m* vysielač; **≈ung** *f* zásielka; poslanie *n*; *Rdf.* vysielanie *n*
Senf *m* horčica *f*
sengen páliť, pripekať
senk|en spustiť, znížiť; *Kopf* skloniť, zvesiť; ***sich* ~en** klesať, sklánať sa; sadať; **~recht** zvislý, kolmý
Sennhütte *f* koliba, salaš *m*
Sensation *f* senzácia
Sense *f* kosa
sensibel citlivý
September *m* september
Serb|e *m* Srb; **~ien** *n* Srbsko; **≈isch** srbský
Serie *f* séria
serienweise sériove
seriös vážny, seriózny
Service *n* servis *m*; (*Bedienung*) obsluha *f*
servieren servírovať
Serviette *f* servítka
Sessel *m* stolička *f*, kreslo *n*; **~lift** *m* sedačkový výťah
sesshaft usadlý
setz|en ⟨po⟩sadiť; stanoviť; *Typ.* sádzať; ***sich* ~en** sadnúť si, posadiť sa; **≈er** *m Typ.* sadzač; **≈erei** *f* sadziareň
Seuche *f* nákaza, mor *m*
seufz|en vzdychať, stenať; **≈er** *m* vzdych, ston
sexuell pohlavný
Shorts *pl.* šortky *f/pl.*
sich (*A*) seba, sa; (*D*) sebe, si
Sichel *f* kosák *m*
sicher bezpečný; (*gewiss*) istý; *adv.* iste, dozaista; **≈heit** *f* bezpečnosť, istota; záruka; **≈heits-** bezpečnostný; **≈heitsnadel** *f* zatvárací špendlík *m*; **~lich** iste; **~n** za-

bezpečiť, poistiť (***sich*** sa); **ᘔung** *f* poistenie *n*; zabezpečenie *n*; *El.* poistka; (*Gewehr*) zaistenie *n*
Sicht *f* dohľad *m*; ***auf lange ~*** na dlhú dobu; **ᘔbar** viditeľný, zrejmý; **ᘔen** (*auslesen*) vyberať, preberať; (*durchsehen*) ⟨z⟩badať; **ᘔlich** *adv.* zjavne, očividne; **~vermerk** *m* vízum *n*; **~weite** *f* dohľad *m*
sie ona; *pl.* oni, ony
Sie *f* Vy, Vás
Sieb *n* sito; **ᘔen¹** preosiať
sieben² sedem
Sieben *f* sedmička
siede|n vrieť, variť sa; **ᘔpunkt** *m* bod varu
Siedl|er *m* osadník; **~ung** *f* osada
Sieg *m* víťazstvo *n*; *Sp.* výhra *f*
Siegel *n* pečať *f*; **~lack** *m* pečatný vosk
sieg|en ⟨z⟩víťaziť; *Sp.* vyhrať; **ᘔer** *m* víťaz; **~reich** víťazný
Signal *n* znamenie, signál *m*; návesť *f*
sieh(e)! pozri!; ***~ oben*** (***unten***) pozri vyššie (nižšie)
Silbe *f* slabika
Silber *n* striebro; **ᘔn** strieborný
simulieren pretvarovať sa, simulovať
Sims *m* rímsa *f*
Sinfonie *f* symfónia
sing|en spievať; **ᘔvogel** *m* spevavý vták
sinken klesať, klesnúť; *Schiff*: potopiť sa
Sinn *m* zmysel, význam; **~bild** *n* symbol *m*; **ᘔen** rozmýšľať; **ᘔgemäß** podľa zmyslu; analogický; **ᘔlich** zmyselný, žiadostivý; **ᘔlos** nezmyselný; **ᘔvoll** dôvtipný, dômyselný
Sippe *f* krvné príbuzenstvo *n*, rodina
Sitt|e *f* (*Brauch*) obyčaj, zvyk *m*; **~en** *pl.* mravy *m/pl.*; **ᘔenlos** nemravný; **ᘔlich** mravný, morálny; **~lichkeit** *f* mravnosť
Situation *f* situácia
Sitz *m* sedadlo *n*; sídlo *n*; **ᘔen** sedieť; *Kleid*: pristať; **~platz** *m* miesto *n* na sedenie, sedadlo *n*; **~ung** *f* zasadnutie *n*, schôdzka
Skala *f* škála; stupnica
Skandal *m* škandál; **ᘔös** pohoršujúci, škandalózny
Skateboard *n* skateboard *m*
Skelett *n* kostra *f*
skeptisch skeptický
Ski *m* lyža *f*; ***~ laufen*** *od.* ***~ fahren*** lyžovať; **~fahrer** *m* lyžiar; **~lauf** *m* lyžovanie *n*; **~läufer** *m* lyžiar; **~lift** *m* lyžiarsky vlek; **~schanze** *f* lyžiarsky mostík *m*; **~springen** *n* skoky *m/pl.* na lyžiach; **~wachs** *n* vosk *m* na lyže
Skizz|e *f* skica, náčrt *m*; **ᘔieren** skicovať
Sklave *m* otrok; **~rei** *f* otroctvo *n*
Slaw|e *m* Slovan; **ᘔisch** slovanský
Slip *m* *s.* ***Schlüpfer***

Slowak|e *m* Slovák; **~ei** *f* Slovensko *n*; **~in** *f* Slovenka; **²isch** slovenský
Slowen|e *m* Slovinec; **~ien** *n* Slovinsko; **²isch** slovinský
SMS *f*: ***eine ~ verschicken*** poslať SMS *f*
Snowboard *n* snowboard *m*
so tak; ***~dass*** takže; ***~ genannt*** takzvaný
sobald len čo, akonáhle; ***~ als möglich*** čo najskorej
Socke *f* ponožka
Sockel *m* podstavec
Soda *f* sóda; **~wasser** *n* sódovka *f*
Sodbrennen *n* žáha *f*
soeben práve, práve teraz
Sofa *n* pohovka *f*
so|fern nakoľko, pokiaľ; **~fort** (i)hneď
Software *f EDV* software *m*
so|gar dokonca, ba i; **~gleich** ihneď
Sohle *f* chodidlo *n*; (*Schuh*) podrážka
Sohn *m* syn
solange zakiaľ, kým
Solarium *n* solárium *n*
solch|e, ~er, ~es tak| á, ~ý, ~é
Sold *m* žold; **~at** *m* vojak
solide solídny
solidarisch solidárny
Solist *m* sólista
Soll *n* povinnosť *f*, plánovaná úloha *f*; **²en** mať (povinnosť); ***er ² kommen*** nech príde; ***er ² krank sein*** je vraj chorý
Sommer *m* leto *m*; **~frische** *f* letný pobyt *m*; **²lich** letný; **~schlussverkauf** *m* letný výpredaj; **~sprosse** *f* peha
Sonder|angebot *n* výhodná ponuka *f*; **~ausgabe** *f* osobitné vydanie *n*; **²bar** zvláštny, divný; **~ling** *m* čudák
sondern *cj.* ale; lež; *v/t.* odlišovať
Sonderzug *m* osobitný vlak
Sonnabend *m* sobota *f*
Sonne *f* slnko *n*
Sonnen- slnečný
sonnen: ***sich ~*** slniť sa
Sonnen|aufgang *m* východ slnka; **~bad** *n* slnečný kúpeľ *m*; **~brille** *f* okuliare *m/pl.* proti slnku; **~energie** *f* slnečná energia; **~finsternis** *f* zatmenie *n* slnka; **~öl** *n* olej *m* proti slnku; **~schein** *m* slnečný svit; **~schirm** *m* slnečník; **~stich** *m* slnečný úpal; **~untergang** *m* západ slnka; **²verbrannt** opálený slnkom
sonnig slnečný
Sonntag *m* nedeľa *f*
sonst ináč; konečne; ***wer ~?*** ktože iný?; ***was ~?*** čože iné?; ***~ nichts*** nič iné
sooft kedykoľvek
Sorg|e *f* starosť; **²en** starať sa; ***sich ²en*** znepokojovať sa (***um*** *A* o *A*); **~falt** *f* starostlivosť; **²fältig** starostlivý; **²los** bezstarostný
Sort|e *f* sorta, druh *m*; **²ieren** triediť

sosehr akokoľvek
Soße *f* omáčka
Souvenir *n* (pamiatkový) dar *m*
souverän suverénny; **2ität** *f* suverenita
so|viel toľko; **~weit** pokiaľ; **~wenig** tak málo, natoľko; **~wie** len čo; ako; **~wieso** tak či tak
sowohl: ***~ ..., als auch*** tak ... ako aj
sozial sociálny; **2demokratie** *f* sociálna demokracia; **2ist** *m* socialista; **~istisch** socialistický; **2versicherung** *f* sociálne poistenie *n*
sozusagen takrečeno
Spagetti *pl* špageti *pl*
spähen sliediť (za *I*)
Spalt *m* medzera *f*, škára *f*; **~e** *f Typ.* stĺpec *m*; **2en** štiepať; rozštiepiť; ***sich* 2en** puknúť, prasknúť; **~ung** *f* trhlina; *fig.* rozkol *m*; *Chem.* štiepenie *n*
Span *m* trieska *f*
Spange *f* spon(k)a
Spani|en *n* Španielsko; **~er** *m* Španiel; **2sch** španielsky
Spann|e *f* rozpätie *n*; chvíľka; **2en** natiahnuť, napnúť; **2end** napínavý; **~ung** *f* napätie *n*
Spar|buch *n* sporiteľná knižka *f*; **~büchse** *f* pokladnička; **2en** sporiť, šetriť; **~er** *m* sporiteľ
Spargel *m* špargľa *f*
Sparkasse *f* sporiteľňa
spärlich skromný, sporý
sparsam sporivý, šetrný
Spaß *m* žart, vtip; **2en** žartovať; **2ig** žartovný; **~vogel** *m* figliar, huncút
spät neskorý; *adv.* neskoro; ***wie ~ ist es?*** koľko je hodín?
Spaten *m* lopata *f*, rýľ
später neskoršie
Spatz *m* vrabec
spazier|en: ***~en gehen*** ísť na prechádzku; **2gang** *m* prechádzka *f*; **2gänger** *m* prechádzajúci sa
Specht *m* ďateľ
Speck *m* slanina *f*
Spedition *f* zasielateľstvo *n*
Speer *m* oštep; **~werfen** *n* hod *m* oštepom
Speiche *f* spica
Speichel *m* slina *f*
Speicher *m* sklad; obilnica *f*; **2n** hromadiť
speien pľuť; *Feuer* chrliť
Speise *f* jedlo *n*, pokrm *m*; **~karte** *f* jedálny lístok *m*; **2n** jesť; stravovať sa; **~saal** *m* jedáleň *f*; **~wagen** *m* jedálny vozeň
Spekulation *f* špekulácia
Spelunke *f* F brloh *m*
Spend|e *f* dar *m*; **2en** darovať
Sperling *m* vrabec
Sperr|e *f* závora; blokáda; **2en** ⟨u⟩zavrieť, zamknúť; *Konto* zastaviť; **~sitz** *m Thea.* kreslo *n*; **~ung** *f* zavieranie *n*; **~zone** *f* uzavretá oblasť
Spesen *pl.* výdavky, trovy
speziell špeciálny, osobitný
Spiegel *m* zrkadlo *n*; **~eier**

n/pl. volské oká
spiegeln lesknúť sa; ***sich ~*** zrkadliť sa
Spiel *n* hra *f*; **~bank** *f* herňa; **2en** hrať; **2end** hravo; **~er** *m Thea.* herec; *Sp.* hráč; *Mus.* muzikant; **~karte** *f* hracia karta; **~plan** *m* repertoár; **~platz** *m* ihrisko *n*; **~raum** *m fig.* voľnosť *f*; **~sache** *f*, **~zeug** *n* hračka *f*
Spieß *m* oštep; *Kochk.* ražeň; ***am ~*** na ražni
Spinat *m* špenát
Spindel *f* vreteno *n*
Spinn|e *f* pavúk *m*; **2en** priasť; snovať; **~erei** *f* pradiareň; **~gewebe** *n* pavučina *f*; **~rad** *n* kolovrat *m*
Spion *m* vyzvedač; **~age** *f* špionáž; **2ieren** vyzvedať
Spirituosen *pl.* liehoviny *f/pl.*
Spiritus *m* lieh; **~kocher** *m* liehový varič
Spital *n* nemocnica *f*
spitz končitý, ostrý; **2e** *f* hrot *m*; špička; (*Gewebe*) čipka; ***an der* 2*e*** na čele; **~en** ostriť, strúhať; ***Ohren ~en*** nastavovať; **~findig** vtipný, prefíkaný; **2name** *m* prezývka *f*
Splitter *m* trieska *f*, íver
spontan spontánny
Sporn *m* ostruha; *fig.* popud
Sport *m* šport; **~anlage** *f* športové zariadenie *n*; **~ler** *m* športovec; **2lich** športový; **~platz** *m* športové ihrisko *n*; **~verein** *m* športový klub
Spott *m* posmech, výsmech; **2en** posmievať sa (*D*)
spöttisch posmešný
Sprach|e *f* reč, jazyk *m*; **~führer** *m* jazykový sprievodca; **~kurs** *m* jazykový kurz; **~lehre** *f* gramatika; **2lich** rečový, jazykový; **2los** bez slova, nemý; **~unterricht** *m* vyučovanie *n* jazyka
sprech|en hovoriť; **2er** *m* rečník; *Rdf.* hlásateľ; **2stunde** *f* úradné hodiny *f/pl.*; ordinačné hodiny *f/pl.*; **2zimmer** *n* hovorňa *f*; *Med.* ordinácia *f*
spreizen roztiahnuť
spreng|en roztrhať; (*mit Wasser*) pokropiť; **2stoff** *m* trhavina *f*
Spreu *f* pleva
Sprichwort *n* porekadlo; príslovie
sprießen pučať
Spring|brunnen *m* fontána *f*; **2en** skočiť (skákať); **~er** *m* skokan; (*Schach*) kôň
Sprit *m* lieh; F *Kfz.* benzín
Spritz|e *f* striekačka; F *Med.* injekcia; **2en** striekať
spröde krehký; *fig.* hanblivý
Sprössling *m* výhonok, ratolesť *f*
Spruch *m* výrok; porekadlo *n*; *Jur.* rozsudok; **~band** *n* heslo
Sprudel *m* žriedlo *n*, prameň; (*Getränk*) minerálna voda *f*; **2n** vyvierať, pramenit
Sprüh|dose *f* rozprašovač *m*; **2en** sršať; sálať; **~regen** *m**

mrholenie *n*
Sprung *m* skok; (*Riss*) puklina *f*; **~schanze** *f Sp.* skokanský mostík *m*; **~turm** *m* skokanská veža *f*
spucken pľu(va)ť
Spule *f* cievka; klbko *n*
spül|en vyplachovať; *Geschirr* umyť; **Ձmittel** *n* umývací prostriedok na riad *m*; **Ձung** *f Med.* výplach *m*
Spur *f* stopa; (*FußՁ*) šľapaj
spüren cítiť, pocítiť
spurlos bez stopy
Staat *m* štát; **Ձlich** štátny
Staats|- štátny; **~angehörigkeit** *f* štátna príslušnosť; **~anwalt** *m* štátny zástupca; **~bürger** *m* občan; **~gewalt** *f* štátna moc; **~mann** *m* štátnik; **~oberhaupt** *n* hlava *f* štátu; **~streich** *m* prevrat
Stab *m* palica *f*; *Mil.* štáb; **~hochsprung** *m* skok o žrdi
stabil stály, stabilný
Stachel *m* tŕň, osteň; (*Insekten*) žihadlo *n*; **~beere** *f* egreš *m*; **~draht** *f* ostnatý drôt *m*; **Ձig** ostnatý
Stadion *n* štadión *m*
Stadt *f* mesto *n*; **~bezirk** *m* metský okres (*od.* obvod)
städtisch mestský
Stadt|plan *m* plán mesta; **~rand** *m* okraj mesta; **~rundfahrt** *f* okružná cesta metom; **~teil** *m* časť *f* mesta, metská štvrť *f*
Staffellauf *m* štafetový beh
Stahl *m* oceľ *f*; **~werk** *n* oceliareň *f*
Stall *m* stajňa *f*, chliev
Stamm *m* kmeň; **~baum** *m* rodokmeň
stammeln zajakať sa, jachtať
stamm|en (***aus*** *D*) pochádzať, byť (z[o] *G*); **Ձgast** *m* stály hosť
stämmig zavalitý
stampfen *v/i.* dupať; *v/t.* drviť
Stand *m* stav, postavenie *n*; (*VerkaufsՁ*) stan, búdka *f*; (*Niveau*) výška *f*; ***außer ~e*** *s.* ***außerstande***; ***im ~e*** *s.* ***imstande***; ***in ~*** *s.* ***instand***; ***zu ~e*** *s.* ***zustande***; **~bild** *n* socha *f*
Standesamt *n* matričný úrad *m*
stand|haft stály, húževnatý; **~halten** (*D*) odol(áv)ať (*D*), čeliť (proti *D*)
ständig stály, ustavičný
Stand|licht *n* parkovacie svetlo; **~ort** *m* miesto *n*; položenie *n*; **~punkt** *m* stanovisko *n*, názor
Stange *f* tyč, žrď
Stängel *m* byľ *f*; vňať *f*
Stapel *m* kopa *f*; *Mar.* lodenica *f*; **~lauf** *m* spustenie *n* lode na vodu; **Ձn** ⟨na⟩hromadiť, ⟨na⟩kopiť
Star *m Zo.* škorec; *Med.* očný zákal; *Thea.* hviezda *f*
stark mocný, silný (*a. dick*)
Stärke[1] *f* sila; *fig.* prednosť
Stärke[2] *Chem.* škrob *m*; **Ձn** posilniť; škrobiť
Starkstrom *m* silnoprúd

Stärkung *f* posilnenie *n*, posila
starr tuhý, stuhnutý, meravý; **~en** meravo hľadieť; **~köpfig** tvrdohlavý; **2sinn** *m* tvrdohlavosť *f*
Start *m* štart; odlet; **2en** odštartovať, vzletieť
Station *f* stanica; (*Halt*) zastávka; *Med.* oddelenie *n*
Statist *m* štatista; **~ik** *f* štatistika
Stativ *n* statív *m*
statt namiesto toho; *prp.* miesto (*G*)
Stätte *f* miesto *n*
statt|finden konať sa; **~haft** dovolený; **~lich** statný; značný
Statue *f* socha
Stau *m* *Kfz.* zápcha *f*
Staub *m* prach; **2en** prášiť sa; **2ig** zaprášený; **~sauger** *m* vysávač prachu; **~tuch** *n* handra *f* na prach
Staudamm *m* hrádza *f*, priehrada *f*
Staude *f* krovie *n*
stauen zastaviť, zahradiť; ***sich ~*** hromadiť sa
staunen žasnúť, čudovať sa (***über*** *A* nad *I, D*)
Stausee *m* hrádzové jazero *n*
stechen pichať, klať; bodať; *Sonne*: páliť, pražiť; ***sich ~*** pichnúť sa; **~d** pichľavý
Steck|brief *m* zatykač; **~dose** *f* zásuvka
stecken *v/t.* (*pflanzen*) sadiť; strčiť; *v/i.* trčať; ***~ bleiben*** uviaznuť; **2pferd** *n* koníček *m*
Steck|er *m* *El.* zástrčka *f*; **~nadel** *f* špendlík *m*
Steg *m* chodník; (*Brücke*) lávka *f*
stehen stáť; ***~ bleiben*** zastaviť sa; ***~ lassen*** nechať stáť; **~d** stojatý
stehlen kradnúť
Stehplatz *m* miesto *n* na státie
steif tuhý; *fig.* odmeraný
Steig|bügel *m* strmeň; **2en** stúpať, ísť hore; **2ern** stupňovať, zvyšovať; **~erung** *f* stupňovanie *n*; **~ung** *f* stúpanie *n*
steil strmý, príkry; **2hang** *m* strmá stráň *f*, strmina *f*
Stein *m* kameň; **~bruch** *m* kameňolom; **2ern** kamenný; **2ig** kamenistý; **~kohle** *f* kamenné uhlie *n*; **~pilz** *m* hríb; **~schlag** *m* zosun kamenia
Stelldichein F *n* rande
Stelle *f* miesto *n*
stellen postaviť, klásť; *Uhr* nariadiť; *fig.* ***sich ~ als ob*** tváriť sa akoby; ***e-e Frage ~*** opýtať sa
Stell|ung *f* postavenie *n*, miesto *n*; **~ungnahme** *f* stanovisko *n*; **~vertreter** *m* zástupca, námestník
Stemm|eisen *n* dláto; **2en** dlabať; ***sich 2en*** opierať sa
Stempel *m* pečiatka *f*; *fig.* značka *f*; **2n** kolkovať, opečiatkovať

Stengel *s.* ***Stängel***
stenografieren stenografovať
Steppdecke *f* štepovaná prikrývka
Steppe *f* step
sterbe|n zomrieť, umrieť; **2sakramente** *n/pl.* posledné pomazanie *n*; **2urkunde** *f* úmrtný list *m*
sterblich smrteľný
Stern *m* hviezda *f*; **~schnuppe** *f* lietavica; **~warte** *f* hvezdáreň
stet|ig stály; **~s** vždy, ustavične
Steuer[1] *n Mar.* kormidlo
Steuer[2] *f* daň, poplatok *m*; **~bord** *n* pravý bok *m* lode; **~erklärung** *f* daňové priznanie *n*; **2frei** bez dane; **~mann** *m* kormidelník; **2n** viesť, kormidlovať; pilotovať; **2pflichtig** povinný platiť daň
Stich *m* uštipnutie *n*, bodnutie *n*; (*Gravüre*) rytina *f*; (*Näh2*) steh; (*Karten*) P štich; **2haltig** závažný, pádny; **~probe** *f* náhodná kontrola; **~tag** *m* rozhodujúci deň, termín; **~wort** *n* heslo
stick|en vyšívať; **2erei** *f* výšivka; **~ig** dusný
Stickstoff *m* dusík
Stief- nevlastný
Stiefel *m* čižma *f*
Stief|eltern *pl.* nevlastní rodičia; **~mutter** *f* macocha; **~vater** *m* otčim
Stiel *m* stopka *f*; ***Eis*** *n* **am ~** nanuk *m*
Stier *m* býk
Stift *m* klinec; (*Blei2*) ceruzka *f*; **2en** založiť; venovať; spôsobiť; **~ung** *f* venovanie *n*; nadácia
Stil *m* sloh, štýl
still tichý; **2e** *f* ticho *n*, pokoj *m*; **~en** utíšiť; *Durst* zahasiť; *Blut* zastaviť; *Kind* nadájať; **~legen** zastaviť (prácu); **~schweigend** mlčky; **2stand** *m* zastavenie *n*; pokoj; **~stehen** zastaviť sa, stáť
Stimm|band *m* hlasivky *f/pl.*; **~bruch** *m* mutácia *f* hlasu; **~e** *f* hlas *m*; **2en** *v/t. Mus.* ladiť; (*für et.*) hlasovať; *v/i.* súhlasiť; **~enthaltung** *f* zdržanie sa *n* hlasu; **~ung** *f* nálada
stinken zapáchať, smrdieť
Stipendium *n* štipendium
Stirn *f* čelo *n*
Stock *m* palica *f*; (*Etage*) poschodie *n*; **2en** zastaviť sa; viaznuť; zadŕhať sa; **~ung** *f* viaznutie *n*; **~werk** *n* poschodie
Stoff *m* látka *f*, hmota *f*; (*Gewebe*) súkno *n*
stöhnen stonať, stenať
Stollen *m Bgb.* štôlňa *f*; *Kochk.* koláč
stolpern potknúť sa
stolz hrdý, pyšný
Stolz *m* pýcha *f*, hrdosť *f*
stopfen ⟨za⟩pchať; *Strümpfe* ⟨za⟩plátať
Stoppelfeld *n* strnisko

stopp|en zastaviť; **2licht** *n* brzdové svetlo; **2uhr** *f* stopky *f/pl.*
Stöpsel *m* zátka *f*
Stör *m* jeseter
Storch *m* bocian
stören vyrušovať
störrisch tvrdohlavý, zaťatý
Störung *f* rušenie *n*; porucha
Stoß *m* náraz; úder; *Sp.* kop; (*Stapel*) kopa *f*; **~dämpfer** *m* tlmič nárazov; **2en** udrieť; naraziť na (*A*); (*angrenzen*) hraničiť s(o) (*I*); **~stange** *f* nárazník *m*; **~verkehr** *m* špičkový dopravný ruch
stottern koktať
Straf|anstalt *f* trestnica; **~anzeige** *f* trestné oznámenie *n*; **2bar** trestný; **~e** *f* trest *m*; (*Geld*) pokuta; **2en** trestať, pokutovať
straff napätý, prísny
Straf|gesetzbuch *n* trestný zákonník *m*; **2los** beztrestný; **~porto** *n* doplatok *m*; **~punkt** *m* trestný bod; **~stoß** *m Sp.* trestný kop; **~verfahren** *n* trestné konanie; **~zettel** *m* pokutový blok
Strahl *m* lúč; **2en** žiariť, jagať sa; **2end** žiariaci; **~ung** *f* žiarenie *n*
stramm rázny; statný
strampeln hádzať; dupkať
Strand *m* breh; (*Bade2*) pláž *f*; **2en** stroskotať; **~promenade** *f* promenáda na pobreží
Strang *m* povraz
Strapaz|e *f* námaha; **2ierig** trvanlivý, štrapačný
Straße *f* ulica; (*Land2*) hradská
Straßen|bahn *f* električka; **~beleuchtung** *f* pouličné osvetlenie *n*; **~graben** *m* priekopa *f*; **~händler** *m* pouličný predavač; **~junge** *m* uličník; **~karte** *f* automapa; **~kreuzung** *f* križovatka, rázcestie *n*; **~verkehr** *m* pouličná doprava *f*, uličná premávka *f*
sträuben: ***sich* ~** vzdorovať
Strauch *m* ker, krovie *n*
straucheln potknúť sa
Strauß *m* kytica *f*; *Zo.* pštros
streb|en (***nach** D*) usilovať sa (o *A*), bažiť (po *L*); **~sam** snaživý, horlivý
Strecke *f* vzdialenosť; *Esb.* trať
strecken natiahnuť (***sich*** sa); ***die Waffen* ~** kapitulovať
Streich *m fig.* nerozvážny čin, kúsok; **2eln** ⟨po⟩hladkať; **2en** škrtať, prečiarknuť; (*schmieren*) namazať; **~holz** *n* zápalka *f*; **~instrument** *n* sláčikový nástroj *m*
Streif|band *n* krížová páska *f*; **~e** *f* stráž, patrola; **2en** dotknúť sa; **~en** *m* pás, pruh
Streik *m* štrajk; **~brecher** *m* štrajkokaz; **2en** štrajkovať
Streit *m* spor, škriepka *f*; **2en** škriepiť sa; (*kämpfen*) bojovať; **2ig** sporný, pochybný; **~kräfte** *f/pl.* ozbrojené sily;

2süchtig škriepny
streng prísny; **2e** *f* prísnosť
Stress *m* stres
Streu *f* stelivo *n*; **2en** sypať, trúsiť
Strich *m* čiara *f*, línia *f*
Strick *m* povraz; **2en** ⟨u⟩pliesť; **~waren** *f/pl.* pletený tovar *m*
Strieme *f* pruh *m*
strittig *s.* ***streitig***
Stroh *n* slama *f*; **~halm** *m* steblo *n*, slamka *f*; **~hut** *m* slamený klobúk
Strom *m* prúd; (*Fluss*) rieka *f*; **2abwärts** po prúde; **2aufwärts** proti prúdu
strömen prúdiť, tiecť
Stromschnelle *f* pereje *f/pl.*
Strömung *f* prúdenie *n*; *fig.* hnutie *n*, smer *m*
Strophe *f* strofa, sloha
strotzen oplývať, prekypovať
Strudel *m* vír, krútňava *f*; *Kochk.* závin
Strumpf *m* pančucha *f*; **~hose** *f* pančuchové nohavice *f/pl.*
struppig naježený, strapatý
Stube *f* izba
Stück *n* kus *m*, kúsok *m*; **~zahl** *f* počet *m* kusov
Student *m* študent; **~enausweis** *m* študentský preukaz; **2isch** študentský
Studie *f* štúdia
studi|eren študovať; **2o** *n* štúdio; **2um** *n* štúdium
Stufe *f* schod *m*, stupeň *m*
stufenweise *adv.* postupne
Stuhl *m* stolička *f*; *Med.* = **~gang** *m* stolica *f*; **~lehne** *f* operadlo *n*
stumm nemý
Stummel *m* (*Zigarette*) ohorok
Stümper *m* babrák, fušer
stumpf tupý; *fig.* bezduchý; **~sinnig** tupohlavý
Stunde *f* hodina
stunden dať lehotu, počkať
stunden|lang celé hodiny; **2lohn** *m* hodinový plat; **2plan** *m* rozvrh hodín; **~weise** *adv.* za hodinu, na hodinu, po hodinách
stündlich hodinový; *adv.* každú hodinu
stur meravý; tvrdohlavý; **2heit** *f* meravosť
Sturm *m* búrka *f*, víchrica *f*; *Mil.*, *Sp.* útok; **~-** útočný
stürm|en útočiť; (*rennen*) hnať sa útokom; **2er** *m* *Sp.* útočník; **~isch** búrlivý, rozbúrený
Sturz *m* pád; **~bach** *m* riava *f*
stürzen *v/t.* zhodiť, zvrhnúť; *v/i.* (*fallen*) valiť sa; ***sich ~*** vrhnúť sa
Sturzhelm *m* ochranná prilba *f*
Stute *f* kobyla
Stütze *f* podpora, pomoc
stutzen pristrihnúť, skrátiť, zaraziť sa
stützen podoprieť; ***sich ~*** oprieť sa
stutzig zarazený
Stützpunkt *m* oporný bod

Subjekt *n Gr.* podmet *m*; *fig.* osoba *f*
Substantiv *n* podstatné meno
subtrahieren odpočítať
Such|e *f* hľadanie *n*, pátranie *n*; **2en** hľadať; **~er** *m Fot.* hľadáčik
Suchmaschine *f EDV* vyhľadávač *m*
Sucht *f* vášeň, mánia; *Med.* náruživosť
süchtig závislý (po *L*)
Süd|(en) *m* juh; **~-** južný; **2östlich** juhovýchodný; **~pol** *m* južný pól; **2westlich** juhozápadný
sühnen zmieriť, odčiniť
Sülze *f* rôsol *m*, huspenina
Summe *f* suma; súhrn *m*
summen bzučať; znieť, hučať
summieren spočítať
Sumpf *m* bahno *n*, močiar; **2ig** bahnistý
Sünd|e *f* hriech *m*, vina *f*; **~enbock** *m* obetný baránok; **~er** *m* hriešnik; **2igen** ⟨z⟩hrešiť
Suppe *f* polievka
surfen *Sp.* surfovať; ***im Internet ~*** surfovať v internete
surren bzučať, vrčať
süß sladký; F *fig.* milý; **~en** osladiť; **2igkeiten** *f/pl.* sladkosti; **~lich** sladkastý; **2stoff** *m* sladidlo *n*
symmetrisch súmerný
symbolisch symbolický
Synagoge *f* synagóga
synthetisch syntetický
Syr|ien *n* Sýria *f*; **2isch** sýrsky
System *n* systém *m*, sústava *f*; **2atisch** systematcký
Szene *f Thea.* scéna, javisko *n*

T

Tabak *m* tabak
Tabelle *f* tabuľka, súpis *m*
Tablett *n* tácňa *f*; **~e** *f* tabletka
Tadel *m* hana *f*, pokarhanie *n*; **2los** bezchybný; **2n** haniť
Tafel *f* tabuľka; (*Tisch*) stôl *m*; **~-** *Kochk.* stolový
Tag *m* deň; ***bei ~ und Nacht*** vo dne v noci; ***unter ~e*** pod zemou, v bani; ***über ~*** nad zemou, na povrchu; ***guten ~!*** dobrý deň!
Tage|buch *n* denník *m*; **2lang** celé dni
tag|en zasadať; ***es ~t*** briežđi sa
Tages|anbruch *m* svitanie *n*; **~licht** *n* denné svetlo; **~ordnung** *f* rokovací poriadok *m*; **~zeitung** *f* denník *m*
täglich denný
tagsüber vo dne, cez deň
Tagung *f* schôdza
Taille *f* pás *m*
Takt *m* takt; jemnocit; **2los** netaktný; **2voll** taktný
Tal *n* údolie, dolina *f*
Talent *n* talent *m*, nadanie;

≈iert nadaný
Talg *m* loj
Tal|sperre *f* údolná priehrada; **~station** *f* stanica v údolí
Tampon *m* tampón
Tank *m* nádrž *f*; **≈en** tankovať; **~er** *m* cisternová loď *f*; **~stelle** *f* čerpacia stanica
Tann|e *f*, **~enbaum** *m* jedľa *f*
Tante *f* tet(k)a
Tanz *m* tanec; **≈en** tancovať
Tänzer(in *f*) *m* tanečn|ík *m*, **~ica** *f*
Tanzmusik *f* tanečná hudba
Tapete *f* tapeta
tapezier|en tapetovať; **≈er** *m* čalúnnik
tapfer udatný, zdatný; **≈keit** *f* udatnosť
tappen tápať
tarif|lich sadzbový, tarifný; **≈satz** *m* tarifná sadzba *f*
tarn|en zastierať, zatajovať; **≈ung** *f* maskovanie *n*
Tasche *f* vrecko *n*; aktovka; (*Hand≈*) kabelka, taška
Taschen|buch *n* vreckové vydanie *n*; **~dieb** *m* vreckový zlodej; **~geld** *n* vreckové; **~lampe** *f* vrecková lampa; **~messer** *n* vreckový nožík *m*; **~tuch** *n* vreckovka *f*, šatka *f*; **~uhr** *f* vreckové hodinky *f/pl.*
Tasse *f* šálka
Tast|e *f* kláves *m*; **≈en** hmatať; **~sinn** *m* hmat
Tat *f* skutok *m*, čin *m*; ***in der ~*** skutočne; **~bestand** *m* skutkový stav
Täter *m* páchateľ, pôvodca
tätig činný; **≈keit** *f* činnosť
Tat|kraft *f* účinnosť, činorodosť; **~sache** *f* skutočnosť; **≈sächlich** skutočný
Tatze *f* lab(k)a, tlapa
Tau[1] *m* rosa *f*
Tau[2] *n* lano
taub hluchý
Taube *f* holub(ica *f*) *m*
Taub|heit *f* hluchota; **≈stumm** hluchonemý
tauch|en *v/t.* potopiť, ponoriť; *v/i.* ponoriť sa; **≈er** *m* potápač; *Zo.* potápka *f*; **≈sieder** *m* ponorný ohrievač
tau|en: ***es ~t*** je odmäk; padá rosa
Tauf|e *f* krst *m*; **≈en** krstiť; **~name** *m* krstné meno *n*; **~pate** *m* krstný otec; **~patin** *f* krstná matka; **~schein** *m* krstný list
taug|en hodiť sa, byť vhodný; **≈enichts** *m* ničomník; **~lich** schopný
taumeln potácať sa
Tausch *m* výmena *f*; **≈en** ⟨za⟩meniť
täusch|en sklamať (***sich*** sa); **~end** nerozoznateľný; **≈ung** *f* klam *m*
Tausend|er *m* tisícka *f*; **~stel** *n* tisícina *f*
Tauwetter *n* odmäk *m*
Tax|e *f* taxa; *a.* = **~i** *n* taxík *m*
Taxi|fahrer *m* taxikár; **~stand** *m* stanovište *n* taxíkov
Techni|k *f* technika; **~ker** *m* technik; **≈sch** technický

Tee *m* čaj; **~kanne** *f* čajová kanvica; **~kessel** *m* čajník; **~löffel** *m* čajová lyžička *f*
Teer *m* decht
Teich *m* rybník
Teig *m* cesto *n*; **~waren** *fpl.* cestoviny
Teil *n od. m* (po)diel; čiastka *f*; **2bar** deliteľný; **~chen** *n* častica *f*; **2en** ⟨po⟩deliť, rozdeliť; **2haben** (*an D*) mať účasť (na *L*); **~haber** *m* spoločník; **~nahme** *f* účasť, sústrasť; **2nahmslos** ľahostajný; **2nehmen** (*an D*) zúčastniť sa (na *L*); **~nehmer** *m* účastník
teils čiastočne; **~ ... ~** jednak ... jednak
Teil|ung *f* (roz)delenie *n*; **2weise** *adv.* čiastočne, sčasti; **~zahlung** *f* splátka
Teint *m* pleť *f*
Telefon *n* telefón *m*; **~buch** *n* telefónny zoznam; **2ieren** telefonovať; **~karte** *f* telefónna karta; **~nummer** *f* telefónne číslo *n*; **~zelle** *f* telefónna búdka
tele|grafieren telegrafovať; **2gramm** *n* telegram *m*
Teller *m* tanier
Tempel *m* chrám
Tempera|ment *n* temperament *m*; **~tur** *f* teplota; *Med.* horúčka
Tempo *n* tempo; rýchlosť *f*
Tendenz *f* tendencia; úmysel *m*; **2iös** tendenčný
Tennis *n* tenis *m*; **~platz** *m* tenisové ihrisko; **~schläger** *m* tenisová raketa *f*
Teppich *m* koberec; **~boden** *m* kovral, podlahový koberec
Termin *m* termín, lehota *f*
Terrasse *f* terasa
territorial územný
Terror *m* teror; **2isieren** terorizovať
Testament *n* závet *m*, testament *m*
testen skúšať
teuer drahý; milý
Teuf|el *m* čert, diabol; **2lisch** čertovský, diabolský
Text *m* text, znenie *n*; **~buch** *n* libreto, text *m*
Textilwaren *fpl.* textilný tovar *m*
Theater *n* divadlo; **~kasse** *f* divadelná pokladnica; **~stück** *n* divadelná hra *f*
theatralisch divadelný; *fig.* strojený
Theke *f* vyčapný stôl *m*; pult *m*
Thema *n* téma *f*, námet *m*
theo|logisch teologický; **~retisch** teoretický; **2rie** *f* teória
Thermalbad *n* termálne kúpele *pl.*
Thermometer *n* teplomer *m*
Thermosflasche *f* termoska
Thron *m* trón, prestol
Thunfisch *m* tuniak
Thüringen *n* Durínsko
ticken tikať
tief hlboký; *Schlaf:* tvrdý
Tief *n* tlaková níž *f*; **~bau** *m* in-

žinierska stavba *f*; **~druck** *m* nízky tlak; *Typ.* hĺbkotlač *f*; **~e** *f* hĺbka, hlbočina; **~ebene** *f* nížina; **~gang** *m* ponor *m*; **~kühltruhe** *f* mraznička
Tiegel *m* téglik
Tier *n* zviera; **~arzt** *m* zverolekár; **≈isch** zvierací; *fig.* zverský; **~kreis** *m* zvieratník; **~park** *m* zoologická záhrada *f*; **~schutz** *m* ochrana *f* zvierat; **~zucht** *f* chov *m* zvierat
Tiger *m* tiger
tilg|en *Schuld* splácať; *fig.* zničiť; **≈ung** *f* splácanie *n*, amortizácia
Tinte *f* atrament
Tintenfisch *m* sépia *f*
Tipp *m* tip, pokyn; **≈en** písať (na stroji), klepkať; *Sp.* tipovať
Tisch *m* stôl; **~decke** *f* obrus *m*; **~ler** *m* stolár; **~tennis** *n* stolný tenis *m*, pingpong *m*
Titel *m* titul, názov
Toast *m* toast, prípitok; **~er** *m* opekač
tob|en zúriť; *fig.* kričať; **≈sucht** *f* zúrivosť
Tochter *f* dcéra
Tod *m* smrť *f*
Todes|anzeige *f* úmrtné oznámenie *n*; **~gefahr** *f* nebezpečie *n* smrti; **~strafe** *f* trest *m* smrti
tödlich smrteľný; smrtiaci
Toilett|e *f* toaleta; **~enpapier** *n* toaletný papier *m*
tolerant tolerantný
toll zúrivý; bláznivý; **≈heit** *f* bláznovstvo *n*, šialenosť; **~kühn** šialene odvážny; **≈wut** *f* besnota; **~wütig** besný
Tölpel *m* hlupák
Tomate *f* paradajka, rajčina
Ton *m* hlina *f*, íl; *Mus.* tón, zuk; (*Farb≈*) odtienok; **~abnehmer** *m* prenoska *f*; **≈angebend** udávajúci tón; **~art** *f* *Mus.* tónina, stupnica; **~band** *n* zvukový pás *m*; **~bandgerät** *n* magnetofón *m*; **~film** *m* zvukový film; **~leiter** *f* *Mus.* stupnica
Tonnage *f* *Mar.* tonáž
Tonne *f* tona; (*Fass*) bočka
Tönung *f* tieňovanie *n*, náter *m*
Topf *m* hrniec; (*Blumen≈*) kvetník
Töpfer *m* hrnčiar; **~waren** *f/pl.* hrnčiarsky tovar *m*
Tor[1] *m* blázon, šialenec
Tor[2] *n* brána; *Sp.* brán(k)a *f*; (*Torschuss*) gól *m*
Torf *m* rašelina *f*
Torheit *f* hlúposť, pochabosť
töricht hlúpy, pochabý
torkeln tackať sa, tácať sa
Torlauf *m* slalom
Tornister *m* tanistra *f*
Torte *f* torta
Torwart *m* *Sp.* brankár
tosen burácať; (*Wasser*) hučať
tot mŕtvy
töten zabiť, usmrtiť; *Med.* umŕtviť; ***sich* ~** vziať si život
Tot|enschein *m* úmrtný list; **~schlag** *m* zabitie *n*

Tour *f* túra, cesta; *Tech.* obrátka
Tourist *m* turista; **~enherberge** *f* nocľaháreň pre turistov; **~eninformation** *f* turistická informácia; **~ik** *f* turistika
Tournee *f* zájazd *m*, turné *n*
Trab *m* klus, beh; **2en** klusať
Tracht *f* kroj *m*
trachten usilovať sa o (*A*)
Tradition *f* tradícia; **2ell** tradičný
träge lenivý, pomalý
Trag|bahre *f*, **~e** *f* nosidlá *n/pl.*; **2bar** prenosný; znesiteľný; **2en** niesť, nosiť; ***sich* 2en** (***mit*** *D*) zamýšľať sa (nad *I*), zaoberať sa (*I*)
Träger *m* nosič; (*Balken*) nosník
Trägheit *f* ťažkopádnosť, zotrvačnosť
Tragi|k *f* tragika; **2sch** tragický
Tragödie *f* tragédia; nešťastie *n*
Tragweite *f* dosah *m*
Train|er *m* tréner; **2ieren** cvičiť, trénovať; **~ing** *n* tréning *m*; **~ingshose** *f* trenírky *f/pl.*
Traktor *m* traktor
trampeln dupať
tramp|en stopovať; **2er** *m* stopár
Tran *m* rybí tuk
Träne *f* slza
Trank *m* nápoj
Tränke *f* napájadlo *n*; **2n** napájať; *Stoff* napúšťať
Transport *m* doprava *f*, prevoz; **2ieren** dopraviť, prepraviť
Traube *f* hrozno *n*, strapec *m* hrozna
trauen *v/t.* zosobášiť; *v/i.* veriť, dôverovať
Trauer *f* smútok *m*, zármutok *m*; **~feier** *f* panychída; **2n** (***um*** *A*) smútiť (pre *A*, za *I*); **~marsch** *m* smútočný pochod; **~spiel** *n* trúchlohra *f*
träufeln kvapkať
traulich útulný
Traum *m* sen
träumen snívať (sa)
traurig smutný; **2keit** *f* smútok *m*
Trau|ring *m* sobášny prsteň; **~schein** *m* sobášny list; **~ung** *f* sobáš *m*; **~zeuge** *m* sobášny svedok
treffen trafiť; (*stoßen auf*) naraziť; (*erraten*) uhádnuť; *Maßnahmen* urobiť; ***sich* ~** (***mit*** *D*) stretnúť sa (so *I*)
Treffen *n* stretnutie; **2d** vhodný, priliehavý
Treff|er *m* zásah; výhra *f*; **2lich** výborný, znamenitý; **~punkt** *m* zraz, miesto *n* zrazu (*od.* stretnutia)
treib|en *v/t.* hnať, poháňať; nútiť; (*tun*) robiť; *Sp.* pestovať; *Blätter*: pučať, vyháňať; **2haus** *n* skleník *m*; **2stoff** *m* pohonná látka *f*
trenn|en oddeliť, odlúčiť; *Ehe* rozlúčiť; *El.* odpojiť; ***sich* ~en** rozísť sa; **2ung** *f* oddelenie *n*, odlúčenie *n*

Treppe *f* schod *m*, stupeň *m*
Treppenhaus *n* schody *m/pl.*
Tresor *m* trezor
treten *v/i.* stúpať; šliapať; *v/t.* kopnúť
treu verný, oddaný; **2e** *f* vernosť; **~herzig** prostosrdečný; **~los** neverný
Tribüne *f* tribúna
Trichter *m* lievik
Trick *m* trik, úskok; **~film** *m* trikový film
Trieb *m* pud; *Bot.* výhonok; **~kraft** *f* hnacia sila; **~wagen** *m* motorový vozeň; **~werk** *n* hnací stroj *m*, lietadlový motor *m*
triefen kvapkať; siaknuť
triftig dôkladný; rozhodný
trink|bar pitný; **2becher** *m* pohárik; **~en** piť; **2er** *m* pijan; **~fest** odolný voči účinkom alkoholu; **2gefäß** *n* nádoba *f* na pitie; **2geld** *n* prepitné; **2glas** *n* pohár *m*; **2spruch** *m* prípitok; **2wasser** *n* pitná voda *f*
Tritt *m* krok; stopa *f*, šľapaj *f*; (*Fuß2*) kopnutie *n*; ***auf Schritt und ~*** na každom kroku; **~brett** *n* schodík *m*, stúpadlo; **~leiter** *f* rebrík *m*
triumphieren jasať
trocken suchý
Trocken|heit *f* suchota; **~rasierer** *m* elektrický holiaci prístroj
trock|nen *v/t.* ⟨vy⟩sušiť; *v/i.* ⟨vy⟩schnúť; **2ner** *m* sučič
Trödel *m* starinársky obchod, haraburdy *pl.*
Trog *m* koryto *n*
Trommel *f Mus.* bubon *m*; **2n** bubnovať
Trompete *f* trúb(k)a
Tropen *pl.* trópy
tropfen kvapkať
Tropfen *m* kvapka *f*
tropisch tropický
Trost *m* útecha *f*, potecha *f*
tröst|en utešovať (*A*); **~lich** potešiteľný
trostlos neutešený
Trottel *m* kretén, idiot
trotz (*G*) napriek (*D*), nehľadiac na (*A*)
Trotz *m* vzdor
trotz|dem *adv.* jednako, predsa; *cj.* hoci, čo aj; **~en** vzdorovať (*D*); **~ig** vzdorovitý
trübe kalný, mútny; *Wetter*: chmúrny; *Stimmung*: zachmúrený; **~n** kaliť; ***sich ~n*** zamračiť sa
Trüb|sal *f* zármutok *m*, žiaľ *m*; **2selig** zarmútený; **~sinn** *m* skormútenosť *f*
trüge|n (o)klamať; **~risch** klamný, záludný
Trugschluss *m* klamný záver
Truhe *f* truhla
Trümmer *pl.* rozvaliny *f/pl.*
Trumpf *m* tromf, výhoda *f*
trunken opitý; *fig.* opojený; **2heit** *f* opilosť
Truppe *f Mil.* vojsko *n*
Truthahn *m* moriak
Tschech|e *m* Čech; **~ien** Česko; **2isch** český; **~ische**

Republik *f* Česká republika
tschüss ahoj
T-Shirt *n* tričko
Tube *f* tuba; trubica
Tuch *n* súkno; (*Kopf*2) šatka *f*; (*Wisch*2) handra *f*
tüchtig schopný; **2keit** *f* dôkladnosť, zdatnosť
tückisch zákerný
Tugend *f* cnosť
Tulpe *f* tulipán *m*
Tumor *m* nádor
Tumult *m* zhon, trma-vrma *f*
tun robiť, konať
tünchen bieliť
Tunes|ien *n* Tunisko; **~ier** *m* Tunisan; **2isch** tuniský
Tunfisch *s.* ***Thunfisch***
Tunke *f* omáčka
Tunnel *m* tunel
Tür *f* dvere *flpl.*; **~angel** *f* záves *m*
Türk|e *m* Turek; **~ei** *f* Turecko *n*; **2isch** turecký
Türklinke *f* kľučka dverí
Turm *m* veža *f*, zvonica *f*
turn|en cvičiť; **2er** *m* cvičenec; **2halle** *f* telocvičňa
Turnier *n* turnaj *m*
Turnschuh *m* športová obuv *f*
Turnverein *m* telocvičný spolok
Tusche *f* tuš *m*
Tüte *f* vrecko *n*
Typ *m* typ, vzor
Typhus *m* týfus
typisch typický

U

U-Bahn *f* podzemná dráha, metro *n*
übel *adj.* zlý; **~ *nehmen*** zazlievať; ***wohl oder* ~** voľky-nevoľky; ***mir ist* ~** je mi zle
Übel *n* zlo; **~keit** *f* nevoľnosť; **~täter** *m* zločinec, zlosyn
üben cvičiť
über *adv.* vyše, nad; *prp.* (*A od. D*) nad (*A od. I*); (po)vyše (*A*), cez (*A*); o (*L*)
überall všade; **~her** zovšadiaľ; **~hin** na všetky strany, všade
überanstrengen: ***sich* ~** príliš sa namáhať
Über|anstrengung *f* prílišná námaha; **~bau** *m* nadstavba *f*; **2belichtet** *Fot.* preexponovaný; **2bieten** ponúknuť viac; prekonať; **~bleibsel** *n* zvyšok *m*; **~blick** *m* prehľad; **2blicken** mať prehľad; **2bringen** doručiť, odovzdať; **~bringer** *m* doručiteľ; **2dauern** pretrvať; **2dies** okrem toho; **2drüssig** (*G*) znechutený, omrzený; **2eilt** prenáhlený
überein|ander jedno cez druhé, bez ladu a skladu; **~kommen** dohovoriť sa, dohodnúť sa; **2kunft** *f* dohovor *m*, dohoda; **~stimmen** súhlasiť; **2stimmung** *f* súhlas *m*,

zhoda
überfahr|en prejsť, zraziť; **2t** *f* preprava, prevoz *m*
Überfall *m* prepadnutie *n*, prepad; **2en** prepadnúť
über|fliegen preletieť; **~fließen** pretekať; **2fluss** *m* nadbytok; **~flüssig** zbytočný; prebytočný; **~fluten** zaplaviť; **~führen** previesť; previezť; usvedčiť; **2führung** *f* prevoz *m*; prevezenie *n*; *Jur.* usvedčenie *n*; **~füllt** preplnený; **2gabe** *f* odovzdanie *n*; *Mil.* vydanie *n*
Übergang *m* prechod; **~s-** prechodný
über|geben odovzdať; ***sich ~geben*** (z)vracať; **~gehen** prejsť, prechádzať; prehliadnuť; **2gewicht** *n* nadmerná váha *f*; prevaha *f*; **~hand**: ***~hand nehmen*** vzmáhať sa, prevládať; **~häufen** zavaliť; **~haupt** vôbec, celkom; **~heblich** namyslený; **~holen** predbehnúť; (*reparieren*) opraviť; **~hören** nepočuť; **~laden** *adj.* preťažený; **~lassen** zanechať
über|lasten preťažiť; **~laufen** prebehnúť; *Gefäß*: pretekať; **~leben** prežiť; **~legen** *adj.* mocnejší, silnejší; *v/t.* uvážiť; **2legenheit** *f* prevaha; **2legung** *f* úvaha, uvažovanie *n*; **~liefern** vydať, odovzdať; **2lieferung** *f* podanie *n*; **2macht** *f* presila, prevaha; **2maß** *n* nadbytok *m*; **~mäßig** prílišný; **~mitteln** odovzdať; poslať; **~morgen** pozajtra
Über|mut *m* bujnosť *f*; **2mütig** bujný, rozpustený; **2nachten** prenocovať; **~nachtung** *f* prenocovanie *n*; **~nahme** *f* prevzatie *n*; **2natürlich** nadprirodzený
über|nehmen prevziať; ***sich ~nehmen*** prepínať sa; **~ordnen** nadradiť; **~prüfen** preveriť, preskúšať; **~queren** prejsť; **~ragen** vyčnievať nad (*I u. A*), vynikať; **~raschen** prekvapiť; **2raschung** *f* prekvapenie *n*; **~reden** prehovoriť; **2rest** *m* zvyšok, pozostatok; **~reichen** odovzdať; **~rumpeln** prepadnúť, prekvapiť; **~runden** mať náskok; **~schätzen** preceniť
Überschlag *m* (približný) rozpočet; **2en** preložiť, predodiť; preskočiť; vynechať; ***sich 2en*** prevrátiť sa
über|schneiden: ***sich ~*** pretínať sa; kolidovať; **~schreiben** prepísať; **~schreiten** prekročiť; **2schrift** *f* nápis *m*, nadpis *m*; **2schuss** *m* prebytok; **~schüssig** prebytočný; **~schwemmen** zaplaviť; **2schwemmung** *f* záplava, povodeň; **~seeisch** zámorský
über|sehen prezrieť; (*nicht beachten*) nevšimnúť si; **~senden** poslať, odoslať; **~setzen** prekladať ⟨prelo-

žiť⟩; **≈setzer** *m* prekladateľ; **≈setzung** *f* preklad *m*; **≈sicht** *f* prehľad *m*; **~sichtlich** prehľadný; **~siedeln** presídliť sa, presťahovať sa; **~spannen** prepínať; **~spannt** prepiaty; **~springen** preskočiť; **~stehen** vyčnievať; *Krankheit* prekonať; **~steigen** prekročiť; presahovať; **~stimmen** prehlasovať; **~stürzen** prenáhliť sa; **~stürzt** prenáhlený

Übertrag *m* prenos; prenáška *f*; **≈en** preniesť, prenášať; prekladať ⟨preložiť⟩; ***in ≈ener Bedeutung*** v prenesenom význame; **~ung** *f* prenesenie *n*; prenos *m*; preklad *m*

über|treffen predstihnúť; **~treiben** zveličovať; **≈treibung** *f* preháňanie *n*, zveličovanie *n*; **~treten** prestúpiť; *Fluss*: vyliať sa; **≈tretung** *f Jur.* priestupok *m*; **≈tritt** *m* prestúpenie *n*

über|vorteilen oklamať, podviesť; **~wachen** strážiť, dozerať na (*A*); **≈wachung** *f* dozor *m*; **~wältigen** premôcť; *fig.* zvíťaziť; **~weisen** *Geld* poukázať; **≈weisung** *f* poukázanie *n*; **~wiegend** prevažný; **~winden** premôcť, premáhať; **~zählig** nadpočetný; **~zeugen** presvedčiť; **≈zeugung** *f* presvedčenie *n*; **≈zug** *m* povlak; obliečka *f*

üblich obvyklý, bežný

U-Boot *n* ponorka *f*

übrig ostatný; ***alles ≈e*** všetko ostatné; **~ *bleiben*** zostávať; **~ens** ostatne; **~lassen** nechať

Übung *f* cvičenie *n*, cvik *m*

Ufer *n* breh *m*, pobrežie

Uhr *f* hodiny *f/pl.*; hodina; ***um vier ~*** o štvrtej hodine; **~macher** *m* hodinár

Uhu *m* výr

Ukrain|e *f* Ukrajina; **~er** *m* Ukrajinec; **≈isch** ukrajinský

Ulk *m* žart, vtip; **≈ig** smiešny

um (*A*) okolo (*G*); o (*L*); za (*A*), v (*L*); po (*L*); *cj.* **~ *zu*** aby

um|ändern premeniť; **~arbeiten** prerobiť; **~armen** objať; **~bauen** prestavať; **~biegen** ohnúť; **~binden** previazať; **~bringen** zabiť; **~buchen** prepísať, zmeniť; **~drehen** otočiť, obrátiť; **≈drehung** *f* otočenie *n*; obrátka; **~einander** okolo seba; **~fahren** obísť; **~fallen** spadnúť, zvaliť sa

Umfang *m* objem, obvod; rozsah; **≈reich** objemný; rozsiahly

um|fassen objať; **~fassend** obsiahly; rozsiahly; **~formen** prerobiť; **≈frage** *f* anketa

Umgang *m* zabchádzanie *n*, styk

Umgangs|formen *f/pl.* spoločenské spôsoby *m/pl.*; **~sprache** *f* hovorová reč

umgeb|en obklopiť, obkľúčiť; **2ung** *f* okolie *n*
umgehen *v/t.* ísť okolo, obchádzať dookola; obísť; *v/i.* (*mit D*) zaobchádzať (s[o] *I*); **~d** hneď, obratom
um|gekehrt obrátený, opačný; **~gestalten** prebudovať; **2hang** *m* pelerína *f*; **~hängen** prevesiť
umher sem a tam; **~gehen** obchádzať
umhüllen zahaliť
Umkehr *f* obrat *m*, zmena; **2en** *v/t.* obrátiť; *v/i.* vrátit sa
um|kippen *s.* ***umstürzen***; **2kleidekabine** *f* šatňa; **~kleiden** preobliekať
umkommen zahynúť
Umkreis *m* okruh, obvod; **2en** (*A*) krúžiť okolo (*G*)
umladen prekladať, preložiť
Umlauf *m* obeh; **2en** obiehať, kolovať; **~bahn** *f* obežná dráha
umleit|en obchádzať; **2ung** *f* obchádzka
um|liegend okolitý; **~packen** prebaliť; **~rechnen** prepočítať; **2rechnung** *f* prepočítanie *n*; **~reißen** naznačiť; strhnúť; **~ringen** *obkľúčiť*; **2riss** *m* obrys; **~rühren** pomiešať
Umsatz *m* obrat; **~steuer** *f* daň z obratu
umschalten prepnúť
Umschau *f* rozhľad *m*; prehliadka; ***sich* 2en** obzrieť sa
Umschlag *m* obal; náhla zmena *f*; (*Brief*) obálka *f*; *Med.* obklad; **2en** *v/t. Ärmel* vysúkať; *Ware* prekladať; *v/i. Wetter*: premeniť sa; *Boot*: prevrátiť sa
umschreib|en prepísať; **2ung** *f* opísanie *n*
umschul|en preškoliť; **2ung** *f* preškolenie *n*
Umschweife *f/pl.*: ***ohne* ~** bez okolkov
Umschwung *m* obrat, zmena *f*
umsehen: ***sich* ~** obzrieť sa
umsetzen presadiť; *Hdl.* predať
Umsicht *f* obozretnosť; **2ig** obozretný, opatrný
um|siedeln presídliť; **~sonst** (*gratis*) zadarmo; (*vergeblich*) zbytočne; **2stand** *m* okolnosť *f*; položenie *n*
Umständ|e: ***in anderen* ~en** v druhom stave; ***keine* ~e *machen wegen*** nerobiť si nijaké ťažkosti pre (*A*); **2lich** obšírny; podrobný, zdĺhavý
um|steigen prestúpiť; **~stellen** premiestniť; ***sich* ~stellen** prispôsobiť sa; **2stellung** *f* premiestnenie *n*; **~stoßen** prevrátiť; zmeniť; **~stritten** sporný, pochybný; **2sturz** *m* prevrat; **~stürzen** *v/t.* prevrátiť; *v/i.* ztrútiť sa
Umtausch *m* výmena *f*; **2en** vymeniť
umwand|eln premeniť; **2lung** *f* premena
um|wechseln vymeniť; **2weg**

m okľuka *f*; **℞welt** *f* prostredie *n*, okolie *n*; **~weltbewusst** ekologicky uvedomelý; **℞weltverschmutzung** *f* znečistene prostredia; **~wenden** obrátiť; **~werfen** prehodiť; **~wickeln** zavinúť; **~zäunen** ohradiť; **~ziehen** *v/t.* preobliecť (***sich*** sa); *v/i.* (*Wohnung wechseln*) presťahovať sa; sťahovať sa; **~zingeln** obkľúčiť; **℞zug** *m* presťahovanie sa *n*; sprievod

unab|hängig nezávislý; **~lässig** neustály; **~sehbar** nedohľadný; **~sichtlich** neúmyselný; **~wendbar** neodvrátiteľný

un|achtsam nepozorný; **~ähnlich** nepodobný

unan|fechtbar nepopierateľný; **~gebracht** nemiestny; **~genehm** nepríjemný; **~nehmbar** neprijateľný; **℞nehmlichkeit** *f* nepríjemnosť; **~ständig** neslušný

un|appetitlich nechutný; **~artig** neslušný

unauf|fällig nenápadný; **~findbar** nevypátrateľný; **~haltsam** nezadržateľný; **~hörlich** neustály; **~merksam** nepozorný; **~richtig** neúprimný

unaus|bleiblich nevyhnuteľný; **~führbar** neuskutočniteľný; **~gesetzt** ustavičný; **~stehlich** neznesiteľný

unbarmherzig nemilosrdný

unbe|achtet nepozorovaný; **~antwortet** nezodpovedaný; **~dacht** nerozvážny; **~denklich** *adv.* bez váhania; **~deutend** bezvýznamný; **~dingt** bezpodmienečný

unbe|fangen nezaujatý; **~fugt** neoprávnený; **~greiflich** záhadný, nepochopiteľný; **~grenzt** neobmedzený; **℞hagen** *n* nevoľnosť *f*; **~haglich** stiesnený, nesvoj; **~holfen** nemotorný; **~kannt** neznámy; **~kümmert** bezstarostný; **~liebt** neobľúbený; **~quem** nepohodlný; **~rechenbar** nevypočítateľný

unbe|rechtigt neoprávnený; **~scheiden** neskromný; **~scholten** bezúhonný; **~schränkt** neobmedzený; **~schreiblich** neopísateľný; **~siegbar** nepremožiteľný; **~sonnen** nerozvážny; **~stimmt** neurčitý; **~streitbar** nepopierateľný, nesporný; **~weglich** nehybný; **~wohnt** neobývaný; **~wusst** nevedomý; **~zähmbar** neskrot(iteľ)ný

unbrauchbar nepotrebný

und a, i, aj

un|dankbar nevďačný; **~deutlich** nejasný; **~dicht** netesný; **~durchdringlich** nepreniknuteľný; **~durchlässig** nepriepustný; **~durchsichtig** nepriehľadný; **~eben** nerovný; **~echt** nepravý, falošný;

~ehelich nemanželský; **~ehrlich** nečestný; **~eigennützig** nezištný; **~einig** nejednotný; **~empfindlich** necitlivý; **~endlich** nekonečný
unent|behrlich nevyhnutný; **~geltlich** bezplatný; **~schieden** nerozhodnutý; *Sp.* nerozhodný; **~schlossen** nerozhodnutý; **~wegt** pevný, neochvejný
uner|bittlich neúprosný; **~fahren** neskúsený; **~freulich** nepotešiteľný; **~hört** nevypočutý; neslýchaný; **~klärlich** nevysvetliteľný; **~müdlich** neúnavný; **~reichbar** nedosiahnuteľný; **~schöpflich** nevyčerpateľný; **~schrocken** neohrozený; **~schütterlich** neochvejný; **~schwinglich** nedostupný; **~setzlich** nenahraditeľný; **~träglich** neznesiteľný; **~wartet** nečakaný, nepredvídaný
un|fähig neschopný; **~fair** neslušný
Unfall *m* nehoda *f*; úraz; **~station** *f* záchranná stanica
un|fehlbar neomylný; **~folgsam** neposlušný; **~förmig** beztvárny; **~freiwillig** nedobrovoľný; **~freundlich** nevľúdny; **~fruchtbar** neúrodný; neplodný
Unfug *m* neprístojnosť *f*; nezbednosť *f*
Ungar *m* Maďar; **≈isch** maďarský; **~n** *n* Maďarsko
unge|bildet nevzdelaný; **~bräuchlich** nepoužívaný; **~bunden** ne(za)viazaný
Ungeduld *f* netrpezlivosť; **≈ig** netrpezlivý
unge|eignet nevhodný; **~fähr** *adv.* asi, približne; **~fährlich** bezpečný; **≈heuer** *n* obluda *f*, netvor *m*; **~heuer** hrozný, strašný; **~hörig** nepatriaci sa; **≈horsam** *m* neposlušnosť *f*; **~horsam** neposlušný; **~legen** nevhodný; **~lernt** nevyučený; **~mein** neobyčajný; **~mütlich** neútulný; nepríjemný; **~nannt** nemenovaný
ungenau nepresný
unge|nießbar nejedlý, nepožívateľný; **~nügend** nedostatočný
unge|rade nepárny; **~recht** nespravodlivý
ungern nerád
unge|schickt nešikovný; **~setzlich** nezákonitý; **~stört** nerušený; **~stüm** prudký, búrlivý; **~sund** nezdravý; **≈tüm** *n* obluda *f*; **~wiss** neistý; **≈wissheit** *f* neistota; **~wohnt** nezvyklý; **~wöhnlich** neobyčajný; **≈ziefer** *n* hmyz *m*; **~zogen** nezdvorilý, neslušný; **~zügelt** bezuzdný; **~zwungen** nenútený
un|gläubig neveriaci; **~glaublich** neuveriteľný; **~gleichmäßig** nerovnomerný
Unglück *n* nešťastie; **≈lich** nešťastný

un|gültig neplatný; **~günstig** neprajný; nepriaznivý; **~haltbar** neudržateľný; **~handlich** nepohodlný; **2heil** *n* zlo; nešťastie, pohroma *f*; **~heilbar** nevyliečiteľný; **~heimlich** zlovestný, neblahý; **~höflich** nezdvorilý; **~hörbar** nepočuteľný
Uniform *f* rovnošata
uninteressant nezaujímavý
Union *f* únia, jednota; zväz *m*
univer|sal všeobecný; **2sität** *f* univerzita; **2sitäts-** univerzitný
Un|kenntnis *f* neznalosť; **2kenntlich** nepoznateľný; **2klar** nejasný; **2klug** nemúdry; **~kosten** *pl.* výdavky *m/pl.*; **~kraut** *n* burina *f*; **2kundig** neznalý; **2längst** nedávno; **2leserlich** nečitateľný; **2liebsam** nemilý; **~lust** *f* nechuť, odpor *m*; **2mäßig** nemierny; **~mensch** *m* surovec; **2menschlich** neľudský; **2merklich** nepozorovateľný; **2missverständlich** jasne zrozumiteľný; **2mittelbar** bezprostredný; **2modern** nemoderný; **2möglich** nemožný; **2mündig** nedospelý, neplnoletý; **~mut** *f* hnev; namrzenosť *f*; **2nachgiebig** neústupný; **2natürlich** neprirodzený; **2nötig** nepotrebný; **2nütz** márny, daromný
unord|entlich neporiadny; **2nung** *f* neporiadok *m*
un|parteiisch nestranný; **~passend** nevhodný; **~praktisch** nepraktický; **~pünktlich** nepresný; **~rasiert** neoholený
Unrat *m* smetie *n*, špina *f*
Unrecht *n* krivda *f*, bezprávie; **zu ~** *adv.* neprávom; **2mäßig** neoprávnený
un|regelmäßig nepravidelný; **~reif** nezrelý; **~rein** nečistý
Unruh|e *f* nepokoj *m*; **2ig** nepokojný, vzrušený
uns (*D*) nám; (*reflexiv*) sebe, si; (*A*) nás; (*reflexiv*) seba, sa
un|sauber nečistý; **~schädlich** neškodný; **~scharf** neostrý; **~schätzbar** neoceniteľný; **~scheinbar** nepatrný; **~schlüssig** nerozhodný
Unschuld *f* nevina; **2ig** nevinný
unser náš; **~e** naši, naše; **~erseits** pokiaľ ide o nás, z nasej strany
unsertwegen pre nás, kvôli nám
unsicher neistý; **2heit** *f* neistota
unsichtbar neviditeľný
Unsinn *m* nezmysel; **2ig** nezmyselný
un|sittlich nemravný; **~statthaft** nedovolený; **2sterblichkeit** *f* nesmrteľnosť; **~stet** nestály; **2stimmigkeit** *f* nesúhlas *m*; **~streitig** ne-

sporný; **2summe** *f* veľké množstvo *n*; **~sympathisch** nesympatický; **2tat** *f* zločin *m*; **~tätig** nečinný; **~tauglich** neschopný; **~teilbar** nedeliteľný
unten dolu, naspodku
unter (*D*, *A*) pod (*I*, *A*); za (*I*, *A*); pri (*L*); medzi (*I*, *A*); **2arm** *m* predlaktie *n*; **~belichtet** podexponovaný; **2bewusstsein** *n* podvedomie; **~binden** znemožniť
unterbrech|en prerušovať; **2ung** *f* prerušenie *n*; prestávka
unter|breiten predložiť, predkladať; **~bringen** ubytovať; umiestniť; **~dessen** medzitým, zatiaľ; **~drücken** potlačiť; utláčať; **~e(r)** dolný; spodný; **~einander** medzi sebou, navzájom
Unter|ernährung *f* podvýživa; **~führung** *f* podjazd *m*; **2gang** *m* zánik, pád; (*Sonnen*2) západ; **~gebene(r)** *m* podriadený
unter|gehen (za)hynúť; *Schiff*: potopiť sa; *Sonne*: zapadnúť; **~geordnet** podriadený; **~graben** podkop(áv)ať; *fig*. podrývať; **2grund** *m* podzemie *n*; **2grundbahn** *f* podzemná dráha, metro *n*; **~halb** *adv*. dolu; *prp*. (*G*) pod (*A*, *I*)
Unterhalt *m* výživa *f*; živobytie *n*; výživné *n*, zaopatrenie *n*; **2en** opatrovať, vydržiavať; (*zerstreuen*) zabávať; **2end** zábavný; **~ung** *f* zábava; pobavenie *n*
Unter|händler *m* sprostredkovateľ; **~hemd** *n* tielko, tričko; **~hose** *f* spodky *f/pl.*; **2irdisch** podzemný; **~kiefer** *m* dolná čeľusť *f*; **2kommen** ubytovať sa; **~kunft** *f* ubytovanie *n*, prístrešie *n*, nocľah *m*; **~lage** *f* podklad *m*; **2lassen** nechať, opustiť; **2legen** podložiť; *adj*. porazený; **~leib** *m* podbrušie *n*; **2liegen** podliehať; **~mieter** *m* podnájomník
unternehm|en podniknúť; **2en** *n*, **2ung** *f* podnik *m*, závod *m*; **2er** *m* podnikateľ; **~ungslustig** podnikavý
Unter|offizier *m* poddôstojník; **2ordnen** podriadiť; **~redung** *f* rozhhovor *m*
Unterricht *m* vyučovanie *n*; **2en** učiť, vyučovať; (*informieren*) upovedomiť; **~s-** vyučovací
Unter|rock *m* spodnička *f*; **2sagen** zakázať; **2schätzen** podceňovať; **2scheiden** rozoznávať, rozlišovať; **~schenkel** *m* holeň *f*; **~schied** *m* rozdiel; **2schlagen** spreneveriť; **~schlagung** *f* sprenevera; **~schlupf** *m* útulok; **2schreiben** podpísať; **~schrift** *f* podpis *m*
Unter|seeboot *n* ponorka *f*; **2setzt** zavalitý, územčistý; **2ste(r)** najspodnejší; **2ste-**

hen byť podriadený; **≈stellen** postaviť (***sich*** sa) pod (*A*); podozrievať; **≈streichen** podčiarknuť, zdôrazniť; **≈stützen** podporovať; **~stützung** *f* podpora; pomoc

untersuch|en skúmať; vyšetrovať; **≈ung** *f* (*Prüfung*) skúška, skúšanie *n*; *Med.* vyšetrovanie *n*; **≈ungshaft** *f* vyšetrovacia väzba

Unter|tagebau *m Bgb.* podzemná ťažba *f*; **≈tan** poddaný; **~tasse** *f* tanierik *m* pod šálkou *m*; **≈tauchen** ponoriť; *fig.* ukryť sa; **~wäsche** *f* spodné prádlo *n*; **≈wegs** na ceste, cestou; **≈weisen** poučovať; **~weisung** *f* výučba; **~welt** *f* podsvetie *n*; **≈werfen** podrobiť, podmaniť; **≈würfig** ponížený, podlízavý; **≈zeichnen** podpísať; **≈ziehen** podrobiť (***sich*** sa)

un|trennbar nerozlučiteľný; **~treu** neverný; **≈treue** *f* nevernosť; **~überlegt** neuvážený, nerozmyslený; **~übersichtlich** neprehľadný; **~übertrefflich** neprekonateľný; **~überwindlich** neprekonateľný; **~umwunden** bez obalu; **~unterbrochen** nepretržitý

unver|änderlich nezmeniteľný; **~antwortlich** nezodpovedný; **~besserlich** nenapraviteľný; **~bindlich** nezáväzný; **~daulich** nestráviteľný; **~drossen** neúnavný, usilovný; vytrvalý; **~einbar** nezlučiteľný; **~gänglich** nepominuteľný; **~gesslich** nezabudnuteľný; **~gleichlich** neprekonateľný; **~heiratet** slobodný, neženatý; **~hofft** nečakaný; *adv.* nečakane, znenazdania; **~kennbar** zjavný; **~lässlich** nespoľahlivý; **~meidlich** nevyhnutný; **≈mögen** *n* neschopnosť *f*; **~mutet** nepredvídaný, netušený; **~nünftig** nerozumný; **~schämt** bezočivý, drzý; **~schuldet** bez dlhu; nezavinený; **~sehens** odrazu; **~sehrt** neporušený; **~söhnlich** nezmieriteľný; **~ständlich** nezrozumiteľný; **~wüstlich** nezničiteľný; **~zeihlich** neodpustiteľný; **~züglich** bezodkladný

un|vollkommen nedokonalý; **~vollständig** neúplný; **~vorbereitet** nepripravený; **~vorsichtig** neopatrný

unwahr nepravdivý; **≈heit** *f* nepravda; **~scheinlich** nepravdepodobný

un|wegsam nezjazdný; **~weit** (*G*) neďaleko (*G*); **~wesentlich** nepodstatný; **≈wetter** *n* zlé počasie, nečas *m*; **~wichtig** nedôležitý; **~willkürlich** mimovoľný; **~wirklich** neskutočný; **~wirksam** neúčinný

unwissen|d nevedomý; **≈heit** *f* nevedomosť

un|wohl chorý, chorľavý; **~würdig** nedôstojný; **²zahl** *f* veľký počet *m*; **~zählig** nespočetný; **~zerbrechlich** nerozbitný; **~zertrennlich** nerozlučný
Unzucht *f* smilstvo *n*
unzu|frieden nespokojný; **~gänglich** neprístupný; **~länglich** nedostatočný; **~lässig** nedovolený; **~reichend** nedostatočný; **~sammenhängend** nesúvislý; **~treffend** nevhodný, nehodiaci sa; **~verlässig** nespoľahlivý
un|zweckmäßig neúčelný; **~zweideutig** nedvojzmyselný; jednoznačný
üppig bujný; *Mahl*: bohatý
urban uhladený, kultúrny
Uraufführung *f* premiéra
uralt prastarý
urbar orný, úrodný
Urgroß|mutter *f* prababička; **~vater** *m* praded
Urheber *m* pôvodca, autor
Urin *m* moč
Urkunde *f* úradná listina
Urlaub *m* dovolenka *f*; **~er** *m* dovolenkár
Urlaubsreise *f* cesta na dovolenku
Urne *f* urna
Ur|sache *f* príčina; dôvod *m*; **~sprung** *m* pôvod, počiatok; **²sprünglich** pôvodný, začiatočný
Urteil *n* mienka *f*, úsudok *m*; *Jur.* rozsudok *m*; **²en** usudzovať; súdiť
Urwald *m* prales
Utensilien *pl.* potreby *f/pl.*
utopisch utopický

V

Valuta *f* valuta, mena
Vanille *f* vanilka
Varieté, **Varietee** *n* varieté
Vase *f* váza
Vater *m* otec; **~land** *n* vlasť *f*
väterlich otcovský
Vater|schaft *f* otcovstvo *n*; **~unser** *n* Otčenáš *m*
Vegetar|ier *m* vegetarián *m*; **²isch** vegetariánsky
Veilchen *n* fialka *f*
Vene *f* véna, žila
Ventil *n* záklopka *f*, ventil *m*; **~ation** *f* vetranie *n*
verabred|en dohovoriť; **²ung** *f* dohodnutie *n*; schôdzka
verabscheuen opovrhovať, zoškliviť si
verabschieden prepustiť; ***sich*** **~** rozlúčiť sa
ver|achten opovrhovať; **~ächtlich** pohŕdavý; **²achtung** *f* pohŕdanie *n*; **~allgemeinern** zovšeobecňovať; **~altet** zastaraný
veränder|lich premenlivý; **~n** zmeniť, premeniť (***sich*** sa); **²ung** *f* zmena, premena

Veran|lagung *f* náklonnosť; vlohy *f/pl.*; **≗lassen** spôsobiť, dať podnet; **~lassung** *f* podnet *m*, popud *m*, pohnútka; **≗schaulichen** znázorniť; **≗stalten** usporiadať; **~staltung** *f* podujatie *n*
verantwort|en zodpovedať (***sich*** sa); **~lich** zodpovedný; **≗ung** *f* zodpovednosť (***für*** za *A*); ***zur ≗ung ziehen*** brať na zodpovednosť
verarbeiten spracovať
Verb *n* sloveso
Verband *m* zväz; *Med.* obväz; **~zeug** *n* obväzový materiál *m*
verbann|en vyhostiť; vyhnať; **≗ung** *f* vyhnanstvo *n*
verbergen skryť, schovať (***sich*** sa)
verbesser|n zlepšiť; opraviť; **≗ung** *f* zlepšenie *n*; oprava
verbeug|en: ***sich ~en*** pokloniť sa; **≗ung** *f* poklona
ver|biegen skriviť; **~bieten** zakázať; **~billigen** zlacnieť; **~binden** spojiť (***sich*** sa); **~bindlich** záväzný; zdvorilý, úctivý; **≗bindung** *f* spojenie *n*, styk *m*; zlúčenina; ***sich in ≗bindung setzen mit*** (*D*) nadviazať spojenie s(o) (*I*); **~blassen** zblednúť; **~blüffen** zaraziť, ohromiť; **~blüfft** zarazený; ohromený, udivený; **~blühen** odkvitnúť; **~blüht** odkvitnutý; **~bluten** vykrvácať; **~borgen** *adj.* skrytý
Verbot *n* zákaz *m*; **≗en** zakázaný
Verbrauch *m* spotreba *f*; **≗en** spotrebovať; **~er** *m* spotrebiteľ
Verbrech|en *n* zločin *m*; **~er** *m* zločinec; **≗erisch** zločinný
verbreit|en šíriť, rozširovať; **≗ung** *f* šírenie, rozširovanie *n*
verbrenn|en *v/t.* spáliť; *v/i.* zhorieť; ***sich ~en*** popáliť sa; **≗ung** *f* spálenie *n*; *Med.* popálenina
ver|bringen stráviť; **~brühen** obariť; **≗bündete(r)** *m* spojenec; **≗bundenheit** *f* spätosť; zviazanosť; **~bürgen** zaručiť (***sich*** sa); **~büßen** odpykať; **~chromt** pochrómovaný
Verdacht *m* podozrenie *n*
verdächtig podozrivý; **~en** (u)podozrievať (*A*)
ver|dammen zatratiť; **~dammt** zatratený; **~danken** vďačiť (*D*), ďakovať (*D*)
verdau|en tráviť; **≗ung** *f* trávenie *n*
Verdeck *n* paluba *f*; úkryt *m*; *Kfz.* kapota *f*, kryt; **≗en** prikryť
verderb|en *v/i.* ⟨po⟩kaziť, ⟨z⟩ničiť; *v/i.* skaziť sa; **≗en** *n* skaza *f*; **~lich** kaziaci sa; zhubný
verdien|en zarobiť, vyrobiť (si), zaslúžiť (si)
Verdienst¹ *m* (*Einkommen*) zárobok

Verdienst[2] *n* zásluha *f*
verdient zaslúžený; zaslúžilý
ver|doppeln zdvojiť, zdvojnásobiť; **~dorben** skazený, pokazený; **~dorren** vyschnúť; **~drängen** vytlačiť; vytisnúť; zatlačiť; **~dreht** *fig.* popletený; **~drießlich**, **~drossen** namrzený, nahnevaný; **~druss** *m* namrzenosť *f*, nevôľa *f*; **~dunkeln** zatemniť; **~dünnt** rozriedený, zriedený; **~dunsten** vyparovať sa; **~dursten** zahynúť od smädu; **~dutzt** zarazený; **~edeln** zošľachtiť
verehr|en uctiť; **~ter Herr** vážený pán; **~er** *m* ctiteľ; **~ung** *f* uctievanie *n*; úcta
vereidigen zaviazať prísahou
Verein *m* spolok, jednota *f*, zväz; **~baren** dohodnúť sa, dohovoriť sa; **~barung** *f* dohovor *m*, dohoda; **~fachen** zjednodušiť; **~igen** spojiť, zjednotiť; **~igung** *f* spojenie *n*; zjednotenie *n*
ver|eist zľadovatený; **~eiteln** prekaziť; zmariť; **~eitert** zhnisaný; **~erben** poručiť, zanechať; **~erbung** *f* dedičnosť
verfahren postupovať; zaobchádzať; ***sich*** **~** zísť zo správnej cesty
Verfahren *n* konanie, počínanie; postup *m*; proces *m*
Verfall *m* úpadok; **~en** *v/i.* upadať
Verfallsdatum *n* dátum spotreby *m*
verfass|en koncipovať, skladať; **~er** *m* pôvodca, autor; **~ung** *f* vypracovanie *n*; stav, situácia; *Pol.* ústava
verfaul|en zhniť; **~t** zhnitý
ver|fehlen chybiť; **~feinden** znepriateliť; **~filmen** sfilmovať; **~fließen** splynúť; **~fluchen** preklínať
verfolg|en prenasledovať; *Jur.* stíhať; **~er** *m* prenasledovateľ; **~te(r)** *m* prenasledovaný; **~ung** *f* prenasledovanie *n*, stíhanie *n*
verfrüht predčasný; prenáhlený
verfüg|en nariadiť; disponovať; **~ung** *f* opatrenie *n*; dispozícia
verführ|en zvádzať; **~erisch** zvodný, vábivý, lákavý; **~ung** *f* zvádzanie *n*, lákanie *n*
vergangen minulý; **~heit** *f* minulosť; *Gr.* minulý čas *m*
Vergaser *m* karburátor
vergeb|en zadať; odpustiť; **~ens** márne, nadarmo; **~lich** zbytočný, márny
vergehen utekať, plynúť; ***sich ~ an*** previniť sa proti (*D*)
Vergehen *n* previnenie, poklesok *m*
vergelt|en odplatiť, splatiť; **~ung** *f* odplata
ver|gessen zabudnúť; **~gesslich** zábudlivý; **~geuden** premárniť, plytvať; **~gewal-**

tigen znásilniť
vergewissern: *sich* ~ presvedčiť sa; ubezpečiť sa
ver|gießen preliať, vyliať; **~giften** otráviť; **2giftung** *f* otrava, otrávenie *n*; **2gissmeinnicht** *n Bot.* nezabúdka *f*; **~gittern** zamrežovať
Vergleich *m* prirovnanie *n*; *Jur.* vyrovnanie *f*; **2en** porovn(áv)ať
vergnüg|en: *sich* **~en** pobaviť sa; **2en** *n* zábava *f*, potešenie; *mit* **2en!** rád, s radosťou; **~t** veselý; **2ung** *f* zábava; **2ungsreise** *f* rekreačná cesta
ver|golden pozlátiť; **~graben** *v/t.* zakopať; **~griffen** rozpredaný, rozobraný
vergrößer|n zväčšiť; **2ung** *f* zväčšenie *n*; **2ungsglas** *n* zväčšovacie sklo
Vergünstigung *f* výhoda
vergüt|en nahradiť; **2ung** *f* náhrada, úhrada
verhaft|en uväzniť; zatknúť; **2ete(r)** *m* uväznený, zatknutý; **2ung** *f* zatknutie *n*, uväznenie *n*
verhalten: *sich* ~ správať sa; *adj.* zadržaný
Verhalten *n* správanie
Verhältnis *n* pomer *m*, vzťah *m*; *im* ~ *zu* vo vzťahu k(u), v pomere k(u); **2mäßig** pomerný, relatívny
verhand|eln (*über A*) rokovať (o *L*); prejednávať; **2lung** *f* rokovanie *n*, prejednávanie *n*; *Jur.* konanie *n*
Verhängnis *n* osud *m*; **2voll** osudný
ver|harren zotrvať; **~hasst** nenávidený; **~heeren** spustošiť; **~heimlichen** zatajiť
verheirat|en: *sich* **~en** *Mann*: oženiť sa; *Frau*: vyd(áv)ať sa (*mit D* za *A*); **~et** ženatý, vydatá
verherrlichen oslavovať
verhinder|n prekážať; **2ung** *f* prekážka
Verhör *n Jur.* výsluch *m*, vypočúvanie; **2en** vypočúvať; *sich* **2en** nedopočuť
ver|hüllen zakrývať; **~hungern** umrieť hladom; **~hüten** predísť, zabrániť; **2hütungsmittel** *n* antikoncepčný prostriedok *m*; **~irren**: *sich* **~irren** zablúdiť; **~jagen** zahnať; **~kappt** zakuklený, maskovaný
Verkauf *m* predaj; **2en** predať, predávať
Verkäuf|er(in *f*) *m* predavač (-ka); **2lich** na predaj, predajný
Verkehr *m* premávka *f*, ruch; doprava *f*; ~ *haben mit* (*D*) mať styk so (*I*); **2en** mať styk, mať spojenie
Verkehrs|ampel *f* semafor *m*; **~mittel** *n* dopravný prostriedok *m*, vozidlo; **~polizei** *f* dopravná polícia; **~störung** *f* dopravná porucha; **~unfall** *m* dopravná nehoda *f*; **~zeichen** *n* dopravná značka *f*

verkehrt (*falsch*) prevrátený, opačný
ver|kennen nespoznať, nedoceniť; **~klagen** ⟨ob⟩žalovať; **~kleiden**: ***sich ~kleiden*** preobliecť sa; **~kleinern** zmenšiť; **~knüpfen** zviazať, spojiť; **~kommen** *v/i.* pustnúť, upadať; *adj.* spustnutý; **~körpern** stelesniť; **~kriechen**: ***sich ~kriechen*** skryť sa;; **~kümmern** zakrpatieť; **~künden** oznámiť, vyhlásiť; **~kürzen** skrátiť; **~laden** naložiť, nakladať
Verlag *m* nakladateľstvo *n*
verlangen (***nach*** *D*) ⟨po⟩žiadať (*A*); *fig.* túžiť (po *L*)
Verlangen *n* žiadosť *f*, túžba *f*
verlänger|n predĺžiť; **≈ung** *f* predĺženie *n*
verlangsamen spomaliť
verlassen opustiť; ***sich ~ auf*** (*A*) spoliehať sa na (*A*); *adj.* opustený
verlässlich spoľahlivý, istý
Verlauf *m* priebeh; **≈en** uplynúť, ubehnúť; ***sich ≈en*** zatúlať sa, zablúdiť
verleben (*verbringen*) stráviť
verleg|en preložiť; *Termin* odložiť; *Typ.* vydať; *adj.* rozpačitý; **≈enheit** *f* rozpaky *m/pl.*; **≈er** *m* vydavateľ
Verleih *m* požičovňa *f*; **≈en** požičať; *Eigenschaft*: udeliť; **~ung** *f* požičanie *n*; udelenie *n*
ver|leiten zviesť, zvádať; **~lernen** odučiť sa; **~letzen** zraniť, poraniť; uraziť; **≈letzung** *f* zranenie *n*; *fig.* porušenie *n*; **~leugnen** zaprieť; **~leumden** ohovárať, osočovať; **~lieben**: ***sich ~lieben*** (***in*** *A*) zamilovať sa (do *G*); **~liebt** zamilovaný; **~lieren** stratiť; *Sp.* prehrať
verlob|en: ***sich ~en*** zasnúbiť sa (***mit*** *D* so *I*); **~t** zasnúbený; **≈te** *f* snúbenica, snúbenka; **≈te(r)** *m* snúbenec; **≈ung** *f* zasnúbenie *n*
ver|logen lživý, nepravdivý; **~loren** stratený; ***~loren gehen*** stratiť sa; **~löschen** dohasnúť; **~losen** vylosovať; **≈losung** *f* vyžrebovanie *n*; **≈lust** *m* strata *f*, škoda *f*; ***≈lust machen*** *Jur.* poručiť; **≈mächtnis** *n* závet *m*, testament *m*; **≈mählung** *f* sobáš *m*; **~mehren** rozmnožiť; **~meiden** vyhnúť sa; **~mengen** zmiešať; **≈merk** *m* záznam; **~messen** *v/t.* merať, odmerať; *adj.* odvážny; trúfalý; **≈messung** *f* vymeriavanie *n*
vermiet|en prenajať, prenajímať; **≈er** *m* prenajímateľ
verminder|n zmenšiť, znížiť; **≈ung** *f* zmenšenie *n*, zníženie *n*
vermissen postrádať, nemať
vermisst *Mil.* nezvestný
vermitt|eln sprostredkovať, umožniť; **≈ler** *m* sprostredkovateľ; **≈lung** *f* sprostredkovanie *n*; (telefónna) cen-

trála
vermögen vládať, vedieť, môcť
Vermögen *n* moc *f*, schopnosť *f*; (*Habe*) majetok *m*, imanie
vermut|en predpokladať, nazdať sa; **~lich** údajný, domnelý; **2ung** *f* dohad *m*, domnienka
vernachlässig|en zanedbať; **2ung** *f* zanedbávanie *n*, nedbanlivosť
vernehm|en (*hören*) počuť; *Jur.* vypočúvať; **2ung** *f Jur.* vypočúvanie *n*, výsluch *m*
ver|neigen *s.* **~*beugen***; **~neinen** poprieť; **~nichten** zničiť; vykynožiť; **2nichtung** *f* zničenie *n*, vyhubenie *n*; **2nunft** *f* rozum *m*; **~nünftig** rozumný; **~öffentlichen** uverejniť; *Buch* vydať
verordn|en predpísať, nariadiť; **2ung** *f* nariadenie *n*; *Med.* lekársky predpis *m*
ver|pachten prenajať, dať do prenájmu; **~packen** zabaliť; **2packung** *f* obal *m*; balenie *n*; **~passen** premeškať, zameškať; **~pfänden** založiť; **~pflanzen** presadiť, presadzovať
verpfleg|en opatriť, ošetrovať; **2ung** *f* zaopatrenie *n*; strava
verpflicht|en zaviazať (***sich*** sa); **2ung** *f* záväzok *m*
Verputz *m* omietka *f*
Verrat *m* zrada *f*; **2en** (pre)zradiť
Verräter *m* zradca; **2isch** zradcovský
verrechn|en započítať, zúčtovať; ***sich*** **~*en*** pomýliť sa pri počítaní; **2ung** *f* vyúčtovanie *n*
ver|reisen odcestovať; **~renken** vytknúť si (ruku); **~riegeln** zatvoriť; **~ringern** zmenšiť, znížiť; **~rostet** hrdzavý; **~rückt** pochabý, pomätený; **~rufen** vykričaný, so zlou povesťou
Vers *m* verš
versag|en *v/t.* odoprieť; *v/i.* zlyhať; **2er** *m* neschopný človek
versalzen *adj.* presolený
versamm|eln zhromaždiť (***sich*** sa); **2lung** *f* schôdzka, zhromaždenie *n*
Versand *m* odoslanie *n*; **~haus** *n* zasielateľstvo
versäum|en zameškať, zabudnúť; **2nis** *f* zameškanie *n*, zabudnutie *n*
ver|schaffen zadovážiť; **~schämt** hanblivý; **~schärfen** zostriť; **~schenken** darovať, rozdávať; **~scheuchen** ⟨roz⟩plašiť; **~schieben** posunúť
verschieden rozličný; **~artig** rozmanitý; **2heit** *f* rozdielnosť, odlišnosť
ver|schimmeln splesnivieť; **~schimmelt** splesnivený; **~schlafen** zaspať; *adj.* ospanlivý; **2schlag** *m* debnenie *n*; **~schlagen** *adj.* pre-

fikaný
verschlechter|n zhoršiť (*sich* sa); **&ung** *f* zhoršenie *n*
ver|schleiern zastrieť; **&schleiß** *m* opotrebovanie *n*; **~schleppen** odvliecť; **~schließen** zavrieť; zamykať; **~schlimmern** zhoršiť (*sich* sa); **~schlingen** prehltnúť; **~schlossen** zavretý, uzavretý; **~schlucken** prehltnúť; **&schluss** *m* (u)záver, závora *f*; **~schmähen** opovrhovať; **~schmelzen** *v/t.* zlúčiť, stopiť; *v/i.* zliať sa, splynúť; **~schmutzt** znečistený; **~schnaufen** oddýchnuť si; **~schneit** zasnežený; **~schnupft** prechladnutý; **~schollen** nezvestný; **~schonen** ⟨u⟩šetriť; **~schönern** ozdobiť, okrášliť
verschreiben *Med.* predpísať; *sich* **~** nesprávne napísať
ver|schulden previniť sa; **&schulden** *n* zadĺženie; **~schüttet** zasypaný; **~schweigen** zamlčať, zatajiť
verschwend|en premárniť; **~erisch** márnotratný; **&ung** *f* plytvanie
verschwiegen mlčanlivý; **&heit** *f* mlčanlivosť
verschwinden zmiznúť
verschwommen hmlistý, nejasný
verschwör|en: *sich* **~en** sprisahať sa; **&er** *m* sprisahanec; **&ung** *f* sprisahanie *n*
versehen (*mit D*) ⟨za⟩opatriť (*I*); (*ausüben*) konať; *sich* **~** zmýliť sa; zásobiť sa
Versehen *n* chyba *f*, nedopatrenie
ver|senden rozoslať; **~senken** ponoriť, potopiť; **&senkung** *f* ponorenie *n*, potopenie *n*; ponor *m*
versetzen preložiť, presadiť; *sich* **~** *in* (*A*) vžiť sa do (*G*)
verseuchen zamoriť, kontaminovať
versicher|n uistiť, ubezpečiť; *sich* **~n** poistiť sa; presvedčiť sa; **&ung** *f* uistenie *n*, poistenie *n*; **&ungspolice** *f* poistka (listina)
versiegeln zapečatiť
versiert zbehlý
ver|silbert postriebrený; **~sinken** zapadnúť
versöhn|en: *sich* **~en** zmieriť sa; **~lich** zmierlivý; **&ung** *f* zmierenie *n*
versorg|en obstarať; **&ung** *f* zásobenie *n*, zaopatrenie *n*
verspät|en: *sich* **~en** oneskoriť sa; **&ung** *f* oneskorenie *n*
ver|sperren zavrieť, zatarasiť; **~spielen** prehrať; **~spotten** vysmievať sa
versprechen ⟨pri⟩sľúbiť; *sich* **~** prerieknuť sa
Versprechen *n* (prí)sľub *m*
verstaatlich|en zoštátniť; **&ung** *f* zoštátnenie *n*
Verstand *m* rozum
verständ|ig rozumný; **~igen** upovedomiť; *sich* **~igen**

dohodnúť sa; **≈igung** *f* dorozumenie *n*; upovedomenie *n*; **~lich** pochopiteľný, zrozumiteľný; **≈nis** *m* porozumenie
verstärk|en zosilniť, posilniť; **≈er** *m Tech.* zosilňovač; **≈ung** *f* posila, zosilnenie *n*
verstauchen vytknúť si (nohu)
verstauen dobre uložiť (batožinu)
Versteck *n* úkryt *m*; **≈en** skryť, schovať
ver|stehen ⟨po⟩rozumieť, pochopiť; **≈steigerung** *f* dražba, licitácia; **~steinert** skamenený
verstell|en ⟨pre⟩meniť; ***sich ~en*** pretvarovať sa; **≈ung** *f* pretvárka; prestavenie *n*
ver|steuern zdaniť; **~stimmt** rozladený; *fig.* mrzutý; **~stohlen** kradmý; **~stopfen** zapchať; **≈stopfung** *f Med.* zápcha; **~storben** nebohý, zomrelý; **~stört** vystrašený
Verstoß *m* chyba *f*; previnenie *n*, prečin *m*; **≈en** vyhnať; vylúčiť; previniť sa (***gegen*** *A* proti *D*)
ver|stümmeln dokaličiť; **~stummen** zmĺknuť
Versuch *m* pokus; skúška *f*; **≈en** skúsiť, pokúsiť sa; pokúšať, zvádzať; **~ung** *f* pokušenie *n*
ver|tagen odložiť, odročiť; **~tauschen** vymeniť
verteidig|en brániť; *Jur.* obhajovať; **≈er** *m Jur.* obhajca; *Sp.* obranca; **≈ung** *f Jur.* obhajoba; *Sp.* obrana
ver|teilen rozdeliť; **~teuern** zdražiť; **~tiefen** prehĺbiť; **~tilgen** vyhubiť
Vertrag *m* dohoda *f*; **≈en**: ***sich ≈en*** znášať sa; dohodnúť sa; **≈lich**, **≈smäßig** podľa dohody; dohovorený
verträglich znášanlivý
vertrau|en dôverovať (*D*); **≈en** *n* dôvera *f*; **~lich**, **~t** dôverný; *adv.* dôverne
vertreiben vyhnať, zahnať; ***sich die Zeit ~*** krátiť si čas
vertret|en zastupovať; *Interessen* hájiť, zastávať; **≈er** *m* zástupca, námestník; **≈ung** *f* zastúpenie *n*
Vertrieb *m* odbyt
ver|trocknen vyschnúť; **~übeln** zazlievať; **~üben** spáchať, dopustiť sa (*G*)
verun|glücken utrpieť úraz, mať nehodu; **~reinigen** znečisťovať, pošpiniť; **~treuen** spreneveriť
verur|sachen zapríčiniť; **~teilen** odsúdiť; **≈teilung** *f* odsúdenie *n*
verviel|fachen, **~fältigen** rozmnožiť, znásobiť, xeroxovať
vervoll|kommnen zdokonaliť; **~ständigen** doplniť
verwahr|en uschovať; ***sich ~en gegen*** ohradiť sa proti; **~losen** *v/t.* zanedbať; *v/i.* spustnúť; **~lost** zanedbaný
verwaist osirotený

verwalt|en spravovať; **⁓er** *m* správca; **⁓ung** *f* správa, vedenie *n*
verwand|eln premeniť; **⁓lung** *f* premena, zmena
verwandt, **⁓e(r)** *m* príbuzný; **⁓schaft** *f* príbuznosť, príbuzní *m/pl.*; **⁓schaftlich** príbuzenský
ver|warnen varovať; **⁓wechseln** zameniť, pomýliť si; **⁓wegen** opovážlivý; **⁓weigern** odoprieť; **⁓weilen** zostať; **⁓weisen** odkázať (***auf*** na *A*); karhať; vypovedať; **⁓welken** zvädnúť; **⁓wenden** použiť; **⁓wendung** *f* použitie *n*; **⁓werten** využiť; **⁓wesen** spráchnivieť; **⁓wickeln** zapliesť; **⁓wicklung** *f fig.* zápletka
verwirklich|en uskutočňovať; **⁓ung** *f* uskutočnenie *n*
verwirr|en *fig.* popliesť; **⁓t** zamotaný, pomätený; **⁓ung** *f* zmätok *m*, spletenie *n*
verwischen rozmazať; zahladiť
ver|witwet ovdoven|ý, **⁓á**; **⁓worren** zmätený; **⁓wöhnt** rozmaznaný; **⁓wunden** poraniť, zraniť; **⁓wunderung** *f* údiv *m*, podiv *m*; **⁓wundet** zranený; **⁓wünschen** zakliať; **⁓wüsten** spustošiť; **⁓wüstung** *f* spustošenie *n*; **⁓zagt** zúfalý, skľúčený; **⁓zählen**: ***sich ⁓zählen*** prepočítať sa; **⁓zehren** skonzumovať, zjesť; **⁓zeichnis** *n* zoznam *m*
verzeih|en odpustiť, prepáčiť; **⁓ung** *f* odpustenie *n*; **⁓ung!** prepáč(te)!
Verzicht *m* zrieknutie *n*; **⁓en** (***auf*** *A*) zrieknúť sa (*G*)
ver|zieren ⟨o⟩zdobiť; **⁓zierung** *f* ozdoba; **⁓zinsen** zúrokovať; **⁓zögern** spomaliť, preťahovať; **⁓zollen** vycliť
verzweif|eln zúfať; **⁓elt** zúfalý; **⁓lung** *f* zúfalstvo *n*, beznádejnosť
Vetter *m* bratranec
Video|film *m* videofilm; **⁓kamera** *f* videokamera; **⁓kassette** *f* videokazeta
Vieh *n* dobytok *m*; **⁓zucht** *f* chov *m* dobytka
viel mnoho (*G*); *adv.* mnoho, veľa; ***⁓ Vergnügen!*** príjemnú zábavu!; ***⁓ sagend*** mnohovravny
viel|fach mnohonásobný; *adv.* mnohosásobne; **⁓leicht** azda, vari, hádam; **⁓mals** veľa ráz, často; **⁓mehr** skôr, radšej; naopak; **⁓seitig** mnohostranný
vier štyri, štyria
Vier *f* štvorka; **⁓eck** *n* štvoruholník *m*
vier|eckig štvorhranný; **⁓fach** štvornásobný; **⁓mal** štyrikrát
Viertel *n* štvrtina *f*, štvrť *f*; **⁓jahr** *n* štvrťrok *m*; **⁓stunde** *f* štvrťhodin(k)a
Villa *f* vila
violett fialový

Violine *f* husle *f/pl.*
Virus *m*, *n* vírus *m* (*a. EDV*)
Visitenkarte *f* vizitka
Visum *n* vízum
Vitamin *n* vitamín *m*
Vogel *m* vták; **~futter** *n* krmivo pre vtáky; **~scheuche** *f* strašiak *m*
Vokabel *f* slovo, slovíčko *n*
Vokal *m* samohláska *f*
Volk *n* národ *m*, ľud *m*
Völkerrecht *n* medzinárodné právo
Volks|fest *n* ľudová slávnosť *f*; **~hochschule** *f* večerná škola; **~kunst** *f* ľudové umenie *n*; **~schule** *f* ľudová škola; **~tanz** *m* ľudový tanec; **\~tümlich** ľudový, národný; **~wirtschaft** *f* národné hospodárstvo *n*
voll (ú)plný, celý; **~ *stopfen*** napchávať; **~ *tanken*** natankovať plno
Voll|bad *n* vaňový kúpeľ *m*; **~bart** *m* plná brada *f*; **\~bringen** zavŕšiť, ukončiť; **\~enden** dokončiť; **~endung** *f* dokončenie *n*, zavŕšenie *n*; **\~ends** úplne
völlig úplný, celý
voll|jährig plnoletý, dospelý; **~kommen** dokonalý; **\~macht** *f* splnomocnenie *n*, plná moc; **\~mond** *m* spln; **\~pension** *f* izba s celodennou stravou; **~schlank** plnoštíhly; **~ständig** dokonalý, úplný; **~strecken** vykonať, dokončiť; **\~streckung** *f* vykonanie *n*; **~trunken** opitý; **~zählig** úplný, v plnom počte; **~ziehen** vykonať
Volumen *n* objem *m*, rozsah *m*
von (*D*) od (*G*); (*über*) o (*L*); (*aus*) z(o) (*G*); ***die Einwohner ~ München*** obyvatelia Mníchova; ***~ Beruf*** povolaním
voneinander od seba
vor *prp.* (*D*, *A*) pred (*I*, *A*); ***~ kurzem*** nedávno; ***~ allem*** predovšetkým, najmä; od (*G*); ***~ Freude*** od radosti; ***nach wie ~*** ako doteraz
Vor|abend *m* predvečer; **~ahnung** *f* predtucha
voran napred, vpredu
Voranmeldung *f* predbežné oznámenenie *n*
Vorarbeiter *m* predák
voraus napred, vopred; ***im \~*** vopred; **~sagen** predpovedať; **~sehen** predvídať; **~setzen** predpokladať, domnievať sa; **\~setzung** *f* predpoklad *m*; **~sichtlich** pravdepodobný, očakávaný; *adv.* pravdepodobne; **~zahlen** platiť vopred
Vor|bedingung *f* prvá podmienka; **~behalt** *m* výhrada *f*; podmienka *f*
vorbei *adv.* okolo, popri, mimo; ***der Zug ist ~*** vlak je preč; **~fahren** cestovať okolo; **~gehen** ísť okolo; **~lassen** nechať mimo
vorbereit|en pripraviť; **\~ung** *f*

príprava
vorbestell|en objednať vopred; **≈ung** *f* predbežná objednávka
vorbeugen *fig.* zabrániť; **~d** preventívny
Vorbild *n* vzor *m*, príklad *m*; **≈lich** vzorný; **~ung** *f* predbežné vzdelanie *n*
vorder|- predný; **≈achse** *f* predná os; **≈gebäude** *n* predná budova *f*; **≈grund** *m* popredie *n*; **≈rad** *n* predné koleso; **≈seite** *f* predná strana
vor|dringlich naliehavý; **≈druck** *m* formulár; **~eilig** prenáhlený; **~einander** jeden pred druhým; **~eingenommen** predpojatý; **~enthalten** zadržať, upriet; **≈fahr** *m* predok
vorfahr|en zaviezť dopredu; **≈t** *f* prednosť v jazde
Vor|fall *m* príhoda *f*, prípad, príbeh; **≈führen** predviesť; premietnuť; **~führung** *f* predstavenie *n*, predvedenie *n*; **~gang** *m* (*Fall*) udalosť *f*, príhoda *f*; (*Prozess*, *Geschehen*) postup; **~gänger** *m* predchodca; **~garten** *m* záhrada *f* pred domom; **~gebirge** *n* predhorie; **≈gehen** ísť napred; (*vorfallen*) prihodiť sa, stať sa; (*handeln*) postupovať; **~gehen** *n* postup *m*; **~gesetzte(r)** *m* predstavený; **≈gestern** predvčerom; **≈haben** plánovať; **~haben** *n* úmysel *m*, plán, *m* zámer *m*; **~halle** *f* predsieň; **≈handen** poruke, naporúdzi; **~hang** *m* záclona *f*, opona *f*
vorher napred, najprv; **~gehen** predísť; **~sagen** predpovedať
vor|herrschen prevládať; **~hersehen** predvídať; **~hin** predtým, prv; **~ig** predošlý, minulý; **≈jahr** *n* minulý rok *m*; **≈kämpfer** *m* priekopník; **≈kenntnis** *f* predbežná znalosť
vorkomm|en prihodiť sa; jestovať; **≈en** *n* výskyt *m*; **≈nis** *n* udalosť *f*, príhoda *f*
vor|laden predvolať; **≈lage** *f* predloha, návrh *m*; **~lassen** pustiť vopred; **~läufig** predbežný, dočasný; **~legen** predložiť; **~lesen** predčítať; **≈lesung** *f* prednáška; **~letzte(r)** predposledný; **≈liebe** *f* záľuba; **~liegend** daný; prítomný; **~mals** predtým; **~merken** zaznačiť
Vormittag *m* predpoludnie *n*; **≈s** predpoludním
Vormund *m* poručník
vorn vpredu, napred; ***von ~*** od začiatku
Vor|name *m* krstné meno *n*; **≈nehm** vznešený; ušľachtilý; **≈nehmen**: ***sich ≈nehmen*** zaumieniť si
vornherein: ***von ~*** od samého začiatku
Vor|ort *m* predmestie *n*; **~rat** *m* zásoba *f*; **≈rätig** v zásobe;

~recht *n* výsada *f*; **~rede** *f* predhovor *m*; **~richtung** *f* zariadenie *n*; **ᴤrücken** postupovať; **~satz** *m* úmysel, zámer; **ᴤsätzlich** úmyselný, zámerný

Vorschein: *zum ~ kommen* vychádzať najavo

Vorschlag *m* návrh; **ᴤen** navrhnúť, menovať

vorschreiben predpísať

Vorschrift *f* predpis *m*, smernica

vorschrifts|mäßig podľa predpisu; **~widrig** proti predpisu

Vor|schuss *m* preddavok; **ᴤschützen** predstierať

vor|sehen predvídať; *sich ~sehen* byť ostražitý; **~setzen** predložiť; **ᴤsicht** *f* opatrnosť, ostražitosť; **~sichtig** opatrný, obozretný; **~singen** predspevovať; **ᴤsitz** *m* predsedníctvo *n*; **ᴤsitzende(r)** *m* predseda; **ᴤsorge** *f* opatrenie *n*; **ᴤspeise** *f* predjedlo *n*; **ᴤspiel** *n* predohra *f*; **~spielen** zahrať (pred obecenstrom); **ᴤsprung** *m* náskok; (*Wölbung*) výstupok; **ᴤstadt** *f* predmestie *n*; **ᴤstand** *m* prednosta; predsedníctvo *n*; **ᴤsteher** *m* predstavený

vorstell|en predstaviť (*sich A* sa, *D* si); **ᴤung** *f* predstavenie *n*; (*Idee*) predstava

Vorstrafe *f* predchádzajúci trest *m*

Vorteil *m* výhoda *f*, zisk; **ᴤhaft** výhodný, výnosný

Vortrag *m* prednáška *f*, prejav; *Mus*. prednes; **ᴤen** prednášať; *Mus*. predniesť, hrať

vor|trefflich znamenitý, skvelý; **~treten** predstúpiť; **ᴤtritt** *m* prednosť *f*

vorüber *s. vorbei*; **~gehend** prechodný

Vor|urteil *n* predsudok *m*; **~verkauf** *m* predpredaj; **~wand** *m* zámienka *f*; výhovorka *f*; **ᴤwärts** *adv*. napred; **ᴤweisen** ukázať; **ᴤwerfen** vyčítať; **ᴤwiegend** prevažne, predovšetkým; **~wort** *n* predhovor *m*, úvod *m*; **~wurf** *m* výčitka *f*; **ᴤwurfsvoll** vyčítavý; **~zeichen** *n Math*. znamienko; *fig*. predzvesť *f*; **ᴤzeigen** *s.* **ᴤ***weisen*; **ᴤzeitig** predčasný; **ᴤziehen** vytiahnuť; *fig*. dávať prednosť (*D*); **~zimmer** *n* predizba *f*; **~zug** *m* prednosť *f*; **ᴤzüglich** *adj*. výborný, znamenitý; *adv*. najmä

Vulkan *m* sopka *f*, vulkán

W

Waage *f* váha; **≈recht** vodorovný
wach bdelý; **~ *werden*** prebudiť sa; **~ *sein*** bdieť; **≈e** *f* stráž, hliadka; **~en** bdieť; strážiť
Wacholder *m* borievka *f*; **~(schnaps)** *m* borovička *f*
Wachposten *m* stráž *f*
Wachs *n* vosk *m*
wachsam ostražitý, bdelý; **≈keit** *f* ostražitosť
wachs|en *v/t.* voskovať; *v/i.* rásť; **≈tum** *n* vzrast *m*
Wächter *m* strážca
wack|elig klátivý; **~eln** klátiť sa
Wade *f* lýtko *n*
Waffe *f* zbraň
Waffenstillstand *m* prímerie *n*
Waffel *f* oblátka
Wagemut *m* odvaha *f*
wagen odvážiť sa
Wagen *m* voz
wägen vážiť
Wagenheber *m* zdvihák
Waggon *m* vagón, vozeň
wag|halsig krkolomný; *Person*: odvážny; **≈nis** *n* riziko
Wahl *f* voľba; výber *m*; *Pol.* voľby *f/pl.*
wähl|en voliť; vyberať; *Tel.* vytočiť číslo; **≈er** *m* volič; **~erisch** vyberavý
Wahl|fach *n* nepovinný predmet *m*; **~kampf** *m* volebný boj; **~liste** *f* zoznam kandidátov *m*; **≈los** bez výberu; **~recht** *n* volebné právo
Wahnsinn *m* šialenosť *f*; **≈ig** šialený; *Med.* choromyseľný
wahr pravdivý, pravý; ***nicht ~?*** pravda?
wahren zachovať
währen trvať; **~d** *prp.* za (*G*), počas (*G*); *cj.* zatiaľ čo; naproti tomu
wahr|haftig *adv.* naozaj, vskutku; *adj.* opravdivý; **≈heit** *f* pravda; **~nehmen** vnímať; (*nutzen*) využiť; *Vorteil* mať na zreteli; **≈nehmung** *f* vnem *m*; pozorovanie *n*; **≈sagerin** *f* veštkyňa
wahrscheinlich pravdepodobný; *adv. a.* asi; **≈keit** *f* pravdepodobnosť
Währung *f* mena
Wahrzeichen *n* znak *m*; znamenie *n*
Waise *f* sirota
Waisenhaus *n* sirotinec *m*
Wal *m* veľryba *f*
Wald *m* les, hora *f*; **~-** lesný; **~sterben** *n* odumieranie lesov
Wall *m* násyp, hrádza *f*
Wallfahrt *f* púť
Walnuss *f* vlašský orech *m*
Walze *f* valec *m*

wälzen valcovať; ***sich*** ~ váľať sa
Walzer *m* valčík
Walzwerk *n* valcovňa *f*
Wand *f* stena; **~malerei** *f* nástenná maľba
Wandel *m* obrat, zmena *f*; **~halle** *f* kolonáda; **2n** putovať; ***sich*** **2n** ⟨z⟩meniť sa
Wander|er *m* pocestný, pútnik; **2n** putovať; vandrovať; **~schuh** *m* turistická obuv *f*; **~ung** *f* putovanie *n*; **~weg** *m* turistický chodník
Wandlung *f* zmena, obrat *m*
Wandschrank *m* skriňa *f* v stene
Wange *f* líce *n*
wankelmütig váhavý, nestály
wann *adv.* kedy; *cj.* keď; ***dann und*** ~ zavše, občas; ***seit*** **~?** odkedy?
Wanne *f* vaňa
Wanze *f* ploštica
Wappen *n* erb *m*, címer *m*
Ware *f* tovar *m*
Waren|haus *n* obchodný dom *m*; **~lager** *n* sklad *m* tovaru; **~probe** *f* vzorka; **~zeichen** *n* značka *f* tovaru
warm teplý; ***es ist*** ~ je teplo; ***mir ist*** ~ je mi teplo; ~ ***halten*** udržiavať si priazeň
Wärm|e *f* teplota, teplo *n*; **2en** ohrievať; ***sich*** **2en** zohrievať sa
Wärmflasche *f* termofor *m*
Warn|blinker *m* P výstražné svetlá *pl.*; **~dreieck** *n* výstražný trojuholník *m*; **2en** varovať, vystríhať; **~schild** *n*, **~tafel** *f* výstražná tabuľka *f*; **~ung** *f* výstraha, varovanie *n*
warten *v/i.* očakávať; *v/t.* (*pflegen*) opatrovať
Wärter *m* ošetrovateľ; strážca
Warte|saal *m*, **~zimmer** *n* čakáreň *f*; **~zeit** *f* čakacia doba
warum prečo
Warze *f* bradavica
was čo; ~ ***auch immer*** čokoľvek
Waschbecken *n* umývadlo
Wäsche *f* bielizeň
waschen prať; umývať (***sich*** sa)
Waschen pranie *n*
Wäsche|rei *f* práčovňa; **~schrank** *m* bielizník
Wasch|korb *m* kôš na bielizeň; **~küche** práčovňa; **~lappen** *m* handra *f* na utieranie; *fig.* slaboch; **~maschine** *f* práčka; **~pulver** *n* prací prášok *m*; **~raum** *m* umyváreň *f*; **~schüssel** *f* umývadlo *n*; **~wasser** *n* voda *f* na pranie
Wasser *n* voda *f*; **~ball** *m* vodné pólo *n*; **2dicht** vodotesný; **~fall** *m* vodopád; **~flugzeug** *n* hydroplán *m*; **~glas** *n* pohár *m* na vodu; **~hahn** *m* kohútik na vodovode; **~kanne** *f* kanvica na vodu; **~kraftwerk** *n* hydroelektráreň *f*; **~leitung** *f* vodovod *m*; **~spiegel** *m* vodná hladina *f*; **~sport** *m* vodný

šport; **~stoff** *m Chem.* vodík; **~straße** *f* vodná cesta; **~tropfen** *m* kvapka *f* vody; **~turm** *m* vodáreň *f*
wässrig vodnatý
waten brodiť (sa)
Watte *f* vata; **~bausch** *m* chumáčik vaty
weben tkať
Webseite *f* webová stránka
Wechsel *m* zmena *f*, premena *f*; *Hdl.* zmenka *f*; **~geld** *n* drobné *pl.*; **~kurs** *m* devízový kurz; **≈n** zmeniť; *Geld* premieňať; **~strom** *m* striedavý prúd; **~stube** *f* zmenáreň
weck|en ⟨zo⟩budiť; **≈er** *m* budí(če)k
weder: ***~ ... noch ...*** ani ... ani
weg *adv.* preč
Weg *m* cesta *f*
wegbringen odniesť
wegen (*G*) pre (*A*); kvôli (*D*)
weg|fahren *v/i.* odísť; *v/t.* odviezť; **~fallen** odpadnúť; (*nicht stattfinden*) nekonať sa; **~führen** odviesť; odviezť; **~geben** dať preč; **~gehen** odísť (odchádzať); **~lassen** vynechať; **~laufen** odbehnúť; **~legen** odložiť; **~nehmen** vziať, odobrať; **~reißen** odtrhnúť; **~schicken** odoslať; **~schneiden** odrezať; **~schütten** vysypať; vyliať; **~stellen** odstaviť; **≈weiser** *m* ukazovateľ smeru; sprievodca; **~werfen** odhodiť; **~ziehen** *v/t.* odtiahnuť; *v/i.* odsťahovať sa
weh *s.* ***wehtun***; ***o ~!*** ach!, beda!
Weh *n* bôľ *m*, zármutok *m*
wehen fúkať, viať, povievať
Wehen *f/pl.* pôrodné bolesti
Weh|mut *f* bôľ *m*, žiaľ *m*; **≈mütig** bôľny, žiaľny
Wehr[1] *n* hrádza *f*; hať *f*
Wehr[2] *f* obrana; zbraň; **~dienst** *m* branná služba *f*; ***sich zur ~ setzen = sich ≈en*** brániť sa; **≈los** bezbranný; **~pflicht** *f* branná povinnosť
wehtun (*D*) spôsobiť bôľ; (*schmerzen*) bolieť; ***... tut mir weh*** bolí ma ...
Weib *n* žena *f*; P baba; **~chen** *n* samička *f*; **≈lich** ženský
weich mäkký; ***~ gekocht*** *Eier*: uvarený na mäkko
Weiche *f Esb.* výhybka
weichen ustúpiť; vyhnúť sa
weich|herzig dobrosrdečný, súcitný; **~lich** rozmaznaný
Weichsel(kirsche) *f* višňa
Weid|e *f* vŕba; *Agr.* pastva; **≈en** pásť (*v/i.* sa)
weigern: ***sich ~*** zdráhať sa
Weigerung *f* zdráhanie *n*
Weih|e *f* (po)svätenie *n*; **≈en** ⟨po⟩svätiť
Weiher *m* rybník
Weihnacht|en *n od. pl.* Vianoce *pl.*; **≈lich** vianočný
Weihnachts|abend *m* Štedrý večer; **~baum** *m* vianočný stromček; **~geschenk** *n* vianočný dar *m*; **~lied** *n* via-

nočná pieseň *f*, koleda *f*; **~mann** *m* Ježiško
Weih|rauch *m* kadidlo *n*; **~wasser** *n* svätená voda *f*
weil pretože, keďže
Weile *f* chvíľa
Wein *m* víno *n*; **~bau** *m* vinohradníctvo *n*; **~berg** *m* vinica *f*, vinohrad; **~brand** *m* koňak
weinen plakať
Wein|ernte *f* vinobranie *n*; **~fass** *n* vínový súdok *m*; **~flasche** *f* vínova fľaška; **~glas** *n* vínový pohárik *m*; **~karte** *f* cenník *m* vín; **~keller** *m* vínová pivnica *f*, vináreň *f*; **~lese** *f* s. **~ernte**; **~rebe** *f* vinič *m*; **~stube** *f* vináreň; **~traube** *f* hrozno *n*
weise múdry
Weise *f* (*Art*) spôsob *m*; *Mus.* nápev *m*, melódia
weisen ukázať (ukazovať)
Weisheit *f* múdrosť
weiß biely; **2brot** *n* biely chlieb *m*; **2kraut** *n* biela kapusta *f*; **~lich** do biela, pobelavý
Weißrusse *m* Bielorus; **~russin** *f* Bieloruska; **2russisch** bieloruský; **~russland** *n* Bielorusko
Weißwein *m* biele víno *n*
Weisung *f* pokyn *m*; rozkaz *m*
weit (*entfernt*) ďaleký; (*groß, lose*) veľký; (*ausgedehnt*) rozsiahly, širý; ***~ und breit*** široko-ďaleko; ***bei ~em*** zďaleka; **2e** *f* diaľka; šírka; rozľahlosť; svetlosť; **~en** rozšíriť; **~er** ďalej; ***und so ~er*** a tak ďalej; ***ohne ~eres*** hneď, bez otáľania; ***bis auf ~eres*** predbežne; **~ergehen** pokračovať, ísť ďalej; **~gehend** ďalekosiahly; **~läufig** rozsiahly; **~schweifig** rozvláčny; **~sichtig** *Med.* ďalekozraký; *fig.* predvídavý; **2sprung** *m* skok do diaľky
Weizen *m* pšenica *f*
welch|e, **~er**, **~es**; *pl.* **~e** ktor|á, *~ý*, *~é*; *pl.* *~í*, *~é*; ak|í, *~á*, *~é*; *pl.* *~í*, *~é*
welk uvädnutý; **~en** zvädnúť
Welle *f* vlna
wellen|förmig vlnitý; **~linie** *f* vlnitá čiara
wellig zvlnený, vlnitý
Welt *f* svet *m*; **~all** *n* vesmír *m*; **~anschauung** *f* svetonázor *m*; **~ausstellung** *f* svetová výstava; **2bekannt**, **2berühmt** svetoznámy; **~geschichte** *f* svetové dejiny *f/pl.*; **~handel** *m* svetový obchod; **~krieg** *m* svetová vojna *f*; **2lich** svetský; necirkevný; **~markt** *m* svetový trh; **~meister** *m* *Sp.* majster sveta; **~raum** *m* vesmírny priestor; **~raumfahrt** *f* let *m* do vesmíru; **~rekord** *m* svetový rekord; **2weit** celosvetový; **~wirtschaft** *f* svetové hospodárstvo *n*
wem komu
wen koho
Wende *f* obrat *m*; **~kreis** *m* *Astr.* obratník; *Kfz.* polomer

otočenia
Wendeltreppe *f* točité schody *m/pl.*
wenden *v/t.* obrátiť, otočiť; *v/i.* (*umkehren*) prevrátiť; ***sich** ~* obrátiť sa
Wendepunkt *m* obrat
wend|ig ohybný; **2ung** *f* obrat *m*; zvrat *m*; *fig.* zmena
wenig *adv.* málo, trocha; ***ein** ~* málo (*G*), trocha (*G*); **~er** *adv.* menej; **~stens** aspoň
wenn *cj.* keď, keďže; keby, ak; kiež(by); *~* ***auch*** i keď
wer kto; *~* ***auch immer*** ktokoľvek
werb|en *v/t.* získavať; *v/i.* (***um*** *A*) uchádzať sa (o *A*); **2ung** *f* uchádzanie *n*; reklama, propagácia
werden st(áv)ať sa
werfen hodiť, vrhnúť; ***Anker**~* spustiť kotvy
Werft *f Mar.* lodenice *f/pl.*
Werk *n* dielo; čin *m*, skutok *m*; (*Fabrik*) závod *m*, podnik *m*; **~statt** *f*, **~stätte** *f* dielňa; **~stoff** *m* surovina *f*; **~tag** *m* robotný deň; **~zeug** *n* nástroj *m*
wert hodný; (*kostbar*) cenný, drahý
Wert *m* cena *f*, hodnota *f*; *~* ***legen auf*** klásť dôraz na; **~angabe** *f* udanie *n* ceny; **~brief** *m* cenný list; **2en** oceňovať; **~gegenstand** *m* cenná vec *f*; **2los** bezcenný; **2voll** cenný, hodnotný
Wesen *n* podstata *f*; povaha *f*, charakter *m*; (*Geschöpf*) bytosť *f*, tvor *m*
wesentlich podstatný
weshalb prečo
Wespe *f* osa
wessen čí, čia, čie
Weste *f* vesta
West|en *m* západ; **2lich** západný
weswegen prečo
Wett|bewerb *m* konkurencia *f*, súťaženie *n*; preteky *pl.*; **~e** *f* stávka; **~eifer** *m* horlivosť *f*; **2eifern** súperiť; **2en** staviť sa (***um*** o *A*)
Wetter *n* počasie; **~bericht** *m* správa o počasí; **~lage** *f* poveternostná situácia; **~vorhersage** *f* predpoveď počasia; **~warte** *f* meteorologická stanica
Wett|kampf *m* zápas; preteky *pl.*; **~kämpfer** *m* pretekár; **~lauf** *m* bežecké preteky *pl.*; **~rennen** *n* konské dostihy *pl.*; *fig.* preteky *pl.*; **~rüsten** *n* preteky *pl.* v zbrojení
wetzen brúsiť, ostriť
wichtig dôležitý; **2keit** *f* dôležitosť
wickeln zavinúť
Widder *m* baran; *Astr.* Baran
wider (*A*) proti (*D*); **~fahren** prihodiť sa, stať sa; **2hall** *m* ozvena *f*, echo *n*; **~hallen** ozývať sa; **~legen** vyvrátiť; **~lich** odporný, protivný; **~rechtlich** protizákonný; **2rede** *f* odvrávanie *n*; **2ruf** *m* odvolanie *n*, zrušenie *n*;

~rufen odvolať, zrušiť; **≈sacher** *m* protivník; **≈schein** *m* odlesk
wider|setzen: ***sich ~setzen*** vzoprieť sa; **~sinnig** nezmyselný; **~spenstig** spurný, vzdorovitý; **~spiegeln** odzrkadľovať sa; **~sprechen** protirečiť (*D*); **≈spruch** *m* odpor; protirečenie *n*; **≈stand** *m* odpor; prekážka *f*; **≈standsbewegung** *f* odbojové hnutie *n*; **~stehen** odolávať, protiviť sa; **~wärtig** protivny, odporný; **≈wille(n)** *m* nechuť *f*, odpor; **~willig** proti vôli, nedobrovoľný
widm|en venovať (***sich*** sa); **≈ung** *f* venovanie *n*
wie ako; **~ *viel*** koľko (*G*)
wieder opäť, zasa, znova; ***~ erkennen*** spoznávať; ***~ finden*** znovu nájsť; ***~ gutmachen*** napraviť, nahradiť; **≈aufbau** *m* znovuvybudovanie *n*; **≈belebungsversuch** *m* pokus o oživenie; **≈gabe** *f* navrátenie *n*; reprodukcia; **~geben** vrátiť; *fig.* interpretovať; **≈gutmachung** *f* náprava; odškodnenie *n*; **~herstellen** obnoviť, opraviť; **≈herstellung** *f* obnovenie *n*, obnova; **~holen** opakovať; **≈holung** *f* opakovanie *n*; **~kommen** navrátiť sa; **≈sehen** *n*: ***auf ≈sehen!*** do videnia!
Wiege *f* kolíska
wiegen[1] vážiť
wiegen[2] *Kind* kolísať; **≈lied** *n* uspávanka *f*
wiehern erdžať
Wien *n* Viedeň *f*; ***~er Schnitzel*** *n* viedenský rezeň *m*
Wiese *f* lúka
wieso ako to, akože
wild divý; *Pflanze*: planý
Wild *n* divá zver *f*; *Fleisch*: divina *f*, zverina *f*; **~e(r)** *m* divoch; **~bret** *n* zverina *f*; **~erer** *m* pytliak; **≈ern** pytliačiť; **~leder** *n* jelenica *f*; **≈nis** *f* divočina; **~schwein** *n* diviak *m*
Wille *m* vôľa *f*; ***beim besten ~n*** pri najlepšej vôli; **≈n**: ***um … ≈n*** pre (*A*)
willig ochotný
willkommen vítaný; **~!** vitaj(te); ***~ heißen*** <pri>vítať
Willkür *f* svojvôľa; **≈lich** svojvoľný, ľubovoľný
wimmeln (***von***) hemžiť sa (*I*)
wimmern nariekať
Wimpel *m* zástavka *f*, vlajka *f*
Wimper *f* mihalnica
Wind *m* vietor
Winde *f* *Tech.* navijak *m*
Windel *f* plienka
winden viť, vinúť; ***sich ~*** vinúť sa, krútiť sa
wind|ig veterný; **≈jacke** *f* vetrovka; **≈mühle** *f* veterný mlyn *m*; **≈pocken** *pl.* ovčie kiahne; **≈schutzscheibe** *f* *Kfz.* predné sklo *n*; **≈stille** *f* bezvetrie *n*; **≈stoß** *m* náraz vetra

Windung *f Tech.* závit *m*; (*Weg*) zákruta
Wink *m* pokyn; **~el** *m* uhol, roh, kút; **2en** kývať
winseln kňučať, skuvíňať
Winter *m* zima *f*; **2lich** zimný; **~mantel** *m* zimník; **~sport** *m* zimný šport
Winzer *m* vinohradník
winzig drobný, maličký
Wipfel *m* vrchol, vrcholec
wir my
Wirbel *m* vír, krútňava *f*; *Anat.* stavec; **~säule** *f* chrbtica; **~sturm** *m* víchrica *f*
wirk|en účinkovať, pôsobiť; **~lich** skutočný; **2lichkeit** *f* skutočnosť; **~sam** účinný, pôsobivý; **2ung** *f* účinok *m*, pôsobenie *n*; **~ungslos** neúčinný
wirr popletený; *Haar*: strapatý; **2warr** *m* zmätok
Wirt *m* (*Haus2*) domáci pán; (*Gast2*) hostinský; *Biol.* hostiteľ
Wirtschaft *f* hospodárstvo *n*, gazdovstvo *n*; (*Gast2*) hostinec *m*; **2en** hospodáriť, gazdovať; **2lich** hospodársky; hospodárny
Wirtshaus *n* hostinec *m*
wischen utrieť, vytrieť
wissbegierig vedychtivý
wissen vedieť, poznať; ***~ lassen*** upovedomiť, oznámiť
Wissen *n* vedomie; vedomosť *f*; znalosť *f*
Wissenschaft *f* veda; **~ler** *m* vedec, učenec; **2lich** vedecký
wissentlich vedomý; *adv.* vedome, vedomky
witter|n vetriť; *fig.* šípiť, tušiť; **2ung** *f* počasie *n*; (*Jagd*) čuch *m*
Witwe *f* vdova; **~r** *m* vdovec
Witz *m* vtip; **~blatt** *n* humoristický časopis *m*; **2eln** žartovať; **2ig** vtipný
wo kde; **~anders** niekde inde; **~bei** pričom; pri čom
Woche *f* týždeň *m*
Wochen|ende *n* víkend *m*; **2lang** celé týždne; **~lohn** *m* týždenná výplata *f*; **~schau** *f* filmový žurnál *m*; **~tag** *m* všedný deň
wöch|entlich týždenný; **2nerin** *f* šestonedieľka
wo|durch čím, prečo; **~für** za čo
Woge *f* vlna; **2n** vlniť sa
wo|her odkiaľ; **~hin** kam
wohl dobrý; zdravý; (*vermutlich*) asi, azda, vari; ***~ oder übel*** voľky-nevoľky; ***lebe ~!*** maj sa dobre!; ***~ bekannt*** dobre známy
Wohl *n* blaho, dobro; ***auf Ihr ~!*** na vaše zdravie!
Wohl|befinden *n* zdravie, blaho; **~behagen** *n* blaho; **2behalten** zachovalý; **~fahrt** *f* sociálna starostlivosť; **~geruch** *m* príjemná vôňa *f*; **~geschmack** *m* dobrá chuť *f*; **2habend** majetný; **2klingend** ľubozvučný; **2riechend** voňavý; **2schme-**

ckend chutný

Wohl|stand *m* blahobyt; **~tat** *f* dobrodenie *n*, dobrý skutok *m*; **~tätigkeit** *f* dobročinnosť; **2tuend** blahodarný; **~wollen** *n* priazeň *f*; **2wollend** prajný, blahovoľný

wohn|en bývať; **~haft** bytom (***in*** *D* v(o) *L*); **2haus** *n* obytný dom *m*; **~lich** pohodlný, útulný; **2mobil** *n* obytný automobil *m*; **2ort** *m*, **2sitz** *m* bydlisko *n*; **2siedlung** *f* bytová štvrť; **2ung** *f* byt *m*; **2ungsbau** *m* bytová výstavba *f*; **2wagen** *m* obývací príves; maringotka *f*; **2zimmer** *n* obývacia izba *f*

wölb|en: ***sich ~en*** klenúť sa (ponad *A*); **2ung** *f* klenutie *n*

Wolf *m* vlk

Wolke *f* oblak *m*, mračno *n*

Wolken|bruch *m* prietrž *f* mračien; **~kratzer** *m* mrakodrap; **2los** bezoblačný, bezmračný, bez mrakov

wolkig zamračený

Wolle *f* vlna; **2n¹** *adj*. vlnený

wollen² *v/t* chcieť, hodlať

Wollust *f* rozkoš; zmyselnosť

wo|mit čím, s čím; **~nach** podľa čoho

Wonne *f* rozkoš, slasť

wor|an, **~auf** na čo; **~aus** z čoho; **~in** v čom

Wort *n* slovo; ***das ~ ergreifen*** ujať sa slova

Wört|erbuch *n* slovník *m*; **2lich** doslovný; *adv*. doslova

wort|los bez slova, mlčanlivý; **2schatz** *m* zásoba *f* slov; **2wechsel** *m* spor, hádka *f*

wor|über nad čo, nad čím, na čom; **~um** o čo, pre čo; **~unter** medzi čím, pod čo, pod čím

wo|von o čom; **~vor** pred čo, pred čím; **~zu** načo, k čomu

wringen žmýkať

Wucher *m* úžera *f*; **2n** bujnieť

Wuchs *m* rast; vzrast, postava *f*

Wucht *f* váha, ťarcha; sila; **2ig** ťažký, masívny

wühlen ryť, rýpať, hrabať

wund odretý, boľavý; **2e** *f* rana

Wunder *n* zázrak *m*; div *m*; **2bar** zázračný; *fig*. podivuhodný; **2lich** *fig*. podivný; **2n**: ***sich 2n über*** (*A*) čudovať sa, diviť sa (*D*); **2voll** čarovný, nádherný

Wunsch *m* prianie *n*, želanie *n*

wünschen priať, želať; **~swert** žiadúci

Würd|e *f* dôstojnosť; (*Rang*) hodnosť; **2evoll**, **2ig** dôstojný; hodný; **2igen** ceniť, hodnotiť

Wurf *m* hod, vrh

Würfel *m* kocka *f*; **2n** hrať na kocky; **~zucker** *m* kockový cukor

Wurfspieß *m* oštep

würgen dusiť, hrdúsiť; škrtiť; (***an*** *D*) dusiť sa (*I*)

Wurm *m* červ(ík); hlísta *f*;

⁓stichig červotočivý
Wurst *f* saláma; (*Brat⁓*) klobása
Würstchen *n* párok *m*
Würze *f* korenie *n*
Wurzel *f* koreň *m*; *Math.* odmocnina
würz|en koreniť; **⁓ig** korenitý, pikantný
wüst pustý; **⁓e** *f* púšť, pustatina
Wut *f* zúrivosť; besnota
wüten zúriť, besnieť; **⁓d** zúrivý, besný

Z

Zacke *f* zárez *m*, vrub *m*
zaghaft váhavý
zäh tuhý; (*hartnäckig*) húževnatý; **⁓igkeit** *f* húževnatosť; tuhosť
Zahl *gf* číslo *n*; počet *m*; **⁓en** ⟨za⟩platiť
zähle|n *v/t.* počítať; *v/i.* (***zu** D*) patriť (k[u] *D*); **⁓r** *m Tech.* počítadlo *n*; *Math.* čitateľ
Zahl|karte *f* vplatný lístok *m*; **⁓los** nesčíselný; **⁓reich** početný; **⁓ung** *f* platenie *n*
Zählung *f* počítanie *n*
Zahlungs|anweisung *f* platobná poukážka; **⁓bedingungen** *f/pl.* platobné podmienky; **⁓mittel** *n* platidlo; **⁓(un)fähig** (ne)schopný platiť
zahm krotký, skrotený
zähmen krotiť
Zahn *m* zub; **⁓arzt** *m* zubný lekár; **⁓bürste** *f* zubná kefka; **⁓ersatz** *m* umelý chrup; **⁓fleisch** *n* ďasno; **⁓pasta** *f* zubná pasta; **⁓rad** *n Tech.* ozubené koleso; **⁓schmerz** *m* bolenie *n* zubov; **⁓stocher** *m* špáradlo *n*
Zange *f* kliešte *f/pl.*
Zank *m* škriepka *f*, spor; **⁓en** (***sich***) škriepiť sa, hádať sa
zänkisch hašterivý
Zapfen *m* čap; drevená zátka *f*; *Bot.* šiška *f*; **⁓streich** *m* večierka *f*
zappeln trepotať sa, hádzať sa
zart jemný, krehký
zärtlich nežný, jemný; **⁓keit** *f* nežnosť
Zauber *m* čaro *n*, kúzlo *n*; **⁓ei** *f* kúzelníctvo *n*; **⁓er** *m*, **⁓künstler** *m* kúzelník; **⁓haft** čarodejný; **⁓n** čariť, čarovať
zaudern váhať
Zaum *m* uzda *f*
Zaun *m* plot, ohrada *f*
Zebrastreifen F *m* zebra *f*
Zech|e *f Bgb.* šachta, baňa; (*Wirtshausrechnung*) účet *m*, P cech *m*; **⁓en** popíjať
Zehe *f* prst *m* (na nohe)
zehn desať
Zehn *f* desiatka; **⁓kampf** *m* desaťboj; **⁓te(r)** desiaty; **⁓tel** *n* desatina *f*

Zeichen *n* znak *m*; značka *f*
zeichn|en kresliť, rysovať; značiť; **~ung** *f* označenie *n*; kresba, skica; *Hdl.* úpis *m*; **~er** *m* kreslič
Zeigefinger *m* ukazovák
zeig|en ukázať (***sich*** sa); **~er** *m* ukazovateľ; (*Uhr*) ručička *f*
Zeile *f* riadok *m*
Zeisig *m Zo.* čížik
Zeit *f* čas *m*; **~abschnitt** *m* obdobie *n*; **~alter** *n* vek *m*; **~angabe** *f* časový údaj *m*; **~gemäß** časový, aktuálny; **~genosse** *m* súčasník; **~ig** včasný, skorý; **~karte** *f* týždenný alebo mesačný lístok; **~punkt** *m* určitý okamih; **~schrift** *f* časopis *m*
Zeitung *f* noviny *f/pl.*
Zeitungs|artikel *m* novinový článok; **~verkäufer** *m* predavač novín
Zeit|verlust *m* strata *f* času; **~verschwendung** *f* mrhanie *n* časom; **~vertreib** *m* kratochvíľa *f*; **~weilig** dočasný; *adv.* niekedy; **~weise** časom; **~zeichen** *n* časové znamenie
Zell|e *f* bunka; (*Telefon*) telefónna búdka; (*Kloster, Gefängnis*) cela; **~stoff** *m* buničina *f*
Zelt *n* stan *m*; **~en** stanovať, táboriť; **~platz** *m* stanový tábor
Zement *m* cement; **~ieren** cementovať
zens|ieren cenzurovať; **~ur** *f* cenzúra; (*Schul*) známka
Zentimeter *n* centimeter *m*
Zentner *m* cent
zentral ústredný, centrálny; **~e** *f* ústredie *n*, centrála; **~heizung** *f* ústredné kúrenie *n*; **~isieren** sústrediť
Zentrifuge *f* odstredivka
Zentrum *n* stredisko, ústredie, centrum *m*
zer|beißen rozkusnúť; **~brechen** *v/t.* prelomiť, zlomiť, rozbiť; **~brechlich** krehký, lámavý; **~drücken** rozmliaždiť
Zeremonie *f* obrad *m*, ceremónia
Zerfall *m* rozpad, rozklad; **~en** rozpadnúť sa
zer|fließen rozplynúť sa; **~fressen** *v/t.* rozožrať; **~gehen** rozpustiť sa; **~hacken**, **~hauen** rozsekať; **~kleinern** rozdrobiť, rozkúskovať; **~knirscht** rozdrvený; **~knüllen** pokrčiť, zhúžvať; **~legen** rozložiť, rozobrať; **~lumpt** rozodraný; **~malmen** rozdrviť; **~platzen** puknúť, prasknúť; **~quetschen** *s.* ***~drücken***; **~reißen** *v/t.* pretrhnúť sa
Zerrbild *n* karikatúra *f*
zerren trhať; ťahať
zer|rinnen rozplynúť sa; **~rissen** roztrhaný
Zerrung *f* natrhnutie *n*
zer|rütten rozvrátiť, narušiť; **~schlagen** rozbiť; **~schmettern** roztrieskať; **~schnei-**

den rozrezať, rozkrájať; rozstrihať; **~setzen** rozložiť; *Pol.* rozvracať; **♄setzung** *f* rozklad *m*; rozloženie *n*; *Pol.* rozvrat *m*; **~springen** prasknúť, praskať; **~stampfen** rozdupať; **♄stäuber** *m* rozprašovač

zerstör|en zničiť; **♄ung** *f* zničenie *n*, záhuba

zerstreu|en roztrúsiť, rozptýliť; **~t** rozptýlený; *fig.* roztržitý; **♄ung** *f* rozptýlenie *n*

zer|stückeln rozkúskovať; **~treten** rozšliapať; **~trümmern** rozbiť, roztrieštiť; **♄würfnis** *n* roztržka *f*, rozpor *m*

Zettel *m* lístok

Zeug *n* (*Ding*) vec *f*; (*allerlei Kram*) haraburdie; (*Werk♄*) náradie, náčinie

Zeug|e *m* svedok; **♄en** *v/i.* (***für, gegen*** *A*) svedčiť (pre *A*, proti *D*); **~nis** *n* vysvedčenie; (*Schul♄*) svedectvo

Zeugung *f* plodenie *n*

Ziege *f* koza

Ziegel *m* tehla *f*; **~ei** *f* tehelňa

zieh|en *v/t.* ťahať; *Graben* viesť; *Nutzen* brať; *Zahn* vytrhnúť; **♄harmonika** *f* ťahacia harmonika; **♄ung** *f* ťahanie *n*, ťah *m*

Ziel *n* cieľ *m*; *fig.* zámer *m*, úmysel *m*; **♄bewusst** zámerný, cieľavedomý; **♄en** cieliť, mieriť, smerovať (***auf*** *A* k[u] *D*); **♄los** bezcieľny; **~scheibe** *f* terč *m*

ziemlich slušný, značný; *adv.* takmer, skoro

Zierde *f* ozdoba

zier|en: ***sich ~en*** okúňať sa; **~lich** ozdobný, pôvabný

Ziffer *f* číslica; **~blatt** *n* ciferník *m*

Zigarette *f* cigareta

Zigarre *f* cigara

Zigeuner(in *f*) *m* Cigán(ka)

Zimmer *n* izba *f*; **~mädchen** *n* chyžná *f*; **~mann** *m* tesár; **~nachweis** *m* sprostredkovateľňa *f* nocľahov; **~service** *m* room-service

zimperlich chúlostivý

Zimt *m* škorica *f*

Zink *n* zinok *m*; **~en** *m* zub, hrot

Zinn *n* cín *m*

Zins *m* úrok; nájomné *n*

Zipfel *m* cíp; roh, krajík

zirka okolo, cirka

Zirkel *m* kružidlo *n*; *Math.* kruh, kružnica *f*; *fig.* krúžok

Zirkus *m* cirkus; *fig.* zmätok

zischen syčať

Zitat *n* citát *m*

Zither *f* citara

zitieren citovať, uvádzať

Zitrone *f* citrón *m*; **~nsaft** *m* citrónová šťava *f*

zitt|rig trasúci sa; trasľavý; **~ern** triasť sa, chvieť sa

zivil občiansky, civilný; **♄isation** *f* civilizácia; **~isiert** civilizovaný; **♄ist** *m* civil(ista)

zögern váhať, meškať

Zögling *m* chovanec

Zoll *m* clo *n*; **~amt** *n* colný

úrad *m*; **~beamte(r)** *m* colný úradník; **&frei** bez cla; **~gebühr** *f* colný poplatok *m*; **~kontrolle** *f* colná kontrola; **&pflichtig** podliehajúci clu
zon|al pásmový; **&e** *f* pásmo *n*, zóna
Zoo *m* zoologická záhrada *f*
Zopf *m* vrkoč
Zorn *m* hnev, zlosť *f*; **&ig** zlostný, nahnevaný
Zot|e *f* oplzlosť; **&tig** chlpatý, strapatý
zu *prp.* (*D*) k, ku (*D*); v, vo (*L*); (*je*) po (*L*); *adv.* príliš; ***ab und ~*** niekedy, občas; ***~ viel*** primnoho, príliš; ***~ wenig*** primálo
Zubehör *n* príslušenstvo, potreba *f*
zubereit|en pripraviť; **&ung** *f* príprava
zubilligen dať súhlas, schváliť
zubinden zaviazať
zubringen *Zeit* ⟨s⟩tráviť
Zucchini *pl.* cukina *f*
Zucht *f* chov *m*; *Bot.* pestovanie *n*; (*Disziplin*) výchova
z|cht|en *Tiere* chovať; *Bot.* pestovať; **&er** *m* chovateľ; *Bot.* pestovateľ
Zuchthaus *n* žalár *m*, trestnica *f*
züchtigen telesne trestať
zucken potrhávať plecami
Zucker *m* cukor; **~krankheit** *f* cukrovka; **&n** osladiť; **~rübe** *f* cukrovka
zu|decken prikryť; **~dem** *prp.* okrem toho; **~drehen** pritiahnuť; **~dringlich** dotieravý; **~einander** k sebe, jeden k druhému; **~erkennen** priznať
zuerst najprv, najsamprv
Zufahrt *f* príchod *m*
Zufahrtsstraße *f* príjazdová cesta
Zu|fall *m* náhoda *f*; príhoda *f*; prípad; **&fällig** náhodný; *adv.* náhodou, náhodne; **~flucht** *f* útočisko *n*; **~fluss** *m* prítok
zufolge podľa (*G*)
zufrieden spokojný; **&heit** *f* spokojnosť; **~stellen** uspokojiť
zu|frieren zamrznúť; **~fügen** pripojiť; (*antun*) spôsobiť; **&fuhr** *f* dovoz *m*, prísun; **~führen** doviesť; doviezť
Zug *m* *Esb.* vlak; (*Seil&*) ťah; (*Luft*) prievan; *fig.* črta *f*; sprievod
Zu|gabe *f* prídavok *m*; **~gang** *m* prístup; **&gänglich** prístupný; ochotný; **&geben** pridať; pripustiť, priznať; **&gegen**: ***&gegen sein*** (***bei*** *D*) byť prítomný (na *L*); **&gehen** (***auf*** *A*) podísť, priblížiť sa (ku *D*); **&gehörig** príslušný
Zügel *m* uzda *f*; liace *pl.*; **&los** bez uzdy, bezuzdný; *fig.* neviazaný; **&n** krotiť; *fig.* mierniť
Zuge|ständnis *n* ústupok *m*; **&stehen** priznať, pripustiť; **&tan** oddaný
Zug|führer *m* rušňovodič; **&ig**

prievanný
zügig plynulý
zugießen doliať
Zugkraft *f* ťažná sila; príťažlivosť
zugleich súčasne, zároveň
Zug|luft *f* prievan *m*; **~maschine** *f* ťažný stroj *m*
zugrunde: ~ ***gehen*** vyjsť na mizinu; ~ ***richten*** zničiť
zugunsten v prospech (*G*)
Zug|verbindung *f* vlakové spojenie *n*; **~verkehr** *m* vlaková doprava *f*; **~vogel** *m* sťahovavý vták; **~wind** *m* prievan
zu|halten zatvoriť; **≈hause** *n* domov *m*; **~heilen** zahojiť sa; **~hören** počúvať, načúvať; **≈hörer** *m* poslucháč; **~kleben** zalepiť; **~knöpfen** zapnúť; **~kommen**: ~ ***auf*** (*A*) prísť ku (*D*); (*D*) patriť
Zu|kunft *f* budúcnosť; *Gr.* budúci čas *m*; **≈künftig** budúci
Zu|lage *f* príloha; príplatok *m*; **≈lassen** (*gestatten*) dovoliť; (*zu et.*) pripustiť; **≈lässig** prípustný; *Jur.* dovolený; **~lassung** *f* pripustenie *n*; dovolenie *n*; **~lauf** *m* nával; **≈letzt** napokon
zuliebe po vôli (*D*)
zu|machen zavrieť; **~mindest** aspoň; **~muten** nárokovať si, vyžadovať; **≈mutung** *f* trúfalosť; **~nächst** najskôr, najprv; **~nageln** pribiť; **~nähen** zašiť; **≈nahme** *f* vzrast *m*, prírastok *m*; **≈name** *m* priezvisko *n*
zünd|en zapáliť, zažať; **≈holz** *n* zápalka *f*; **≈kerze** *f Tech.* zapaľovacia sviečka; **≈schnur** *f* zápalná šnúra; **≈ung** *f* zapaľovanie *n*
zu|nehmen (*wachsen*) pribúdať; pribrať (na váhe); **~neigen** prikloniť sa; **≈neigung** *f* náklonnosť, náchylnosť
Zunft *f* cech *m*
Zunge *f* jazyk *m*
zunichte: ~ ***machen*** zničiť
zunutze: ***sich*** ~ ***machen*** využiť
zupf|en trhať, ťahať; (*rupfen*) šklbať; *Mus.* brnkať; **≈instrument** *n* brnkací nástroj *m*
zur (= ***zu der***) k(u)
zurechnungsfähig príčetný; **≈keit** *f* príčetnosť
zurecht|finden: ***sich*** **~*finden*** vyznať sa, rozumieť; **~machen** prichystať; **~weisen** *fig.* pokarhať
zu|reden dohovárať; **~richten** doriadiť; **~riegeln** zavrieť
zürnen hnevať sa
zurück späť, naspäť, nazad; **~behalten** zadržať; **~bekommen** dostať späť; **~bleiben** zaostať; **~blicken** obzrieť sa; **~bringen** doniesť nazad, vrátiť; **~drängen** zatlačiť; **~fahren** cestovať (*od.* ísť) naspäť; **~fordern** žiadať späť; **~führen** zaviesť späť; vyvodiť; **~geben** vrátiť; **~gehen** ísť naspäť; **~gezogen** v ústraní

zurück|halten zadržať; ***sich ~halten*** ostávať v úzadí, zdržiavať sa; **2haltung** *f* zdržanlivosť, rezervovanosť; **~kehren**, **~kommen** vrátiť sa; **~lassen** zanechať; **~legen** *Geld* uložiť; *Weg* vykonať; položiť naspäť; **~nehmen** vziať naspäť; odvolať; **~rufen** volať späť; **~schicken** poslať späť; **~schlagen** odraziť; **~schrecken** zľaknúť sa

zurück|setzen postaviť dozadu; odstrčiť; zanedbať; **~stellen** postaviť dozadu, odložiť; **~stoßen** odraziť; **~tragen** niesť späť; **~treiben** zahnať späť; **~treten** odstúpiť, cúvnuť; **~weichen** ustúpiť; **~weisen** odkázať, odmietnuť; **~werfen** hodiť späť; **~zahlen** splatiť; **~ziehen** stiahnuť, odvolať; ***sich ~ziehen*** uchýliť sa

Zuruf *m* z(a)volanie *n*

Zusag|e *f* prísľub *m*; **2en** (prí)sľúbiť; (*gefallen*) páčiť sa

zusammen *adv*. spolu, spoločne; **2arbeit** *f* spolupráca; **~binden** zviazať; **~brechen** zvaliť sa, zrútiť sa; **2bruch** *m* zrútenie *n*; úpadok, zánik; **~drücken** stlačiť; **~fassen** zhrnúť; **2fassung** *f* súhrn *m*, resumé *n*; **~fließen** stekať; splynúť; **~fügen** spojiť

zusammen|gesetzt zložený; **2halt** *m* súdržnosť *f*; **~halten** držať spolu; **2hang** *m* súvislosť *f*, spojitosť *f*; **~hängen** súvisieť; **~kleben** zlepiť; **2kunft** *f* stretnutie *n*, schôdzka; **~legen** zložiť, skladať; **2legung** *f* zloženie *n*, zostavenie *n*; **~nehmen**: ***sich ~nehmen*** ovládať sa; **~nähen** zošiť; **~prallen** zraziť sa; **~rechnen** spočítať; **~rollen** zvinúť; **~rufen** zvolávať; **~schlagen** zbiť, rozbiť

zusammen|schließen: ***sich ~schließen*** spojiť sa; **~setzen** zostaviť; **2setzung** *f* zloženie *n*, zostavenie *n*; **~stellen** zostaviť, skladať; **2stellung** *f* zostavenie *n*, súpis *m*; **2stoß** *m* zrážka *f*; **~stoßen** zraziť sa; **~stürzen** zrútiť sa; **~treffen** stretnúť sa; **~wirken** spolupôsobiť; **~zählen** sčítať; **~ziehen** stiahnuť; ***sich ~ziehen*** stiahnuť sa

Zu|satz *m* dodatok; prísada *f*; **2sätzlich** dodatkový

zuschauen prizerať sa

Zuschauer *m* divák; **~raum** *m* hľadisko *n*

zuschicken poslať

Zuschlag *m* príplatok; prirážka *f*; **2frei** bez príplatku; **2pflichtig** s príplatkom

zu|schließen zatvoriť; **~schneiden** pristrihnúť; **2schnitt** *m* strih; **~schnüren** zašnurovať, zaviazať; **~schrauben** zaskrutkovať; **~schreiben** pripísať; **2schrift** *f* prípis *m*, správa *f*

zuschulden: ***sich et. ~ kom-***

men lassen dopustiť sa (*G*)
Zu|schuss *m* príplatok, prídavok; **≈schütten** zasypať, prisypať; **≈sehen** prizerať sa; **≈setzen** pridať; doliehať; **≈sichern** uistiť; **~sicherung** *f* zabezpečenie *n*, prísľub *m*; **≈spitzen** priostriť; **~stand** *m* stav, položenie *n*
zustande: **~ *bringen*** vykonať, uskutočniť
zu|ständig príslušný; **~stellen** dodať, dopraviť; (*Post*) doručiť; **≈stellung** *f* dodanie *n*, dodávka; **~stimmen** súhlasiť; **≈stimmung** *f* súhlas *m*, schválenie *n*; **~stopfen** zapchať; (*zunähen*) zašiť; **~stoßen** prihodiť sa
zutage: **~ *treten*** vyjsť najavo
Zutat *f* prísada; potreba
zuteil: **~ *werden*** dostať sa; **~en** prideliť
zutragen: ***sich* ~** prihodiť sa
zuträglich osožný; liečivý
zutrau|en dôverovať; predpokladať; **≈en** *n* dôvera *f*; **~lich** dôver(č)ivý
zu|treffen prihodiť sa; (*richtig sein, stimmen*) súhlasiť; **≈tritt** *m* prístup; **≈tun** *n* pričinenie; **~unterst** až najnižšie
zuverlässig spoľahlivý, hodnoverný; **≈keit** *f* spoľahlivosť
Zuversicht *f* dôvera; **≈lich** dôveryplný
zuvor predtým, prv ako; **~kommend** ochotný, úslužný; **≈kommenheit** *f* ochota
Zu|wachs *m* prírastok; **≈weilen** niekedy, časom; **≈weisen** prideliť; **≈wider** *adv.* protivný; *prp.* proti (*D*); **≈zahlen** priplatiť; **≈ziehen** stiahnuť, pritiahnuť; ***sich et.* ≈*ziehen*** zaviniť si; **≈züglich** včítane, vrátane
Zwang *m* nátlak, násilie *n*; **≈los** nenútene
Zwangs|lage *f* tieseň; **≈weise** nútene
zwanzig dvadsať
zwar síce; ***und* ~** a to
Zweck *m* účel, cieľ; **≈los** bezúčelný, zbytočný; **≈mäßig** účelný
zwei dva, dve, dvaja
Zwei *f* dvojka; **~bettzimmer** *n* dvojposteľová izba *f*; **≈deutig** dvojzmyselný; **≈fach** dvojnásobný
Zweifel *m* pochyba *f*; **≈haft** pochybný; **≈los** nepochybný; **≈n** pochybovať (o *L*)
Zweig *m* vetva *f*, konár; *fig.* odbor; **~stelle** *f* pobočka
Zwei|kampf *m* súboj; **≈mal** dvakrát, dva razy
Zwerchfell *n* bránica *f*
Zwerg *m* trpaslík
Zwetsch|ge *f* slivka; **~genwasser** *n* slivovica *f*
zwicken štípať
Zwieback *m* suchár
Zwiebel *f* cibuľa
Zwie|gespräch *n* rozhovor *m*; **~licht** *n* súmrak *m*, šero; **~spalt** *m*, **~tracht** *f* spor *m*,

roztržka *f*; **2spältig** rozdvojený, rozorvaný
Zwilling *m* dvojča *n*
zwingen ⟨pri⟩nútiť, donútiť
Zwirn *m* niť *f*, cverna *f*
zwischen *prp.* (*A*, *D*) medzi (*A*, *I*); **2deck** *n* medzipalubie *n*; **2fall** *m* prípad, incident; **2handel** *m* medziobchod; **2landung** *f* medzipristátie *n*; **2raum** *m* priestor, medzera *f*; **2ruf** *m* zvolanie *n*; **2wand** *f* medzistena; **2zeit** *f* medzičas *m*; ***in der* 2*zeit*** medzitým
Zwist *m* spor, škriepka *f*
zwitschern čvirikať, štebotať
zwölf dvanásť
Zylinder *m* valec; (*Lampen*2) cylinder; **~kopfdichtung** *f* *Tech.* tesnenie *n* hlavy valca
zynisch cynický
Zypern *n* Cyprus *m*
Zypresse *f* cyprus *m*

Zahlwörter

Číslovky

1. Grundzahlen
Základné číslovky

0 nula *null*
1 jeden, jedna, jedno *ein(s)*
2 dva, dve, dve *zwei*
3 tri *drei*
4 štyri *vier*
5 päť *fünf*
6 šesť *sechs*
7 sedem *sieben*
8 osem *acht*
9 deväť *neun*
10 desať *zehn*
11 jedenásť *elf*
12 dvanásť *zwölf*
13 trinásť *dreizehn*
14 štrnásť *vierzehn*
15 pätnásť *fünfzehn*
16 šestnásť *sechzehn*
17 sedemnásť *siebzehn*
18 osemnásť *achtzehn*
19 devätnásť *neunzehn*
20 dvadsať *zwanzig*
21 dvadsať jeden *einundzwanzig*
22 dvadsať dva *zweiundzwanzig*
30 tridsať *dreißig*
40 štyridsať *vierzig*
50 päťdesiat *fünfzig*
60 šesťdesiat *sechzig*
70 sedemdesiat *siebzig*
80 osemdesiat *achtzig*

2. Ordnungszahlen
Radové číslovky

1. prvý *erste*
2. druhý *zweite*
3. tretí *dritte*
4. štvrtý *vierte*
5. piaty *fünfte*
6. šiesty *sechste*
7. siedmy *sieb(en)te*
8. ôsmy *achte*
9. deviaty *neunte*
10. desiaty *zehnte*
11. jedenásty *elfte*
12. dvanásty *zwölfte*
13. trinásty *dreizehnte*
14. štrnásty *vierzehnte*
15. pätnásty *fünfzehnte*
16. šestnásty *sechzehnte*
17. sedemnásty *siebzehnte*
18. osemnásty *achtzehnte*
19. devätnásty *neunzehnte*
20. dvadsiaty *zwanzigste*
21. dvadsiaty prvý *einundzwanzigste*
22. dvadsiaty druhý *zweiundzwanzigste*
30. tridsiaty *dreißigste*
40. štyridsiaty *vierzigste*
50. päťdesiaty *fünfzigste*
60. šesťdesiaty *sechzigste*
70. sedemdesiaty *siebzigste*
80. osemdesiaty *achtzigste*

Grundzahlen	Ordnungszahlen
90 deväťdesiat *neunzig*	90. deväťdesiaty *neunzigste*
100 sto *hundert*	100. stý *hundertste*
101 stojeden *hundert(und)-eins*	101. stoprvý *hundert(und)-erste*
200 dvesto *zweihundert*	200. dvojstý *zweihundertste*
300 tristo *dreihundert*	300. trojstý *dreihundertste*
400 štyristo *vierhundert*	400. štvorstý *vierhundertste*
500 päťsto *fünfhundert*	500. päťstý *fünfhundertste*
1000 tisíc *tausend*	1000. tisíci *tausendste*
1100 tisícsto *tausendeinhundert*	1100. tisícstý *tausendeinhundertste*
2000 dvetisíc *zweitausend*	2000. dvetisíci *zweitausendste*
10 000 desaťtisíc *zehntausend*	10 000. desaťtisíci *zehntausendste*
100 000 stotisíc *hunderttausend*	100 000. stotisíci *hunderttausendste*
1 000 000 milión *eine Million*	1 000 000. miliónty *millionste*

Bruchzahlen – *Zlomky*

$^1/_2$ *ein halb* polovica	$^1/_5$ *ein Fünftel* pätina
$^1/_3$ *ein Drittel* tretina	$^1/_{10}$ *ein Zehntel* desatina
$^1/_4$ *ein Viertel* štvrtina	$^1/_{100}$ *ein Hundertstel* stotina
$^3/_4$ *drei Viertel* tri štvrte *a.* štvrtiny	

Rechnungsarten

Počítanie a delenie, násobenie a odpočítanie

7 + 8 = 15 sedem a osem je pätnásť *sieben und acht ist fünfzehn*	2 × 3 = 6 dvakrát tri je šesť *zwei mal drei ist sechs*
10 – 3 = 7 desať bez troch je sedem *zehn weniger drei ist sieben*	20 : 5 = 4 dvadsať delené piatimi sú štyri *zwanzig geteilt durch fünf ist vier*

Hinweise und Warnungen

Upozornenia a varovania

Čakáreň	*Wartesaal, Warteraum*
Čerstvo natreté!	*Frisch gestrichen!*
Dámy	*Damen*
Jazdiť bicyklom zakázané!	*Radfahren verboten!*
Kúpať sa je zakázané!	*Baden verboten!*
Fajčiť zakázané!	*Rauchen verboten!*
Fajčiari	*Raucher*
Ku vlaku	*Zum Zug*
Muži	*Männer*
Nedotýkať sa!	*Nicht berühren!*
Nefajčiari	*Nichtraucher*
Nenahýňajte sa z okien!	*Nicht hinauslehnen!*
Núdzový východ	*Notausgang*
Obsadené	*Besetzt*
Odchod	*Abfahrt*
Osobný vlak č. … z … meškà 30 minút.	*Personenzug Nr. … aus … hat 30 Minuten Verspätung*
Otvorené (od … do …)	*Geöffnet (von … bis …)*
Očistite si obuv!	*Füße abtreten!*
Izba na prenájom	*Zimmer zu vermieten*
Páni	*Herren*
Pozor!	*Achtung!, Vorsicht!*
Pozor na vlak!	*Vorsicht vor dem Zug!*
Pozor, schod(y).	*Achtung, Stufe(n).*
Priechod zakázaný.	*Durchgang verboten.*
Prechod	*Übergang*
Príchod	*Ankunft*
Prístup zakázaný.	*Zutritt verboten.*
Psov držte na retiazke!	*Hunde an der Leine führen!*
Znížené ceny	*Sonderangebot*
Súkromná cesta	*Privatweg*
Staničná reštaurácia	*Bahnhofsrestaurant*
Stoj!	*Halt!*
Šatňa	*Garderobe*
Teplo – Chladno	*Warm – Kalt*
Ťahať	*Ziehen*

Tlačiť	*Drücken*
Vchod	*Eingang*
Vľavo	*Links*
Vpravo	*Rechts*
Vstup voľný / zakázaný.	*Eintritt frei / verboten.*
Vyhláška	*Bekanntmachung*
Východ	*Ausgang*
Vypredané	*Ausverkauft*
Výstraha	*Warnung*
Výťah	*Aufzug, Lift*
Záchod(y)	*Toilette(n)*
Záchranná brzda.	*Notbremse*
Zakázaná cesta.	*Durchgang verboten.*
Zakázané chodiť po trávniku!	*Rasen betreten verboten!*
Zastávka	*Haltestelle*
Zatvoriť	*Schließen*
Zatvorené (od ... do ...).	*Geschlossen (von ... bis ...).*
Ženy	*Frauen*
Životu nebezpečné!	*Lebensgefahr!*

Die wichtigsten slowakischen Abkürzungen

Najdôležitejšije slovenské skratky

a p., a pod. ***a podobne*** u. Ä., und Ähnliche(s)
a. s. ***akciová spoločnosť*** AG, Aktiengesellschaft
atď. ***a tak ďalej*** usw., und so weiter
č. ***číslo*** Nr., Nummer
ČR ***Česká republika*** Tschechische Republik
dr. ***doktor*** Dr., Doktor
EÚ ***Európska únia*** EU, Europäische Union
h, hod. ***hodina*** Uhr
ks ***kus*** Stück
Mgr. ***Magister*** M.A., Magister
MUDr. Dr. med., Doktor der Medizin
nám. ***námestie*** Platz
napr. ***napríklad*** z. B., zum Beispiel
NR ***Národná rada*** Nationalrat (Parlament)
odd. ***oddelenie*** Abt., Abteilung
OSN ***Organizácia Spojených národov*** UNO, die Vereinten Nationen
p. ***pán, pani*** Herr, Frau
PhDr. Dr. phil., Doktor der Philosophie
pred Kr. ***pred Kristom*** v. Chr., vor Christi
PS ***poštové smerovacie číslo*** PLZ, Postleitzahl
resp. ***respektíve*** bzw., beziehungsweise
Sk ***slovenská koruna*** Slowakische Krone
SE ***stredoeurópsky čas*** MEZ, mitteleuropäische Zeit
spol. s r. o. ***spoločnosť s ručením obmedzeným*** GmbH, Gesellschaft mit beschränkter Haftung
SR ***Slovenská republika*** Slowakische Republik
SRN ***Spolková republika Nemecko*** Bundesrepublik Deutschland
str. ***strana*** Seite
STV ***Slovenská televízia*** Slowakisches Fernsehen
t. j. ***to jest*** d. h., das heißt
tzv. ***takzvaný*** sog., so genannt
ul. ***ulica*** Str., Straße
zn. ***značka*** Marke